DAS | DENEN DIE | FVR
VNRECHT | VNS BELEI- | LEBENDE
MIT GEDVLD | DIGT HABEN | VND TODTE
LEIDEN | GERN | BEI GOTT
 | VERZEIHEN | BITTEN

JOSEPH · S·STEPHANVS · ABRAHAM

교양의 탄생

지은이 이광주
펴낸이 김언호

펴낸곳 (주)도서출판 한길사
등록 1976년 12월 24일 제74호
주소 10881 경기도 파주시 광인사길 37
홈페이지 www.hangilsa.co.kr
전자우편 hangilsa@hangilsa.co.kr
전화 031-955-2000~3 팩스 031-955-2005

출력 블루엔 인쇄 예림 제본 예림바인딩

제1판 제1쇄 2009년 12월 1일
제1판 제5쇄 2020년 7월 10일

값 27,000원
ISBN 978-89-356-7008-6 03800

- 잘못 만들어진 책은 구입하신 서점에서 바꿔드립니다.
- 이 도서의 국립중앙도서관 출판시도서목록(CIP)은 서지정보유통지원시스템 홈페이지(seoji.nl.go.kr)와
  국가자료공동목록시스템(www.nl.go.kr/kolisnet)에서 이용하실 수 있습니다.
  (CIP제어번호: CIP2015028746)

이광주
교양의 탄생

유럽을 만든 인문정신

한길사

교양의 탄생

책을 내면서 | 이광주 · 9

1 그리스, 교양과 지식의 탄생 · 17
2 디오니소스적인 도취 · 55
3 키케로의 후마니타스와 시민적 휴머니즘 · 67
4 수도원과 주교좌성당, 초기 그리스도교의 문화 · 89
5 12세기 르네상스와 대학에 이르는 길 · 113
6 중세의 대학 · 127
7 철학은 신학의 하녀인가 · 177
8 도시의 공기는 자유롭다 · 191
9 사랑의 발명과 궁정풍 교양 · 213
10 이탈리아 르네상스와 교양 계층의 탄생 · 237
11 보티첼리의 '봄' · 261
12 프랑스 르네상스와 몽테뉴의 에스프리 · 277
13 북방 인문주의와 에라스뮈스 · 303
14 종교개혁과 종파 이데올로기 · 331
15 서재의 미학 · 357
16 근대소설과 변신하는 여인 · 383
17 극장, 유혹하는 무대 혹은 카타르시스의 공간 · 419

18 살롱 또는 담론하는 사교장 · 445

19 아카데미와 백과전서적 교양 · 475

20 근대 과학의 성립과 패러다임의 전환 · 503

21 전문학과 전문직, 사회 속의 교양 · 525

22 신문과 잡지, 모반을 꿈꾸는 말과 문자 · 551

23 여행, 편력하는 삶의 토포스 · 577

24 18세기 계몽주의. 문명의 숲, 사회 속의 연대 · 611

25 프랑스 혁명과 독일 지식인 · 645

26 베를린 대학과 학문을 통한 교양 · 677

27 미국의 대학과 기술산업사회의 허구와 진실 · 703

28 드레퓌스 사건과 지식인의 정치참여 · 733

29 스페인 전쟁과 교양 있는 좌파 · 759

30 1968년 5월, "끊임없이 이의를 제기한다" · 787

y형에게 · 815

참고문헌 · 819

찾아보기 · 831

책을 내면서

모든 국민과 모든 사회는 예로부터 이상적 인간을 염원하고 형성해왔다. 이상적 인간은 한 나라, 한 사회의 도덕성과 문화의 이상(理想)을 상징하고 구현한다는 점에서 단순한 문화 엘리트 또는 권력 엘리트와는 크게 구별된다. 유교 문명권에 속한 한국과 중국에서 선비와 군자가 이상적 인간으로서 받들어졌다면 근대 유럽에서는 프랑스의 오네톰, 영국의 젠틀맨이 이상적 인간으로 여겨졌다. 동서를 가리지 않고 공통된 사실은 선비이건 군자이건, 오네톰이건 젠틀맨이건 모두 교양인이었다.

'교양'이란 무엇이며 '교양인'이란 누구를 말하는가. 이 물음과 함께 떠오르는 이미지는 유럽의 경우 교양은 옛 그리스·로마의 고전 중심의 인문학적인 배움과 취향이며, 교양인은 고전에 밝은 사람이었다.

교양 이념의 원천은 고대 그리스·로마의 파이데이아(교양)와 후마니타스로 거슬러 올라간다. 그리스·로마 사람들은 마음과 몸, 삶 전체의 반듯하고 조화로운 구현을 이상적인 인간상으로 여겼다. 그리고 그 실현을 파이데이아와 후마니타스의 지(知)를 뜻하는 인문학에서 찾았다. 그만큼 그들이 자각한 교양의 핵심은 인간과 인간을 둘러싼 문제였다.

교양(culture, education, Bildung)이란 문자 그대로 '경작' '교육' '형성'을 뜻하며 결코 자명한 규범 혹은 이상, 영구불변의 보편적 원리가 아니다. 교양은 시공(時空)과 역사적 상황에 따라 조각탁마(彫刻琢磨)되고 자기 변모를 거듭한다.

플라톤과 이소크라테스 이래 인문학적 지(知)의 중심에는 철학과 수사학(문학)이 자리했다. 교양인이란 파우스트처럼 끊임없이 묻고 탐색하는 인간이다. 그 배움은 광장이나 살롱에서 나누는 담론을 통해 배양된다. 그러므로 교양인은 서재의 인간이 아니다.

인문학적 교양과 함께 교양인상으로 떠오르는 것은 세련된 몸가짐, 우아한 말씨, 예의 바른 사교인의 이미지이다. 지난날 전사(戰士) 집단이던 기사사회는 트루바두르(음유시인)의 세례를 받고 문학과 예술의 애호가가 되면서 귀부인을 받들고 교양 있는 귀족으로 새 삶을 누리게 되었다. 학예와 그 배움은 본래 '기쁨으로서의 지'였거늘 교양은 사람을 심미적인 취미와 놀이의 인간으로 만든다.

공자께서 선비, 군자를 일컬었던 '예(학예·교양) 속의 놀이'(游於藝)의 진실이 유럽의 교양인들에게도 바로 적중한다.

일반교양(general education)이라는 표현 그대로 교양이 인간과 인간사를 둘러싼 모든 배움을 귀히 여길진대 교양인은 '모든 것을 갖춘 사람'(몽테뉴), 삶의 스타일리스트가 되고자 한다. 교양인은 단순한 학식자도 단순한 문인도 아니며 더욱이 특정한 영역에 능한 전문가도 아니다. 교양인은 특정한 이데올로기에 함몰되는 지식인과도 구별된다.

유럽의 교양·교양인상은 흥미롭게도 유교사회의 선비나 군자의 위상과 거의 겹쳐진다. 그들도 경전(經典)에 밝고 사예(四藝: 琴·碁·書·畵) 놀이를 즐긴 '놀이'와 '예절'의 인간, 군자불기(君子不器)의 표현 그대로 모든 것을 갖춘, 갖추기를 바란 사람들이었다.

교양인의 고전적 초상은 그렇듯 교양을 개인의 자기 실현 또는 자기 완성을 위한 덕목으로 여기며 유연자재, 삶을 즐기는 고답적인 개인주의자로서 비쳤다. 그러나 인간을 '사회적 동물'로 강조한 아리스토텔레스를 떠올릴 것도 없이 교양인은 개인인 동시에 '사교적, 사회적'(sociables) 존재이다.

그들의 인문학의 기본을 이룬 7자유학예는 자유인의 학예이며 자유를 위한 학예였다. 교양으로 인해 사람은 자유에 눈뜨고 자유로 인해 사람은 이웃과 사회를 의식한다. 그리스의 애지자(愛知者)는 폴리스 공동체를 사랑하는 자유인이었다. 그런 까닭에 플라톤을 비롯한 많은 교양인들이 망명과 유배의 나날을 보냈으며 그들의 멘토였던 소크라테스는 독배를 들어야 했다.

자명한 규범이거나 이상 혹은 불변의 원리가 아닌 교양이라는 텍스트는 역사의 진운에 슬기롭게 응답함으로써 새로 쓰이고 그 콘텐츠와 이념의 지평을 확대하고 심화한다. 유럽 문화사는 어떤 의미에서 그렇듯 교양이 간단없이 타는 미완성의 거대한 심포니이다.

우리는 플라톤과 이소크라테스, 키케로와 베르길리우스의 후예인 페트라르카를 비롯한 인문주의자들이 스콜라주의의 어둠을 파헤친 것을, 즉 그들의 치열한 르네상스 정신을 알고 있다. 유럽 전체를 종파 싸움으로 몰고 간 종교개혁 속에서 당대 최고의 교양인이었던 에라스뮈스와 몽테뉴가 신구 양파의 성전(聖戰)에 맞섰던, 고독한 싸움을 알고 있다. 교양은 어떠한 십자군도 교회나 국가, 어떠한 도그마나 권위도 부정하며 그것들이 깔아놓은 이데올로기로부터도 자유롭다. 도그마와 이데올로기로부터의 자유야말로 교양의 탁월성의 징표, 교양이 베푸는 최대의 공덕이자 축복이라고 할 것이다.

교양이 '정신의 육성'(cultura animi, 키케로)을 뜻하건대 교양인은 바로 마음을 '경작'(cultura)하는 자이다. 그러므로 교양인은 농민이 밭을 갈 듯 도처에 삶의 푸르름을, 교양의 토포스를 마련한다. 중세 가톨릭 교권의 체제 속에서 이룩된 가롤링거 르네상스와 12세기 르네상스, 그 토양 위에 세워진 대학이라는 교양 공동체. 그렇듯 정신을 기르는 교양은, 밭을 가는 노동과 함께 인간의 본성을 이룬다. 인간은 본질적으로 교양 지향적이다.

중세 기사와 귀부인이 나눈 사랑이 궁정풍 교양의 모태가 되었듯 사람들은 사랑을 하면서, 책과 예술을 가까이하면서, 카페 여행을 즐기면서, 도시와 국가를 가꾸면서 교양인이 된다.

동서고금을 통해 교양인의 가장 향기롭고 훌륭한 요람은 아무래도 시문학에서 찾아야 할 것이다. 인문학적 교양이라고 하지만 그 핵심을 이룬 것은 시문학, 특히 라틴어 문학이었다. 유럽의 교양계층은 전통적으로 키케로의 문장, 베르길리우스의 시를 읊으며 자랐다. 학교란 라틴어를 배우는 곳이었다. 대학 또한 라틴어 고전 중심의 교양공동체였다. 교양인이란 라틴어를 말하며 시문학을 애호하고 버젓한 문장가이기도 한 '문예공화국'의 주민이었다. 이러한 사정은 16, 17세기 이후 여러 나라에서 국어가 제자리를 찾고 국민문학이 형성된 뒤에도 지속되었다. 뛰어난 문장, 뛰어난 문예작품은 사람을 명석하게 하고 품위 있게 한다지만 라블레와 세르반테스 이래 근대문학은 애독자들에게 지상과 천상 사이를 훨훨 넘나드는 상상력의 날개를 달아주고 '일탈'이라는 악덕에 눈을 뜨게 해주었다.

소설의 주인공들은 무대의 배우들처럼 세상의 악덕을 미덕으로, 미덕을 악덕으로 바꿔치기 하면서도 박수갈채를 받는 비상한 비법을 지녔다. 이미 인문학적 교양은 사람을 도그마로부터 자유롭게 만들었으며, 소설과 무대를 즐기면서 교양의 정념이 발산한 일탈의 미학은 가부장적 윤리에 등을 돌리는 한편 그 질서 위에 구축된 억압의 사회와 권력에 맞서기를 마음먹는다. 지난날 교양과 교양인이 의지했던 귀족사회는 서민사회와는 전혀 별개의 세계였다. 중세 말 베리 공의 『호화시도서』가 묘사했듯 귀족이 놀이의 인간인 데 반해 서민은 노동하는 인간이었다. 지배와 복종의 체계를 이룬 그들 사이에는 일상적인 말씨도 다를 만큼 인간적인 유대가 존재하지 않았다.

전통적 교양은 유전적으로 혈연을 이룬 귀족의 놀이문화와도 같이 체제에 의해 조절되고 보호받는 엘리트의 문화였다. 그러나

12세기 이래 시민의 문화, 시민적 교양은 체제와 거리를 두게 되었다. 그 비판적인 교양의 전형적인 토포스가 근대소설과 극장문화였다.

시민 출신인 작가와 무대 연출가들은 남녀 간의 사랑을 주제로 삼으면서 그 사정(射程) 내에서 귀족의 퇴폐와 탐욕을 즐겨 고발하고 그에 반항하는 민중의 순정과 진실을 추켜세웠다. 그러나 그 사랑 이야기와 풍자의 재미에 홀려 독자와 관객들은 문학과 무대가 분출하는 '파괴적 요소'는 미처 몰랐다. 소설과 극장은 시민과 귀족, 때로는 노동자도 섞인 폭넓은 독자층·관객과 공감대를 형성함으로써 여론 시대의 도래를 예고하는 담론하는 공중(公衆)을 낳았다.

그 공중 속에서 교양인이 큰 자리를 차지했다. 어디 그뿐일까. 문학적 진실이 바로 교양적 진실이 되었다. 근대 저널리즘의 발전 및 18세기 계몽주의 사상은 공중의 폭을 날로 넓혀 문학적 공중은 사상적·정치적인 공중으로 변신했다. 새로운 사회, 새로운 미래를 꿈꾸며 사회참가를 서슴지 않는 모반(謀叛)하는 교양인이 집단적으로 탄생했다.

교양인은 이제 더 이상 '선민'(the elite)이 아니었다. 사회 속에서 우애의 인간, 연대하는 인간이 되었다. 그리하여 그들은 1789년 이래 여러 혁명을 겪으면서 시민계급과 함께 인권과 인민주권을 부르짖었다. 드레퓌스 사건에서 사회주의자 및 유대인과 연대했다. 1920년대 30년대의 인민전선과 스페인 전쟁에서는 교양 있는 좌파로서 반파시즘 운동에 앞장섰다.

교양이란 무엇이며 교양인이란 진정 누구인가. 이 물음은 고도의 기술산업 정보사회에서 존재의 망각, 인간 상실현상이 날로 격심해지고 있는 오늘날 더욱 더 절박한 문제로서 우리 앞에 놓여 있다. 진정 오늘날 교양은 우리에게 어떤 의미를 지니는 것일까.

오래 전부터, 유럽과 유럽 문화에 관심을 갖게 된 시절부터 떠오른 이 거대한 물음을 어리석게도 주제로 내걸고 펜을 들었다. 저술을 마무리하면서도 미처 해결을 보지 못한 채 여전히 남는 아쉬움을 어찌할 수 없다. 몽테뉴를 가리켜 '유럽의 좋은 사람들'의 모범이라고 한 니체의 말이 떠오른다.

끝으로 이 책의 집필을 독려하고 출간에 배려를 베푼 김언호 사장의 변함없는 우정과 편집부의 배경진 실장, 김지연 기자의 그간 노고에 대해서도 고마움을 표한다.

1 그리스, 교양과 지식의 탄생

아름다움은 진실이요, 진실은 아름다움. 이것만이 그대가
땅 위에서 아는 모든 것이며 또 알아야 할 모든 것이다.
🖋 존 키츠

포도줏빛 바다 지중해

영국 빅토리아 시대의 여류작가 버지니아 울프는 광기에 빠졌을 때 참새들이 고대 그리스어로 노래를 부르는 것을 들었다고 한다. 그녀는 아버지로부터 그리스어를 배웠다. 서정적이며 탐미적인 니힐리즘을 노래한 『등대로』의 이 작가는 몇 해 뒤에도 같은 체험을 한다. 그때 그녀는 생의 마지막 시기가 도래했음을 알아차린다. 호주머니에 돌을 가득 채우고 우즈 강으로 천천히 걸어 들어갔다. 고대 그리스, 그것은 울프에게 무엇이었던가. 유럽과 유럽 사람들에게 그리스는 무엇일까.

빛과 물, 푸르름이 인간의 문명을 낳았다. 문명은 빛과 물, 푸르름을 먹고 자라고 그것을 잃었을 때 지상에서 모습을 감추었다. 그리스 문화는 지중해의 빛과 물, 푸르름 속에서 탄생했다.

어떠한 감춤도 혼탁도 허용하지 않는 빛을 받아 검푸른 바다.

태곳적 모든 민족은 그들을 둘러싼 자연에 따라서 저마다의 감정을 지니고 그 감정 표현으로서 나름대로 문명양식을 창출했다. 사람들은 초토(焦土)에서 죽음과 영생을 상징하는 묘와 십자가의 문명을 쌓았다. 그러나 여기 정오의 빛과 투명한 공기, 감청색의 바다가 윤무(輪舞)하는 곳에서는 계곡과 들판, 감색 지붕과 백색 벽의 가옥들, 올리브 나무와 샘, 그 모든 것이 고전의 명확한 윤곽을 드러내고 있다.

호메로스는 지중해를 '포도줏빛 바다'라고 노래하지 않았던가. 그 바다와 태양은 인간적인, 너무나 인간적인 삶의 양식이 탄생하는 요람이었다.

20세기 지중해인 발레리는 말했다.

그러므로 태양은 탁월한 전능의 관념, 자연이라는 질서와 통일이라는 일반적인 관념을 도입합니다. 맑은 하늘, 밝고 선명한 수평선, 해안 곳곳의 기품 있는 지형은 얼마나 인생에 매력 있고 문명에는 발전의 일반적 조건이 되는지, 그뿐만 아니라 그 위에 사고와 거의 구별되지 않는 특수한 지적 감수성을 자극하는 요소가 될 수 있는지를 알게 될 것입니다.

• 「지중해의 감흥」

▲ 아크로폴리스 언덕에 있는 파르테논 신전

지(知)를 사랑하는 자의 등장

주신(主神) 제우스와 그가 거느린 뭇 신들, 영웅들의 땅은 몹시 거친 산허리에 울퉁불퉁한 바위, 불모의 땅인 양 험상궂고 황량하다. 그러나 바다를 스쳐가듯 떠 있는 흰 섬들을 쫓아가다 멀리 눈에 밟히는 포세이돈 신전의 유적, 파르나소스 산의 벼랑이나 산봉우리에 둘러싸인 성지 델포이의 신비스럽고 장대한 풍경과 마주하면 여기가 아폴론과 그 후예들의 '고전'의 땅임을 새삼 생각하게 된다.

뭇 신들에 이어 그 땅을 차지한 것은 기원전 2000년경에 코카서스 산중으로부터 나타난 전사집단이었다. 그리스 신화는 대개 남신·여신을 가리지 않고 신들이 싸우는 드라마이다. 호메로스의 『일리아드』(기원전 800년경)는 전쟁 이야기이며 주제는 인간 역사 전체의 중심인 힘, 폭력이다. 폭력과 더불어, 아니 그 이상으로 운명이, 부왕을 살해한 후 모후를 아내로 맞고, 스스로 맹인이 된 오이디푸스가 상징하듯 부조리한 운명이 태초의 그리스인을 사로잡았다.

두려워한들 사람의 운명, 무엇을 어떻게 할 수 있으리. 인간에게는 운명의 지배가 전부인 것을. 앞일은 무엇 하나 환히 내다볼 수 없다.
• 『오이디푸스 왕』

지중해가 바라다보이는 그리스의 풍광

하마르티아(hamartia), 태어나면서 짊어진 파멸을 부르는 비극적 원체험은 그리스도교의 원리와 같은 것. 그리스인은 신탁을 통해 앞날을 엿보고자 무리를 지어 신탁의 토포스 델포이로 향했다. 신탁의 신은 아폴론. 그 무자비한 운명으로부터 벗어날 수 있는 길은 무엇이었을까. 『오디세이』에서는 『일리아드』가 노래한 상무정신을 조용히 부정한다. 오디세우스가 원한 것은 오직 처와 자식이 있는 곳, 고향으로 돌아가고자 한 바람뿐이었다. 아니, 『일리아드』에서도 폭력으로 인해 죽음이 둘러싼 도시를 혼례와 축연(祝宴)의 기쁨, 넓고 풍요로운 논밭으로 둘러싸인 평화의 도시와 대비했다. 군신(軍神) 아레스는 전사들의 땅에서도 외면당한 신이었다.

그 운명으로 인해 평생 편력자인 그리스인이란 인고(忍苦)의 인간, 열심히 노력하는 사람, 꿈꾸는 자, 혼돈의 현실과 자기 운명을 넘어 저 높은 곳을 꿈꾸는 자였다. 그들은 운명처럼 주어진 현실과는 반대되는 세계를 꿈꾸었다.

우리는 고통에 시달릴 것이다. 고통으로써 진리에 이른다.
• 아이스킬로스

이미 『오디세이』에서 어렴풋이 비친 변화의 조짐은 기원전 8세기경부터 서서히 나타났다. 기원전 750년경 시인 헤시오도스는 『노동과 나날』에서 일상적인 삶과 일하는 법, 인간의 도리에 대해 가르쳤다.

때마침 그리스 사람들은 신들과 공생한 아크로폴리스에서 하산해 폴리스를 건설했다. 『역사 속의 도시』(1961)의 저자 멈퍼드가 지적했듯 폴리스의 과업은 인간을 형성하는 것이었다. 올림피아·델포이·쿠스(진료소)·아고라(광장)·극장 등 폴리스의 주요 공공장소는 모두 인간을 위한 교육공간의 성격이 짙었다. 그뿐이었을까. 폴리스의 성립은 올림피아 경기(제1회, 기원전 776), 극장의 출현(첫 상연, 기원전 458), 디오니소스 숭배와 아폴론의 고전적 변신(지난날 신탁을 다스린 아폴론은 이제 광명·도덕·의술·음악의 신이 되어 그리스 고전문화의 상징이 되었다), 파르테논 신전의 완성(기원전 438), 자연철학과 역사 및 지리에 대한 관심, 히포크라테스의 의학 등 그리스적인 문화의 숙성에 크게 이바지했다.

파르테논 신전의 전면, 파사드에 새겨진 반수(半獸)와 인간의 사투에서 비롯되어 점차 평화의 고요함에 이르는 페이디아스의 드라마틱한 군상(群像)은 인간의 탄생에 대한 축복이며 자각이었다. 인간을 찬미하는 그리스 고전세계의 탄생을 알리는 소리는 여류시인 사포가 부르는 노래에 실려 붉은 포도줏빛 바다로부터 울려퍼졌다.

내가 좋아하는 것은 우아하고
빛이 눈부시고 화려한 것
태양의 빛과도 같은
그것이 내가 바라는 것

델포이의 아폴론 신전 유적

신탁의 세계로부터 인간탄생이라는 변화가 준 크나큰 충격은 지(知)를 사랑하는 자(philosophus) 소크라테스의 등장이었다. "나에게는 신적이며 다이몬(daimon, 신령)적인 소리가 들리는 일이 있다." 소크라테스는 다이몬의 인간. 그런데 그 내면의 소리는 그를 순수무구한 진리탐구로 이끌었다. 기쁨으로 인도하는 진리탐구! "내가 아무것도 모른다는 것만을 나는 안다." 이 최초의 애지자(愛知者)는 스스로 무지함을 자각하고 길거리에 나서서 젊은이들과 철학적 담론을 나누었다. 그러나 "젊은이들을 부패시키며, 국가가 믿는 신들을 믿지 않고 새 신령을 믿는다"는 이유로 국사범으로 몰려 독배를 들게 되었다. 소크라테스는 죽음으로써 새 시대를 연 최초의 지식인이었다.

그러나 제군이 만약 내 이야기에 귀를 기울인다면, (나) 소크라테스 한 사람에게 크게 마음을 쓰지 말고, 진리를 더욱 더 귀하게 여기라. 나의 연설에서 진실이라고 여기는 것이 있으면 동의하고, 만약 그렇지 않다면 모두 언성을 높여 반대해주기를 바란다.
• 『파이돈』

사사로운 가사(家事)는 물론 속세를 외면한 듯했던 애지자 소크라테스는 오직 진리·진실만을 사랑하고 추구해 마침내 스스로 독배를 마셨다. 그러한 소크라테스의 수난에서 초기 그리스도교의 교부들은 "태어나면서 그리스도교적 인간"을 보았다. 우리도 그의 풍모에서 진정한 지식인의 참모습을 보고 우러러 받든다

(악처의 남편 대부분이 그러하듯 부인을 소문난 악처로 만든 것은 소크라테스 자신이었다).

"소크라테스보다 지혜로운 사람은 없다"는 델포이의 신탁은 소크라테스와 더불어 신화의 세계가 종말을 고하고 바야흐로 철학의 시대, 인간의 시대가 도래했음을 고지한 것으로 이해된다. 이 진실을 몽테뉴는 『수상록』에서 다음과 같이 풀이한다. "소크라테스는 인간의 지혜를, 헛되이 시간을 낭비해온 천상으로부터 끌어내려 가장 정당하고 유용하게 써야 할 인간 세계에 돌려주었다." "소크라테스는 인간의 생활을 그의 본성에 알맞게 하는 일에서 찾았다."

철학시대의 개막에 또 하나의 신탁이 사람들을 설레고 경탄케 했으니, 델포이의 아폴론 신전 정면에 새겨진 "그대 자신을 알라"(gnoti sauton)는 비문과 "도가 지나쳐서는 안 된다"(meden agon)는 비문(碑文)이다. 두 신탁을 깊이 새기며 그리스 사람들은 인간적인 절도의 문명을 쌓아올렸다.

소크라테스 이전, 불·물·공기 등 궁극적인 물질 탐구에 힘을 쏟은 초기 철학자들은 우리가 경험하는 현상들은 중요하지 않으며 궁극적인 것, 영원히 변치 않는 실체가 존재한다는 생각을 어슴푸레하게 감지했다. 그것은 소크라테스의 철학적 지(知)에 따라서 명확한 형태를 취했다.

철학적 지는, 목수나 전사의 특수한 '노예적 기술'(그리스 사람들은 이렇게 표현했다)과는 달리 인간을 둘러싼 자유인의 보편적이고 인문적인 지이다. 니체는 "소크라테스 이래 인간이 갑자기

그리스, 교양과 지식의 탄생 25

자신을 과대시했다"고 말했던가. 철학적 지와 더불어 인간이 최대 관심사가 되고 모든 것의 척도가 되었다. 인간의 시대가 열린 것이다. 소크라테스와 같은 시대의 역사가 투키디데스의 역사서술에 신은 나타나지 않으며, 전적으로 인간사에만 치중하고 있다. 펠로폰네소스 전쟁에서 전사한 아테나이의 전사들을 추도한 페리클레스의 연설에도 신에 대한 언급은 한마디도 없다.

그리스 사람들은 많은 신전을 쌓아올렸다. 그러나 그들에게는 성전(聖典)이나 교조(敎祖), 성인이나 고위직의 사제신분이 존재하지 않았다. 그들이 신전 이외의 장소에서 사제와 마주치는 것은 극장의 좌석 정도였다. 그리스가 이집트·메소포타미아·페르시아 그리고 팔레스티나 등 죽음을 준비하는 삶의 땅, 두려움과 경배의 주술적인 절대신의 문명에 둘러싸이면서도 홀로 인간 중심의 문명을 이루었음은 실로 놀랍고 감동적이라 할 것이다. 소크라테스 이후 신성(神性)보다 인간적 악덕으로 가득 찬 신들의 이야기가 메타포로 변하고 인간적·인문적인 지를 통해 인간 자신이 최대 관심사가 되면서 어느덧 인간이 목적이 되고 이상이 되었다. 릴케의 말에 귀를 기울여보자.

후세의 화가가 풍경을 본 것처럼 고대(그리스)의 화가들은 인간을 보았다고 해도 과장이 아닐 것이다. 뛰어난 화가가 도자기에 그려넣은 그림에서도 환경(집이라든가 길 따위)은 단순히 명목일 뿐이다. 그러나 발가벗은 인간은 전부이다. 열매나 열매관이 매달려 있는 나무와 같은 것이며 꽃 피는 숲이나 새들이 노래하는 봄과 같다. 그 무렵 사람들은 인체를 마치 토지를 경작하거나 수확을 거둬들이기 위한 것처럼 각고의 노력을 기울였다. 사람들은 비옥한 땅을 소유하듯이 그것을 소유했다. 인체는 감상의 대상이며 아름다운 것이었으며 리드미컬한 계열을 이루어 신들과 동물들이, 삶의 모든 의미가 지나가는 화면이었다. 인간은 이미 수천 년을 생존해왔으나 여전히 자기 자신을 지극히 진기하게 여겼으며 자기 자신에게 매혹되어 있었다.

그리스에서 인간은 무엇보다 '보는' 존재였다. 자기 자신을 보는 존재로 자각한 그리스 사람들은 인간의 영혼은 육체로 구현된다고 믿었다. 육체의 아름다움은 덕성을 의미했다. 아프로디테가 왜 그처럼 만인의 동경과 찬탄의 대상이 되었던가 하는 물음에 대한 해답은 그리스 사람들에게는 자명하다. 그녀는 어느 한 부분도 덜어낼 것도 보탤 것도 없는 완미한 육체이기 때문이다.

또 하나 인간의 이상상(理想像)을 그리스 사람들은 기원전 6세기 대리석에 쿠로스(kouros, 청년)의 나체 입상으로 새겼다. 싸움터에서 쓰러진 영웅을 기념한 이 쿠로스는 이데아의 세계에 속한 인간의 이데아였다. 그리스 도처에 세워진 쿠로스 상은 말하자면 이상적인 인간형성을 위한 인문적 교육과 교양이 개인에게나 사회 전체의 큰 관심사임을 밝혀준다.

자유롭고 열린 폴리스

동서를 가리지 않고 문자가 있고 문자가 씌어지는 사회에는 지식과 학문, 그것을 갖춘 학식자가 존재한다. 고대사회는 학식자를 받들어 문화, 즉 학문·예술·종교를 포함한 인간의 상징세계를 창출하고 전달하고 보존하는 시설을 낳기에 이르렀다. 대표적인 예로 우리는 바빌로니아와 알렉산드리아의 도서관, 베이징의 학술원, 비잔틴과 인도의 학교, 이슬람 세계의 코란 학교, 메소포타미아의 사원학교 등을 들 수 있다.

세계의 십자로로 알려진 알렉산드리아의 학술연구소이자 도서관인 무세이온(museion, 기원전 280년경 설립)은 수백 명의 연구원과 수십만 권의 장서로써 학문연구와 저작 활동을 통해 서양 학문의 한 기원을 이루었다.

모든 학식 혹은 교육시설의 중요한 특색은 그것들이 대체로 국가나 전제군주의 권력, 특정한 종파에 의해 세워지고 관장되었으며, 소수 지배계층을 위한 시설이었다. 고대 사회에서 문자 교육은 소수 특권계급만이 누릴 수 있었다. 생산 노동에 종사하는 절대 다수의 일반 서민층은 가정 내 혹은 일터에서 사회적 관행을 따르거나 일을 배우는 교육만을 받았다. 문자 및 지식과 학문은 그 자체가 권력이었으며 "다른 인간의 예속화를 쉽게 만드는 도구"(레비-스트로스)로 기능했다. 그러나 여기 고대 그리스만은 예외였다. 그 배경으로 우리는 알파벳의 공덕과 폴리스의 자유를 들어야 할 것이다.

토머스 케이힐은 저서 『감청색 바다의 출범』(2003)에서 폴리스 데모크라시의 자유로운 담론문화의 발전을 그리스에서 알파벳이 일으킨 혁신과 관련해 강조한다. 고대 이집트, 메소포타미아 및 중국에서는 상형문자가 쓰였다. 그런데 상형문자의 습득에는 오랜 세월이 소요되어 생산노동에서 해방된 일부 계층에서만 가능했다. 음절문자인 알파벳은 누구나 쉽게 배울 수 있었다.

알파벳의 어원은 그리스 자모 최초의 두 글자, 알파와 베타의 결합이다. 그러나 알파벳을 발명한 것은 그리스가 아니라 시리아 혹은 팔레스티나로 여겨지고 있다. 그것이 그리스에 전해지면서 진화되고 개량되어 오늘날의 알파벳이 되었다. 그런데 흥미로운 사실은 페니키아의 상인들에 의해 전해진 이 문자가 그리스에서는 상형문자(히에로글리프, 즉 '성스러운 문자'였다)와는 달리 주술적 메시지가 아니라 널리 상스럽게 쓰였다는 사실이다. 나폴리만에서 건져올린 옛 술잔에는 고대 그리스의 알파벳으로 다음과 같은 노래가 새겨져 있었다.

나는 누구일까요.
향기 그윽한 네스토르의 술잔 이외에 아무것도 아닙니다.
나를 빨리 마시구려.
그러고는 황금빛 아프로디테에 따라 욕정에 취하시구려.

그리스에서 문자는 일탈의 노래를 즐겨 불렀으며, 신을 멀리하기로 작심한 인간적·세속적 문명의 자기 기호였다. 누구나 배울 수 있었던 그 문자를 통해 문자의 문화(literacy)가 광범위하게 뿌리를 내리고, 그에 이어 자연스럽게 폴리스적인 지와 담론의 문화가 싹텄다.

기원전 5세기경 그리스에서는 신화의 세계와 결별이 일어났다. 그것은 아이러니컬하게 "그대 자신을 알라"는 델포이의 신탁에 따라 고지되었으며 인간적·인문적인 지의 시대의 개막을 상징한 것은 소크라테스의 출현이었다. 소크라테스와 그에 앞서 『일리아드』와 『오디세이』의 주역들은 뛰어난 웅변가였다. 말(logos)은 논리를 뜻했으니 그들의 말은 철학적 담론(플라톤의 대화록!)에 이어지고 이론과 지식을 배태했다. 그리스 사람들은 말을 귀하게 여기면서 제단에 바치거나 경전을 꾸미며 염불을 외듯 신성시하는 일은 없었다. 에로스를 주제로 삼은 플라톤의 『심포지온』이 밝혀주듯 그리스인은 말과 말로써 사색과 담론의 놀이를 즐겼다. 이러한 지적 풍경에는 자유로운 시민공동체인 폴리스도 적잖이 이바지했다.

바시레우스 즉 부족장·영주·왕이 다스린 호메로스 시대 그리스에는 유토피아로서 오디세우스의 고향 아티가(Attika), 트로이아(Troia) 이외에는 도시가 존재하지 않았다. 귀족의 광대한 소유지를 둘러싸고 소작농, 자유 차지인(借地人), 노예가 산재한 촌락이 서서히 발전해 도시로 변모했다. 도시에는 주위와 뚜렷이 구별된 도로가 관통되고 신전, 공공건물, 광장과 극장, 교역을 위한 창고와 선착장이 갖추어졌다. 그리스의 도시를 다른 나라와 구별하고 특징지은 것은 폴리스의 호칭에서 밝혀지듯 시민의 공

고대 올림피아 경기장

동체, 시민국가인 점에 있다. 시민이란 폴리스의 재판과 통치에 참가하는 자유민을 뜻했다.

한나 아렌트는 폴리스를 가리켜 "함께 활동하고 함께 담론함으로써 생겨난 사람들(자유민)의 조직이다"라고 말했는데, 그 활동과 담론의 중요한 주제는 정치적 문제였다. 아리스토텔레스는 『정치학』을 폴리스에 관련된 것이라고 말했는데, 폴리스는 무엇보다 정치적 공동체이며 그 자유민이란 정치적 자유를 누린 자를 가리켰다. 영어의 politics(정치학), politician(정치가), metropolis(수도)는 모두 polis의 파생어이듯이 유럽 문명에서 '정치적인 것'의 기원은 폴리스였다.

폴리스 중의 폴리스는 물론 아테나이이다. 아테나이가 최고로 부강을 누렸을 때 인구는 25만 명, 그중 자유민은 5만 명에 지나지 않았으며, 나머지는 노예(10만 명)와 외국인 거주자(10만 명)였다. 솔론이 전 시민의 합의에 의해 집정관 겸 조정자로 선출된 (기원전 594) 역사적 사실이 상징하듯 아테나이는 귀족제로부터 데모크라티아의 시대로 들어섰다. 데모크라티아(demokratia)는 문자 그대로 데모스(demos, 인민)의 크라티아(kratia, 권력) 체제를 말한다. 그 인민은 누구였을까.

호메로스의 작품에 등장하는 인물들은 전사(戰士) 중심의 지배계급이다. 전투와 수렵, 회의와 향연이라는 남성들의 세계에 인민은 모습을 비추지 않는다. 언제나 그들의 시중을 드는 봉사자로 나타날 뿐이다. 시인이기도 한 솔론은 인민을 이렇게 노래했다. "신분이 낮은 그도 잘 먹고 잘 자고 신발을 신고 발을 상하지 않고 걸으며 가끔은 여자와 사내아이와 즐긴다."

플라톤은 "눈에 보이는 것과 귀에 들리는 것의 애호자"일 뿐인 인민을 가볍게 여겼다. 플라톤의 교양세계나 이상국은 데모크라티아와는 무관했다. 스승 소크라테스의 옥사(獄死)를 인민-우민정치(愚民政治)의 결과로 여긴 플라톤은 민주정치를 무질서의 체제로 혐오했다. 플라톤과는 달리 아리스토텔레스는 다수가 지배하는 정치를 높이 평가하면서도 데모크라티아라는 말을 부정적인 경우에만 썼다. 그러나 명문 출신이면서 민주주의 정치를 선택한 페리클레스는 전혀 달랐다. 그는 그리스가 이룩한 위업을 아테나이의 민주정치와 관련시키면서 다음과 같이 연설했다.

> 우리의 제도는 데모크라티아라고 불리는데, 권력이 소수의 수중에 독점되는 것이 아니라 언제나 다수의 손에 있기 때문이다. 우리의 법은 개인의 분쟁에서도 만인에 대해 꼭같이 공정하다. 공적인 행정관을 뽑는 경우에도 우리가 환영하는 것은 모든 영역에서 뛰어난 업적을 남긴 재능이다. 어디까지나 선택의 기준은 탁월한 능력에 있다. 공적 생활에서 누구에게나 자유가 주어진 것과 마찬가지로 일상생활에서도 우리는 자유로운 정신을 누리고 있다.

페리클레스는 그리스 민주주의의 정초자로 오늘에 이르기까지 존경을 받는다. 페리클레스는 민주주의와 함께 '교양'을 아테나이 및 그리스의 중요한 공덕으로 자랑했다.

인간이 지닌 좋은 것 중, 신으로부터 받은 것을 제외하고 인간과 인간을 둘러싼 것치고 우리 아테나이에 관련되지 않은 것은 없으며, 대부분은 아테나이로부터 생겨났다. 우리 아테나이는 사료(史料)와 언설(言說)에서 다른 (나라) 사람들을 능가하므로 아테나이에서 배운 사람들은 다른 (나라) 사람들의 교사가 된다. 그리스인의 이름은 이제 출생의 이름이 아니라 정신의 이름으로 생각되고, 교양을 나누는 사람들은 이제 그리스인으로 불리게 되었다.

위의 두 인용문은 페리클레스가 행한 「민족제전연설」의 한 구절이다. 아테나이에서는 페르시아 전쟁 이후 전몰자를 위한 장례에 즈음해 많은 시민 앞에서 민족제전연설을 하는 것이 관례가 되고 그를 통해 민주주의를 누리는 자유로운 교양인으로서 아테나이 시민의 정통성과 일체감을 확인하고 자랑했다.

그리스 사람들은 자신들이 사는 땅과 북방을 막연히 euryopae(europe의 어원)라고 부르며 동방 오리엔트 세계와 구별했다. 페르시아 전쟁(기원전 490)을 계기로 나타난 이 구별은 타자에 대한 자기 중심적 대치 개념이다. 문명 대 야만, 민주정치 대 전제군주정치, 자유 대 예속, 용기 대 비겁, 소박 대 사치, 이성 대 감성, 남성 대 여성 등 뛰어난 그리스인과 열등한 바르바로이(야만인이란 뜻)로서 차별화되었다.

아테나이 사람들은 그리스의 다른 폴리스 사람들도 고귀하고 자유로운 자신들에 비해 바르바로이적이라고 여겼다. 그러한 긍지는 어디에서 오는 것이었을까. 그들 아테나이에 독특한 지식과 교양을 향한 힘찬 의지 때문이었다.

이성의 정열과 기하학적인 정신

앞에서 우리는 올림피아·델포이·쿠스·극장·아고라 등 폴리스를 상징하는 장소가 인간을 형성하는 시설, 교양의 터전임을 지적했다. 학교가 존재하지 않고 문자의 문화 대신 소리의 문화가 팽배했던 시대에 교양은 사람과 사람의 만남, 사교시 나누는 대화와 담론을 통해 이루어졌다. 고대 그리스 사람들은 스승 소크라테스를 닮아 담론과 사교를 즐겼다. 그리스에서 "사람은 사교적 동물"(home est sociale animal)이었다. 아고라 광장, 경기장, 마시며 담론하는 심포지엄(symposium), 극장 등 폴리스의 크고 작은 모든 시설이, 아테나이 전체가 교양 형성의 토포스였다.

폴리스는 공적으로 학교를 세우지 않았으며 이슬람 세계나 유교문명권과는 달리 학문연구에 무관심했다. 그리스에서 교육과 지적 탐구는 전적으로 개인의 자유롭고 사사로운 프로젝트였다. 많은 역사가가 존재했음에도 그리스에는 한 사람의 사관(史官)도 없었다. 그러면서 개인의 자유로운 지적 탐구에는 치열한 경쟁이 따랐으며 그 결과 많은 학파가 생겨났다.

철학자를 비롯해 그리스의 학식자들은 라파엘로의 「아테나이의 학원」에서 보듯 무리를 지어 담론을 나누는 사교인이었다. 그들에게는 서재가 없었으며 뒤러와 렘브란트가 즐겨 그린 방에 파묻혀 홀로 사색에 잠긴 철학자의 이미지는 거리가 멀었다. 아고라 광장을 소요하고, 그리스 밖으로 나가고, 이집트와 오리엔트 세계를 여행한 지적 방랑자였다. 플라톤은 남이탈리아와 시칠리아를 돌아보고 이집트에서는 유대인과 교류했다.

그리스와 유럽, 오리엔트를 하나로 묶어 관찰한 역사가 헤로도토스는 남으로는 이집트 남단, 동은 바빌론, 북은 흑해 북쪽에 이르는 대여행을 감행했다. 저작인 『히스토리아이』(Historiai, 조사라는 뜻)는 여행에서 얻은 방대한 지식과 견문의 결실이다. 한편 그리스의 학식자들과는 달리 그리스를 여행한 이집트, 바빌로니아의 학식자는 전무했다.

자유롭고 열린 탐구, 사물과 세계에 대한 파노라믹한 관찰, 이데아의 세계를 지향하며 세계지도를 구상한 객관적이며 보편적 그리스풍의 지성, 그것은 인문적 교양과 함께 그들이 자랑한 진정 '그리스인의 것'(to hellenikon)이었다. 그리스적 지성의 특징은 지식을 순수하게 지식으로서 사랑한 철학정신이었으며, 이론(theory)을 순수이론으로서, 즉 실천(practice)과 명백히 구분된 것으로 인식했다.

theory는 theo(시각)와 theoros(관객)의 합성어인 그리스어 theoria로부터 유래되었으며, 숙고, 볼 만한 것, 머릿속의 구상을 뜻한다. 숙고하는 자, 인식하는 자, 즉 지성인은 관찰하는 자, 관조하는 자였다. 올림피아 경기장에는 세 종류의 사람이 모였다. 경기에 참가하는 자와 물건을 팔러온 자 그리고 경기를 관람하고 즐기는 자이다. 그리스에서 유일하게 고귀한 자는 경기를 관람하며 즐기는 자이다. 지식(이론)을 사랑한 철학자란 바로 인식하고 관조하는 자가 아니었던가. 이론을 순수이론으로 사랑한 지의 열정, '이성의 정열'(플라톤)은 철학과 더불어 기하학 또는 기하학의 정신으로서 결정(結晶)되었다.

기하학은 천문학, 역법(曆法)과 마찬가지로 원래 이집트에서 나일 강의 범람에 대비하기 위한 토지 측량술(기하학을 나타내는 geometry는 geo[토지]와 metry[측량]의 합성어이다)을 뜻했다. 그처럼 실용적인 응용기술을 뜻한 기하학은 그리스에 전해지면서 이론적 기하학으로 발전했다. 실용적인 산수를 이론적 수학으로 바꾼 최초의 수학자인 피타고라스는 자신을 애지자(philosophos)라고 부른 최초의 철학자이기도 하다.

첫 번째 원인, 이 존재 중의 존재(진리)에 관한 지식은 정의할 수도 없고, 규정하고자 해도 규정할 수 없는 것이어야 한다. 그것은 우리가 저마다 능력에 따라서 그 개념을 확대하면서 최선의 노력으로 상상한, 완전의 극치라고 해야 할 것이다.

기하학자인 피타고라스는 가장 그리스적인 지성, 철학자였다. 피타고라스 이후 파스칼, 데카르트에게서 볼 수 있듯이 유럽의 많은 철학자는 수학자였으며, 수학자 또한 철학자였다. 그리스 기하학의 대성자인 에우클레이데스의 주저인 『원론』은 19세기 중엽까지 유럽의 지식인, 교양인에게 『성서』 다음으로 많이 읽혔다. 그리스인과 후예들은 수사가(修辭家)를 따라 말과 문자놀이를 즐기듯 기하학자를 따라 숫자놀이를 즐겼다. 파스칼은 『팡세』 첫머리에서 기하학적 정신(esprit de geometrie)에 관해 말했는데, 기하학은 휴머니즘과 인문적 지의 고전의 나라에서 인간을 위한 인간학으로 자신을 디자인했다. 파스칼은 말한다.

결코 그릇됨이 없는 방법을 모든 사람은 갈구한다. 논리학자가 그곳으로 인도한다고 공언하지만 기하학자만이 도달할 수 있다. 기하학과 그것을 본받은 자를 제외하고 진정한 논증은 존재하지 않는다.

기하학 또는 기하학적 방법(정신)은 유럽에서 모든 사유의 근거가 되고 러셀이 지적했듯이 마침내 신학으로 접목되었다. 말과 문자, 즉 『성서』 중심의 그리스도교는 증명된 종교이며 그리스도는 증명하는 신이다. 러셀에 의하면 "지성에 의해 계시된 영원한 세계라는 관념"은 피타고라스로부터 비롯되었다. "(피타고라스와 더불어) 플라톤, 성 아우구스티누스, 토마스 아퀴나스, 데카르트, 스피노자 및 칸트에게서도 종교와 추리, 그밖의 무한한 것에 대한 윤리적 갈망과 논리적 찬미에 대한 내밀한 융합이 이루어졌다."

애지자와 교양이 탄생한 그리스는 또한 지식이 체계적인 학문으로서 고고의 소리를 울린 곳이기도 했다. 그 중심에 사고의 규칙, 즉 논리학을 개발한 아리스토텔레스가 존재했다.

아리스토텔레스는 17세 때 플라톤이 세운 아카데메이아(Acadēmeia)에 입학하고(이소크라테스의 학원이 아니라 플라톤의 학원을 선택한 것은 델포이의 신탁에 따른 것이었다고 한다), 그곳에서 교사로 지내면서 20년 동안 머물렀다. 플라톤이 작고한 뒤 마케도니아의 왕세자 알렉산드로스(훗날의 대왕)의 스승이 되고, 그 뒤 아테나이 교외 아폴로를 모신 신역(神域)에 리케이온(Lykeion) 학원을 창설하고 12년간 교장으로 있으면서 연구와 교육에 전념했다. 학원에는 페리파토스, 즉 지붕이 덮인 산책길이 있어 그의 학파는 소요학파(peripatikoi)로 불리게 되었다.

아리스토텔레스는 만능 학자였다. 저작은 자연연구(천문학, 기상학, 화학, 생물학, 동물학, 식물학), 논리학 및 윤리학과 정치학, 시학(문학이론) 등 거의 모든 분야를 망라했다. 이 최초의 전문학자는 자연학자, 논리학자, 윤리학자, 정치학자, 그리고 변론술의 대가로도 불렸다. 3단논법, 연역법과 귀납법, 학술적 카테고리 등을 비롯해, -ology, -ses의 의미를 지닌 말, 오늘날 우리에게 익숙한 형식과 내용, 형상과 소재, 기체(基體)와 실체, 가능과 현실 및 에너지라는 말도 그의 철학에서 기본 개념이다. 그런데 이 만능 학자는 무엇보다 철학자였으며, 『형이상학』은 그의 모든 저작 중 최고 명저이다. 중세에 철학자라면 아리스토텔레스를 지칭했으며, 단테도 『신곡』에서 이렇게 표현했다.

동물과는 달리 오직 인류만이 기술과 추리로 생활한다. 인간은 기억과 경험을 통해 학문적 지식이나 기술이 열매를 맺는다.

아리스토텔레스에 의해 호모 파베르는 호모 아카데미쿠스로 발전했다. 이 최초의 호모 아카데미쿠스는 담론의 명인이기도 했다. 키케로는 아리스토텔레스에 관해 말했다.

"(논리학을 창시한) 아리스토텔레스는 사물 하나 하나에 관해 찬성과 반대 통론의 실제적인 해법을 처음으로 확립했다. 그것은 모든 주제에 관해 어느 편에서도 저마다 가능한 담론을 도출하는 방법이다." "아리스토텔레스의 논리는 유럽의 정신을 형성하는 데 어떤 것보다 큰 영향을 끼쳤다"고 영국의 한 고전학자는 말했다. 그의 논리학이 중세 대학의 학풍을 주도하고 그 뿌리 위에 근대 철학이 개발되었다.

"그대는 무엇인가 새로운 것을 가져와야 한다." 철학자 아리스토텔레스는 소크라테스와 플라톤의 첫 번째 후예, 그칠 줄 모르는 탐구자였다. 그는 인식에 앞서서 '관조하는 삶'(vita contemplativa)을 신들의 모습에 가장 가까운 것으로 여겼다. 이 점에서도 우리는 아리스토텔레스 속에 인간의 반듯한 교양에 이르는 그리스적인 지와 인식의 참모습을 발견한다.

플라톤과 이소크라테스 혹은 교양으로서의 철학과 수사학

동과 서를 가리지 않고 고대사회에서 귀족의 교육은 군사 · 제사 · 정사(政事) 등 국가를 다스리기 위한 것으로 집약되었다. 그러나 사회와 문화가 발달하고 귀족이 여가를 누리면서 시가(詩歌), 관현악을 비롯한 문예가 차차 귀족의 바람직한 교양이 되었다. 고대의 귀족 교육은 육체적인 전사(戰士) 교육에서 문자 중심의 문인(scribe) 교양으로 점차 옮겨갔다.

교육과 학식의 배움터인 학교는 어떻게 이루어졌을까. 원시사회에서 성인식을 이은 고대의 학교교육은 정신적 교육에 치중했다. 특히 부족의 일체성을 도모하는 사상적·이데올로기적인 근거를 이루는 신화 중심의 정신적인 전승을 지향했다. 신화 중심의 정신적인 전승, 그와 깊이 관련된 제사에 관한 교육은 지배계층의 주요한 교양으로 요구되었다. 그로 인해 학식과 종교는 명확히 구별되지 않았으며, 학식의 영역은 18세기에 이르기까지 종무(宗務)에 속했다.

학교의 성립 또는 학풍에 큰 영향을 미친 것은 국가의 권력구조였다. 큰 규모의 국가조직은 군사·사법·행정·재무의 사무 분장이 이루어지고 전문적인 관료 양성을 위한 학교 정비가 국가의 중요한 과제가 되었다. 대표적인 예로 고대 중국을 꼽을 수 있다. 당나라의 과거제는 국가의 목적을 위해 국가가 관리한 학제의 전형적인 예라고 할 것이다. 유교 문명권과 마찬가지로 오리엔트 세계에서도 교육과 학습기관은 대체로 국가의 종교나 정치 체제를 위해, 종파나 국가권력에 의해 세워지고 주도되었다.

유럽 문명의 기원을 이루는 고대 그리스에서는 어떠했던가. 그리스에는 성전도 고위직의 사제신분도 존재하지 않았다. 폴리스에서는 학교를 세우지 않았다. 고대 그리스에서는 공교육이란 관념이 없었으며 무세이온, 즉 아테나이 최초의 도서관을 제외하고 공교육 기관은 존재하지 않았다.

그리스 교육은 자유인의 전사단(戰士團)을 위한 체육과 무예의 단련을 목적으로 했다. 민주정치와 고대 고전문화의 황금기를 자랑한 페리클레스 시대에 이르러 시정(市政)에 참여하는 자유인의 교양이 교육의 중요한 과제로서 떠올랐다. 교육의 장은 소피스트(shophist)라고 불린 교사들의 개인적인 학당이었다.

소피스트들은 사적인 학당의 교사 혹은 가정교사로서 학생을 가르쳤다. 플라톤이 지식의 상인이라고 가볍게 여긴 그들은 유럽 지성사에서 대개 희화적으로 묘사되어왔다. 수사학의 교사이자 변론가이기도 한 그들은 실제적이고 실리를 추구했으며, 엄밀히 말해 진리의 탐구자는 아니었다. 그러나 최초의 소피스트임을 자임한 프로타고라스가 말한 바와 같이 그들은 사람을 교육하는 교사임을 지각한 최초의 전문 지식인이며, 최초의 교사들이었다.

플라톤

플라톤은 기원전 387년경 아테나이 교외의 올리브 나무 숲속, 그리스의 옛 영웅 아카데모스를 모신 아카데메이아에 학원을 열었다. 김나지움(gymnasium, 체육장)도 두었는데, 비교적 체계를 갖춘 교육시설이었다. 플라톤은 교육은 공적이어야 하며 교사는 폴리스에 의해 선발되고 특별한 행정관에 의해 감독되어야 한다고 강조했다. 플라톤은 그리스에서 공교육의 창시자로 일컬어진다.

플라톤은 국가 개혁의 이상을 갖고 아카데메이아를 창설했다. 학사(學舍)에서는 귀족가문 출신의 준수한 청소년 수십 명이 숙식하면서 높은 수준의 학문을 교수받았다. 아카데미의 어원이 되는 아카데메이아에서 교장 플라톤은 함께 생활하면서 그들을 지도했다. 아카데메이아는 훗날 중세 대학의 칼리지 조직과는 달랐지만, 수업 이외에 향연(symposium)을 베풀면서 사제지간에 담론을 나누는 배움과 생활의 공동체였다.

플라톤은 교육을 유치원(만 3~6세), 초등과정(6~10세), 중등과정(10~16세 혹은 18세) 3기로 나누었다. 중등과정은 문학 학습(10~13세), 음악 학습(13~16세), 수학 학습으로 나뉘었다. 수학 학습과 철학 지망의 엘리트 그룹 선발을 거쳐, 30세에 이르러서야 비로소 철학적 방법인 변론법 학습에 들어간다. 철학자를 위한 진정한 교육은 15년을 더 필요로 한다. 도시의 실생활 속에서 가꾸는, 아레테(arete, 덕)를 지향하는 인간적 품성의 연마에 도달하는 것은 50세에 이르러서이다.

플라톤이 실행한 교육의 궁극적 목표는 철학자 육성이었다. 그에게 철학(philosophia)이란 스승 소크라테스와 마찬가지로 지를 사랑하는 것이었다. 철학자란 기쁨으로써 배움에 열중하는 사람, 진실을 관조함을 사랑하는 사람이며, 지성과 진실을 창출하며 지식을 획득하고 진정한 삶을 사는 사람이다. 플라톤의 이상적 인간상인 철학자란 바로 그리스적 파이데이아(paideia)의 이상을 구현한 사람이라고 할 것이다.

파이데이아, 즉 교양이란 원래 아이들의 육성을 의미했으나 헬레니즘 시대에 이르러 아레테 즉 덕과 결부되었다. 교양이 마음과 몸의 이상적인 구현을, 덕과 아름다움이 하나임을, 문화 이상을 뜻하게 됨은 소크라테스와 플라톤의 시대에 이르러서였다. 교

아카데메이아에서 담론하는 플라톤과 철학자들

양은 플라톤에게 덕을 지향하는 교육이며, 교양이라 함은 영혼의 건강과 같은 것, 혹은 아름다움이나 반듯하게 배우고 알아야 할 최대의 덕을 의미했다. 덕은 아리스토텔레스에게는 훌륭한 인간의 근본을 이루는 것으로서, 최선의 생활을 의미하는 행복은 덕의 실천이며, 남김없이 덕을 사용함을 말했다. 덕의 완전한 실현을 추구함으로써 그리스의 교양은 이상화되었다. 특수한 가치의 개념이 아닌 이상으로서 추구된 교양이야말로 다른 문명권에서 볼 수 없는, 그리스·로마 문명과 서유럽 문명의 본질이며 핵심이라고 강조한다.

다른 문명권이 신과 왕, 영혼을 받든 반면 그리스인은 인간을, 교양을 구현한 이상적 인간을 창조했다. 그리스의 시인과 철학자, 조각가와 입법자, 정치가들이 왜 그처럼 인간에 대해, 인간교육에 관해 깊은 관심을 나타냈던지 그 해답을 우리는 이상적 인간 중심의 휴머니즘에서 찾을 수 있다. 교육의 본질로서, 문화 이상으로서 추구된 교양은 또한 정치적인 것을 의미했다. 다시 말해 그리스의 후마니타스란 개인의 교양에 그치지 않고 정치적·공동체적인 것을 지향했다.

플라톤은 교양교육에서 언제나 정치적인 공인으로서 시민의 덕성을 최고의 이상적 가치로 확신했다. 그에 따르면 지를 사랑하는 자는 '폴리스를 사랑하는 자'(phillapolis)였다. 플라톤 자신의 궁극적인 소망도 철학적 교양을 넘어 스스로 국가 공공의 일에 종사하는 것이었다. 플라톤은 「제7서간」에서 토로한다. "나도 젊은 시절에는 많은 사람과 같은 생각을 했습니다. 성인이 되면 국가의 공공활동에 종사하고 싶다는 것입니다." 그의 아카데메이아는 단순히 철학의 배움터가 아니라 정치를 배우는 학교이기도 했다. 그리하여 그것은 "신도의 집단이라는 형태, 즉 성원 모두가 정치적인 긴밀한 유대의 정념으로써 연대된 결사(sect)"의 형태를 취했다.

인간교양을 떠받치는 공덕으로서의 정치성은 아리스토텔레스에게서도 마찬가지였다. 인간을 정치적 동물로 이해하고, 훌륭한 인간의 덕을 바람직한 국가체제와 결부시킨 그의 큰 관심사는 정치적인 것으로 귀착되었다. 공적·정치적 문제에 바쳐진 정치적 생활을 아리스토텔레스는 영원한 사물의 탐구와 관조에 바쳐지는 철학자의 생활에 다음가는 자유인의 귀중한 생활양식으로 여겼다. 교양과 지성의 역사에서 그리스의 중요성은 교양과 지성이 개인적인 가치에 그치지 않고, 아니 그 이상으로 공동체와 맺은 관련에서 위상을 확대하고 심화했다는 사실이다.

파이데이아, 즉 그리스적인 교양은 이상적 개인을 공동체의 이미지(모델)로서 만들고자 했으며, 그리스적 교양, 그리스적 휴머니즘이란 그것이 공동체의 생활 속에 뿌리를 내리고 있던 데서 탁월성이 나타났다. 교양이 추구한 이상적 인간상은 결코 관념적·추상적인 진공 속 인간상이 아니라, 그리스의 풍토 특히 폴리스의 정치체제 속에서 싹트고 자란 살아 있는 이상이었다. 인간적 교양과 깊이 관련된 국가공동체의 자각은 이념 국가, 교육 국가의 이상을 창출했으며 일찍이 호메로스의 영웅시대에 싹튼 그 이상은 플라톤의 철인 국가[1]에 이르러 절정에 달했다. 그렇듯 인간을 바로 폴리스적인 시민으로서 인식하고 시민적인 공공선(公共善)을 이상화한 고대 그리스적 교양, 그 교양을 떠올리며 한나 아렌트는 그리스인의 덕은 언제나 공적 영역의 것, 즉 폴리스적인 것이었다고 강조한다.

플라톤은 교육과 학습에서 철학만을 생각했으며 시를 배척하고, 그 시대에 유행된 수사학을 학문이 아닌 그저 그렇고 그런 기교로 생각했다. 그가 시인과 예술가를 이상국에서 추방했음은 잘 알려진 사실이며, 철학자 플라톤의 수사학에 대한 비판은 『고르기아스』를 비롯해 저술 도처에서 나타난다.[2] 플라톤의 철학과 더불어 수사학이 철학과 마찬가지로, 아니 철학 이상으로 그리스적 교양과 교육의 주류를 이루었으니 이제 이소크라테스로 대표되는 수사학·웅변술에 관해 생각해보자.

이소크라테스

옛 그리스어는 다른 문명권의 고대언어와는 달리 어휘가 풍부한 것으로 알려져 있다. 지중해 여러 지역의 언어를 받아들인 것과 관계가 있지만 그리스인의 다변과도 무관하지만 않을 것이다.

---

1) 플라톤의 『국가론』에 나오는 유명한 구절을 상기해보자. "국가에서 철학자들이 왕이 되지 않는 한, 혹은 오늘날 왕으로 불리고 권력자로 불리는 사람들이 진정으로 철학적이지 않는 한, 즉 정치적 권력과 철학적 정신이 하나가 되지 않는 한 국가의 불행은 그칠 날이 없을 것이며, 인류에게도 마찬가지라고 생각된다."
2) 플라톤은 변론술·수사학을 『고르기아스』에서 언론(문장)의 기술, 정치 기술의 한 부분의 그림자와 같은 것으로 단정 짓는다. 설득을 만들어내는 그리고 기쁨과 쾌락을 만들어내는 경험인 변론술이 청년들을 매혹하고 있는 시류를 개탄했다.

말수가 적은, 즐겨 메타포로서 표현을 처리하는 유대인과는 대조적이다. 절대 신의 나라에서 사람들은 복음에 귀를 기울임으로써 말을 잊었지만 그리스에서는 모두 자기 소리를 내야 직성이 풀렸다. 사실 그들이 가장 즐긴 화제도 말 많은 사람들이 으레 그러하듯 자기 자신이었다. 그러나 옛 그리스인은 단순한 다변가가 아니었다. 어느 민족보다 반듯한 말, 아름다운 말을 쓰고자 했다. '말의 기술'인 레토릭이 철학만큼, 아니 그 이상 귀하게 여겨진 이유이다.

천성이 웅변술의 교사였던 이소크라테스에게 말(logos)과 언어에 관한 능력이나 개발이야말로 진정한 인간 교양의 길이었다. 한때 직업적인 법정 연설가이기도 했던 이 수사가에게 "훌륭하게 이야기하는 것"은 바로 "훌륭하게 생각하는 것"으로 이어졌다. 그는 "법과 정의에 알맞은 진정한 말은 훌륭하고 신뢰할 수 있는 영혼의 징표이다"라고 주장했다. 제대로 말하는 것은 법률이나 학예에 관련되고 정의를 실현하고 영광을 표현하며 문화와 문명을 밝히는 힘을 의미했다. 말을 잘한다 함은 이소크라테스에게는 인간적인 교양의 최대 덕목으로 여겨졌다. 그리하여 플라톤의 철학 학교와 맞서 교양교육이 목적인 변론·수사학교를 아테나이에 세웠다(기원전 390). 학생들은 수사학과 문체 훈련을 통해 잘 말하기 위한 말의 교양, 문학의 교양에 대한 수련을 받았다. 이소크라테스의 학교는 학파적 결사(結社)의 성격이 없지 않았던 플라톤의 아카데메이아와는 달리 지극히 개방적이었으며 학습 기간은 3~4년이었다. 이소크라테스는 그리스 곳곳에서 강의를 듣기 위해 학생들이 몰려든다고 학원의 성공을 자랑했으며, 100여 명 제자 중에는 저명한 고위 공직자도 적지 않았다.

이소크라테스의 수사·웅변학교는 꽤 높은 수업료를 지불하고 특정 허가를 받아야 입학할 수 있었는데 무상이었던 플라톤의 철학학교 이상으로 학생이 모여들고 정치가 육성의 중심이 되었다. 이러한 배경에는 레토릭, 즉 수사학·웅변술이 무엇보다 정치의 기술이며, 정치가와 정치가 지망생들에게 요구된 최고의 표현이었다는 사실과도 깊이 관련된다. 서적이 희귀하고 공론(公論)과 국가의 중요한 관심사가 집회나 회합 때의 연설 혹은 담론으로써 판가름이 난 폴리스 세계에서 잘 말하는 것, 웅변이야말로 교양인 특히 정치가에게 가장 요구된 교양이며 덕성이었다. 이소크라테스는 말했다. "덕의 실천을 위해서는 정치적 지식이나 웅변의 연구만큼 도움이 되는 것은 없다고 믿는다."

완벽한 문체, 수사적 문체의 아버지로 일컬어지는 이소크라테스는 식전연설(式典演說, epideixis)의 창시자이며, 그에 의해 고대 그리스·로마 및 헬레니즘 문화에서 공적 강연의 장르가 결정적인 중요성을 지니게 되었다. 그가 남긴 여러 작품(연설문) 중 특히 유명한 것은 「올림피아 제전 송사(頌辭)」(기원전 380)이다.

기원전 4세기의 그리스 및 그 후 헬레니즘 시대와 로마 시대 교사의 모범은 플라톤이 아니라 이소크라테스였다. 당시 교양인, 특히 (귀족의 절대 다수가 희망한) 정치 엘리트에게 제일 요구된 것은 철학이 아니라 변론·수사학 및 문학적인 교양이었던 것이다. 이소크라테스에 의해 수사학은 최고의 학예, 특히 교양인의,

시를 읊는 호메로스

아테나이를 빛낸 최고 학예가 되었다.

그리스의 첫 번째 스승은 호메로스였다. 『일리아드』에서는 전사적 요소가 풍기면서도 문필의 색깔, 즉 수사학적·인문적 교양의 성격이 이미 엿보인다. 그리고 6세기 이래 호메로스는 교양인들의 애독서, 교본이 되었다. 이후 수사학·문학은 철학에 앞서서 자유인 모두의 첫 번째 교양이 되고 학교의 학과가 되었다.

이데아와 이성적이며 명확한 예지(에피스테메, epistēmē)를 내세우는 플라톤과, 현실에 대한 올바른 견해(플라톤이 혐오한 독사, doxa)를 진정한 교양인의 근거로 생각한 이소크라테스 간의 라이벌 관계는 오래 지속되었다. 그러면서도 미묘하고도 뉘앙스에 찬 철학과 수사학의 관계는 고전적 전통이라는 신전(神殿)의 두 기둥으로서 상호보완적이었다. 어떻든 철학에 대한 수사학의 우위는 면면히 이어지고 그리스·로마 사람들은 진정한 교양을 소리 없는 조각가, 화가, 건축가가 아니라 시인, 음악가, 철학자, 특히 웅변가, 정치가로부터 찾았다. 한나 아렌트가 지적했듯이 그리스·로마 시대에는 말(lexis)이야말로 인간을 정치적 존재로 만드는 것이었기 때문이다. 가장 정치적이었던 로마 시대에 정치 엘리트의 교육과 교양의 원리로서 말의 기술, 말의 학문인 수사학이 철학을 제쳤음은 어쩌면 당연했다고도 할 수 있다.

파르테논 찬가

소크라테스의 한 제자가 난파해 로도스 섬 해안에 다다랐다.

거기에 기하학적 도식(圖式)이 그려져 있음을 알아차리고는 동료들을 향해 "틀림없이 좋은 일이 있을 거라네. 인간의 흔적이 여기 새겨져 있으니 말이야"라고 부르짖었다.

3세기 전반 무렵 그리스의 철학사가 디오게네스 라에르티오스가 전해주는 참으로 그리스인다운 함축적인 에피소드이다. 그리스는 학문(doctrino) 속에서 인간을 보았듯이 기하학적 문양에서 인간을 보았다. 그리스인들은 기원전 8세기경 '인간'에 눈을 뜬 새벽에 기하학적인 문양의 토기를 만들어냈다.

그리스적 감성과 정념, 계산하고 사유하는 이성, 이 모든 것은 조형의지로 응고되었다. 맑고 투명한 지중해 세계에서 사람들은 보는 동물로 태어난다. 그리스 사람들은 눈을 통해 모든 것을 관찰하고 생각했다. 그들에게는 가시적인 것, 손으로 만질 수 있는 것만이 실재이며 진실이었다. 그리스 문명의 특징인 조형의지는 사물을 있는 그대로 관찰하고 형태화하는, 리얼한 조형정신의 산물인 것이다. 비주얼한 존재인 그리스 사람들은 인간의 영혼은 육체로 구현된다고 믿었다. 육체의 아름다움은 자체로 아레테, 덕성을 의미했다.

그리스인에게 아름다운 인간의 모습이란 어떤 상태를 의미했을까. "영원한 봄이 그 몸매를 부드러움과 젊음으로 감싸고 있다. 혈관도 근육도 육체를 따뜻이 하고 움직이게 하지 않는다. 오직 거룩한 본질만이 복잡한 흐름처럼 돌아서 전신에 넘쳐들어 보인다." '벨베데레의 아폴론'에 관해 빙켈만이 한 말이다. 그리스 사람들은 대체로 인간의 헥시스, 즉 조용한 항상(恒常)의 상태를 존중했다. 항상의 상태는 얼굴뿐 아니라 몸짓 전체에서 추구되었으며, 몸 전체에서 마음의 표정을 읽었다.

이렇듯 몸짓 전체로 표현된 항심(恒心)은 폴리스적 질서 속에서 이룩된, 대칭과 조화를 무엇보다 소중히 여기는 기하학적 정신에 의해 이루어졌다. 우리는 저 아크로폴리스의 파르테논 신전을 쌓아올린 정신이 또한 여신의 육체 속에 최고의 아름다움을, 플라톤이 말했듯이 신의 질서를 갖추게 했음을 볼 수 있다. 「루드비시 옥좌」에 그려진 미신(美神)의 프로필은 육체를 신격화하고 신을 육체화할 수 있었던 최고의 가능성, 이른바 그리스의 기적을 이룩했다.

파르테논 신전, 풍부한 양감과 율동적인 구축성, 촌분의 여백도 매몰도 허용하지 않는 청렬(淸冽)한 비례와 방정함, 어떠한 식물적 생명의 표출도 거부하는 경질(硬質)의 질서는 엄격한 기하학적 정신의 소산인가 아니면 완벽함을 획득한 고전의 결정(結晶)인가!

이집트의 피라미드가 존재의 허무를 일깨우는 무한과 외포(畏怖)의 시간 속으로 인간을 유혹한다면 파르테논 신전은 기하학적 질서와 자기 충족 속으로 우리를 끌어들인다. 파르테논, 로마의 시인 호라티우스가 황금분할이라고 감탄한 그 연이은 기둥 사이사이에서 우리는 인간적인, 너무나 인간적인 한 문명의 고귀함을 읽는다.

2 디오니소스적인 도취

운명적인 삶의 공포는 합창단의 흥분이 고조됨에 따라
산간 계곡으로, 무한대로 열린 우주공간으로 흩어져 산산이 부서지고
디오니소스적 도취는 새로운 환영(幻影)을 불러일으킨다.
구제와 정화를 위해서는 픽션이 불가결했다.

일상적 삶으로부터의 해방

"소크라테스 이래 갑자기 개인이 자신을 과대시했다"고 니체는 말했던가. 그리스인들이 처음으로 자아에 눈을 뜬 것은 기원전 5세기 비극작가들의 작품을 통해서였다.

사람들은 신들의 거처인 아크로폴리스에서 하산해 자기 자신의 도시, 폴리스를 건설했다. 아고라 광장과 극장을 만들었다. 그리스의 도시는 멈퍼드에 의하면 그 자체가 바로 극장이었다. "도시의 과업은 인간을 형성하는 것이다"라고 말했듯이 도시라는 극장에서 폴리스 시민들은 지난날의 신화나 영웅들의 울타리, 부족 공동체의 일상에서 벗어나 자유로운 인간 도야의 연출을 시도했다. 폴리스의 공공 조형물은 시민을 위한 자아실현의 교육 공간의 성격이 짙었으며, 그중 특히 극장은 시민 전체의 만남의 공간,

자기와의 만남의 장, 자기 정화의 장이었다.

그리스는 음악과 춤의 나라. "축혼가(祝婚歌)도 리라(하프)도 코러스도 없다면 그게 바로 죽음이란 것이다." 이렇게 말한 이는 소크라테스였다. 음악과 춤은 극장을 세웠다. 그리스는 극장의 나라였다.

모든 폴리스는 극장을 도시 주변 언덕의 경사진 곳에 세웠다. 니체의 표현을 빌리면 극장의 형태는 고적한 산골짜기를 연상시키고 무대 건축은 빛나는 구름과도 같다. 기원전 6세기, 극장이 처음으로 만들어졌을 때 원무(圓舞) 합창단이 노래하고 춤을 추는 공간 오케스트라(orchestra)와 그를 둘러싼 부채 모양의 관객석 테아트론(theatron)으로 구성되었다. 관객들은 신들과 영웅 이야기에 홀리며 무대뿐만 아니라 멀리 바다로 뻗친 광대한 풍경을 전망했다. 초기 비극에서는 배우가 1인이었으므로 공연에 앞선 코러스가 관객을 사로잡았다. 서정시는 대개 리라(lyra)의 반주에 따라 노래로 불리니 'lyric poetry'라 지칭되었다.

코러스는 50명이었다가 소포클레스 때 15명이 되었다. 성인 남성들과 소년들 두 부류였다. 합창단에서 독창자는 코러스에서 한 걸음 앞으로 나와 신이나 히어로의 역을 연출했다. 의장을 다듬은 이 등장인물(페르소나), 즉 주역은 신원이 판별되는 가면을 쓰기도 했다. 독창자와 코러스의 응답은 더욱 용의주도했다. 오케스트라라고 불린 원형 무도장은 제단을 둘러싸듯 만들어졌다.

▲ 아테나이의 디오니소스 극장

제단 둘레에 정렬하고 선 코러스, 즉 합창가무단은 독창자가 노래하는 이야기에 노래로 주석을 달고 신에게 바치는 춤을 추었다. 그 동안 언덕 사면 반원형 관람석의 관객들은 외경의 마음으로 고요히 노랫말에 귀를 기울이다가 가끔 소리를 내어 코러스에 가세했다. 그 모두는 그리스인이 말했듯 종교적 의식이었다. 배우나 코러스를 지원한 부유한 시민들은 그 행위를 공공봉사로 자부했다. 그럼으로써 공동체 의식을 지니고 신의 세계, 종교적 의식에 몰입함으로써 일상적인 삶에서 해방을 맛보기도 했다.

등장인물, 즉 주역은 바로 배우였다. 배우의 역할이 다양해지면서 소포클레스 시대에는 3명이 되었다. 극작가는 자기의 극에서 연기했으므로 배우와 극작가는 동일인이었다. 두 사람의 역할이 완전히 분리된 것은 비극배우의 경연(競演)이 시작되었을 때(기원전 499년경)였다. 배우에 대한 평가는 대사의 반듯함과 아름다움, 몸짓, 분위기에 달렸으며, 공연 내내 가면을 썼으므로 얼굴 표정의 연기는 도외시되었다. 오늘날 오페라처럼 극은 대사·서창(敍唱)·노래·춤으로 진행되었다. 대사의 전달은 사실적이라기보다 웅변적이었다. 그러면서 배우의 분장을 위한 무대 뒤 분장실인 스케네(skene)가 생겨났다. 이는 훗날 무대로 독립된다.

무대에 배경화가 등장한 것도 소포클레스 시대였다. 소포클레스에 이르러 그리스 극장은 많이 발전했다. 우선 오케스트라의 후방이 밀어 올려지고 무대가 만들어졌다. 배우들은 무대에서 대사를 토해냈다. 스케네=스크린이라고 불리는 배경이 등장했다. 무대 깊숙한 곳에 장치된 건물의 정면으로 무대의 배경막이 내려지고 배우들의 분장실을 감추는 역할을 했다. 날로 이야기를 전하는 대화나 몸짓이 많아지고 의식(儀式)의 색채가 줄어들었다.

조형에 앞서 음악이, 음악 뒤에 조각이

극장은 보통 주요한 신전과 연관된 공원이나 아고라 같은 공공장소에 세워졌다. 아테나이의 디오니소스 극장은 아크로폴리스 언덕 동남쪽에 자리를 잡았다. 극장은 참으로 훌륭하게 설계되었다. 관람석 맨 꼭대기 뒤뜰에 앉은 사람도 주연배우의 목소리를 듣는 데 지장이 없었을 뿐 아니라 배우의 속삭임까지 구석구석에서 들렸다. 계단식 관람석은 창건 당시는 나무로 만들어졌으나 기원전 4세기 후반에는 1만 명 이상을 수용할 수 있는 석조무대를 갖춘 웅장한 모습으로 바뀌었다. 극장 가운데 가장 큰 규모인 에피다우로스 극장의 관람석은 1만 4천 석을 헤아렸다고 한다.

그리스 극장의 발생지는 아테나이였으며, 황금시대는 기원전 5세기였다. 당시 노예를 포함해서 인구가 10만을 넘지 않았던 아테나이에서 지름 백수십 미터에 이르는 방대한 관람석은 도대체 무엇을 의미하는 것일까.

연극은 그리스에서 국가의 종교적 제전이었다. 극장이 열리는 날이면 마치 큰 제삿날 신전으로 몰려가듯이 시민들은 새 옷을 차려입고 손에 손을 잡고 몰려갔다. 고대 그리스에서 종교적 제전이나 예술 축전에 참가하는 것은 자유민 전체가 참가하는 의회나 법정처럼 '직무'와 같은 필수불가결한 시민생활의 일부였다.

그리스에서 배우라는 직업은 "조금도 부끄러운 일이 아닐 뿐만 아니라" 귀족들도 자랑스럽게 배우가 되어 무대에 올랐다.

여성들도 관객으로 자유로이 극장에 갈 수 있었을까. 폴리스의 공공장소는 자유인의 터전이다. 더욱이 관람이란 행위는 특권이며 취미에 속했다. 올림피아의 경기장은 금녀(禁女)의 공간이었다. 그러나 극장에는 여성들도 드나들었으며 타지방 사람들이나 외국인과 마찬가지로 극장 한구석 정해진 좌석에서 관람한 것으로 추정된다. 물론 여성이 무대에 모습을 나타내는 일은 없었다.

그리스 연극의 주류를 이루는 비극은 주신(酒神) 디오니소스(Dionysos)를 찬미하는 원무 합창가로부터 싹텄다. 아테나이에서는 해마다 3월 말부터 4월 초 꽃피는 봄에 디오니소스 축제가 7~8일간 계속되었다. 퍼레이드는 아테나이의 부와 문화를 자랑하는 이벤트이자 데몬스트레이션이기도 했다.

극장이 열리는 날은 공휴일로 정해지고 축제기간에는 전쟁도 멈추었다. 정사(政事)와 행정업무, 사사로운 상거래는 중지되었다. 아테나이 시 전체가 축제에 들떠 가히 올림피아 경기 때와 같았다. 연극이 상영되기 며칠 전 극작가는 자신의 작품에 출연하는 배우들을 이끌고 극의 주제를 미리 보였다.

그리스의 극장문화는 숱한 극작가를 낳았다. 기원전 5세기에서 4세기에 이르는 백 년간 1천 편 이상의 희곡이 쓰였다. 그리스 최대 비극작가인 소포클레스는 혼자 120편 이상의 극을 썼다(그중 7편만 현존한다). 그의 『오이디푸스 왕』(기원전 430~425년경)은 가장 완벽한 그리스 비극으로 칭송받는다.

주신 디오니소스의 출범

디오니소스 축제에서는 해마다 180명의 합창단이 참가하는 12편의 연극이 상연되고, 6천 곡이나 연주되었다. 선발된 극작가에게는 후원자와 배우, 합창단이 배정되었다. 해마다 2천 명의 아테나이 시민은 극장에서 상연되는 대사와 서사시를 암송하고 노래와 춤을 연습해야 했다. 고대에는 어디에서건 시는 노래로, 노래는 춤으로 화창(和唱)되었다.

그리스 사람들은 에게 해의 섬들, 소아시아와 시칠리아 등 힘이 미치는 곳에는 반드시 극장을 세웠다. 그리스에서 연극과 극장은 공적으로나 사적으로 왜 그렇게 중요했을까. 아테나이 사람들은 왜 그처럼 극장으로 몰려갔을까. 플라톤이 그리스 최대의 병으로 놀이를 들 만큼 그리스 사람들은 유별나게 놀이, 특히 경기 놀이를 즐겼다. 하위징아도 유럽 문명의 밑바탕에는 경주의 원리가 짙게 깔려 있다고 말했다. 올림피아 경기를 비롯해 말의 사육자, 시인과 시인, 도공, 목수의 경기가 있었다. 또 시민집회에서 벌어진 정치가들의 웅변술 경기가 있었다. 참으로 많은 경기(놀이)가 폴리스의 여기저기서 일년 내내 열렸다.

국가적·종교적 제전이며 축제였던 연극 상연은 기획부터 폴리스가 관장했다. 폴리스는 상연 공간, 상연 기간 및 극작가와 배우의 급여까지 모두 정했다. 작품 소재는 신화, 특히 호메로스의 두 서사시에서 찾았다. 인물묘사는 사실적이라기보다 심리적·물리적인 특징을 강조한 드라마로 다듬어야 했다. 작품은 경선을 거치는데, 상연이 결정되면 합창단의 의상이나 연습비용은 시가 정한 부유한 시민이 부담했다. 흥행주는 따로 없었다.

상연된 모든 극 가운데서 시가 선출한 사제를 비롯한 10명의 심판이 우승극을 결정했다. 우승한 극작가에게는 상이 주어지고 때로는 폴리스에서 기념비를 세워주기도 했다. 지금도 수상작의 일람표가 남아 있다. 아이스킬로스의 작품이 7편, 소포클레스가 7편, 에우리피데스가 10편, 아리스토파네스가 11편으로 기록되어 있다.

비극이 상연된 뒤에는 꼭 짧고 가벼운 희가극, 정치적 풍자극 및 즉흥 무언극과 같은 희극이 상연되었다. 비극이 준 심각한 기분을 청산하고 즐거운 주연(酒宴)의 밤으로 사람들을 끌어들이기 위해서였다. 비극작가인 아이스킬로스도 시사적 문제를 극화해 민주개혁에 대한 귀족의 '어리석은' 저항을 비웃었다. 아리스토파네스의 「여인의 의회」와 「여인의 평화」에서 볼 수 있듯이 희극작가들은 남성과 전쟁, 정치의 모순을 즐겨 그렸다. 특히 당대 권세가에 대해 풍자와 비판을 퍼부었다.

관객들은 극장에서 비웃고 비판하며 흥겹게 감흥을 즐기면서 그 이상으로 무대를 응시하며 역할놀이 속에서 옛 신과 영웅들을 모방(미메시스, mimesis)[3]했다. 그럼으로써 그들은 탄생의 굴레

---

3) 아리스토텔레스는 (시)창작의 원리를 미메시스, 즉 모방에서 찾았다. 그런데 모방은 단순히 리얼리즘적 현실묘사가 아니라 이상적 모방, 즉 "일어나리라는 일들을, 필연 불가피한 방법으로서 일어날 수 있는 일들을" 이야기했다. 아리스토텔레스는 『시학』에서 거듭 말한다. "역사가와 창작가(시인)의 차이는 역사가가 실제로 일어난 일에 대해 이야기하는 데 비해 창작가(시인)는 일어날 것 같은 일들을 이야기하는 점에 있다. 그러므로 창작(시작)은 역사에 비해 더 철학적이며 가치가 높다. 왜냐하면 창작(시작)이 이야기하는 것은 보편적이지만 역사가 이야기하는 것은 개별적이기 때문이다."

그리스의 옛 극장에서는 지금도 고전극이 상연되고 있다.

로부터 해방되어 일탈을 작심하고, 자기 정화를 꿈꾸었다. 극장은 바로 그들이 카타르시스를 만끽할 수 있는 해방공간이었다.

탄생의 굴레로부터 해방됨과 자기 정화, 그 운명애야말로 그리스 사람들을 그토록 극장으로 유인한 미약(媚藥)이었다. 희극이 신석기시대에 뿌리를 둔 풍년제나 장터의 익살맞은 사건, 민중적인 엉터리 소동 혹은 풍자에서 연유되었다면 비극은 디오니소스 제전에서 싹텄다. 포도재배가 성한 이칼리아 마을에서 포도주신이 된 디오니소스 제전의 밤, 도취한 여인들이 산과 들로 횃불을 치켜들고 주림(酒林)이나 포도를 휘감은 지팡이를 휘두르고 난무하며 뛰어다닌다. 난무 끝에 신과 인간의 구별이 없는 황홀경이 생겨난다.

극장에서도 마찬가지이다. 관객들은 코러스(코러스(chorus)라는 말은 기쁨(choris)에서 유래되었다)에 맞추어 노래하고 춤추며 산속을 떠돌며 미쳐 날뛴다. 모두 주신 디오니소스에게 신들린 것이다. 그들은 도취의 망각 속에서 일상적인 삶을 뛰어넘고 홀연히 현실세계를 떠나버린다.

아리스토텔레스는 비극의 본질과 관련해 "비통과 공포를 통해 모든 감정의 정화를 실현한다"고 말했던가. 우리는 극장에서 극중 인물을 모방하고 자기 자신을 극중 인물에 투영함으로써 자아상실과 함께 자기 정화를, 신생(新生)을 예감한다. 비극은 종교적 행위였던 가면극에서 비롯되었다. 가면은 극적 효과를 높일 뿐만 아니라 등장인물이 자신으로부터 해방되고 구제에 힘을 더 쏟게 만든다.

북방인 괴테는 1788년 나그네길 로마에서 사육제 광경을 보고 도취적 광란 속에서 분출되는 생생한 희열에 놀라움을 금치 못했다.

　백만의 사람들아, 그대들은 엎드리는가.
　세계여, 그대는 창조주를 예감하는가.

　이제 운명적인 삶의 공포는 합창단의 흥분이 고조됨에 따라 산간 계곡으로, 무한대로 열린 우주공간으로 흩어져 산산이 부서지고 디오니소스적 도취는 새로운 환영(幻影)을 불러일으킨다. 구제와 정화를 위해서는 픽션이 불가결했으며, 그 가상(假像)은 디오니소스와는 대치되는 것이어야 한다. 아폴론의 등장이다.

　아폴론, 밝고 빛나는 자. 그는 가혹한 운명에 몸부림친 그리스 사람들이 구제를 지향한 끝에 탄생되었다. 구제를 향한 끊임없는 과정은 예술적 행위이며, 니체가 말한 예술은 디오니소스적인 것과 아폴론적인 것의 이중성에 의해 탄생했다. 아폴론적인 것을 실현하기 위해서는 디오니소스적인 도취가 전제되어야 했다. 조형에 앞서서 음악이, 음악 뒤에 조각이 탄생한 것이다.

　모든 것을 절도와 형태로 끌어들이는 아폴론의 빛을 받으며 고전적인 인간이 지중해에서 탄생했다. 반수(半獸)와 인간의 사투에서 점차 신의 고요함에 이르는 파르테논의 정면에 새겨진 페이디아스의 무리는 이 고전적 인간의 탄생에 대한 축복이 아니었던가.

3 키케로의 후마니타스와 시민적 휴머니즘

말의 빛에 비쳐진 것 이상으로 찬탄할 무엇이 있을까.
모든 교양이 뒷받침된 변론 이상으로 풍요로운 것이 달리 있을까.
🖉 키케로

아! 로마 최고의 웅변의 아버지여. 나뿐만 아니라 라틴의 사화(詞華)에 의해 자기를 꾸미는 사람이라면 누구나 당신에게 감사를 바칩니다. 실로 우리는 당신의 샘으로 우리의 목장을 촉촉이 적십니다. 당신의 지도로 가르침을 받고 당신의 찬동으로 격려받고 당신의 빛으로 비쳐지고 있습니다. 우리가 이만큼이라도 글을 쓰는 능력을 습득하고 초기의 목적에 도달했다면 그것은 당신 덕택이라고 말하고 싶습니다.

페트라르카가 저승의 옛 스승 키케로에게 보낸 편지의 한 구절이다. 이탈리아 르네상스는 페트라르카가 1345년 봄 베로나 대성당 서고에서 키케로의 『아티쿠스 서간집』을 발굴함으로써 막이 올랐다고 일컬어진다. 그만큼 키케로의 저작은 이탈리아 르네상스에 크나큰 영향을 끼쳤다.

플라톤과 이소크라테스에 의해 기원전 4세기 전반에 이루어진 인문학적 교양 교육의 이념은 헬레니즘 시대(기원전 4~1세기)를 거쳐 로마 시대에 이르러 폭넓게 뿌리를 내렸다.

헬레니즘 시대의 교육과 학문의 중심지는 아테나이와 알렉산드리아였다. 아테나이는 그리스가 정치적으로 쇠퇴한 뒤에도 문화의 위대함이 빛나고 고대 말까지 여전히 지적·교육적 활동의 중심지였다. 한편 이집트와 유대, 그리스의 문화가 짙게 깔리고 융합된, 가히 고대 문화의 십자로이자 집합지라고 할 만한 알렉산드리아는 거대한 도서관이 상징하듯 아테나이와도 비길 만한 교육과 학문의 중심지로서 철학, 수사학, 의학과 더불어 모든 분야의 지식과 정보가 수렴되고 집결되었다. 기원전 2세기부터 1세기까지 에게 해 일대, 특히 소아시아 연안에서도 그리스풍의 학교 교육이 번창했다.

헬레니즘 시대는 광대한 지역과 다양한 민족으로 인해 정치적 통일이 결여되었다. 그러나 그리스풍의 문화를 의미하는 헬레니즘이라는 지칭이 시사하듯 그리스적 문화의 공유, 교양과 지식의 일체성으로 특징지어지며, 여러 민족과 여러 지역이 정신적·문화적인 연대와 통일을 이루었다.

그리스·로마적 교양에 이르는 길

"모든 아이는 아버지를 교사로 섬겼다." 그리스와 마찬가지로

▲ 폼페이 벽화에 그려진 로마인들의 일상적인 삶

로마에도 공교육의 관념이 없었으며 아이들은 가정에서 가부장인 아버지에 의해 옛 관습대로 교육을 받았다. 이와 같은 관행은 16, 17세까지 이어졌다. 13, 14세가 되면 미래의 로마 시민으로서 살아가기 위해 공인(公人)으로서 명성이 높은 인사에게 맡겨지고 변론술을 비롯한 여러 가지 교과목을 배웠다.

로마 교육이 가정적 교육의 전통을 벗어나는 계기를 마련한 것은 기원전 2, 3세기 로마에 찾아든 그리스인 교사들의 영향 때문이었다. 그들 중에는 라틴어로 저작한 최초의 인물이며 라틴 문학의 창시자로 불리는 리비우스 안드로니쿠스와 같이 뛰어난 인물도 있었다. 그가 라틴어로 번역한 『오디세이』는 2세기 이상에 걸친 고전으로 로마의 학교에서 가르쳤다.

로마에서 처음 학교가 세워진 것은 기원전 3세기 중엽으로 추정되며, 최초의 설립자는 해방노예 출신인 집정관 리비우스로 알려진다. 문사(文士, litteratores)로 불린 로마의 교사 중에는 자유인 출신도 없지 않았으나, 대다수는 그리스 태생의 노예 혹은 해방노예였다. 리비우스도 그리스어 교사가 되면서 노예 신분에서 해방된 인물이었다. 따라서 로마 교사들의 사회적 지위는 현인(賢人)으로 대접받는 그리스의 교사들과는 달리 낮았다.

로마의 기초교육은 문법학교와 수사학학교에서 거의 이루어졌다. 가장 기본교과인 문법교사의 본분을 키케로는 이렇게 정의했다. "그는 시인을 비판하고 역사를 가르치고 말의 의미를 설명하고 반듯한 발음과 화법을 가르친다." 교사의 절대다수는 직업적 교사라기보다 개인교수의 성격이 강했으며 그리스 출신이 많았

『호화시도서』에 그려진 로마

다. 강의는 라틴어보다 주로 그리스어로 행해졌다. 키케로도 아들과 조카에게 그리스어로 수사학을 가르쳤다. 키케로는 말했다. "우리 로마인은 그리스 학교에 유학하고 그리스 시를 읽고 암기한다. 그럼으로써 우리는 자신이 학자이며 교양인이 되었다고 생각한다." 키케로 시대의 로마 상류사회 계층은 그리스어를 읽고 교양인이 되었다. 그런데 기원전 161년 원로원은 그리스 출신 철학과 수사학의 모든 교사를 로마에서 추방한다는 포고를 결의했다. 로마 상류계층이 그리스풍의 교양인이 되고 반(半)그리스인이 됨을 두려워한 전통주의자들의 술책이었다.

선봉은 정치가이자 라틴 산문의 아버지로 일컬어지는 카토였다. 카토는 아들에게 "그리스 문학은 로마를 망하게 할 것이다"라고 경고했다. 그러한 그도 만년에는 그리스 문학연구에 착수했다. 당시 로마의 유력자들은 아들에게 제일 훌륭한 그리스인 교사를 붙여주고자 고심했다. 수사학(문학), 철학뿐만 아니라 조각과 회화, 수렵 교사도 그리스로부터 직접 데려왔다. 로마는 전통에 집착하면서도 그리스풍의 폭넓은 교양을 물리칠 수 없었던 것이다.

초기의 로마 교육은 실용주의적이어서 순수한 지적 개발이나 교양에는 무관심했다. 좋은 예로서 그리스 사람들이 이룬 기하학에 깊은 관심을 드러낸 것과는 달리 로마 사람들은 기하학을 실용적인 토지측량에 필요한 기술 정도로 배울 뿐, 순수이론으로 배우고자 하지 않았다. 로마가 소년들을 교육하는 데 중요하게 여긴 체육도 육체의 단련이지 그리스 사람들이 지향한 정신과 육체의 조화라는 관념과는 무관했다. 그러나 새로운 그레코-로만 세계의 문화는 플라톤과 아리스토텔레스의 철학, 아니 그 이상으로 이소크라테스의 수사학적 교양을 핵심으로, 그에 더해 로마의 국민적 전통을 융합한 교양 위에 이루어졌다.

정치가이자 철학자이며 라틴 문학 최고봉으로 일컬어지는 키케로는 빈민과 시민을 위한 그라쿠스의 개혁이 실패로 돌아가고, 로마가 마리우스의 민중파와 술라의 문벌파가 대립한 소란스러운 시기에 소년기를 보냈다. "그 무렵 나는 밤낮 모든 학문의 연구에 몰두했다." 귀족 출신인 술라가 고등교육을 받은 교양인으로 그리스 문학을 즐긴 데 반해 어릴 적부터 군에 투신한 마리우스는 교양이 없는 인물이었다. 그의 민중파는 그리스적 교양(당시 교양이란 그리스풍을 뜻했다)을 값비싼 사치라고 비난했다.

그리스 말기의 역사가이며 전기작가인 플루타르코스는 『대비열전』(對比列傳, 이른바 『영웅전』)에서 가령 마리우스가 그리스어를 배우고 그리스의 뮤즈나 미의 여신을 섬겼더라면 더 행복한 최후를 맞았으리라고 말했다. 마지막 그리스인으로 불린 교양인다운 말이라고 해야 할 것이다. 어떻든 그리스적 교양, 특히 수사학에 반발하는 움직임이 민중파의 태동에 앞서서 한때 로마에서 일어나고 그리스계의 수사학과 철학교사를 로마에서 추방하라는 원로원 결의가 선언되었다. 그러나 수사학에 대한 배움의 열기는 라틴어 수사학으로 활활 타올라 키케로는 중심인물이 되었다.

교양 있는 변론가 키케로

내가 어릴 때 플로티우스라는 인물이 처음 수사학을 라틴어로 가르친 것으로 기억한다. 모두 그의 학교에 몰려들었다. 웅변술을 열심히 배우고자 한 학생들은 그에게서 가르침을 받았다. 나는 거기에 못 간 것이 유감이었다. 그런데 내가 가지 않았던 것은 재능을 기르기 위해서는 (오히려) 그리스어 연설을 연습하는 편이 유익하다고 여긴 대단히 교양 있는 친구들의 충고에 따랐기 때문이었다.

어린 키케로는 부유한 기사계급(귀족 다음 계층이었다) 가문의 교양인이었던 아버지로부터 열성어린 교육을 받고 13, 14세 무렵에는 학교 교사들에게서 라틴어로 수사학을 배웠다. 그 교사 중 오늘날까지 이름이 전해지는 인물은 플로티우스뿐이다. 한편 키케로가 배운 수사학 교본은 라틴어로 씌어졌다고 하나 그리스인이 쓴 그리스어 교본을 그대로 본뜬 것이었다.

키케로의 어린 시절과 청년기 초기는 낡은 체제가 붕괴하는 정치적 과도기이자 혼돈의 시대였으며, 웅변가의 시대이기도 했다. 웅변가의 시대는 또한 변론술의 시대, 수사학의 시대였다. 키케로는 훗날 술회했다. "나는 그들(변론가들)의 연설을 들으러 다녔으며 열심히 공부했다. 매일 작문을 짓고 독서하고 나서는 그것을 베꼈다. 연설을 연습하는 것만으로는 만족하지 않았기 때문이다." 플루타르코스에 의하면 키케로가 품었던 최초의 꿈은 위대한 시인이 되는 것이었다. 그러나 당시 큰 뜻을 품은 로마의 모든 젊은이가 그러했듯이 키케로의 수사학 공부도 변론가, 정치가로 세상에 나아가기 위함이었을까. 젊은 키케로는 토로했다. "우리는 연구를 시작할 시간이 주어지기 전에 야심과 공적 생활의 흐름에 끌린다."

키케로는 젊어서 법정 변론가의 명성을 누렸다. 그 뒤 27세 때는 아테나이와 소아시아 및 로도스 섬을 여행했다. 6개월 동안 머문 아테나이에서는 주로 플라톤의 아카데메이아에서 철학을 배웠다. 2년에 걸친 여행 중 가장 큰 수확은 로도스 섬에서 수사학 교사인 몰론과 박식한 문장가인 포세이도니오스를 만난 것이다. 키케로 스스로 토로했듯이 "나는 그리스에서 아주 다른 사람이 되어" 로마에 돌아왔다.

키케로의 첫 번째 저서는 『변론가론』(전 3권, 기원전 55)이다. 키케로보다 약 한 세대 앞선 정치가이자 변론가인 크라수스와 안토니우스가 몇몇 벗들과, 그들이 이끈 젊은이들과 함께 로마 교외 크라수스의 별장에 모여 마치 플라톤의 『심포지온』처럼 변론가와 변론술에 관해 나눈 담론 청담(淸談)을 기록한 것으로서 대화편 모양새를 갖추고 있다.

키케로를 대변한 것으로 여겨지는 크라수스와 안토니우스의 대화를 통해 우리는 참된 변론가, 변론술의 본질을 둘러싼 키케로의 견해에 귀를 기울여볼 수 있다. 키케로는 변론가가 먼저 습득해야 할 요소 및 훈련에 대해 역설한다.

수사학 강의를 하는 성 아우구스티누스

시인의 시를 읽고 역사를 알아야 한다. 훌륭한 문학을 지은 저자나 학자들의 저작을 습득, 정독한다. 훈련을 위해 그것을 칭찬하고, 해석하고, 올바르게 하고, 비판하고, 반박해봐야 한다. 모든 것에 대해 언제나 찬반양론을 논하도록 하고, 어떤 사실에서도 개연적으로 여겨지는 주장을 끌어내야 한다.

변론가의 활동과 능력은 다섯 가지 요소로 나뉜다. 우선 이야기할 것을 발견하고, 발견한 것을 규칙대로 나열할 뿐만 아니라 중요성에 따라서 어떤 종류의 판단도 정확하게 배치, 배열한다. 이어 언론에 의해 그것을 잘 다듬어 수식하고 기억에 따라서 굳게 한다. 마지막으로 위엄과 우아함을 갖춰 이야기한다.

진정한 변론가란 "(어떠한 주제일지라도) 그 주제를 총명하게, 배열에 그릇됨이 없고, 문체를 다듬고 기억에도 하자가 없으며, 언변에서도 위엄 있게 말하는 자라고 할 것이다." 반듯한 변론가에게는 또한 "변증학자의 날카로움과 철학자의 사상, 시인에 가까운 말과 법학자의 기억력, 비극배우의 음성과 명배우다운 몸짓"이 요구되었다. 키케로는 변론가에게 모든 학예를 갖추기를 요구했다. 그에게 변론술(oratio)은 이성(ratio)이었다. 키케로에게 기초교육의 핵심은 문법, 수사학, 논리학 및 천문학 등 이른바 7자유학예이다. 키케로는 자유학예를 그리스의 파이데이아, 교양의 뜻으로 여겼다.

키케로에게 수사학(문학), 철학, 음악 등 모든 지식은 학예(ars)

의 원리에 의해 도출되어야 했다. 학예는 철학적 정신이 탐구할 인간 지식의 거대한 체계로서 학술·예술 및 기술은 구성부분이었다. "인간적인 훌륭한 학예의 교의는 모두 하나의 유대에 의해 맺어지고 일체성을 지닌다." 키케로는 동료들이 시나 음악을 소홀히 하고 수학을 계산이나 측량 등 실용적 기술이나 작업에 한정함을 안타깝게 여겼다. 그에게 중요한 것은 특정한 지식이 아니라 삶 전체를 관조하는 원리였다.

그는 『변론가론』에서 강조했다. "만약 모든 학문과 인생의 중대사에 관해 이해하지 못한다면 우리는 진정한 의미의 변론가가 될 수 없다. 뛰어난 변론술은 철학을 연구하지 않고는 불가능하다." "내용의 풍부함이 풍요한 말을 주리라." 키케로는 자기의 웅변은 "(플라톤의) 아카데메이아에 있던 숲 덕택이지 수사학자들의 일터인 수사학교의 혜택이 아니다"라고 토로한다. 그는 자신을 변론가와 철학자의 장점을 두루 겸비한 '교양 있는 변론가'라고 자부했다. 이 점에서 그는 로마 세계에서 독보적인 존재였다.

로마에서는 수학이론에 관심을 나타내는 로마인이 회의의 대상이었듯이, 회화나 음악을 즐기는 로마인도 예외적 존재였다. 이러한 사실은 학예 즉 교양에 대한 그리스인과 로마인의 서로 다른 관심의 반영이기도 했다. 로마에서 초등교육 용어는 철저하게 실용주의적인 라틴어였다. rhetorice(수사학), musice(음악), mathesis(수학), philosophus(철학)과 같은 순수 학예에 속하는 라틴어는 그리스어를 베낀 것이었다. 자유학예 즉 교양은 본질에서 그리스적이며 그리스로부터 전수된 것이었다.

키케로가 이상적인 변론가에게 특히 바란 것은 철학과 함께 역사와 법학의 습득이었다. 물론 7자유학예의 학습을 전제로 한 바람이었다. 키케로는 역사를 "시대의 증인, 진리의 빛, 전통의 생명, 인생의 교사, 고대의 사자(使者)"로서 찬미했다. 그러면서도 변론술을 거의 시가의 한 형태로 여긴 그는 "역사는 모든 문학 중에서 가장 수사적(修辭的)이다"라고 주장했다. 그는 언젠가 로마 역사를 쓰리라고 넌지시 암시했다. 키케로가 생각한 이상적 역사가가 한 세대 뒤에 나타났다. 로마 제정의 첫 번째 황제인 아우구스투스 시대의 역사가 리비우스이다.

그는 앙양된 국민적 역사의식을 유려한 문장으로 풀어내 방대한 『로마 건국사』를 저술했다. 라틴 문학의 백미로 명성이 자자한 이 저서에서 리비우스는 주장했다. "(로마사는) 다른 어느 나라의 역사보다 위대하고 존엄하며 인간적인 덕이 사실로서 가득 차 있다." 키케로를 비롯한 모든 로마인의 국가의식을 나타내는 단적인 표현이었다. 교양 있는 코스모폴리탄조차 모두 로마 찬가에 화창했으며, 그 울림은 15, 16세기 이탈리아 르네상스를 거쳐 19세기까지 이어졌다. 『로마 건국사』는 마키아벨리의 사상형성에 큰 영향을 주었으며, 이로 인해 그는 『로마사론』을 쓰게 되었다.

로마의 교육에서 또 특징적이며 주목할 것은 법학의 존재이다. 다민족국가인 세계 제국 로마는 법으로써 다스려지고 통일되었다. 그리하여 법학 교육 또는 법적 교양은 로마의 지배계급에 필히 요구된 덕목이었다. 로마의 시인 베르길리우스도 "여러 민족의 평화를 위한 법을 제정하는 일이야말로 (교양 있는) 제군들에게만 허용된 학예이다"라고 강조했다. 법학의 교육과 연구의 궁극적 목적은 진정한 로마 시민의 육성과 제국을 위한 법치체제의 확립이었다. 법학 교육은 또한 문학적 교양이기도 했다. 법에 의한 지배와 그에 따르는 법학자의 높은 사회적 위상은 권력지향적인 로마 문명의 특징이었으며, 로마는 교육을 통해 법학적 전문지식과 교양을 지닌 법률가 집단을 창출했다. 법과 법학을 둘러싼 로마적 전통은 중세 대학의 학풍이나 르네상스 시대로 이어졌다.

수사학(문학), 철학, 역사, 법학은 모두 키케로가 교양 있는 변론가에게 바란, 이 가운데 하나라도 없어서는 안 될 지식이며 학문이었다. 말년의 키케로는 그중에서도 도덕을 지향하는 지성으로서 철학을 특히 강조했다. 그에 의하면 철학적 교양이야말로 자유학예를 전제로 한 '고도의 교양'(politior humanitas)이었다.

조화로운 변론 이상으로 감미로운 음악을 달리 찾을 수 있을까. 기교로 짜인 완전문(periodes, 리듬을 수반한 종결문을 지닌 긴 복문〔複文〕-필자 주) 이상으로 부드러운 노래를 달리 들을 수 있을까. 변론이 보여주는 강렬하고 치밀한 견해 이상으로 정교한 것이 달리 있을까. 말의 빛에 비쳐진 것 이상으로 찬탄할 무엇이 있을까. 모든 교양이 뒷받침된 변론 이상으로 풍요로운 것이 달리 있을까. 문체가 제대로 짜이고 점잖게 이야기되어야 할 것으로서 변론가의 고유한 대상이 되지 않은 것은 없다.

"국정의 중대사에 관해 조언할 때 위험을 무릅쓰고 견해를 밝히는 것"도 변론가의 역할이다. "시대의 증언, 진실을 비추는 빛, 기억의 명맥, 인생의 스승, 옛 것을 알리는 사자(使者)인 역사도 변론가 이외 누구의 소리에 의해 영원한 불멸성이 주어질까." 이때 변론가(orator)란 말은 창조하는 언론인, 문인, 다시 말해 후마니타스(인간성)를 뜻한다.

키케로가 이상적인 변론가로서 그토록 내세웠던 교양 있는 변론가란 인간적인 학예(humanae artes), 즉 인문학적 소양을 두루 갖춘 인간이었다.

인문학에 종사하는 것만큼 세상에서 유쾌한 일은 없다. 인문학을 통해 우리는 헤아릴 수 없을 만큼 많은 것, 광대무변의 자연, 이 세상에 있으면서 천국까지, 또 여러 지역, 많은 바다까지 기꺼이 맞아들인다. 인문학이 우리에게 종교와 절제와 큰 용기를 가르쳐주었다. 우리의 영혼을 어둠으로부터 끌어올려 높고 낮은, 최초이며 최후의, 중간까지 모든 사물을 보여주었다. 인문학이야말로 우리에게 행복하게 삶을 사는 소식을 제공한다. 또 불쾌하지도 않고 고통도 없이 일생을 마무리짓는 도리를 가르쳐준다.

인문학의 주제인 후마니타스(humanitas, 이 말은 키케로의 조어이다), 그의 사상과 이념의 키워드이며 그리스의 파이데이아를 상기시키는 후마니타스를 최고의 가치로 받든 키케로의 휴머니즘은 당연히 수사학적 인문주의로부터 출발하고 그에 귀결된다. 키케로는 강조했다.

(변론가는) 인간의 삶에 관련된다. 모든 소재는 인간의 삶 속에 내장되어 있으므로 인간의 삶에 관한 모든 것을 탐구하고, 듣고 읽고 담론하고 생각하고 철저하게 논해야 한다.

매력이 있고 모든 점에서 세련된 회화만큼 한가로움 속에서 유쾌하고 후마니타스에 알맞은 것은 없다. 사실 우리는 서로 이야기를 나누고 말을 함으로써 생각을 표현할 수 있으니 짐승보다 훨씬 우월하다.

우리가 귀로 듣거나 혹은 우리의 정신으로 파악할 수 있는 것으로서 (변론의 매력만큼) 기분이 좋은 것은 없다.

후마니타스 즉 인간적 교양, 전인적 교양을 궁극적으로 지향한 키케로의 수사학은 이소크라테스와는 달리 철학과 슬기로운 화음을 이루었다. 철학자란 키케로에게 신적인 것과 인간적인 것의 모든 참뜻과 본성 및 원인을 인식하고자 노력하고, 더 잘 사는 도리를 파악하고, 그것을 실현하고자 노력하는 사람, 그야말로 철학자로 불리는 사람이다.

키케로는 결코 철학자나 웅변가에 머무르지 않았다. "모든 큰 지식, 모든 학예의 지식을 갖추지 못하면 모든 장점을 갖춘 웅변가가 될 수 없을 것이다." 뛰어난 변론가란 "문제를 잘 다듬고 풍부한 지식을 말하는" 사람이다. 지식이 풍부하다고 함은 교양이 풍부함을 뜻한다. 키케로의 이상을 충족시키고 그것을 밝히는 것은 교양교육을 의미하는 후마니타스이다. 『변론가론』의 도처에서 갖가지 의미를 지니고 나타나며 그만큼 키케로의 휴머니즘적인 기본사상을, 그 사상이 지향하는 이상을 밝혀준다.

시민적인 휴머니즘

"나는 인간이다. 나는 인간에 관한 것은 무엇 하나 무관하다고 생각하지 않는다." "우리는 모두 인간이라고 불린다. 그러나 우리 중에서 인간적인 것(humanitas)에 어울리는 교양을 몸에 지닌 사람만이 인간이다." 그리스의 파이데이아를 떠올리게 하는 키케로의 후마니타스는 바른 예절, 인간적 부드러움을 의미하면서 또한 시민적 덕목을 뜻했다. 그것은 변론가인 키케로에게서는 각별히 말과 말의 영지(英知)에서 잘 드러났으며, 키케로에게 "그지없이 사랑스러운 빛나는 학문에 마음을 기울이는 삶"의 희열을 안겨주었다. 인간적인 학예(인문학, humanae artes)는 자유로운 학예(artes liberales), 아름답고 좋은 학예(bonae artea)였다. 그리하여 키케로는 학예를 위한 학예를, 공무로부터 해방되어 유유자적 학예와의 놀이를 즐기는 한(閑)을 찬미했다.

"고요함과 한가를 찾아 나라를 다스리는 일을 멀리하고 자연 인식에 생애를 바친 인물들." 키케로는 그러한 모델로 피타고라스, 데모크리토스, 아낙사고라스를 들었다. 그들과 같은 박식한 사람들은 "많은 한가의 혜택을 가득히 지니고 자유자재로 많은 시간의 특권을 누리며 필요성을 초월한 갖가지 일을 자기가 마음을 기울일 관심사, 스스로 추구하고 탐구해야 할 대상으로 여겼다." "일상적인 것처럼 공무로부터 해방되어 자유로운 몸이 된 사람들 중 어떤 사람은 시가(詩歌)의 길에, 어떤 이는 기하학의 길에, 누구는 음악의 길에 열중하고, 또 변증법학자들처럼 새로운 일, 새 놀이에 스스로 파묻히는 등……인간적 교양과 덕을 지향해 형성하도록 발견된 학예에 모든 시간과 생애를 바쳤다."

"행동의 영지(英知)와 언론의 영지를 두루 갖추면서도 정치나 (공적) 활동을 혐오한" 그러한 자유인(liber)의 스승으로 키케로는 소크라테스를 꼽았다. 그러나 키케로는 "숨어서 살지어라"라고 표방한 현자(賢者) 에피쿠로스의 철학에는 냉담했다.

키케로는 자기 자신을 책의 연구보다 경험과 가정생활의 교훈에서 많은 것을 배운 한 로마 시민으로 명심했다. 후마니타스란 교양 있는 개인의 지적·도덕적인 표현인 동시에 시민적·사회적인 일상생활의 덕성을 의미했다.

로마 사회가 내세우는 덕(virtus)은 그리스의 아레테 이상으로 공적 영역의, 품격·품위·위신 등 사회적인 덕목이었다. 아리스토텔레스의 정치적 동물은 로마에서는 사회적 동물을 의미했으며 사회적 혹은 사교적(socialis)이란 말은 로마에서 유래된다.

사회적 시민인 로마인들에게 삶이란 사람들 사이에 있음과 동의어를 의미했다. 이러한 일상적 교양의 본질은 교육에 관한 로마적·라틴적인 개념에도 잘 나타난다. 그리스에서 교육은 학예를 의미했다. 그러나 로마 사람들에게 교육은 학예에 앞서 가정생활과 전통의 성과를 의미하는 educatio를 지칭했다. 키케로의 후마니타스의 본질에는 인간은 공동체의 일원, 시민으로 태어나고 공동체의 시민으로서 비로소 인간적인(humanus) 존재가 된다는 자각이 깊게 자리잡고 있었다.

"어릴 때부터 포럼(광장)의 세계에 발을 들여놓았다." "포럼을 배움터로 실천과 법, 로마 국민의 제도, 선인의 유산을 받들어왔다"고 실토한 키케로는 젊어서 변론가로 입신해 재무관, 사법계의 1인자로 명성을 얻었다. 가혹한 정쟁(政爭)이 그치지 않는 난세를 원로원 의원, 통령(統領)으로서 활동하고 조국의 아버지라는 명예를 누리기도 했으나 망명객이 되기도 하고 끝내는 안토니우스파에게 암살되었다. 마치 그의 운명을 예감이라도 하듯 한가를 누리는 자유인을 절절히 동경한 로마 최대의 문인, 최고의 교양인은 시민철학을 실천하고 치열한 시대를 누빈 정치가였다.

시민사회, 시민공동체인 로마에서 국정이나 공사(公事)에 참가하는 것은 후마니타스, 인간교양의 중요한 의무 또는 권리로 여겨졌다. 국가를 의미하는 말도 자유인의 결합체인 시민공동체(civitas) 또는 시민의 공적·정치적 조직인 레스 푸블리카(res publica)로 표현되었다. 국가의 본질을 이룬 것은 문자 그대로 시민의 자유로운 공동체였다.

로마적·라틴적인 인문주의에서도 그리스와 마찬가지로 명상적·관조적 삶을 최상의 경지로 받들었다. 그러나 권력지향적 문명을 쌓아올린 로마 사람들은 폴리스 시민 이상으로 '실천적 삶'(vita activa)을 귀하게 여겼으며, 그러한 사실은 그들이 강조한 정치적 미덕에서 잘 드러난다.

사람에게 정치적 미덕이 있음은 사람이 사회적 동물인 까닭이다. 정치적 미덕에 의해 의인(義人)은 국가에 봉사하고 도시를 지킨다. 그에 따라 부모를 존경하고 아이를 사랑하고 친족을 귀하게 여긴다. 시민사회의 안녕을 유지하고 용의주도하게 동료를 지키고 동포를 정의와 관용으로 통합한다. 정치적 미덕에 의해 의인은 공적을 세워 사람들의 기억에 영원히 자신의 이름을 남긴다.

로마 시인 베르길리우스의 주저인 국민서사시 『아이네이스』의 한 구절이다. 폴리스의 시민 이상으로 정치적 인간이었던 로마의 교양·엘리트 계층은 정치가, 변론가, 시인, 철학자를 가리지 않고 정치적 미덕을 떠받들었다. 그들에게 인간의 탁월성을 드러내는 징표인 명성, 명예는 국가를 위한 공적의 결실을 뜻했다. 로마 말기의 철학자이며 문인인 마크로비우스는 정치적 미덕을 철학적인 관조적 삶과 동격으로 여겼다. 이러한 경향은 키케로의 후마니타스에 일관된 주조음이었다. 그는 『국가에 관해』에서 말했다.

그대가 국가를 지키는 일에 더욱 열정적이 되기 위해서는 다음과 같이 명심하라. 조국을 지키고, 돕고, 일으킨 모든 자를 위해 천상에는 특별한 자리가 마련되고 거기서 영원한 삶을 누릴 수 있음을. 그 까닭은 전 세계를 다스리는 신에게 적어도 지상에서 행해지는 일에서 법에 의해 맺어지고, 국가로 불리는 인간의 결함과 몰입보다 마음에 드는 것은 없기 때문이다. 덕의 최대 공덕은 국가의 지도이다.

이소크라테스 이래 수사학은 정치학의 일부로 여겨지고 수사학·변론술은 아테나이의 언론 자유와 민주정에 이바지했다. 그리고 로마시대에 이르러서는 민회, 원로원, 법정(모두 웅변을 겨루는 화려한 무대였다)을 통해 더욱 공화정치의 진전에 이바지했다. "웅변이 없는 영지(英知)는 국정에 유익하지 않다." 고귀한 덕은 국가와 공공의 복지에 이바지함으로써 자기 실현을 완성한다고 확신한 키케로. 지식이 쌓아올린 '기하학적 구조물'인 플라톤의 이상국과는 다른 현실적인 로마 국가의 이상을 위해 학식 있는 변론가로서 정치세계에 몸을 바친 키케로. 평생을 난세의 바람이 소용돌이치는 정치의 광장에서 지새고 끝내는 그 업보에 의해 어두운 죽음을 맞는 키케로. 그는 그리스 유학 때 만약 공직에서 추방되면 아테나이로 옮겨 명상적·관조적 삶을 살 것을 마음먹기도 했다. 정치적 삶 저편의 관조적인 삶의 평화를 절실히 그리워했던 정치적 휴머니스트 키케로.

1741년 미들르톤이 키케로 전기를 저술한 이래 키케로에 관한 연구는 영국, 독일, 프랑스, 이탈리아 및 미국의 고전학자들에 의해 오늘에까지 이어지고 있다. 그렇듯 키케로를 둘러싼 끊임없는 관심의 배경은 무엇일까.

키케로의 수사학은 이탈리아 르네상스는 물론 중세를 포함해 근대까지 면면히 받들어졌다. 르네상스 초기의 이탈리아에서도 humanist란 칭호는 없었으며 대신 고전 고대를 섬기는 문인들은 orator(변론가), rhetor(수사가)로 불렸다. 인문학적 교양이란 무엇보다 말과 대화, 편지와 글을 잘 쓰는 교양이었으며, 그 기본 텍스트는 키케로의 저작이었다. 페트라르카와 마키아벨리, 에라스뮈스와 몽테뉴, 로크와 볼테르. 그들은 웅변의 스승의 제자였으며, 스승을 본받은 정치적 교양인이었다. 유럽에서 교양이란 글을 쓰는 지적 교양, 공사와 공공선에 참가하는 교양이다. 키케로가 유럽적 교양의 최고 정초자(定礎者)로 기록되는 이유이다.

그리스의 인문학적 교양의 틀 위에 뿌리를 내리고 헬레니즘 시대를 거쳐 로마 시대에 이르러 키케로의 수사학을 중심으로 더 폭넓고 명확한 형태를 갖춘 시민적 휴머니즘이 15, 16세기 르네상스 운동을 관통하고 이후 유럽 문화사의 주류로 면면히 이어졌다. 그런데 375년 이래 게르만 민족의 대이동으로 인한 로마 제국의 몰락은 모든 학교를 없애버리고 일찍이 없었던 문화의 '암흑기'를 초래했다. 그 결과 그리스·로마의 문화 전통이 자취를 감추고 고대의 고전적 교양은 라틴어를 통해 단지 로마, 아프리카, 갈리아 등 세 지역에서만 유지되었다.

그러면서도 로마는 6세기 초 교회의 비호 아래 고대의 학통을 지키고자 노력했다. 그렇듯 로마 제국의 몰락에도 불구하고 고대 문화의 빛은 꺼지지 않았다. 그러나 문화의 연속성을 지키기 위해 햇불을 높이 쳐든 것은 고대 그리스·로마풍의 교양인들과는 성격이 전혀 다른, 그리스도 교회와 성직자들이었다.

4 수도원과 주교좌성당, 초기 그리스도교의 문화

시편 · 문자 · 성가 · 역(曆) 계산 · 문법 및 수도사나 사제에 의해
올바르게 교정된 교회의 서적에 관해 가르치라.
🖋 카를 대제

유럽의 중세는 오랫동안 암흑의 시대라는 오해와 미신에 시달려왔다. 그 허구의 이미지가 수정된 지 한참 지난 오늘날에도 이탈리아 르네상스 시대의 인문주의자들이 고대 그리스 · 로마 시대와 자기들의 시대를 드높이면서 중간의 시간(medium tempus)이라고 비하한 대로 역사는 그 시대를 중세(moyen age)라 부르고 있다. 서로마 제국의 멸망(476)에서 콘스탄티노플의 함락(1453)에 이르기까지 약 1천 년, 중세는 정말 유럽 역사의 틈새, 인터벌이었을까.

게르만 민족의 대이동(375) 이래 로마 제국의 그리스도교 국교 선포(380), 교황권의 확립(440), 『로마법 대전』의 편찬(529~534), 아일랜드의 학예부흥(6~7세기), 카를 대제의 유럽 통합(800), 카롤링거 르네상스, 교회건축과 1050년경 각지에서 일어난 코뮌 운동, 십자군(1096~1291)과 이슬람 세계와의 문화교류,

12세기 이탈리아 상공 시민층의 활동, 고딕 양식의 교회건축(11~14세기), 12~13세기 파리 대학을 비롯한 대학의 창립, 로마네스크 양식과 스콜라학의 발전, 신분제 의회의 성립(1302), 그리고 12세기 르네상스!

중세 1천 년은 유럽이 가톨릭 교회를 중심으로 하나의 유럽임을, 유럽 공동체를 확립하고 유럽 역사의 연속성에 이바지한, 고대나 근대와도 비길 만한 빛나는 독자적 도정이었다. 특히 도시와 도시문화의 성립 및 그를 배경으로 탄생한 대학의 발전은 우리의 주제인 지식과 교양, 문화의 역사에서 획기적인 의미를 지닌다고 할 것이다.

문맹의 군주와 귀족들

그리스도교는 2세기 중엽 바울 교단이 성립되면서 점차 서방으로 확산되었다. 380년 로마의 국교가 되면서 그리스도교적 중세가 개막되었다.

중세의 교육은 고대 교회의 전통을 이어받아 그리스도교에 알맞은 종교 교육, 즉 믿음을 위한 교리의 학습에 중점이 주어졌다. 『성서』가 상징하듯이 그리스도교는 문자의 종교, 지적 종교이다. 그만큼 그리스도교를 받드는 학교가 일찍부터 도처에 생겨났으며, 그 중심은 수도원과 주교좌성당이었다. 교회에 의해, 교회를

▲ 프라 안젤리코, 「성 도미니쿠스」

위해 행해진 교육의 첫 번째 과제는 성직자 양성이었다.

일반 서민의 교육은 도제제도(徒弟制度)에서 볼 수 있듯이 일터에서 연장자에 의한 기술 전수가 대종을 이루었다. 이러한 현상은 고대와 중세, 앙시앵레짐기를 통해 대체로 변함이 없었다. 한편 귀족들은 대체로 무예와 사교 교육을 받았으며, 학문도 기예와 마찬가지로 대개 그들과는 무관했다.

유럽의 중세 귀족은 독서인이었던 유교 문명권의 사대부와는 달리 전사(戰士) 신분이며 마상(馬上)의 무변(武弁)이었다. 어린 시절부터 무예를 연마하고 전설적 영웅의 이야기를 들으며 호전적으로 자랐다. 프랑크 왕국(486~752)의 신흥 귀족은 학식은 물론 교양 따위에는 무관심했으며, 6세기경에 이르면 귀족과 교양은 대체로 관련이 없는 것으로 여겨졌다. 이러한 사태는 오랫동안 지속되어 독일의 오토 대제는 나이 서른에 이르러서야 읽기를 배웠으며, 콘라트 2세는 "이름도 쓸 줄 몰랐다"고 궁정 사제가 실토했다.

이탈리아와 프랑스의 기사들이 극히 초보적인 교육이나마 받아온 사실은 귀족의 대부분이 문맹이던 당시에는 예외적이었다. 알프스와 피레네 산맥 이북의 세속 중소 영주의 대다수도 문맹이었다. 그렇듯 중세 초기의 귀족들은 서적과는 인연이 없었으므로 공문서에도 어두웠다. 8세기 중엽 이후 13세기 말에 이르는 5세기 동안 독일의 궁정에서 프랑스와 주고받는 문서(언제나 라틴어를 썼다)를 관할하는 부서의 장은 예외없이 성직자였다. 이러한 현상은 유럽 다른 나라에서도 비슷했다. 그러다가 점차 교양과 지식은 고귀한 가계(家系)에 필요하다고 여겨지고, 독일의 경우 왕조의 후계자는 창시자와는 달리 문자를 해독하기에 이르렀다.

파리 클뤼니 박물관의 4폭짜리 타피스트리에서는 무예를 연마하고 연회를 베풀고 귀부인과 사랑을 속삭이며 하프에 귀를 기울이는, 중세 귀족의 일상생활을 상징적으로 표현한 장면을 볼 수 있다. 서적은 성관 어느 구석에서도 찾아볼 수 없다. 1500년경에 완성된 타피스트리 「귀부인과 일각수(一角獸)」의 경우도 마찬가지이다. 귀족을 포함해서 성직자와 구별된 속인이라는 말은 중세 전 시기를 통해 대체로 무지와 무식의 동의어였다.

성직자는 어떠했던가. 중세 교육이 주 예수와 교회를 위해 교회에 의해 이루어지고 수도원과 주교좌성당이 교육과 학문의 중심이었다. 그러나 "성직자 대다수는 부끄럽게도 무지에 허덕이고 시대의 혼란을 함께했다"고 소르본(칼리지)의 가톨릭계 역사가가 실토했듯이 교회도 문화적 어둠의 책임을 면할 수 없었다. 하위 성직자는 물론 고위 성직자 대다수가 오랫동안 문맹자로 머물렀다.

이상과 같은 성·속 모든 계층에 걸친 문화적 황폐현상을 치유하기 위해서는 영명한 영도력에 의한 일대 문화운동이 필연적으로 바람직했으니 카를 대제야말로 그 중심인물이었다. 그런데 학문을 장려하고 카롤링거 르네상스를 이룩한 이 제왕도 문맹자로서 칙령에 서명할 때 서기가 미리 써놓은 서명에 십자인(十字印)을 찍었다고 하니 참으로 놀랍다.[4]

---

4) 카를 대제의 신임이 두터웠던 귀족 출신의 역사가 아인하르트는 저서 『카를 대제

카롤링거 르네상스의 개막

카를 대제는 신권정치의 입장에서 권력을 주교좌적으로 행사하고 강대한 프랑크 왕국을 다스렸으며, 그리스도교적 공동체(corps christiana)와 유럽(유럽이라는 명칭은 '유럽, 즉 카를의 왕국'(Europe, vel regnum caroli)에서 비롯되었다. 카를은 궁정 시인에 의해 유럽의 아버지(pater Europee로 칭송되었다)이라는 관념[5]을 정립하는 한편 성직자의 무지와 교회의 황폐를 통감해 789년 칙서를 내려 고위 성직자들에게 성직자 양성을 위한 교육 개혁과 학문의 부흥에 열성을 다할 것을 강조했다. 그렇듯 그는 학문, 예술의 교육과 부흥에 크게 노력해 이른바 카롤링거

전』에서 토로했다. "(카를은) 라틴어를 배워 모국어처럼 말할 수 있었다. 자유학예도 열심히 습득해 교사를 극진히 대접하고 여러 관직을 주었다. 문자도 쓸 수 있기를 열망해 잠자리 베개 밑에 서자판(書字版)이나 양피지를 언제나 숨겨놓았다. 잠시라도 한가하면 (글쓰기) 연습을 하고자 한 것이다. 그러나 늦게 시작해 별로 뜻을 이루지 못했다."

5) '유럽'이라는 지칭은 그리스인이 품은 euryopa라는 막연한 부름에서 비롯되었다. 그들은 그것을 통해 그들이 바바로이(barbaroi)라고 부르는 세계, 아라비아, 특히 페르시아와 자신들의 세계를 차별하고 대치시켰다. 그러나 euryopa는 막연한 지칭으로서 지리적으로 그리스인들은 오늘날의 유럽 세계를 서서히 알게 된 데 불과하다. 유럽이 독자적 의미를 지닌 의미공동체(Sinneinheit)로 부상하는 것은 가톨릭 교회를 받들며 라틴어를 공통어로 사용하게 되는 중세에 이르러서이다. 동서 로마 제국이 분열된 뒤 서방은 급속히 그리스어를 잊고 라틴 중세를 형성했다. 서유럽의 성립이다. 그로부터 그리스는 동방세계의 일부로 남고 서유럽이 1천여 년 단절된 그리스를 재발견하는 것은 14세기 이탈리아 르네상스에 이르러서이다.

카를 대제와 귀부인들(13세기의 사본화)

르네상스(Carolingian Renaissance)를 이룩했다.

카를 대제는 모든 주교에게 그들 교구에 학교를 세우라고 법령을 시달했다. 그는 칙령에서 언명했다.

시편 · 문자 · 성가 · 역(曆) 계산 · 문법 및 수도사나 사제에 의해 올바르게 교정된 교회의 서적에 관해 가르치라.

이 칙령은 카롤링거 왕조의 교육 이념을 잘 말해준다. 「시편」(당시 사람들은 읽는 법이나 라틴어 기초를 「시편」에서 배웠다) 성가 및 성무일과(聖務日課)의 근행(勤行)을 정한 전례역(典禮曆)을 배우는 일은 성직자에게는 필요 불가결한 과제로서 중세 교육의 기본이었다. 교본의 주종을 이룬 것은 『성서』와 전례서였다. 7자유학예도 학습되었으나 그것은 『성서』를 잘 읽기 위해서였다.

카를 대제의 학예부흥은 잉글랜드의 신학자이며 교육자인 앨퀸을 초빙하면서 시작되었다. 유럽 전체가 학문과 문화의 암흑기였던 시절, 유독 잉글랜드의 수도원에서는 학문이 유지되고 계승되었다. 앨퀸은 대제의 뜻에 따라서 수도 아헨에 궁정학교를 세우고 신학뿐만 아니라 논리학, 수사학, 수학, 천문학 등 자유학예도 가르쳤다. 그는 베르길리우스, 키케로, 루카누스도 애독한 교양인이었다.

"문법과 철학이라는 학문의 사다리를 밟고 복음적 완성의 정상에 오른다" "무엇보다 나는 하느님의 교회에 봉사하도록 그들을 훈련할 것이다"라고 언명했듯이 앨퀸은 교회와 국가 개혁을 위한 카롤링거 르네상스의 본질을 그리스도교적인 배움에 두었다. 그것은 물론 대제의 바람이기도 했다.

학식에 대한 외경이 남달랐던 카를 대제는 궁정 내에 궁정학교 외에도 공주들과 군단 지휘관을 포함한 귀족들, 귀부인을 위한 살롱 아카데미를 만들었다. 거기에서는 시 낭독 모임도 자주 열렸다. 그밖에도 궁정 내에는 사본(manuscript)과 공예품을 제작하는 공방과 도서관이 갖추어졌다. 수도 아헨은 이제 궁정과 교회로 덮이고 학자와 문인이 가득 찬 거대한 뮤즈의 전당으로 칭송을 받았다. 카를의 사부로, 아니 시대의 사부로 정성을 다한 앨퀸은 심정을 다음과 같이 토로했다.

아들들(제자들)이 삶의 순결과 학문의 사랑 속에 번창함은 큰 기쁨이다.

그때를 카롤링거 르네상스라고 부르는 이유이다. 수도원 학교와 주교좌성당 학교가 줄줄이 세워지고, 이탈리아, 특히 아일랜드로부터 많은 교사가 건너와 더욱 폭넓은 교육을 행했다.

카를 대제는 하드리아누스, 마르쿠스 아우렐리우스 등 고대 로마의 군주 이후 독자적 문화정책을 행사한 최초의 군주였다. 세속 권력에 의해 주도된 교육과 학예의 진흥은 국가의 이익을 지상과제로 내세우게 마련이었으니 카를의 본래 목적도 다시 쇄신된 황금의 로마를 현출하는 데, 즉 자기 제국의 영광에 있었던 것이다.

카롤링거 르네상스는 르 고프가 그 본질을 지적했듯이 여러 가지 한계를 지녔다.[6] 이러한 사실은 그것을 주도한 앨퀸이 뛰어난 교육자이기는 했지만 독창적인 사상가는 아니었다는 사실과도 관련된다. 그러나 많은 교육시설을 세우고 학식 있는 성직자를 양성해 문화적 암흑의 시대에 종지부를 찍고, 고전문화의 진공지대였던 프랑스 동북부와 독일 서부에 라틴적·고전적 문화의 빛을 비췄음은 높이 평가해야 할 것이다. 이러한 사실과 관련해 7자유학예가 당시 교육의 기본으로 뿌리를 내린 중요한 사실에 관해 생각해보자.

그리스도교는 헬레니즘 세계에 속한 팔레스티나에서 탄생되고 그리스·로마 문화세계에서 성장한 까닭에 이교주의적 고전 고대와 뿌리 깊은 대립에도 불구하고 그리스·로마의 학교교육을, 다시 말해 인문주의적 교양과 이념을 자명한 것으로 받아들였다. 일찍부터 7자유학예를 7개 지혜의 기둥, 7개의 유성(遊星), 7개의 덕으로 비유했다. '7'이라는 숫자를 신비로운 의미를 지닌 것으로 생각한 것이다.[7]

그런데 7자유학예는 3학(tivium), 즉 문법·수사학·논리학

---

6) 고프에 의하면 카롤링거 르네상스란 르네상스라는 개념의 특징을 별로 지니지 못해 문화의 새싹에는 무관심하고 보존에만 급급해 성직자 중심의 군주정체의 관리 양성소를 마련한 데 지나지 않았다. 궁정문화란 게르만적이고 미숙한 놀이문화, 지위 과시의 사치에 지나지 않았다.
7) 7일째 날에 신은 휴식에 들어간다. 그리하여 7은 성취, 완성 그리고 완전성을 의미한다. 『구약성서』의 그리스어 역은 70인의 학자에 의해 완성된 것으로 전해진다. 고대 로마는 제위 7대에 걸쳐 쌓아올린 7개의 언덕을 지닌다.

7자유학예를 배우고 있는 학생들(1320년경의 목판화)

(변증법)의 세 학과와 4과(quadrivium), 즉 기하·산술·천문학·음악으로 구성되었다. 3학은 인간학과(humanite)로서 인간정신을 지향하며 말에 관한 학과 및 논리의 학과로 불렸으며, 4과는 자연에 관한 학과로 사물과 세계를 지향하는 사물에 관한 지식의 전체이다.

이상 7자유학예는 장차 대학에서 새로운 형태를 취하며 배우고 연구하게 된다. 7자유학예의 정립과 더불어 카롤링거 르네상스의 성과로 또 하나 간과할 수 없는 것은 『성서』와 가톨릭(보편적) 전적의 교정과 정본(定本) 확정 및 서법의 개혁, 즉 카롤링거 서체의 창출이다. 르 고프에 의하면 이 두 가지 업적을 통해 중세는 바야흐로 책의 시대로 진입했다고 한다.

책의 산실 사본공방

카롤링거 르네상스의 업적 가운데 하나는 처음으로 책 수집의 문화가 싹튼 것이었다. 당시 프랑스의 한 주교는 그의 주교좌에 『성서』 완본이 하나도 없음을 아쉬워하였다. 앨퀸도 카를 대제에게 사본공방을 간청했다. 8세기 말경에는 많은 수도원, 주교좌성당이 도서수집에 착수했다. 그러나 아직은 어느 (세속) 군주도 책 수집 혹은 도서실을 꾸밀 생각을 하지 못했다.

중세에 책의 산실은 수도원의 사본공방이었다. 앨퀸도 궁정 내에 사본공방을 설치했다. 문자나 책을 생기 있는 말의 모상(模像)으로 여긴 소크라테스나 플라톤을 본받아 그리스에서는 문자와 책을 가볍게 여겼다. '책상으로 향하는 사람'으로 불린 사람은 철학자가 아니라 환전상이었다. 그리스에는 서재나 독서인이라는 관념은 존재하지 않았다.

그러나 『성서』가 상징하듯이 그리스도교는 문자와 서적의 종교이다. 중세와 더불어 고대 '목소리의 문화'(orality)에 종지부가 찍히고 '문자의 문화'(literacy), 책의 시대가 열렸다. 그 중심에 『성서』가 자리했다.

그리스도는 고대에서 중세로 옮겨지는 과도기, 오늘날의 그리스도상이 만들어지기 전까지 의자에 앉아 책을 읽는 철학자로 표현되었다. 책을 가슴에 품은 성모상과 함께 그 모습은 오늘날에도 유럽의 미술관·박물관에서 심심치 않게 볼 수 있다. 그리스도가 위엄 있는 심판자의 모습으로 나타난 것은 기원 1천 년 이후이다. 13세기에는 이상적 신체를 지닌 그리스도, 아름다운 신이 출현한다.

사본공방에서는 사자생(寫字生)이 텍스트 필사를 비롯해 장정·제본작업을 도맡았다. 사본의 꾸밈, 문자의 장식과 삽화는 수도사인 화공이 맡았다. 사본에는 오자도 적지 않았으며 서체도 잡다했다. 그리하여 카를 대제는 "진정 원본에 의거한" 사본의 개정작업을 독려했다. 기존의 잡다한 서체를 대신해 새로운 서체, 이른바 카롤링거 서체를 만들도록 했다. 명료하고 아름다워진 서체는 채색 삽화나 테두리 장식과도 조화를 이루어 책을 더욱 아름답게 꾸며주었다.

사자생들은 하루 평균 6~7쪽을 베꼈는데, 한 권의 책을 여럿

이 분담해 300쪽의 책이라도 1주일이면 완성할 수 있었다. 카롤링거 서체로 한 해에 제작된 필사본은 무려 7천 권에 달해 이전 8세기에 제작된 1천8백여 권과 비교하면 엄청난 숫자였다. 당시 교육과 학문의 융성을 알 수 있다.

카롤링거 르네상스의 문화사적 의의로 또 지적해야 할 것은 로마의 문화적 유산이 지난날 이탈리아, 스페인, 아일랜드, 잉글랜드 등지에만 전파되던 것이 프랑크 왕국 영역 내 게르만 민족의 영역까지 흘러들어 문화의 새 지도를 꾸미게 되었다는 사실이다. 학문의 중심은 차차 프랑크 제국의 중심인 라인 강과 르와르 강 사이, 특히 프랑스가 되었다. 파리가 머지않아 새로운 아테나이, 새로운 로마가 될 것이다.

수도원 학교와 주교좌성당 학교

중세의 학교와 교육제도는 4세기에서 6세기에 이르는 오랜 공백기를 거쳐, 6세기 이후 특히 카롤링거 르네상스에 이르러 싹이 텄다. 대표적인 것이 카를 대제의 입법으로 발전한 수도원 학교와 주교좌성당 학교였다. 그런데 교회에 의한 교육은 앞에서도 지적했듯이 이교적인 고대 그리스·로마의 고전, 특히 키케로와 베르길리우스로 대표되는 라틴어의 저작들을 귀히 받아들였다. 그러나 그것은 『성서』의 가르침과 연구를 위해서였다. 고대 그리스·로마에서 교사는 자신의 집에서 자신의 방식대로 가르쳤는데, 어느 교사는 읽기를, 어느 교사는 웅변술을 가르쳤다. 교사들

사이에는 유기적인 연관이나 정해진 교육방식이 없었다. 일종의 교사집단이었던 소피스트들에게 전형적으로 나타나듯이 교사는 개개인으로 존재할 뿐 학교는 없었던 것이다.

통일된 교육이념을 추구하며 체계적인 교육을 행하는, 본래 의미를 가진 학교란 유럽의 경우 중세에 이르러서야 비로소 생겨났다. 학교 시설은 전적으로 교회에 의해 설립되었다. 교회개혁의 도도한 흐름 속에서 교육의 부흥이 이루어졌다는 사실도 크게 작용했다. 교육이념은 중세의 유일한 지적 계층이자 학식집단을 이룬 성직자 사이에서만 존재했으며, 교육은 교회 전체의 중요한 과제이자 목표였다. 카를 대제 이후 학예는 궁정을 떠나 수도원, 특히 베네딕트파의 수도원으로 옮겨졌다.

수도원 학교

그리스도교는 4세기 이후부터 학교를 세웠는데, 곧 수도원 학교(cole monastique)이다. "책을 갖추지 않은 수도원은 무기를 지니지 않은 요새와 같다"고 일컬어지듯이 수도원은 책을 갖춘 학문과 문화의 중심이었으며 특히 문화 전체가 황폐한 시대에 유럽의 학문을 구제했으니 "흡사 무지와 야만의 바닷속에 떠 있는 작은 섬과 같았다."

수도를 위한 공동생활을 지향한 그리스도교의 수도원은 발생지인 이집트, 시리아의 동방교회의 수도원처럼 무학(無學)의 성인을 받들지 않았으며 학습, 즉 책(『성서』)을 읽고 베껴 쓰는 배움의 시간을 귀히 여겼다. 특히 서유럽 수도제(修道制)의 창시자

파리 교외의 여수도원과 수녀들

인 성 베네딕투스[8]는 베네딕트 회칙을 제정해(525년경) 은둔 관상적 수도생활보다 노동과 독서를 중요시했다. 베네딕트 계율에 따르면 1년에 약 1500시간 독서를 해야 했다. 한 시간에 10쪽이면 1년에 15000쪽, 300쪽 책 50권을 읽는 셈이다. 베네딕투스 자신이 학문에 뜻을 갖고 수도생활에 들어간 인물인 만큼 독서는 기도와 같이 삶의 존재양식이었다. 수도원에서는 『성서』를 낭독하는 소리가 밤낮으로 그치지 않았다.

수도원의 사본공방은 도서관 1층에 자리잡고 있었으며, 도서관이라 해야 책꽂이만 있을 뿐 장서는 사본실에 있었다. 『성서』나 성인 및 교부의 저작 등 종교서적 외에도 고대 그리스·로마의 고전도 보존되고 전해졌으며 사본으로 만들어졌다. 특히 베네딕트 교단의 수도원은 고대의 사상적·문학적 유산을 정리하고 연구해 학등(學燈)을 환히 밝혔다. 오늘날 서유럽이 지닌 고대 문헌은 거의 사본실에서 사자생들이 필사한 것이다.

아일랜드의 철학자이며 신비주의자인 에리우게나는 자신의 신학을 민중의 신앙과 구별했다. 수도원 내 몇몇 학식자의 신학 연구활동은 대다수 수도사나 성직자와 동떨어진 영광의 고립, 귀족적 고립의 존재였다. 필사 작업은 지적 목적에 앞서 '펜과 잉크로써 악마와 싸우는' 믿음을 위한 것임을 사자생들은 늘 명심해야 했다. 때로는 거리의 대서(代書)와 수녀들이 공동작업을 해서 만

---

[8] 그의 교단은 중세 때 영향력이 막강하여 교황 24명, 추기경 200명, 대주교·주교 5600명, 학자·저술가 1만 5700명, 성인 54명을 배출했다.

들어진 사본, 그중에서도 특히 왕후 귀족이나 고위 성직자의 주문에 따라 제작된 호화로운 미장본(美裝本)은 희귀본으로서 수도원의 큰 수입원이 되기도 했다.

수도원 학교는 갈리아(프랑스), 게르마니아(독일), 잉글랜드에 많았는데, 특히 9세기와 11세기에 중요한 역할을 했다. 수도원 문화의 발전에 크게 이바지한 것은 '성인의 섬' 아일랜드였으며, 최초의 징후는 6세기 이후 아일랜드에서 있었던 종교와 로마 문화의 융합이었다. 당시 아일랜드는 남부 이탈리아와 더불어 유럽 문화의 중심지가 되어 앵글로색슨의 귀족들은 아일랜드의 수도원에서 자제를 교육시켰다. 아일랜드에 전해진 그리스도교는 동방계였으며 그곳 신도들은 다른 여러 나라가 몰랐던 그리스 문화에 눈을 떴다.

그곳 많은 수도원은 지적 교육에도 큰 관심을 나타내 수도사들은 학예는 물론 농경이나 목축, 건축 기술에도 밝았다. 그리하여 유럽 각지로부터 많은 사람이 '성자와 현자의 섬'을 찾았으며 아일랜드 수도사들도 6세기 이래 무리를 지어 유럽 대륙으로 순례를 떠났다.

북갈리아를 거쳐 이탈리아와 게르마니아에 이르는 활발한 종교적·지적 교류는 도처에 작은 수도사 공동체를 설립하고 대륙의 수도생활에 지적 관심을 불러일으켰다. 그렇듯 6세기 이후 남부 이탈리아에 뿌리를 내린 베네딕트회와 아일랜드 수도단의 만남은 그리스도교의 지적 발전에 큰 영향을 주었으며, 카롤링거 르네상스를 예고하는 유럽의 정신적 혁신의 길을 터놓았다.

수도원 학교는 수도원이 산간벽지에 위치했다는 사실로 인해 고립되고 폐쇄적인 경향이 있었으나, 도시와 깊은 관련을 지닌 활기에 찬 수도원도 많았다. 수도원 학교의 교과와 학습도 큰 도시의 주교좌성당 학교와 마찬가지로 개방적이었다. 귀족들이 수도원을 세우는 일이 생기면서 귀족적 성격이 짙은 수도원도 생겨났다.[9] 수도원이 한때 유럽 문화의 중심적 공간이었던 사실로 미루어 수도원 학교 또한 지방적 존재 이상의 중요성을 지녔다. 주교좌성당 학교가 생겨나기 전까지 군소 성당 학교의 교사들도 수도원 학교 출신이었으며 교양 있는 성직자는 모두 수도원 학교 출신이었다.

수도원 학교의 학생은 장래 수도사가 되기 위한 전제로 수도원에 맡겨진 '(신에게) 바쳐진 아이들'(대개 주교좌성당 주변의 고아원과 그밖의 자선시설 출신 소년들이었다)과 초보교육을 받은 농촌이나 도시 출신 아이들이 섞여 있었다. 수업은 종교 교육, 즉 기도, 수도원 회칙, 설교, 영적 강화, 그리고 무엇보다 『성서』 학습이 기본을 이루었다. 수업방법은 구술교육이었으며 대체로 구송(口誦)과 노래로 수업이 진행되었다. 서적이 희귀했던 중세에 문자 중심의 교육보다 구술교육이 수업방식의 패턴을 이룬 것이다. 수업은 오전에는 낭독으로 시작했다. 교사가 교본을 읽으면

---

9) 수도원의 귀족성은 설립자의 가문과 긴밀했던 수녀원에서 두드러졌으며, 십자군 원정과 탁발수도회의 번성기까지 지속되었다. 귀족들이 수도원 학교에서 수학한 예가 적지 않았다.

학생은 복창하고 암송했다. 다음에 교사는 교본에 주석을 달았다. 때로 열리는 오후 토론시간에는 특정한 주제 아래 찬반 두 패로 나뉘어 토론을 했다. 학습은 당연히 『성서』 중심이었으며 7자유학예는 별로 중요시되지 않았다. 근행의 여가에 학생들이 교사 주변에 진을 치고 배우는 정도였다.

주교좌성당 학교

1048년 프랑스의 한 수도사는 토로했다.

유럽의 모든 성당이 낡은 누더기를 벗어버리고 흰 의상으로 갈아입었다. 신도들은 서로 뒤질세라 장려한 성당을 앞다투어 세웠다.

유럽 옛 중세도시에서 제일 먼저 눈에 띄는 것은 중심광장 한복판에 우뚝 솟은 대성당이다. 중세에서 도시는 교회 용어로 '대성당이 있는 거리'를 가리켰다. 대성당, 즉 주교좌성당이다.

중세에 주교는 사법권도 지닌 교권의 행사자인 동시에 학문의 보호자였다. 주교좌성당은 도시 한복판에 자리를 잡고 있어 산간 벽지의 수도원과는 대조적으로 비교적 개방적이며 다양한 기능을 지녔다. 주교좌성당에는 학교와 더불어 부속문고, 기록보관소, 주교의 언행록 소장시설 등 문화시설이 있었다. 주교좌성당은 수도원과 궁전, 교권과 속권을 맺는 중간 존재와 같았다.

주교좌성당 학교(coles piscopales)는 성직자 육성이 목적이었

아시시의 성 프란체스코 성당

으며 수도원 학교와 더불어 중세 교육의 기본이며 근본을 이루었다. 학생은 '신에게 바쳐진 아이들'과 수도원에서 온 학생, 일반 시민 출신들이었다. 간혹 귀족의 자제도 있었다.

주교좌성당 학교의 교육은 처음에는 주교가, 나중에는 대개 도시의 명망가인 주교좌성당 참사회원(參事會員)이 관장했다. 시편집을 담당하는 보조교사와 자유학예, 신학, 교회법을 가르치는 교사가 있었지만, 전문성은 미약했다. 특별한 몇몇 성당 학교를 제외하고 학습은 대체로 초보적이었으며, 교과목은 초보적인 7자유학예로부터 시작되고 신학이 최종단계였다. 특히 중요시된 것은 시편집, 전례서, 교회법에 관한 학습이었다. 7자유학예에 속한 산수에서는 대체로 달력에서 부활제가 언제인가를 알기 위한 계산이, 음악에서는 교회에서 부르는 성가가 학습되었다.

모든 주교좌 및 수도원에서는 성가와 선율 가창, 계산, 문법을 가르쳐야 한다. 그리고 반듯하게 교정된 책을 갖추어야 한다.

798년 카를 대제가 내린 칙령의 한 부분이다. 성가는 6세기경의 학교를 가리켜 소년 성가대 양성소라고 일컬어질 만큼 중요시되었으며 학교장은 성가대 가수이기도 했다.[10] 성가 가창은 기도

---

10) 프랑스의 역사가 라비스에 의하면 "일반적으로 로마 교황의 기능은 시편을 신비적 해석과 더불어 암송하는 일, 그리고 그것을 노래할 수 있는 일이다. 노래하는 기술에서 대가여야 하는 것, 그것이 성 페트로를 상속하는 하나의 자격이었다.

와 같은 것, 아니 그 이상으로 주와 하나가 되는 환상의 카타르시스. 그리하여 대성당은 언제나 노랫소리가 울려퍼져야 했다.

주교좌성당 학교 교육의 최종단계인 신학 교육은 『성서』와 교회법 학습이었다. 학생들은 학교에서 공동생활을 하면서 종교 교육과 함께 라틴어와 7자유학예도 배웠으나, 시편집과 전례서를 해독하기 위한 목적에서 학습되었을 뿐 별로 중요시되지는 않았다.

주교좌성당 학교는 11세기 이후 수도원 학교가 수도원의 쇠퇴로 인해 중요성을 잃고 주교좌성당이 지적 중심이 되자 대성당이 소재한 주요 도시를 중심으로 발전했다. 특히 유럽 학문의 중심이 프랑스로 옮겨짐에 따라 르와르 강과 라인 강 사이에 자리잡은, 경제적으로도 발전되고 프랑스 카페(Capet) 왕조가 질서를 확립한 프랑스의 여러 도시, 즉 샤르트르와 오를레앙, 루앙과 랑스, 투르와 파리의 주교좌성당 학교가 명문의 명성을 지녔다. 그 중에서도 샤르트르와 오를레앙은 문법과 수사학을, 루앙, 랑스 및 파리는 변증법(철학)과 신학을 대표했다. 이들 스콜라학의 중심지에는 독일과 잉글랜드를 비롯해 알프스 이북으로부터도 많은 학생이 모여들었다. 그들 학교에서는 카롤링거 왕조가 정한 원칙에 따라 학교 조직과 교육 내용이 시행되었다. 수사학으로 가장 명성이 높았던 샤르트르 대성당의 정면이 7자유학예의 상징물로 장식되었음은 오늘날에도 볼 수 있다.

영국의 대표적 주교좌성당은 캔터베리 성당이다. 30년간 잉글랜드의 학문을 대표한 솔즈베리의 요안네스는 캔터베리 대주교의 비서였으며, 대주교인 토머스 베켓 주변에는 성 토머스의 박식한 학자 그룹이 존재했다. 스페인에서는 그리스도교와 이슬람 학문 교류의 터전이던 톨레도의 주교좌성당이 유명했다.

한편 독일과 이탈리아에서는 고위 성직자들이 서임권(敍任權)을 둘러싼 투쟁을 벌였다. 겔프(Guelf, 교황당)와 기벨리(Ghibelline, 황제당)가 싸우고, 그들이 도시의 정치에 깊이 관여했던 관계로 학문적·지적 운동은 부진했다. 어떻든 주교좌성당 학교는 수도원 학교와 더불어 대학 성립 이전의 유럽 교육과 지적 중심의 역할을 했다. 특히 중세 대부분의 대학은 파리에서 볼 수 있듯이 주교좌성당 학교가 발전한 것이다.

5 12세기 르네상스와 대학에 이르는 길

우리는 거인의 어깨에 올라앉은 난장이와 비슷하다.
그래서 고대인보다 많은 것을 볼 수 있으며
그들보다 먼 곳까지 바라볼 수 있다.

12세기 르네상스

카롤링거 르네상스에 이은 11세기의 지적·문화적인 앙양은 도시와 시민 계층의 번영에 힘입어 교육의 부활로 나타났다. 그러나 여전히 그리스도교와 교회를 위한 것임에 변함이 없었다. 자유학예도 성직자 양성을 위한 교양이며 지식으로 학습되었다. 이제 12세기에는 교육의 부활에서 나아가 광범위하고도 심층적인 지적 운동이 합리적 의식에 눈을 뜬 시민 계층과 궁정문화에 뒷받침되면서 전개되었다. 라틴어 고전, 로마법과 교회법, 그리스 철학과 과학의 부활로 특징지을 수 있는 '12세기 르네상스'(The Renaissance of the Twelfth Century) 운동이 시작된 것이다.

12세기의 지적 부흥은 과학의 영역에서 가장 돋보였다. 고대와 마찬가지로 중세에도 과학은 철학의 한 부분이었다. 12세기 과학

르네상스에서 특징적인 것은 아라비아의 자연과학 특히 수학과 천문학이 그리스의 학문과 더불어 아랍 세계로부터 전래되면서 싹트고 육성되었다는 사실이다.

12세기 이전 유럽 그리스도교 세계와 이슬람 세계의 문화적·지적 접촉은 미미했다. 두 문명권 간의 문화 교류의 계기가 된 것은 십자군전쟁이었다. 이슬람 세계와 교류를 통해 유럽에는 이슬람 학문뿐만 아니라 그리스의 고전문화가 전래되었다. 그리스어는 중세 초기 그리스가 동방세계에 편입되면서 서유럽에서는 흔적이 사라지고 그리스 학문은 11세기 이전 거의 자취를 감추었다. 그런데 이슬람 세계 특히 콘스탄티노플에서는 그리스의 문화적 전통이 유지되고 그리스어가 법률과 행정의 공용어였으며 동방교회와 학문과 문학의 용어였다.

그렇듯 이슬람 세계에서 보존되고 연구된 그리스 고전은 아랍어로 번역되어 이슬람 세계에 널리 전해지고, 유럽에 들어오게 되었던 것이다. 아랍어로 번역된 그리스 학문과 이슬람 학문이 유럽에 전해진 주요한 통로는 이슬람권에 예속된 이베리아 반도를 관통하는 길이었다. 12세기 라틴 세계의 지적 탐구자들은 아랍의 지배 아래 있던 스페인에 흥분이 섞인 관심을 나타냈으며, 그들 지적 모험의 무대는 이베리아 반도였다.

서로 다른 문명권의 문화가 교류되기 위해서는 번역사업이 전제되어야 한다. 12세기 르네상스를 유도했다고 할 수 있는 방대

▲ 프랑스에서 거행된 결혼식

한 번역 프로젝트의 거점은 그리스 문화의 유산을 계승한 이슬람 세계와 밀접한 관계를 지닌 시칠리아, 베네치아, 특히 이슬람 문화가 융성한 스페인의 톨레도였다. 톨레도의 대주교 레몽은 번역 학교를 창설하는 등 주도적 역할을 했다. 교회의 보호를 받는 거대한 번역가 집단의 지대한 관심은 그리스어 문헌, 특히 그리스의 철학과 과학(점성술·천문학·수학)이었다. 전문직 지식인의 선구자라고 할 그들의 노력으로 그리스의 철학과 과학이 유럽에 전래되고, 아리스토텔레스의 모든 저작이 12세기 말까지는 서유럽에 널리 알려지게 되었다.

중세 초기의 의학·수학·천문학·점성술·연금술 등 과학과 철학의 가장 활발한 무대는 마호메트의 나라였으며, 12세기의 과학 용어는 아랍어였다. 아랍인은 그리스의 문화유산에 자신들의 것을 덧붙였다. 어디 그뿐이랴. 이슬람 세계에는 헬레니즘풍 관념과 사고가 전승되었다. 시칠리아 왕국을 비롯한 이슬람 궁정에서는 문화와 사람됨을 소중히 하는 아답(adab), 즉 교양 이상(理想)을 지향하는 신사, 교양인이 자리를 잡았다. 그리스의 파이데이아와 비슷한 아답은 12세기에는 명백한 흐름으로서 유럽에 전래되고 귀족적인 교양인 카팁(katib)은 유럽의 기사 사회에 훌륭한 이교도로서 모습을 나타냈다. 아랍 철학자들이 아리스토텔레스의 이해자로 파리 신학자들 앞에 나타났듯이.

과학에 이어 12세기 르네상스에서 중요한 위치를 차지한 것은 법학의 부활이다. 중세에는 관습법이 지배적이었으나 11세기 이후의 경제적 발전, 특히 이탈리아에서 일어난 활발한 원거리 교역은 지난날 지방적인 관습에 뿌리를 내렸던 관습법의 기능을 무색케 하고, 그에 대신해 이탈리아의 여러 도시에서는 성문법과 상법, 해양법이 만들어졌다. 도시 중심의 사회사적 발전은 결국 보편타당성의 원리에 기초한 공통법을 요구하게 되고, 마침내 로마법의 부활을 재촉했다. 로마법의 부활은 법학의 부활을 의미했다. 그것은 정치적 융합의 길을 이탈리아에 제시했으니 모든 정치 세력이 공통법과 새로운 법제를 지향함으로써 관습법의 지방성이 극복되었다.

하스킨스는 12세기를 모든 세기 중에서도 가장 법적인 시대라고 말했는데, 도시와 시민문화의 번성을 반영한 법학의 부흥은 지식과 학문의 위상에 큰 변화를 가져왔다. 지난날 학문과 지식은 교회와 성직자에 의해 독점되었다. 성직자들은 학식을 필요로 하는 공직을 거의 독점하는 한편 문서를 기초하고 판례를 조사하는 법률적 행위도 관장했다. 문서를 다루는 상서(尙書)나 서기는 성직자였으며 기록보관소인 상서원은 성당과 구별되지 않았다. 그러나 도시 중심의 사회·경제적 발전은 법률 지식에 더 밝은 전문가 집단을 필요로 했으니, 유럽 최초의 대학인 법학 중심의 볼로냐 대학은 이상과 같은 시대의 여망 속에서 개설되었다.

세속의 이성과 철학의 이성은 분리될 수 없는 만큼 반듯한 삶을 위한 학문과 잘 말하고자 하는 학문은 언제나 일치해야 한다.

12세기 르네상스의 도래를 알리는 듯한 이 말은 이른바 암흑시대라고 일컬어진 10세기에 교황 실베스테르가 한 말이다. 프랑스인 최초로 교황에 추대된 그는 수학, 논리학에 관한 책을 쓴 학자이기도 하다. "우리는 거인의 어깨에 올라앉은 난장이와 비슷하다. 그래서 고대인보다 많은 것을 볼 수 있으며 그들보다 먼 곳까지 바라볼 수 있다." 12세기 르네상스의 청명한 샘, 그 원류는 거인인 옛 그리스·로마의 고전, 특히 라틴어 고전의 연구였다. 중세 전체가 라틴어의 시대였지만 12세기 르네상스란 라틴어와 라틴어 고전의 부활이었다. 라틴어 작가, 특히 시가 널리 읽히고 문법과 수사(修辭)가 연구의 영역으로 심화된 것은 12세기에 이르러서였다. 논리학(철학) 또한 수사학(문학)과 더불어 균형 있게 받아들여졌다. 12세기와 중세 전체를 통해 가장 명성이 높았던 라틴어 작가는 베르길리우스였다. 단테가 "그 명성은 영원히 사라지지 않는다"고 찬탄한 이 로마의 시인은 문체의 모범이었다. 키케로는 제1의 산문 작가, 웅변의 왕자, 수사학의 대표로 존경을 받았다.

당시 고전연구를 대표한 인물은 샤르트르의 수사학 학교 출신인 솔즈베리의 요안네스였다. 애독한 키케로를 닮아 폭이 넓고 깊이 있는 저술가이며 샤르트르의 주교로서 생애를 마친 그는 『성서』, 교부의 저작에도 밝은 그리스도교적 휴머니스트, 교양인이었다. 한 가지 지적해야 할 사실은 12세기 라틴 문학의 부흥이 라틴어 원문에 의하지 않고 그리스어나 아랍어의 번역에 의존했다는 사실이다. 그러한 현상은 12세기 초에 나타난 이슬람과 그리스 서적의 활발한 번역사업의 결과였다.

아벨라르와 엘로이즈의 『서간집』 사본의 첫 페이지

라틴어는 12세기 아니, 중세를 통해 일관되게 유럽의 공통어였다. 교회와 학식자, 교양인의 언어였으며, 법률과 행정의 공용어, 법조인·의사·상인 모두 라틴어를 필요로 했다. 그렇듯 12세기는 라틴어와 라틴 문학의 황금기였다. 그런데 아리스토텔레스가 수용되고 변증법(철학)의 중요성이 날로 높아지면서 그간의 철학에 대한 수사학 및 고전문학의 우위가 시들었다. 신학과 변증법 중심의 파리 대학의 성립도 샤르트르가 대표한 수사학에 대한 철학의 승리를 상징하는 것이었다.

고대 그리스 철학은 중세 초기에는 단편적으로만 받아들여지고 카롤링거 르네상스에서도 변증법은 거의 학습되지 않았다. 그러나 12세기 르네상스는 수사학 및 고전문학 이상으로 철학과 철학의 영역에 속한 과학에 의해 성격이 규정되었다. 12세기에는 아리스토텔레스가 최고의 권위자로 학식 사회에 군림했다. 그의 간결하고 명석하며 체계적인 문체는 교본을 반긴 당시 지적 흐름에 크게 어필해 철학과 과학의 모든 분야에서 아리스토텔레스의 이름을 내건 교본이 유행했다. '교과서의 아버지'가 이룬 저작은 해석·주석·해주(解注)의 대상으로 쓰이고, 그는 '주석자의 아버지'가 되었다. 아리스토텔레스의 저작은 제학(諸學)의 백과전서가 되었으며, 특히 논리학은 학생들에게 가장 권위 있는 텍스트였다. 1255년 아리스토텔레스의 모든 저작은 파리 대학 학예학부의 교과목으로 지정되었다. 뒤르켐은 9세기에서 11세기에 이르는 시기를 문법의 시대라고 했는데, 아리스토텔레스가 일반화된 12세기는 논리학의 시대였다.

12세기의 대표 철학자는 안셀무스와 아벨라르였다. 마지막 교부, 스콜라 학자의 아버지로 불리는 안셀무스의 철학은 근본적으로는 신학적 사색이었다. 그렇다 하더라도 "알기 위해 믿어라!"(Crede ut. intelligos!)라고 강조한 것같이 그의 믿음은 지(知)를 추구했다. 베크의 수도원장으로 있을 때 수도사들이 신의 존재와 본질을 『성서』에 근거해서가 아니라 이성으로 증명해 책으로 내달라고 요청했다. 그의 주저인 『모놀로기움』(독백, 1098)은 그렇게 해서 씌어진 것이다. 신앙만을 내세웠던 중세의 신성한 무지는 이제 과거가 되었다.

12세기 르네상스는 진정 근대적인 지(知)의 정신을 아벨라르에게서 발견한다. 하위징아가 감탄한, 유례를 찾을 수 없을 만큼 창조적인 12세기가 낳은 아벨라르는 엘로이즈와의 연애가 상징하듯 일찍이 없었던 삶의 새로움을 구현한 선구자였다. 파란만장한 삶을 산 대담하고 독창적이며 재기발랄한 이 인물도 진실을 향한 끊임없는 물음과 회의, 담론을 통해 소크라테스 이후 정신에서 최대 해방자가 되었다. "학문에 대한 사랑에 끌리어" 귀족 신분의 영예와 장자의 특권을 동생에게 물려주고, "지혜의 신 미네르바의 가슴속"에 뛰어든 아벨라르. 그는 무엇보다 변증법의 투사로서 담론을 즐기는 시대의 지적 정신을 상징했다.

그가 학생용 교과서로 작성한 유럽 최초의 방법론 서술이라고 할 『가(可)와 부(否)』(Sic et non, 1122). 여기서 제기한 묻는 방법, 교수 방법, 철학에서 시작해 신학 및 중세 학문의 모든 영역에 걸친 방법론은 중세 대학의 학풍을 특징지었다. 그가 "대학의 성립을 준비한 최초의 교사"(르 고프)로 불리는 이유이다. 르 고프에 의하면 아벨라르만큼 이성과 신앙의 조화를 주장한 인물이 없었다. 또한 놀랍게도 당시 많은 논적(論敵)과 맞선 성직자이면서 그리스도교와 더불어 유대교, 이슬람교에 공통된 모든 가르침을 존중했다. 그는 스콜라 철학운동을 대학운동과 접목했으며, 외형적 조직 면에서도 이미 대학운동을 시작했으니 그가 몸 담고 가르쳤던 주교좌성당 학교는 파리 대학으로 발전했다.

대학은 도시에서 탄생되었다

유럽 중세는 대학을 창출했으며 대학은 도시를 요람으로 탄생했다. 유럽의 도시는 12, 13세기에 이르면 경제적 번영뿐만 아니라 여러 곳에서 전개된 코뮌 운동이 열매를 맺어 정치적 자유를 누리는 자치도시가 여기저기서 생겨났다. 이러한 역사적 발전은 광범위한 문화적·지적인 각성으로 연동되었다. 1096년 이래 몇 차례에 걸친 십자군운동으로 선진 이슬람 세계와 가진 문화적 교류, 여러 도시에 우후죽순처럼 세워진 수많은 학교의 존재, 특히 대학의 창출은 최대 결실이라고 할 것이다.

도시를 거점으로 한 상공업의 발달로 도시와 도시, 국가와 국가 간의 가동성과 정보 교환, 문화적 교류가 개발되고 활성화되었다. 이러한 사정을 『중세 도시』의 저자 피렌은 다음과 같이 서술했다.

(각지를 왕래하는 상인은) 통치에 묶인 사람들의 한복판에 이

동성을 끌어들였다. 전통에 충실한 세계, 각 계층의 역할과 순위가 고정된 계층제를 주요시하는 세계에 대해 미래는 사회적인 지위에 의해 헤아려지는 것이 아니라, 전적으로 지식의 힘과 활력으로 좌우되는 민첩한 수완을 지닌 합리주의자의 삶의 방식을 따라 결정지어진다.

봉건체제는 사람을 땅에 묶어놓아 사람들은 너나없이 토지에 예속되었던 것으로 생각하기 쉽다. 그러나 중세에 토지소유권의 개념은 극히 희박했다. 농민에서 귀족 영주에 이르기까지 중세인들은 일시적인 점유권이나 용역권만을 지녔을 뿐이다. 더욱이 가진 것이라고는 거의 없던 일반 서민의 경우 더 쉽게 고향을 등질 수 있었다. 여기에 인간은 모두 영원한 순례자라는 그리스도교적 집단심성도 가세했다. 유럽 중세에는 집 혹은 가정이라는 관념이 없었다. 중세 사회는 끊임없는 유동의 과정에 있었으며, 왕후를 포함해 중세인은 모두 방랑자였다.

1533년, 프랑스 왕 프랑수아 1세는 새해를 파리의 궁전에서 맞았다. 그는 지난 세밑부터 새해 1~2월을 그곳에서 지냈다. 왕이 3개월이나 같은 곳에 머물다니! 전에는 없던 일이므로 파리 시민에게는 '사건'이었다. 3월에 왕은 지방순회에 나섰다. 대개는 한 곳에서 기껏해야 3~4일 정도 체류했는데 리옹에서 한 달 가까이, 아비뇽에서 12일간 머물렀다. 근 한 달을 리옹에 머문 것을 두고 프랑스의 어느 역사가는 기적이라고 말했다.

왕은 왜 그처럼 방랑을 해야 했던가. 16세기에 이르도록 유럽의 봉건영주들은 특정한 지역에 정주하지 않았다. 987년 카페 왕조의 성립과 더불어 파리는 프랑스 왕국의 수도가 되었다. 그러나 파리는 다른 도시와 마찬가지로 왕이 순력(巡歷)하는 땅의 일부에 지나지 않았다. 파리가 왕의 고정된 거주지가 된 것은, 명실공히 프랑스의 수도가 된 것은 13세기 말에서 14세기 초였다. 파리는 유럽에서 왕도(王都)로 정착된 첫 케이스였다. 그러나 왕이 전국을 순회하는 전통은 왕권 중심의 중앙집권체제가 뿌리를 내리는 16세기까지 이어졌다.

생활의 불안에서 혹은 자유 의지에서 방랑하는 이들로는 상인·장인·광대·성직자·기사들과 더불어 교사와 학생도 있었다. 특히 11세기 중엽에서 13세기 중엽에 걸친 2세기는 유럽 사상 대이동의 시대로 일컬어지며, 프랑스 역사에서 대약진의 세기(1070~1180)로 기록되는 11~12세기는 방랑자의 시대였다.

뒤르켐은 중세의 잦은 이동성을 그리스도교 세계의 세계주의적 경향과 관련시켰다. 국민적 구별이나 국가 간의 경계가 별 의미가 없던 중세에 인간은 의식하건 의식하지 않건 보편주의자였다. 더욱이 대학순례(peregninatio academica)라는 표현이 시사하듯이 방랑성은 학문에 뜻을 둔 학생과 교사의 각별한 버릇으로 대학인과 대학 사회의 속성이 되었다. 가장 전형적인 예로 12세기의 대표적 학식자였던 잉글랜드 솔즈베리의 요안네스를 들 수 있다. 약관 16세 때 파리에서 아벨라르에게 사사한 뒤 샤르트르에서 수사학을 배운다. 학문 연구와 종무(宗務)를 위해 프랑스와 이탈리아를 드나드느라 열 차례나 알프스를 넘었으며, 마지막에는 샤르트르의 주교로 세상을 마쳤다.

대학을 만든 새로운 패러다임은 시민의 강한 자의식에서 싹텄다. 유럽 어느 지역보다 일찍이 상인의 활동이 활발하고 도시가 발전한 이탈리아에서 시민 계층은 축적된 부만큼 권리를 주장했다. 권리의 신장과 부의 확보, 신분상승을 위해서는 폭넓은 지식, 특히 법률에 관한 전문지식이 필요했다. 다른 나라와 달리 일찍부터 세속적 교육이 뿌리를 내렸던 이탈리아에서는 11세기경 여러 도시에 법률학교가 생겨났다. 중세대학은 도시를 모태로 태어났으나 궁정문화도 대학성립에 이바지했다.

대학이 탄생한 12세기는 하위징아가 『중세의 가을』에서 묘사한 것처럼 아름다운 삶의 양식으로 수놓은 궁정풍 생활과 기사도 문화가 절정에 이르러 바야흐로 궁정문화가 만개한 시기이다. 그리고 음유시인의 존재에서 볼 수 있듯이 국왕이나 대귀족의 궁정은 라틴어 문학과 함께 각국 문학의 원천이 되었다. 왕후와 귀부인들은 후원자가 되고, 궁정은 남녀 교양인이 모이는 살롱의 모습을 띠었다. 뿐만 아니라 궁정은 행정직을 비롯한 지적·심미적, 전문직의 구심점으로까지 높아져 교양 있는 왕의 이미지가 점차 귀족사회와 교양인, 학식자들 간에 일반화되었다. 1155년경 이슬람의 한 시인은 잘 갖추어진 궁정은 네 가지 유형의 지식인 혹은 교양인, 즉 서기·시인·점성가·의사를 거느려야 한다고 주장했다.

> 국왕의 사업은 뛰어난 서기관 없이는 이루어지지 못한다. 국왕의 공적과 승리는 말재주가 뛰어난 시인 없이 영구불멸할 수 없

다. 국왕의 계획은 지혜로운 점성가가 길조가 보인다고 판단할 때 실행에 옮기지 않으면 성공하기 어렵다. 모든 행복과 행동의 기본이 되는 건강은 유능하고 믿음직한 의사의 배려가 있어야 비로소 확고해진다.

한편 도시 상인의 세계와 마찬가지로 귀족사회에서도 문서를 다루는 상서(尙書)를 측근으로 두었다. 문서 작성 및 수수(授受)야말로 전문적인 고등교육의 성립을 촉진한 요인이었다.

교회와 교황권의 확립도 대학 창출에 크게 이바지했다. 그레고리우스 7세의 교회 개혁과 교황권의 확립,[11] 중세인을 묶어놓았던 천년왕국의 어두운 갈망으로부터 해방시킨 로마네스크 양식의 대성당 건축(11~12세기), 그에 이은 12세기 초 고딕 대성당의 위용, 그 모든 것은 성직자의 학문 연구를 고무했으며, 교회법과 신학의 체계화에 박차를 가해 신학 중심의 대학 출현에 크게 이바지했다. 뿐만 아니라 교회는 대학이 성립하는 데 여러 측면에서 이바지했다. 교회 언어인 라틴어가 대학어가 되고, 수도원의 조직형태가 대학조직의 모델이 되었으며, 교회는 방대한 농지 수익 가운데 일부를 기증함으로써 경제적인 뒷받침이 되었다.

---

11) 그리스도교 초기 로마 교회는 단지 유력한 교회에 지나지 않았으며, 교황 또한 자신이 관할하는 교회 관구의 한 주교일 뿐이었다. 교황을 지칭하는 papa도 교부(敎父)를 의미했다. 로마 주교가 오늘날 의미하는 교황으로 불린 것은 7세기이다. 요하네스 7세는 처음 관을 썼다. 교황권은 성직 매매와 사제의 결혼을 엄금하고, 교황의 통치적 전권을 관철한 그레고리우스 7세에 뿌리를 내렸다.

6 중세의 대학

중세에 존재한 무엇인가를 복원해야 한다면 대학의 비전,
대학의 전례(典禮), 대학의 독립, 대학의 관행이다.
　알랭 비알라

파리 대학, 사학 중심인 중세대학의 모형

중세 대학의 기원을 이루는 것은 수도원 학교, 특히 주교좌성당 학교였다. 파리 대학과 볼로냐 대학은 유럽 대학의 원형으로서 큰 의의를 지닌다. 거의 모든 중세 대학은 이들의 제도와 관행에 따랐으며, 파리와 볼로냐 대학은 유럽 중세 대학의 자랑스러운 모교(alma mater)였다.

파리의 지적 풍경

파리는 카페 왕조의 성립(987)과 더불어 프랑스 왕국의 수도가 되었다. 12세기 초에 이르러서도 인구 1만의 소도시에 지나지 않았으나, 대학이 탄생되는 12세기 말에는 인구 10만을 넘어 프랑스의 중심 세력이자 문화의 중심으로 발전했다.

대학을 의미하는 'universitas'는 널리 '길드'를 의미하며, 중세에는 그렇게 불린 공동체가 많았다. 학생들의 공동체는 점차 구체적으로 studium, studium generâle로 불렸으며, 그것이 곧 교사와 학생의 학문적 공동체 또는 길드(universitas societas magistrorum discipulorumque)를 지칭하게 되었다.

대학이 출현하기 이전 파리의 주요한 교육 거점은 시 중심부의 노트르담의 주교좌성당 학교와 왼쪽 지구인 성 빅토르의 수도원 학교 및 성 주느비엠의 성당 학교였다. 파리 대학은 주교좌성당 학교가 발전해 이루어진 것이다. 파리는 11세기 말경만 해도 학예의 명성을 누리지 못했다. 12세기에 이르러 학문의 흐름이 수사학을 대신해 철학이 중심이 되면서 수사학의 메카인 샤르트르와 비길 만한 지적 중심이 되었다. 12세기 말에 이르러 노트르담 성당 주변에는 신학을 비롯해 철학, 법학, (아마도) 의학 등 대학의 4학부를 구성하는 학문의 교육이 활발히 행해졌다. 파리는 흡사 교사들의 수도와 같았다.

교사 중의 교사는 아벨라르였다. 그에 의해 파리는 변증법(철학) 연구의 중심이 되고, 그 명성에 따라 학문에 뜻을 둔 전 유럽 학생들에게는 매혹의 땅, 파라다이스(parisius-paradisus)가 되었다. 솔즈베리의 요안네스는 1164년 두 번째 파리 방문에서 상품의 풍요로움, 즐거운 민중의 표정, 성직자에 대한 외경, 교회의 존엄과 영광, 그리고 철학자들의 분주한 활동에 경탄했다. 그는

▲ 14세기 후반 대학의 강의실

『성서』를 인용했다. "참으로 주는 이 땅에 있으시다. 그럼에도 나는 그것을 몰랐도다."

파리의 학문은 12세기 말 이후 프랑스는 물론 독일, 프로방스 지방, 스페인, 이탈리아로 확산되었다. 1232년 교황 그레고리우스 9세는 파리를 "제학(諸學)을 낳은 어버이"라고 칭송했다. 13세기는 유럽 문명에서 18세기와 더불어 프랑스적 색채가 가장 짙었던 시기였다.

대학의 성립과 특권

중세 대학의 성립은 대학에 부여한 특권과 깊은 관계가 있다. 학문에 종사하는 사람들에게 정신적·신체적·법적·경제적인 특권을 법적으로 명문화한 역사는 고대 로마의 시민법으로 거슬러 올라간다. 그 뒤 교회법도 그를 뒷받침했다. 중세에서 학생과 교사의 특권을 처음 규정한 것은 황제 프리드리히 1세가 공포한 '면학을 위해 여행하는 학생을 위한 특권'(1158)이었다. 1198년에는 파리 대학의 자치권이 교황과 국왕에 의해 보장되었다. 파리 대학의 입법권과 강의 정지권을 인정하는 등 대학인의 특권을 파리 대주교와 프랑스 국왕에게 요구한 그레고리우스의 대칙서 '제학의 아버지'(Parens Scientiarum, 1231)는 대학의 마그나 카르타로 불린다.

대학 특권의 본질은 대학의 자치권이며 교사와 학생에 의한 대학 자치야말로 중세 대학의 본질을 이룬다고 할 것이다.

연구공동체 파리의 교사와 학생의 동업조합(Universitas studii, Universitas Magistorum atque Scholarium parisisiensium)이라는 파리 대학의 최초 명칭이 시사하듯이 대학의 총장(rector)은 (대학 전체 구성원의) 대등한 자의 선두에 지나지 않았다. 대학의 최고 권한은 총장을 선출한 총회에 있었다. 대학의 특권을 상징하고 대표하는 대학총장의 선출방식과 지위는 대학 자치의 성격을 잘 말해준다.

총장은 대학의 교육 및 행정에 관한 권한 외에도 대학의 특권에 속한 여러 권한, 즉 교황으로부터 부여받은 특권으로 대학과 도시 간에 일어난 민사사건에 대해 재판권을 행사할 수 있었다. 또 대학 구성원을 둘러싼 형사사건에 대해서는 성속(聖俗)의 구별 없이 독자적으로 처벌할 수 있는 권한이 있었다. 이 대학의 재판권이야말로 대학 자치의 핵심이자 상징이었다. 중세의 대학인은 자체 규칙을 지닌 대학의 재판권에 예속되고 교회법이나 국법, 도시법에 구속되지 않았다.

대학은 이 같은 특권을 보호하기 위해 '강의 정지'와 학교 '이주'라는 각별한 권리, 즉 대학이 원할 때에는 언제든 개강하지 않거나 대학을 다른 지역으로 옮길 수 있는 권리를 특권으로 지녔다. 왕권에 의해서도 명백히 공인된 이 권리를 대학은 속권(시 당국)과 벌이는 투쟁에서 때로 행사했다.

1228~29년 사육제에서 학생 다수가 살해되자 파리 대학은 시 당국이 적절한 조치를 취하지 않았다며 파리로부터 철수를 의미하는 이주의 권리를 행사했다. 이때 영국계 학생들은 영국왕 헨

리 2세의 청을 받아들여 고국으로 돌아가 옥스퍼드 대학의 창건에 이바지했다. 이후에도 파리 대학은 속권에 대한 투쟁 수단으로서 이주의 권리를 전가(傳家)의 보도(寶刀)처럼 때로 행사했다.

대학의 구조, 학부, 칼리지 및 국민단

대학의 교육과 학문 연구는 대체로 학부(facultas)를 중심으로 이루어졌다. 13세기경까지는 두세 학부인 대학이 많았으나 차차 네 학부가 되었는데, 신학부·교회법학부·의학부인 상급 학부와 기초 학부인 학예학부로 구성되었다. 학과라는 관념은 중세 대학에는 존재하지 않았으며 department라는 표현이 『옥스퍼드 사전』에 처음 나타난 것은 1832년이었다. 이러한 사실은 이전까지만 해도 학문의 전문성이 뚜렷하지 않았음을 말해준다.

학예학부

학예학부(faculté des arts)는 7자유학예, 즉 여러 교양과목을 교수하고 연구하는 기초 학부이다. 그 교과 과정에서 주류를 이룬 것은 논리학(변증법=철학)이었으며 수사학은 문법 중심이었다. 수사학에 대한 철학의 우위는 파리 대학의 전통이었다.

강의는 아리스토텔레스의 『오르가논』을 비롯해 그의 여러 저작이, 각 분야의 권위 있는 저작을 교본으로 삼아 행해졌다. 7자유학예 또는 교양과목을 학습하는 학예학부는 신학과 법학이라는 고도의 학습에 필요한 변증법(논리학)을 주로 가르치는 예비

문법·수사학·논리학·기하·산술·천문학·음악 등 7자유학예의 비유

적인 학부였다.

그러나 교사들은 교조적인 신학부 교사나 체제지향적인 법학부 교사 및 전(前) 과학적이며 장인적 성격이 짙었던 의학부 교사와는 달리 자유로운 세속 정신과 지적 정열을 지녔던 것으로 알려진다. 최초의 스콜라 학자이며 중세 아리스토텔레스 연구의 길을 닦은 보에티우스는 철학자의 갖가지 유덕(有德)에 관해 언급했다.

중세에 철학자란 그리스도교적 휴머니즘의 구현자를 의미했으며, 그들은 종교적 과제에서 신학부 교사들과는 다른 패러다임으로 신학자들과 맞섰다. 금서였던 아리스토텔레스의 저작도 그들에 의해 교수되었다. 그리스도교와 가장 상반된다는 스페인의 아랍계 철학자 아베로에스의 주해 또한 적극적으로 받아들였다.

철학적인 학예학부 교사들의 지적 정신에 의해 그들 학부는 가장 (어쩌면 유일하게) 자율적인 학부로 발전하고 대학의 위상을 높였으니 학예학부야말로 자유로운 담론과 지적 교양공동체로서 대학의 본질을 밝혔다고 할 것이다.

교회법학부

파리 대학의 법학부 강의는 교회법에 한정되었다. 법학부가 교회법학부라고 불리는 이유이다. 1219년 교황 칙서에 의해 파리 대학은 종교적 순수성을 옹호한다는 창립 이념에 따라 시민법 연구가 금지되었다. 이 점에서 파리의 교회법학부는 시민법을 주로 교수했던 볼로냐의 법학부와는 대조적이었다. 법학부 학생 대다수는 세속적 출세와 고위 성직을 바라면서 입학한 귀족 가문의 출신이었다.

역대 교황은 주교구에 적어도 한 명의 교회법 전문가를 고용하도록 지시했다. 법학부 출신은 교황청을 비롯해 행정·외교·교역·금융·경제·노동 등 여러 분야에서 활동하고, 법률 서기·변호사·공증인·기록 보관인 등 법을 필요로 하는 직능에도 종사했다. 그보다 주목할 만한 사실은 그들이 주교구·수도원·성당 학교를 주관했다는 사실이다.

중세 말의 교회는 (탁발 수도회를 제외하면) 신학을 수학한 성직자의 교회라기보다는 법학을 배운 성직자의 교회였다. 교회 구조의 변모와 특히 아비뇽 교황의 중앙집권정책의 집행 결과 유발된 현상으로서, 교회의 일반 업무도 복음과 전례(典例)보다 조직, 관리, 배치 등에 관한 것이 되었다.

신학은 탁발 수도사에게 맡겨지고 일반 성직자에게는 우선 신학보다 법조인다운 능력이 요구되었다. 중세 말 고위 성직자의 대다수가 법학부 출신이었다. 1309~76년에 134명의 추기경 중 66명이 대학 출신자였는데, 그들 중 47명(71퍼센트)이 법학부 출신이었다. 그에 반해 신학부 출신은 18명에 지나지 않았으며 나머지 1명이 학예학부 출신이었다. 교회법이 어느 때보다 발달한 것도 그러한 맥락에서 이해되어야 할 것이다.

중세의 학문적 발전은 스콜라 철학과 신학 분야에서 가장 빛나는 업적을 성취했다. 그러나 중세의 학문 중 현실적으로 가장 영향을 준 것은 법학이었다. 13세기를 통해 교회·왕후·도시는 법학자나 법률가의 도움을 필요로 했으며, 법률가 집단을 육성한 것은 대학이 창출한 가장 중요한 사회적 성과였다. 그 결과 법학부 교사의 사회적 지위도 특권적인 것으로 인식되었다.

의학부

의학부는 엄밀히 말해 의학 중심인 자연과학의 학부였다. 자연과학이 아직 전문학으로 발전하지 못한 중세에 의학부는 4학부 중 가장 부진했다. 대학에서 학습한 의사는 의관(醫官)이라 불리며 사회적 명성을 누렸으나 실제 전문의학적 소양은 없었다. 그에 반해 경험의라고도 불린 일반의, 즉 실무적인 의사는 대개 욕탕·향유·이발소·산파·양지기·교수형리(絞首刑吏) 등을 겸업해 그만큼 사회적 지위는 가볍게 여겨졌.

겸업이 아닌 전임 의사는 큰 도시에만 있었으며, 왕후의 궁정의라 해도 시의(侍醫)는 1명이 고작이었다. 의학부의 수학 기간은 학사의 경우 32개월이었으며, 박사학위 취득에는 학예학부의 학위를 지닌 자의 경우 5년 반, 그렇지 않은 자는 6년이 지나서야 받을 수 있었다.

그리스·아라비아·유대의 의학서를 라틴어로 번역해 유럽 의학의 발전에 공헌한 콘스탄티누스 아프리카누스의 『의술』, 이자크의 저작 및 살레르노의 니콜라스가 지은 『약종일람』(藥種一覽) 등이 강의 교본이었다. 1세기 뒤인 14세기 말에는 파리에서도 신아라비아 의학이 뿌리를 내렸다. 강의에서는 토론이 중시되고 해부는 오래도록 실행되지 않았으며 파리의 의사들은 이론밖에 몰랐다.

신학부

신학부는 파리 대학의 중심이자 상징이었다. 교육 특히 대학은 교회에 속한다는 로마 교황청의 교육정책은 파리 대학의 신학부에 대한 특별한 관심에서도 잘 나타났다. 13세기에 교황은 '주(主)가 계신 집의 빛나는 등불'인 파리 대학의 신학부에 독점권을 주고자 다른 대학이 신학부를 개설하는 것을 막았다. 파리 대학의 신학부는 트리엔트 공의회(1545~63)까지, 바꿔 말해 16세기 종교개혁에 이르기까지 교회 총회에서 언제나 상석권을 차지했다. 파리 대학의 종교적·정치적 영향력이란 유럽 최대 신학부를 갖춘 점에서 연유되었으며 파리 대학은 신학부를 통해 교회정치에 깊숙이 관여했던 것이다.

신학부의 교사는 대학의 실질적인 대표였으며, 신학부 학생 대다수는 수도원, 성당, 교단에 재직한 성직자의 자제였다. 그들은 6년 수학기간 중 4년은 『성서』 강의를 받고 나머지 2년은 12세기 스콜라 학자인 페트루스 롬바르두스의 『명제집』(命題集) 강의에 출석했다. 교본은 『성서』와 『명제집』뿐이었다.

신학부 졸업자는 쉽게 취업할 수 있었다. 성직은 중세 말까지 물질적으로도 대우가 좋아 그를 둘러싼 경쟁이 그치지 않았다. 13~14세기 동안 공의회는 성직을 차지하는 신학부 출신과 다른 학부 출신의 비율을 규제하기도 했다.

신학부 중심인 파리 대학이나 옥스퍼드 대학의 학생들은 대체로 성직을 목적으로 대학에 입학했다. 알프스 이북에서 성직은 바로 직업과 동의어를 의미했으며, 국왕이나 유력한 귀족의 관리·외교관·비서·고문·의사·건축가에서 교회의 법률가, 한때는 세속의 법률가까지 거의 모두 성직자였다. 1254년 당시 파리 대학의 신학교사 15명 중 3명이 노트르담 성당의 참사회원이었으며, 나머지 12명 중 9명은 수도회 소속의 수도사였다. 그만큼 신학은 다른 학부의 교사직과는 달리 고위 성직의 예비단계로 바람직하게 여겨졌다. 신학부 교사에게는 상급의 성품(聖品)이 요구되고, 대학에 따라서는 사제 직위도 요구되었다.

한편 상급 성직자는 거의 교회행정을 관장했으며, 자격으로는 특히 교회법 습득이 요구되었다. 성직 신분의 중간층은 대체로 학예학부의 학위 소지자로 메워졌으며 부사제 이하 하급 성직자 대다수는 대학에 적을 둔 적이 없는 자들이었다. 이러한 사실은 대대수 성직자에게 신학적 교양이 결여되었음을 말해준다.

칼리지

칼리지(college, 학사(學舍))라면 보통 옥스퍼드나 케임브리지 대학을 연상한다. 그러나 칼리지는 중세 대부분 대학에 존재했으며 중세 말 이전 대학 교육은 칼리지 교육으로 대체되고 있었다. 칼리지 제도의 진정한 발상지는 파리였으며, 여기서 다른 나라에 파급되었다.

칼리지 출현 이전에도 파리의 학생들은 대개 공동으로 건물을 빌렸으며 때로 교사들도 그들에 섞여 숙식을 함께하는 공동생활을 했다. 이것이 호스피툼(hospitum, 숙사(宿舍))이다. 호스피툼은 점차 1명의 장(master)이 통괄했다. 가정교사를 두고 자택에서 통학하는 상류층 학생과 숙식비용을 지불할 수 없어 입사(入舍)하지 못한 극빈 학생을 제외한 나머지 일반 학생들이 공동생활을 했다.

대학 학사로서 최초의 칼리지는 파리 대학의 소르본 칼리지이다. 1257년경에 국왕 루이 9세의 궁정 사제인 소르본이 세웠으며 처음에는 신학부 학생 16명을 수용했다. 소르본 칼리지는 16~17세기에 이르르면 파리 대학의 신학부 전체를 지칭하게 된다.

칼리지 조직은 대학 내에 뿌리를 내린 탁발 수도원을 본받았으며, 시설이 검소하고 경건했다. 그러나 기숙생의 생활수준은 일반 시민보다 나은 편이었다. 일반적으로 칼리지의 입사 학생은 통학생에 비해 갖가지 이점이 있었다. 규칙적인 생활을 할 수 있었으며 사감(私監)의 개인적인 학습지도도 받을 수 있었다. 집에서 통학하던 부유한 학생들도 칼리지에 입사했다. 그 결과 칼리지에서 숙식하는 학생과 교사의 수가 많아지고 교사들이 칼리지에서 강의하게 되면서 점차 대학생활의 중심이 칼리지로 옮겨졌다.

칼리지 제도는 학창 생활을 난행(亂行)과 무질서로부터 멀리하게 하는 좋은 수단으로 평가되고 그 기숙제는 더욱 장려되었다. 칼리지는 14세기에 성공적으로 뿌리를 내리면서 가난한 학생을 위한 숙사라기보다는 학생을 위한 최상의 교육시설이었고, 학습과 지적 생활의 중심이 되었다. 때마침 태동된 인문주의의 확산에도 이바지하는 등 교양공동체로서의 대학에 어느 기구보다 적절하게 기능했다.

칼리지 제도는 차차 이탈리아, 스페인, 독일 및 중앙 유럽의 대학에 확산되고 중세에 칼리지를 갖지 않은 대학은 거의 없었다. 모든 칼리지가 파리나 옥스브리지를 본받아 거기서 강의를 받는 원칙이 확립되었다. 칼리지 생활은 수도원 생활의 학교로의 확대 또는 모방의 성격이 짙었다. 특히 신학부에서 처음으로 만들어진 칼리지는 수도원 조직을 따르게 마련이었다. 그리스도교적 중세 교육을 위해서도 자연스럽고 바람직했다.

국민단

중세 대학은 학부와 병행해 상호 부조를 위해 학생과 교사가 출신 지역 또는 국적이나 언어적인 관련에 의해 결성된 국민단(Nation)을 주요 기구로 갖고 있었다. 어떤 의미에서는 학부보다 더 대학의 진정한 단체적 성격을 드러낸 국민단의 존재는 중세 대학 구성원의 지극한 다양성, 즉 범유럽적·국제적인 성격을 말해준다. 학생과 교사가 거의 모든 유럽 지역으로부터 모여든 파리 대학은 특히 그 성격이 짙었다. 파리 대학의 국민단은 1219~21년경에 결성된 것으로 추정된다.

한 국민단 내에도 여러 국적의 학생이 포함되어 그 명칭은 구성원 중 수적으로 우세한 국민의 이름을 따서 지어졌다. 즉 프랑스(모든 라틴어권 나라를 포함), 노르망디, 피카르디(폴란드 포함), 잉글랜드(게르만의 여러 나라, 즉 독일과 북동 유럽 포함)의 국민단이다. 그밖에 먼 지역 출신 학생들은 잉글랜드와 프랑스의 국민단에 나누어 소속되었다. 뒤에는 프랑스 국민단이 세 국민단을 수적으로 압도해 대학 구성원의 불균형이 나타났다.

국민단은 학예학부의 학생으로만 구성되었다. 학예학부의 학생은 상급 학부 학생들보다 나이가 어리고 숫자도 많아 조합을 결성할 필요성이 그만큼 컸던 것이다.

대학의 재정

중세의 대학은 본질적으로 교사와 학생의 인적 구성체이며 캠퍼스라는 개념은 없었다. 대학 고유의 건조물도 없었으며 고정적 기본 자산도 지니지 않았다. 재정은 대학이 소유한 토지로부터 얻는 수익, 관세와 조세, 기부금 등에 의존했다. 그밖의 수입으로는 일종의 급비(給費), 학위 취득료, 보직자의 지불금, 학생들의 과료(科料) 등으로, 고정적은 아니었다. 파리나 옥스퍼드 대학과 같이 규모가 크고 유력한 대학이라 할지라도 재정적으로 궁핍한 상태를 면하지 못했다. 이렇듯 대학은 항산(恒産)이 없으므로 예산을 일정하게 짤 수 없었으며 재정적으로 그때그때 형편에 의존할 수밖에 없었다.

고유한 건물을 갖지 않았던 대학은 고정된 강의실도 없어 교사나 학생의 집, 혹은 적당한 방을 빌려서 썼다. 대학의 총회·의식·토론·시험 및 국민단을 위한 모임은 주로 교회나 수도원을 빌렸다. 그러한 무소유는 도시와 마찰을 일으켰을 때 마음만 먹으면 대학 이주를 감행할 수 있어 그만큼 대학의 자유 신장에 이바지했으니 역설적이라고 해야 할 것이다.

학위

중세의 계층적인 봉건사회는 사회적 신분이나 지위를 나타내는 갖가지 칭호나 기호(記號)가 공사를 가리지 않고 각별히 소중하게 여겨졌다. 그러한 경향은 대학 사회에서도 나타났으며 학위의 칭호도 대학인의 격과 서열을 나타내는 상징적 의미를 지녔다. 평생 학생과 교사, 졸업생에게 붙어다니는 학위 수여 또한 대학의 사회적 위상을 높이는 대학 고유의 권한이기도 했다.

학생의 교육과 생활은 학위 취득을 목적으로 하는 시험절차에 따라 단계적으로 짜여졌다. 고대 그리스·로마 시대의 교육기관에서는 특별한 칭호나 시험은 존재하지 않았으며 학위라는 것도 물론 없었다. 뒤르켐에 의하면 라틴어에는 시험이나 칭호의 관념을 정확히 나타내는 말이 없으며 그러한 말이나 사상(事象)은 중세 대학과 더불어 나타났다. 이러한 사실은 대학의 후견자 격이었던 가톨릭 교회의 엄격한 계층구조와도 관련된 것으로 이해된다.

여러 학위 중에서도 학생들이 최종 목적으로 여긴 것은 마기스테르(magister)이다. 법학부에서는 독토르(doctor, Dr. 학자·의사를 지칭하기도 한다)라고 불렀다. 마기스테르 학위 소지자는 교사로서 모든 권리와 특전을 부여받고 대학이라는 교사조합에 가입할 수 있었다.

모든 학위는 교사의 면허장(licence)이었다. 최초 학위인 학예학사 배첼러(Baccalaureus Artium, B.A.)는 7자유학예를 가르치는 면허를, 독토르는 법학 혹은 의학을 가르치는 자격을 의미한다. magister와 doctor는 중세에서는 professor (아직 professor라는 용어는 쓰이지 않았지만), 즉 교수와 동의어였다. 파리 대학과 그것을 본받은 대학에서는 신학·의학·학예학부 교사들은 마기스테르라는 칭호를 자주 썼다.

볼로냐의 법학 교사들은 독토르란 칭호를 애용했으며, 그를 본받아 파리의 교회법 교사들도 같은 칭호를 썼다. 한편 옥스브리지에서는 15세기에 이르러 신학·법학·의학 상급학부에서는 독토르란 칭호를 쓰고 기초 학부인 학예학부에서는 마기스테르를 사용했다. 이탈리아에서는 그 뒤 독토르란 칭호가 모든 학부에서 똑같이 쓰였으며 독일에서도 본받았다. 그런데 학위에도 차별이 있어 법학 학위는 의학 학위보다 무게 있게 여겨졌으나 신학 학위보다는 가볍게 생각되었다.

마기스테르 또는 독토르는 시험 없이 취득되었다. 대신 그 학위를 바라는 학생은 소속된 국민단에 출두해 시험적인 강의를 마쳐야 했다. 최하위 학위인 학사(배첼러)는 일정한 시험을 거쳐야 했다. 즉 지망생은 일정 기간 규정 과목의 강의를 받고 시험에 합격한 뒤 토론 재정(裁定)의 자격을 얻어야 했다. 토론 재정은 교사가 되기 위한 불가결한 과정이었다. 그만큼 중세 대학은 토론을 중요시했다. 학위를 취득한 학생은 일정 기간 파리에 머물면서 교직의 의무를 다해야 했으며 교사조합 가입자는 2년간 교직을 지킨다는 선서를 했다.

교사와 담론하는 학풍

중세 대학은 본질적으로 교사와 학생의 조합이었다. 대학은 일정한 시설이 아니라 교사와 학생의 인적인 결합, 대학인이라는 일체감과 연대의식에 의해 이루어졌다. 르 고프는 대학의 성립과 함께 나타난 대학 교사들을 지난날의 학자(sauants, docters, clers, penseurs)와 구별해 지식인(intellectuels)이라고 했다. 교사의 위상은 그만큼 사회적으로도 중요시되었다.

교사들은 비교적 젊었으며 학생과는 사제지간이라기보다 선후배, 동료와 같은 관계가 흔히 성립되었다. 강의는 교사가 교본을 읽어주고 받아쓰게 하는 등 교본 중심이었다. 성직자 신분인 교사의 어조는 설교사와 비슷했다. 학생들이 설교와 마찬가지로 펜이 아니라 기억에 의해 관념을 머릿속에 심어주기 위해서였다. 구술 강의는 서적이 희귀했던 시대에 학문을 전달하고 배우는 가장 일반적인 수단이었다.

중세 대학에서 학습되고 연구된 철학과 신학을 지칭한 스콜라학(scola는 학교라는 뜻)은 그리스도교의 교리를 이성적으로 논증함을 지향했다. 학습은 스콜라적 방법을 썼는데, 원문 읽기에서 질문을, 질문에서 토론을 이끌어내는 것이다. 스콜라 학자, 즉 대학 교사는 말·개념·존재 간의 관계를 중요시했다. 원문 읽기에서 비롯되는 스콜라학은 문법에 기초를 두고, 원전의 권위에 기대었다.

강의는 문법이건 논리학이건, 혹은 법학이건 의학이건 모든 과목을 망라해 언제나 교본으로 정해진 원본을 주석 강독하는 것이었다. 중세에서 교수한다 함은 권위 있는 저작을 원본의 글뜻(littera)대로 주석함을 의미했다. 논리학의 경우는 아리스토텔레스 저작 『오르가논』의 주석 강독이었다. "원전을 잘 이해할 때 우리는 원전과 관련된 학문 전부를 습득한다." 로저 베이컨의 이 말은 중세 교육과 학문의 기본 원리를 잘 표현했다고 할 것이다. 독일에서 강의한다 함은 독서한다(lesen), 낭독한다(vorlesen)는 말로 표현되고 영국과 프랑스에서도 교수는 읽는 사람(lecturer, lecteur)으로 지칭된다. 이렇듯 강의란 원문 읽기를 의미했다. 스콜라학의 원문 읽기는 변증법적인 토론으로 연동되었다.

토론(연습, exercitia)은 교본 중심의 강의와는 달리 오늘날의 세미나(Seminar)와 마찬가지로 학생과 학생, 교사와 학생 간의 토론을 중심으로 진행된다. 토론은 좌장인 교사가 주제를 미리 선정해 고지한다. 토론을 주재하는 교사는 학생이나 다른 교사가 제기한 이론(異論)에 답변하고 그가 제시한 결론으로써 토론을 끝마친다. 토론의 모든 과정은 남김없이 기록되었다. 뛰어난 교사들은 강사에게 강의를 맡기고 토론에 주력했다.

모든 교사는 연 2회, 크리스마스와 부활절 전에 자신이 설정한 주제에 관해 자유 토론, 즉 공개 토론을 주재해야 했다. 시 중심의 광장 같은 열린 공간에서 공개리에 행해진 자유 토론에서는 고위 공직자도 나왔으며, 가끔 교회문제 혹은 정치문제 등 미묘한 주제가 선정되기도 했다. 그럴 때면 기사(騎士)의 토너먼트와도 흡사해 사람들을 흥분시켰다. 고위 성직자들은 신학에 '토론'이 침입됨을 몹시 꺼렸으며 솔즈베리의 요안네스도 토론이 무성했던 12세기의 학원 풍경을 "괴변과 잔소리의 경기장이다"라고 쓴소리를 한마디했다.

신학부의 스콜라 학자들도 토론을 싫어했다. "그들은 저녁식사 전에 토론하고 식사 내내 토론하고 식사 뒤에도 토론한다. 공개적으로 일 대 일로, 언제 어디서나 토론한다." 어느 스콜라 학자가 말했듯이 수도원과 성당이 기도와 노랫소리로 메아리치듯 대학인이 모인 곳은 토론으로 항상 들끓었다.

중세 대학에서 강의 이상으로 중요한 토론은 학생들에게 변증법적인 지적 훈련의 기회를 제공했다. 뿐만 아니라 자유로운 토론에 의한 탐구, 개인 스스로 인식하는 지(知)의 단련, 그리고 학문에 대한 논의, 이의를 제기하고 비판하는 학풍이라는 유럽적인 지적 전통을 쌓아올렸다. 다른 문명권의 학교 교육에서 찾아볼 수 없던, 유럽 중세 대학에 특유한 '토론'은 "물음을 통해 우리는 탐구하고, 탐구를 통해 진리를 찾는다"고 간파한 변증법의 기사 아벨라르에게서, 멀리 소크라테스(문답교수법!)에게서 뿌리를 찾을 수 있으니 참으로 부러운 전통이라고 할 것이다.

중세의 교사는 대체로 성직자 신분이었다. 교회가 지급하는 성직록(聖職祿)에 의존해 생활했으며 그밖에 다른 보수가 따르지 않았다. "학문은 신의 하사품이며 그러므로 팔 수 없다." 그리스도교는 지식과 학문은 신에게 속하는 것이라는 관념이 뿌리를 내려 매문(賣文) 행위는 금기시되었다. 그러나 12세기 상업혁명을 거쳐 시민적 직업의식이 생겨나면서 교사도 상인과 마찬가지로 노동에 상응한 보수를 의식하기 시작했다.

"지혜와 교육, 지식은 매매되지 않는다"는 대학 성립 당시에 자주 인용된 솔로몬의 잠언은 교사들의 심적 갈등을 유발했다. 상인이나 장인과 나눈 교류로 인해 그들은 직업 의식이라는 새로운 가치체계에 눈을 뜨게 되었다. 대도시 파리는 교사들을 서서히 '언어의 상인'으로 만들었다. 이제 그들은 근대적 시민의식의 세례를 받게 되었다.

파리 대학의 교사는 학생과 마찬가지로 유럽 여러 지역에서 모여들었으며 심지어 13세기를 통해 파리 대학의 교사 중 프랑스 출신은 한 사람도 없었다. 그만큼 그들은 코스모폴리턴으로서 보편적 의식, 세계주의적 열린 사고를 지닐 수 있었다. 당시 뛰어난 학식자는 대부분 대학 교사였으며, 사회적인 기대와 존경을 한몸에 받았다. 파리 대학을 비롯해 알프스 이북의 대학 교사는 성직자 신분이었으나, 성직자로서 그들에게 주어진 의무는 단지 독신이어야 한다는 것뿐이었다. 결혼하면 교직을 떠나야 했다. 독신 서약이 수도원의 수도사에게만 주어지고 교구 성당의 성직자는 결혼할 수 있었던 당시 상황에 비추어볼 때 교직은 그만큼 주 예수에 가까운 존재로 여겨졌던 것일까.

한편 세속적 전통이 강했던 이탈리아를 비롯한 남유럽 대학의 교사나 학생의 경우도 성직록을 받는 성직자로 여겨졌으나 총장 이외에는 결혼 금지의 규칙은 없었다. 신학부의 교사에게는 상급의 성품(聖品)이 요구되고 대학에 따라서는 사제의 직위도 요구되었다.

학생과 학창 생활

중세의 대학가에는 모든 나라, 모든 계층의 학생이 모여들었다. 그러나 학생 대다수는 중산층 출신이었다. 소수나마 귀족과 부유한 시민의 자제도 있었으며 수도원이나 성당이 추천한 농민의 아들, 귀족의 하인인 시복(侍僕)에 속하는 학생도 있었다. 학비 마련을 위해 구걸을 하는 학생도 없지 않았다. 구걸은 탁발승단(托鉢僧團)의 예에 비추어 성스러운 것으로까지 생각되고 결코 불명예를 의미하지는 않았다.

초등·중등·고등 과정이라는 교육 체계가 결여된 중세에 대학에 입학하기 위해서는 문법학교라고 불리는 초급 학교를 마치고 라틴어의 초보 지식이 있는 것으로써 족했다. 강의는 라틴어로 행해졌다. 라틴어는 대학의 용어임은 물론 교사와 학생들의 일상적인 생활용어이기도 했다. 라틴어가 불충분한 자에게는 학생의 증명이 주어지지 않았다. 유럽 전역에서 라틴어는 대체로 1789년 이전까지 대학의 용어였다.

중세의 학생은 개인이 아니라 무리를 이룬 집단으로 이해해야 한다. 중세에서는 공동생활을 하는 성직자는 물론 귀족과 농민, 도시의 상인·장인들도 길드에 예속되는 등 모든 사람이 신분, 계층에 속한 집단적인 존재였다. 많은 학생이 지적 관심에 끌리어 대학에 모여들었지만 입학 동기는 가지가지였다. 대학의 학위는 사회적 지위를 보장했다.

신분 상승의 바람과 함께 입학의 주요한 동기로 꼽을 수 있는 것은 생활을 보장하는 성직록의 혜택, 단조롭고 재미없는 고향

마을을 떠나 큰 도시에서 자유로운 학창 생활을 누릴 수 있으리라는 기대와 바람이었다. 사실 많은 학생이 뚜렷한 목적의식 없이 학생이라는 신분과 학생이 됨으로써 손에 넣을 수 있는 물질적·사회적인 이득을 바라면서 모여들었다. 그러한 학생들은 이 학교에서 저 학교로, 이 교사에서 저 교사로 옮겨다니며 방랑하는 나날을 즐길 뿐 강의나 학습 따위에는 관심이 없었다.

중세 학생들의 참모습을 리얼하게 그려주는, 가히 그들의 자화상이라고 할 중세의 학생시(student poetry)는 지식과 모험을 찾아 이 거리에서 저 거리, 이 도시에서 저 도시로 편력한 학생들의 방랑이 주제였다. 1125~1230년에 걸쳐 많이 씌어진 시의 작자는 대개 학생과 교사인 방랑 학도(wandering scholar)였다. 그들은 다비드가 쓰러뜨린 거인 골리앗으로 불렸으며, 학생시는 골리앗 시라고도 했다. 작자는 대개 밝혀지지 않았으며, 주제는 청춘의 기쁨과 즐거움, 사랑과 포도주, 그리고 봄의 메타포로서 읊어졌다.

푸른 하늘 아래 탁 트인 거리와 방랑생활, 젊음의 흥겨운 나날. 학생시의 주조음은 중세적이라기보다 머지않아 도래할 이탈리아 르네상스의 경쾌한 놀이의 기상, 먼 훗날 낭만주의자들의 일탈된 정념과도 같았다.

    우리는 방랑자
    즐겁게
    돈을 쓰자

방랑 학생들의 세레나데(1489년의 목판화)

타라 탕타라 티노

배 불리 먹고
취하도록 마셔
타라 탕타라 티노

학생가의 중심 무대는 방랑 학생들의 주요한 거주지였던 12세기 르네상스의 중심지, 귀부인을 이상화한 궁정풍 사랑을 예찬하는 음유시인의 무대가 될 북프랑스였다. 학생시는 술과 에로스를 찬미하는 한편 교황과 고위 성직자의 오만과 탐욕을 풍자하는 패러디로 가득 차 있었다. "악덕에 대해 나는 노래하리라, 반항의 노래를." 학생시는 단순한 로맨티스트의 청춘 찬가가 아니었다. 중세 교권체제에 대한 학생과 하급 성직자의 잠재된 저항적 자의식의 표출이었다. 가난하고 고달픈 방랑자이게 마련인 학생들은 가톨릭 교회가 깔아놓은 체제의 붉은 카펫에서 밀려난 이단아가 아니었던가.

그 '무서운 아이들'에 대해 가톨릭 교회는 처음에는 관용을 보이다가 1231년 품행이 나쁜 학생과 골리앗 종족으로 불리는 도배들을 성직자 신분에서 추방하기로 결의했다. 학생시의 세계는 성당의 그림자가 짙게 드리운 중세의 황혼과 밝은 르네상스의 도래를 예고하는 심상 풍경을 비추었다.

볼로냐 대학, 법학 중심의 대학

이탈리아의 지적 전통과 볼로냐

볼로냐 대학의 요람인 볼로냐는 북부 이탈리아에 위치해 있다. 고대로부터 시장터로 번영을 누린 에밀리아-로마냐 지방의 경제와 문화의 중심이며 행정의 수도였다. 특히 로마·비잔틴·랑고바르드 등 여러 지역의 문화적인 영향이 볼로냐에서 만나 예로부터 많은 학교가 세워졌다. 이탈리아의 다른 도시처럼 볼로냐의 정치적 지배는 주교나 봉건 영주, 때로는 지방 자치체인 코뮌에 의해 행사되었듯이 변화무쌍했다. 더욱이 오래 지속된 교황 대 황제의 대립의 중심에 자리잡은 지정학적인 위치로 인해 볼로냐의 시정(市政)은 교권과 속권의 타협의 산물로 이루어졌다. 이러한 사정은 대학의 학풍에도 반영되었으니 법학부에서는 교회 법규와 황제의 법이 함께 연구되고 교수되었다. 학생도 절반은 이탈리아 출신의 속인, 절반은 알프스 이북 출신의 성직자로 나뉘었다.

볼로냐는 경제적으로 크게 발전하고 황제권이 급속히 쇠퇴되면서 최초로 자유도시 가운데 하나가 된 11세기경부터 명성이 높아졌다. 1167년에는 자유로운 코뮌이 부활했다. 볼로냐는 탑의 도시이다. 200여 개를 헤아리는 거대한 탑의 군상, 신의 나라를 동경하는 알프스 북방 고딕 사원의 탑과는 달리 인간적인 인식의 나라를 지향하는 것일까. 그 탑들과 어울리는 웅장하고 화려한 공공건물들, 눈길을 끄는 수도원과 회랑(回廊). 중세풍의 이 도시는 13세기 말에는 유럽 10대 도시의 하나가 되었다. 대학 성립 이전에도 부유한 도시, 배움의 도시(la dotta)로 불릴 만큼 부와 학예를 자랑했다.

이탈리아를 비롯해 지중해 지역에는 중세를 통해 성당 학교, 수도원 학교와 더불어 세속의 교육 전통이 유지되고 있었다. 볼로냐에는 세 가지 종류의 학교가 있었다. 7자유학예를 교수하는 주교좌성당 학교, 교회법의 수도원 학교, 로마법의 도시 학교이다. 이들은 저마다 볼로냐 대학의 성립에 이바지했는데, 주교좌성당 학교가 발전해 대학 창립이 이루어진 파리와는 대조적이었다.

11세기 이래 경제적 번영과 사회·정치적 개혁, 지리적 이점은 일찍부터 다른 지역의 학생을 볼로냐로 끌어들였다. 1158년경에는 여러 학예의 학생들이 각국에서 배움의 도시에 모여들었다. 솔즈베리의 요안네스도 그중 한 사람이었다. 당시 볼로냐를 왜 모두 좋아하느냐는 물음에 학생과 교사들은 대답했다. "물자가 풍부하고 많은 책을 읽기에 알맞기 때문입니다."

11세기 이래 볼로냐의 학문적인 명성은 여러 교양과목의 학교, 즉 주교좌성당 학교가 주도했다. 많은 법학자, 법학의 독토르에 의해 볼로냐가 명성을 얻는 것은 11세기 말에 이르러서였다. 당시 법학은 독자적인 학문이 되지 못하고 교회법이 신학의 일부인 데 비해 세속의 법은 수사학의 일부였다. 사실 수사학은 자매격인 문법과 더불어 그간 법학 연구의 길잡이였으며, 고대 로마의 제정 말기 수사학 학교에서는 시민법이 교수되었다. 12세기 초기에 독자적인 법체계가 형성되면서 법학은 고유한 학문이 되었다.

로마법의 옛 고향인 이탈리아에서는 중세 초기에는 없던 직업적인 법학자가 첫 번째 지식인, 교양의 구현자로 부상했다.

12세기를 이전의 여러 세기와 구별하는 것은 바로 학문으로서 법학의 존재와 전문직으로서 법학자의 등장이었다. 지난날에 법은 왕과 귀족, 성직자 및 각계 현인들이 논의하고 집행하는 것이었다. 그러나 이제 전문적 학문인 법학을 수련한 법학자는 이탈리아의 지식계층 중에서도 가장 앞선 대열에 섰으며, 법을 집행하게 된 전문적인 법관의 출현은 사회의 계층 질서를 바꾸었다. 그들은 급기야 유일 최고의 재판관으로서의 왕의 권한을 뺏음으로써 왕권에까지 영향을 미쳤다. 이러한 변화는 칸트로비치에 의하면 전례적(典禮的)인 왕이 아니라 입법자로서 왕의 변모를 의미한다. 또한 인민 주권 원리의 징조를 의미했다.

볼로냐는 법학 교육과 연구의 범유럽적인 메카가 되었다. 그곳에서는 일찍부터 법학자들이 시 정부의 법률 고문이었으며 또 사적 교사로서 학생들을 가르쳤다. 이 법학생 집단이 길드를 만들고, 이후 볼로냐 대학의 핵심을 이룬다.

볼로냐에는 12세기 초에 서간문을 가르치는 학교가 있었는데 거기에서는 법률보다 수사학과 문법, 편지를 작성하는 방법을 가르쳤다. 볼로냐 대학의 모체는 몇몇 공증인 양성학교로 일컬어진다. 그러나 법학 중심의 볼로냐 대학 성립에 큰 계기가 된 것은 경제적 발전에 뒷받침되어 이루어진 로마법·법학의 부흥이었다.

로마법·법학은 유스티니아누스의 『로마법 대전』에서 볼 수 있듯이 수사학 중심인 이탈리아의 세속적인 교육 풍토 또는 학풍과 깊이 관련되어 발전했다. 이탈리아, 특히 북부 이탈리아의 도시는 세속적인 기풍이 강해 중세에도 속인 교사들이 폭넓게 활동했다. 교사와 학생이 성직 신분이었던 유럽의 다른 지역과는 대조적이며, 이탈리아에만 특수한 인문주의적·지적 전통에서 유래되었다.

더욱이 교육으로 말하면 변증법(논리학)과 신학을 중요시한 알프스 이북과는 달리 지중해 지역에서는 세속적인 법학과 의학이 발전했다. 특히 이탈리아에서는 문법과 수사학, 그와 관련해 법학 교육을 일관되게 중요시했다. 이탈리아의 '문학적 이교주의(異敎主義)'(literary paganism), 즉 휴머니즘은 중세를 통해 면면히 이어진 전통이었다.

법학을 위한 학생 중심의 대학

볼로냐 대학의 창립은 1158년으로 일컬어진다. 대학 창건에 앞서 학도(學都) 볼로냐의 명성은 이미 이탈리아 내외에 자자했다. 볼로냐 대학의 영광은 뛰어난 교사인 법학자 이르네리우스의 존재와 결부된다. 볼로냐 대학은 그 명성을 흠모해 몰려든 여러 나라, 특히 알프스 이북의 학생이 핵심이 되어 학생 길드가 성립되었다. 이처럼 볼로냐 대학은 학생 주도의 대학이었다.[12]

---

12) 볼로냐 대학의 시스템은 뒷날 스페인, 라틴 아메리카의 모든 대학에 영향을 끼쳤다. 1970년대 전후 유럽 대학가를 휩쓴 스튜던트 파워 운동은 대학 관리체계

볼로냐 대학의 자치 이념과 구현은 교황권의 비호 아래 점차 명확해졌다. 당시 황제와 교황 간에 벌어진 권력의 역학관계는 볼로냐 시의 자주권 신장에 도움이 되었으며, 특정한 지배 권력에 대항하는 대학의 자치권 앙양에도 이바지했다. 대학으로서 다행이었던 것은 정치적으로 황제가 아닌 로마 교황청의 산하에 코뮌이 들어가게 된 사실이었다. 이탈리아에서 황제권의 몰락과 볼로냐 시의 교황파로의 전향에 따라서 대학은 그들 여러 세력으로부터 해방되고, 그 결과 대학 자치가 확립되었다.

대학의 최고 관리기관은 학생으로 구성된 총회였다. 총장은 간접선거에 의해 선출되었으며 피선거권은 5년 동안 법학을 학습한 25세 이상의 독신 재속(在俗) 학생에 한했다. 그런데 그 직위에는 재력이 있는 학생이 선출되었다. 총장은 군주와 같은 우아한 생활을 해야 했으며 공적인 제전도 자주 주재해야 했기 때문이었다. 총장은 학생과 교사, 대학의 직원에 대한 민사재판권과 형사재판권을 소유했으며, 긴급시 무기 휴대가 허용되었다. 교사들에게 선서를 시키고 그들을 감독했다. 총장을 뜻하는 rector에는 통치자, 지배자라는 의미가 있었다. 명칭 그대로 총장은 대주교, 주교 및 추기경에 우월할 만큼 사회적 지위가 대단했다.

법학 중심의 볼로냐 대학은 법학부가 제일 먼저 세워지고 이어

에서 학생 참여를 강력히 주장했다. 당시 오르테가 이 가세트는 마드리드 대학 학생연맹이 주최한 연설에서 대학의 모든 업무를 학생에게 위임해야 한다고 주장했다.

서 학예학부, 그 뒤에 의학부가 생기고, 신학부는 1360년에야 개설되었다. 이들 학부 간에는 근본적인 대립이 존재했는데 그 원인은 법학부가 대학의 중요한 직책을 독점하고자 한 데 있었다. 대립과 갈등은 학부뿐만 아니라 학생과 교사 사이에도 되풀이되었다. 그럼에도 대학이 외부세력과 맞서게 되면 대학과 대학인은 공동체적 일체감으로 슬기롭게 대처했다.

학생과 교사

학생조합으로 발족한 볼로냐 대학에서 학생은 주도적 집단이며 특히 법학생의 우위는 볼로냐 대학을 법학생의 대학으로 일컫게 할 만큼 대단했다. 국내외를 가리지 않고 대개 사회적으로 신분이 높은 가문의 출신인 볼로냐 학생들은 다른 대학에 비해 나이가 많았으며 그만큼 더 성숙하고 자주적인 의식을 지녔다.

당대 최고 법학자인 이르네리우스의 강의를 듣기 위해 프로방스, 프랑스, 스페인, 잉글랜드, 독일, 폴란드 등 유럽의 여러 나라에서 고위직 성직자, 귀족 자제들이 모여들었다. 인구 3만의 도시에 수천 명의 학생이 거리를 메워 거리가 대학 속에 있다고 느낄 만큼 볼로냐는 교사의 도시, 학생의 거리였다.

아침에는 라틴어 주해가 거리에 울려퍼진다. 학생이 학교에서 풀려나오는 오후가 되면 서사시를 연주하는 비올라와 서정시를 연주하는 플루트의 음색이 들렸다.

교수복을 입은 15세기 이탈리아의 학자들

일반 시민도 학생의 풍습에 물들고 학생들을 통해 이탈리아 여러 지역, 알프스의 북쪽 그리고 바다 건너 모든 언어를 들을 수 있었으니 볼로냐는 참으로 국제적 도시였다.

이탈리아의 상류층은 알프스 이북 여러 나라 기사풍의 귀족과는 달리 세속적 교양, 특히 법률 교육을 받아왔다. 볼로냐에서는 학교와 수도원 학교 및 대성당 간의 유대가 희박했으며 지식과 교양은 교회의 구속으로부터 자유로웠다. 학생들 사이에는 이질감이 적지 않았으며 난투나 유혈사태를 예사로 벌이고 교사를 동료처럼 취급하는 버릇이 있었다. 방탕과 도박 등 학생이 범하지 않은 악덕이 없는 것으로 전해진다.

시 당국은 볼로냐에 명성과 경제적 이익을 가져다주는 학생들이 질서를 크게 해치지 않는 한 호의를 베풀고 그들과 우호 관계를 유지하고자 힘썼다.

볼로냐의 교사들은 대학의 공적인 구성원이기에 앞서 고대 그리스의 소피스트처럼 사적인 직업교사였다. 볼로냐 초기의 교사 집단은 볼로냐 출신으로 메워졌다. 그들은 병역면제를 비롯해 여러 가지 특권을 독점하기 위해 시 당국과 밀착했다. 그 결과 이탈리아의 다른 지역이나 외국 출신이 많았던 학생단과 대립하고 그것이 학생의 대학 지배를 더욱 조장했다.

교사 중에서도 법학 교사의 지위는 우월했다. 시 평의회에서도 상석을 누렸으며 그들의 조언 없이는 일을 할 수 없었다. 특히 시민법(로마법) 교사는 고귀한 사람, 지고의 시민으로 존경받았다. 그들은 박사나 교사가 아니라 도미니(domini, 영주)로 불리기를 요구하고 뛰어난 법학자들의 묘비에는 도미니라는 칭호가 새겨졌다. 군주와 교황도 볼로냐의 법학 교사들에게 높은 영예를 부여했으며 코뮌은 저명한 법학 교사를 대사나 고급 관료에 임명했다. 영국 왕의 고문이 된 교사, 고위 성직에 취임한 교사도 많았다. 한 대학사가에 의하면 볼로냐의 초기 법학 교사만큼 높은 지위를 누린 예는 교육사상 찾아볼 수 없다.

법학 교사들의 높은 지위와 영예로 인해 그들은 법의 메신저 혹은 법을 다스리는 자라는 오만과 지나친 자의식을 가졌다. 동료 사이에서 부러움과 함께 불만 불평의 대상이 되었다.

그러나 법학 교사도 학생 권력에 종속된 점에서는 다른 학부와 다를 바 없었다. 볼로냐의 교사들은 성직록을 누린 알프스 이북의 교사와는 달리 항산(恒産)이 없었으며 생계는 주로 학생들이 지불하는 청강료에 의존했다. 볼로냐의 교사에 관해 또 하나 지적해야 할 사실은 교황권과 황제권, 교회와 속권, 봉건체제와 도시의 자유, 성직 서임권 등을 둘러싼 모든 문제를 파리 교사들의 성직자적 입장과는 달리 세속적인 정신으로 현실적으로 인식하고자 했다.

풍요로운 학문의 어머니

볼로냐 대학은 유럽 최초의 대학이었으며 한 대학사가는 그 학풍을 유럽 중세의 가장 빛나는 지적 업적으로 높이 평가한다. 볼로냐의 명성은 대학의 창시자로 알려진 이르네리우스와 깊은 관련이 있다.

지난날 수사학에 속하고 공문서 작성의 기술로 여겨졌던 법학을 이르네리우스는 법률 본문의 주석과 『로마법 대전』의 포괄적 주석을 통해 독립된 학문으로 뿌리내리게 한 인물이다. 근대 법학의 창조자로서 그의 진면모는 주석학파를 창시한 점이다. 그에 의해 『로마법 대전』이 체계적으로 학습되고 모든 대학의 법학 교육이 볼로냐를 본받게 되었다.

이르네리우스에 의해 볼로냐 대학은 볼로냐의 특권과 부의 원천이 되고 "볼로냐는 가르친다"(Bronia docetoc)는 명성을 획득했다. 볼로냐는 12~13세기에 파리를 능가해 유럽에서 가장 많은 학생을 거느린 도시가 되었다. 페트라르카를 비롯한 인문주의자와 교황과 군주들도 볼로냐를 찬양했으며, "학문의 도시 볼로냐는 법률을 가져왔노라" "볼로냐는 가르친다"는 등의 명문(銘文)이 주화에 새겨졌다. 지난날 로마와 콘스탄티노플이 제국의 수도가 가진 특권으로서 법학 교육을 담당했듯이 이제 볼로냐가 오랫동안 그 특권을 누렸다.

11세기는 법률·신학·변증법의 연구와 더불어 의학의 부흥도 눈부신 시대였다. 중세 의학의 발상지는 히포크라테스의 도시로 불린 이탈리아의 살레르노 대학과 프랑스의 몽펠리에 대학이었다. 의학은 중세 대학에서 독립된 학부를 구성할 만큼 주요한 학문이었다.[13]

---

13) 두 대학의 의학 교육과 연구에 관해서는 이광주, 『대학사』, 1997, 167~172쪽 참조.

옥스퍼드 대학, 고전 중심의 교양공동체

대학의 기원과 학제

중세 대학은 파리를 제외하고는 대개 중소 도시에 세워졌으며 영국 최초의 대학도 런던에서 서북방 80킬로미터 떨어진 작은 도시 옥스퍼드에서 탄생되었다. 대학 성립 이전의 옥스퍼드는 교통의 주요 분기점으로 1130년대에 이르면 잉글랜드 제3의 도시로 발전하고, 성직자들이 가장 빈번하게 찾는 곳이 되었다. 왕립재판소도 열렸다. 그런데 옥스퍼드의 쇠퇴는 공교롭게 대학의 창설 및 발전과 때를 같이하고 대학은 성립 후 오늘에 이르기까지 옥스퍼드의 역사를 지배해왔다. 대학이 곧 옥스퍼드인 것이다.

잉글랜드는 파리와 볼로냐를 중심으로 한 유럽의 활발한 학문적인 교류로부터 오랫동안 고립되어왔다. 대성당의 소재지도 아니며 정치·경제적으로 중요한 곳도 아닌 옥스퍼드에 영국 최초의 대학이 "왜 만들어졌는지 모르겠다"고 하스킨스는 말했다. 옥스퍼드 대학의 기원은 헨리 2세(재위 1154~89)로 거슬러 오르며 1228~29년 파리 대학의 '이주'사건과 그로 인해 파리에서 소환된 잉글랜드 출신 학생들의 옥스퍼드 귀환으로 그 기초가 굳어졌다. 그 뒤 1249년에 최초의 칼리지가 세워졌다.

대학은 총장격인 챈셀러(chanceller), 프록터(proctor), 감사(監事), 교사 등 주요 관리체계를 갖추었다. 옥스퍼드 대학은 파리에서 소환된 교사와 학생에 의해 발족된 만큼 파리 대학과 '어머니와 딸의 관계'로 비치기도 했다. 그러나 파리 대학을 그대로

옥스퍼드 시의 조망

모방하지는 않았으며 다방면으로 독자적인 발전을 이룩했다.

학제는 파리 대학을 본받았으나 옥스퍼드에 독특한 제도로 주목할 점은 대학의 장인 챈셀러의 고유한 성격이다. 대학이 속한 교구 주교의 대리인이기도 한 챈셀러는 대학의 총장(rector)으로서 교사와 학생을 처벌할 수 있는 권한, 유대인(그들은 옥스퍼드에서 강력한 세력 가운데 하나였다)에 대한 권한, 시에 대한 권한을 행사했다.

챈셀러는 대학 구성원에 대해 그들이 대학인으로서 누리는 특권의 몰수와 더불어 파문, 치안을 방해한 자에게는 투옥 또는 추방 등 갖가지 권한을 행사했다. 챈셀러는 교사단이 선출하고 주교로부터 독립된 존재였다. 그 지위는 대학 자체에 뿌리를 내리고, '대학 수장의 지위'를 의미했다. 그러면서 대학과 교회·주교·교황 및 국왕 사이에서 가교 역할을 했다.

옥스퍼드의 챈셀러가 누린 교육적·종교적, 민사 및 형사상의 권한은 자매교인 케임브리지 대학의 챈셀러에게도 확보되었다. 옥스퍼드 대학은 초대 챈셀러인 신학자 그로스테스트를 비롯한 탁월한 챈셀러에 의해 속권에서 해방된 학문 공동체로서 일찍이 파리 대학의 '경쟁상대'가 되었다.

옥스퍼드 대학의 중요한 구성원은 교사(master)였다. 교사는 강의 및 교육에 종사하는 정규교사와 그를 보좌하며 학생 숙사를 관장하고 대학 업무에 종사하는 비정규 교사로 이루어졌다. 정규교사의 모임은 대학의 최고 기관이며 최종 법정이었다.

옥스퍼드 대학의 또 한 가지 특색은 학예학부의 우월한 위상과 칼리지 제도였다. 그것들은 파리 대학을 비롯한 다른 대학과 구별되는, 대학의 지도 이념 및 학풍과 깊이 관련된 옥스퍼드 및 케임브리지에 독특한 것이었다. 학예학부와는 달리 상급 학부는 옥스퍼드에서는 독립된 기구가 아니었으며 학부장도 없었다. 이렇듯 학예학부의 각별한 우월성은 교양 공동체로서 옥스퍼드 대학의 빛나는 원리, 일관된 전통이 되었다.

옥스퍼드 대학은 성직자 집단의 성격이 짙었으며 학생 대다수는 성직에 속하거나 성직 지망생이었다. 그렇다고 학내 분위기가 유별나게 종교적인 것은 아니었다. 소수이기는 하나 명문 귀족 출신 학생의 존재는 대학의 교양적 학풍에 이바지했다. 당시 학문에 대한 뜨거운 열정은 성속의 고위 인사로 하여금 그들의 관심을 수도원이나 성당 등 교단으로부터 대학으로 바꾸어놓았다. 그리하여 대학은 재정적으로 더 윤택해지고, 그것은 대학의 발전에 큰 힘이 되었다.

칼리지, 교양과 교양인의 모태

옥스퍼드(및 케임브리지) 대학은 칼리지 제도를 통해 일찍부터 유럽의 다른 대학과 명백히 구별되고, 옥스퍼드 대학의 학생들은 교사가 경영하는 숙사에 거주했다. 그러다가 상급 학위를 지망하는 학생들은 사사로운 숙사보다 면학에 도움이 되는 공동생활을 원했다. 1260년경 머턴(Merton), 발리올(Balliol), 유니버시티(University) 등의 칼리지가 생겨났다.

옥스퍼드 최초의 칼리지는 1264년(혹은 1263) 주지사 머턴이

옥스퍼드 대학 창립기념식장으로 향하는 총장 스토크턴 경(총장 재직 1960~86)

세운 머턴 칼리지이다. 그것은 칼리지의 생활양식을 뿌리내리게 한 점에서 영국 대학사에 큰 의미를 지닌다. 머턴 칼리지가 발족했을 때 입사(入舍)한 8명의 학생은 창립자의 조카였다. 그러다가 정직하고 유망한 청년 20명이 선발되어 입사했다. 머턴 칼리지에서는 연장 학생인 펠로(fellow)가 칼리지의 장(Master)을 선출하는 등 높은 자치권을 누렸다. 기숙생은 1년 내내 칼리지에 거주할 수 있었으며 펠로의 신분도 일정한 성직에 승진하지 않는 한 평생 유지되었다. 칼리지의 재산은 창립자와 독지가들의 기부로 나날이 증가했다.

영국 칼리지의 전형적인 생활양식 창시자이기도 한 머턴은 학생들을 성직자로 기르기를 희망했다. 머턴 칼리지는 1379년 뉴 칼리지가 출현할 때까지 거대한 규모를 자랑했다. 머턴은 특히 칼리지의 종교적 성격을 부각시키기 위해 아주 큰 예배당이 건립되기를 바랐다. 그 희망은 150년이 지나서야 햇빛을 보게 되고 장려한 부속 교회는 이후 영국 칼리지를 더욱 돋보이게 했다. 머턴 칼리지는 생활양식뿐만 아니라 최초의 방장형(方丈形) 건물을 통해 영국 칼리지의 역사에 본보기가 되었다.

머턴 칼리지의 방장형 건물 2층의 서남쪽은 도서관인데 방학 동안에는 일반에게 개방되었다. 머턴 칼리지는 15세기에 들어와 더 아름답게 꾸며졌으며 1418년에는 정문이 세워졌다. 영국 최초의 칼리지는 건물 배치면에서도 칼리지의 모범이 되었다. 대학사가인 라시달은 말했다.

이 최초의 칼리지의 배치는 각 건물을 따로따로 놓는 데 있었던 것으로 생각된다. 내정(內庭)의 오른쪽에는 성가대석과 성구실(聖具室)이, 식당과 뒤쪽 취사장·사무실은 문의 정면에, 교사의 숙사는 왼쪽에, 학생 숙사도 다른 건물과 마찬가지로 왼쪽에 자리잡고 있다. 현재 교회의 남쪽에는 외관상 지극히 옛것으로 추측되나 실제로는 건축의 점진적인 집성에 의해 생겨난 방정(方庭)이 있다. 북쪽에는 교회가, 동쪽에는 성구실과 보물장(寶物藏)이, 서쪽에 위치한 도서관은 방향을 바꾸어 방정을 에워싸고 있다.

방정 양식은 칼리지 건축의 상징이며 특히 뉴 칼리지에 이르러 모든 칼리지의 모델이 되었다. 지금도 남아 있는 뉴 칼리지의 당당한 건물은 이전 칼리지의 빈약한 건물들과는 아주 대조적이다. 뉴 칼리지의 창립자인, 정치가이며 원체스터의 주교인 윌리엄 위컴은 영국 칼리지 건축에 신기원을 이룬 인물답게 칼리지를 단순한 학생 기숙사가 아니라 성당이나 수도회의 시설과 맞먹는 완벽하고 독창적인 건축의 디자인을 구현했다.

칼리지 중심의 옥스퍼드 대학에서는 학습과 교육을 학부별로 행하지 않고 칼리지별로 행했다. 옥스브리지에 고유한 칼리지 중심의 교육방식 또는 학풍은 풍족한 기부 재산에 의해 연이어 세워진 많은 칼리지의 존재에 의해 더욱 발전되었다.

14세기에 이르러 뉴 칼리지 이외에도 오리엘(Oriel, 1326), 퀸스(The Queen's, 1340), 올소울스(All Soul's, 1437), 모달린

(Modalen, 1458) 등의 칼리지가 줄을 이어 출현했다. 그중에서 뉴 칼리지는 개별적 지도교사를 의미하는 튜터(tutor) 제도의 도입으로 칼리지 역사에 한 획을 그었다.

교사와 학생이 일 대 일, 일 대 이로 행하는 개인적 수업형태는 머턴 칼리지나 케임브리지의 페터하우스에도 없지 않았으나 뉴 칼리지에서는 상급생이 하급생을 지도하고 보상으로 급여를 받았다. 이것은 학예학부 교사들의 수업을 무의미하게 만들었으며 튜터 제도의 시작을 의미한다. 튜터 제도는 이후 옥스브리지에서 급속히 확산되어 연소한 학생을 돌보는 펠로 즉 튜터는 3~4명, 많은 경우에는 15명 이상 학생의 학업 및 금전출납과 같은 일상생활도 돌보았다. 펠로가 튜터를 겸함은 학생이 교사를 겸하는 격이 되었다. 튜터 제도는 칼리지의 성격을 바꾸어놓았으니 이제 칼리지는 단순한 숙식을 위한 자선시설이 아니라 교사나 지도원이 엄연히 존재하는 교육기관으로 탈바꿈했다.

프랑스나 독일의 대학에서도 교사가 칼리지에 거주하는 예는 많았다. 그러나 뉴 칼리지에서는 학예학부를 마치고 신학이나 법학 등 상급 학부에서 수학 중인 학생이 학예학부의 학생들을 돌보았던 것이다. 이렇게 해서 영국의 칼리지는 학생 교육의 터전인 동시에 대학 교사를 양성하는 장이 되었다. 이러한 방식은 독일의 하빌리타치온(Habilitation)이나 프랑스의 아그레가시옹(agrégation) 등 대학교수 자격시험과는 대조적인, 학문 연구보다 교양을 중시하는 영국 대학의 기풍을 잘 나타내는 것이라고 말할 수 있다. 교사 한 명에 대해 학생 한 명이라는 개별지도 교수제는 다른 나라와 대비되는, 영국 대학의 전인적인 교양교육 방식이라고 할 것이다.

뉴 칼리지에서는 예배당이 크고 장려했을 뿐만 아니라 건물 전체 배치에서 가장 중요한 위치를 차지했다. 창설자의 건축적 배려 이상으로 교육 시설로서 칼리지의 종교적이며 교회적 성격의 중요성을 시사하는 부분이다. 당시 여러 성당의 영도자였던 위컴은 깊은 산속의 은둔자보다 훌륭한 교육을 받은 교양 있는 성직자가 교회를 위해 더 바람직하다고 생각했다.

유럽 여러 나라의 칼리지는 대체로 가난했다. 이에 반해 영국의 칼리지는 창설자와 기증자에 따라서 풍요로운 재산을 지닌 곳이 많았으며 옥스퍼드의 뉴 칼리지와 케임브리지의 킹스 칼리지는 특히 부유했다. 머턴 이래 영국 칼리지의 창시자들은 파리 칼리지가 지닌 낮은 수준의 환경에 비해 인심이 후했다. 그러한 현상은 뉴 칼리지에서 잘 드러났다. 기숙생들은 훌륭한 건물에 거주하고 나이 많은 펠로의 경우 사제나 튜터 혹은 보직자로서 높은 급여를 받았다. 칼리지장은 별개 식당에서 식사를 했으며, 가족을 거느리고 독립된 가옥에서 수도원장급의 풍족한 생활을 누릴 수 있었다.

약 760년의 역사를 자랑하며 30여 칼리지로써 오늘에 이른 옥스퍼드 대학은 칼리지마다 독특한 건축양식을 드러내어 장관을 이루고 있다. 1445년에 세워지고 세계에서 가장 오래된 대학부속의 보들레안 도서관(1602년 창립)은 약 350만 권의 장서와 영국에서 간행된 책의 모든 초판본을 소장한 것으로도 유명하다.

타운과 가운

옥스퍼드 대학은 속권과의 대립에서 교회의 강한 지지를 받아왔다. 교황 인노켄티우스 4세는 언명했다.

대학은 성 피터와 우리의 보호 아래 있으며, 링컨 및 솔즈베리의 주교 또한 대학의 여러 특권을 국왕으로부터 지켜야 할 의무를 지닌다.

한편 영국의 국왕은 학생의 권리를 언제나 자부(慈父)의 입장에서 지켜보았다. 그러나 때로 상반된 이해관계로 인해 타운과 가운(town and gown), 즉 옥스퍼드 시와 대학 간에는 갈등이 되풀이되었다. 둘 사이의 쟁점은 타협을 이루지 못했으며 국왕과 추밀원(樞密院)으로까지 올라가기 일쑤였다. 국왕의 정책은 우선 시의 편에 서는 것이었다. 타운과 가운의 갈등은 대학문제에 왕권의 간섭을 초래했으나 대학은 왕권에 대해서는 어떠한 권한도 행사할 수 없었다. 대학의 특권이란 결국 국왕이 내리는 자비의 산물이며 그만큼 대학은 왕의 뜻에 좌우되었다.

대학의 특권이 도시의 특권과 자주 교차된 까닭에 타운과 가운의 싸움이 자주 일어났다. 대표적인 예로 1209년 학생이 우발적으로 노파를 살해한 사건이 계기가 된 갈등을 들 수 있다. 시장과 분노한 시민들이 가해자의 숙사를 습격하고 몇몇 학생을 체포했다. 국왕이 투옥된 학생 2명(또는 3명)의 형벌에 동의했다. 그 일이 발단이 되어 대학의 후견자격인 교황과 국왕 간에 대립이 벌어지고 영국 전역이 말려들었다. 교사와 학생들은 제빨리 대학 이주의 권리를 행사해 가까운 케임브리지로 옮겼다. 이렇듯 케임브리지 대학은 1209년 옥스퍼드의 이주로 탄생했다.

옥스퍼드 대학은 시와 시민의 양보를 받아낸 1214년에야 교사와 학생들이 옥스퍼드로 귀환해 강의를 재개했다. 이후 학생이 시민에게 체포되었을 때 대학 챈셀러의 요구가 있으면 학생을 바로 인도해야 한다는 조항이 만들어졌다. 이는 시의 권력으로부터 대학의 자유 및 대학 자치의 재판권이 획득됨을 의미하며, 타운과 가운의 싸움은 15세기까지는 대학의 승리로 매듭이 지어졌다. 그 뒤에도 되풀이된 도시와 대학 간의 분쟁에서 대학 및 교사와 학생이 누린 특권을 요약해보자. 공공 봉사와 군사 의무로부터 면제, 과세의 경감과 면세, 세속 재판권과 원거리 종교재판소의 소환으로부터 면제, 주택비·식용품비의 경감 등 경제적 혜택과 국왕에 의한 특별한 신분적 보호와 학원 불가침, 강의 정지와 이주의 자유 등을 들 수 있다.

옥스퍼드 대학의 사상적 위상

옥스퍼드 대학은 자매교인 케임브리지 대학과 더불어 튜터 제도를 핵심으로 한 칼리지 체제를 통해 독자적 의의를 전통적으로 지녀왔다.

옥스퍼드 대학은 신학 중심이며 성직자 양성을 주요 과제로 삼았다. 때로 대주교구 회의나 의회에 대표를 보냈으나 파리 대학과는 달리 교회나 정치에 대해 별로 영향을 미치지 못했으며 신학이나 교회법 문제에 대해서도 거의 영향을 주지 못했다. 그러나 옥스퍼드 및 케임브리지 대학은 창립 이후 지적·사상적으로 확고한 위치를 차지해 학문적 명성은 중세를 통해 파리 대학 다음 가는 권위를 자랑했다. 그런데 국제적 위상은 미미해 교사나 학생 대다수는 영국 출신이었다. 이 점에서도 파리나 볼로냐 대학과는 대조적이었으며 그만큼 당시 영국의 '변경적인' 문화위상을 비춰주기도 한다.

스콜라 철학은 파리를 거점으로 시작되었으나 13세기 옥스퍼드의 저명한 신학교사 그로스테스트와 로저 베이컨을 중심으로 차차 옥스퍼드를 새로운 본거지로 삼아 발전했다. 옥스퍼드 최초의 챈셀러, 그리스도교적 르네상스의 선구자로 기록되는 그로스테스트는 13세기 아리스토텔레스학의 개척자이며 교황과 국왕에 대한 영국 교회의 권리 주창자로도 명성이 높았다. 한편 당시 학계가 놀랄 만한 박사라고 칭송한 철학자이며 자연과학자인 베이컨은 종래 스콜라학적인 방법을 비판하고 관찰과 실험의 가치를 강조함으로써 철학에 경험론을 도입한 선구자였다. 그는 특히 지적 교육의 기초로서 고전어와 수학을 학습하라고 역설했다. 당시 가장 높은 수준의 수학 교육은 옥스퍼드에서 행해졌다. 베이컨의 진면목은 근대과학으로 발전하는 사상을 명확하게 표현한 업적에서 나타난다.

당시 영국의 지적 풍토에서 일반적이었듯이 옥스퍼드 대학에서는 권위를 존중하고 실제적인 도미니크회보다 사변적이고 열정적이며 때로 민중적인 프란체스코회가 영향력이 있었다. 그러한 프란체스코회의 세례를 강하게 받으며 옥스퍼드 대학은 철학적 보수주의의 중심이 되었다. 14세기 초에는 스콜라학의 메카로서 범유럽적 명성을 자랑하는 동시에 지적 활동은 놀랍게도 파리를 능가했다.

14세기 스콜라학의 큰 변혁, 즉 둔스 스코투스에 의한, 새로운 실재론(實在論)의 부활과 오컴에 의한 유명론(唯名論)은 옥스퍼드에서 비롯되었다.

둔스 스코투스와 오컴에서 보듯이 14세기에서 가장 중요한 스콜라 학자는 옥스퍼드인이었다. 스콜라주의는 이제 국민적·정치적·종교적인 문제와 얽혀 철학적 대립의 형태를 취했다. 옥스퍼드의 뛰어난 스콜라 학자이며 한때 벨리올 칼리지장을 지낸 위클리프의 종교개혁운동은 지나친 스코투스주의에 대한 반동에서 일어났다. 이는 옥스퍼드의 자유 풍토에서나 가능한 일이었다. 옥스퍼드는 국가의 종교적·정치적 생활과 결부된 지적 활동의 무대였으며 위클리프의 개혁운동은 14세기 옥스퍼드를 중심으로 한 사상적인 흐름의 정점을 의미한다. 1411년 대학에 대한 대주교의 승리는 옥스퍼드 스콜라학의 조종을 의미했다. 루터가 점화한 종교개혁의 횃불이 영국의 대학에 비화되었을 때 거기에는 위클리프가 남긴 불씨가 꺼지지 않고 있었다.

대학의 침체

파리, 볼로냐, 옥스퍼드 대학에 이어 13, 14세기에도 많은 대학이 세워졌다. 이전 대학들이 교사나 학생에 의해 자치공동체로 생겨난 것과는 달리 군주에 의해 창건된 군주의 교육기관(이탈리아의 나폴리 대학[1224], 프랑스의 오를레앙 대학[1235년경], 스페인의 살라망카 대학[1298])이었다. 아니면 교권에 의해 설립된 대학(이탈리아의 파두아 대학[1222], 프랑스의 툴루즈 대학[1229], 스코틀랜드의 대학)이었다. 독일 제국의 대학 역시 전형적인 군주·국가의 교육기관이었다.

독일 제국이나 독일어권 최초의 대학은 황제 카를 4세에 의해 1348년에 설립된 프라하 대학이다. 두 번째는 빈 대학(1365)이다. 이어 하이델베르크(1386), 쾰른(1388), 에르푸르트(1392), 라이프치히(1409), 그밖에 많은 대학이 세워졌다.

독일 대학은 파리나 볼로냐, 옥스퍼드 대학이 교사와 학생의 자치적인 공동체로서 속권 및 교권과 적당한 거리를 유지하면서 자유와 특권을 획득한 것과는 달랐다. 교황이나 황제에 의해 설립되고 왕권이나 영방 군주의 비호 아래 놓여 있었다는 사실이다. 파리나 볼로냐의 범유럽적인 성격과는 대조적으로 교사나 학생 대다수가 독일계였다. 이러한 현상도 독일 대학의 국가기관적인 특징을 더욱 부각시켰다.

중세 말 14, 15세기는 대체로 대학의 침체기로 기록된다. 대학과 교회, 특히 대학과 국가 간의 바람직스럽지 못한 관계와 깊이 관련된다. 대학은 중세의 가톨릭적 산물이다. 그러나 14, 15세기 유럽사를 특징지은 로마 교황권이 지닌 권위의 실추, 교회 대분열, 위클리프와 후스가 보인 종교개혁의 움직임, 페스트의 대창

궐(1347~49), 여러 나라에서 왕권 중심의 절대주의로의 태동 등과 같은 상황은 대학 사회에 큰 변화를 초래했다. 국가 간의 새로운 관계 설정은 파리 대학도 예외는 아니었다. 지난날 전 유럽 학도의 모교였던 파리 대학은 점차 '프랑스의' 대학으로 변모했다. 샤를 7세는 1446년에 선언했다.

> 왕은 대학이라는 단체를 만들고 많은 특권을 부여했다. 대학은 국왕의 딸이며 국왕을 섬기고 국왕에 영광을 가져오고 그에 예속되어야 한다.

국왕의 딸은 교회 대분열이나 잔다르크 문제(파리 대학의 신학부와 법학부는 그녀를 마녀로 판결지었다)에서 볼 수 있듯이 왕과 왕국의 편에 가세했다. 파리 대학은 더 이상 범유럽적 권위를 지닌 교사와 학생의 자주적인 단체가 아니라 "국가에 봉사하는 직업 교육"(르 고프) 중심의 대학이 되었다. 그런데 대학의 이러한 심각한 퇴화현상에 많은 대학인이 기꺼이 동의했음을 우리는 어떻게 이해해야 할까.

7 철학은 신학의 하녀인가

> 신학 교사와 학생은 자신이 철학자임을 드러내지 말 것이며,
> 신을 알도록 노력해야 한다. 학교에서는 신학적 저작이나
> 교황들의 논저에 의해 해결할 수 있는 문제에 관해서만 토론해야 한다.
> 🖋 그레고리우스 9세

중세 대학의 자유

중세 대학은 교사조합이었으며 중세는 교사가 대학을 지배한 시대였다. 교사에게 자유의 핵심은 가르치는 자유였다. 가르치는 자유의 원칙은 1197년 라테라노 종교회의에서 정해졌다. 1209년 파리 대학은 가르치는 자유를 의미하는 교수권을 인가받았다. 그러나 가르치는 자유가 학문이나 사상의 자유를 의미하거나 보장한 것은 아니었다. 1210년과 1215년, 파리 교구회의와 교황 사절에 의해 아리스토텔레스의 형이상학과 자연학의 학습이 금지되었다. 1228년 교황 그레고리우스 9세는 파리 대학의 교사들에게 "신의 말씀을 철학자의 거짓으로써 더럽히는" 일에 대한 금령을 내렸다. 이 금령은 몇 해 뒤에 철회되었다.

하스킨스는 교육의 자유라는 관점에서 볼 때 대학에 대한 교권

및 속권의 간섭은 극히 적었으며 중세의 대학은 교육의 자유를 누렸다고 말한다. 사실 철학과 신학을 제외한 다른 학문의 경우 일반적으로 자유로웠으며 철학도 신학적 문제에 저촉되지 않는 한 자유로이 논의할 수 있었다. 당시 철학은 신학문제와 관련되게 마련이었으며 문제가 야기되면 거의 신학적 이단으로 단죄되었다. 주목할 사실은 신학이나 철학 교사 스스로 자유롭지 못하다는 의식을 별로 갖지 않았다는 것이다. 교사들은 교회의 권위라는 원칙을 교육과 학문 연구의 출발점으로 삼았으며 그에게 주어진 한계와 문제성은 의식하지 않았다. 중세에도 '학문의 자유' (libertas scholastica)라는 표현이 존재했다. 그러나 교사와 학생의 자유롭고 구속 없는 생활을 의미한 데 지나지 않았다.

그레고리우스 9세는 「제학(諸學)의 아버지」에서 파리의 신학부 교사나 학생에게 언명했다. "자신이 철학자임을 드러내지 말 것이며 신을 알도록 노력해야 한다." "학교에서는 신학적 저작이나 교황들의 논저에 의해 해결할 수 있는 문제에 관해서만 토론해야 한다." 대학의 자치권과 특권을 밝힌 대학의 대헌장도 학문과 사상의 자유나 가르치는 자유에 관해서는 언급이 없다.

중세의 학생들은 교육과 학습을 성직자, 법률가, 의사가 되기 위한 실제적인 학업으로 여겼다. 그리하여 신학적·정치적인 문제에 관해서는 대학과 관련된 자신의 문제일지라도 무관심했다. 성직록을 받는 성직자 학생인 그들의 신분과 집단적 심성은 교권

▲ 15세기 학자의 서재

체제에 깊이 뿌리를 두고 있었다. 비판의식이 강한 학생일지라도 기성 질서나 체제에 항거하는 일은 극히 드물었다. 항거라 할지라도 학도로서 특권을 옹호하는 것이 아니면 대학체제 내에서 학생 참여의 폭을 넓히기 위한 것에 지나지 않았다. 스튜던트 파워 운동은 상상조차 할 수 없었다. 교사와 학생, 대학의 지적 자유를 둘러싼 갖가지 한계에도 불구하고 유럽 중세 대학은 다른 문명권의 고등교육과는 차원이 다른 자주성과 다양성을 누렸다.

대학의 권위와 특권이 교황에 의해 뒷받침되고, 교사와 학생이 성직록의 수혜자라는 신분[14] 때문에 대학과 대학인은 교황권으로부터 자유롭지 못했다. 그람시는 대학 지식인을 교회와 국가에 봉사하는 조직적 지식인, 상급 공무원이라고 비하했다. 르 고프는 성직자가 아닌 지식인으로 변신하고자 한 교사들의 자각에 관해 언급했으나 성직 신분인 교사직의 현실은 대학 자치의 이중성과 더불어 중세 대학과 대학인의 한계를 다시 한 번 생각하게 한다. 중세 대학의 자치와 특권은 봉건사회에 붙어다녔던 신분적 특권의 관념이 강해 학문 자유의 관념과는 거리가 멀었다. 반듯한 대학의 자유란 관념은 '철학하는 자유'(libertas philosophandi)와 함께 비로소 태동되었으니, 근대적인 시민사회의 소산이었다.

---

14) 교황 인노켄티우스 3세는 1179년의 공회의에서 교육을 무보수로 규정했다. 교사와 학생의 생활을 교회가 부여하는 성직록으로 충당할 것을 정했다. 교회의 뜻에 따르는 자만이 대학 교사 및 학생이 될 수 있음을 규정한 것이다. 교사가 평신도 신분이 된 뒤에도 교직은 성직으로 여겨지고, 학칙도 교사에 대해 성무(聖務), 종교적 행사의 참가, 신심의 실천을 요구하는 관행을 낳았다.

중세 학자들의 논쟁(16세기 초의 목판화)

가톨릭 중세는 『성서』라는 '한 권의 책'의 주술로부터 그런 대로 자유로웠으며, 그 유혹을 뿌리침으로써 지성사적으로 다양한 시대였다.

철학은 신학의 하녀인가

'철학은 신학의 하녀(philosophia ancilla theologiae)이다.' 가톨릭적 중세의 정신적·지적인 모양새의 비유로 널리 유포된 이 슬로건의 최초 발설자는 페트루스 다미아니로 알려진다. 베네딕트회 수도원장을 지내고 교회혁신에 크게 이바지해 성인의 반열에 오른 이 인물은 이성적인 철학을 일관되게 불신했다. 그에 의하면 철학은 계시를 주인의 하녀처럼 받들어야 한다. 사람은 오직 신앙으로써만 구제받으며 학문만으로는 멸망의 길로 떨어진다. 변증법이나 문법은 무용지물일 뿐이다. 그의 뜻에 반해 날로 많은 학교가 생겨나고 변증법(철학)이 남용되고 이단의 학예가 교회의 문턱을 더럽힐 기세였다(사실 이단에 대한 고발은 11세기 이후 점차 잦아졌다). 그는 이 같은 슬로건을 걸고 투쟁을 선언해야 했다. 그의 아나크로니즘적 순수 신학주의는 때마침 전개된 교황 그레고리우스 7세에 의한 속권과의 투쟁과 교황권의 독재체제를 신학적·이데올로기적으로 반영한 것이다. 철학은 신학의 하녀라는 슬로건은 이후 교황권의 모토가 되었다.

철학자 시대의 도래

이탈리아 르네상스의 화가 크리벨리의 작품에 「성 아우구스티누스」가 있다. 큰 폭의 제단화 가운데 성인은 주교관을 쓰고 붉은 주교복으로 몸을 에워싸고 왼손에는 세 권의 책을 받치듯 안고 있다. 세 권 중 진홍 빛깔의 미장본은 플라톤 혹은 키케로의 저작일까. 성 아우구스티누스는 수사학을 배워 수사학 교사도 지내고, 한때는 로마에 출분한 끼 많은 젊음을 보냈다. 키케로로부터 큰 감명을 받았으며, 기도와 연학(研學)의 생애를 통해 그리스도교의 신앙에 철학적 진리를 담고자 노력한 인물. "나는 그대를 사랑하는 것이 지나치게 늦었다. 아름다움이여, 항시 옛 것이며 언제나 새로운 아름다움이여"라고 외친 미의 갈구자였다.

성 아우구스티누스가 고전 고대에서 특히 심복한 사상가는 플라톤과 키케로였다. 중세 1천 년은 가톨릭 교리와 교회가 지배한 시대라고 하지만 그 '한 권의 책'이 군림한 시대는 결코 아니었다. 세 권의 책을 받쳐 든 이 교부를 본받아 많은 성직자는 '한 권의 인간'(homo unius libri), 즉 한 권의 책만 탐독하는 인간이 아니었다. 『성서』와 더불어 플라톤, 아리스토텔레스, 키케로, 베르길리우스를 가까이한 폭넓은 독서인이며 교양인이었다.

유럽 중세의 학식자는 학승(clerc, 성직자·학승·지식인이란 뜻)이라는 말로 널리 표현되었듯이 성직자였으며 학문과 지식은 그리스도교적인 믿음을 위해 학습되고 연구되었다. 그러나 지적 탐구가 종교적 신앙과 길을 달리하기 시작했을 때 대학이 탄생되었다. 갈림길의 징조는 아리스토텔레스의 저작이 번역되자 이미 나타났다. 아리스토텔레스에 의해 상징된 그리스적 이성[知]의 메신저는 이슬람 지배하 스페인 안달루시아의 아랍인 철학자와 톨레도의 유대인 번역가들이었다. 문화사상 대개의 학예부흥이 지적·정신적인 이종교배(異種交配)에 의해 배태되었듯이 서방 그리스도교의 신학적 사유의 아랍화가 중세의 정통성을 바꾸어 놓았다. 그 변화의 중심에 철학자(philosophi)가 존재했다.

철학자는 수도사와는 달리 도시에서 태어났다. 조상인 소크라테스나 플라톤, 아리스토텔레스가 폴리스에서 태어났듯이 철학자의 토포스는 도시와 도시 속의 대학이었다. 그리스 철학자의 후예로 자처한 그들은 자신을 모데르니(moderni), 즉 새로운 세대로 자각했다. 그들의 등장과 더불어 그리스도의 병사를 자처한 수도사의 학풍이, 믿음이란 이름 아래 성스러운 무지를 받들었던 세대에 황혼이 깃들고 변증법적인 담론을 즐기는 지(知)의 시대가 도래했다. 이미 수도원의 도서실이나 사본공방에는 『성서』나 교부들의 저작과 나란히 플라톤과 아리스토텔레스, 라틴어 고전들이 꽂혀 있었다. 더욱이 대학은 새로운 동서문화와 학풍의 연금장, 타작의 터전으로 부상했다.

중세사가인 그룬트만은 대학 성립의 진정한 동기가 교권이나 속권, 시민계층의 실용적 요구에 의한 것이 아니고 학문적인 관심, 즉 지식에 대한 의지라고 말했다. 지식의 탐구를 추구한 대학인에 의해 (가장 그리스도교 시대에) 아리스토텔레스가 아우구스티누스보다 더 신선하게 받아들여지고 고대 철학자가 『성서』에 등장하는 예언자보다 더 숭상되었다. 이처럼 새로운 지적 풍토에서 대학이 연이어 설립되었다. 철학자는 대학인이며 대학인은 철학자로 불리기를 바랐다. 새로운 철학시대의 도래였다.

"철학자로서 나는 이렇게 말하고 그리스도 교도로서는 이렇게 말한다." 새로운 학문과 지식의 빛은 이중진리의 어둠을 파헤치며 밝았다. 안셀무스로서 대표되는 스콜라주의가 주류를 이룬 대학사회에서 믿음보다 지식(이성)을 앞세운 철학자·대학인은 이교도였다.

전통주의자이며 수도원장인 아르방은 방랑 학생과 함께 학문을 위한 학문을 단죄했다. 그러면서도 그는 말했다. "성직자에게 가장 중요한 장소는 수도원의 금역이어야 한다. 그러나 제2의 장소는 학교이며 학교에서 배워야 한다." "성직자에게 문예연구에 몸을 맡기고 책을 읽는 것만큼 어울리는 일은 없다고 나는 생각한다." 학교에서 받는 배움을 귀하게 여긴 그는 『성직자의 교양』의 저자이기도 했다. 이때 그가 바란 교양이란 무엇이었을까.

한편 프란체스코는 『성서』를 위한 지식의 필요성을 긍정하면서도 학문을 부정했다. 학문의 소유를 재산으로 본 까닭이다. 학문을 하고 책을 소유하는 것은 청빈(청빈이야말로 그에게는 수도생활의 경건한 이상을 실현하는 기쁨이었다)의 사상에 반한다는 것이다. 이 아시시의 성인과는 달리 토마스 아퀴나스는 이성과 신앙의 조화를 찾고 그리스도교와 고대 문화 및 아랍 문화의 종합을 진실로 바랐다. 생애를 통해 아리스토텔레스의 주해에 몰두한 이 성인은 철학자였으며 학문과 학문에 전념하는 대학과 대학인을 기꺼이 긍정했다. 성 프란체스코가 세상을 떠난 뒤 프란체스코 수도회에서도 학문과 대학문제는 중요한 관심사가 되었다. 신비주의와 스콜라 철학의 조화를 간절히 바란 신학자 제르슨에게도 대학은 연구의 어머니, 학문의 주인, 진실의 교사였다.

프랑스의 철학자 시제 드 브라방은 이중진리설을 강조하면서도 철학자를 찬미했다. "철학자 이상으로 훌륭한 신분은 없다." "인간이 도달할 수 있는 재산은 모두 지적인 덕 속에 있다." "세계의 유일한 현자는 철학자이다." 스콜라주의자가 정통성을 자랑하고 철학은 '신학의 하녀', 지식과 학문은 '교회의 하녀'(ancilla ecclesiae)로 일컬어진 시대에 철학자가 가장 두려워한 것은 토마스 아퀴나스가 경계한 '한 권의 인간'이었다.

이슬람 세계의 모스크 부속 교육기관인 마드라사스(madrasas)에서는 『코란』과 하디스(예언자의 말), 그리고 이슬람 법전을 주요 과목으로 다루었다. 이슬람 세계에서는 종교적 지식(ilm)과 세속적 지식(ulum, mariga)을 철저히 구별하고 이슬람 학문과 타국 학문을 또한 구별했다. 모스크 부속의 학교 교사, 재판관, 통치자의 고문을 지칭한 울라마(ulama), 즉 지식의 전문가는 종교와 깊이 관련되고 그들은 학문적 직계제를 바라고 그 권능을 누렸다. 학생은 재판관, 참사관, 교사직 등 국가의 고위직을 지망해 원하는 교사를 찾아다녔다. 스승으로 섬기게 되면 그의 사상이나 사고방식을 따라야 했으며 개인적인 견해를 개진해서도 안 되고 심지어 독서도 마음대로 할 수 없었다.

바그다드, 다마스카스, 카이로에서 일반적이던 교육 패턴은 오스만 제국이 다스린 16, 17세기까지 이어졌다. 이슬람 세계에서 인쇄기는 1800년경까지 금기시되었다. 진리는 이미 정해진 확고부동한 교리로서 어떠한 논의나 시비도 허용되지 않았다. 그만큼 지식과 학문은 일부 특권층의 종파적인 점유물이었다.

유럽에서 대학이 성립된 이후에도 교육과 학습은 교사가 택한 텍스트의 권위에 따르고 그것을 주석하는 데 중점을 두었다. 그러나 대학의 발전은 이러한 교수 방법에 일대 쇄신을 일으켰으며 선구자는 아벨라르였다.

아벨라르는 교본을 떠나서 자유로이 생각하고 토론하며 가르친 최초의 교사였다. 그가 창안한 물음의 방법, 논증의 방법은 교육과 지식사회에 큰 바람을 불러일으켰다. 하위징아는 논의와 개념 및 방법의 가치를 공개적으로 증명하는 12세기의 경주(競走) 문화를 높이 평가했다. 그 선구자는 교사이자 음유시인인 변증법의 기사 아벨라르였다. 아벨라르와 제자들은 교회의 교리에 의거한 학승이라기보다 지식을 발굴하는 철학자였다. 대학사가 라시달은 중세 대학의 명예를 신앙으로부터 학문을 성별(聖別)한 것에서 찾았는데, 아벨라르는 신앙과 신학을 구별했다. "인간의 신앙은 이성에 근거해야 하는가, 아닌가." "신은 단일한가, 아닌가." 『가와부』에서 보여주듯이 아벨라르는 신성불가침이라 할 신과 믿음을 둘러싼 신학적 문제까지 처음으로 변증법적 논리에 따라 철저하게 밝히고자 했다. 따라서 변증법과 토론이 철학에서 신학으로, 그리고 학문의 모든 영역으로 확산되었다. 철학은 신학의 하녀라는 교회 이데올로기가 만들어낸 속설의 거짓됨을 드러낸 아벨라르는 최초의 교수, 최초의 근대적 지식인이었다.

아벨라르와 더불어 12세기 대표적 철학자로 우리는 '전(前) 고딕 정신'(하위징아)을 대표한 솔즈베리의 요안네스를 들어야 할 것이다. 요안네스는 중세 인문주의의 상징적 인물이었다. 샤르트르의 수사학 학교 출신인 그는 수사학과 철학의 조화를 강조하고 말의 중요성을 역설했다. '우리의 라틴어 세계'에 대한, 다시 말해 교양 공동체에 대한 강한 애정을 지녔던 그는 학예의 목표를 인간적인 덕의 함양, 즉 교양에 두었다. 요안네스는 샤르트르의 주교와 대법관을 지낸 교회정치가 베켓의 보좌관이었다. 정쟁(政爭)의 한복판에서 오랜 망명의 시련을 겪기도 했다. 그는 주저인 『메탈로기쿠스』(1159)와 『폴리크라티쿠스』(1159)를 통해 시대의 위기적 상황을 극복하는 길을 제시한 참여하는 지식인이었다.

'한 권의 책'의 극복

중세 대학의 지적 자유는 거기게 부여된 자치권, 재판권과 깊은 관계가 있다. 파리 대학은 그 특권을 통해 흡사 '국가 속의 국가'(imperium in imperio)를 이룬 감이 없지 않았다. 이 교회 제1의 학교는 유럽의 신학적 재정자(裁定者)였으며 프랑스가 이단 심문에 말려든 거센 파동에서도 비교적 자유로웠다. 여러 수도회 간의 균형을 조종하는 일도 파리 대학의 신학부에 맡겨졌으며 신학상의 문제에서 파리 대학이 결정하고 로마 교황청이 추종하는 일이 때로 있었다. 이렇듯 대학의 우월한 권위는 또한 학문의 고귀한 위상을 말해주는 것이기도 하다. 이러한 변화는 12세기 전반기의 독서혁명과 적지 않게 관련되었다.

중세에 '독서한다' 함은 『성서』를 읽음을 의미했다. 성스러운 책은 읽기에 앞서 공동체에 의해 전례(典禮)의 대상으로 받아들여졌다. 12세기의 스콜라 학자 생 빅토르 위그가 바야흐로 독서가 개인적 문화행위가 되어가는 시점에서 쓴 『학습론』(주제는 독서방법이었다)은 지난날의 독서문화에 바쳐진 만가(輓歌)였다. 빅토르 위그에게 독서란 성스러운 읽기를 뜻했다.

"탐구되어야 할 모든 것 중 최초의 것은 지혜이다." 독서하는 사람은 지식이 아니라 지혜로 인도된다. 지혜란 그리스도이다. 학습, 특히 읽는 일은 그리스도를 받들기 위한 헌신의 행위이다. 7자유학예를 비롯한 모든 학예의 존엄은 지혜를 나누고 공유하는 데서 온다. 지혜는 사람을 비추고 사람은 자기 자신을 알게 될 것이다. 독서하는 사람은 빛을 발하게 된다. 위그에 의하면 책의 모든 행간은 빛을 방사한다.

그리스도는 말씀이며 성스러운 책을 통해 육체를 지닌다. 그리스도교 이전 신들이, 아니 어느 문명권의 신들도 책을 손에 든 모습이 없었다. 그리스도만이 책을 지녔다. 초기 교회의 그리스도는 책을 품은 철학자풍으로 그려졌다. 사실 그리스도는 교사였다. 상징으로 가득 찬 그리스도의 집, 성당은 한 권의 방대한 책, 수많은 도상들은 그리스도에 관한 이야기의 세계였다. 문자 또한 기호·상징·메타포로서 기록되고 읽혔다. 문자와 도상, 텍스트와 이미지의 불가분의 관계는 유럽 문화의 전통이었다.

문맹의 시대, 귀족이나 성직자까지 문맹이었던 그 시대에 교회는 모든 자가 배울 사명을 지닌다는 메시지를 내세웠다. 위그는 학습의 근행을 독서의 근행으로 정의했다. 성직자라는 말은 그리스어의 추첨, 선택에서 유래된다. 초기 교회 때부터 세속의 사람과 자기 자신을 구별한 성직자의 자의식은 그들이 문자를 해독함으로써 신의 계시를 매개하는 소명을 지녔다는 긍지였다. 수도사에게 독서는 기도와 마찬가지로 삶의 존재양식 자체였다. 이집트 나일 강변에 수도원을 처음으로 세운 파코미우스는 "길을 거닐 때 두 수도사는 『성서』를 서로 읽든지 혹은 서로 암송하라"는 규율을 정했다. 수도사가 있는 곳 어디든 책 읽는 소리, 화창하는 소리가 메아리쳤다.

그런데 12세기와 더불어 신앙의 빛과 이성의 빛의 구별이 생겨나고 독서와 학습이 신을 향한 삶의 존재양식으로부터 점차 학구자의 연구성격으로 변했다. 12세기 후반 파리를 시찰한 교황청의 한 추기경은 학생과 교사들이 『성서』나 교부들의 저작에는 관심이 없고 아리스토텔레스를 비롯한 이교도의 저작을 탐독하는 광경을 개탄하며 파리를 사탄의 거리라고 저주했다. 이러한 사실은 수도사풍의 학승의 시대가 종말을 고하고 학식자와 지식인의 시대가 도래했음을 알리는 것이기도 하다. 학예와 신학 쌍방에 걸친 교양체계를 새로 세운 뛰어난 신학자 위그의 「학습론」은 신학의 시대가 종말을 고하고 철학과 철학자의 시대가 도래했음을 밝힌 마니페스토라고 할 것이다.

8 도시의 공기는 자유롭다

> 신성한 도구이며 훌륭한 사원. 종교적 열정과 감격에
> 바쳐진 더럽힘 없는 그릇. 본당은 청순함의 승리이며
> 비할 바 없는 구축법의 성과이다. 거기서는 수학의 방정식이
> 형이상학이나 종교적 비적과 맺어지고 있다. 그곳은
> 믿음과 신앙이 좋아서 날뛰는 사람들이 앉는 곳이며,
> 사람들이 스스로에게 준 신의 거처이다.
> 🖋 르 코르뷔지에

신은 자연을 만들고 인간은 도시를 만들었다고 했던가. 동서를 가리지 않고 모든 문명, 모든 국민은 저마다 크고 작은 도시를 지닌다. 그러나 막스 베버는 도시의 존재를 유럽 문명의 특수하면서 고유한 현상이라고 지적했다. 그는 유럽 도시의 원형인 고대와 중세 도시의 특징으로 거기에 거주하는 시민의 단체적 성격을 들었다.

유럽 이외 다른 문명권에서 도시란 군주나 제후 등 통치자의 궁궐과 권력기관을 중심으로 장터가 있고 많은 건물에 인구가 결집된, 농촌과 구별된 곳을 말한다. 유교 문명권의 도시(都市)라는 말에는 왕궁의 소재지(都)와 시장(市)이라는 뜻이 담겼다. 중국 주대(周代)에는 제왕뿐만 아니라 제후 및 경대부(卿大夫)가 있는 곳도 도성(都城)이라 했다.[15] 이러한 동양풍의 도시는 베버나 유럽적인 관점에서 볼 때 도시라고 말할 수 없다. 농촌뿐만 아니라

국가와 구별짓는 도시의 실체이며 도시의 고유한 정체성 또는 일체성을 상징하는 시민이 존재하지 않기 때문이다.

중세의 도시, 광장과 성벽 그리고 성당

유럽인들은 본질에서 시민이다. 그들은 민족의식이나 국민적 자각에 훨씬 앞서 시민으로 태어나고 자신을 시민으로 자각했다. 유교사회의 원초적 토포스가 가족공동체이며 본향(本鄕), 그리고 그것이 확대된 민족인 데 비해 유럽인들의 삶의 뿌리, 원점은 도시 즉 시민공동체이다. 그리하여 유럽인들은 오늘날에도 태어나고 자란 도시를 모도시(母都市)라고 부른다.

도시 곧 시민공동체의 뿌리는 고대 그리스의 폴리스였다. 도시국가를 뜻하는 폴리스의 바람은 자치와 대외적 독립, 경제적인 자급자족이었으며 최대 이상은 자치, 즉 자유로운 시민공동체의 실현이었다. 시민사회라는 용어는 아리스토텔레스로부터 비롯되었다. 그에 의하면 폴리스란 법의 원리에 기초한 자유롭고 평등한 사회의 정치적 공동체이다. 이러한 그리스적 개념은 로마로 이어졌다.

---

15) 유럽에서도 옛 러시아는 예외였다. 도시의 러시아어인 고로드(gorod)는 부족의 보루·성채를 의미했다. 근세 이후에도 고로드는 크레믈(kreml)로 불린 도시의 핵심을 이루었는데, 군주와 권력기관, 교회와 귀족의 터전이었다.

▲ 중세 도시의 상점

성당을 중심으로 성벽에 둘러싸인 13세기 독일의 한 도시

도시를 뜻하는 city나 cite는 라틴어의 civitas(시민공동체)로부터 유래된다. civitas는 civis(시민)의 파생어이다. civitas는 res publica(국가)와 동의어였다. 시민이 있는 곳, 시민이 있으므로 존재하는 곳이 도시이며 국가였던 것이다. 도성 중심의 유교 문명권의 도시, 도성을 뜻하는 도시와는 얼마나 다른가. 옛 중국의 장안(長安)이나 고려와 조선조의 개성(開城)과 한성(漢城)은 문자 그대로 왕권 중심의 전제정치체제를 반영한 수도였다.

폴리스 아테나이는 법률 이외 어떠한 주인에게도 예속되지 않는 자유로운 시민의 공동체이다. 그러한 폴리스를 상징하는 토포스로서 특히 광장 아고라를 들고 싶다. 아테나이 사람들은 폴리스를 짓고, 신을 위해서는 아크로폴리스 언덕에 장엄한 파르테논 신전을 세웠다. 자신들을 위해서는 도시 한복판에 아고라라고 불리는 광장을 만들었다. 사람들이 모이는 곳을 의미하는 아고라는 광장과 동시에 시장, 담론, 사교의 뜻을 지닌다. 아테나이 사람들은 아고라에서 이웃과 더불어 정치와 학예를 둘러싼 담론을 즐겼으며 이때 자기 자신이 아테나이의 자유시민임을 자각했다. 이러한 광장문화의 전통은 로마로 이어져 아고라와 같이 광장을 뜻하는 포럼(forum), 플라자(plaza)의 문화를 낳고 중세로 이어졌다.

유럽 중세의 도시 공간은 개인의 가옥이나 점포와 같은 사적 공간과 광장, 그리고 성당, 수도원, 성곽, 극장, 길드, 시청사, 목욕탕과 같은 공공 공간, 건축물로 구성되었다. 광장은 가장 큰 공공의 공간이었다. 로마의 전통이 강했던 이탈리아의 도시에서 광장은 밀라노의 두오모 광장, 세나의 감포광장에서 볼 수 있듯이 주교좌성당(duomo) 앞에 자리잡고 있었다. 그러나 12세기 이후 도시 발전이 상공업 중심으로 재편되면서 중심 광장에는 시청사가 들어섰다. 대부분의 시청사는 성당 바로 맞은편에 자리잡았다. 그 한가운데 광장을 통해 시민들은 성스러운 세계와 현실의 세계를 함께 체험했다고나 할까.

중세 사람들은 고대 그리스·로마 사람들과 마찬가지로 좋은 시민이 되기를 희망했다. 그 첫 번째 배움터는 광장이었다. 중세 이후에도 크고 작은 도시가 광장을 만들었으니 시민공동체로서 도시를, 시민적 연대와 정체성을 상징했다. 유럽의 어느 건축가는 광장이 없으면 도시가 아니라고 말했는데, 광장의 부재를 시민의 부재로 지적하고자 한 것일까.

광장과 더불어 중세 도시의 또 하나의 상징적인 정형(定形) 표현, 토포스로서 우리는 성벽을 들어야 할 것이다. 유럽의 전통적인 도시는 성벽이 '에워싸고' 있다. 도시(town)는 울타리(zawn)로부터 유래된다. 로마 시대 이래 도시 시민이란 성벽 내의 사람들이었다. 성벽은 바로 중세 도시의 첫 번째 랜드마크이다.

"벽 속의 우애, 벽 밖의 평화." 15세기 중엽 독일 뤼베크 시문(市門)에 새겨진 문구가 시사하듯 중세 도시는 성벽으로 다른 세계와 구별지었다. "중세 도시는 첫 번째 시 성벽 건설과 더불어 비롯되고 마지막 성벽 건설과 함께 끝마쳐졌다." 중세사가의 말이다. 성벽은 시에 대한 시민의 귀속의식과 도시의 자유를 향한 시민 전체의 집단적 의지가 담긴 표현이었다.

오늘날 유럽에서 옛 도시라고 하면 으레 중세 도시를 가리킨다. 고대 그리스·로마 시대의 도시는 폐허와 유적으로만 남아 있기 때문이다. 그러나 주교좌(성당)를 중심으로 가톨릭 교회의 거점으로 세워진 중세 도시는 대개 로마 제국의 도시(시비타스)에 설치되었다. 유럽의 도시화는 이탈리아를 기점으로 로마 제국 영내에 속했던 프랑스와 라인 지방에서 진전되었다. 중세 도시의 칭호 cite는 로마의 도시 civitas의 파생어였다. 그만큼 중세 도시와 로마 도시 간에는 연속성이 존재했다.

가톨릭적인 중세 도시의 풍경에서 제일 먼저 눈에 띄는 것은 광장 한복판에 장엄하게 솟은 성당이다. 중세 '도시'는 교회 용어로 대성당이 있는 거리를 의미했다. 주교좌성당을 중심으로 주교를 비롯한 성직자의 거주지, 세례당, 수도원 등이 성당 특권구를 형성해 도시의 핵심을 이루었다. 중세 도시는 상인들의 교역의 중심이자 왕후의 정치 거점이기에 앞서 종교의 중심지, 주교좌성당의 터전이었다. 중세는 엄격한 신분사회라지만 사람들은 도시 한복판의 성당을 통해 믿음을 공유함으로써 도시 공동체, 그리스도교 공동체의 정체성과 일체감을 나누었다. 그 일체감은 일상적인 현실 앞에 때로 허물어지는 듯하면서도 성당이 발산하는 성스러운 의례(儀禮)와 상징, 연연세세 계절을 가리지 않고 벌어진 축제를 통해 봉합되곤 했다.

상징과 의례로 가득 찬 가톨릭 중세는 축제와 퍼포먼스의 세계이기도 했다. 더욱이 성과 속이 서로 겨룬 광장은 연극적 공간, 아니 중세 도시 전체가 하나의 극장이었다. 중세의 달력은 제례일로 줄줄이 이어졌다. 제례일은 축제의 날, 부활제, 성령강림제 그리고 수많은 성인의 축제였다. 특히 도시 수호성인의 축제와 국왕이 왕국 내 주요 도시에 처음으로 입성하는 입시식(入市式) 축제가 제일 흥겨웠다.

15세기 초 피렌체의 수호성인인 세례 요한의 축일(6월 24일)에 벌어진 축제 광경을 한 목격자는 전한다.

> (이날) 피렌체의 거리 전체는 축제 준비로 분주했다. 모두 유쾌하고 들떠 있었다. 춤과 노래가 있고, 토너먼트와 그 밖의 기쁨에 찬 퍼포먼스가 있었다. 축일 전날 아침 각 길드의 조합원은 점포 밖을 아름다운 천이나 보석으로 장식했다. 성직자, 수도사, 탁발 수도사들의 엄숙한 행렬이 거리를 누볐다. 집회장에 모인 형제단 멤버들은 천사와 같이 차려입은 가운데 갖가지 악기로 훌륭한 음악을 들려주었다. 저녁이 되면서 시민들은 저마다 깃발 아래 모였다. 그러고는 차례로 행렬을 지어 거리를 누비기 시작했다.

축제를 제일 즐긴 것은 지중해 연안 사람들이었다. 스페인의 지중해 연안 도시 알리칸테의 성 호르헤 성당 앞 광장은 해마다 그리스도 교도와 이슬람 교도의 민속축제의 장이 되었다(알리칸테는 한때 이슬람 교도의 지배를 받았다). 첫날 그리스도 교도가 향연을 벌이면 다음날은 이슬람 교도의 역사극의 무대가 되었다. 산허리에 성벽을 두른 옛 거리는 완전히 축제의 장, 연극 공간으로 변했다.

시민들은 포도주를 마시며 디오니소스의 후예가 되었다. 사람을 흥겹게 하는 축제 아래 이방인이라는 차별은 무의미해졌다.

비일상적인 축제는 집단적인 놀이였다. 귀족과 함께 상인, 장인이 어울리고, 성직자와 더불어 귀부인과 하녀가 어울리고, 학생과 함께 교수와 병사가 어울렸다. 이렇듯 신분을 가리지 않고 남녀노소가 흥겹게 어울렸다. 무대 뒤에서 축제의 시나리오를 꾸미고 연출하는 작자는 교회나 궁정이었지만 그들도 드라마의 관객이며 연기자였다. 고딕 성당의 짙은 그림자에 드리운, 봉건적 질서에 갇힌 중세 사람들은 그만큼 축제라는 반(反)일상적이고 디오니소스적인 연극 놀이에서 가혹한 운명에 시달렸던 그리스 사람들이 극장에서 체험한 것과 같은 근원적인 삶, 삶의 기쁨을 만끽했다. 하위징아는 어린 시절, 중세 말 영국의 프로인게 시 입성을 기념하는 가장 행렬의 찬란함을 역사와의 첫 만남이라고 토로했다. 시민 전체가 축제의 기쁨을 함께 나누며 그들은 시민공동체의 일체감이라는 역사적 삶을, 역사적인 교양을 함께 누렸다.

상인의 등장, 상인의 시간과 교회의 시간

중세 사회는 로마 제국이 무너진 이후 1천 년 동안 기도하는 사람(oratores), 싸우는 사람(bellatores), 일하는 사람(laboratore), 즉 성직자, 기사(귀족), 농민·장인 등 세 가지 신분으로 구성되었다. 세 신분의 균형은 수령인 왕에 의해 잡혔다. 이상적인 왕은 세 신분을 교묘히 다스렸다. 그리스도교 세계의 왕권 이데올로기였다.

11, 12세기 상인의 출현은 중세사에 큰 변혁을 일으켰다.

신은 세 가지 생명을 만들었다. 기사와 농민과 성직자를. 네 번째 생명을 만든 것은 악마의 책략이다.

13세기 독일의 한 저술가가 한 말이다. 네 번째 생명이란 상인을 말하며 상인의 이자 취득과 금전 거래를 악마적인 행위로 단죄한 것이다.

고대 그리스 시대에도 상거래는 있었으나 상공업 종사자는 거의 그리스에 체제하는 외국인으로, 정치적으로 아무런 권리도 없었으며 토지도 소유할 수 없었다. 아테나이 시민의 4분의 3은 크고 작은 토지의 소유자였다. 당시 도시와 농촌은 명확히 분리되지 않아 많은 시민이 도시 밖의 농촌에 거주했다. 로마 시대에 상거래는 하급 전사의 직무 가운데 하나였다.

플라톤과 키케로는 예술품이 빚어내는 아우라에 감동하면서도 공예품을 만드는 농민 출신의 장인을 가볍게 여겼다. 그들도 상인과 같이 교육과 교양과는 무관한, 시민사회 밖의 국외자로 여겨졌다. 상업은 그리스에서 폴리스의 이상을 해치는 것으로 생각되었으며 로마의 키케로는 상업적 이익을 위해 집을 떠나는 사람을 면박하고 상인은 시민이 아니라고 말했다. 당시 도시는 아테나이나 로마에서 볼 수 있듯이 전적으로 소비도시였으며 시민은 노동으로부터 해방된 특권적 소비자 계층이었다. 금전을 위한 상거래와 상인에 대한 멸시와 적의는 그리스도교에 이르러 더욱 치열했으며, 그것은 신의 말씀(『성서』)에 기원을 둔 것으로 가르쳤다.

중세 가톨릭 교회는 오직 성직자를 더럽힘 없는 사람으로 확신했다. 직업을 차별해 금지된 일과 비천한 일을 기회 있을 때마다 고발했다. 매춘은 인류사상 최초의 전문직업이라는 속설이 당시 유포되었지만, 창부와 함께 제일 큰 혐오의 대상이었던 상인에 관해 살펴보자.

중세 도시는 상인의 거리였다. 상인은 맨발의 봇짐, 등짐장수로 이 마을, 저 마을 다니면서 물건을 팔았다. 한편 환전업에 종사하는 고리대금업자, 값싸게 사서 비싸게 팔고 고리로 빌려주고 사기를 치는 무리였다. 착한 크리스천인 그들은 성당 미사시간에는 부정(不淨)한 이자를 취득한 데 대해 양심의 가책을 느꼈다. 그러한 상인들을 위해 상거래와 종교의 바람직한 관계를 기술한 갖가지 가이드북이 만들어졌다. 소책자는 청죄사제(聽罪司祭)를 위해서도 도움이 되었다.

이성이 신앙의 영역을 침범함을 혐오한 신비가이자 수도원장, 제2회 십자군을 주창한 베르나르두스와 그를 비롯한 성직자들은 상인을 꺼림직한 이익을 챙기는 고리대금업자로 저주했다. 또 팔 수 없는 신의 하사품인 학문, 신에게 속한 지식을 (교사들이) 팔 수 있느냐 하는 물음을 집요하게 제기하기도 했다.

가톨릭 교회에 의하면 사람은 신과 같은 모습으로 일해야 한다. 신의 업이란 천지창조이다. 이 점에서 생산을 하는 농민이나 가공해 물건을 만들어내는 장인은 상인과 구별되었다. 그러나 탐욕의 존재로 단죄되었던 상인관(商人觀)이 11세기부터 13세기에 이르는 동안 상업의 부활(11~12세기)에 힘입으면서 서서히 바뀌었다.

12세기 이후 그간 잊혀졌던 (아리스토텔레스가 중요시한) 경제(economic)라는 그리스어가 쓰이기 시작했다. 상행위를 인정하게 된 것이다. 믿음과 이성을 구별하면서 조화를 바랐던 성 토마스 아퀴나스는 말했다. "만약 사람이 공익을 위해 상업에 종사한다면, 사람이 생존에 필요한 것을 그 지역에서 부족하지 않기를 바란다면 금전은 목적으로 간주되는 대신 노동에 대한 보수로 요구된다." 교회 대 상인이라는 어제까지 정식(定式)이 소멸되기 시작한 것이다. 11, 12세기 이후 경제적 풍요가 사람들에게 은혜를 베풀고 있다는 인식이 퍼졌으며 금전은 서서히 정당화되었다.

교회와 성직자도 예외는 아니었다. 지난날 혐오의 대상이던 상인=고리대금업자가 상인=은행가로 불렸다. "일하는 자에 대한 보수는 혜택이 아니라 당연히 지불되어야 하는 것으로 여겨집니다." 초기 그리스도교의 전도자 바울의 말이 되살아났다.

상인은 이제 노동하는 인간으로 이해되었다. 금지된 일, 비천한 일에 종사한다는 자책감 때문에 더욱 경건한 신도였던 상인은 가진 재물을 하느님의 집을 짓고 아름답게 꾸미는 데 기꺼이 바쳤다. 그러한 사실은 12, 13세기 이후 세워진 고딕 성당의 스탠드글라스에서 찾아볼 수 있다. 부유한 상인들은 르네상스 시대의 대상인들이 예술가의 패트런이 되었듯이 성당을 꾸미는 데 제일 큰 기부자가 되었다.

중세의 도시 광장에 성당을 마주보며 우뚝 솟은 시 청사에는 으레 큰 종루가 매달려 사람들의 시선을 끈다. 1188년 프랑스 왕은 한 코뮌에 부여한 특허장에서 언급했다. "종을 도시의 적당한 장소에 갖추고 시의 업무를 위해 수시로 울리라." 시민의 시간이 교회의 시간으로부터 자유로워진 것이다. 시종(市鐘)은 상인과 장인의 길드 건물에 둘러싸여 성당의 종루를 마주보며 설치되었다. 르 고프가 지적했듯이 성당의 종루가 전례를 위한 교회의 시간을 알린다면 시종은 시민·상인이 노동하는 시간을 알려주었다. 개인이나 집단은 저마다 시간을 지닌다. 성당의 종은 교회의 시간을 알린다. 성무(聖務)와 믿음의 질서에 사람을, 특히 농민을 끌어들인다. 종루는 농촌의 농민, 종에 의하지 않고는 시간을 판단하지 못하는 농민을 위한 시계탑이었다.

시민의 삶과 도시의 자립을 상징적으로 들려준 시 청사의 종은 '속된' 시간, 시간을 엄밀히 계산하고 일과를 합리적으로 짜고 기록해야 할 상인의 시간이다. 15세기 초 잉글랜드의 한 수도사는 "도시에서 사람들은 공공 시계의 도움을 받아 스스로를 다스리고 있다"고 토로했다. 14세기 전반에 베네치아, 피렌체를 비롯한 이탈리아의 도시에서 울린 시종은 14세기 중엽에 이르자 서유럽의 모든 주요 도시에서 메아리쳤다. 도시와 시민이 교회의 시간에서 해방되고 시민·상인이 시간 질서에 따르자 교회의 시간이 다스려왔던 중세 그리스도교적 질서는 무너지기 시작했다.

도시의 공기는 자유롭다

암스테르담 국립미술관 첫 번째 전시실에 들어서면 넓은 벽면을 가득히 차지한 한 폭의 유화가 눈길을 끈다. 렘브란트의 걸작 「야경」(1642)이다. 레오나르도 다 빈치의 「최후의 만찬」을 연상시키는 대담하고 극적인 구상, 거장에게 독특한 생명의 흐름과 같은 빛을 부각시키는 명암 대비, 깊고 강렬한 어둠과 빛 속에서 내면의 종교적 경건함과 따뜻함을 몸 전체로 표출하고 있는 인물들. 「야경」은 앞에 선 사람을 사로잡는다. 30여 년 전 그 앞에 선 필자를 좀처럼 흥분에서 놓아주지 않았던 것은 예술적 감동과 함께 하나의 연상이었다.

「야경」은 렘브란트가 당시 유럽 제일의 번영을 자랑했던 시민의 도시 암스테르담의 사수조합(射手組合)의 주문을 받아 제작한 작품이다. 그 무렵 암스테르담 시민들은 자신의 힘으로 쌓아올린 자유와 번영을 자랑하고 단체 초상화를 주문하는 풍조가 유행했다. 「야경」은 대장을 선두로 막 시민 대표가 출동을 하려는 박진감 넘치는 순간을 그린 것이다. 완성된 뒤 얼마 동안 자치도시의 상징인 시청 현관에 걸려 있었다. 도시가 위기를 맞자 가전(家傳) 총포와 창 등 무기를 손에 들고 북소리에 맞추어 출전하려는 청장년과 노인들. 필자는 그 결의에 찬 표정에서 모도시의 자유를 향한 고귀한 의지를 펼친 유럽 도시 역사의 파노라마를 연상했다.

11세기 말부터 도시에서 중산층과 부유한 상인, 즉 부르주아가 생겨났다. 그들의 출현은 유럽의 시민과 도시 역사에, 아니 유럽

렘브란트, 「야경」

역사에 신기원을 불러왔다. 중세 봉건사회에서 생활상태가 안정되고, 세금을 지불할 능력이 있고, 신뢰할 수 있는 시민을 지칭한 부르주아는 자치도시(borough)의 주민(borges), 혹은 성(bourg) 안에 사는 주민을 의미했다(로마의 시비타스도 벽 안에 사람들이 밀집한 장소를 의미했다).

중세 자치도시는 성벽에 둘러싸였는데, 왕후 귀족의 영주권으로부터 도시의 독립과 자유를 지키고자 한 시민자치의 상징이었다.[16] 11세기 중엽부터 상인들은 이익을 지키기 위해 대상(隊商)을 조직했으며 영주와 싸워 자치권을 획득했다. 12세기는 시민의, 시민을 위한, 시민에 의한 시민공동체인 코뮌(commune, 이탈리아에서는 comune으로 지칭한다)이 북이탈리아를 기점으로 유럽 각지에 생겨났다.

지난날 도시를 지배한 (국왕 혹은 제후인) 영주로부터 도시의 실권을 되찾고 귀족들로 하여금 도시로 이주하도록 강요하고, 마침내 징세권과 재판권을 손에 넣은 도시는 말하자면 국가 속의 국가였다. 시민의 경제적 파워가 정치권력으로 신장되고, 상인이 사회적인 신분(status)을 향유하면서 도시는 14세기 초에 이르면 신분제 의회(3부회)에 대표를 보내 성직자, 귀족과 자리를 함께했다. 1789년 발생한 프랑스 혁명에 즈음해 국민의회로 탈바꿈할

---

16) 『25시』의 작가 게오르규는 1970년대에 내한했을 때 한국의 도시가 성벽에 둘러싸여 있지 않아 '개방적인' 인상을 주어 좋다고 했던 말이 떠오른다. 중세 도시의 성벽은 한편으로는 폐쇄성의 일면을 나타낸다고 할 것인가.

때까지 유럽 도시의 역사는 자유를 향한 시민과 시민계급의 역사였다.

성당과 시청사, 상공인 길드와 춘프트, 각급 학교에 이어 대학을 갖춘 중세 도시의 기본구도는 13세기경 완성되었다. 그 시기는 베네치아나 프랑스의 브루즈 지방으로 대표되는 원거리 교역을 통해 도시의 부와 풍요가 청빈과 순종이라는 그리스도교적 질서를 서서히 침식시키고 있던 무렵이었다.

앞서 우리는 중세를 가리켜 방랑자의 시대라고 했는데, 그들이 향한 곳은 한결같이 도시였다. 농민은 농노의 신분에서 해방되고자, 성직자와 기사는 산기슭 수도원이나 성곽에서 되풀이되는 어둡고 침침한 생활에서 벗어나고자 도시로 찾아들었다. 이탈리아에서는 귀족도 도시로 거처를 옮겨 부르주아의 생활방식을 받아들이고 상업에 종사함을 마다하지 않았다. 도시에는 상품과 물자, 신분상승을 꿈꿀 수 있는 일거리가 있었으며 사람들을 유혹하는 부와 사치, 그리고 봉건적인 사슬로부터 해방시키는 자유가 있었다. (유대인을 제외하고) 농노 출신도 열심히 일하고 일정한 세금을 납부하면 시민권을 손에 넣고 자유로운 시민이 될 수 있었다.

도시에서는 모든 시민이 자유로웠다. 도시의 자유는 왕이 시민 공동체에 부여한 특허장에 의해 보장되었다. 왕권신장 과정에서 성속의 귀족층과 대항관계에 있었던 왕은 그만큼 신흥 시민계급의 도움과 협력이 필요했다. 도시의 자유는 봉건귀족에 공동으로 맞선 왕과 시민계급의 일종의 '거래'의 소산이기도 했다.

중세 말 베네치아의 융성(15세기의 목판화)

"도시의 공기는 자유롭다."(Stadtluft macht frei) 그 자유는 상인의 지적 활동과 적잖이 관련되었다. 계약서, 문서가 따르게 마련인 상인의 상업 거래는 지적 노동이었다. 많은 귀족들이 문자를 읽지 못한 시대에 상인들은 비즈니스를 위해 문자를 배우고 아라비아 숫자를 널리 사용하고 복식부기 · 보험 · 금융 · 외국어 등 새로운 지식과 기술을 익혔다. 그들은 계약서를 작성하고 법령에도 밝아야 했다. 이들에 의해 말의 문화 · 구어문화(口語文化)의 시대가 종말을 고하고 문서의 시대, 문자문화의 시대가 열렸다. 그리고 시민, 상인의 거리인 도시에서 대학이 탄생되고 시민, 상인의 아들들이 대학에 몰려들었다. 당시 상인들을 가리켜 "그들은 새로운 모든 것을 이해했다"고 칭송했다. 지식은 힘이고 자유였다. 상인의 지식이 도시를 자유롭게 만들었다. 부와 지식을 기반으로 도시는 날로 시대에 앞서갔다.

도시 찬가

"나는 로마 시민이다."(civis Romanus sum) 키케로의 이 한마디에는 자유로운 로마 시민이라는 드높은 정체성과 연대성, 그리고 자부심이 깔려 있다. 키케로에서부터 10여 세기 뒤 괴테 또한 자서전의 맨 첫머리에 기록했다. "1749년 8월 26일 정오 12시 종소리와 함께 나는 마인 강변 프랑크푸르트에서 이 세상에 태어났다. 성좌(星座)는 슬기로운 모습을 나타냈다." 괴테는 자유도시 프랑크푸르트의 시민임을 자랑한 것이다.

유럽의 도시는 저마다 도시의 문장(紋章)을 갖고 있다. 그것은 도시의 자유이자 긍지의 상징이다. 유럽의 도시사는 수많은 도시 예찬, 도시찬가로 수놓아져 있다. 오늘에까지 이어지고 있는 그 도시찬가는 일찍이 8세기 말경에 나타났다. 『밀라노 찬가』가 그것이다. 거기에서는 9개의 시문(市門)을 지닌 시벽, 광장 및 포장된 길과 수로, 한 교회가 묘사된다. '천상의 예루살렘'인 밀라노의 성성(聖性)이 강조되고 있다. 『밀라노 찬가』에 이어서 나타난 수많은 도시찬가도 대개 비슷하다. 그러나 13세기 말에 쓰여진 또 하나의 밀라노 찬가인 『밀라노의 놀라움』의 내용은 전혀 다르다.

책에 의하면 거대한 도시 밀라노의 당시 인구는 20만 명(당시 베네치아와 피렌체 인구는 10만, 파리는 24만, 런던은 5만 명이었다). 그런데 흥미로운 것은 밀라노의 자랑으로서 학식자와 교양인의 존재를 클로즈업시키고 있다는 사실이다. 당시 밀라노에는 로마법과 교회법에 능통한 인사가 120명이나 있고 다른 도시에서는 바랄 수 없는 좋은 학원도 있었다. 공증인은 1500명을 넘고 의사의 수는 내과의 29명, 외과의는 150명을 넘었다. 그 위에 8명의 뛰어난 문법교사가 학생을 가르치고 있었다. 이들 법조인과 의사는 휴머니스트인 문법교사와 마찬가지로 대학에서 자유학예와 전문학을 이수한 학식자이며 교양인이었다. 이들 학식자, 교양인의 존재는 도시의 위대함을 드러내는 징표였으며 자랑이었다. 도시찬가는 어느새 지식과 교양이 있는 시민찬가로 옮겨진 것이다. 이탈리아의 상업과 금융의 중심지이며 일찍부터 코뮌 운동이 발생한 정치적 도시 밀라노는 날로 지식인과 교양인의 거리

페스트의 창궐

로 변모했다. 이러한 발전은 다른 도시들에서도 일어났다.

유럽의 시민계층은 '재산과 교양을 지닌 사람들'(Leute von Besitz und Bildung)로 일컬어진다. 이들 시민계층 중 많은 재산을 지닌 소수 상층시민은 도시의 관직을 독점하고 주교를 선출하는 권한을 지닌 대성당의 참사회원이 되는 한편 귀족적 삶의 방식을 따랐다. 그러나 대다수 중산 시민층은 대학에 진학해 전문적 지식과 지적 교양을 쌓아올리고 가까운 장래에 미래지향적인 세력으로 봉건적 신분사회를 타파하는 데 주도적 역할을 했다. 1366년 북 프랑스 두아이시의 한 관리는 신을 "모든 것 중에서도 제일 오래된 그리고 가장 고귀한 부르주아이다"라고 말했다고 한다. 그는 유럽 부르주아지의 신통력을 극찬한 것인가 아니면 그 두려움을 예고한 것인가.

성도(聖徒)와 기사의 거리, 한자 시대의 상관(商館)과 납골당, 자유의 상징인 성벽, 거리 한복판의 대성당. 지금도 갖가지 축제에 흥청거리는 거리거리. 그렇듯 먼 과거의 현실성의 그늘에 현재가 표박(漂泊)하고 있는 듯한 중세 도시의 몸가짐. 그 도시들은 바로 태어나면서부터 역사적 체험, 역사적 교양의 토포스였다.

9 사랑의 발명과 궁정풍 교양

나에게 한 여인이 있으나 나는 그가 누구인지 모른다.
그러나 나의 사랑은 불타오른다.
이 먼 사랑을 품은 것보다 기쁜 일이 또 있을까.
🖋 뤼델

기사와 귀부인의 만남

유럽의 12, 13세기는 기사와 귀부인의 사랑이 상징하듯 기사도와 로망의 시대로 일컬어진다. 그러나 현실의 일상적인 세계는 귀족이나 부유한 상층 시민의 생활이라 하더라도 쾌적함이나 세련된 아름다움과는 거리가 멀었다. 어둡고 침침한 성관이나 저택의 주거환경, 보잘것없는 식생활. 그들이 사는 도시란 것도 환경, 도로, 위생시설 등 인프라가 결여되어 농민들이 사는 농촌과 외견상 별로 구별되지 않았다. 중세의 삶은 기사도 이야기들이 펼쳐주는 낭만과는 거리가 먼 가혹한 현실이었다. 기사와 귀부인의 낭만이란 결국 픽션이었던가.

시인이 노래한 세계의 무대는 궁정, 세련되고 예절이 바르며 귀부인이 우러러 받들어졌던 우아한 궁정이었다. 그러한 궁정은 시인의 환상이 아니라 분명히 존재했다. 그런데 그 모든 것이 기묘하게도 돌연변이처럼 '만들어졌다'.

궁정과 궁정사회는 왕과 그의 일가(왕실)를 중심으로 그들을 둘러싼 정신(廷臣), 즉 궁정귀족과 귀부인으로 이루어졌다. 특히 중세 봉건사회의 이상을 상징하는 기사도를 현란하게 수놓은 귀부인의 존재는 다른 문명권의 궁정에서는 예를 찾을 수 없을 만큼 유럽의 궁정문화, 궁정풍 삶을 만들어냈다.

기사는 원래 싸움터의 난폭한 전사였다. 기사의 프랑스어인 chevalier가 처음 문자로 기록되는 것은 1100년경의 무훈시에서이다. 그 무렵부터 전사들은 종래 귀족을 지칭할 때 쓰인 자유로운, 고귀한, 용감한 등의 형용사로 수식되었다. 로마 시대 이래 귀족과 구별된 전사신분이 귀족의 반열에 오른 것이다. 기사의 귀족화는 사회적 신분상승이 아니라 이데올로기적인 동기에서 비롯되었으며 그것을 꾸민 것은 교회였다.

10세기 프랑스의 클리뉴 수도원은 기사가 무기를 지님은 그리스도 교회에 봉사하기 위함이라는 그럴듯한 이념을 만들어냈다. 이것은 11세기에 이르면 신의 평화라는 구체적인 모양새를 갖추었으며, 12세기 십자군운동에 즈음해 출정하는 기사는 신의 전사, 그리스도의 하인으로 지칭되었다. 살육을 엄금한다는 교회가 자기중심적인 이데올로기에 따라서 전사신분을 종교적·도덕적인 존재로 높인 것이다. 12세기 중엽 이후 기사는 궁정사회의 새

▲ 귀부인과 기사의 사랑

로운 이상을 상징하기에 이르렀다.

그 계기를 제공한 것은 그레티엥 드 트로와에의 로망이다. 기사 이야기를 궁정풍(courtois)으로 연출해 새로운 경지를 디자인한 이 프랑스의 서사시인은 잉글랜드 전래의 아서 왕과 기사들의 설화를 바탕으로 무훈과 연애, 여성숭배를 주제로 하는 작품을 연이어 발표했다. 그의 모든 로망은 기사도의 궁극적 목적을 그리스도 교도로서의 완성에서 찾았다. 기사와 기사신분이 상층 궁정귀족과 구별되면서도 귀족 대접을 받게 되는 것은 궁정사회, 궁정문화가 화려하게 꽃피는 11세기 중엽 이후이며 그 중심에 귀부인이 자리했다.

진실을 말하라고 하면 말씀드리겠습니다. 거룩한 신인양 예외로 받들고 여인과 그 삶의 방식만큼 찬미할 만한 것은 이 세상에 따로 존재하지 않습니다. 여인을 이 세상에서 최고 가치있는 것으로 보고 영원히 찬미하도록 신은 그러한 명성을 여인에게 주셨습니다.

독일의 한 궁정시인의 귀부인 찬가 가운데 한 구절이다. 신에 버금가는 고귀한 이상적 귀부인은 궁정풍 연애문학 속에서 태어났다.

히브리 및 그리스 종교문화의 뛰어난 계승자인 교부 성 히에로니무스는 로마의 귀부인들에게 보낸 편지에서 딸들의 교육에 관해 여러 가지를 충고한다. 그의 교육론은 이후 그리스도교 여성교육의 한 패턴이 되었다.

히에로니무스가 여성의 덕목으로 특히 강조한 것은 수줍음과 순결, 겸손과 과묵, 품위 있는 몸가짐과 습성이었으며 그러한 미덕은 12, 13세기 궁정 귀부인 사회에서도 귀하게 여겨졌다. 여성의 지적 교육에서는 독서를 권장했다. 그러나 그것은 라틴어의 기초를 배우고 「시편」과 『성서』를 읽는 정도였다. 당시 귀족 사이에서 많이 읽힌 기사도 이야기 중심의 문예작품도 사제나 가정교사의 감독 아래 읽어야 했다. 귀부인들이 머리맡에 두고 읽은 책은 「시편」이었다. 궁정시인들은 그것이 못마땅했다. "진심으로 경애하는 임이여, 나의 왕비여……임은 언제나 기도만을 드리는 「시편」에 미친 여인이 될 작정입니까."

놀랍게도 귀족 여성들은 7자유학예에도 가까이할 수 없었으며 그만큼 지적 교양의 세계로부터 내쫓기다시피 했다. 교육을 위해 귀부인들은 소녀시절의 여러 해 동안 수도원에서 지내야 했다. 책을 가까이할 수 있는 곳이었으나 자유학예를 접할 기회는 주어지지 않았다. 자유로운 독서를 하다보면 순결의 규율에 등을 돌리게 되기 때문이었다. 그러나 궁정문화가 싹트면서 귀부인에게 사교적 예절과 함께 교양이 바람직한 것으로 요구되었다. 그 계기는 문예작품을 만나면서 이루어졌다. 지난날 현악기 연주와 노래 및 춤만을 즐겼던 그녀들이 시를 읊고 라틴어를 배우게 되었다. 12세기에 이르면 교양 있는 귀부인들이 궁정사회에 나타났다.

11세기 후반에 이르면 전아한(courtois)이란 표현이 유행처럼 쓰였다. 전아함은 궁정사회와 귀족문화를 상징하는 궁정풍을 바로 지칭하게 되었다. 그 중심에 그랑 다메(grande dame), '귀부인'이 자리잡았다. 귀부인은 기사들을 다른 사람으로 만들었다.

귀부인을 본받으며 기사·귀족들이 궁정풍의 우아한 몸가짐을 차리는 것은 12세기 중반에 가까워서였다. 궁정예절과 함께 7자유학예를 배우고 문예작품을 접했다. 무예밖에 몰랐던 전사가 귀부인에게 다가서면서 교양 있는 귀족으로 변신한 것이다. "기사가 기사답게 삶의 방법을 배운 것은 여인으로부터였다." "사랑하는 여인의 갑작스러운 출현은 연인의 마음을 놀라움으로 가득 채웠다."

지난날 기사·귀족은 여인을 단지 에로스, 즉 성애의 대상으로만 여겼다. 중세 최고의 서사시 『롤랑의 노래』(1050년경)에 드러나듯이 중세에 연애란 여성이 기사를 사랑하고 그에게 자신을 바치는 것이었다. 이제 그들은 귀부인을 만나면서 새로운 설렘과 정념에 눈을 떴다.

"사랑은 12세기의 발명이다." 프랑스의 역사가 샤를 세뇨보스가 한 말이다. 정말 진실일까. 아담과 하와는 에덴 동산에서 사랑을 나누지 않았던가. 헬레네를 향한 파리스의, 파리스를 향한 헬레네의 사랑은? 아프로디테는 사랑의 기쁨을 지상에 뿌리지 않았던가. 옛 그리스 사람들의 사랑은 대리석에 새겨진 여신에게만 향했던가. 아니면 심포지엄의 담론으로 끝난 것이었을까.

중세에 하와의 후예인 여성은 원죄의 씨앗을 뜻했다. 교부 아우구스티누스는 부부 간의 성관계조차 타락의 상징으로 여겼으며, 그리스도교는 결혼을 필요악으로 받아들였다. 고대 그리스에서도 교양인 사이에서 널리 이루어진 소년애가 비춰주듯이 '아

중세시대에 거행된 귀족의 혼례

름다움을 갈구하는 사랑' 에로스, 즉 사랑과 성애의 정념은 남녀 간에는 별다른 의미를 지니지 못했다.

중세 기사의 세계에서 여성은 유혹녀로 비치고 스스로를 검을 지닌 그리스도인으로 여긴 기사들은 자기 자신을 금욕주의자로 꾸몄다. 전사집단인 기사사회는 전력(戰力)에 도움이 되지 않는 여성들을 가볍게 취급했다. 귀족 간의 혼인이란 대체로 정략적이었으며, 지참금과 영지를 안겨주는 좋은 거래였다. 귀부인들은 남편과 사별하거나 남편과 친정 사이에 불화가 생기면 새로운 혼처를 찾았다. 왕자 햄릿은 부왕이 죽자 어머니가 바로 재혼하는 것을 보고 "약한 자여, 그대 이름은 여자로다"라고 독백했다지만, 햄릿이 겪은 일은 중세사회에서는 예사였으며 여성은 제법 끼가 많은 굳센 존재였다. 12세기에 이르러 교회가 남녀문제, 결혼문제에 깊이 개입하면서 결혼이 성사(聖事) 비적(秘蹟)이 되고 부부합의의 1부 1처제도가 뿌리를 내려 여성의 지위가 높아졌다. 기사와 귀부인의 만남이 낳은 여성에 대한 섬세한 마음가짐(galanterie)과 여성을 고귀한 존재로 받들고 사랑을 바침으로써 자신의 존재를 높인 궁정풍 사랑(armour courtois)은 구체적으로 어떤 것이었을까.

음유시인과 궁정풍 사랑

궁정풍 사랑에 앞서서 새로운 여성관이 1100년경 돌연변이처럼 남프랑스 프로방스 지방에서 일어났다. 이곳은 온화한 기후와 빛나는 태양 아래 다혈질인 사람들이 사는 곳. 당시 프랑스는 카페 왕조 아래 대귀족이 세력을 누리는 한편, 도시의 부활과 자유로운 시민문화의 태동에 힘입어 궁정사회도 풍요를 누리게 되었다. 십자군전쟁을 통해 선진 비잔틴의 호화로운 문화에 매료되면서 왕후의 궁정은 부귀를 과시하는 사치와 호사를 미덕으로 여기게 되었다. "놀이도 웃음도 없는 곳에 완벽한 궁정이 있을쏘냐." 궁정은 많은 식객을 '즐거운 친구'로 껴안게 되었다. 그들 중에서 제일 환영받는 것이 음유시인이었다. 그들을 각별히 기쁘게 반긴 것은 귀부인들이었다.

때마침 문화의 중심도 수도원, 대성당으로부터 도시와 궁정으로 옮겨지고, 문예적·지적인 교양도 궁정과 귀족사회에서 싹트기 시작했다. 이제 앞선 세대의 성인전(聖人傳)이나 무훈시와는 다른 문예작품이 날로 관심의 대상이 되었다. 금욕주의 대신 현세의 고귀한 혈통, 명성, 부가 선한 것, 미덕으로 여겨졌다. 그 근거를 12세기 귀족사회는 로마 시대의 모럴에서 찾았다. 키케로는 아름다움, 고귀함과 함께 권력과 영예를 유익한 것(utile)으로 여겼다. 아벨라르와 엘로이즈는 새로운 삶을, 사랑의 희열과 일탈을 구가했다. 기사도 이야기 또한 은근히 혹은 드러내며 그리스도교의 교리에 대해 무관심을 나타냈다. 가장 전형적인 메신저가 궁정 사제와 특히 트루바두르라 일컫는 음유시인이었다.

궁정에는 많은 사제가 있었다. 궁정 예배당 일을 주관하면서 문서를 다루는 상서(尙書)와 진료를 맡는 시의(侍醫)의 직무를 겸했다. 각종 기예의 직무와 왕자의 교육도 맡았다. 적지 않은 귀족이 문맹에 가까웠던 당시 궁정 내 학식자란 바로 그들이었다. 귀족문화가 책과 거리를 두었던 당시 그들은 고대 그리스·로마의 고전을 접한 유일한 교양인이었다.

교양은 사람을 예의바르고 세련되게 만든다지만 사제들은 궁정생활을 통해 자연스럽게 반듯한 사교가가 되기도 했다. 궁정적 교양에 관해 최초의 글을 쓴 것도 그들이었다. 궁정풍 혹은 우아함이라는 신선한 설레임을 담으며 쓰인 새로운 표현은 귀족가문 출신 궁정 사제의 세련되고 품위 있는 몸가짐과 교양을 표현한 것이었다. 그만큼 그들은 인문주의적이며 궁정적인 교양인이었다. 그리하여 신앙심이 결여되었다는 비난을 교회로부터 받기도 했다.

기사와 성직자 중 어느 편이 궁정풍 연인으로서 바람직한가. 이 물음은 12, 13세기 '사랑의 발견' 시대에 라틴어와 프랑스어의 시작(詩作)에서 즐겨 다루어진 주제이다. 귀부인들은 성직자를 더 좋아했다.

우리 부인들이 알고 있듯이 성직자는 친절하고 우아하며 매력적입니다. 성직자는 궁정풍의 우아함과 성실성을 갖추고 있습니다. 사람을 속이지 않고 사악한 말을 할 줄 모릅니다. (그들은) 연애 기교에도 뛰어나고 경험도 풍부하며 훌륭한 선물도 아끼지 않고 약속도 잘 지킵니다.

• 『르미르몽의 연애회의』

적지 않은 기사들이 아직 우락부락한 전사의 행태에서 벗어나지 못했던 모양이다. 그러나 기사 또한 귀부인이 나누는 사랑의 훌륭한 파트너였다. "기사들을 도깨비 대하듯 경계하십시오"라고 한 스승 사제의 말에 대해 한 귀부인은 기사에게도 좋은 점이 있다고 말했다. "그 까닭은 기사들이 있음으로 해서 궁정다운 우아함이라는 규율이 지켜집니다. 기사들이야말로 사회적 고귀함의 원천이며 뿌리입니다."

"성직자들의 손에 의해 기사는 연애에 봉사하는 자가 되었다"고 어느 음유시인이 지적했듯이, 귀부인과 마찬가지로 기사들도 연애방법을 궁정 사제로부터 배웠다.

궁성과 도시를 순방하는 보헤미안인 음유시인은 시인이면서 작가, 악기 반주에 맞춰 노래를 부르는 작곡가였다. 광장에서 민중을 상대로 노래하는 방랑 광대인 종글뢰르(jongleur)와는 크게 달랐다. 왕후 귀족, 고위 성직자, 상층 부르주아 출신도 적지 않았다. 르 고프가 지적했듯 프랑스 최초의 시인이라고 할 그들은 사랑과 함께 새 삶을 구가한 자유롭고 로맨틱한 교양인이며 지식인이었다. 정신의 귀족으로 일컬어진 그들을 모든 궁정, 특히 귀부인들이 크게 반겼음은 자연스러운 일이라고 할 것이다.

중세 최초의 시인이자 첫 번째 음유시인으로 알려진 기욤 드 푸아티에 백작은 두 차례 결혼했다. 첫 번째 부인과 이혼한 뒤 재혼한 상대는 아라곤 왕의 미망인이었다. 남녀의 길에 대범했던 그는 또 위험한 여인으로 소문난 자작부인과도 동거생활을 했는데, 그로 인해 파문을 당할 뻔한 일도 있었다. 그러나 그의 다채로운 여성편력은 당시 귀족사회에서는 흔한 풍속이었을 뿐 특별한 것은 아니었다. 최초의 이 음유시인은 11편의 샹송을 남겼다. 그중 반은 남성 본위의 에로스, 정사를 읊은 노래이고, 반은 귀부인을 찬미하는 노래로서, 궁정풍 사랑의 원점으로 일컬어지기도 한다.

> 사랑하는 여인이 있으나 누군지 알 수 없네
> 시를 읊어도 누구에 대해선지 모르네
> 그 여인이 가져다주는 기쁨은 병자를 고치고
> 또 그 노여움으로 건장한 사람도 죽이네
> 나는 죽어도 좋네
> 그녀가 침실이나 나무 그늘에서 입맞춤해준다면

음유시인의 연애시는 '영원히 이루어지지 못할 사랑'의 찬가로 가득 차 있다. 그들 중 궁정풍 사랑을 몸소 체험한 인물은 뤼델이다.

뤼델은 프랑스의 귀족이며 대영주였다. 그는 순례자들로부터 북아프리카의 트리폴리 백작부인의 평판을 듣고 한 번도 보지 못한 부인을 사모하게 되었다. 그녀를 위해 시를 읊고, 만나고 싶은 마음에서 십자군에 참가해 출항했다. 그런데 배에서 병을 얻게 되어 빈사상태로 트리폴리로 옮겨졌다. 그 일이 알려지자 부인은 그를 찾아와 가슴에 품었다. 자신을 껴안은 사람이 부인임을 깨닫자 그는 곧 의식을 회복하고 그녀를 만날 때까지 살아 있게 해

중세의 사랑을 상징하는 귀부인과 기사

주신 신에게 감사드렸다. 그러고는 부인의 팔에 안긴 채 숨을 거뒀다. 부인은 예를 갖추어 장례를 치르고 슬픔을 안은 채 수도원으로 들어갔다.

나에게 한 여인이 있으나 나는 그가 누구인지 모른다. 아직 그녀와 만난 적이 없다. 그러나 나의 사랑은 불타오른다. 이 먼 사랑을 품은 것보다 기쁜 일이 또 있을까.

뤼델의 시 「먼 나라의 사랑」(Amor de lonh)의 한 구절이다. 궁정풍 사랑에서 구애자는 신분에 아랑곳하지 않고 귀부인에게 사랑을 고백한다.

아, 연애에 밝은 나 자신으로만 여겼는데
얼마나 모르는 일이 많았던가!
사랑해서는 안 될 사람을
더욱 사랑하지 않을 수 없으니
그 임은 나의 마음을, 나 자신을, 전 세계를
빼앗고는 나로부터 피한다.
이처럼 모두를 빼앗아버린 뒤
욕망과 선망에 불탄 마음만을 남기고.

귀족 궁성의 부엌 하인의 아들로 태어나서 최고 음유시인이 된 베르나르 드 방타두르가 읊은 사랑의 노래이다. 그는 영주의 총애와 부인의 사랑을 동시에 받았다. 그는 연정을 담은 시를 부인에게 바쳤다. 그 뒤 그는 잉글랜드 헨리 2세의 궁정에 들러 왕비에게 사랑의 시를 바쳤으며, 왕비 또한 이 미천한 구애자를 마다하지 않았다. 궁정풍 사랑이 낳은 하인(하인이라고는 하나 보통 귀부인보다 격이 낮은 소귀족 신분이었다)과 귀부인의 '먼' 사랑. 궁정풍 사랑은 진정 시인의 이미지, 상상력이 낳은 판타지였을까.

스탕달은 연애를 정열 연애, 취미 연애, 육체 연애, 허영 연애의 넷으로 나누고, 정열 연애를 종교로부터 나온 역사적 현상으로 분석한다. 음유시인이 읊은 먼 사랑은 무한한 것, 영원한 것에 대한 그리움! 정열 연애는 종교적 열정과 뿌리를 함께한 것일까.

12세기 프랑스 남부 귀족사회는 남성에 비해 여성의 숫자가 극히 적었다. 그러면 그만큼 결혼한 여성들이 대접을 받았을까. 현실은 전혀 달랐다. 결혼 생활에는 사랑도 기쁨도 따르지 않았다. 하위징아는 『중세의 가을』에서 가혹한 현실을 뒤집고 나타난 귀족적 삶의 미학에 관해 전해주는데, 음유시인은 사랑을 환상의 세계, 로망의 세계에서 찾았다. 현실에 존재하지 않는 것, 현실과는 정반대되는 것, 그만큼 아름답고 지고의 것이어야 했다.

음유시인은 12세기 남프랑스에서 널리 퍼진 그리스도교의 한 종파인 카타르파에 속했다. 순결한 사람을 의미하는 카타르(cathares)의 신봉자인 음유시인은 사랑을 위한 순결을 받들었다. 궁정풍 사랑에서 기사는 순결을 바치는 임에게 신하로서 예의를 갖추어 임을 Domna(귀부인)라 부르고 세뇨르 즉 Midons(나의 주군)로 받들었다. 그리고 임은 구애에 대해 언제나 "농"(non)이라고 단호히 말해야 했다. 때마침 마리아 숭배사상이 일어났다. 마리아는 하늘의 여왕이며 수도승은 마리아의 기사였다. 교황 그레고리우스 7세는 속인에게는 쌍방의 합의와 공시를 조건으로 결혼을 허락했다. 정념이 불붙는 것보다 결혼하는 것이 낫다고 판단한 것이다. 대신 결혼은 하나의 비적(秘蹟)이 되고 이를 통해 교회는 엄격한 순결을 요구했다.

순결은 특히 수도원에서 귀하게 여긴 삶의 기본양식이다. 육체의 유혹으로부터 스스로를 지키는 데 머물지 않고 '그리스도는 나의 주, 나는 그리스도의 아내'라는 믿음에서 우러나온 마음과 몸, 뜻과 정성을 다해 (그리스도를) 사랑하는 동정녀의 지고한 순결이었다. 무원죄의 잉태를 이룬 마리아는 마담, 즉 이상적 여인인 의중(意中)의 임이 되었다. 신에 대한 무궁한 사랑 아가페(agape). 그 큰 사랑은 신의 나라에만 있는 비밀스러운 풍속은 아니었다. "이제 그 임을 받들고 모실 때가 왔노라. 임을 모시고 내가 고뇌로부터 자유롭도록 신이 인도하소서. 저 훌륭하고 고귀한 부인, 그 임은 나의 주인, 내 마음의 임자."

"사랑으로부터 순결이 생겨났다." 귀부인과의 만남에서 생겨난 순결은 수태고지를 이루어낸 그리스도 나라에서 만나는 아가페의 순결과는 달랐다. "사랑할 때는 사랑하는 여성이 주고자 하는 것 이상을 요구해서는 안 된다." "순결한 사랑은 보상으로서 입맞춤, 사랑하는 이를 껴안는 일, 설레이는 나신의 접촉. 그러나 맨 마지막의 쾌락은 제외된다."

궁정풍 사랑은 유행처럼 갖가지 담론을 낳았다. 그 중심에는 앙드레 르 샤플랭의 저작 『사랑에 관해』(1180년에서 90년 사이) 가 있었다. 위의 글은 그 한 구절이다. 당시 궁정 귀부인과 귀족들의 애독서였던 이 책의 제1, 2부 주제는 사랑을 손에 넣는 방법과 사랑을 지키는 방법이었으며 제3부에서는 사랑의 억제에 관해 다루고 있다. 억제할 이유로 앙드레는 여인의 악덕을 상세히 나열한다. 저자는 고대 로마 시인인 오비디우스의 『사랑의 기법』에서 구상을 따왔다. 오비디우스는 창녀를 예로 들고 그에 대한 사랑을 경고했다. 그런데 앙드레는 궁정풍 사랑을 왜 그처럼 익살스럽게 조롱했을까. 시인들이 읊은 궁정풍 사랑의 또 다른 면의 진실을 고발한 것일까. 앙드레는 왕실사제였다.[17]

사랑타령과 함께 1150년경부터 1200년경 혹은 14세기까지 프랑스의 궁정에서는 귀부인들에 의해 연애법정(cours d'amour)이 가끔 열렸다. 법정에서는 앙드레가 1184년에 샹파뉴 백작부인에게 바친 「반듯한 연애의 기법」이 연애 헌장으로 여겨졌다.

---

[17] 궁정시인이 미화한 기사와 귀족의 이상상과 현실적 삶에는 깊은 틈이 벌어져 있었다. 그 실체를 꿰뚫어 관찰한 것은 궁정사제들이었다. 시칠리아의 왕궁에서 왕자 교육을 맡고 뒤에는 잉글랜드의 궁정사제가 되고 13세기 초에 세상을 떠난 페트루스 폰 블루아는 한 편지에서 다음과 같이 쓰고 있다. "오늘날 기사 계층의 본성은 질서를 지키지 않는 데 있습니다. 그들은 자기의 임을 음탕한 말로써 더럽히고 무서운 저주를 퍼붓고 있습니다. 신을 전혀 두려워하지 않고 신의 하인을 가볍게 여기며 교회를 받드는 마음을 모르는 그러한 무리들이 오늘날에는 기사들 사이에서도 가장 유능하고 가장 고명한 자로 존경을 받고 있습니다." 이상과 같은 비판은 성직자뿐 아니라 궁정시인들로부터도 나왔으며 그들은 옛날 아서 왕이나 원탁기사와 자기들 시대의 기사들을 즐겨 비교하고 비하했다.

"기혼자 사이에도 연애는 존재할 수 있느냐"는 물음, 혹은 연애를 둘러싼 그밖의 문제들에 관해 법정놀이가 공개적으로 행해졌다. 많은 귀부인들로(때로는 기사·귀족도 끼어) 구성된 법정에는 60여 명의 귀부인이 참가한 적도 있었다. 31개 사항으로 이루어진 「반듯한 연애의 기법」에 대해 앙드레는 이렇게 말했다. "이것은 절대적인 규칙이다." 법정 판결에 불복한 자는 모든 귀부인들로부터 외면당했다.

기혼자 사이에도 진정한 연애가 있을 수 있는가라는 제소에 대해 연애법정을 주관한 한 백작부인이 내린 판결문은 다음과 같다. "우리는 참석자의 취지에 따라 선언한다. 연애하는 자는 어떤 불가피한 동기에 의해서도 속박 받지 않으나 부부는 서로 상대방에게 충실해야 하는 의무로써 맺어져 있기 때문이다." 연애헌장 제1조 "결혼을 내세움은 연애에 맞서는 정당한 변명이 될 수 있다"는 데 의거해 내려진 판결이었다. 그 판결이야 어떻든 "사랑은 규칙을 모른다"고 사랑하는 사람들은 여겼다. 그들은 사랑 이상으로 진실한 것이 없다고 믿었던 것일까. 음유시인의 사랑찬가는 사랑해서는 안 될 사랑, 불륜을 주제로 한 것이 많다. 이러한 사실은 궁정풍 사랑이 환상의 먼 사랑에 그치지 않고 육신을 동반한 사랑이었음을 말해준다.

우리는 궁정풍 사랑 미학의 한 절정을 비련극인 『트리스탄과 이졸데』(12세기)에서 찾을 수 있다. 트리스탄은 백부인 마르크 왕을 위해 구혼의 사자 역할을 떠맡고 아일랜드로 떠난다. 그런데 왕비이자 백모가 될 공주 이졸데를 데리고 돌아오는 배 안에

미약을 마시는 트리스탄과 이졸데

서 두 사람은 우연히 미약(媚藥)을 함께 마시고, 곧 사랑에 빠져 버린다. 그 뒤에도 연인들은 왕의 눈을 속여가며 사랑을 불태우지만 곧 발각되고 트리스탄은 유배의 길에 오른다. 그러나 두 사람은 변함없이 사랑한다. "그대로 해 나는 살리라. 그대로 해 나는 죽으리라." 보지 못한 여인, 이룰 수 없는 임을 향한 먼 사랑이 들려주는 주조음은 이루지 못한 것에 대한 운명적 그리움이다. 사랑하는 자는 그만큼 열정에 사로잡힌다.

고대 그리스·로마도 그리스도교도 몰랐던 음유시인이 낳은 먼 사랑, 정열연애의 뿌리를 우리는 어디서 찾을 수 있을까. 새로운 문화의 탄생에는 때때로 다른 문화와 갖는 교류나 모방 혹은 차용이 따르게 마련이다. 음유시인의 궁정풍 사랑의 기원을 아랍 세계에서 찾는 담론도 시도되었다. 9세기 바그다드의 교양 있는 지식층 사이에서는 궁정풍 사랑을 떠올리게 하는 사랑의 관념이 존재했다. 그에 앞서서 한 전설적 부족 사이에서 "사랑을 위한 죽음은 감미롭고 고귀하다"는 이야기가 전승되었다.

> 장밋빛 뺨을 한 처녀가 있다네
> 고혹적인 살결의 색시이다
> 사람들은 그녀를 뚫어지게 보고
> 더 없는 아름다움에 넋을 잃는다
> 얼굴과 몸짓 모두 아름답고
> 언제나 단아하고 새롭게 태어난다네
> 술을 마시게

둥근달처럼
부드럽고 상냥한 얼굴을 그리며

아랍의 궁정시인 아부 누와스는 연인의 아름다움을 이상화했다. 아랍에서도 시인들은 환상적인 사랑을 노래하고, 구애자는 임을 주군이라 부르고 자기를 근위병으로 자처했다. 『아라비안나이트』(9세기 초?)는 환상적인 연애담을 가득 담고 있다. 그 사랑 이야기들은 이슬람 세력 아래 놓인 스페인을 거쳐 남프랑스에 전해졌다. 그러나 아랍 시인들이 노래한 여인은 결국 하렘의 처첩들이었을 것이며, 아라비아의 밤에는 왕비와 흑인 노예 간의 부정이 있었을 뿐 귀부인도 먼 사랑도 찾을 수 없다.

남프랑스에서 꽃핀 음유시인의 시와 문학은 바로 북프랑스와 이탈리아, 스페인 및 독일에 퍼졌다. 그것이 낳은 영원한 여인에 대한 먼 사랑은 단테(단테는 음유시인을 가리켜 "시를 쓰는 최초의 인간이 되고자 노력한 혁신가"라고 칭찬했다)와 베아트리체, 페트라르카와 라우라의 이상적 사랑의 주제가 되었다. 셰익스피어, 괴테 그리고 노발리스를 비롯한 낭만파 시인, 작가를 비롯해 유럽 문학에 변함없이 일관된 주제가 되었다. 새로운 교양, 새로운 삶을 잉태해 오늘에 이른다.

당신만이 진실입니다

나의 사랑하는 임, 나의 둘도 없는 사람, 나의 성스러운 반려

『아라비안나이트』의 삽화에 묘사된 유혹하는 여인

여. 그렇듯 언제나 내 앞에 서주십시오. 우리는 언제나 함께 위대한 별로 향하듯 더욱 높이 올라갑시다. 그대는 나에게 단 하나의 목적이 아닙니다. 그대는 무수한 목적, 모든 것입니다. 나는 그대가 모든 것 속에 있음을 압니다. 또 나는 모든 것입니다. 나는 그대를 향해 걸으며 모든 것을 당신에게 바칩니다.

릴케가 루 안드레아스 잘로메에게 피렌체에서 보낸 편지의 한 구절이다. 잘로메에게 릴케는 무엇이었을까.
그녀의 편지를 엿보자.

내가 몇 해 동안 당신의 아내였음은 나에게 당신이 첫 번째 진실이며, 육체와 인간을 구별 지을 수 없이 하나가 되고, 당신의 의심할 바 없는 생명 자체이기 때문입니다. 당신이 사랑의 고백으로 하신 말씀, '당신만이 진실입니다'라는 말은 나 또한 당신을 향해 바로 그대로 고백할 수 있었던 말입니다. 이렇게 우리는 친구가 되기 이전부터 부부가 되었습니다. 그 위에 우리가 친해진 것은 서로의 선택 때문이 아니라, 더욱 깊은 지하에서 이루어진 혼인의 결실이었습니다.

릴케와 러시아 태생의 독일 여류작가 안드레아스 잘로메가 처음 만난 것은 1897년 5월 12일. 당시 릴케는 22세였고 잘로메는 36세였다. 릴케는 독신이었으며(후에 여류 조각가와 결혼한다) 잘로메에게는 동양학 학자인 남편이 있었다. 릴케와 잘로메, 두 사람은 일생 정신적 반려로 맺어졌다. 공예가이며 시인인 윌리엄 모리스는 얼마 뒤에 결혼하게 될 제인을 모델로 「아름다운 이졸데」를 그리며 화폭의 뒷면에 다음과 같은 문구를 새겨놓았다 "나는 당신을 그릴 수 없습니다. 그러나 당신을 사랑합니다."

궁정풍 사랑과 영원한 여인은 백일몽을 꿈꾸는 시인들의 사랑놀이가 아니었다. 궁정풍 사랑과 더불어 12, 13세기에 싹튼 그랑다메(귀부인) 중심의 사교문화는 16세기 이탈리아에서는 살로네(salone)를 낳고, 17세기에 이르러서는 파리를 비롯해 유럽 여러 곳에 살롱 문화를 꽃피웠다. 살롱 문화는 프랑스에서는 사교적 교양인 오네톰(honnête homme)을, 영국에서는 젠틀맨을 낳고 그들의 교양 문화를 발전시켰다. 그리고 오늘날 오네톰과 젠틀맨으로 상징되는 유럽적 교양인의 첫 번째 덕목은 예나 지금이나 여성에 대한 섬세한 마음가짐이다. 어디 그뿐일까. "The love is the best." 유럽의 어린이들은 브라우닝의 시를 암송하며 자라면서 자연스럽게 교양인이 된다. 여성이 받들어지고 제자리를 차지한 문화, 그 문화는 그렇지 못한 문화가 모르는 아름답고 고귀한 교양문화를 뿌리내렸다.

영원한 여성은
우리를 이끌어 떠올린다.

10 이탈리아 르네상스와 교양 계층의 탄생

> 한 기묘한 사나이가 어떠한 제지도 받지 않고
> 십자가 제단에서 등불을 꺼내 단테의 묘에 바치며 말했다.
> "이 등불을 당신에게 바칩니다. 당신은 저 나무기둥에 묶여
> 죽은 이보다 이것을 받을 가치가 있습니다."
> ✐ 부르크하르트

 이탈리아 르네상스의 광천(光泉)은 베아트리체를 받든 단테의 사랑의 정념으로부터 밝았다. 이탈리아 르네상스는 '꽃의 서울' 피렌체가 상징하듯 백화요란한 삶의 봄을 구가하며 싹텄다. "저 깊은 고딕의 밤을 나와서 태양의 눈부신 빛에 눈을 열었다"고 새 시대의 도래를 알린 라블레가 말했다. 자연이 이루어준 모든 것은 선하며 아름답다고 했다. 『텔렘의 승원(僧院)』에서 라블레는 승원의 유일한 규칙으로 "(그대가) 원하는 대로 하라"(Fay ce que vouldras)고 정했다.

인문주의자와 살롱풍 아카데미

 14세기 후반에서 16세기까지 범유럽적으로 전개된 르네상스 운동의 시발지는 고전의 바다 지중해를 품고 있는 이탈리아였다.

르네상스란 고대 그리스·로마 문예의 '재생'(renascentia, rinascita)을 의미하며 그에 앞장선 것은 이탈리아의 휴머니스트였다.

르네상스 운동의 본질과 성격을 규정지은 휴머니스트란 본래 라틴어 또는 인문학(humanities) 교사를 지칭했다. 인문학이란 당시 문법·수사학·시·역사 및 도덕철학을 포함하는 광범위한 학예를 의미했다. 유럽에서 새로운 문화운동이 일어날 때 앞장선 것은 조형예술이었다. 시와 음악, 철학과 문학이 뒤따른다. 그러나 이탈리아 르네상스에서는 14세기의 단테, 페트라르카, 보카치오에서 보듯이 문학이 앞섰다. 레오나르도 다 빈치, 미켈란젤로가 한창 명성을 구가한 것은 16세기였다. 르네상스가 문예부흥으로 일컬어지는 이유이다.

인문학은 구아리노나 비토리노를 비롯해 많은 인문학자에 의해 세워진 학교나 대학에서 교수되었다. 15세기 인문주의자들의 학문적 중요성은 동시대에 이미 널리 알려져 있었다. 특히 라틴어 연구에서 많은 고전을 발굴하고 주석을 달아 가르치고 보급시켰으며 원전 연구에서 본문 비평과 역사 비평의 기술 또한 발전했다.

그들을 통해 서유럽에 그리스학이 소개되고 근대적인 고전학·문헌학·역사학 연구의 기초가 뿌리를 내렸다. 이 같은 인문학의 연구는 대체로 대학 밖에서 대학인이 아닌 인문주의자들에

▲ 아르노 강 다리 위를 거니는 여인들

의해 이루어졌다.

중세 말 르네상스 시대 이탈리아의 도시는 파리를 비롯한 알프스 이북 대성당 중심의 도시들과는 달리 궁전이 중심이었다. 이탈리아의 도시들은 신학연구 중심의 알프스 이북의 대학에 비해 고전연구를 위해 대학을 설립했다. 특히 피사(법학), 파비아(문헌학)의 대학이 유명했으며 도시공화국에 의해 1321년에 처음 세워진 피렌체 대학은 시학 강좌를 개설해 1373년에 보카치오를 단테학 강좌의 초대 교수로 초빙했다.

당시 인문학 연구의 대종을 이룬 것은 고대 라틴어 문학이었다. 그러나 그리스어 강좌를 피렌체 대학이 처음 개설했다고는 하나, 그간 1천 년 그리스와 단절되었던 까닭에 유럽을 통틀어 르네상스 직전에 그리스어를 해독하는 학식자는 많아야 10명 정도에 지나지 않았다.

인문주의자들은 스콜라학 중심의 중세풍 대학과 학풍을 경원했다. 그들은 대체로 대학 밖에서 아카데미를 중심으로 활동했다. 그 결과 르네상스 시대 유럽의 문화적 수도였던 피렌체 대학을 비롯해 이탈리아의 대학들은 르네상스 운동에 별로 이바지하지 못했다. 그러나 단테와 페트라르카에서 마키아벨리, 구이차르디니에 이르는 피렌체의 대표적 인문주의자들은 학문적 사유와 방법론에 열중한 고전주의자였다. 르네상스의 인문주의적·교양 지향적인 풍토는 대학보다 아카데미를 선호했으며 이탈리아 르네상스의 지적 생활을 대표한 것은 아카데미였다.

아카데미는 아테나이의 플라톤 아카데메이아 이후 일종의 고등교육 기관으로서 마케도니아의 프톨레마이오스에 의해 알렉산드리아에, 이슬람교의 칼리프에 의해서는 스페인에, 카를 대제와 잉글랜드의 앨프레드 대왕에 의해 새로 세워졌다. 그러나 아카데미는 대학이 번성했던 중세를 통해 오랫동안 단절되었다. 그러다가 15세기 후반 이탈리아에서 플라톤주의의 부활과 더불어 되살아났다.

이탈리아의 16세기는 아카데미의 세기로서 불리며 피렌체에만 14개나 개설되었다. 백과전서적 교양을 지닌 인문주의자, 문인들의 서클, 살롱과도 비슷했다. 대학을 능가한 아카데미를 통해 신플라톤주의는 연구되고 유럽에 널리 전파되었다. 많은 아카데미 중에서 15세기 중엽에 메디치가의 비호 아래 세워진 인문학자이며 철학자인 피치노의 플라톤 아카데미아(Academia Platonica)가 특히 유명했다.

플라톤 아카데미아는 당시 신플라톤주의로 대표되는 철학운동의 모태이면서 문학 중심의 인문주의적 교양을 가장 중요시했다. 르네상스 시대의 철학자는 더 이상 대학(스콜라)의 교사, 스콜라 학자가 아니었다. 그들은 정통적 권위에 구속되지 않을뿐더러 피치노에게서 볼 수 있듯이 비판적이었다. 현실의 모든 분야에 대한 탐구자이며 실험자, 숨겨진 진리, 신비적 계시에 대한 동경자이자 아그리파와 같은 마술사, 브루노와 같은 진리의 증인이다. 그들은 새 탐구, 새 문화활동, 새로운 생활방식의 길을 지향하는 삶의 교사, 모럴리스트였다.

당시 이탈리아에는 많은 문학 서클이 있었다. (아카데미도 일종의 문학 서클이었지만) 그중 가장 대표적인 것은 만토바 백작의 궁정 교사이며 르네상스 시대 인문주의 교육의 전형을 이룩한 비토리노가 한 백작의 별궁을 부여받아 세운 학원 '기쁨의 집'(La Giocosa)이었다. 귀족 자제와 선발된 일반 시민 출신 학생들의 기숙제 학교로서 비토리노는 플라톤의 아카데메이아를 본받아 학생과 기거를 함께하면서 고전 학습과 체육 중심의 교양 교육을 했다.

많은 인문주의자들은 학식자이면서 문인이자 작가였다. 고전에 대한 그들의 학식은 학식으로 그치지 않고 문학활동을 위한 자산이 되었다. 그들은 학자라기보다 문인이었다.

르네상스 이탈리아의 인문주의자들이 중세의 고전학 교사들과 다른 점은 고대 그리스·로마의 시, 산문, 역사서술의 내용이나 문체뿐만 아니라 그것을 넘어서 거기에 담긴 사람다움(humanitas)을 귀히 여기며 그것을 모범으로 삼았다는 사실이다. 단테는 그에게 고전을 읽도록 권한 시인이자 인문학자인 라티니를 스승으로 받들고 그와 고전으로부터 "사람은 어떻게 자기를 영원불멸하게 하는가"를 배웠음을 감사하게 여겼다. 고전은 그들 인문주의자들에게 중세풍의 문헌학자들과는 달리 삶을 위한 최대 자산이 되었다. 이탈리아 르네상스 운동이 단순히 고대 학예의 '재생'에 그치지 않고 부르크하르트와 미슐레가 강조한 바와 같이 인간의 발견, 세계의 발견으로 일컬어지는 이유이다.

이탈리아 르네상스의 본질은 르네상스란 호칭이 밝혀주듯이 그리스·로마의 고전을 본받은 인문주의임에 분명하다. 그러나 또 많은 점에서 고대를 뛰어넘는 근대적 정념을 배태했다. 그 진실을 우리는 이탈리아 르네상스 운동의 대표자인 페트라르카를 통해 생각해볼 수 있다.

페트라르카와 르네상스적 교양인

페트라르카는 1304년 이탈리아의 중부 도시 아레초에서 태어났다. "(집안은) 고귀하지도 않고 천하지도 않았습니다." 아버지는 피렌체의 공증인이며 시정부의 서기로 있다가 단테와 함께 추방되고 망명길에 오른다. 페트라르카는 아버지의 망명지에서 태어나 법학공부를 위해 볼로냐 대학에 입학했으나 문학에 뜻을 두고 피렌체의 문법학교에서 라틴어를 배우고 라틴 고전문학에 심취한다.

인문주의자로서 입신한 페트라르카의 첫 번째 바람은 라틴어의 어법과 문법의 순화, 그리스어의 부흥이었다. 고대 그리스·로마의 고전을 다룬 중세의 편집자, 주석자, 작가들을 뛰어넘는 '고전의 원전복귀'가 그의 바람이었다. 고전, 특히 라틴어 문학을 지상에서 가장 귀한 것으로 떠받들고 자기 자신을 그에 대한 "한 없는 욕망의 포로"라고 토로했다.

페트라르카의 라틴 문학에 대한 열정은 열띤 고전수집에서 나타났다. 그런데 그의 고전수집은 단순히 옛 사본의 습득이 아니라 '잃어버린' 작품의 재발견, 불완전한 형태로 남겨진 작품을 복원하고자 한 노력에 경주되었다. 20대에 이미 그는 고대문화의

라우라와 페트라르카

재생을 꿈꿨으며 그에게 고전수집은 바로 고전작품과 나누는 대화, 고대인과 나누는 대화를 의미했다.

페트라르카는 신학교수이며 훗날 피렌체 산 마르코 수도원의 원장이 된 친지에게 보낸 편지에서 옛 책을 향한 열정을 토로했다.

> 신의 자비로 나는 이미 모든 인간적인 욕망의 불꽃으로부터 해방되었습니다. 그러면서 나는 끝없는 욕망의 포로가 되어버렸습니다. 어떤 병인가 알고 싶겠지요. 나는 책에 대한 욕심을 억누를 수가 없습니다. 책은 우리를 진정 즐겁게 하고 대화하고 조언하고 혹은 생생하고 깊은 친밀감으로써 맺습니다.

그는 또 다른 친지에게 보낸 편지에서 수도원이나 학식자의 서가를 샅샅이 뒤져 "나의 갈증을 풀어줄 책들"을 찾아달라고 부탁한다. 영국, 프랑스, 스페인의 친지들에게도 부지런히 전해졌다.

고전 작가 중에서 페트라르카가 제일 좋아한 인물은 키케로와 베르길리우스였다. "나에게 키케로는 말하자면 아버지이며 베르길리우스는 형입니다." 페트라르카는 1345년 2월 하순 베로나 대성당의 서고에서 많은 양의 키케로 서간집을 발견하고 전부 필사했다. 6월 16일에는 키케로에게 첫 번째 편지를 띄웠다. 그는 자기가 사숙한 고대인 키케로, 세네카, 호라티우스, 베르길리우스, 호메로스 등에게 편지를 썼다. 키케로에게만은 두 통을 보냈다.

> 친애하는 키케로님. 오오, 로마 웅변의 아버지여. 저뿐만 아니

라 라틴의 사화(詞華)에 의해 자기를 장식하는 자는 누구나 당신에게 감사를 바칩니다. 참으로 우리는 당신의 삶에 의해 우리의 목장을 적십니다. 무엇을 숨기겠습니까. 당신의 가르침에 따라 인도되고 당신의 동의에 의해 격려를 받고 당신의 빛으로 비쳐집니다.

페트라르카는 또 베르길리우스에 대해서도 최고의 찬사를 보냈다. 그는 베르길리우스를 대로마 제2의 희망으로 찬탄하고 『아에네이스』를 읊은 라틴의 시신(詩神)이 『일리아드』를 노래한 그리스의 시신 호메로스로부터 승리의 영관(榮冠)을 빼앗았노라고 말한다. 페트라르카는 그리스 고전에서는 플라톤과 호메로스를 사랑했다.

한편 페트라르카는 "청춘은 나를 유혹하고 장년기는 나를 타락시켰습니다"라고 스스로 고백했듯이 20, 30대의 지난날을 돌아보며 도착된 사악한 의지에 들뜬 허영의 계절이었다고 자책한다.

페트라르카는 라틴 문학 연구에 몰두하는 인문주의자인 한편 1330년 한 추기경의 예배당 사제로서 삭발한 성직자였다. 그에 앞선 1327년 봄 훗날 서정시 「칸초니에레」에서 찬미한 구원의 여성 라우라와 만난다. 그러면서도 그는 몇몇 여인 사이에서 다섯이 넘는 사생아를 낳았다. "청춘은 나를 유혹하고 장년기는 나를 타락시켰습니다." "도착된 사악한 의지"에 들뜬 20, 30대 그 허영의 나날 속에서 페트라르카를 불태운 것은 문학적 영광 즉 계관시인이 되고자 한 바람이었다.

고대를 영광과 빛의 시대로 찬탄하며 중세를 쇠망과 암흑의 시대로 여긴 페트라르카. 그에게 중세는 영영 혐오의 대상이었을까. 페트라르카는 1336년 4월 26일, 32세 때 반투 산에 올랐다. "오직 유명한 높은 산의 절정을 보고픈 충동적 바람으로" 오른 2천여 미터의 정상에서 그는 큰 변신을 체험했다. "마음을 높은 곳에 두는 놀이를 즐기다보니 내면의 눈을 나 자신에게" 향하게 되었다. 그 순간 아우구스티누스의 『고백』을 읽을 생각을 했다. 산상수훈이다. 페트라르카는 아우구스투스에게 경도되고 교부문학과 『성서』에 대해, 중세 그리스도교 문화에 대해서도 관심을 갖게 되었다. 그는 자기 자신의 변신을 토로한다.

이제까지 나는 헛된 명성을 바라고 세상의 공허한 칭찬을 찾아 습관적으로 잠자리에서 일어났습니다.

나는 키케로를 사랑했습니다. 베르길리우스도 사랑했습니다. 그러나 이제는 더욱 중대한 것에 관심을 기울이게 되었는데, 웅변보다 영혼의 구제에 관심이 있습니다. 이제 나의 스승으로 받들 웅변가는 암브로시우스, 아우구스티누스, 히에로니무스, 그레고리우스입니다. 철학자는 파올로이며 시인은 다비데입니다.

그러나 내가 종교작가를 더 좋아한다고 해서 세속작가를 버리는 것은 아닙니다. 나는 종교작가와 세속작가를 동시에 사랑할 수 있으리라 여깁니다.

페트라르카는 1337년 여름 아름다운 계곡을 낀 보클뤼즈에 은둔해 정적과 한가, 평화를 누리는 고독한 생활을 시작했다. 그러나 은둔은 세상으로부터 이탈을 의미하지는 않았다. 무엇보다 아비뇽 교황청으로부터 자유가 주어졌다. 이제 그는 고전연구와 문학활동에 전념할 수 있었다. 라틴어로 쓴 로마 위인전 『명사열전』(1337)을 집필하고 서사시 『아프리카』(1338)에 착수했다. 두 저작은 그에게 영광을 안겨주었는데 계관시인의 칭호가 그것이다. 페트라르카는 그렇듯 세속문학서를 집필하면서 한편으로는 아우구스티누스와 나누는 대화록이자 종교적 성찰의 책 『내 마음의 비밀스러운 싸움』, 『고독한 생활』을 저술했다.

그리고 생애를 바쳐 사랑한 라우라를 노래한 「칸초니에레」를 집필했다. 여기 수록된 「마돈나 라우라의 삶에 드리는 시」와 「마돈나 라우라의 죽음에 바치는 시」 두 편은 『신곡』과 함께 시작(詩作)의 절정을 이루는데 이후 유럽 연애시의 모범으로 일컬어진다. 한편 페트라르카는 그간에도 교황사절로서 나폴리를 방문하고 파르마, 파토바, 로마, 피렌체, 밀라노, 베네치아 등 이탈리아 곳곳에서 머물렀다. 보카치오를 비롯한 문인들과 친교를 맺고 서거 직전까지 왕성한 문필활동을 펼쳤다. 진실로 페트라르카는 르네상스풍의 '보편적 인간'이었다. 그러나 그의 진면모는 인문주의적 교양인이었다.

페트라르카를 본받아 인문주의자들은 "고전으로의 복귀"라는 순수 휴머니스트의 눈으로써 삶과 세상 전체를 보았다. 그들의 최대 관심사는 인간 교양(humanitas)의 문제였다. 페트라르카를 비롯해 인문주의자들은 고전 속에서 인간성의 진정한 배움터, 교양으로의 길을 보았다. 고전학자이며 인문주의자, 피렌체의 재상을 지낸 포조는 유려한 라틴어로 저작하든가 그리스어를 라틴어로 번역한 자만이, 다시 말해 인문주의자들만이 "나는 살았노라"고 말할 수 있다고 말했다. 그 무렵 그들은 라틴어로 시를 짓는 자만 시인이라고 불렀으며 이탈리아어로 시를 쓰는 사람은 가볍게 운문가로 지칭했다.

고전문학에 대한 인문주의자들의 심취는 그들을 명석하고 전아한 '말의 훈련'(honesta disciplina)으로 이끌고 교양인으로 키웠다. 단테는 출생에 의한 귀족보다 인간적·지성적 우위의 자질, 즉 교양을 갖춘 인간을 최고의 인간으로 이해했다. 이탈리아 르네상스에 이르러 지난날의 신분적 귀족의 관념은 극복되고 교양과 부가 근대적인 고귀함의 징표가 되었다. 그런데 부는 교양에 도움을 주는 한에서 가치 있는 것으로 여겨졌다. 당시는 용병대장도 교양에 따라서 평가받았다. 페트라르카는 캐피털 신전에서 계관시인의 영광을 부여받자 시인이 군주와 공적으로 동등시되었음을 자각했다. 시인이란 문예의 인간이자 최고의 교양인이었다.

그로부터 한 세기 뒤에 에라스뮈스도 말했다. "문학에서 명성을 이룬 사람들을 나는 신과 같은 존재로 찬미하고 존경한다." 정신의 귀족으로서 교양인의 탄생이었다. 교양인과 더불어 '다방면으로 재능을 펼치는 인간의 시대'가 열렸다.

르네상스의 인문주의자들이 꿈꾼 이상향 아르카디아

그대가 바라는 대로. 보편적 인간의 탄생

르네상스 인문주의자들은 폭넓은 독서인이었으며, 그들의 고전연구는 시·문학·역사·철학 등 인문학의 모든 영역을 망라했다. 고전연구를 후마니타스 스튜디오(humanitas studio)라 함은 그것이 인간에 관한, 인간을 완성시키는 배움, 교양인 까닭이다. 인문주의자들이 지향한 교양인, 이상적 인간은 보편적 인간(uomo universale), 만능의 인간이기도 했다. 그 전형적인 인물로 부르크하르트는 뛰어난 건축가이며 인문주의자인 알베르티를 든다. 이 최초의 만능 천재는 화가·조각가·음악가이면서 예술이론가·시인·철학자·과학자였다.

명건축들을 설계한 알베르티는 르네상스 양식의 확립에 이바지했다. 그의 예술이론은 유럽의 예술학 및 미학의 기초가 되었다. 저서 『건축론』(1450)은 후세에 큰 영향을 주었다. 라틴어로 새 산문과 소설을 쓴 이 문인은 또한 수학과 물리학을 연구했다. 예술에서 인문·과학에 이르는 모든 활동에 연관된 키콘셉트는 인문주의적 이상이었다. 이 만능의 교양인은 한때 교황청에서도 일한 공인이었으며 일찍이 이탈리아어로 문법책과 『가정론』(1441)을 저술한 신흥 시민계급의 논객 지식인이기도 했다. "인간은 욕구하면 자기 힘으로 무엇이든 할 수 있다." 알베르티의 장담을 이탈리아 르네상스의 인문주의자들과 예술가들은 가슴에 새기며 살았다. 자유를 바탕으로 학문들의 조화와 인간의 존엄을 강조한 철학자 피코 델라 미란돌라가 말했다.

(그대 인간은) 어떠한 한계의 제약도 받지 않고 스스로의 손으로 그대 본성의 한계를 정할지어다. 그대가 바라는 대로 어떠한 형태로든 그대 자신을 형성할 수 있으리라. 그대는 짐승과도 비길 만한 천한 모습으로 타락할 힘도 지니리라. 그대의 영혼과 판단력에 의해 신과도 비길 만한 고귀한 모습으로 태어날 힘도 지니리라.

이탈리아 르네상스 시대에 예술가는 화가·조각가·건축가를 겸했듯이 철학자는 여러 학문의 조화를 강조했다. 인문주의자이자 시인이면서 철학자, 문헌학자이고 역사가, 법학자, 신학자였다. 당시 바람직한 미덕으로 부각된 재능(virtu)이란 다양성과 동의어였다. 르네상스적 인간이란 백과전서적인 영혼, 무엇보다 삶을 사랑하는 뜨거운 정념의 지적 교양인이었다.

르네상스 인문주의자들은 그리스 사람들과 마찬가지로 대화와 담론을 즐긴 시민적인 사교인이었다. 페트라르카에게 대화는 사람됨의 표현이며 인간 영혼의 척도였다.

> 대화는 명백히 영혼을 말해줍니다. 우리는 함께 사는 사람들을 돕도록 노력해야 합니다. 말이 사람의 마음을 크게 고무할 수 있음은 명백합니다.

과학사가인 서턴은 인문주의자들을 말이 많은 만물상이라고 비꼬았다. 그 다변을 변명이라도 하듯 전형적인 르네상스 인문주의자인 발라는 언어를 매개로 한 만남을 가장 인간적인 것으로 강조했다. 더욱이 인문주의자란 고대 그리스·로마 이래 말(수사학)의 교사가 아니었던가. 말과 회화는 이웃과 만나 이야기를 나누는 기쁨을, 이웃에 대한 관심을 뜻하며 시민적·공동체적인 연대의식과 일체감을 구축한다.

인문주의자들의 천의 얼굴

이탈리아에서는 도시의 번영과 정치적 발전에 힘입어 15세기에 이미 봉건적인 신분체제가 느슨해지고 그리스의 폴리스와도 같이 여러 계급이 시민이라는 개념 속에 융합되었다. 이탈리아 르네상스를 정치·사회적으로 인도하고 뒷받침한 요소로서 부르크하르트는 도시 생활의 발전, 도시에서 귀족과 시민의 공동생활 및 사실상의 평등을 들고 그것이 교양에 대한 욕구를, 교양을 위한 한가를, 여유 있는 사회의 형성을, 다시 말해 르네상스 문화를 가능하게 만들었다고 지적했다.

이탈리아 르네상스 시대 모든 것에 앞서서 교양이 우선되고, 교양이 신분과 계급을 차별하지 않는 도시를 만들었다. 자유로운 도시를 모태로 르네상스 운동이 전개되었다. 이렇듯 인문주의적 교양의 시민적·사회적 성격을 깊이 통찰한 점에서도 페트라르카는 선구자였다.

페트라르카는 수도원에 들어가고자 하는 벗에게 번의를 촉구한 편지를 썼다.

신의 뜻을 더 잘 받드는 사려 깊은 사람은 사회적 결합 속에 있는 법입니다. 하늘은 조국을 구원하고 번영하고 발전시킨 사람에게 영원한 낙원의 한 모퉁이를 비워두고 기다립니다.

페트라르카는 인간은 영혼이나 정신의 정죄적(淨罪的) 미덕과 같이 정치적 미덕에 의해서도 최고의 축복에 이른다고 확신했다.

이탈리아의 인문주의는 14세기 중엽까지 일부 상류 시민층의 살롱적 성격이 짙었으며 그 중심은 북부의 파두아였다. 세기말에 이르면 무대는 시민과 공화정의 도시 피렌체로 옮겨진다. 14세기 말 이탈리아는 공화정을 내세우는 피렌체와 제정을 주장하는 밀라노 양대 세력 아래 놓인다.

대립된 두 세력은 저마다 정통성을 주장해 고전과 옛 기록을 발굴하며 연구했다. 그 결과 그에 정통한 인문주의자들에 대한 사회적 신뢰가 높아지고 고전적 교양이 사회적으로 더 귀하게 여겨졌다. 그러한 시류 속에서 페트라르카도 경의를 표했듯이 이탈리아의 군주와 귀족 및 상층 시민층은 학예를 사랑하고 예술가와 인문주의자들의 후원자가 되었다.

문학과 학문의 영역에 머물렀던 인문주의는 사회적 성격을 짙게 띠었으며 르네상스 초기의 명상적 인문주의는 시민적 인문주의로 발전했다. 때를 같이해 살롱풍이던 아카데미는 공개적인 학문적 모임으로 발전하고 전문화가 심화되었다. 철학을 연구하고 라틴어·그리스어·이탈리아어를 연구하는 특수 아카데미가 생겨나고, 아카데미는 차차 역사학·고고학·법학·의학·자연사 등 백과전서적인 지식과 학문의 터전이 되었다.

페트라르카는 침식을 잊고 서재에 틀어박힌 대학의 학자들을 비웃었지만 이탈리아 르네상스의 전형적 인문주의자인 브루니는 『단테의 생애』에서 말했다.

> 독학자는 모두 고독과 여가 속으로 은둔해야 한다고 어리석게 생각하는 사람들이 적지 않다. 그러나 나의 체험에 비춰보아 사람들과 교제를 피하고 홀로 사는 사람치고 문자라도 제대로 읽는 사람을 본 적이 없다. 단테는 사람답게 사람들과 이야기를 즐겨 나누고 아내도 거느리고 아이들도 여럿 낳았다. 가장 위대한 철학자 소크라테스나 아리스토텔레스도 로마의 뛰어난 철학자도 결혼해서 아이도 있고 나라의 행정에도 종사했다.

결혼을 하고 가정을 꾸린 르네상스 인문주의자들은 스스로를 세속적 인간으로 여기면서 부와 금전의 가치를 중요시했다. 르네상스인이란 휴머니스트와 예술가를 포함해 욕심 많은 인간들이었다. 그들의 시민적 모럴은 이 탐욕 위에서 이루어졌다. 알베르티는 사람은 "집과 재산과 일터"를 지녀야 하며 가정은 "건물을 당당히 장식하고 아름다운 책을 수집하고 좋은 말〔馬〕을 지녀야 한다"고 말했다.

르네상스풍 탐욕은 그들이 지닌 공공의식에서도 나타났다. 공직, 즉 공공기관에 대한 봉사는 모든 인문주의자의 공통된 소망이었다. 그것은 탁월성에 대한 치열한 바람과 깊이 관련되었다.

이탈리아 르네상스 상징 가운데 하나인 베키오 궁전. 현재는 시청사이다.

"그대 자신을 사람들 위로 높여라." 뛰어난 인문주의자인 살루타티의 이 말은 인문주의자들 스스로 다짐한 격언이었다. 구이차르디니는 "피렌체에서는 적어도 한 번 정부 청사에서 일하지 않는다면 인간이라고 할 수 없다"고 말했는데, 명예로운 공직은 탁월성의 표상이었다. 오랫동안 피렌체 공화국의 서기관장을 지낸 살루타티 이래 참으로 많은 인문주의자가 공직자였음은 널리 알려진 사실이다.

명예욕과 표리를 이룬 강한 공공의식은 법률 서기의 높은 사회적 위상과 당연히 연동되었다. 우리는 앞에서 볼로냐에서 법학자의 높은 사회적 지위에 관해 말했는데, 이탈리아에서 학식 있는 법학자는 13, 14세기 이래 지식인을 대표했다. 시인이나 인문학자는 때로 법을 배우는 것에서 경력을 쌓기 시작했다.

이탈리아의 인문주의적 풍토, 다시 말해 르네상스를 앞장서서 준비한 것은 13세기 법학자였다. 왜냐하면 고대에서 계승된 로마법이야말로 법학을 배웠던 페트라르카가 지적했듯이 로마적 고대의 완전한 권위로 간주되었기 때문이다. 법률 서기는 학식 소유자로서 정치, 사회, 문화적으로 높은 지위를 차지했다. 여러 인문주의자가 로마 교황청의 서기관을 지냈으며 특히 라티니에서 마키아벨리에 이르는 피렌체의 요직인 서기관은 뛰어난 인문주의자였다.

이러한 사실은 르네상스 인문주의의 체제지향적인 성격을 시사하는 것으로 사실 많은 인문주의자들이 교황청이나, 군주, 도시 공화국의 평의회나 서기국에서 요직을 차지했다. 그러나 "르네상스는 망명가들의 심성에서 생겨났다"고 일컫듯이 많은 인문주의자는 자기를 전제 군주와 맞선 대립자로 의식하고 행동했다. 특히 단테는 그 전형적 인물로 망명가들의 모범이며 지도자였다. 그렇듯 시민적 인문주의는 체제개혁적·반체제적인 성격 또한 치열했다.

15세기 말에 이르면 인문주의자에게서 현실도피와 명상적 경향이 점차 나타난다. 그러한 경향은 사상적으로는 플라토니즘의 깊은 감화에 의한 것이며 사회사적인 배경은 이탈리아 정치 정세의 새로운 전개, 즉 피렌체의 자유에 대한 코시모 메디치의 찬탈이었다. 시민적 인문주의에서 명상적 인문주의로 향하는 패러다임의 전환은 신플라톤주의자인 란디노에게서 나타났다. 그는 키케로를 새롭게 검토하고 다음과 같은 인식에 도달했다.

키케로는 현명한 행위에 의해 눈앞의 위기를 극복했다. 키케로의 연구는 단지 동시대인뿐만 아니라 우리 후세에게도 진지하고 행복한 생활의 모범을 보여준다. 그의 과업은 사람들을 교양 있는 인간으로 바꾸도록 만들었다.

란디노에 의하면 "현자는 자기 속에 파묻혀 다른 방법으로 사람들에게 도움이 되고자 한다." 명상적 인문주의에 이르러 이상적 인간상은 학식 있는 성직자에 가까운 인간이 되었다. 그리고 문학정책의 지상 과제도 인간의 훈육 즉 개인의 교양형성을 지향하게 되었다.

시민적 인문주의의 변질은 15세기 후반 피렌체가 메디치가의 지배하에 놓이면서 돌이킬 수 없게 되었다. 인문주의자들은 이제 공직에 봉사하는 시민이라기보다 유력자의 비호를 받는 자가 되었다. 뛰어난 인문주의자는 대체로 시민계층 출신이었으나 개인주의에 사로잡힌 그들에게는 시민으로서 연대의식도 일체감도 퇴색되었다.

당시 개인적인 자유경쟁의 원리는 정치·사회적인 영역과 마찬가지로 인문주의자 세계에서도 팽배했다. 원래 인문주의자란 개인주의자였으며 그들에게 특징적이었던 사회적 유대의 결여는 이중적인 심성과 깊이 관련되었다. 즉 시민계급 출신인 그들은 사회적으로는 시민계층에 속하면서도 귀족적 교양으로 인해 일반 시민에 '등을 돌렸다.'

그런데 중간 신분인 인문주의자에게는 두 가지 유형이 존재했다. 살루타티에서 마키아벨리에 이르는 인사들처럼 안정된 직업을 지닌 사람과 페트라르카와 같이 정직(定職)을 갖지 않아 어디에도 예속되지 않는 문인 타입의 자유로운 사람이다. 후자에게 교양은 개인적이며 순수 문학적인 것에 속했다. 자유로운 문인, 교양인과 더불어 자유로운 인격이라는 자의식을 지닌 새로운 인간이 탄생되었다. 그러면서 문필가의 저작은 예술가의 작품과 마찬가지로 개인의 사유재산이라는 생각, 즉 지적 재산의 개념이 생겨났다.

"사람은 저마다 독자적 문체로 글을 써야 한다"는 페트라르카의 말은 이러한 맥락에서 음미해야 할 것이다.

자유로운 개인적 교양인, 인문주의자와 문인의 출현과 더불어 시민사회에 대한 인문주의의 이반현상이 나타났다. 세상을 멀리하는 고독한 생활은 이미 페트라르카 이래 인문주의자의 생활 이상이 되었으며, 그들은 자기 자신을 여러 계층 간의 중간층으로 그럴듯하게 의식했다. 그 결과 지조가 없는 인간이 되었다. 사회 · 경제적 기반이 없으면서 교양인으로써 귀족적인 삶을 살고자 한 인문주의자, 그들 대다수는 때마침 출현한 파트롱이라는 귀족과 상류시민인 학예 애호가의 품속에 들게 되었다.

페트라르카 이래 인문주의자들은 제1급 예술가와 같이 즐겨 군주의 궁정에 모여들었다. 왕후 · 귀족 또한 인문주의적 · 예술적인 교양이 위엄과 품위에 불가결한 요소임을 잘 알고 있었다. "나의 영혼은 여러 층으로 나뉘어 있다." 전형적인 르네상스적 인간인 몽테뉴의 말이다.

부르크하르트는 이탈리아 르네상스의 인문주의자를 가리켜 "오늘은 이 얼굴을 보이고 내일은 저 얼굴을 보이는 백의 얼굴을 지닌 사람들"이라고 말했던가. 15, 16세기 범유럽적 르네상스 운동은 이탈리아에서는 궁정인(cortegian)을, 프랑스에서는 궁정풍의 사교인인 오네톰(honnête homme)을, 영국에서는 귀족적 · 시민적인 젠틀맨을, 그리고 독일에서는 학식자를 낳았다. 그들 모두에게 공통된 미덕은 인문주의적인 교양이었다.

11 보티첼리의 '봄'

봄바람에 꽃이 피고 봄소식에 여신들은 기쁨의 춤을 춘다.
봄은 삶의 변모를, 새로운 탄생을 상징한다. 엷은 옷자락을 휘날리며
춤추는 세 여신의 우아한 아름다움은 보티첼리가 르네상스의 도래를
얼마나 큰 기쁨, 큰 감동으로 축복했던가를 우리에게 말해준다.

피렌체. 피렌체는 언제나 봄의 따사한 빛깔과 향내에 흔들린다. 그것은 지중해의 색깔이며 냄새, 르네상스의 모양새. 피렌체에서 격조 높은 아름다움을 현란하게 꽃피운 이탈리아 르네상스의 실루엣은 보티첼리의 「봄」(La Primavera, 1475년경)의 이미지이다.

「봄」의 비너스 여신은 그 자태, 몸짓, 옷의 주름으로 짐작해 임신한 듯하다. 이 임신은 르네상스의 도래를 고지하듯 참으로 상징적이다. 파노프스키는 그것을 수태고지와 연결시켰다. 또 하나 피렌체 봄의 고귀한 상징, 프라 안젤리코의 「수태고지」!

비너스의 왼쪽, 춤추는 세 여신이 먼저 눈길을 끈다. 엷고 부드러운 옷을 번들거리며 상앗빛 살결을 드러낸, 맞잡은 손을 높이 들어 올린 채 함께 춤추고 있는 세 미신(美神). 그중 오른쪽이 지성을, 중앙이 순결을, 왼쪽이 욕망을 상징한다지만 하나같이 그

은하고 전아하다.

비너스 여신의 오른쪽에는 머리에 화환을 쓴 꽃의 여신 플로라가 꽃을 뿌리며 사뿐히 걸음을 옮기고 있다. 그 바로 곁에는 님프가 불안한 듯 뒤를 돌아보며 서풍(西風)의 신 제피로스의 포옹을 피하고 있고, 머큐리는 춤추는 세 여신에게서 등을 돌리고 있다. 드라마틱한 화면의 배경은 황금색 오렌지가 풍요롭게 달린 어두컴컴한 숲이다.

제피로스는 봄을 불러오는 바람이며, 그 바람을 맞아 봄의 여신인 플로라는 자신의 바람대로 꽃의 여신으로 변신한다. 봄바람에 꽃이 피고 봄소식에 여신들은 기쁨의 춤을 춘다. 봄은 삶의 변모를, 새로운 탄생을 상징한다. 엷은 옷자락을 휘날리며 춤추는 세 여신의 우아한 아름다움은 보티첼리가 르네상스의 도래를 얼마나 큰 기쁨, 큰 감동으로 축복했던가를 우리에게 말해준다.

보티첼리는 그와 함께 혹은 그에 앞서서 이탈리아 르네상스의 길을 연 화가인 조토, 마사초, 프라 안젤리코, 리피와 약간은 달랐다. 「봄」과 「비너스의 탄생」(1487년경)에서 보듯 그의 작품은 종교화가 아닌 고대 그리스·로마의 고전신화의 상징세계이며 그의 여신은 르네상스의 여인들이었다. 「봄」의 앞에서 한참을 서성대다 밖으로 나오면 피렌체는 '꽃의 성모' 대성당 산타 마리아 델 플로레를 중앙에 두고 정오의 햇살 아래 르네상스의 빛으로 더욱 눈부시다.

▲ 보티첼리, 「봄」(부분)

꽃의 서울 피렌체

14세기 이탈리아에서 싹튼, 고대 그리스·로마의 고전을 규범으로 문학에서 일어난 르네상스 운동은 거의 때를 같이해 조형예술에도 연동되었다. 부르크하르트는 『치체로네』(1855)에서 말했다.

15세기 최초의 수십 년에 새로운 정신이 서양회화에 찾아들었다. 교회에 대한 봉사에 머물면서도 회화는 그 후 순수 교회와 관련된 과제와는 아무 관계가 없는 갖가지 원리를 전개한다. 예술작품은 이제 현실세계의 모사를 제시한다. 예술가는 사물의 외관을 연구하고 묘사하는 데 몰두한다. 그리고 인간의 자태로부터, 공간적 환경으로부터 점차 모든 현상의 방식을 교묘히 끄집어낸다. 일반적 타입의 얼굴 대신 개성이 등장한다.

종래의 표현, 몸짓, 의장(意匠)의 체계는 개개의 경우에 따라 특별한 말을 하든지 삶의 진실, 무한히 풍요로운 삶의 진실로 바뀌었다. 아름다움은 지난날 성스러움의 최고 속성으로서 여겨지고 찾았으나 지금은 근대예술 최초의 사상, 즉 모든 것을 특징짓는 명확함에 자리를 내주었다. 그러나 근대예술이 길을 개척하는 곳에서 지상적인 것, 현실적인 것에 전체적으로 관여해야 할 것은 신생의 감각적인 아름다움이다.

13세기의 치마부에, 조토에 의해 중세의 조형원리에 대한 조심스러운 일탈이 가동되었다. 15세기 초에는 브루넬레스키, 도나텔로에 의해 고대에 대한 근본적 변화가 일어나고 16세기 초에 이르러 레오나르도 다 빈치, 미켈란젤로에 의해 절정에 도달했다. 그 모태와 요람은 피렌체였다.

이탈리아 중부 토스카나 평야 한복판에 햇볕이 내리쬐는 갈색 지붕, 황색의 벽 사이사이 노송나무 가로수들을 굽어보는 구릉에 둘러싸인 피렌체는 로마 시대부터 중요한 도시로 알려지고 중세 말에는 유럽 유수의 상공업도시로 발전했다. 그 후 15세기에 섬유산업과 금융 은행업이 번성해 유럽 굴지의 대부호 메디치가를 낳았다. 아르노 강을 중심으로 '꽃의 서울'[18]이라는 이름 그대로 아름다운 풍광이 펼쳐지는 곳. 단테와 미켈란젤로의 거리 피렌체는 대성당 두오모, 팔라초(궁정), 피아차(광장)의 사이사이를 몇 바퀴 돌아 발을 옮길 때마다 수많은 마에스트로의 이름을 떠올리는 회화·조각·건축과 만날 수 있다. 참으로 피렌체는 둘도 없는 예술의 대전당, 미의 대회랑이다.

공방으로 둘러싸인 오르산미켈레 성당(1377년 건립)은 피렌체 길드들의 성당이며 집회소이다. 이 건물은 피렌체 성속(聖俗) 권력의 상징인 대성당 두오모와 정청사(政廳舍)인 베키오 궁전과 함

---

18) Firenze를 옛날에는 Fiorenza라고 불렀다. Fiore란 꽃이란 뜻이다. 그런데 옛 그리스의 아테나이 또한 꽃의 서울이라는 뜻을 지녔다. 즉 쿠르티우스에 의하면 아테나이는 옛적에 anthinea로 불리었으며 anthi란 바로 꽃을 의미했다. 고전 문화와 그것을 우러러 받든 근대 르네상스의 두 발원지가 꼭 같이 '꽃의 서울'로 불렸음은 참으로 신기하다.

께 피렌체를 상징하는 당당한 존재이다. 왜냐하면 피렌체의 부와 권력의 원천은 상공업이었으며, 더욱이 피렌체를 르네상스의 메트로폴리스로 빛낸 조형예술의 마에스트로는 원래 길드에 속한 장인이 아니었던가. 피렌체는 장인의 거리, 공방의 거리였다.

"그림은 시와 같다"고 옛 로마의 시인 호라티우스는 읊었다. 고대 그리스·로마의 고전세계에서 회화는 시와 유연(類緣)한 것으로 여겨졌다. 조토와 페트라르카가 상징하듯 미술은 문학과 나란히 르네상스를 꽃피웠다. 그러나 중세 이래 회화, 조각, 건축 등 미술, 조형예술은 손으로 조작하는 기예로 여겨질 뿐 자유학예 특히 문학보다 한 차원 낮은 것으로 취급받았다. 그리고 르네상스 시대 회화와 조각, 건축은 학예의 가장 가까운 곳에 있는 기예(技藝)로서 여겨졌다. 그러면서도 '옛 고전 텍스트로의 복귀'라는 순수 휴머니스트의 눈을 통해 고전문화를, 문화 전체를 생각한 페트라르카는 미술의 세계를 고집스럽게 장인의 세계로만 낮추어 보았다.

"예술은 길고 인생은 짧다." 우리 모두에게 잘 알려진 히포크라테스의 이 명언은 라틴어의 "Ars longa vita brevis"에서 유래한다. 그런데 'Ars'는 '예술'이 아니라 '기술-기예'라고 번역되고 이해되어야 한다. 르네상스 시대에는 art, artist라는 표현은 없었다. 16세기 이후에 artiste(artist)라는 표현이 쓰이기는 했으나 그것은 '기술을 갖춘 사람'을 뜻했으며 artisan(장인)과 구별되지 않았다. 오늘날의 art, artist라는 콘셉트가 명백히 뿌리를 내리는 것은 19세기 말이다. 보티첼리나 레오나르도 다 빈치, 미켈란젤로, 라파엘로는 원래 장인이었다.

르네상스 시대 장인은 길드에 예속된 공방의 우두머리, 즉 마에스트로 밑에서 5~6년 수련한 뒤 명성이 높은 장인의 공방을 찾아 다시 1~2년 수련해야 했다. 그 뒤에 시험을 치르고 작품을 제출한 뒤 이름을 길드에 등록함으로써 버젓한 장인이 되었다. 화가나 조각가, 건축가도 마찬가지였다. 당시 그림과 조각은 가구와 마찬가지로 여겨졌는데, 공방에서 주문을 받으면 그들은 일을 하고 급여를 받았다. 화가(오히려 화공이라고 부르는 것이 적절할 것이다)는 약종상(藥種商) 조합에, 조각가는 석공 조합에 속했다. 화가, 조각가의 조합이란 존재하지 않았다. 그런데 물건을 의뢰한 주문자와 계약에 따라 정해진 작업에 종사하면서도 자기의 '재능'을 살려 작업하기로 마음먹은, 새로운 타입의 장인이 하나둘 속속 나타났다.

공방의 르네상스적 인간, 예술가

바사리가 저술한 이탈리아 르네상스 시대의 미술가 열전은 『뛰어난 화가, 조각가, 건축가의 생애』(1550)이다. 바사리는 그들을 데생의 기예자들(artefici del disegno), 즉 시각예술의 실기자들로 부르고 자신의 저작을 그들에게 바쳤다. '데생'은 스케치의 의미와 더불어 창의, 구상, 의장(意匠)의 뜻을 지닌다고는 하지만 화가이자 건축가였던 바사리조차 화가, 조각가, 건축가를 기예자(artifex), 즉 장인으로 여겼다.

보티첼리를 비롯해 많은 예술가를 애호한 로렌초 데 메디치

미켈란젤로가 길드로부터 해방된 것은 산 피에트로 성당, 시스티나 예배당의 「최후의 심판」(1534~41)을 제작할 무렵 교황 파울루스 3세의 배려에 의해서였다. 이탈리아 메디치가의 주인이었던 코시모 데 메디치에 의해 예술가들이 길드로부터 벗어나 자유를 얻은 것은 놀랍게도 1571년에 이르러서였다. 그러나 그 명칭이나 사회적 지위야 어떻든 유용한 것과 더불어 아니, 그 이상 아름다운 것을 지향하며 작업한 뛰어난 장인들은 그 자의식과 창작활동에서 이미 어엿한 예술가였다.

1401년 피렌체 시 당국은 대성당 두오모의 부속 세례당의 청동문 부조 제작을 위해 콩쿠르를 실시했다. 심사 결과 브루넬레스키와 기베르티 두 사람이 공동작업을 하도록 결정되었다. 그러나 혁신적인 작풍의 브루넬레스키는 보수적인 기베르티와 함께 작업을 하는 것이 불가능하다고 여기고 그 영광을 기베르티에게 양보했다. 그러고는 고대 건축을 연구하기 위해 로마로 갔다. 진정한 예술가의 금도이다. 미켈란젤로는 "화가와 시인에게는 무엇이건 좋아하는 일을 만들어낼 권리가 있다"고 한 고대 로마의 시인 호라티우스의 가르침을 기회 있을 때마다 되새겼다.

그는 1506년 교황 율리우스 2세의 초빙을 받아 산 피에트로 성당 내의 사당을 지을 당시 교황과 의견이 맞지 않자 작업을 중단했다. 이때 나이 31세였다. 그러나 그 뒤 40년간 교황청은 그에게 연이어 작품을 의뢰했다. 다 빈치는 1482년, 나이 30세 때 밀라노의 섭정에게 자기가 모든 것에 정통하다는 추천장을 자기 손으로 써서 보냈다. 예술가 자신에 의한 예술가의 출현을 고하는 선언이었다. '자아'에 눈을 뜬 르네상스 정신이 장인 공방 깊숙이 침투한 것이다.

"웅변이 성한 시대에는 회화 또한 번창했습니다. 페트라르카 뒤에 문학은 변했습니다. 조토 뒤에는 화가의 솜씨가 늘었습니다." 실비우스가 1456년경에 쓴 편지의 한 구절이다. 르네상스 시대란 장인이 화가, 조각가, 건축가, 즉 예술가로 변신한 시대였다. 그런데 예술가의 탄생을 제일 먼저 반기며 축복한 인물은 새로움에 언제나 첫 걸음을 내디뎠던 단테였다. 그는 『신곡』에서 치마부에와 조토를 찬양했다.

치마부에는 그림에 뛰어나고
조토는 극구 찬탄을 받아
그 그림은 스승의 방명(芳名)을 능가하도다.

단테가 치마부에와 조토를 찬미한 이후 화가, 조각가, 건축가가 바야흐로 인문주의자들과 나란히 역사창조의 중심에 진입했다.

독일 뉘른베르크 출신의 화가 뒤러는 1506년 베네치아에 체류했다. 그는 한 친구에게 보낸 편지에서 수상도시에서 지내는 기쁨의 나날을 전했다.

"거리의 고귀한 교양인들은 나에게 대단히 친절합니다." "여기에서 나는 교양인입니다만 고향(독일)에서는 식객입니다." 이탈리아에서 뛰어난 화가, 예술가는 어엿한 인물, 교양인으로서 대접을 받았던 것이다. 아직 길드에 꽉 메여 고용인 신세에서 벗어나지 못한 알프스 이북의 예술가들에게 이탈리아 동료들의 지위는 참으로 부러웠다.

15세기 중엽에 한 연대기 작가는 기록했다. "우리의 거리 피렌체와 그 주변에는 대단히 아름다운 성당이나 병원이 있다. 각 저택은 석재로써 안팎이 아름답게 장식되어 있다. 고대 로마가 그러했듯이." 피렌체는 새로운 로마로 예찬되었다. 새로운 로마, 피렌체를 이룬 첫 번째 공은 인문주의자들, 아니 어쩌면 그 이상 화가, 조각가, 건축가에게 돌려야 할 것이다. 조토는 1334년 피렌체 거리의 조형 책임자로 지명을 받았으며 피렌체 시는 미켈란젤로에게 시 방위의 요새 건설을 책임지도록 했다. 우르비노 공 몬테펠트로는 1468년 건축가 라우라나에게 총독공관 건립을 맡겼다. 그때 맺은 계약서의 머리말에 우르비노 공은 기술했다.

그들(건축가)은 재능과 기량, 특히 고대인은 물론 근대인에게도 언제나 높이 평가받아온 가장 뛰어난 재능을 갖춘 자들이므로 마땅히 명예와 존경을 바쳐야 한다. 그 까닭은 건축의 힘은 7자유학예 중에서도 주요한 수학과 기하학에 기초를 두고 있어, 건축은 무엇보다 정확함을 귀하게 여기는 위대한 과학과 재능의 기예로써 우리의 깊은 경의와 평가를 받고 있기 때문이다.

이때 라우라나가 지은 총독공관은 15세기 이탈리아의 궁정건축 중 최고 걸작으로 꼽힌다. 지난날 길드에 묶였던 장인이 당당한 예술가로 '높은 곳으로' 입신하는 데 라이트 모티브가 된 것은 그들의 재능(birtu)이었다.

인간 발견의 세기라고 불린 이탈리아 르네상스 시대는 모든 분야에 걸쳐 자기의 재능과 그것이 낳은 공업(功業)을, 새로운 시대를 창출하기까지 한 업적을 자랑하는 강한 개성, 근대적 인간의 시대였다. 그중에서 특히 신묘한 재능을 갖춘 예술가들은 '위대한 존재'(천재라는 표현은 아직 없었다)로서 찬탄을 받았다.

후작부인께서 저에게 쓰신 작품 구상의 표현방식에 대해서는 그 작품을 실제로 제작하는 화가의 생각에 그것을 잘 맞출 필요가 있을 성싶습니다. 갖가지 조건을 닮은 그 취향은 그의 방식에 맞지 않습니다. 그림에 관한 한 그는 자기의 뜻대로 생각하고 감상하는 자와 마찬가지로 만족해야 합니다.

한 화가와 후작부인 사이에서 중개를 맡았던 인문학자이자 추기경인 뱀보가 쓴 편지의 한 구절이다.

재능으로 인해 예술가는 귀족과 동격으로 떠받들어졌다. 이제 예술가는 작품에 이름을 새겨 넣고 자화상을 그리기도 했다. 이러한 현상에는 "진정 경탄스러운 신적 인간" 레오나르도 다 빈치나 "연연세세(年年世世) 신과 같은 권력을 낳은" 미켈란젤로 그리고 그 작품의 보답으로 교황으로부터 붉은 모자(추기경의 지위)를 받으리라고 소문난 라파엘로의 존재 또한 크게 작용했다.

예술가들은 인문주의적인 교양인이기도 했다. 보티첼리는 교황의 예배당 건립을 주관하고 받은 고액의 사례금을 로마 여행에

탐진한 기이한 습성의 소유자였다. 『신곡』을 탐독해 그림 그리는 일을 잊기도 하고 『신곡』의 삽화를 그리는 한편 주석까지 보탠 지적인 것을 즐기는 인물이었다. 건축가이면서 시인, 철학자, 예술 이론가였던 알베르티는 로마의 건축가 비트루비우스의 『건축서』를 본받아 『건축 십서』를 저술했으며 화가들에 대해 인문주의자들로부터 많은 것을 배우라고 권했다. 르네상스 시대 이탈리아의 많은 화가, 조각가, 건축가 라틴어를 읽고 인문주의자들과 우정을 돈독히 했으니 "모든 자가 시인과 마찬가지로 시의 영감을 받은 자유학예의 사람이 되었다." 그렇듯 예술가의 인문주의적 교양이 그들을 장인과 크게 구별한 모멘트가 되었다. 그들 교양 있는 예술가들은 궁정과 가까이 지냈다.

궁정귀족이며 인문학자인 카스틸리오네는 르네상스 시대의 이상적 궁정인을 묘사한 『정신론』(廷臣論, 1528)에서 귀족의 사람됨을 인문학적 교양과 미술 애호, 심미적 교양을 강조했다. 레오나르도와 프랑스 왕 루이 12세, 프랑수아 1세 및 황제 카를 5세와의 관계, 미켈란젤로 및 라파엘로와 교황 율리우스 2세의 관계, 궁정미술가의 태동에서 보듯이 당시 많은 왕후 귀족은 단순한 콜렉터나 패트런이 아니라 그 이상의 존재로서 르네상스 운동에 크게 이바지했다. 메디치가에 의한 미술 아카데미 '아카데미아 델 디제노'의 설립도 미술가의 사회적 위상을 잘 비춰준다. 보티첼리의 아틀리에는 살롱이었으며 거기에서는 귀족들이 미술가, 음악가, 시인과 함께 한가와 담론을 즐겼다. 보티첼리를 비롯해 미술가들은 자화상을 그렸다.

만능의 인간 레오나르도 다 빈치

피렌체 교외의 작은 마을 빈치에서 태어난 레오나르도는 「수태고지」(1472~75), 「성 히에로니무스」(1480~82), 「세 동방박사의 예배」(1481~82), 「암굴의 성모」(1483~86), 「최후의 만찬」(1495~98), 「모나리자」(1503~16) 등 회화사상 가장 많은 걸작을 남겼다. 이탈리아 르네상스의 회화사는 레오나르도의 역사였다. 그는 화가이면서 조각가, 건축가, 자연과학자였으며 관심과 연구의 대상은 유작인 「레오나르도 다 빈치의 수기」가 밝혀주듯이 군사학·무대·조각·도시계획·해부학·항공역학·천문학·철학 등 지식과 학문의 모든 영역에 이르렀다.

"화가는 만능이 아니면 찬탄을 받을 수 없다"고 말했듯 그는 참으로 만능의 인간이었다. 어려서부터 시작된 장인수업을 마친 뒤 뛰어난 화가로서 공방을 차린 그는 30세 때 밀라노 행을 마음먹고 장교직을 간청하는 추천서를 스스로 써 밀라노 공에게 보냈다. 추천서의 대부분은 자기가 군사지식의 뛰어난 소유자임을 밝힌 글이었다. 평화로운 시대에도 건축·토목·조각·회화로써 이바지할 수 있다고 부언했다. 레오나르도는 군무에 종사한 일이 없다. 그러나 수기가 밝혀주듯이 군사지식에서도 박학하고 갖가지 천재적인 아이디어를 나타냈다. 레오나르도가 생애를 통해 가장 열정을 바친 연구과제는 해부학이었다. 60세에 이르러 20세의 젊은 해부학자의 제자가 될 만큼 그는 인체의 신비에 매혹되었다. 해부학 연구의 성과는 널리 알려지듯이 당연히 그의 회화

레오나르도 다 빈치, 「모나리자」

제작에 큰 도움이 되었다.

만능의 인간은 박식한 인간, 다재다능한 인간을 말하는 것이 아니다. 레오나르도의 좌우명은 충족을 모르는 엄밀함이었다. 천사, 성모, 가공의 괴물상을 만들어내는 레오나르도의 과학적인 지의 정연한 상상력, 발레리가 찬탄한 그 방법은 단테의 『신곡』이나 발자크의 『인간희극』보다 훨씬 귀한 지상의 드라마를 연이어 보여준다. 발레리에 의하면 레오나르도는 그 작품의 특이성이 아니라 사고의 면밀하고 이로(理路) 정연한 보편적 방법에 의해 세계 자체의 제작자, 보편적인 인간이 되었다.

끝으로 에피소드 한 가지. 그칠 줄 모르는 탐구정신은 레오나르도를 대단한 장서가로 만들었다. 수기에 의하면 50세 전후에 그가 소유한 책은 116권, 구텐베르크의 인쇄본이 간행되었다고 하더라도 사본이 아직 기본이었던 당시, 책값이 집값과 맞먹었던 그 시대에 116권은 개인 장서로서는 어마어마한 숫자였다. 그는 무슨 돈으로 책을 사 모을 수 있었을까. "나에게 (고액을) 지불하는 자에게 메운다"라고 하였듯 레오나르도는 재리에도 밝았다. 극히 최신의 소식에 의하면 46세 무렵에 그린 「최후의 만찬」의 그림 값은 31억 원 정도로 추산되며 그 무렵 그의 연수입은 약 7억 8천만 원 정도였다고 한다. 프랑스 왕 프랑수아 1세의 초빙을 받아 궁정화가로 만년을 보냈을 때에는 더욱 후한 대접을 받았을 것이다. 레오나르도 다 빈치를 통해 이탈리아 르네상스는 또 하나의 거대한 '기적'을 이룩했다.

12 프랑스 르네상스와 몽테뉴의 에스프리

나의 영혼은 여러 층으로 나뉘어 있다.
나는 여러 층 건물의 정신을 긴장하게 할 수도 있다.
운명에 따라 어디에 갈지라도 거기에서 편안할 수 있다.
🖋 몽테뉴

예술가가 보이지 않는 르네상스

프랑스 르네상스의 요람은 학예 후원자인 왕후의 궁정이었다. 14세기 말에서 15세기에 걸쳐 장 뒤 벨레, 르네 드 프랑스, 필리프 르 몽드 등 교양 있는 군후(君侯)를 중심으로 프랑스에서는 이탈리아와 마찬가지로 미술 애호가 그룹이 형성되었다. 그들에게 르네상스기의 이탈리아는 예술의 땅, 예술의 어머니로 비쳤다. 새로운 인문주의와 예술, 프랑스 르네상스를 꽃피운 곳은 도시 중심의 이탈리아와는 달리 궁정이었다.

프랑스의 도시는 이탈리아의 코뮌으로서의 도시와는 달리 시민계층의 수중에 있지 않았다. 농촌과 크게 다르지 않았던 도시에서는 서열이 명백히 나뉜 여러 계층이 공존해 의식 때마다(도시에서는 해마다 10번 정도의 이벤트, 축제, 의식이 열렸다) 상석권을 차지한 것은 성속의 귀족과 그 다음으로 귀족의 생활양식을 누리는 법관과 고위직이었다. 부유한 시민도 각종 길드의 장인과 더불어 말석을 차지했으며 상석에 끼는 것은 그들이 법복 귀족으로서 통치기구에 편입되는 17세기였다.

그러나 르네상스와 더불어 인문주의적 학자와 시인이 파리, 리옹, 몽펠리에 같은 대도시에서는 수백 명을 헤아리고 그밖의 다른 도시에서도 수십 명이 한 그룹을 이루어 점차 각광을 받았다. 인문주의자로서 한 집단을 이루었다고 하더라도 그들에게는 일관된 사상이나 이념 또는 일체감이나 정체성이 결여되었으며 학식사회를 리드한 것은 여전히 귀족적 고위 성직자였다. 프랑스 르네상스는 궁정을 중심으로 뿌리를 내렸다.

프랑스 르네상스의 계기를 마련한 인물은 샤를 8세와 프랑수아 1세였다. 두 군주와 그들을 따라 이탈리아로 원정을 온 귀족들은 이탈리아 르네상스의 찬란함과 도시의 번영과 궁정 및 예술가의 수많은 공방에 감탄했다. 1500~20년대 프랑스 귀족은 이탈리아 체험에서 특히 예술적이며 문화적인 이탈리아의 이미지를 가슴 깊이 새겼다.

프랑수아 1세는 레오나르도 다 빈치를 비롯해 많은 예술가를 초빙했다. 프랑스 궁정은 이탈리아의 예술작품에 의해 장식되었다. 곳곳에 생겨난 이탈리아풍 공방으로 인해 이탈리아의 문화양식은 프랑스 귀족사회에 뿌리내렸다. 그러나 미술의 르네상스는

▲ 앙리 3세와 생미셸 수도회의 수도사들

프랑스 르네상스의 기초를 확립한 프랑수아 1세

프랑스에서는 크게 빛을 발휘하지 못했다.

  15, 16세기 이탈리아 미술은 유럽 전체를 휩쓸었다. 르네상스를 계기로 유럽 여러 나라에서는 국민적 예술이 태동했으나 프랑스 미술은 존재하지 않았다. 14~15세기에 걸쳐 프랑스에서는 『호화시도서』로 잘 알려진 베리 공을 비롯해 여러 군후가 미술 애호가로 행세했다. 그러나 '프랑스의' 미술은 존재하지 않았으며 이탈리아의 거장이나 플랑드르의 얀 반 에이크, 베이덴, 독일의 뒤러에 비길 만한 마에스트로는 한 사람도 없었다.

  로마네스크(11, 12세기), 고딕(13세기 전후) 양식의 사원 건축에서, 그에 따른 갖가지 공예에서 그처럼 창조적 조형성을 발휘한 전통을 지닌 프랑스가 15세기 미술에서는 기껏해야 삽화가인 푸케를 배출했을 뿐이다. 16세기의 전반기에도 이렇다 할 변화는 기대할 수 없었다. 미술사에서 프랑스 르네상스는 "휴머니스트에 의한 덧없는 한 사건에 지나지 않는다"는 말로의 말이 떠오른다.

  이탈리아 미술이 프랑스에 뿌리를 내리면서 16세기 중엽 프랑스 미술에도 큰 변화가 일기 시작했다. 그 계기를 마련한 것은 페부르에 의하면 세상이 지식을 지니게 된 데서, 즉 고대 학예를 통해 예술과 아름다움이 무엇인가를 배울 수 있었던 데서 비롯되었다고 한다. 프랑스는 예술의 나라에 앞서 지성의 나라였던가. 프랑스 르네상스란 학예의 르네상스였다.

콜레주 드 프랑스

프랑스 르네상스의 주류는 심미적·예술적이라기보다 문자에 씌어진 지식이 중심이었다. 이러한 사실은 도시와 시민계급의 태동과 연관되어 있다. 시민계급에게 지식이야말로 사회적 상승의 좋은 도구였다. 이때 시민계급의 알고자 하는 열망에 더욱 불을 당긴 것은 르네상스의 흐름 속에서 인문주의적으로 변모한 대학의 새로운 학풍과 구텐베르크의 활판인쇄술 발명이었다. 바야흐로 시민계급 출신인 일군의 지식인·교양인이 탄생했다. 콜레주 드 프랑스(Collège de France)의 창립은 이러한 배경에서 이루어졌다.

콜레주 드 프랑스의 모태였던 왕립교수단을 창립한 인물은 뷔데이다. 프랑스 인문주의를 대표하는 고전학자 뷔데는 실증적·비판적인 방법에 의해 로마법, 그리스어 연구의 방법론을 일신했다. 그의 학문 업적을 빛낸 『그리스어론』(1529)은 오랫동안 그리스어 연구가의 지침서가 되었다. 이 인문주의자는 벗인 에라스뮈스와 마찬가지로 성직자의 부패를 비판하고 고발하면서 고대 문화의 이해와 문예 애호를 그리스도교적 진리의 이해를 돕는 훌륭한 조언자로 여겼다. 그러나 '프랑스의 에라스뮈스'는 제자인 칼뱅의 혁신에는 동의하지 않았다.

프랑스에서 인문주의적인 고대 연구는 활판인쇄의 파도를 타고 파리·리옹을 비롯한 10여 개 도시에 퍼졌으며 특히 교회 대분열 동안에는 교황청이 소재한 아비뇽도 한때 그 중심이었다.

인문학 또는 인문주의는 학식자뿐만 아니라 귀족, 성직자 및 시민계층으로 광범위하게 확산되었다.

프랑스 르네상스의 첫 번째 특징은 인문주의적인 학예 연구, 문헌학, 즉 씌어진 말에 대한 사랑과 지적 탐구의 우위에 대한 깊은 확신이었다. 뷔데는 국왕의 도움을 받아 옛 사본을 수집하기 위해 사람들을 이탈리아 전역과 콘스탄티노플에까지 보냈다. 인문주의자는 고대를 발견하고 이해하고 축적하는 기쁨을 출판물을 통해 법관·주교·수도사 등 독자층과 더불어 나누었다. 인문주의적 교양 또는 지적 열정은 학식자뿐만 아니라 비교적 광범위했다. 그러한 경향은 뷔데의 학식 있는 제1세대에서 몽테뉴 세대까지 면면히 이어졌다.

그런데 주목할 것은 문헌학에 헌신한 초기 인문주의자를 포함해 그들의 지적 탐구는 대학의 학문과 거리를 두었으며, 다음 세대 교양인들에 의해 '섬세한 정신'(esprit de détail)이라고 불린, 반스콜라적인 유연한 비평정신을 특징으로 했다는 사실이다. 이러한 특성은 프랑스 인문주의가 서재의 소산이 아니라 궁정을 모태로 하면서 널리 귀족적인 사교계를 기반으로 형성되었다는 사실과 깊은 연관이 있다.

프랑스 르네상스의 요람은 궁정이었다. 궁정문화는 대학 특히 신학자들에 대한 프랑수아 1세의 혐오에 의해 특징이 지어졌다. 뷔데는 속인 교사로 구성된 콜레주의 교육을 라틴어·그리스어·히브리어 세 가지 고전어 및 수학의 학습과 연구로써 특징을 지어 의식적으로 중세 스콜라풍의 파리 대학 특히 신학부를 의미한 소르본과 맞섰다.

뒤르켐은 프랑스 르네상스의 교육사상이 과거 교육을 대표한 스콜라 철학을 최대 공적인 재화로 간주함으로써 전통적 학풍과 단절을 감행하고 고전주의적 정신이 16세기 이후 18세기 말까지 프랑스적 삶의 본질을 이루었다고 강조했다. 한편 소르본은 파리 대학과 맞선 속인 교사들의 왕립 연구기관, 즉 콜레주 드 프랑스를 없애고자 했으나 허사였다. 콜레주가 창립됨으로써 프랑스의 교육 및 교양과 지식사회에 신기원이 시작되었다. 그 역사적 의미는 비단 교육과 연구의 중심이 대학 신학부에서 고전학 중심의 콜레주로 옮겨졌다는 사실뿐만 아니라 "인간은 그가 배우는 학문보다 중요하다"고 한 콜레주 드 프랑스의 교양 지상주의적 학풍이 이후 프랑스의 교양과 지성의 기본 이념이 된 점에 있다고 할 것이다.

소르본은 물론 보고만 있지 않았다. 이 스콜라학의 아성은 콜레주를 없애고자 고등법원에 제소하고 속인 교사들의 신학 논의를 금지시키려고 발버둥쳤다. 그러나 콜레주의 학풍은 시문학 세계에서 더욱 농밀해졌다.

프랑스 문학사상 르네상스 정신을 표현한 프랑스어 작품이 나타나는 것은 대체로 1530년 이후였다. 대표적 작가는 라블레이다. 그에 이어 플레이아드 시파(詩派)는 16세기 프랑스 르네상스 문학의 한 시기를 장식한다. 플레이아드란 성좌의 명칭이다. 플레이아드 시파는 7개의 별, 즉 7명의 젊은 시인으로 이루어졌다. 수령격인 롱사르는 무인귀족 가문 출신으로 이탈리아 원정에 참가하고 고전문학을 애호한 아버지 슬하에서 자랐다. 어려서 프랑수아 1세의 궁정에서 시동으로 봉사하고 이탈리아 여행도 체험했다. 그러다가 반귀머거리가 되면서 성직자가 되고 문필가로 입신하기로 마음 먹고 시인이며 인문주의자, 훗날 콜레주 드 프랑스의 교수가 되는 도라로부터 고전문학을 배웠다.

롱사르는 고대 시인을 본받아 서정과 웅장함이 아로새겨진 연애시, 서사시, 철학시, 풍자시 등 영역을 가리지 않고 시작에 몰두했다. 특히 페트라르카의 영향을 받아 이탈리아계 소녀에게 바친 『연애시집』(1552)은 프랑스 소네트의 전형이 되었다. 16세기 빅토르 위고로 일컬어진 롱사르는 종교전쟁기에는 왕실과 교회에 충실한 가톨릭 진영의 논객으로 활동하는 한편, 평화를 역설했다. 만년에는 궁정을 떠나 수도원에서 죽음을 맞을 때까지 시를 지었다.

롱사르와 함께 플레이아드 시파를 대표한 뒤 벨레는 귀족집안 출신으로 롱사르와 함께 도라의 지도 아래 라틴·그리스 문학을 배웠다. 플레이아드 시파의 선언서로 알려진 그의 저작 『프랑스어의 옹호와 앙양』(1549)은 시적 감성과 사상의 표현에서 프랑스어의 탁월성을 역설했다. 프랑스어를 위해 중세 전통을 청산하고 고대 고전 및 이탈리아 문학의 텍스트와 형식을 본받아 새로운 시의 체계를 창출할 것을 강조했다. 시집 『올리브』(1549)는 그의 시신(詩神)이며 이상적 여인인 올리브를 읊은 작품이며 『로마의 유적』(1558) 및 『애석시집』(1558)은 추기경의 비서로서 4년간 로마에 머무르면서 옛 로마와 프랑스를 그린 시이다. 그렇듯 플레이아드 시파는 근대적 서정시의 기초를 이룩해 프랑스 고전주의로의 길을 열었다.

"그대가 바라는 대로 행하라"

프랑스 르네상스의 지적 풍경은 라블레의 문학에서 장대하게 펼쳐진다. 일련의 교양소설『가르강튀아와 팡타그뤼엘』의 부자, 두 주인공은 육체적 힘, 숙련된 손, 음악과 회화의 취향 그리고 모든 종류의 이론적·실천적 지식을 지닌 완전하고도 보편적인 거인이다. 그런데 그 백과사전적 만능의 인간에게서 라블레가 특히 중요시한 것은 지식이었다. 그는 자신의 세기를 지적인 세기로서 찬미했다.

신의 은총에 의해 내가 성인이 되면서 문학에 광명과 존엄이 되살아났다. 이제 모든 학과가 재개되고 그것을 모르고는 학식자라고 말할 수 없는 그리스어·히브리어·라틴어 등 모든 언어 연구도 시작되었다. 전 세계는 학식 있는 사람, 박식한 교사, 장서가 많은 도서관에 충만해져 플라톤의 시대에도 키케로의 시대에도 오늘날만큼 쉽게 연구할 수 있는 때는 없었다. 오늘날 바야흐로 사나이들은 저마다 교양을 익히고 마음도 풍요로워졌다. 단절된 지 오래된 학문도 부흥하고 있다. 모든 훌륭한 학예를 배워 비할 바 없이 완벽한 인물이 됨을 보는 것이 최상의 기쁨이다.

지식, 특히 사물에 대한, 실증적 지식에 대한 그칠 줄 모르는 갈망이야말로 라블레의 본질이었다. 고대는 라블레에게 미적 교양 혹은 문체나 문학의 모범이라기보다 인간과 자연에 관한 실증적 지식의 보고로서 여겨졌다. 라블레의 이상은 그가 유토피아로 세운 텔렘 승원의 명언(銘言), "그대가 원한 대로 행하라"고 한 대로 모든 구속으로부터 해방된 인간 본성의 자연적 발전이었다. 젊은 시절 수도사로서 철학·신학을 배우고 그 뒤 여러 대학을 순방해 고전·법학·의학을 수학하고 대학에서 강의도 했던 백과전서적 인물 라블레. 그의 치열한 진실탐구의 정신과 전인적인 삶의 찬가는 르네상스 정신의 발로이다. 그것은 뉘앙스를 달리하면서 몽테뉴에게 그대로 이어졌다.

몽테뉴, 프랑스의 지성과 교양

『수상록』(*Essais*, 1580)의 작가 몽테뉴는 독서가이며 서재인이었다. 그에 앞서 담론과 사교를 즐긴 모럴리스트이며 에스프리의 인간, 그리고 반듯한 사교가 오네톰이었다. 우리는 『수상록』의 도처에서 그의 사람됨을 접할 수 있다. 몽테뉴는 길조를 비춘 성좌 아래 옛 로마의 궁전과 원형극장, 중세 성당 등 문화유적에 둘러싸인 남프랑스 보르도의 시민계급 출신의 귀족가문에서 태어났다. 보르도 시장이던 아버지의 배려로 두 살 때부터 라틴어를 배우면서 유년시절을 보냈다. 『수상록』은 몽테뉴가 읽은 그리스·로마의 고전 중 명문장을 뽑아서 묶은 책이자 주석서이다.

르네상스 최고의 인문주의자 몽테뉴

우리는 그 구구절절에서 옛 작가들과 몽테뉴 사이 지기지우(知己
之友)의 따뜻한 교감을 감지한다.

몽테뉴에게 내린 첫 번째 축복은 고전의 세례를 받으며 인생을
시작했다는 사실이리라. 소년 몽테뉴는 13세 때 보르도의 기옌
학원 인문학부에 진학했다. 이미 라틴어를 마스터하고 있었으므
로 교사들은 그가 바라는 대로 라틴어 문학이나 철학 서적을 마
음대로 읽게 했다. 그 뒤 몽테뉴는 귀족 자제의 관례에 따라 대학
에서 법학을 배우고 20세가 되면서 법관이 되었다. 그는 보르도
고등법원의 심의관(판사)으로 12년 동안 근무했다.

때마침 유럽은 루터의 종교개혁이 몰고 온 파란이 날로 혼미를
거듭해 프랑스에서도 신·구교도 간에 위그노 전쟁이 발발했다
(1562). 모든 사람을 종파싸움으로 몰고 간 난세에 몽테뉴는 신
분과 학덕으로 인해 종파적 입장을 명백히 하고 교회와 왕후들의
싸움에 가담하지 않을 수 없었다. 그러나 그는 공직을 버리고 귀
향길을 택했으니 그때가 1570년, 나이 38세였다. 몽테뉴는 은퇴
의 심경을, 귀거래사를 라틴어로 썼다.

38세의 생일날 나 몽테뉴는 오래 전부터 궁정생활의 노예상태
와 공직의 무거운 짐에 싫증이 났다. 아직 몸과 마음은 건장하지
만 박학한 처녀의 가슴에서 편히 쉬고자 조용하고 안정된 집으로
돌아왔다. 아버지로부터 물려받은 이 조용한 은거처의 완비, 완
성이 힘을 다할 수 있도록 운명이 도와주길 은근히 바라면서, 나
는 이 집을 자유롭고 조용하고 느긋한 생활에 바치리라.

자유롭고 느긋한 몽테뉴의 생활이 시작되었다. 귀거래사에 담긴 몽테뉴의 법률관과 귀족관을 살펴보자. "사람들이 법을 믿는 것은 공정해서가 아니라 법이기 때문이다. 법은 때때로 어리석은 자들에 의해 만들어진다. 아니 그 이상으로 가끔 공평함을 싫어하고 공정치 못한 인간에 의해 만들어진다." 국법에 대한 비판적 태도는 왕후관·귀족관과 맥락을 같이했다. 몽테뉴는 28세 때 고등법원 심의관 자격으로 궁정에 파견되어 정신(廷臣)이 되었다.

신분상 내가 만나는 사람들(궁정귀족)이란 대개 교양 따위에는 거의 무관심하다. (그들의) 최대 행복은 명예이며 무용이 절대적이라고 여기는 사람들이다. 임금과 백성, 귀족과 천민, 관리와 서민, 부자와 빈민을 비교하면 곧바로 대단한 차이가 생겨난다. 그러나 실제로는 그들의 양복바지가 다를 뿐이다.

몽테뉴의 법률관이나 귀족관은 결코 반체제적인 입장을 의미하는 것은 아니다. 그의 휴머니즘에서 우러나오는 극히 자연스러운 견식이었다.

그는 학생시절 교수들을 따라 귀부인의 살롱에도 출입하고 귀족 자제들과 어울려 검술·마술·무용·음악 등 귀족적인 교양도 수련받았다. 몽테뉴는 1571년 왕실의 시종무관으로 임명되었다. 그는 자신도 일원이던 정신(廷臣)을 "군주에게 깊은 경애와 용기를 바치는 봉사자"로 여겼다. 그는 이상적 교양인을 마음에 새겨두고 자신이 일개 문필가가 아니라 버젓한 궁정풍의 사교가, 오네톰임을 자임했다.

그러나 몽테뉴는 궁정사회에서 그가 바랐던 참된 귀족적 교양보다 궁정풍 사교가들의 가식과 거짓을 더 많이 보았다. 그리고 참을 수 없었던 것은 왕후들의 야망과 어리석음이 자신의 시대에 저질러진 종파싸움의 원흉이라는 사실이었다. "신학문제에 관한 왕후들의 투쟁은 신앙이 아니라 노여움에 의해 무장되어 있다."

종교전쟁은 명분이야 어떻든 몽테뉴에게는 왕후들과 교회의 종파적 광란으로 비쳤다. "이 무슨 괴물 같은 전쟁이란 말인가!" 몽테뉴는 한 세대 앞선 에라스뮈스와 마찬가지로 신·구 양파로부터 비난과 공격을 당했다. 그러나 입장은 분명했다.

앙드레 지드는 몽테뉴의 종교관에 대해서 말한다. "그는 자주 종교를 논하나 결코 그리스도교에 대해서는 말이 없다. 복음서를 읽었는지도 의심스럽다." 『수상록』은 『성서』나 교부들에 관해서는 거의 말이 없다. 겨우 유일하게 성 아우구스티누스의 다음과 같은 말을 새겨 기록했다. "실증하는 것이 어렵고 믿는 것이 위험한 사항에 관해서는 확신보다 회의에 기울어지는 편이 바람직하다." 몽테뉴는 또 말한다.

소크라테스는 천상에 헛되이 파묻힌 인간의 영지(英知)를 되찾아 인간으로 하여금 회복케 한 사람이다. 그 영지의 가장 바르고 또 가장 어려운 일터는 인간 사이에 있다. 나는 기적이라는 것에는 손을 대지 않는다. 신학 따위는 전혀 모른다.

그러면 몽테뉴는 크리스천이 아니었을까. 파우스트의 독백이 떠오른다.

> 신이라고 간단히 이름 지을 수 있을까.
> 나는 신을 믿노라고
> 분명히 말할 수 있을까.
> 그렇다고 해서 마음으로는 느끼면서
> 나는 그 따위는 믿지 않는다고
> 감히 단언할 수 있는 것도 아니지 않느냐

몽테뉴는 서재인이다. 『수상록』의 이 저자는 독서인이며 애서가이다. 그는 공직의 나날 속에서 염원했던 자유롭고 조용하고 느긋한 삶을 누리기 위해 서재로 들어갔다. 그리고 이 서재인은 영지에 불어닥친 왕후들의 싸움으로부터 자유롭기 위해 저택, 성관, 영지를 무방비 상태, 다시 말해 중립지대로 꾸몄다. 몽테뉴에게 학식이란 무엇이었을까. 몽테뉴는 말한다. "진실로 학식은 극히 유용하고 위대한 성능이다." "지식욕만큼 자연스러운 욕망은 없다." 그러면서도 그는 지식(욕)을 결코 학식으로 채우고자 하지 않았다.

몽테뉴는 삶과 동떨어진 사유나 학식을 모두 거짓 학문(스콜라학도 그중 하나였다)이라고 비웃었으며 교사연하는 박식을 혐오했다. 삶의 즐거운 놀이로서의 독서, 인간과 자신에 대한 탐색, 이것이 몽테뉴가 책에 바란 알파이며 오메가였다. 놀이로서의 독서, 삶을 즐긴 생애, 그 바닥에는 그의 나태한 성정도 깔려 있었던 것 같다.

몽테뉴는 어린 시절을 회상하며 천성으로서 게으름과 무위를 들고 있다. "나는 자주적이고 멋대로 행동하는 영혼을 지녔다." "나는 소년시절조차 느긋하고 제멋대로 지도를 받아 엄격한 규율이라는 것이 전혀 없었다." 게으름과 무위는 사람에 따라서는 우월의 징표, 자유의 표상이기도 하다(무위가 곧 승선〔昇仙〕에 이르는 길이라고 강조한 중국의 도가사상에 대해 우리는 알고 있다).

"문체, 그것은 인간이다."(Le style, C'est l'homme) 이 진실에 『수상록』의 저자만큼 잘 어울리는 인물도 드물다고 할 것이다. 수상록, 즉 에세란 다양한 주제에 대한 지적인 시도를 의미한다. 『미메시스』의 저자에 따르면 몽테뉴는 『수상록』을 통해 문인(homme de lettre)이라는 새로운 인간상과 새 독자층을 창출했다.

유럽에서 중세의 교부 이래 글을 쓰는 사람이란 신학자·시인·소설가·역사가·철학자 등에서 보듯 대체로 일정한 주제와 일정한 방법, 그리고 특정한 독자를 지닌, 다시 말해 대개 한 장르에 속한 전업 저술가 비슷한 사람이었다. 몽테뉴와 비교하면 르네상스 시대의 휴머니스트도 특정한 분야에 매달린 전문가라고 할 수 있을 것이다. 사실 휴머니스트란 라틴어 문법교사를 가리키지 않았던가. 몽테뉴는 유별(類別)하고 체계화하는 학문이나 지식, 이른바 학식자들을 자신과는 무관한 것으로 여겼다. 몽테뉴는 그들이 생각하지 못한 전체에 눈을 돌렸다. 전체란 인간의 삶이며 자신이 산 삶의 방식이었다.

『수상록』을 펼쳐보자.

　우리에게 제일 바람직한 능력은 갖가지 습관에 순응할 수 있다는 것이다. 오직 하나의 삶의 방식에 덮어놓고 구속되는 것은 '있는' 것이지 '사는' 것이 아니다. 가장 훌륭한 영혼이란 가장 부드러운 변동자재의 영혼이다.

　인생이란 동일하지 않은, 갖가지 불규칙적인 형태를 취하는 운동이다.

　몽테뉴의 말은 일관성이 없는 듯 들린다. 그러한 사실은 그가 신념의 인간이 아니라 묻고 물으며 산 회의적인 인간, 삶을 귀하게 받든 모럴리스트였기 때문이다.

　확신하고 회의하지 않는 것은 바보뿐이다.

　산맥의 이쪽에서는 진리일지라도 반대편의 세계에서는 오류가 된다.

　몽테뉴의 회의는 정치적 세계의 관찰에서 더욱 유별했다. "거의 무엇이든 말할 수 있는 문학적 장치"(헉슬리)이며, "변환 자재의 장르" "자유로이 비상하는 말의 무리" "아름다운 무질서"인 에세가 "끝없이 흔들리고 움직이는" 지적 행위를 귀히 여긴 몽테

몽테뉴의 미셸 성

뉴에 의해 처음으로 시행(試行, essai)되고 뿌리를 내렸음은 참으로 자연스러운 일이었다. 도그마나 이데올로기라는 인간의 자기정당화를 위한 장치 또는 환상을 철저하게 고발한 현대 프랑스의 한 철학자는 독일 근대의 비극으로서 도그마에 중독된 히스테리 환자, 즉 루터의 존재를 든다. 그러면서 그는 프랑스의 근대가 회의론자인 몽테뉴의 등장에서 비롯되었음을 축복하고 있다.

삶의 인간, 일상적인 삶의 나날을 귀히 여긴 몽테뉴의 서재는 산책길과 통했으며, 그 길은 여러 도시 먼 나라를 찾는 여행길과 이어졌다. "(세상이라는) 이 큰 세계야말로 우리가 자기를 올바르게 알기 위해 엿보아야 할 거울입니다." 삶의 예찬자는 또한 여행 마니아였다. 여러 차례 프랑스 국내여행에 더해 늙고 병든 몸을 이끌고 이탈리아, 스위스, 독일 등을 여행해 『여행일기』와 『이탈리아 여행기』(1774)도 남겼다. 몽테뉴에게 여행은 일상성으로부터의 탈출이거나 해방을 의미하는 것은 아니었다. 그는 일상생활의 모든 것을 보고 즐겼다.

몽테뉴에 따르면 이 세상 모든 것은 인간과 관련되지 않은 것이 없다. 하잘것없는 것도 엄청난 사상도 인간 정신이 낳은 것으로 적합하지 않은 것이 없다. 『수상록』의 다양한 주제, 물 흐르듯 가볍고 자유로운 구성과 문체, 그리고 방법론 아닌 방법론은 인간 탐구라는 그의 열린 주제가 낳은 자연스러운 소산이 아니었을까. '크세주'(que sais-je, 나는 무엇을 알고 있는가), 이 물음에서 출발한 몽테뉴의 인간관찰은, 사람은 저마다 나름대로 인간을 표현한다는 휴머니즘적 인간 신뢰에서 출발했다. 몽테뉴는 이웃과 이야기 나누는 것을 무엇보다 즐겼다. 『수상록』에서 드러나는 매력 가운데 하나는 이웃을 사랑한 몽테뉴가 화술과 담론의 장인이었다는 점이다.

> 우리의 정신을 단련하는 가장 유효하고 자연스러운 방법은 담론이라고 나는 믿는다. 나는 담론을 나누는 것이 인생의 다른 어떠한 행위보다 유쾌하다.
> 나는 아주 자유롭고 스스럼없이 논의나 담론에 끼어든다. 어떠한 문제도 나를 놀라게 하지 않고 어떠한 신앙도 나에게 상처를 입히지 않는다
> 나의 영혼은 여러 층으로 나뉘어 있다. 나는 여러 층 건물의 정신을 긴장하게 할 수도 느긋하게 할 수도 있다. 운명에 따라 어디에 갈지라도 거기에서 편안할 수 있다.

몽테뉴는 인간을 일관되게 신뢰했다. 모든 사상을 가까이하거나 혹은 적당한 거리를 두고 관찰했다. 정신의 '여러 층 건물'을 자유자재로 출입한 몽테뉴, 그가 특히 원한 것은 교양인과의 사귐이었다.

몽테뉴의 『수상록』 가운데 가장 매력 있는 부분은 제3권 제3장 「세 가지 교제」이다. 그는 다음과 같이 토로했다.

> 내가 친밀하게 사귀고자 하는 사람은 세상에서 품위 있고 유능한 사람이라고 하는 분들이다. 그들과 나누는 대화에서 화제는

무엇이라도 좋다. 무게나 깊이가 없어도 상관없다. 우아함과 적절함이 언제나 담겨 있으니 말이다. 거기에는 모든 것이 원숙하고 언제나 변치 않는 판단에 의거하며 선의, 솔직함, 쾌활함, 우정이 섞여 있다. 나는 침묵과 미소 속에서도 좋은 친구를 구별할 수 있다.

몽테뉴가 바란 품위 있고 유능한 사람이란 오네톰을 지칭한다. 오늘날에도 프랑스가 이상적 인간으로 떠받드는 그 오네톰에서 필자는 "군자는 그릇이 아니다"(君子不器)라고 한 공자의 말씀을 떠올린다. 넓은 교양을 갖춘 교양인 다음으로 몽테뉴가 원한 것은 숙녀와의 만남이었다.

아름답고 정숙한 부인과 갖는 교제도 나에게는 기쁨이다. 앞에서 말한 교제에서만큼 영혼이 즐거움을 얻지 못하더라도 육체적인 감각이 차지하는 비율이 한층 크므로 약간 조심성이 필요하다. 특히 나처럼 육체가 주제넘게 크게 나서는 자에게는 그러하다.

몽테뉴는 여인 숭배자, 연애 찬미자이다. 그는 많은 르네상스인과 마찬가지로 에피큐리언이었다. 그는 『성서』에서 유일하게 「전도서」를 애독했는데, 특히 "그러므로 사람은 그 활동에 따라서 일락을 즐기는 일만큼 좋은 것은 없다"는 구절에 끌리었다.

그러므로 나로서는 신이 나에게 허용한 그대로 인생을 사랑하

몽테뉴의 서재 천장에 적혀 있는 라틴어 문구

고 즐긴다. 정신과 육체가 하나로 얽힌 그대로의 쾌락에 내 마음은 약하게 설렌다.

모루아는 인생을 다양하게 관찰하고 맛보는 프랑스인의 심성을 "육감적 쾌락의 기쁨을 아는 것"이라고 표현했다. 이 점에서도 몽테뉴는 제일 앞서서 모범을 보인 삶의 달인이었다.
책과 교감하는 즐거움도 빠질 수 없다. 몽테뉴가 반듯한 우정과 아름다운 연애에 이어 세 번째로 꼽은 기쁨은 책과의 만남이다.

세 번째 책과의 교제는 앞의 두 교제보다 훨씬 확실하고(남에게 기대지 않아) 훨씬 우리 자신의 것이다. 책은 언제나 내가 가는 곳으로 따르며 항상 내 곁에 있다. 노경(老境)에서나 고독 속에서도 위안이 된다. 책이야말로 인생행로에서 발견할 수 있었던 가장 좋은 양식이다.

몽테뉴는 독서의 즐거움을 만끽한 인물이다. 그러나 그에게 가장 귀한 것은 삶 자체였으며, 특히 가장 큰 관심사는 자기 자신이었다.

나는 감히 자신에 관해 이야기할 뿐만 아니라 굳이 자신에 대해서만 이야기한다. 다른 것에 관해 글을 쓰려면 탈선한다. 무제한 자신을 사랑하는 것도 아니고 자신에게 집착하지 않으면서 나 자신을 이웃이나 나무처럼 따로 떼어 식별할 수도 생각할 수도 있다.

사람들은 언제나 정면을 본다. 나는 나의 내면으로 눈을 돌려 눈여겨 본다. 나는 나에게만 관심이 있다. 끊임없이 나를 생각하고 검증하고 음미한다. 나는 나 자신 속에서 구르고 돈다.

"전적으로 나는 나 자신을 여기에 그렸습니다. 나 자신이 이 책의 내용입니다." 자기 자신을 주제로 삼은 '난폭하고 무법한 시행'이었던 『수상록』은 루소의 『고백록』(1782~89)보다 200년이나 앞섰다. 자아를 통해 인간을 관찰하고 기록함으로써 일찍이 없던 '오직 하나의 책'이 되었다. 그런데 몽테뉴의 자아는 그와 동시대의 라블레가 그린 르네상스풍의 전능한 거인과는 전혀 다르다. 자신의 삶을 "세상의 일반적인 질서가 인도하는 대로 즐겨 따르는", 파스칼의 이른바 섬세한 마음씨의 소산이었다.

몽테뉴의 인간 관찰, 인간 탐구의 에스프리는 파스칼, 라 로슈푸코, 라 브뤼예르 등에게 깊은 영향을 끼치고 지드에 이르는 모럴리스트는 문학의 전통을 프랑스에 뿌리내리는 데 공헌했다. 예술성이 이탈리아 문학의 특징이고, 스페인 문학이 기사도를, 영국 문학이 개인주의를, 그리고 독일 문학이 관념적임을 특징으로 하는 데 대해 프랑스 문학은 인간 관찰, 인간 탐구를 특징으로 삼는다.

데카르트는 『방법서설』(1637)에서 책의 학문 대신 세상이라는 거대한 책에서 배우기를 강조하고 『백과전서』의 편자 디드로 또한 "인간이 모든 것의 출발점이며 귀착점이다"라고 말했다. 기조는 저서 『프랑스 문명사』(1829~30)에서 프랑스 문화 또는 지성의 특색으로 명석함과 사교성, 공감(보편성)을 강조했다. 이때 그들은 필시 몽테뉴를 떠올렸을 것이다.

프랑스 문학과 사상의 본질, 아니 프랑스적인 교양, 프랑스 문화 전반의 특징으로 이해되는 프랑스적인 감성과 지성, 즉 에스프리는 몽테뉴로부터 시작되었다. 프랑스의 지성, 프랑스의 교양인이란 바꾸어 말해 반듯한 프랑스 사람이란 그가 누구든 모두 몽테뉴의 제자이며 그의 학교 출신이다. 끝으로 니체의 한 구절을 빌려 몽테뉴에 대한 송사를 바친다.

사실 몽테뉴 같은 분이 글을 써준 덕택에 이 세상에 사는 즐거움이 많아졌다. 적어도 나는 비할 데 없이 자유롭고 힘찬 그 정신을 알고부터는 살맛이 하나 더 생겼으며, 만약 세상을 편안하게 산다는 과제가 주어진다면 나는 그와 맺어져 해결에 나설 것이다.

OBSCVRI VIRI

Epistole Obscurorũ virorũ ad Magistrũ Ortuinũ
Gratiũ Dauentriensem Colonie latinas litteras pro
fitentẽ nõ illę q̃dẽ veteres et prius visæ: sed et nouę et illis prioribꝰ
Elegantia argutijs lepore ac venustate longe superiores.
Ad Lectorem.
Risum Heraclitę est: vasti ridere parati
Arida mutarũt pectora Stoicidæ
Da mihi tristem animũ: ferales obq̃ce luctus
Disperream nisi mox omnia Risus erunt.
Exerce pulmonem.

13 북방 인문주의와 에라스뮈스

나는 누구에게도 속하지 않는다!
나는 누구에게도 속하지 않습니다.
🍃 에라스뮈스

대학과 대학인의 독일 인문주의

15세기 말 이래 연이은 국내 전란으로 이탈리아 인문주의자들은 점차 기반과 기능을 상실했다. 이러한 사실은 아이러니컬하게도 이탈리아의 인문주의를 유럽 여러 나라에 전파하는 결과를 초래했다. 15세기 중엽 이후 보수화되고 궁정화된 이탈리아 인문주의는 프랑스에서 보았듯이 우선 여러 나라의 궁정에서 받아들여졌다.

독일에서 이탈리아 인문주의를 처음 받아들인 것은 카를 4세의 빈 궁정이었다. 젊어서 파리에 유학하고 높은 교양을 갖춘 그는 프라하에 독일 제국 최초의 대학을 설립하는 한편 그의 궁정은 독일 인문주의의 초기 중심무대가 되었다. 그러나 많은 영방(領邦)의 분립으로 인한 황제 권력의 쇠약 및 성숙한 귀족문화의 부재로 말미암아 독일 인문주의는 프랑스 인문주의가 누린 궁정적·귀족적인 기풍을 처음부터 기대할 수는 없었다. 그러한 사정은 황제의 수도인 빈에서도 마찬가지였으니 인문주의를 꽃피울 만한 귀족사회 또는 상층 시민계층의 문화적인 성숙은 17, 18세기에도 기대할 수 없었다. 독일의 인문주의는 이탈리아로부터 전래된 '문헌'을 수용한 대학과 대학인에 의해 태동되었다.

비단 인문주의뿐만 아니라 페트라르카, 보카치오의 저작을 통해 들어온 이탈리아 르네상스의 흐름은 독일-이탈리아-프랑스-체코적인 성격이 뒤섞인 빈에서는 밖에서 들어온 교양문화였을 뿐이었다.

처음에는 그 이식에만 급급해 번역문학이 일어났다. 이렇듯 초기 독일 인문주의를 특징지은 것은 인간의 재생이라는 르네상스 본래 정신과는 거리가 먼, 수사학과 문헌학의 단순한 이식에 지나지 않았다. 황제의 궁정이 그러했거늘 그밖의 군소 제후의 궁정이나 시민계층에 대해서는 논의할 필요도 없을 것이다.

르네상스 인문주의는 자유롭고 풍요한 시민사회의 존재와 깊이 관련되면서 발전했다. 도시의 발전이 뒤지고 독자적인 시민문화가 결여된 독일에서 인문주의는 삶의 새로운 양식을 창출하고 정치·사회적으로 발전하는 대신, 현실세계와의 폭넓은 상관관계를 상실한 소수 학식자의 영역에 머무를 수밖에 없었다. 참된 르네상스, 새로운 삶의 창출을 기대하기에 독일은 아직 지나치게

▲ 16세기 인문주의자들이 가톨릭 교회를 풍자한 서간집

중세적이었다.

중세 말 이래 서유럽에서는 가톨릭 교회의 권위가 크게 흔들리고 성직자의 도덕적 타락 및 교회체제에 대한 비판은 날로 높아갔다. 독일의 경우 14, 15세기 시민계급이 태동하고 조잡하나마 시민문학이 싹텄다고는 하나, 16세기에 이르러서도 고딕 성당의 짙은 그림자에 가리어 도그마적·금욕적인 집단 심성이 도시나 농촌을 뒤덮고 있었다. 마이스터 에카르트 등의 신비사상이 교회의 가르침과 함께 여전히 신탁과 같은 비밀스러운 설득력을 지니고, 놀랍게도 성당과 성직자의 수는 늘어만 갔다.

16세기 초 쾰른 시의 경우 인구 4만 명 중 성직자 혹은 반(半)성직자의 수는 5천 명을 헤아렸으며 전 토지 3분의 1이 교회 재산이었다. 그밖의 여러 곳에서도 주민 10분의 1이 성직자였다. 신도로 메워진 작은 마을 성당의 화려함은 독일을 찾는 외국 여행자에게 놀라움을 주는 대상이었다.

가톨릭 교회에 대한 비판이 전혀 없었던 것은 아니었다. 『바보들의 배』(1494)의 작가로 시인이자 법학교수였던 브란트, 신발장인 출신이며 건강한 시민정신을 지닌 민중작가 작스의 작품을 비롯해 많은 저작은 성직자들의 악덕에 대한 풍자와 비난으로 차 있었다. 그러나 독일에서는 성직자의 개인적 타락만을 문제로 삼았을 뿐 교황권이나 교회의 유일 타당성을 문제시하는 일은 없었다. 이러한 경향은 독일의 구태의연한 스콜라풍의 지적 풍토와 깊이 관련되었다고 할 것이다.

알프스 이북에서는 세속적 학문인 법률학이 학식과 교양의 주

보스, 「바보들의 배」

류를 이룬 이탈리아와는 달리 스콜라학이 전통적으로 중심을 이루었다. 16세기 말 또는 17세기 초에 이르러서도 독일의 학식층은 대체로 신학적 테두리에 머물러 있었다. 성직자들은 중세처럼 각급 학교와 대학을 지배했을 뿐만 아니라, 그들이 유일한 학식계층이었다. 특히 신학부 교수들은 정치 엘리트로서 17세기에 이르기까지 제국 의회와 영방 의회에서 거의 상석을 차지하고 지도적 역할을 했다. 이러한 사실은 서유럽에서는 볼 수 없는 역사에 뒤진 독일의 특수한 현상이었다. 독일 성직자들의 사회적 지위는 이탈리아의 법조인의 높은 지위와 비슷했다.

독일에 전해진 이탈리아 르네상스의 바람은 왕후의 궁정, 남부 큰 도시의 상층시민 그리고 특히 대학에 스며들었다. 그러나 왕후나 귀족은 새로운 흐름에 대해 별로 관심이 없었다. 그들의 의식은 선진문화를 받아들일 만큼 사회적·문화적으로 성숙하지 못했다. 아우크스부르크·뉘른베르크·스트라스부르와 같은 유서 깊은 도시에서도 외래문화의 흐름은 시민계층에 깊이 스며들지 못했다. 르네상스 인문주의는 학식자, 즉 대학교수와 성직자 및 시 참사의원에 의해 독일풍으로 가꾸어 받아들여졌다.

독일 르네상스와 관련해 우리는 선구자 격인 12, 13세기의 미네젱거(Minnesänger)를 지나칠 수 없다. 미네장(Minnesang, 연애시)이란 12, 13세기 독일의 궁정 기사문화와 함께 부상한 연애시를 말하며 그것을 읊은 미네젱거에는 귀족, 기사 출신이 많았다. 그들은 프랑스의 음유시인을 본받아 고귀한 부인 호에 미네(hohe minne)에 대한 사랑을 노래했다. 그들은 이탈리아를 찾았으며, 그 이탈리아행은 독일의 학생과 교사의 파리, 볼로냐 유학과는 다른, 말하자면 삶의 체험이었다. 그러므로 그들은 스콜라학에 저항한 인문주의적인 교양인이기도 했다.

그러나 스스로를 사회체제로부터 소외시킨, 사회적 터전을 갖지 못한 그들 방랑자(Vaganten)의 자유롭고 순수한 보헤미안의 정신은 독일의 사회문화적 풍토에서는 하나의 흐름으로 발전할 가능성을 처음부터 기대할 수 없었다. 편력시인인 그들 미네젱거가 독일에서 최초의 인문주의적 삶의 체험자였다는 사실은 독일 인문주의의 취약성과 비사회성을 단적으로 말해준다고 할 것이다.

르네상스 시대 독일에는 미술에 뒤러와 홀바인이 있었을 뿐 페트라르카나 보카치오, 라블레나 몽테뉴에 비길 만한 작가나 문인, 인문주의자는 한 사람도 없었다. 문헌을 통해 전해진 르네상스의 인문주의는 대학에서 기댈 곳을 구했다. 독일 인문주의 운동의 담당 집단은 대학과 대학인이었다. 그들 중에서 특히 빈 대학의 시학과 수사학 교수였던 첼티스는 라틴어 시인이며 인문주의자로서 이탈리아의 아카데미나 문학 모임을 본받아 독일 최초의 문학 서클을 꾸렸다. 멤버는 인문주의적인 대학교수 및 성직자였다.

첼티스는 황제의 뒷받침을 받아 도시에 기반을 둔 인문주의적 동호회를 많이 조직했다. 그중 유명한 것은 하이델베르크의 라인 문학 동호회와 빈의 도나우 문학 동호회였다. 그것들은 이탈리아풍인 일종의 아카데미였다. 당시 인문주의자 대다수는 그 동호회

멤버였다. 이외에도 대학의 스콜라학풍에 대항해 인문주의를 위한 교양인의 모임으로 설립된 것으로는 빈 콜레기움이 있었다. 그런데 이들 문학 동호회와 콜로기움은 첼티스가 서거한 뒤 소멸되고 말았다. 그만큼 독일 인문주의는 사회적·문화적인 기반이 취약했다.

독일 인문주의는 15세기 중엽 대학 내에 뿌리를 내리면서 비로소 하나의 조류로서 발전했다. 독일 대학이 프랑스나 영국의 대학에 비해 스콜라학의 전통이 미약했다는 사실이 그 배경이 된다.

대학 인문주의의 최대 과제는 문헌학적인 고전연구였다. 15세기 중엽 빈, 에르푸르트, 하이델베르크의 각 대학에서 비롯된 고전연구는 서서히 여러 대학에 파급되고 1520년경에 이르러 인문주의적 학풍은 대학의 일반적 경향이 되었다.

새로이 세워진 그라이프스발트(1456), 프라이부르크(1457), 바젤(1457), 잉골슈타트(1472), 트리에르(1473), 마인츠(1477), 튀빙겐(1477), 뷔텐베르크(1502), 프랑크푸르트 a/O(1506)의 대학도 영향을 받았다.

학생들은 새로운 사조를 앞다투어 받아들였으며 스콜라학 강의실은 텅 비었다. 이상과 같은 대학 인문주의의 정착에는 아우크스부르크의 푸거가 상징하듯이 경제적 발전과 국민 의식의 각성, 활판인쇄술의 발명 등 사회적·경제적·문화적인 발전이 크게 이바지했다.

주목할 것은 대학 인문주의의 유력한 담당자가 놀랍게도 성직자 집단이었다는 사실이다. 이탈리아나 프랑스와 달리 독일에서 성직자는 학식사회의 주역으로 행세하고 있었던 것이다. 그들 성직자에 의해 독일 인문주의는 스콜라적 전통 또는 학풍과의 화해를 통해 그리스도교적 휴머니즘이 형성되었다.

독일 인문주의자들은 스콜라적 반대파와 맞서 상반된 이념적 원리를 둘러싼 진지한 논쟁을 별로 겪지 않고 기반을 정립했다. 어쩌다 일어난 스콜라 학자와 인문주의자 간의 논쟁은 이념적 투쟁이라기보다 개인적인 감정 싸움이었다. 스콜라 학자이건 인문주의자이건 어느 편에도 공동전선은 존재하지 않았다. 독일 그리스학의 기초를 닦은 고전학자 로이힐린이 그리스도교의 정통파와 격한 논쟁을 벌였다지만 그의 본질은 인문주의자라기보다 인문학자였다. 대학 내의 스콜라 학자들에게 이탈리아 르네상스에 대한 인문학자들의 동경과 관심은 딜레탕트적인 것으로 비쳤을 뿐 위험한 것으로는 생각되지 않았다. 뿐만 아니라 고위 성직자들도 새로운 교양의 마력에 끌리었다.

이러한 현상은 독일 대학 내 스콜라적 전통의 취약성과 독일 인문주의의 스콜라적·아카데미즘적인 특성과 깊이 관련되었다고 할 것이다. 사실 독일 인문주의는 정신적·사회적인 뿌리가 깊으면 깊을수록 역설적으로 더 스콜라적·그리스도교적인 성격을 드러냈다. 신플라톤주의적인 철학자이면서 교회 정치가인 니콜라우스 쿠자누스 이래 독일의 저명한 인문주의자들은 대체로 고위 성직자였다. 하위징아는 르네상스 운동이 지닌 이중적 성격, 즉 르네상스 문제[19)]에 관해 지적했는데, 그리스도교에 대한 인문주의의 친화력은 독일에서 각별히 짙게 드러났다.

에라스뮈스, 휴머니스트의 왕자

르네상스 시대 독일 미술의 거장 홀바인 작품에 「로테르담의 에라스뮈스」라는 초상화가 있다. 영롱한 눈빛, 우뚝 선 콧날, 약간 빈정대는 듯한 미소를 띤 입술, 이성과 감성의 균형을 말해주는 넓은 이마. 털가죽 장식의 가운을 걸치고 검은 두건을 쓴 채 노트를 하고 있는 에라스뮈스의 표정에서는 결연한 의지가 배어나온다. 거기에서 우리는 르네상스라는 세기의 찬란한 밝은 빛보다 격랑의 시대를 홀로 견디며 살아야 했던 북방적 · 고딕적인 인물의 음영을 엿본다.

종교개혁이라는 격랑을 헤쳐온 에라스뮈스, 그 고고한 풍모는 그가 정념의 인간이라기보다 사색의 인간이었음을 말해준다. 거인의 내면을 꿰뚫은 홀바인의 명철한 리얼리즘은 츠바이크의 표현대로 생활에 산 것이 아니라 사상에 산 에라스뮈스를, 저 동란의 폭풍 속에서도 "에라스뮈스는 언제나 홀로 있다"고 말할 수 있던 지적 품위를 빈틈없이 표현하고 있다.

에라스뮈스는 어려서 수도원학교에서 배움의 길을 내딛고 19세에 수도사가 되고 23세에 재속 사제로 서임되었다. 24세에는 박

---

19) 하위징아는 르네상스의 짙은 중세적 잔영과 불투명한 근대성을 지적하면서 르네상스 운동이 지닌 다양성에 주의를 환기시키며 그 복수적 취급의 중요성을 강조한다. 부르크하르트와 입장을 달리하는 르네상스의 이중성, 중세와의 연속성에 관한 지적은 20세기에 들어오면서 많은 르네상스 연구가에 의해 지적되고 있다.

식한 라틴어를 평가받아 한 주교의 비서가 되고 그의 도움으로 신학 연구를 위해 파리 대학 신학부(소르본)에 입학했다. 그때 나이 26세.

그의 관심은 신학과 더불어 특히 문예(belles lettres), 즉 고대 문학(수사학)이었다. 에라스뮈스는 교부들의 작품을 편집한 뒤 『신약성서』를 그리스어로 처음 출판하고 또 라틴어로 새로 옮기면서 비판적인 주석도 달았다. 한편으로는 그리스어·라틴어의 고사 명구에 자유로운 해석과 문명비평을 가한 『격언집』(1508)을 저술했는데 이는 고전학자나 인문학자들의 필독서가 되었다. 당대 최고의 신학자, 고전학자가 되기 위한 사다리를 착착 오른 것이다.

에라스뮈스의 시대는 학예의 세기로 불리며 그를 이끈 것은 인문주의자였다. 그들은 자기 자신을 수사(修士, magistri)로 자각한 스콜라 학자들과는 달리 자유로웠다.

에라스뮈스는 1499년 영국에 건너가 모어를 비롯해 인문주의자인 콜레트 등 학식자들과 교류했으며 헨리 왕자(나중의 헨리 8세)와도 인사를 나누었다. 영국에서 르네상스를 체험한 에라스뮈스는 점차 교양인으로 변했다. "그대가 아는 나는 이제 궁정 매너에도 익숙하고 전보다 정중하게 인사를 나누며 붙임성 있게 인사를 한답니다." 런던에서 보낸 편지 가운데 한 구절이다.

에라스뮈스는 그 뒤 한때 네덜란드의 루뱅 대학에서 수사학과 시학을 강의하고, 1506년 나이 37세 때 처음으로 여행한 이탈리아(토리노·볼로냐·로마·베네치아)에서 휴머니스트로서 자기

홀바인, 「에라스뮈스」

자신의 본질을 발견했다.

> (이탈리아 여행은) 전적으로 나 자신의 의지로 행한 유일한 여행이었다. 나는 생애에 한 번이라도 그 성스러운 곳을 보고자 했으며 도서관을 방문하고 학자들과 만남을 즐기기 위해 이탈리아에 갔다.

1509년에는 로마에 갔으며 교황청으로부터 관직을 제의 받았으나 사양하고 같은 해 다시 영국에 건너가 케임브리지 대학에서 그리스어와 철학을 가르쳤다. 1515년 이후에는 스위스 바젤에서 독일 출신의 인쇄출판업자 프로벤의 빈객으로 만년을 보냈다.

에라스뮈스의 학식은 문학(수사학), 신학, 철학 등 모든 영역에서 뛰어났다. 그리스·로마의 고전, 그리스극의 라틴어 번역, 『신약성서』의 문헌학, 『성서』 해석학, 교부문학 연구에서의 교정과 주석의 빛나는 업적으로 그는 근대 문헌학과 고전연구의 정초자로 우뚝 섰다. 그리하여 로테르담의 에라스뮈스의 명성은 국경과 언어를 초월해 범유럽적으로 학문을 사랑하는 사람들의 가슴에 새겨졌다.

이 사생아(에라스뮈스는 파계한 성직자와 의사의 딸 사이에서 태어난 사생아였다)를 여러 나라의 궁정과 대학은 앞다투어 반겼다.

> 학문은 일어나고

정신은 눈을 뜬다
산다는 것은 얼마나 즐거우냐

에라스뮈스와 동시대의 독일 인문주의자 울리히 폰 후텐의 송가대로 학예의 빛나는 세기 속에서 에라스뮈스의 명성은 나이 40세를 지나면서 절정에 달했다. 휴머니스트의 왕자, 보편의 교사, 에라스뮈스의 세기 등 유럽은 최고의 찬사를 그에게 바쳤다. 영국의 캔터베리 대주교는 에라스뮈스에게 연금을 제공할 것을 약속하고, 국왕 헨리 8세는 만약 그가 영국에 거주한다면 궁궐과 같은 저택과 1년에 1천 파운드의 연금을 지급하겠다고 제의했으며 교황 또한 로마에 초빙했다. 파리를 비롯해 폴란드에 이르는 여러 도시의 대학에서는 종신 교수직을 약속했다.

이렇듯 전 유럽이 그의 학식 앞에 무릎을 꿇었다. 어제까지 권문의 장식이었던 학문과 지식은 에라스뮈스와 더불어 독립 왕국을 이룩했다.

에라스뮈스는 왕후귀족의 모든 제의를 거절했다.

문필가란 얼마쯤 떨어져서 쳐다보지 않으면 빛을 발하지 않는 플랑드르의 벽걸이와 같습니다.

어디 누구에게도 속하지 않은 채 『성서』와 고대 고전을 가까이하면서 자유로이 사색하고 저술하리라는 에라스뮈스의 바람과 의지는 생애를 통해 거의 본능에 가까웠다. 이 점에서 친구인 모어와는 대조적이었다.

에라스뮈스와 『유토피아』(1516)의 저자 모어는 1499년 영국에서 첫 대면을 한 이래 평생 맹우가 되었다. 두 사람은 16세기를 리드한 사상가로서 휴머니즘적 입장에서 새로운 사회를 설계하고 꿈꾸었다. 에라스뮈스와 모어는 사회문제의 원인을 인간의 광기와 어리석음에서 찾았다. 모어는 대법관이라는 최고위직에 오른 정치가이기도 했다. 그는 대법관이 되면서 에라스뮈스에게 글을 보냈다. "인간 세상사를 잘 알고 있는 당신은 아마 나의 운명에 연민의 정을 느낄 것입니다." 훗날 런던 탑에 갇혀 단두대에 오른 자신의 비극을 예감이라도 했던 것일까.

전 생애를 통해 에라스뮈스는 교황·국왕·교회·도시 및 대학과 의무가 뒤따르는 관계를 맺지 않았다. 모든 권력·조직과 거리를 둠으로써 지적 자유를 조용히, 그러나 깊은 집념으로 지켰다. 권력과 지위, 그에 따라다니는 의무와 책임으로부터 초연해 누구의 간섭도 받지 않는 한편 아무도 지배하지 않는 위치, 그는 만하임이 지칭한 '자유로이 부유하는 지식인'의 정형, 아니 유연자재한 교양인이었다. "나는 누구에게도 속하지 않는다! 나는 누구에게도 속하지 않습니다!"(Nulli concedo)

나는 누구에게도 속하지 않는다

그렇다고 해도 에라스뮈스는 세상에 등을 돌린 은둔자, 서재인은 결코 아니었다. 평생 건강상태를 염려하면서도 탐욕스러울 만큼 프랑스·잉글랜드·네덜란드·스페인·이탈리아·독일·스위스·덴마크·폴란드·헝가리 등 유럽 각지를 돌아다녔다. 그리고 가는 곳마다 학식자들과 함께 교황과 황제(에라스뮈스는 카를 5세의 고문관이었다), 국왕과 대신, 귀족과 귀부인의 지우(知遇)를 받고 편지를 주고받거나 개인적 친교를 나누었다. 페브르에 의하면 유럽 역사에서 에라스뮈스만큼 많은 인사와 면식이 있던 인물은 볼테르뿐이었다. 그는 사람들과의 사귐을 귀하게 여긴 사교가였다.

"소크라테스가 철학을 천상에서 지상으로 끌어내린 것처럼 나는 철학을 놀이와 잡담과 연설로 가져왔다." 부드러운 성품으로 포도주를 마시며 이야기(그의 이야기에는 지성과 학식, 위트와 풍자가 가득해 사람들을 즐겁게 만들었다)를 나누기 좋아한 에라스뮈스는 에스프리의 놀이(jeu d'ésprit)로 가는 곳마다 환영을 받았다.

그런데 에라스뮈스를 반기지 않았던 단 한 사람이 있었다. 토머스 모어의 부인은 라틴어를 알지 못했고 에라스뮈스는 영어를 알지 못했다. 그녀는 한 번 오면 한 달 내내 남편과 알 수 없는 말로 끊임없이 농담을 주고받는 에라스뮈스를 달가워하지 않았다.

에라스뮈스의 지성과 풍자는 사교장에만 머물지 않았다. 1511년 풍자문학의 걸작인 『우신예찬』(愚神禮讚)을 세상에 내놓았다.

역사에서는 만인에게 신앙고백을 하게 하는 시대가 종종 있다. 그때 16세기 유럽 전체를 뒤흔든 종교개혁의 폭풍은 날로 거세지고 그리스도 교도로 태어난 자는 너 나 할 것 없이 가톨릭이냐 프로테스탄트냐, 교황파냐 황제파냐 하는 신앙고백의 절대성 앞에 서게 되었다. 교회개혁을 선언한 루터는 외친다. "나와 함께 있지 않는 자는 나의 적이다." 만인을 가톨릭과 프로테스탄트 둘로 나누었던 시대, 전 유럽의 이목은 바야흐로 당대 최고의 학식자 에라스뮈스의 일거일동에 집중되었다.

에라스뮈스는 신앙의 내면화를 역설하면서 가톨릭 교회와 교권의 타락을 앞장서서 비판하고 비웃었다. "그들은 성인의 헌 신짝에 입을 맞출 줄은 알면서 성인의 글을 읽어본 적은 없다." 에라스뮈스의 사상과 저술은 성직자와 귀족, 학식자의 가슴에 교회개혁의 불꽃을 피워놓았으며 많은 독자는 종교개혁가가 되었다. 루터파는 그러한 에라스뮈스에게 도움을 청했다. 한편 로마 교황청과 가톨릭 교회 또한 거룩한 신학의 옹호자에게 많은 것을 기대하고, 그를 추기경으로 서임할 것을 고려했다. 유럽 전체가 그를 주목했다.

에라스뮈스는 어떠한 태도를 취했던가. 한 주교에게 보낸 편지에서 심경을 토로했다.

> 나는 진리를 위해 목숨을 버리는 것을 원하지 않습니다. 나에게는 순교자가 될 힘이 없습니다. 만약 위태로우면 나는 베드로에게 배우렵니다. 나는 비극배우보다는 관객이 되고 싶습니다.

어느 편에도 가담하지 않는 '순수관객'(spectateur pur)으로 남고자 마음먹은 것이다. 열렬한 프로테스탄트인 화가 뒤러는 루터가 사망했다는 (잘못된) 소식을 들었을 때 종교개혁의 새로운 지도자로 에라스뮈스를 마음에 그리면서 다음과 같이 기록했다.

> 오, 로테르담의 에라스뮈스여! 당신은 어디 있습니까. 그대 그리스도의 기사여. 우리 주 그리스도와 함께 선두에서 말을 달리십시오. 진리를 수호하고 순교자의 왕관을 받으시라!

그러나 에라스뮈스에게 모든 것은 그리스도교 세계를 둘로 갈라놓은 종파의 싸움으로 비치고 그가 가장 혐오하고 두려워한 '어리석음'의 절정으로 여겨졌다.

프랑스의 한 역사가는 15, 16세기 휴머니스트들의 교회에 대한 바람을, 아니 자신들의 본심을 표현했다.

> 그들은 교황들이 정치적이 아니기를, 고위 성직자들이 무관심하지 않기를, 수도사들이 더욱 규칙에 바르고 덜 탐욕스럽고 덜 궤변적이기를, 교구 성직자들이 더욱 교양이 있고 더욱 헌신적이기를, 종교가 덜 성직자 만능주의이기를, 덜 틀에 박히기를 그리고 더욱더 그리스도의 가르침에 가까운 것이기를 바라마지 않았다.

신앙은 본질적으로 내면적이면서도 실천적이다. 그러나 휴머니즘이 잉태한 지성과 교양은 신앙과는 다르다. 에라스뮈스에서 몽테뉴, 괴테와 부르크하르트에 이르는 유럽의 휴머니즘 계보는

크라나흐, 「마르틴 루터」

대체로 비정치적이며 심미적·교양주의적인 성격이 농밀하다. 그만큼 종파적이며 당파적인 것을 경계했다.

에라스뮈스는 토마스 만이 루터와 대비해 지적했듯이 정말 종교적 내면성을 갖지 않았던 휴머니스트인가. 이러한 사실은 젊은 시절 그의 수도원 체험과 관련이 있는 것일까. 수도원에서 했던 기숙사 체험으로 인해 그는 생애를 통해 그것이 신앙공동체일지라도 공동생활의 강제성에 혐오를 갖게 되었다. 중세에서 일상적 삶인 수도원 생활이 끝내 삶의 한 방식에 지나지 않음을 몸소 보여주었다.

에라스뮈스의 휴머니즘, 그 지성과 교양은 역사적 현실을 외면했을까. 에라스뮈스는 담론을 즐기는 방관자의 연금술로 영영 중립지대에 머물 것인가. 지성이란 무엇이며 교양이란 무엇인가. 휴머니즘적 상상력은 시대의 절박한 에토스, 사회적 정념과 꿈과 미래를 함께 잉태할 수 없는 것일까.

루터와 에라스뮈스 혹은 신앙과 교양

14세기부터 16세기까지 인문주의의 영향을 받아 로마 가톨릭 교회 안에서 명상과 내면생활의 중요성을 강조하는 새 믿음운동(Devote moderma)이 일어났다. 네덜란드에서 발동해 북부 프랑스, 스페인, 독일 지방으로 퍼지면서 범유럽적인 그리스도 중심의 종교를 강조했다. 이러한 맥락에서 에라스뮈스와 루터는 자유의 관념을 놓고 맞섰다.

1524년 에라스뮈스는 『자유의지론』을 통해 루터와 의견이 다름을 분명히 했다. 그는 사람은 원죄가 있으나 하느님의 은총으로써 모든 것을 잃지 않았다. 우리 인간은 그리스도의 도움과 자비를 믿어야 하며, 그리스도를 더 알기 위해 자유로이 일하면서 그리스도를 좇도록 노력해야 한다.

루터는 다음해인 1525년 『노예의지론』으로 에라스뮈스를 반박했다. "인간의 의지는 그 자체에서 자유롭지 않다. 신에게 지배되든 악마에게 지배를 받든 어느 한쪽이다." 하느님과 이 인간세계는 하느님과 사탄의 관계처럼 맞선다. 『성서』는 오직 믿음만의 정당성을 분명히 말한다. 믿음은 하느님이 주신 선물이다. 원죄를 지은 사람은 하느님이나 사탄이 준 짐을 실은 짐승과 같은 존재이다. 자유의지를 주장하면 사탄에게 복종하게 된다. 사람을 내세우면 하느님을 부정하게 된다. "신의 의로움은 (인간의) 행위에 의해서가 아니라 오직 신앙에 의해 은혜로써 주어진다." 이 논쟁 뒤 에라스뮈스와 루터는 완전히 결별했다.

1520년 루터가 교황의 파문 위협 교서와 교령집을 소각하자 온건한 사람들은 어리둥절했다. 에라스뮈스도 그중 한 사람이었다. 그러나 다음해 파문장으로 루터가 교회에서 추방되고 보름스 칙령으로 제국에서 추방되자 에라스뮈스는 그 처분을 잔인하고 악하다고 여겼다. 그 뒤 루터가 암살당했다는 소문이 퍼졌다. 뒤러는 일지에 기록했다.

오, 하느님. 만약 루터가 죽었다면 누가 우리에게 복음을 그렇게 명확하게 가르칠 수 있을까요. 오, 로테르담의 에라스뮈스여, 당신은 어디에 계십니까. 그리스도의 기사여, 말을 타고 우리 앞에 나타나시오. 진리를 수호하고 순교자의 관을 받으시오.

에라스뮈스는 그리스도의 기사로서 말을 타고 나타날 준비가 되어 있었다. 다만 자신의 방법으로써 하고자 했다. 그는 루터를 위해 죽고 싶지는 않았다. 에라스뮈스는 말했다. "그리스도를 위해 순교자가 된다면 행복할 테지만 나는 루터를 위해서는 순교자가 될 수 없다." 에라스뮈스는 어떤 의미에서 그리스도의 기사가 될 수 있음을 분명히 했다. 그러나 로마 교회를 떠나고 싶지 않았으며 그리스도의 반석을 버리고 싶지 않았다. 그는 하나의 당파에 속하고 싶지 않았으며 이 싸움을 조정하고 싶었다.

에라스뮈스는 세 가지 큰 혐오감을 지니고 있었다. 첫째는 학자들이 범한 몽매주의였다. 그들은 이교적 고전 연구에 대해서도, 비판적 탐구정신에 대해서도 개방적이지 못했다. 둘째는 이교주의에 대한 혐오였다. 에라스뮈스는 적지않은 학자들이 고전에 집착하는 나머지 그리스도교의 참다운 유산을 무시하고 있는 것이라고 여겼다. 세 번째 혐오의 대상은 그가 유다이즘이라고 부른 것, 혹은 바리새주의나 율법주의로서 음식, 옷차림, 철야수행 따위 외적 규정을 엄격히 준수해 구원을 보증받으려 한 것이었다. 이 점에서 수도사들은 그가 공격하려는 특별한 표적이었다.

에라스뮈스는 어리석음과 무지의 화신인 우신(Stultitia)의 입을 통해 세태를 날카롭게 비판하고 풍자했다. 타깃은 왕후, 귀족,

그들 주변의 학식자, 그리고 특히 성스러운 싸움을 호령하는 교황과 고위 성직자였다. 에라스뮈스만큼 지배계층의 신상에 관해 성속을 가리지 않고 직접적으로 잘 알고 있는 사람도 없었다. 그것이 그를 최상의 문명비평가, 위험한 사상가로 만들었다.

교황·추기경·주교 가운데는 왕후 뺨치는 분도 있답니다. 그들 고위 성직자는 미의(美衣) 포식 이외에 하는 일이라고는 없습니다. 어린 양떼를 보살핌은 그리스도 그분에게 떠맡기고 막상 돈을 버는 일이 생기면 눈빛이 달라집니다. 그러므로 내(우신) 덕택에 교황님만큼 즐거운 생활을 하는 분은 없습니다.

루터는 1512년 4월 18일 보름스 국회에 불려가 저서를 파기하라는 명령을 받자 언명했다. "양심에 거역해 행동함은 확실치도 않고 정당하지도 않으므로 나는 아무것도 취소할 수 없고 원하지도 않습니다. 나는 여기에 서 있습니다." "나의 양심은 신의 말씀에 묶여 있습니다."

"나는 달라질 수 없다!"(Ich kann nicht anders) 언제나 자신의 언행에 자신만만했던 루터, 교수시절 신학 이외에 철학 강의도 했으나 철학적 담론에는 별로 흥미를 느끼지 않았다. 그리고 많은 저술활동을 했으나 그는 행동적인 신앙인이었다. 이 신앙적 인간은 다시 말했다.

"훌륭한 업적이 지식이나 견식으로부터 유래된 적은 별로 없다. 그것은 거의 무의식중에 일어나게 마련이다." 루터에게 신앙은 모든 사상, 모든 행위의 유일한 원천이었다.

1519년 루터는 뛰어난 신학자이며 개혁운동의 맹우 멜란히톤의 권유에 따라 에라스뮈스에게 협력을 바라는 편지를 보냈다. 에라스뮈스는 답장을 써서 자신의 태도를 밝혔다.

> 나는 귀하에 관해 별로 아는 바가 없을뿐더러 귀하의 저술을 본 적이 없습니다. 나는 귀하의 견해를 긍정도 부정도 하지 않는다는 점을 만나는 사람에게 이야기해왔습니다. 나는 중립의 태도를 취함으로써 오늘날 한창 변화하고 성한 학예에 더욱 이바지하고자 마음먹고 있습니다. 이 경우 격정에 흐르기보다는 현명한 조심성이 더 좋은 결과를 맺으리라고 믿습니다.

루터는 에라스뮈스를 애매주의의 왕이라고 비꼬았다. 한편 에라스뮈스는 루터의 격한 성격에서 종교개혁의 불길한 징조를 일찍부터 예견했다. "루터는 많은 것을 적절하게 비난했다지만 좀 더 절도를 지켜야 했을 것을." 이교적인 고전에 밝았던 에라스뮈스의 인문주의적 교양은 루터의 완고한 신앙에 도사린 편협하고 포악한 행동을, 광기를 보았던 것일까. 그러면서 에라스뮈스는 심경을 토로했다.

> 반듯한 풍속이나 그리스도교적 경건함뿐만 아니라 순화된 진정한 학문과 예술을 함께 재생하거나 새로 창조하리라는 확실한 희망이 나의 가슴에 샘솟습니다.

휴머니스트적인 인간과 인간성에 대한 신뢰가 묻어난다.

에라스뮈스가 그토록 두려워했던 예감이 적중했다. 1524년 참혹한 독일 농민전쟁이 발발했다. 전쟁에 앞서 에라스뮈스는 평화를 염원하며 온갖 수단을 써보았다. 루터에게는 자중을 호소하는 한편 교황에게 친서를 보내 루터 문제를 평화적으로 해결해달라고 호소했다. 전쟁이 발발하자 에라스뮈스는 어느 편도 아님을 분명히 했다. 명분이야 어떻든 전쟁은 에라스뮈스에게는 선한 모든 것이 난파함을 뜻했다.

에라스뮈스의 정신적 상속자인 괴테는 "실행하는 자에게는 양심이 없다"고 했지만 루터는 민중을 독려하고 이끌며 종교개혁의 위업을 성취했다. 모든 사람을 데몬과 신의 아들이라는 이분법으로 갈라놓고 세상을 적과 동지로 나누었다. 루터의 용어를 빌리자면 그리스도교의 호담성(Freidigkeit)이란 이름 아래 모든 일이 저질러졌다.

독일 종교개혁의 전 역사는 루터의 호담성과 끝장을 보아야 하는 철저함(Gründlichkeit)의 강박관념이 낳은 성격극의 인상이 짙다. 부드럽고 수사법적인 분별력, 다양한 감수성을 지닌 에라스뮈스가 함께할 수 없었던, 아니 혐오할 수밖에 없었던 이유일 것이다.

루터의 호담성은 해방적 힘이면서 반동적 힘이었다. "그리스도교도는 모든 것 위에 솟은 자유로운 주인이며 누구에게도 종속되지 않는다." 루터가 이룬 크리스천의 자유도 토마스 만이 두려워했듯이 개인적·시민적 자유와는 무관했으며, 반정치적 자유였다. 루터는 매사에 극단적이었다. 그의 싸움은 성전이었으며 입장을 달리하는 자는 그의 적, 그리스도의 적이었다. 에라스뮈스는 믿음도 지나치면 도그마가 되고 광기가 됨을 잘 알고 있었다. 뒤러의 판화 「기사, 죽음과 악마」(1513)가 떠오른다. 루터가 자꾸 죽음과 악마를 거느린 기사로 여겨진다.

에라스뮈스는 "나는 어느 당파에도 속하지 않습니다"라고 독백하면서 모든 싸움에 초연했다. 그러나 아무도 이 방관자의 지적 염직성(廉直性)이나 그가 마련한 중립지대에 주목하지 않았다. "왜 사람들은 내가 이 비극의 단순한 방관자로 머묾을 허용하지 않을까. 나는 이 연극에 배우로 참가하기에 적격자가 아니다. 다른 사람들이 저렇게 열심히 무대 위로 밀어닥치고 있지 않은가."

울리히 폰 후텐이 "지금이야말로 싸울 때입니다"라고 결단을 촉구하자 그는 태연히 "내가 할 일은 교양을 위하는 것이다"라고 답변했다. 당대의 위험한 사상가는 신앙의 싸움터에 임해 둔주(遁走)만을 마음먹은 것일까. 후텐은 그와 절연을 선언했다. 온 세상이 비난하자 에라스뮈스는 말했다. "만약 내가 스위스 용병이라면 나에 대한 비난은 정당하다 할 것이다. 그러나 나는 학자로서 저술을 위한 평안이 필요하다."

우리는 그러한 에라스뮈스에게서 1813년 독일 국민의 거족적인 반나폴레옹 투쟁에 즈음해 군가를 쓰는 것을 시인의 타락으로 여긴 괴테를 상기한다. 훗날 괴테도 공유하는 그 보편적 관심, 내면적 조화를 통해 에라스뮈스는 프로테스탄티즘을 종파적 투쟁으로 인식했던 것이다. 『신곡』 지옥편의 한 구절이 떠오른다.

  신을 배반한 것도 아닌
  그렇다고 충실한 것도 아닌
  오직 자신만을 위한 저 비열한 천사의 무리

 물론 에라스뮈스는 비열한 천사가 아니었다. 좋은 인간은 좋은 시민이어야 한다. 『우신예찬』을 쓴 에라스뮈스는 그의 방식대로 어렵고 큰 싸움을 다한 좋은 시민, 훌륭한 시민이었다.
 루터와 에라스뮈스, 같은 시대를 함께 산 두 거인에게서 우리는 진리(하느님)에 사로잡힌 신앙의 인간과 모습을 감추는 진리를 찾아가는 그리스도교적인 교양의 인간을, 행동하는 인간과 인식하는 인간의 전형을 본다. 베이컨에 의하면 루터와 에라스뮈스는 사실 큰 차이점이 없었다. 루터는 절제되지 않은 언어를 사용했지만 폭력적이 아니었고 싸움을 중지하고자 했다. 종교전쟁은 추종자에게서 비롯되었다. 베이컨은 두 사람에게 호감을 가졌다. 그러나 "나는 에라스뮈스를 더 좋아한다"고 토로했다.
 믿음이란 무엇이며 교양이란 무엇일까. 분명한 것은 믿음이 다성음악이 풍요롭게 타는 자연과 인간의 삶에서 자칫 사람을 한 권의 책밖에 안 읽는 '한 권의 인간'으로 만들 위험에 빠지기 쉽다는 사실이다. "나와 함께 하지 않는 자는 적이다." 철저한 신앙의 인간 루터에게서 우리는 그러한 함정을 감지한다.
 에라스뮈스는 자기를 밟고 지나가는 역사와 민중의 아우성을 들으면서 혼자 중얼거렸다. "나는 아무에게도 속하지 않는다." 에라스뮈스, 사람들을 당파로 나눈 시대 속에 홀로 선 마에스트로, 아니 나눔과 싸움의 메커니즘으로부터 영원히 자유롭지 못한 인류의 영원한 스승이라고 해야 할 것이다. 에라스뮈스와 루터, 그 둘을 둘러싼 미완성의 드라마, 미완의 문제는 우리 문제이기도 하다.

유럽 연합(EU) 25개국은 교육문화의 긴밀한 유대를 위해 1987년 에라스뮈스 프로젝트를 완성했다. 그 구상에 따라 오늘날 유럽 학생들은 원하는 지역의 학교에서 수학할 수 있고 유럽인, 국제인으로서 교양을 쌓는다. 그간 혜택을 누린 학생 수는 2002년까지 100만 명을 넘었다고 한다. 에라스뮈스 프로젝트는 에라스뮈스와 같은 진정한 유럽인, 세계시민을 기르는 데 목적을 두고 있다.

세계에 무서운 혼란이 일어나면 그때는 나 에라스뮈스가 그것을 예언했음을 상기해주십시오.

14 종교개혁과 종파 이데올로기

훌륭한 사업이 지식이나 견식으로부터 유래된 적은 별로 없다.
그것은 거의 무의식중에 일어나게 마련이다.
크게 과오를 저질러라. 그러나 더욱 강하게 믿어라.
🖉 루터

독일 루터주의와 국가 예속의 종파성

얼마만한 은혜를
유럽은 즐겨 누릴까
그 안식을
아시아의 폭군에 의해 어지럽혀지지 않는다면

프랑스의 시인 롱사르는 종교개혁 직전에 이렇게 노래했다. 그러나 유럽의 교란자는 아시아의 이교도들, 터키가 아니라 그리스도교 내부에서 나타났다. 하나의 가톨릭 교회, 그리스도교 공동체는 가톨릭 교회와 루터파, 칼뱅파와 예수회로 찢어져 더 이상 하나의 그리스도교 세계는 존재하지 않게 되었다. 그 대신 사람들은 '유럽'을 표방하게 되었다. 국민교회와 함께 민족, 국민, 국가가 등장했다. 유럽을 지칭하면서 사람들은 그리스도의 유럽보다 유럽 문명을 떠올리게 되었다.

1517년 마르틴 루터에 의해 막을 올린 종교개혁은 가톨릭적인 유럽의 보편성 또는 유대에 종지부를 찍었다. 그것은 때마침 여러 나라에서 태동된 왕권 중심의 절대주의 체제와 연계되어 각국에서 국교의 성립을 초래했다. 이러한 사실은 유럽의 정신적·지적 세계에도 큰 영향을 끼쳤다. 종교개혁의 지적 실상을 대학의 새로운 상황 전개를 중심으로 살펴보자.

독일 비텐베르크 대학의 신학부 교수였던 루터를 비롯해 위클리프, 후스, 칼뱅(주네브 신학대학) 등 종교개혁의 선구자는 대학 교수가 많았다. 종교개혁은 말하자면 대학을 발신처로 일어났으며 이러한 사실은 종교개혁의 성격과 적잖이 관련된다고 할 수 있다.

루터는 종교개혁자이기에 앞서 신학부 교수였다. 그의 「95개조의 제제」(1517)도 '신학 정교수인 사제 마르틴 루터'라는 이름 아래 중세 이래 대학의 관례인 공개토론의 형식을 취하고, 라틴어로 대학의 동료를 비롯해 많은 학식자에게 '속죄의 효력'에 관한 학문적 논의를 하자고 호소한 것이었다. 루터를 움직인 것은 대학인으로서의 소명감이지 종교개혁자로서가 아니었다.

루터는 중부 독일 인문주의의 중심인 에르푸르트 대학에서 교육을 받았으며 에라스뮈스가 펴낸 그리스어 『성서』도 그에게 큰

▲ 들라크루아, 「십자군의 콘스탄티노플 점령」

영향을 주었다. 그는 대학에서 처음에는 학예학부에서 철학을 강의하다가 『성서』 연구를 통해 신학 교수가 되었다. 고전어의 기초 위에 순수 그리스도교를 지향한 루터 교수의 성서적 인문주의의 입장은 명석한 강의와 더불어 학생들을 매료시키고 점차 대학의 울타리를 넘어 여러 계층, 여러 지역에 영향을 미치게 되었다. 그러한 루터를 대학의 인문주의자들도 종교개혁 초기에는 이해하고 공명했다. 그러나 그들은 루터가 파리 대학 신학부인 소르본과 교황에 의해 단죄되고 파문되자(1521) 등을 돌렸다. 독일의 인문주의자들은 신앙에서는 정통주의자였던 것이다.

루터는 대학 개혁에 관해서도 깊은 관심을 나타냈다. 그에 의하면 대학에서는 방종한 생활이 판을 치고 있으며 성서와 신앙에 관해 아무것도 교수되지 않고 있다. 그는 대학의 스콜라적 전통을 비판하고 교회법 폐지와 시민법 개혁을 주장했다. 대학 내 루터의 최대 적은 아리스토텔레스였다.

> 전적으로 맹목적인 이교도인 아리스토텔레스가 그리스도까지 뒷전으로 몰고 날개를 휘두르고 있다.

신학을 종교와 동일시한 루터는 아리스토텔레스에 의해 이룩된 그간의 신학과 철학의 깊은 관련을 아예 무시했다.

루터는 "이성은 신의 가장 두려운 적인 까닭에" 신학부에서 행하는 철학 연구를 못마땅하게 생각했다. 그에게는 『성서』 연구야말로 바로 대학의 지상과제였다. "가장 성스러운 옛 교부들의 서적도 오직 『성서』로 인도하는 서적으로" 읽혀야 했다.

루터의 원칙은 특히 최초의 프로테스탄트 대학인 마르부르크 대학(1527년 창립)과 비텐베르크 대학에 의해 구현되었으니 그로부터 종교개혁의 세기 동안 독일 대학은 지적 불관용이라는 특징을 갖게 되었다.

독일 종교개혁의 지적 측면을, 다시 말해 학문과 교육을 대표한 인물은 인문주의자인 멜란히톤이다. 프로테스탄트 운동에서 루터의 맹우(盟友)이기도 한 그는 독일의 근대적 교육제도, 특히 중·고등 교육제도의 기초를 닦았다. 뛰어난 인문주의자이기도 했던 이 독일의 스승(Praeceptor Germania)은 비텐베르크 대학 교수의 취임 연설에서 진정한 지식을 찾는 용기를 강조했다. 그는 스콜라적 학풍을 배격하는 한편 진정한 신학과 철학의 길을 『성서』와 아리스토텔레스로의 복귀에서 찾았으며 그리스어 학습을 불가결한 과정으로서 인식했다.

종교개혁과 더불어 생겨나고 개혁의 깃발을 높이 든 (루터도 신학강의를 행한) 전형적인 프로테스탄트계 대학인 비텐베르크 대학은 루터의 열렬한 지지자였던 작센 공국의 선제후에 의해 창립되었다. 선제후는 신설 대학의 특허장을 로마 교황으로부터 부여받는 관행에 따르지 않고 황제로부터 받았다. 그는 대학 자치권을 크게 제한하고 대학 재정 및 대학의 모든 사항을 관장하는 한편 강의와 서적 구독을 규정한 검열권을 행사했다.

검열은 동서 모든 나라에서 정치적·종교적·사회적·도덕적 이유에서 예로부터 행해졌다. 싸우는 교회(ecclesia militans)를 스스로 선언한 가톨릭 교회는 교리에 반한 이단에 대한 싸움과 탄압을 초기 그리스도교 시대 때부터 시작했다. 이미 2세기에 책이 불태워지고 5세기에는 교황이 처음으로 금서일람표를 발표했다. 교황권에 의한 말과 문자, 언론의 탄압은 "신이 교황권을 우리에게 주었거늘 그것을 마음껏 누리자"고 호언한 뒤 루터를 파문한 레오 10세(1513~21)에 이르러 절정에 달했다. 유럽에서 언론 탄압과 책 검열은 그리스도교와 더불어 시작되고 속권 즉 국가권력은 그 못된 버릇을 훨씬 뒤에 교권으로부터 배웠다.

종교개혁과 더불어 대학 및 교수는 선제후의 궁정과 밀접한 유대관계를 맺었다. 군주는 강좌제(Lehrstuhlsystem)를 개설하고, 교수를 임명했으며 정교수, 조교수, 원외교수 및 사강사(私講師)라는 (가톨릭 교회의 교황, 주교, 사제 등 히에라르키를 본받은) 교직의 위계질서가 16세기 전반 이래 일반화되었다.

신학부 교수와 학생은 궁정교회의 예배에 참가했으며 법학부 교수는 궁정 법률고문을, 의학부 교수는 시의(侍醫)로서 군주에게 봉사했다. '그 땅의 종교는 통치자의 종교에 의해 결정된다' (Cujus regio, ejus religio)는 베스트팔렌 화의의 결의(1648)에 따른 영방교회제에 의해 영방 군주가 교회의 수장이 된 독일에서 대학은 영방 군주에 예속되었으며 종무 행정 아래 한 기관이 되었다.

비텐베르크 대학의 경우 1537년 대학 내에 종무국(宗務局)이 설치되었다. 종무국은 교리 문제, 성직자 인사, 교회 재산의 관리 등을 다루는 최고 법정으로서 기능하는 한편 성직자의 사생활도 감독했다. 업무는 신학부와 법학부의 교수가 맡았다. 특히 신학부는 다른 학부와 각급 학교 및 교회에 대한 감시 기능까지 있었다. 비텐베르크 대학은 철저하게 영방 군주와 영방 교회에 예속되었다.

모든 프로테스탄트계 대학이 루터주의를 수용하고 교수와 학생, 대학인 모두에게 신앙고백을 강요했다. 대학의 종파성 및 영방 군주권에 의한 예속은 가톨릭 교회와 프로테스탄 교회 간의 갈등이 격화되면서 더욱 치열해졌다. 교회도 장악하게 된 영방주권은 개개인의 내면 생활까지 다스리는 '존엄성'을 지니게 되었다.

루터의 성격과 깊이 관련된 프로테스탄트계 대학의 극심한 종파성 및 국가 예속화는 대학의 침체를 유발하고 일부 교수들로 하여금 가톨릭에 복귀하는 사태를 낳았다.

종교개혁은 (르네상스가 본질적으로 이탈리아적인 것이었던 것처럼) 그 본질에서 루터적이며 독일적이다. 그러나 그것은 곧 유럽 전역에 확산되었다.

인쇄술은 신이 내린 궁극적인 하사품이며 가장 위대한 혜택입니다. 그 까닭은 신은 그 수단을 통해 진실한 그리스도교의 모습을 남김없이, 모든 곳에, 지상의 끝까지 알려주리라고 생각하고 계시기 때문입니다.

루터의 『탁상 어록』 가운데 한 구절이다. 모든 종교개혁가가 루터와 더불어 구텐베르크의 활판인쇄술을 신에 의한 발명으로 찬양했다. 루터가 비난한 것처럼 "(라틴어로써) 비적(秘籍)의 말씀을 우리에게 숨기고 그 뜻을 일반 신도에게 이해시켜서는 안 된다고 우리에게 가르친" 가톨릭 교회와는 달리 종교개혁가들은 인쇄술로써 각국어의 책을 일거에 보급하고 독자층을 확산, 많은 사람이 루터의 저작을 재빨리 가까이할 수 있게 되었다. 루터의 독일어 역 『성서』는 1534년에 완성된 뒤 1546년 그가 사망할 때까지 400판 이상 인쇄되었다. 모든 개혁가가 설교사이면서 저술가, 팸플릿과 선동문 제작자였다. 문자와 책을 널리 퍼뜨린 활판인쇄가 종교개혁의 최대 공신으로 일컬어지는 이유이다.

칼뱅주의의 근대성과 예수회의 반근대성

구텐베르크 활판인쇄술의 파도를 타고 1520년경부터 프랑스의 많은 사람이 루터의 개혁사상에 열광했다. 프랑스어권 신교의 지도적 인물은 칼뱅이다. 1533년경 돌연한 신앙의 깨우침으로 로마 교회에 대한 싸움을 선언한 그는 파리 대학에서 신학과 법학을 배우고 고전을 연구한 인문주의자였다. 그는 박해로 인해 스위스 바젤로 거처를 옮기고 거기서 주저인 『그리스도교 요강』(1536)을 발표했다. 1541년 이래 주네브에 정주(定住), '새로운 로마'의 조직자로서 새 그리스도 교회를 창시했다. 그리고 츠빙글리를 비롯해 개종을 주저한 많은 사람과 프랑스의 신교도를 주변으로 불러들였다.

칼뱅의 초상

비상한 의지와 엄격한 논리에 의해 체계화된 칼뱅의 사상과 신앙 원리는 신의 절대주권과 믿음에 의해서만 의(義)였으며 그 귀결로서 뽑힘과 소명을 밝히는 예정론이 강조되었다. 인간의 구제는 인간 개인의 행위가 아니라 전적으로 신의 의지에 따르며 '뽑힌 사람의 소명'을 뜻하는 '뽑힘'은 각자에게 내밀한 소명으로서 드러난다. 사람은 저마다 정해진 직업(Beruf, 이 말은 천직, 소명이라는 뜻도 지닌다)을 반듯하게 성취함으로써 신에 응답하고 신의 영광을 나타낸다.

이처럼 칼뱅은 근대사회의 모든 현실, 모든 직업을 긍정적으로 받아들였다. 막스 베버가 강조했듯이 칼뱅의 직업관은 근대 자본주의의 원천인 사회적 에너지가 되었다.

한편 칼뱅은 루터와는 달리 교회를 세속적 권위로부터 분리시키고 신의 절대 주권을 강조한 신정정치(神政政治)를 실현하기 위해 '교회규칙'을 제정하는 등 쇄신을 단행했다. 특히 시민계층과 소귀족을 자기 편으로 끌어들인 칼뱅주의는 파리와 일 드 프랑스 및 라인 강 연변지역에서 루터주의보다 우세했다. 1559년 이래 프랑스 내에서 개혁운동이 본격화되면서 프랑스 전역에 파급되었다. 그러나 1547년 이래 많은 신도가 박해로 인해 프랑스를 떠나 알자스 지방과 스위스로의 망명길에 올랐다.

칼뱅은 특히 주네브를 개혁파의 전략적인 거점으로 철저하게 개혁했다. 지난날 부와 쾌락을 탐한 이 도시는 춤과 소설책까지 금기시한 엄격한 도시가 되었다. 주네브에 모인 망명자는 5천 명을 헤아렸는데(시의 전체 인구는 1만 수천 명 정도였다), 의사,

법률가, 성직자 등 전문직은 거의 그들이 맡았다. 역사상 최초의 '신앙에 의한 고향 상실자들'(페브르)에 의해 칼뱅주의는 네덜란드와 독일을 축으로 범유럽적인 연대를 이루게 되었다.

칼뱅은 그 직업관으로서 그리스도교와 자본주의의 유대를 이룩했을 뿐만 아니라 근대 자유주의의 기초를 이룬 로크의 정치사상의 요람이 되기도 했다. 당시 영국, 프랑스, 네덜란드의 자유주의자들은 거의 칼뱅주의자였다.

신학교수이기도 했던 칼뱅은 종교 교육과 더불어 자유 학예(교양)도 중요시했으며 이러한 그의 입장은 그가 세운 주네브의 아카데미(1559년 창설, 주네브 대학의 전신)에서도 잘 드러났다. 칼뱅주의가 전 유럽에 퍼지면서 이 아카데미는 칼뱅파 대학의 모델이 되고 영국의 옥스브리지, 더블린 대학, 독일 하이델베르크 대학에도 큰 영향을 주었다.

한편 위그노(Huguenot), 즉 프랑스의 칼뱅파, 네덜란드의 개혁파, 스코틀랜드의 장로파는 유력한 세력이 되면서 주네브의 교육체계를 모범으로 교육 시스템을 구상했으며 특히 프랑스의 개혁파는 교회 조직을 통해 교육제도를 확립할 것을 결의했다. 그 결과 많은 초등학교와 더불어 17세기 후반에는 32개의 콜레주(중등학교)가, 16세기 후반 이후에는 8개의 아카데미(대학)가 생겨났다. 특히 그 고등교육 기관은 한때 유럽 대학 중 가장 우수하다는 명성을 얻었다. 한편 1575년 창립된 이래 유럽 학식사회에서 크게 주목을 받아왔던 네덜란드의 레이덴 대학은 칼뱅주의의 중심기지이기도 했다.

종교개혁 시대의 저명한 인문주의자들은 대체로 프로테스탄트로 개종했다. 이러한 경향은 여전히 가톨릭의 나라로 남은 프랑스에서도 예외는 아니었으니 르네상스적 인문주의의 학풍을 자랑한 콜레주 드 프랑스 교수의 대다수도 신교도였다. 그러나 반종교개혁파도 대학 사회에 강력한 우군(友軍)을 지녔다. 중심이 된 것은 스페인의 이그나티우스 데 로욜라와 7인의 동지들이 '신의 더욱 큰 영광을 위해'라는 모토를 내걸고 1540년에 창시한 가톨릭의 남성 수도회인 예수회(Societas Jesu)이다.

이그나티우스 데 로욜라는 방탕을 일삼는 군인이었다가 싸움터에서 크게 부상당해 신비스러운 체험을 하고 회심(回心)했다. 성지순례 뒤 파리에서 동지와 함께 청빈, 정결 및 성지포교의 서원(誓願)을 하고 사제가 되었다. 예수회는 특히 대학 교육을 중시했다. 학교의 관리·운영, 학생 지도의 지침을 정한 '학사 규정'을 마련하고 독자적으로 교육체계를 세웠다.

스스로와 이웃의 영혼을 구제하고 영혼 본래 목적에 이르는 것이 우리의 목적이다. 그를 위해 학문을 세운다. 그것을 우리의 창조주이며 주이신 신에 대한 인식과 신에 대한 봉사에 쓸모 있게 한다. 이 사회가 교수 단체와 대학을 더욱 포용하게 만듦은 이 목적을 위해서이다.

예수회는 금욕, 수행, 이단 절복(折伏), 해외포교를 표방하면서 군인이던 창시자를 본받아 군대적 규율과 전투 정신으로 포교에

임했다. 회원은 신의 영광을 위해 악과 싸우는 예수의 군단(Compania de Jesus), 그리스도의 병사였다. 로욜라는 로마 학원과 게르마니쿰(Germanicum)을 창시했다. 예수회는 프랑스에서 콜레주 드 클레몽(지금의 명문 리세 루이 르 그랑)을 창립하고 툴루즈 및 보르도의 대학에도 큰 영향을 미쳤다. 뿐만 아니라 예수회는 교리에 정통하고 사상과 학문을 많이 체득한 회원을 유럽뿐만 아니라 아시아, 아메리카 대륙에도 파견해 학교를 세우는 등 근대 학교교육에 적잖은 영향을 주었다.

독일의 가톨릭계 이데올로기의 거점인 뷔르츠부르크 대학의 신학 및 철학 교수의 대부분은 예수회에 속했다. 독일에서 반종교개혁의 무대인 바이에른의 잉골슈타트 대학(현 뮌헨 대학)에도 예수회 교수가 많았으며 그들의 영향은 18세기 후반까지 면면히 이어졌다.

그 밖의 나라에서도 예수회는 큰 성공을 거두었다. 특히 루뱅 대학은 가톨릭 정통주의의 아성으로서 오랫동안 네덜란드 성직단의 공급원이 되었다. 예수회는 이탈리아에서는 파도바와 로마, 폴란드에서도 적잖은 영향을 끼쳤다. 유럽 교육사상 신구 어느 교단보다 가장 영향력이 강했던 예수회 창시자의 유지(遺志)는 마테오 리치, 아담 샬을 통해 중국 가톨릭 교회가 뿌리를 내리게 하는 한편 중국과 서유럽에 학문과 사상의 길이 열렸다.

예수회는 아리스토텔레스와 성 토마스의 기초 위, 다시 말해 그리스도교적 인문주의의 전통 위에 철학 연구를 견지함을 분명히 하고 고전어와 수사학 학습을 강조했다. 예수회는 중등 교육에서도 인문학, 자연학, 수학, 그리고 무용, 음악, 예절 등 귀족적인 교양 교육도 소홀히 하지 않았다. 프랑스 혁명 이전 구체제 아래에서 교양계층에 속한 사람들은 대체로 예수회의 칼리지에서 교육을 받았다. 예수회는 학교 교사를 수도회에서만 채용하고 그들을 통해 칼리지에 엄격한 규율을 도입했다.

예수회는 종교개혁뿐만 아니라 인문주의에 대해서도 공격적이었으니 중세와 마찬가지로 교육기관을 다시 종교단체에 예속시키고자 했다. 대학, 고등법원 및 다른 성직자 집단도 적으로 삼은 예수회의 과격한 행태에 대해 뒤르켐은 그것이 프랑스 학교 발전의 시계 바늘을 뒤로 돌려놓았다고 비판했다. 사실 예수회는 언제나 가톨릭 교회의 반계몽주의, 반자유주의 전선의 최첨단에 포진했다.

영국의 국교회와 퓨리터니즘

영국의 교회는 다른 나라의 교회에 비해 전통적으로 로마의 교황권으로부터 어느 정도 독립성을 누려왔다. 그러나 로마 가톨릭 교회와의 절연을 명백히 한 것은 영국 국교회(Anglican Church)의 성립(1534)에 이르러서이다. 영국의 종교개혁은 유럽 대륙의 밑으로부터의 종교개혁과는 달리 국왕 헨리 8세의 이혼문제라는 비종교적 동기로 인해 위로부터 비롯되었다.

헨리 8세는 수장령(首長令)을 발포(1534)해 국왕이 지상에서 영국 교회의 최고 수장임을 선언했다. 그를 전후해 종교개혁과

영국 국교회의 총본산인 캔터베리 대성당

관련된 입법이 제정되고 수도원이 해산되었다. 그런데 헨리의 국가·가톨릭교에서는 그에 대한 신앙선서를 거부한 모어를 처형하는 사태도 있었으나 중도를 표방해 신구 양파 모두를 만족시켰다. 그 뒤 가톨릭계의 여왕 메리 튜더는 가톨릭 복귀의 여러 법령을 발표하고, 신교도를 탄압했으며 그로부터 신구 교도 사이에 대립이 격화되었다. 그러자 엘리자베스 1세는 절대주의적 국가 통일 정책으로 국교제도를 확립, 가톨릭 및 청교도를 박해했다.

한편 국교회에 대항해 그 신앙과 관행에 대해 불복종을 선언하고 실천하는 청교도(puritan)가 나타났다. 그들은 칼뱅주의 사상을 신봉하고 신앙과 생활의 청결을 지상과제로 내세우고 성직자의 권위를 배격했다. 젠트리와 상인 출신으로 이루어진 청교도들은 철저한 프로테스탄트 개혁을 지향했다. 국교회는 교황이 없는 가톨릭주의로 일컬어질 만큼 교리에서 가톨릭 교회와 다름이 없었다.

도시의 신흥 중산층 및 자영농민을 지지기반으로 철저한 교회 개혁을 내세운 청교도들은 국교회를 옹호하고 받드는 귀족·대지주·특권 상인층과 정치적으로 대립각을 세웠다. 왕당파에 대한 의회파의 승리, 즉 국교도에 대한 청교도의 승리를 상징한 청교도혁명(1640~60)은 청교도가 영국에서 17세기 시민혁명의 추진세력임을 잘 말해준다.

옥스브리지는 일찍부터 루터의 개혁에 호응했다. 그 배경에는 이탈리아와 유럽 여러 나라 르네상스의 영향 아래 콜레트, 토머스 모어 및 프랜시스 베이컨으로 대표되는 인문주의자의 빛나는 활약이 있었다. 에라스뮈스의 두 번에 걸친 케임브리지 체류(1499, 1509)도 영향을 주었다.

루터에 동조하는 옥스브리지의 움직임에 맞서 캔터베리 대주교는 종교회의를 소집하고 루터의 저술을 심사해 그 이단성을 결의하고, 공식적으로 금서로 규정지었다. 회의에는 옥스브리지의 챈셀러와 교수들도 참석했으며 루터의 저작은 옥스브리지에서도 몰수당하고 소각되었다. 그러나 옥스브리지에서 루터주의의 불길은 꺼지지 않았으며, 특히 케임브리지에서는 개혁적인 교수와 학생에 대한 탄압에도 많은 교수가 루터 연구에 종사했다.

국왕이 교회의 수장으로서 교회와 성직자를 감독하기로 정한 헨리 8세의 수장령은 새로운 국면을 낳았다. 즉 영국 교회를 로마로부터 떼어놓는 동시에 옥스브리지를 로마 및 캔터베리의 지배로부터도 해방시켰으니 이것은 대학에 대한 오랜 교회 지배가 종식을 고함을 뜻했다. 그러나 그것이 바로 대학의 자유를 의미하는 것은 아니었다. 헨리 8세는 국교회의 수장으로서 대학을 지배 아래 두고자 마음먹었으며 대학에 대한 국가 권력의 지배가 새로 시작되었다.

대학에 대한 왕권의 지배는 엘리자베스 1세에 의해 완성되었다. 여왕은 학생의 학위 취득에 여왕과 국교회에 대한 충성 선서를 부과했다. 종교개혁과 마침 때를 같이한 영국 절대주의의 확립은 속인의 지위를 높였으며, 여왕은 대학의 챈셀러 직에 지난날처럼 성직자나 학자가 아닌 여왕 측근의 속인을 임명했다.

이 같은 변혁에 직면하면서도 대학은 튜더 왕조의 종교정책에

별 저항 없이 따랐다. 그러한 배경에는 국왕에 대한 충성이 대학 사회에 전통적으로 뿌리를 내리고 있었다는 사실도 작용했다. 여왕은 1556년 옥스퍼드 대학을 방문해 교수와 학생들로부터 열렬한 환영을 받았으며 이후 옥스퍼드는 전적으로 왕국의 대학이 되고 그로부터 3백 년간 왕국과 왕국 교회(국교회)의 충복이 되었다.

옥스브리지는 국교회가 뿌리를 내리면서 다양한 변화를 겪게 되었다. 가톨릭적 중세의 유풍이 배제되고 종래 신학 교본이나 교회법 체계가 제거되고 수도원 부속의 숙사가 자취를 감추었다. 개혁된 교회는 새로운 타입의 주교, 목사 및 신학자가 급히 필요했으며 옥스브리지가 그 교육의 소임을 다해야 했다. 특히 로마와의 단절이라는 일찍이 없었던 국면에 대응하는 데 보수적인 옥스퍼드보다 좀더 혁신적인 케임브리지가 중요한 역할을 했으니 케임브리지는 영국 종교개혁의 첫 단계를 주도했다.

당시 영국 종교개혁의 지도자들은 대개 케임브리지 대학 출신이었으며 더욱이 그 대다수는 케임브리지의 교수이며 칼리지 장이었다. 케임브리지는 청교도의 사상적 근거지가 되고 날로 반(反)국교회의 급진 개혁주의의 최전선을 이루었다.

엘리자베스 치하 신·구 양파로 갈린 종파적 대립은 또한 대학을 혼란 속으로 몰고 갔다. 그 대다수가 케임브리지의 교수들이던 국교회에 등진 일군의 급진적 프로테스탄트는 자진해 대학을 떠나거나 혹은 추방당했다. 그러나 『성서』에 기초해 칼뱅주의적 교리를 받든 대학 내 청교도의 태반은 학문 지향적이었으며 그들

중 일부는 칼리지의 장 혹은 펠로로서 대학을 지켰다. 1538년에 설립된 에마누엘 칼리지는 청교도주의 일색이었다. 그에 속한 교수와 학생은 엘리자베스 치세 말 종교계에서 가장 중요한 세력을 이루는 한편 강력한 지식인 집단을 형성했다.

칼뱅 신학은 갖가지 도전이 있었지만 16세기 말에는 옥스퍼드까지 크게 압박하고 오랜 종파적 대립 끝에 청교도주의는 대학 특히 케임브리지에 강력한 근거지를 확보했다. 그러나 대학의 전반적인 상황은 신교도에게 바람직스럽지 못한 방향으로 전개되었다. 즉 옥스브리지의 국교화 및 왕권 예속화가 심화되고, 명예혁명(1688) 발발 이전 옥스브리지는 종교적·정치적으로 왕당파의 아성임이 숨길 수 없이 드러났다.

종교개혁이 몰고 온 종교적·정치적인 혼란 속에서 가톨릭의 부흥정책을 취한 영국의 제임스 2세는 옥스브리지에 대해 고압적인 태도를 취했다. 대학은 그에 저항했으며 배후에는 명예혁명에 이르는 국민적 저항이 또한 존재했다.

이단과 선택된 자 – 종파 이데올로기

> 여러분이 '설교는 짧게 그 뒤 성찬은 천천히' 하기를 바라고 있음을 잘 압니다. 주여, 이 미사가 여러 사람에게 너무 길지 않도록 살펴주소서.

부활제의 미사에서 (훗날 파리의 소르본 칼리지를 창설하는 궁정사제인) 소르본이 한 설교의 한 구절이다. 당시 믿음은 삶의 한 부분, 관행이고 풍속이었다. 미사도 일상적인 느긋한 이벤트였다. 그러나 종교개혁은 그간 믿음의 위상이나 패턴을 크게 바꾸었다.

페브르는 16세기 종교개혁 시대를 신앙을 갈구한 세기로 특징지었다. 그에 의하면 중세는 그 믿음이 아무리 치열했다고 하더라도 믿고자 '욕구할' 필요가 없는 시대였다. 그때 믿음은 자연스러운 것으로서 루터와 칼뱅, 로욜라가 쏟은 그러한 정열은 없었다. 단지 천진난만하게 믿는 것, '성심(聖心)의 축일', '성모 청정 수태의 축일' 등 갖가지 축제를 따르는 것과 각별히 믿고자 욕구하는 것과는 다르다는 것이다.

역사상 종교개혁의 시대로 기록되는 16세기 전반은 신앙적 열정이 전 유럽을 휩쓸었다. "믿음으로만 사람은 의롭게 된다." 루터의 이 신앙 지상주의는 지난 1천 년 유럽을 꽁꽁 묶어놓은 가톨릭의 '보편성'의 붕괴와 각 종파의 출현을 초래했다. 사람들은 앞을 다투어 새 교회에 대해 신앙고백을 하고 프로테스탄트(반항하는 자)임을 밝히기 위해 집집마다 문패에 종파를 새기고 반가톨릭 전선에 결집했다. 지나친 종교적 열정은 사람을 광신으로 몰고 간다고 하지만 종교사상 일찍이 없었던 종파 이데올로기, 집단광신의 시대가 들이닥쳤다. 그것은 신앙의 봉화를 높이 올린, 그리고 종교개혁의 본질을 특징지은 루터의 파나티시즘, 당파성과 깊이 관련되었다.

긴 하룻밤 뒤에 그 사나이가 목표에 이르는 길을 우리에게 지시했다. 그 사나이를 우리는 이렇게 불러도 좋을 것이다. 그는 종교개혁 자체였다고.

독일 프로테스탄트계의 교회사가이자 신학자 하르나크의 말이다. 종교개혁은 바로 독일 종교개혁이며 그것은 또한 루터의 종교개혁이다.

루터는 1521년 4월 18일 보름스 국회에 불려가 저서를 파기하라는 명령을 받자 다음과 같이 항변했다. "나의 양심은 신의 말씀에 묶여 있습니다." "아무것도 취소할 수 없습니다." 언제나 자기의 생각과 언행에 자신만만했던 루터. 이 신앙의 인간은 또 이렇게 말했다. "훌륭한 사업이 지식이나 견식으로부터 유래된 적은 별로 없다. 그것은 거의 무의식중에 일어나게 마련이다." "크게 과오를 저질러라. 그러나 더욱 강하게 믿어라." 위험하고 불길한 말이었다.

신앙만을 내세운 루터와 그의 추종자들은 의미가 없는 순례, 무용한 의식, 어리석은 사육제, 시간을 훔치는 축제, 성인에 대한 어리석은 숭배, 정당한 근거가 없는 자선활동을 도움이 되지 않는 수도원과 함께 파기했다. 중세 1천 년 가톨릭 문화의 전통을 뒤엎었던 것이다.

루터는 교황청에 대해 비판적이면서 프로테스탄트 진영에 동참하기를 거절한 에라스뮈스를 '애매주의의 왕'이라고 비꼬았다. 그러나 에라스뮈스의 휴머니즘은 루터 속에 도사린 편협하

성 바르텔미의 학살

고 포악한 행동, 종파성에 빠질 광기를 보았다. "나와 함께 하지 않는 자는 나의 적이다." 참으로 관용을 모르는 무서운 도그마. 루터는 자신의 대열에 끼지 않는 자들을 악마와 계약을 맺었다고 고발하고 가톨릭 교회 또한 루터파를 지옥에 떨어질 자들이라고 규탄했다.

지난날 악마의 하수인은 유대인, 터키인, 마술사였으나 이제 유럽은 사탄으로 가득 넘쳤다. 루터가 바르트부르크 성에서 『성서』 번역을 하다가 악마에게 잉크병을 던졌다는 이야기는 픽션임이 밝혀지고 있으나 종교개혁과 더불어 종파마다 악마를 만들어내기 위해 종교재판, 마녀사냥이 어느 때보다 판을 쳤다. 이단 심문은 14세기부터 발생했으나 화형이나 마녀재판은 15세기 후반부터 생겨나 극성을 부렸다. 16, 17세기 마녀로 판단해 처형을 당한 여성의 수는 4만 혹은 8만 명에 이르고, 루터의 나라에서 극에 달했다. 종파 이데올로기 아래 이단을 찾아내고, 없으면 만들어내야 했던 무서운 광신의 시대였다.

이단의 색출은 싸우는 교회임을 선언한 그리스도교의 역사와 함께 비롯되었다. 초기 가톨릭 교단은 정통 교리에 반하는 견해를 지닌 사람들을 이단(heresy)으로 지칭하고 탄압했다. 2세기에는 반그리스도교적인 책을 불사르고 5세기에 이르러 교황청은 금서목록을 작성했다(바티칸이 금서목록 작성을 폐지한 것은 1966년이었다).

그리스도교의 전통적인 반유대주의에 관해서는 논외로 치더라도 어쩌면 인류 최초의 이단은 낙원에서 쫓겨난 이브일는지 모른다. 유일 절대 신을 신봉하는 그리스도교의 정통 종교의 발상은 그리스도교의 전 역사를 통해 이단을 고발하고 찾아내고 박멸하는 싸움으로 점철된다. 그중 가장 큰 싸움이 십자군전쟁이었다.

그리스도교가 11세기 말부터 13세기 말까지 약 200년간 성지 예루살렘 탈환을 명분으로 7회 또는 8회에 걸쳐 일으킨 십자군전쟁은 이단과 이교도에 대한 정통 신앙의 옹호를 명분으로 내세운 원정이었다. 그러나 그것은 그리스도교 세계의 동방 진출과 정복욕, 특히 로마 교황권의 세력 확장을 위한 전쟁이며 페브르가 통렬히 비판했듯이 교황이 내보인 탐욕의 소산이었다.

그리스도교는 이단에 대해 자기들 그리스도교도를 선민(the chosen people, the elect)으로 여긴다. 이단에 대한 그들의 싸움은 신앙을 내세운 교리 이데올로기의 투쟁이었다. 그 투쟁은 루터의 종교개혁에서 가장 치열했다. 루터와 프로테스탄트는 그들의 신앙 만능주의를 모든 사상과 관념, 모든 행위와 현실을 규정짓는 원리, 즉 이데올로기로서 떠받들었다. 이데를 찾는 자들(chercher des idés)은 보물을 찾는 자, 천년 왕국을 꿈꾼다. 나폴레옹은 그에 비판적이었던 일부 계몽사상가를 이데올로그, 즉 공리공론가(空理空論家)라고 비웃었다. 만하임은 천년 왕국적 유토피아를 꿈꾼 이데올로그의 첫 번째 예로서 종교개혁과 특히 토마스 뮌처를 지적한다.

루터의 열렬한 신봉자이며 공산주의 사회질서로 천국의 도래를 준비할 것을 역설한 뮌처는 인간을 신의 계시를 들을 수 있는 선택받은 자와 그렇지 못한 배신자, 두 부류로 나누었다. 그가 받은 계시에 의하면 그의 시대는 종말이 가까운 배신자가 횡행하는 최악의 시대이며 선택받은 자는 배신자를 섬멸하고 신의 나라를 세워야 한다. 그러한 그를 로욜라는 '살인 예언자' '당파주의자'라고 비난했다. 종교개혁파는 호담한 스승을 닮아 중간지대도 몰랐다.

루터는 『구약성서』를 늘 지니고 다녔다. 언젠가 "들어서 드십시오, 이것은 나의 몸이니" 하는 마지막 만찬에서 있었던 성체 제정의 이야기가 화제에 올랐을 때 츠빙글리가 말했다. "이 말씀은 일종의 비유이며 기호로 이해해야 합니다." 이에 루터는 "나인, 나인!" 하고 소리 지르며 노발대발했다. 루터는 직정경행(直情徑行) 직주(直走)의 인간으로 그의 심중에는 조절이나 뉘앙스라는 단어가 없었다. 사고는 충동적이며 그를 움직인 것은 무의식의 힘이었다. 그만큼 그의 사업은 교조적·종파적이었으며 이데올로기적이었다.

"나의 양심은 신의 말씀에 붙잡혀 있다." 루터는 자기 자신이 시대의 정신이며 진실이라는 확신을 갖고 행동했다. 독일 전체가 이 마지막 위대한 수도승을 민족의 해방자, 영웅으로 떠받들며 그의 호령에 쏠렸다.

언제부터인가 유럽 사람들은 3명 이상이 함께한 자리에서는 종교 이야기를 금기시하게 되었다. 그들은 종교적 열정이 사람들로 하여금 편을 가르고 집단적인 광신을 낳는다는 사실, 성 바르텔미의 학살[20] (1572) 그리고 유럽 전체를 종교전쟁으로 몰고 간 30년전쟁(1618~48)의 쓰라린 지난날을 기억하고 있기 때문이다.

이데올로기는 사람을 도그마와 광포로 몰고 간다지만 특히 종파 이데올로기는 더욱 가혹하다고 할 것이다.

---

20) 성 바르텔미의 학살은 프랑스의 가톨릭 정권에 의해 파리의 신교도(위그노)에 대해 저질러진 대학살 사건이다. 미리 작성된 살생부에 의해 1572년 8월 24일 새벽 가톨릭 교도들이 신교도를 습격, 3일 동안 파리에서만 4천 명, 프랑스 전역에서 5만여 명을 학살한 사건이다. 이때 왕족은 개종을 밝혀 죽음을 면했다. 이 대학살은 당시 스페인 왕과 로마 교황을 크게 기쁘게 했으나 이후 프랑스는 치열한 종교내란에 빠졌다. 한편 30년전쟁은 독일을 무대로 신구 두 종파로 나뉘어 유럽 여러 나라를 끌어들인 종교전쟁으로서 특히 싸움터였던 독일의 도시와 촌락의 막대한 피해와 인구감소로 이후 독일은 오랫동안 유럽의 후진국으로부터 헤어나지 못했다.

15 서재의 미학

> 도처에서 나는 편안함을 찾았으나 어디에서도 발견하지 못했다.
> 책이 있는 한쪽 구석을 제외하고는.
> ― 토마스 아 켐피스

책이라는 포도밭

고대 그리스에서 책상물림은 환전상을 가리켰다. 그리스의 철학자란 소크라테스, 플라톤처럼 대개 광장이나 길거리, 심포지엄에서 대화를 즐기는 '말하는' 사람이지 독서인이거나 서재인은 아니었다. 플라톤은 체계를 지향해 방대한 자료를 논리적으로 비교 분석하는 제자 아리스토텔레스를 호모 아카데미쿠스라고 은근히 낮추어 보았다. 유럽 최초의 학자인 아리스토텔레스도 제자와 걸으면서 담론해 소요학파(逍遙學派)로 불리듯 서재인은 아니었다. 바티칸 미술관에 있는 서명의 방 오른쪽 벽에 걸린 라파엘로의 「아테나이의 학당」은 담론하는 철학자로 가득 차 있다.

유럽 최초의 서재와 서재인은 책이 바로 기호이며 상징, 메타포들로 가득 찬 은비한 세계를 이룬 그리스도교적 중세의 산물이었다. 홀로 방에 들어앉아 사색에 잠기고 집필하는 스콜라 학자 보에티우스에게서 우리는 최초의 서재인을 만난다.

여기는 당신이 저의 집에서 가장 확실한 터전으로 스스로 선택한 서재가 아닙니까. 당신은 자주 서재에서 저와 함께 신과 인간의 지식에 관해 이야기를 나누었습니다.

『철학의 위안』을 지은 저자는 그리스도와 독대하는 서재를 가리켜 자기의 '가장 확실한 터전'이라고 말했다. 19세기 프랑스의 시인이며 비평가인 생트 뵈브는 서재를 상아탑(La tour d'ivoire)이라고 표현했다. 이는 보에티우스가 "상아나 수정으로 장식된 그대 서재의 벽"이라고 말한 데서 유래된 것일까.

책을 품에 안은 철학자 그리스도의 도상(圖像)이 아직 낯설지 않았던 중세 초기, 보에티우스의 서재를 다스린 것은 성스러운 문자이자 계시였다. 그러나 스콜라주의적 서재에 변화가 일기 시작했으니 그 계기가 된 것은 12세기 초 사람의 손이 만든 책이라는 '제3의 책'이 출현하면서부터이다.

유럽 최초의 독서론이라고 할 성 빅토르 위그의 『학습론』에 의하면 그리스도는 '말씀'이며 성스러운 책을 통해 '육체'를 지니는 존재이다. 신비주의적 스콜라 학자이며 훗날 성인의 반열에

▲ 서재의 창가에 놓인 책들

오른 위그에게 독서란 『성서』를 받들어 읽음을 뜻했다. 그에게 독서는 영혼의 치유를 위한 순례의 길이었다. 그는 치유를 위한 한가(閑暇)를, 모든 욕망과 단절함으로써 누릴 수 있는 한가를 각별히 강조했다.

책의 모습으로 감추어진 신의 아들의 모습을 찾아내는 독서는 그에게 또한 책이라는 포도밭의 순례이기도 했다. 독서가 그리스도의 말씀에 귀 기울임을 뜻할진대 위그에게 독서행위는 그리스도를 향한 헌신의 행위이다. 그것은 만인에게 주어진 소명이며 특히 수도사에게 독서는 기도와 같이 삶의 존재양식 자체이다.

12세기 말 샤르트르 수도원은 가르쳤다. 정신의 네 계단은 독서, 명상, 기도, 관상(觀想)이다. 이러한 계단을 오름으로써 수도사는 지상에서 천상으로 오른다. 독서는 행복한 삶의 방식을 찾아 구하고 명상이 그것을 발견하고, 기도가 그것을 갈망하고, 관상이 그것을 맛본다.

12세기 중엽에 이르러 독서문화에 큰 변화가 일어났다. 수도사의 독서로부터 학식자의 독서, 공동체의 독서에서 개인의 독서로의 이행을 의미했다. 독서는 가르치는 자의 독서, 배우는 자의 독서, 즉 스콜라(학교)적 독서와 기도하는 자, 명상하는 자의 독서로 나뉘었다. 시대 전체가 아직 신앙으로 아로새겨진 12세기 위그의 시대에서 철학적 탐구는 바로 수도사적 삶을 의미했다.

13세기에 이르면 철학적 탐구와 수도사의 삶은 나뉘게 된다. 학습의 세계에서 신앙의 빛과 이성의 빛의 구별이 생겨나는 것이다. 그에 더해 삶의 존재양식이던 독서가 연구와 취미의 독서로 탈바꿈한다. 이 시기는 서적문화의 중심이 수도원에서 도시의 대학, 그리고 궁정으로 옮겨지는 시기와 일치한다.

이제 성스러운 독서라는 말이 사라지고 독서는 탐구라는 지적 행위가 되어갔다. 이렇듯 독서와 책의 존재론적 양식의 변화는 스콜라주의적 서재에 새 바람을 불어넣었다. 13세기경 혼자서 읽는 책이 출현하면서 서재는 연구하는 곳(studium)으로 불리게 되었다.

도처에서 나는 평안함을 찾았으나 어디에서도 발견하지 못했다. 책이 있는 한쪽 구석을 제외하고는.

『성서』에 이어 그리스도교의 고전으로 가장 많이 읽혔다는 『그리스도를 본받아』(1472년경)의 저자이자, 대단한 애서가였던 토마스 아 켐피스는 책이 있는 곳에서 천당을 보았던 것이다.

16세기 인문주의적 르네상스 속에서 태어난 '개인'과 더불어 주택구조가 바뀌었다. 지난날 가족이나 방문객으로 북적이던 공용의 큰 홀은 이제 저마다의 삶의 공간인 개인의 방으로 나뉘었다. 그리고 17세기 독서계층의 출현은 개인적으로 독서하고 사색하고 글을 쓰는 서재를 일반화시켰다.

식사나 일상적 잡무, 그리고 독서 때에도 쓰이던 어제까지의 다목적 테이블과는 다른 책상(writing table)과 책장, 서가가 중요한 가구로 선보이는 것도 이 무렵이다. 당시 서재는 화가들의 좋은 화제(畵題)가 되었으니 그만큼 책이 놓인 공간은 '개인'이 태동한 시대의 심상풍경을 잘 나타내기도 했다.

서재를 묘사한 당시의 그림 중에서 특히 우리의 관심을 끄는 것은 뒤러의 동판화 「서재의 성 히에로니무스」(1514)이다. 이 작품에 대해 도상학적 미술사가인 파노프스키는 뒤러의 또 하나의 작품인 「기사, 죽음과 악마」(1513)와 대비해 위험한 미로에 빠져들고 있는 기사와 그와는 전혀 다르게 서재에서 자신의 세계에 몰두하는 평화로운 학자를 비교하면서 서재를 다음과 같이 묘사했다.

> 그리스도교의 학자, 사상가는 정리된 서재의 따뜻하고 밝고 평화로운 은신처에 살고 있다. 방은 완전히 독립되어 칸막이에 의해 이웃으로부터 나뉜다. 승원(僧院)의 남쪽 벽에 뚫린 위가 둥글고 세로로 뚫린 창에 면해 있다. 아주 검소한 방으로 기분이 좋은, 필요한 것뿐만 아니라 믿음과 학구적인 생활에 약간은 쾌적하기도 하다. 그 분위기는 번역할 수 없는 독일어 gemütlich(편하고 친밀한), stimmungsvoll(기분이 좋은)로써만 표현될 수 있다. 작은 책상은 큰 테이블 위에 얹혀 있고 거기에는 잉크병과 십자가상이 놓여 있을 뿐이다. 글쓰기에 열중해 그는 자신만의 사상과 자신만의 동물들과 자신만의 신의 세계에 홀로 잠겨 있다.

인식의 최고 단계로서 무지의 지(docts ignorantia)를 받든 니콜라우스 쿠자누스는 책에 의해 지식을 얻는 자에게 지를 탐구하는 자의 최상위 자리를 주지 않았다. 신학자이기에 앞서 철학자였던 그에 대해 야스퍼스는 말했다. "쿠자누스에 의하면 진리는 노상이나 시장 등 옥외에서 찾는 것으로서 해박한 지식 속에서 호소하는 것이 아니었다. 쿠자누스는 단지 배운 지식일 뿐인 박식에 반대하고 체득의 근원성을 욕망했다."

"인간이 쓴 책과는 구별되는 자연과 세계라는 책, 세계의 책"이라는 쿠자누스의 관념은 그가 스콜라적인 서재인이 아니라 '광장'의 소크라테스의 후예임을, 르네상스 인문주의자의 선구자임을 또한 말해준다.

무지의 지를 귀히 여긴 쿠자누스는 그가 메모한 많은 글자로 메워진 장서를 갖춘 서재인이었다. 스콜라학의 전통과 신플라톤파를 이어받은 크자누스의 서재에는 『성서』와 교부들의 저술과 함께 플라톤과 아리스토텔레스, 키케로와 베르길리우스 등 그리스·로마 고전도 여러 권 있었을 것이다. 스콜라학이라는 권위, 엄격한 규범과 체계가 다스리다시피 한 시대에 어리석은 자가 학자를 비판하는 『우자(愚者)의 생각』을 저술한 그의 유연하고 유머러스한 사고와 정신. 그는 서재 속에서 정말 유유자적함을 누린 것일까.

중세인 중에서 특히 그 서재를 찾아가보고 싶은 인물은 1500권이나 되는 방대한 장서를 지녔던 리처드 드 베리 주교이다. 국새상서(國璽尚書)라는 최고위직을 지낸 그는 유럽 사상 최초의 책 예찬서 『필로비블론』(애서가, 1344)의 저자이다. 이것은 오늘날에도 애서가의 바이블로 일컬어진다. 그는 책 사랑의 열정을 토로했다.

유서 깊은 고서적에서 나는 언제나 헝가리 왕의 서재에 인도된 브라시카니스와 같은 마음을 느낀다. 즉 세계에 있는 것이 아니라 천국에 있는 것이다. 이 천상의 사랑은 지상의 모든 것을 잊게 하고 책 수집의 열정에 전적으로 몸을 바칠 만큼 강렬하다.

책을 타넘지 않으면 침대에 갈 수 없었을 만큼 그의 서재는 책으로 난잡했던 모양이다.

책의 보존에도 여러 수도회는 경건한 태도로써 마음을 쓰고 유일한 보배처럼 책과의 교류에서 기쁨을 찾았다. 어떤 이는 성무 일과의 짬짬이 집필하고 또 어떤 이는 쉬는 시간 틈틈이 책 제작에 몰두한다. 이와 같은 그들의 노력 덕분에 오늘날 많은 수도원에는 천사와 같은 문자로 가득 찬 귀한 보배가 빛을 발하고 학생들에게 구원의 지혜를 주고 신도들이 걸어야 할 길에 즐거운 빛을 던져주고 있다.

중세의 책의 공방인 수도원의 사본실에 대한 찬가이다. 사본실은 바로 도서실, 즉 서재이기도 했다. 행위와 관조가 서로 나누는 기쁨에 가득한 집, 사본실 찬가는 『필로비블론』을 지은 저자의 서재예찬이었다.

르네상스 시대의 장서가들 이야기

반듯한 독서인이란 애서가이다. 우리는 애서가가 되면서 자신만의 도서관을 세우기를 꿈꾸며 내가 성주인 서재를 갖기를 원한다. 서재를 갖춘 서재인이란 먼저 독서인이며 애서가이다. 아무리 귀한 책으로 가득 찼다고 하더라도 그 방 주인이 반듯한 덕서인 애서가가 아니라면 그것은 서재가 아니다. 그러므로 우리는 함부로 '서재' '서재'라고 부르지 말자.

르네상스 최초 만능의 인간 알베르티는 진정 좋은 가정이라면 건물은 담담하고 아름다운 책을 수집하고 좋은 말을 지녀야 한다고 말했다. 15, 16세기 르네상스의 인문주의자들은 단테, 보카치오 특히 페트라르카가 그러했듯 대개 애서가였다. 그러나 책이 아직도 금은보석처럼 비싸고 희귀했던 시대에 장서가 대다수는 왕후 및 고위 성직자였다.

유럽의 왕실 중에서 장서가를 제일 많이 배출한 것은 프랑스의 왕실이었다. 최고의 호화 미장본으로 알려진 『호화시도서』로 유명한 베리 공 장 드 프랑스와 그의 형 샤를 5세도 대단한 장서가였다. 그러나 르네상스 시대 최대 독서인, 애서가는 단연 페트라르카였다. 그는 그리스·라틴어 고전을 찾아 산간벽지의 수도원을 찾아다녔다. 막역한 친구 사이였던 보카치오가 생활고에 시달릴 때 그의 장서를 매수하고, 자기의 장서와 함께 공유재산으로 삼으며 자기 집에서 함께 살기를 제안하기도 했다. 이 대단한 애서가는 애독서인 그리스 책(사실 그는 그리스어를 읽지 못했다)

으로 얼굴을 가린 채 숨을 거두었다.

역대의 교황 중에도 장서가가 많았다. 유명한 장서가 교황 인노켄티우스 10세에게는 도벽이 있었다. 그는 주교로 있을 때 어느 화가의 화실을 방문하고 『트리엔트 공회의사』를 옷 밑에 숨겼다가 발각되어 화가로부터 몽둥이질을 당했다. 그런데 그 이름난 화가도 책 도벽이 있었다. 어쩌면 당시 애서가·장서가에게는 책 도둑의 '기술'이 필요했는지 모른다. 그런데 인노켄티우스는 잘 알려진 도벽에도 불구하고 훗날 교황이 되었다. 그 존엄한 바티칸에서도 책 도둑은 도둑이 아니었던가. 참으로 유쾌한 이야기이다.

15, 16세기 장서가 및 장서문화의 태동과 더불어 장서표를 뜻하는 엑스 리브리스(ex libris)가 나타났다. 엑스 리브리스라는 라틴어는 (아무개의) 장서에서, 책 중에서라는 뜻이다. 장서표는 목판 종잇조각으로, 책의 타이틀 페이지 뒷면 혹은 안 겉장에 붙여 소장자를 밝힌다. 장서표에는 소장자가 즐기는 도안과 그 아래 혹은 위로 'ex libris'라는 문자와 소장자의 이름 그리고 때로는 책에 관한 명구를 새긴다.

장서표의 디자인에는 책이나 초상, 꽃과 동물 그리고 우의적(寓意的)인 것이 쓰였으며, 왕후 귀족들은 즐겨 가문의 문장(紋章)을 썼다.

동양에는 장서표가 없었다. 대신에 사대부 선비들은 예로부터 소장본에 장서인(藏書印)을 즐겨 사용했다. 장서인에는 본명이나 아호가 새겨졌다. 소재로는 옥돌·금속·뼈·조개·대나무 등이 사용되었다. 그 자체가 멋스럽고 풍아(風雅)해 공예품으로도 귀

장서표인 엑스 리브리스

히 여겼다.

장서표는 소장본과 더불어 신분의 상징 혹은 교양의 징표였으니, 그 제작에는 뛰어난 화가, 판화가가 참여했다. 뒤러는 적어도 여섯 편의 장서표 목판화를 제작한 것으로 알려져 있다. 그를 본받아 한스 홀바인, 크라나흐를 비롯한 동시대의 뛰어난 화가들도 장서표를 만들었다. 이러한 전통은 오늘날에도 이어지고 고명한 화가가 만든 장서표는 애서가, 장서가가 탐내는 예술품이다.

그런데 장서표를 장식하는 디자인 못지않게 우리의 흥미를 돋우는 것은 거기에 새겨진 명구들이다. 명구로는 책에 바치는 헌사와 더불어 소장자가 제3자를 의식해서 써넣은 경구(警句)도 더러 있다.

'악한 자는 책을 빌리면서도 갚지 않는다.' 『구약』「시편」에서 옮긴 이 문구는 지난날 장서표에 가장 많이 쓰인 경구이다. 18세기 초 프랑스의 어느 장서표에는, 백합꽃과 벌이 나는 디자인 아래에 다음과 같은 구절이 새겨졌다. "이 책을 이용하라. 그러나 혹사하지는 말지어다. 꿀벌은 백합을 더럽히지 않으며 단지 맛만 보고 물러가느니." 서음(書淫)을 경계한 말일까.

장서표의 명구 중 감동을 주는 글귀는 프랑스의 애서가이자 장서가이며 제본업자들의 패트런이기도 했던 장 그롤리에가 장서에 새긴 '그롤리에와 그의 벗들의 것'이라는 명구이다. 그는 장서를 자기 자신과 책을 사랑하는 모든 이의 공동 자산으로 여겼다. 그 반듯한 마음가짐에 탄복해 동시대를 살았던 에라스뮈스는 그에게 보낸 편지에서 "책은 미래에 그대에게 무한한 영광을 주리라"라고 말했는데, 바로 적중했다. 그롤리에를 본받아 유럽의 많은 애서가는 장서표에 즐겨 그 구절을 새겨놓았던 것이다. 오늘날 영국 도서관에는 20만 장의 옛 장서표가 소장되어 있다니, 유럽 책 문화의 깊이를 보는 듯해 참으로 부럽다.

진정한 애서가, 참된 장서가란 책을 책인 까닭에 사랑하고 갖기를 원하는 사람이다. 책의 내용과는 상관없이 책의 지질, 인쇄, 장정 등 책에 휘감긴 모든 것을 사랑하고 귀하게 여기며 서재 속에서 책과 마주칠 때 참으로 가인(佳人)과 함께 있는 연호정수(娟好靜秀) 놀이의 희열을 맛본다.

장서가란 이른바 모든 콜렉터가 그러하듯 탐욕스런 밀렵자이다. 더욱이 책의 세계란 성속(聖俗)을 가리지 않는 무한의 세계. 장서가를 둘러싼 이야기에는 때로는 엽기적인 이야기가 따라다닌다. 그 범인들을 책 숭배자(bibliolater), 책 병자(biblioloigos), 서적마(bibliodemon), 책 도둑(bibliokiept), 책 파괴자(bibliogkthor)라 했던가. 서치(書癡), 서음(書淫), 서광(書狂), 서벽(書癖)이라는 표현이 말하듯이 우리의 전통사회에도 책에 미친 사대부 선비들이 많았다. 이 세상 무엇보다 책을 사랑하는 애서가의 명정(酩酊)은 아름다운 악덕, 젠틀한 광기(gentle madness)라지만, 죽음에 이르도록 치유되지 않는 그 광기는 책의 벗인가, 아니면 책의 적인가.

르네상스 시대의 독일 시인 제바스티안 브란트는 시대의 악덕과 어리석음을 뒤러의 삽화를 곁들여 풍자한 일종의 바보극(sottie) 『바보들의 배』(1494)에서 첫 번째 바보로 '무용지물의 책'을 귀히 간직하는 장서가를 들고 있다.

> 하느님 들먹이는 책이 사해만방에 넘쳐나네.
> 영혼을 구제한답시고,
> 성서와 교부들의 가르침 하며
> 그렇고 그런 책이 쏟아져 나오네.
> 참으로 괴이한 것은,
> 그리 좋다는 책을 읽고도 개과천선은커녕
> 되레 성서와 교훈서를 깔보니
> 세상이 캄캄한 밤에서 헤어나지 못하고
> 죄악을 끌어안고 산다는 사실이라네.
> 골목과 거리마다 바보들이 우글대며
> 처소를 가리지 않고 바보짓을 벌이지만
> 귀한 말씀을 들을 귀는 꽁꽁 틀어막았다네.

왕후 귀족의 서재

전사(戰士) 출신인 유럽의 왕후 귀족에게 책은 읽기 위해서라기보다 권세를 나타내기 위한 일종의 상징, 장식물이었다. 15, 16세기 르네상스 이후 궁정귀족 사회에서는 문고와 서재를 꾸미고 장서를 과시하는 일들이 풍속처럼 나타났다. 대표적인 것은 메디치가 코시모의 장서인데, 그 문고를 중심으로 라우렌치아나 도서관이 세워졌다(1534).

미켈란젤로가 설계해 예술작품으로도 건축사에 이름이 높았던, 파리 교외 퐁텐블로에 있는 프랑스 르네상스를 상징하는 제왕 프랑수아 1세의 서재. 그곳을 찾은 필자로 하여금 장서 자체의 존재를 한참 잊게 할 만큼 아름다워 '천국은 도서관 모양이리라'는 시를 잠시 떠올렸다.

17세기에 연이어 출현하는 공공도서관은 프랑스의 재상이며 대장서가였던 마자랭이 세운 마자랭 도서관에서 볼 수 있듯이 대개 왕후 귀족의 장서와 서재가 모태가 되었다. 왕후들은 궁정을 장려하게 갖추듯 아름다운 극장과 함께 도서관을 치장하고 세웠다. 그렇다지만 역전의 싸움터에서 백발이 된 프리드리히 대왕이 베를린 시 변두리 포츠담 상수시 궁전 서재에서 독서인, 애서가가 되어 좋아하는 프랑스 작품에 잠겨 시름을 잊은 듯 적잖은 왕후들이 서재 속에서 한가한 자유를 즐겼을 것이다. 학습하고자 하는 모든 사람을 위해 개설한 공공도서관이 출현하면서 책은 더욱 공공성을 띠게 되었다. 책의 전당은 문필가를 크게 떠받들어 옥스퍼드의 보들레이언 도서관의 벽은 고전작가, 교부, 신학자, 17세기까지의 학자 등 200명의 초상화가 그려진 벽화로 장식되었다.

루이 14세 시대 건축가인 마로의 동판화에 「도서실의 내부」라는 작품이 있다. 홀처럼 넓은 방, 돔 양식의 천장. 방 왼쪽의 창은 햇빛을 끌어들인다. 같은 왼쪽 구석진 벽 쪽으로 서 있는 난로 위에는 큰 그림이 끼워져 있으며 난로의 선반에는 시계가 놓여 있다. 그 밖의 모든 벽은 책으로 가득 찬 서가이다.

난로 앞에 놓인 책장과 의자도, 서가 위에 나란히 놓인 지구의(地球儀)도, 저술가들의 토르소도, 눈에 띄지 않을 만큼 호화 미장본도 참으로 장관을 이루고 있다. 바로크 양식을 띠는 귀족의 전형적인 서재이다. 아리스토텔레스의 토르소 밑에 그의 저작이 놓여 있듯이 여러 문필가의 상반신 상은 책을 분류하는 기능을 한다. 16세기 이후 유럽 귀족들은 이상과 같은 바로크풍 서재를 즐겨 만들었다.

마키아벨리와 몽테뉴의 서재

　숲을 지나 샘으로 향하고 거기에서 다시 새를 잡는 곳으로 간다. 호주머니 속에는 책이 있다. 단테, 페트라르카, 때로는 티불루스, 오비디우스 같은 군소 시인인 경우도 있다. 그들의 연애와 열정을 탐독하고 나 자신 지난날의 열정도 돌이켜 보면서 기분 좋은 한때를 보낸다. 그러고는 길가 선술집으로 자리를 옮겨 마주치는 사람들과 말을 주고받고 근황을 묻고 갖가지 일에 귀를 기울이면서 인간의 기호와 상상의 다양함에 새삼 놀란다.

　저녁이 되면 집으로 돌아와 서재에 틀어박힌다. 반듯하게 앉아 고대인과 마주치는 옛 궁정에 들어서면 궁정도 따뜻이 나를 맞아 준다. 거기서 이것이야말로 단 하나 나의 것, 그것을 위해 태어났다고 여겨지는 먹을거리를 양껏 먹는다. 기가 죽는 일도 없이 그들과 이야기를 나눈다. 그렇게 네 시간, 조금도 지루하지 않고 모든 걱정일랑 잊는다. 가난에 대한 불안도 죽음에 대한 두려움도 없다. 몸과 마음 모두를 바쳐 그들의 세계에 몰입한다.

1513년 12월 10일 피렌체에서 추방당한 마키아벨리가 잠시 머문 농원에서 한 친지에게 보낸 편지이다. 『군주론』의 저자는 뛰어난 인문주의자이며 교양인이었다. 파란 많았던 정치생활로 인해 망명한 시골에서도 서재를 꾸미고 모처럼 서재인의 한가를 얻어 그 즐거움을 토로한 글이다.

유럽의 책에는 중세 사본시대부터 호화미장본이 많다. 책의 장정에는 왕후귀족뿐 아니라 일반 독서인, 애서가도 크게 마음을 썼다. 영국의 관료 출신으로서 해군대신에 오른 피프스가 암호와 속기체로 기술한 『피프스의 일기』에는 장서를 둘러싼 이야기도 많다.

1665년 1월 어느 날, "책방에 가서 내 고본의 새 장정을 위해 빈틈없이 지시를 했다. 아주 일부를 제외하고 책 전부를 같은 장정으로 꾸밀 예정이다." 그리고 2주 뒤의 일기이다. "서재에 내려가서 새 책에 파묻힌다. 내 서재의 책이 거의 같은 표장으로 되어 있음은 즐거운 볼거리이다." 그로부터 1년 반 뒤인 8월의 일기이다. "성 폴 성당 경내에 가서 제본점 주인과 교섭을 한다. 모든 책의 표지에 금박을 씌우기 위해 그를 집에 부르기로 한다. 새 서가가 서재에 놓여 책을 거기 넣으면 보기가 좋을 것이다."

다시 몇 주일 뒤의 일기이다. "내년에 대비해 책장의 책을 정리했다. 일 년 사이에 책이 아주 많아져 좋은 책을 구분해두려면 책을 정리해야겠다. 책장에 담겨진 이상의 장서를 지닐 마음이 없

괴테의 서재

어서이다."

1702년에 피프스의 서재를 찾은 방문객은 금박을 칠한 유리창이 달린 9개의 책장이 나란히 놓여 있는 것을 본다. 그에 의하면 책은 "잘 정돈되고 목록을 보고 난 하인은 어느 책이건 눈을 가린 채라도 찾을 수 있었다." 이 서재의 주인은 1673년에 해군대신이 되는데 그는 출세할 때마다 장서와 서재를 새로 단장했다고 한다. 밖에서는 가족이나 친지와 만나는 장소로 서점을 애용했다. 피프스의 장서 이야기에 접하면서 몇 해 전 그의 『일기 초록』을 재미있게 읽으면서도 느끼지 못했던 그에 대한 호감을 새삼스럽게 가슴에 새겼다.

18~19세기 프랑스의 작가 메스트르는 아름다운 소품 『내 방을 둘러싼 여행』에서 말했다.

(내가) 내 방을 여행함으로써 발견하는 쾌락은 타인의 짜증스러운 질투를 받을 염려가 없다. 사실 몸을 도사리고 세상의 눈을 피해 숨을 집을 갖지 못하는 것만큼 불행하고 버려진 인간이 달리 있을까. 그처럼 숨을 곳만 있다면 나그네 길을 떠날 준비는 갖춰졌다고 할 수 있을 것이다.

메스트르는 서재에서 여유와 기쁨을 만끽한다.

공간과 시간을 가리지 않고 (여기에서) 나는 부족함이 없다. 호메로스, 베르길리우스를 따라 나는 나의 존재를 거기로 옮긴다. 예와 오늘, 이 두 시간 사이에서 일어나는 모든 시간, 멀고 가까운, 이 두 제한 사이에 존재한 모든 국가, 세계, 생물은 나의 것이다.

이제 유럽 제일의 서재인으로 받들 만한 몽테뉴의 서재를 찾아가보자. 몽테뉴, 『수상록』의 저자는 독서인이며 애서가 그리고 대단히 반듯한 서재인이었다. 그는 공직의 나날 속에서 염원했던 자유롭고 조용하고 느긋한 삶을 누리기 위해 고향에 돌아와 서재를 꾸몄다. 주인의 안내에 따라서 그의 서재를 들여다보자.

서재는 원형이며 나의 테이블과 의자만 직선을 이루고 있다. 내 자리를 빙 둘러싸고 벽을 따라 5단으로 나란히 꽂힌 장서는 모두 한눈에 들어온다. 서재 안에서 세 방향으로 풍족하고 넓은 바깥 풍경이 바라다 보이고 실내는 지름 16걸음 가량이다. 여기야말로 바로 나의 성이다. 이 한구석만은 부부, 부모와 자식, 그리고 시민과의 공유(公有)로부터 격리하고자 한다.

나는 서재에서 생애의 많은 나날과 하루 대부분의 시간을 보낸다. 모든 은둔처에는 산책로가 필요하다. 나의 사상은 앉은 채 두면 잠든다. 내 정신은 발에 따라서 흔들리지 않으면 나아가지 않는다. 책 없이 공부하는 사람은 모두 그러하다.

몽테뉴는 막대한 유산을 상속받은 부자였다. 귀족들처럼 호화로운 서재를 꾸밀 수 있었다. 그러나 그의 서재는 수도승의 방처럼 검소했고 그는 마치 등대지기와 비슷한 당(堂)지기였다. 그만큼 그는 서재인의 반듯한 자유와 고독한 놀이를 바랐던 것이다.

집에 있으면 나는 자주 서재에 틀어박힌다. 서재에서 때로는 이 책을 때로는 저 책을 순서도 목적도 없이 골라서 읽는다. 또 때로는 몽상하고 때로는 기웃거리면서 여기(『수상록』)에 있는 것과 비슷한 두서없는 꿈을 꾸기도 한다.

책은 언제나 내 곁에 있다. 원할 때에는 언제나 나를 즐겁게 한다.

나는 이 책에 싫증이 나면 저 책을 펼친다. 달리 아무 일도 하고 싶지 않은 권태감에 빠지지 않고는 독서에 몰두하지 않는다. 새로운 책은 별로 좋아하지 않는다. 옛날 책들이 훨씬 충실하고 힘차게 여겨지기 때문이다.

내가 책을 찾는 것은 오직 거기에서 반듯한 놀이의 방식과 조그마한 즐거움을 찾고자 하는 데 지나지 않는다. 책을 통해서 연구도 하지만, 나는 거기에서 어떻게 하면 나 자신을 알 수 있는가 하는 생각을 갖고 죽음과 삶을 가르치는 훌륭한 학문만을 찾고자 한다.

몽테뉴는 삶과 동떨어진 사유나 학설을 거짓학문으로 비웃었으며 교사인 체하는 학식을 혐오했다. 즐거운 놀이로서의 독서, 인간과 자신에 대한 탐색, 이것이 몽테뉴가 책에 바란 알파이며 오메가였다. 모럴리스트인 그는 삶을 즐기고 귀히 여긴 독서인, 서재인이었다.

몽테뉴는 약 천 권이라는 당시로는 아주 방대한 장서를 지녔다. 그중 그는 그리스와 로마 고전의 풍요로운 바다에서 독서의 나날을 즐겼다. "역사는 내가 가장 잘 얻어내는 수확물이다. 그리고 나는 시에 특별한 애정을 기울인다." 몽테뉴가 자주 가까이한 역사가는 카이사르와 살루스티우스, 타키투스이며, 특히 플루타르코스를 좋아했다. 『영웅전』은 언제나 몽테뉴의 책상 위에 놓여 있었다.

플루타르코스 다음으로 몽테뉴의 애독서는 세네카의 저작들이었다. 한편 '새로운 책'의 작가, 몽테뉴와 동시대의 저작자로 그의 관심을 끈 것은 에라스뮈스, 토머스 모어, 보카치오, 라블레 그리고 종교전쟁의 참상과 성직자의 부패, 칼뱅파의 광신을 비판한 시인 롱사르 정도였다. 반듯한 서재인들이 그러하듯 몽테뉴도 독서의 세계에서는 고전주의자였다.

명창정궤의 미학

유럽의 여러 서재를 찾아다니다보니 우리 옛 선비들의 문방(文房) 서재가, 명창정궤(明窓淨几)의 아우라가, 서재 미학이 사무치도록 그리워진다. 선비들의 삶의 양식의 상징인 문방, 그것은 먼저 자연의 아름다움과 깊이 연을 맺었다.

산수 간에 사는 것이 가장 좋다. 다음은 마을, 다음은 교외에 사는 것이 바람직하다. 우리는 산림에 은둔해 한대의 은자(隱者) 뒤를 따를 수는 없다. 도시에 살기 때문에 뜰은 전아하고 깨끗하고 방은 정갈하고 안정되어야 한다.

정자는 무엇에도 구애받지 않는 유유자들의 선비 생각을 갖추고 재각은 유원한 인물의 경지를 지님이 좋다. 또 가목기죽(佳木奇竹)을 심고 금석도서(金石圖書)를 나란히 놓아야 한다. 여기에 오래 사는 이에게는 나이 먹음을 잊게 하고 묵는 이에게는 돌아감을 잊게 하고 놀러온 이에게는 권태를 잊게 한다. 더운 여름에도 훌쩍 바람이 일 듯 시원함을 느끼게 하고 혹한에도 따뜻함을 베풀 수 있다.

중국 명대의 문인 문진형(文震亨)이 저술한 『장물지』(長物志) 중 문인의 가옥에 관한 구절이다. 이 가옥은 바로 서재를 뜻한다 해도 좋을 성싶다.

같은 명대의 문인 고렴(高濂)은 이상적인 서재를 다음과 같이 그리고 있다.

서재는 밝고 조용한 것이 좋다. 너무 넓어도 좋지 않다. 밝고 깨끗하면 정신을 상쾌하게 한다. 너무 활짝 열려 있으면 눈이 나

우리 옛 선비의 문방

빠진다.

창을 제외한 바깥의 벽에는 사철나무와 담쟁이덩굴이 뻗어가게 하고 가운데 뜰에는 소나무 노송나무의 분경(盆景) 혹은 건난(建蘭)을 나란히 하고 그 둘레에 취운초(翠雲草)를 심으면 번성하고 푸르름을 더한다.

서재 곁에는 벼루 씻을 연못을 하나 마련하고 창 가까이에 작은 연못을 만들어 금붕어를 5~7마리 기른다.

이어서 서재에 갖출 가구, 세간, 좌우 서적에 관해 길게 이야기했다. 그는 언제까지나 서재에 앉아 긴 밤에는 등을 밝혀 마음을 가다듬고 남은 삶을 소요하며 천명을 다하기를 바랐다. 자연에 둘러싸인 명창정궤야말로 우리 옛 선비가 그렸던 서재의 참 그림이 아니었던가. 산림 속 은둔과는 멀고 먼 우리네, 꿈은 그런 대로 꾸어본다.

백추(白秋)의 여인이 옷장을 뒤지며 지난날을 회상하듯, 나는 어쩌다 책장을 뒤지면서 책들과 만나고 함께한 지난날을 돌이켜본다. 요즘에는 나를 에워싼 많은 책 속에서 때때로 큰 상실감을 맛본다. 이러한 감회는 어디에서 오는 것일까. "결국 세계는 한 권의 아름다운 책에 이르기 위해 만들어졌다"고 읊었던 말라르메의 말이 떠오른다(참, 그의 서재는 어떠했을까).

문을 열면 눈에 들어오는 사방탁자며 문갑, 그리고 책 한두 권이 놓인 경상(經床), 그 사이사이에 얌전히 제자리를 차지하고 있는 문방사우와 다기(茶器). 여기에 백자 항아리나 분청사기, 혹은 유럽 중세 사본의 파지 일엽이라도, 그에 더해 윌리엄 모리스의 켐스콧본과 같은 옛 희귀본이 한 권이라도 서가에 놓여 있다면 그 호사에 무엇을 더 바랄 것인가.

  시정(詩情) 시흥(詩興)이 빛을 잃은 이 상실과 결핍의 시대에 서재는 진정 유일한 안식처, 귀착지가 될 수 있을까. 몇천 권의 책을 가까이함은 진정 '한 권의 책'을 만나기 위함이거늘, 아직 그 한 권을 찾지 못한 자괴의 안타까움을 감출 수 없다.

16 근대소설과 변신하는 여인

세상의 끝으로, 다시는 마농과 떨어지지 않을 곳으로 가자.
이 아름다운 여인은 완전한 내 영혼의 주인.
존경과 사랑에 속하지 않는 감정은 단 한 번도 품지 않았다.
🖋 「마농 레스코」

세계는 남성의 것이었다

그리스도교 초기의 교부들은 뛰어난 저작활동과 삶의 성성(聖性)으로 유럽 중세를 통해 교회와 신도를 이끈 큰 스승이었다. 그 교부의 한 사람이며 헤브라이 및 그리스 종교문화의 계승자인 성 히에로니무스는 로마의 귀부인들에게 딸의 교육에 관해 많은 편지를 보냈다. 두고두고 그리스도교 세계의 여성교육 교본이 되는 그 편지의 키 콘셉트는 "모든 악은 여성으로부터 온다"는 것이었다. 여성이 바로 죄와 타락의 화신이라는 중세 1천 년의 이미지는 미의 여신 아프로디테를 그토록 찬탄한 고대 그리스·로마에서도 크게 다르지 않았다.

고대 그리스·로마는 남성 중심, 여성 멸시의 사회였다. 그러한 풍조는 아테나이의 민주정이 확립된(기원전 6세기) 이후 더욱 심화되고 여성은 자유인이 누린 폴리스의 공적 세계에서 철저하게 배제되었다. 기혼, 미혼의 구별 없이 여성에게 가장 바람직한 것은 은밀한 삶이었다. 로마법도 여성을 남성의 후견 아래 두었다.

호메로스나 소포클레스에게는 남녀의 사랑을 주제로 삼은 작품이 없다. 사랑의 신 에로스를 찬미하는 플라톤의 『심포지온』에서도 우리는 여성에 대한 사랑 이야기를 듣지 못한다. 아테나이의 철학자, 귀족들이 즐겨 누린 살롱풍의 향연에서도 여성의 모습을 볼 수 없다. 그들이 사랑한 대상은 미동(美童)이었다. 여성에게 요구된 것은 수줍음과 절도일 뿐 아름다움도 감성도 아니었다. 그래서 "그리스 여인에게 청춘이라는 것은 없다"는 말이 나왔다.

일반 여성과는 달리 귀족과 교양인들의 주연(酒宴)에서 시중을 드는 고급 기녀를 의미한 헤타이라(hetaira)의 지위는 놀랄 만큼 높았다. 수사가(修辭家)이며 정치가인 데모스테네스는 "우리는 정신적 쾌락을 위해서는 고급 기녀를, 육체적 쾌락을 위해서는 첩을, 아들을 얻기 위해서는 처를 둔다"고 말했다. 고급 기녀의 대표격은 재색을 두루 갖추고 두 권의 저서를 내기도 한 아스파시아였다. 그리스 정치가인 페리클레스는 아내와 이혼하고 그녀와 결혼했다. 그녀의 법적 지위는 첩이었으나 페리클레스는 그녀 사이에 낳은 아들을 국법을 어기면서 적자로 삼았다. 아스파시아는 페리클레스가 죽은 뒤 민중파의 수령 리시클레스의 첩(애인)

▲ 번 존스, 「황금의 계단」

이 되었다.[21]

어디 그뿐인가. 완벽한 아름다움과 우아함의 규범으로 만들어진 기원전 4세기 아프로디테상의 모델은 바로 고급 기녀였다.

그리스·로마시대 여성의 교양은 어떠했을까. 키케로는 "여성은 밖으로 나가 사람들과 별로 이야기를 나누지 않으므로 애초에 (어머니로부터) 배운 화법 그대로 순수하게 이야기하게 마련이다"라고 말했다. 그러나 특별한 예외가 없지도 않았다.

> 뮤즈는 아홉이라 말한다만, 이 무슨 허튼소리! 보게나, 사포가 열 번째 뮤즈인 것을.

귀족 출신인 사포는 결혼 후 남편이 사망하자 에게 해 레스보스 섬에서 시를 지으면서 소녀들에게 음악과 춤을 가르쳤다. 이른바 레즈비언(lesbian)이란 용어는 레스보스에서 사포가 가르친 소녀들에 대한 애정을 일컫는 데서 유래한다. 그러나 그녀는 동성애자가 아니었다. 서정시의 창시자인 그녀는 레스보스에서 여성들과 함께 나눈 삶의 기쁨과 이별의 슬픔을 노래하는 한편 남성에 대한 열렬한 사랑의 시를 썼다. 사포가 지은 시의 가장 큰 주제는 에로스적인 사랑이었다.

---

21) 남성으로부터 유일하게 인격적 대접을 받은 그리스 사교계의 고급 기녀의 지위는 우리를 18세기 프랑스의 한 고급 기녀가 살롱 귀부인으로서 자신의 살롱에 당대 최고의 인사들을 단골로 끌어들인 사실을 상기시킨다. 유럽 사교문화의 한 단면을 시사해 자못 흥미롭다.

「소크라테스와 아스파시아」(1810년경)

그대와 마주 앉아, 그대 곁에 붙어 앉아

그대 사랑스러운 말소리에 귀 기울이고

매혹적인 웃음소리 귀 기울여 듣는 남자.

그 남자는 누구든

내 보기에는 마치 신과도 같네.

그 때문에 내 가슴에서 심장은 마구 뛰어오르지.

그대를 볼 때마다

치열한 사랑은 에로스에 담겼다.

온 몸을 녹이는 이 에로스가 나를 휘젓네.

살그머니 기어든 달콤쌉쌀 막무가내의 존재.

 각별한 예외는 옛 로마에도 있었다. 『연애기법』의 저자인 오비디우스이다. 오늘날에도 뛰어난 고전으로 손꼽히는 『변신 이야기』의 저자이기도 하다. 로마의 시인 중에는 독신자가 많았는데 그중에서 오비디우스는 세 번이나 결혼하고 자기의 묘비에 스스로를 '다정한 연애의 놀이꾼'으로 새긴 끼 많은 시인이었다. 관능미를 찬미한 시집으로써 명성을 누리는 한편 『연애기법』을 세상에 내놓아 사랑의 마에스트로로서의 명성을 획득했다. 주제는 자신이 말하듯 "마음에 든 여인을 어떠한 기교로 손에 넣느냐"였다.

 "사랑하는 여인에게는 듣고 싶어 하는 말을 언제나 듣게 하라." "오늘날은 참으로 황금시대이다. 황금이 있는 곳에는 명예가 무리를 짓고 황금이 있으면 사랑도 손에 넣을 수 있다." "사내의 마음을 잡고 싶은 여인은 모든 곳에 들어 앉아 전력을 다해 매력적으로 보이도록 해야 한다."

여인을 찾고 휘어잡는 방법을 남성에게 가르치고, 남성을 농락하는 방법을 여인에게 훈수한 이 반도덕적이고 음탕한 교본은 저 폼페이의 벽화에도 그 구절이 새겨졌다고 하며 결국 오비디우스를 추방의 신세로 몰고 갔다.

전사 집단이 활보한 중세 부권사회에서 귀족가문의 여성들은 어려서는 수녀풍으로 길러지고 가문을 위해 정략적인 결혼을 해야 했으며 남편의 지배 아래 놓였다. 남편이 죽으면(당시 평균 수명은 30~40세였다) 아들이나 남편의 주군(主君)에 종속되어 그 주군이 선택한 사나이를 다시 남편으로 맞아야 했다. 남편은 아내를 하인 다루듯 취급하고 그가 원하면 언제든지 이혼할 수 있었다. '누구의 어머니'란 표현은 있어도 '누구의 아내'란 말은 없었다. "방에 들어앉아 눈에 띄지 않게 마시고 먹고 자수를 놓으며 비단을 염색하라. 그러나 우리 일에는 끼어들지 말라." 이것이 귀족사회의 부부관계였다.

남성 중심의 부권체제의 굴욕에서 여성이 해방되는 길은 수도원으로 들어가는 것이었다. 당시 여성에게 주어진 유일한 자유 공간이 청빈, 복종, 정결을 그토록 내세운 또 하나의 밀폐된 공동체였음은 매우 아이러니컬하다고 해야 할 것이다.

중세 귀족가문의 여성 중에는 소수나마 독서하는 여성이 있었다. 그들은 수도원에서 처음 책을 가까이했다. 그러나 독서라고 해도 『성서』 특히 「시편」에 국한되었고 중세교육의 기본인 7자유학예는 금기였다. 왜, 무엇이 여성을 그토록 문자의 세계로부터 떼어놓았던 것일까.

문자의 세계는 로고스(이성)와 더불어 파토스(감성)의 세계. 책의 세계는 성과 속의 세계를 자유로이 넘나들며 이성과 더불어 정념을 키운다. 교회 교리에 따라 여인은 이미 악한 정념으로 낙인찍힌 존재였다. 그리스도교에 앞서서 플라톤도 그의 이상국에서 뜨거운 정념 때문에 시인을 추방하지 않았던가! 중세의 화공들이 어쩌다 여성을 그리면 연옥(煉獄)에서 신음하는 탕녀였다. 이 연옥의 여인이 12세기에 이르러 '고귀한 귀부인'으로 기적적으로 변신한다. 12세기 사랑의 발명은 여인의 아름다움에 눈을 떴다.

중세 가톨릭 사회는 아름다움에 대한 취향을 타락한 기쁨이라고 질책했지만 여성미는 점차 시대의 관심사로 떠올랐다. 일찍이 그리스의 조각가 프락시텔레스는 「쿠니도스의 아프로디테」를 통해 벌거벗은 여체의 아름다움을 표현함으로써 금기의 영역에 그리스인을 끌어들였다. 중세 여성미의 발견에 앞장선 것은 저 트루바두르, 음유시인들이었다.

"사랑이란 무엇인가? 누가 나에게 가르쳐주지 않을까."

궁정풍 사랑을 연출한 음유시인이 제기한 사랑을 둘러싼 문제가 귀부인들의 간절한 물음이 되었다. 귀부인을 향한 궁정풍 사랑 속에서 어제의 거친 전사들은 우아함과 예절을 섬기는, 여인 숭배를 통해 교양인으로 탈바꿈했다. 궁정풍 사랑을 노래한 『장미 이야기』가 펼쳐주는 우의(寓意)의 세계는 여인들에게는 유토피아의 시크릿 가든이었다. 『장미 이야기』를 본받아 사랑의 방법에 관한 많은 이야기책이 나왔으며 그것이 여성 교양의 최대 텍스트가 되었다.

12세기에 이르러 시인이 궁정에 드나들고 시 낭독회가 궁정 사교의 이벤트와 풍속이 되면서 교양을 지향하는 궁정문화가 태동되었다. 궁정시인은 즐겨 귀족에게 문예작품 읽기를 강조했다. 교양으로서의 문예! 귀부인들 또한 문예작품을 가까이하기를 간절히 바랐다. 그러나 그녀들은 여전히 궁정 사교를 위한 현악과 노래, 춤에 매달렸다. 책이라 해도 종교서적과 성인전, 그에 더해 궁정풍 서사시 및 기사도 이야기 정도였다. 고대 작품으로 말하자면 『이솝 이야기』가 유일했으며 『장미 이야기』는 15세기에 이르도록 귀족 여인들의 애독서였다.

교양이란 대체로 그가 누리는 사회적인 위상과 짝을 이루는 법. 귀부인들의 빈약한 교양세계는 그들이 여전히 궁정사교의 섹스적인 장식일 뿐 스스로 생각하고 자의식을 지닌 젠더, 사회적 인격체가 아님을 말해준다. 궁정풍 사랑의 여인 예찬도 그에 끌리어 발정한 연애감정도 여성의 삶을 변신시키지는 못했다. 참으로 세계는 변함없이 남성의 것이었다.

글을 쓰는 크리스틴 드 피장의 출현

14세기 말 이탈리아의 한 화가가 그린 「시에나 수녀 성 카타리나」의 초상화는 얼굴 표정이나 자태, 그리고 사치스러운 의상으로 인해 르네상스를 예고하는 인상을 짙게 풍긴다. 그러나 그녀가 떠받들 듯이 품에 안은 주홍색 호화장정의 『성서』가 가진 무게는 육감적이기까지 한 그녀의 눈동자가 향한 곳이 지상이 아니라 천국임을 짐작케 한다.

여성을 둘러싼 변화는 15세기 초 이탈리아 르네상스와 더불어 찾아왔다. 부르크하르트가 『이탈리아 르네상스의 문화』에서 보여주는 여성은 중세와는 아주 다르다. 르네상스 운동은 여성에게도 분명히 감성 해방운동으로 비쳤다. 이제 우리는 궁정에서, 도시의 한복판에서 남성과 나란히 행동하는 여성을 만난다. 그들은 가냘픈 얼굴과 몸매, 작은 가슴을 지녔던 중세의 여인과는 달리 풍만한 자태를 원했으며 단지 아름답게 보이기 위해서가 아니라 개성적인 아름다움을 바랐다.

이탈리아 르네상스 시대의 문인 카스틸리오네는 우르비노 궁정 살롱에서 주고받은 담론을 정리한 『정신론』에서 귀족적 품위와 더불어 남녀의 구별 없이 문예와 라틴어를 포함한 인문주의적 교양을 강조했다. 또 교양의 궁극적인 목표를 자기를 완성하는 자기애에서 찾았다.

우리는 여성 변화의 큰 조짐을 글을 쓰는 여성, 프랑스 최초의 여류시인 크리스틴 드 피장의 등장에서 알 수 있다고 할 수 있다. 저술활동을 통해 생계를 꾸린, 어쩌면 최초의 여류 전업 작가였을 크리스틴은 베네치아의 시민계급 집안에서 태어났다. 젊어서 결혼, 남편과 일찍이 사별했으나 남편에 대한 지극한 사랑으로 재혼의 뜻을 접었다. "나는 혼자이며 앞으로도 혼자일 것이다." 식구들을 돌봐야 했던 그녀는 문필가로 입신하기를 작정한다. 우선 자기 학습을 위해 역사를 배우고(훗날 샤를 5세의 전기를 쓴다) 과학에도 관심을 갖고 최종적으로 자연이 자기에게 부여한 열정을 채우는 기쁨으로 다가간 시의 세계에서 자리를 굳혔다. 시인 크리스틴 드 피장의 탄생이다.

그녀는 시인으로 이름이 알려지면서 생계를 위해 귀족들에게 작품을 바치는 한편 사자생(寫字生)으로 궁정이나 수도원에서 일했다. 그 모습은 당시 여러 필사본의 삽화로 그려졌다. 그녀의 후원자 중에는 부르고뉴 공과 밀라노 공을 비롯한 뛰어난 귀족들이 있었다. 그만큼 시인 크리스틴의 명성은 범유럽적이 되었다. 그러나 그 명성도 생계에는 큰 도움이 되지 못하고 크리스틴은 이후에도 어려운 나날을 보내야 했다.

크리스틴은 자신이 여류시인, 저술가로서 귀한 존재임을 분명히 자각하고 있었다. 이러한 사실은 그가 저작에서 '나, 크리스틴은'이라고 이름을 분명히 밝힌 점에서 알 수 있다. 나아가 「크리스틴의 환상」, 「운명의 변전」 등의 자서전에서 당시로서는 유래를 찾을 수 없을 만큼 자기 삶의 궤적을 자세히 남긴 점에서도 잘 알 수 있다. 크리스틴은 자기의 저작이 여성의 관점에서 씌어졌기 때문에 새로운 작품으로 여겨졌다고 확신했다. 그만큼 시대가 변한 것일까. 그녀는 반문했다.

학식 있는 사람을 비롯해 그토록 수많은 남성은, 그 많은 철학자, 시인, 도덕론자는 어찌하여 그 많은 논문과 저작에서 여성을 기본적으로 사악한 존재로 여기고 여성의 행동을 비판하는가.

최초의 여류시인 크리스틴 드 피장

이제 우리는 여성을 위한, 여성에 의한 '장미 이야기 논쟁'을 생각해보자.

장미 이야기 논쟁(1401~1402)은 『장미 이야기』 후편의 작가인 장 드 묑의 여성 혐오, 여성 비하를 크리스틴이 비판하면서 비롯되었다. 장 드 묑은 여성을 유혹과 정욕에 약한 존재, '두툼한 지갑을 쫓는' 탐욕스럽고 음탕한, 미덕이라고는 없는, 남성을 위험과 죽음으로 몰아넣는 존재로 그렸다. 또한 여성은 남성의 욕정 충족의 대상일 뿐이다. 이러한 중세 스콜라풍을 드러내는 장 드 묑의 여성관에 대한 크리스틴의 비판은 사실 장미 이야기 논쟁 이전 그녀의 시작 활동 초기에 '사랑의 신'의 입을 빌려 이미 시작되었다. 그녀의 비판은 자연스럽게 궁정풍 사랑과 『연애기법』을 쓴 오비디우스에게 향했다. 크리스틴은 약한 존재인 여성을 보호하기로 마음먹는다. "여자들은 자주 속는다. 단순한데다가 최악을 생각하지 않기 때문이다."

크리스틴의 타깃은 장 드 묑에 그치지 않고 학식 있는 사람들도 그 고발의 스펙트럼으로 끌려들었다. 아니나 다를까. 예나 다름없이 많은 인문주의자가 장 드 묑의 편에 섰다. 그중 한 인사는 크리스틴의 글을 반박하는 대신 크리스틴을 그리스의 고급 기녀에 빗대어 '분에 넘친 여인'이라고 조롱했다. 그러나 크리스틴도 자기 편을 얻을 수 있었다. 파리 대학의 총장을 지내고 가장 그리스도교적인 학자로 명성이 자자했던 신학자 장 제르송이 가세했다. 이 논쟁에서 크리스틴의 가장 큰 쟁점은 제르송의 종교적 도덕주의와 달리 여성의 명예 문제, 남녀 차별에 대한 고발이었으며 남녀 간의 품위 있는 사랑을 사랑의 이상으로서 강조했다.

장미 이야기 논쟁은 승패가 가려지지 않은 채 끝났다. 중세를 통해, 그리고 당시에도 자랑스럽게 사도의 상징이며 신화처럼 애독된 『장미 이야기』에 도사린 여성 비하의 문제점을 크리스틴이 공개적으로 고발했다는 사실이 중요하다. 여성에 의해, 당대 최고의 명성을 누리던 여류시인에 의해 여성의 존재와 그 삶의 존엄성이 강조된 사실은 역사적 사건이었다.

장미 이야기 논쟁 이후에도 크리스틴의 고독한 싸움은 그치지 않았다. 1405년 여성들의 사회적 위상을 논한 두 편의 논쟁적 저술인 『숙녀들의 도시』와 『세 가지 미덕』을 발표했다. '숙녀들의 도시'는 이성, 공정 및 정의의 세 가지 미덕으로 이루어진, 여성의 유토피아이다. 크리스틴의 이 도발적인 3대 미덕은 믿음, 소망, 사랑이라는 그리스도 교회의 미덕과 그리스 신화가 상징한 여성의 미덕인 기쁨, 아름다움, 우아함과 크게 구별된다.

크리스틴이 바란 이성은 자아의 정체성을, 공정은 사물의 반듯한 척도를, 정의는 공평무사한 저울을 상징한다. 크리스틴은 성적 존재로만 여겨졌던 지난날의 여성관을 타파하고 사회적 존재로서 눈을 뜬 르네상스적 자아를 지닌 여인상을 예고하고 있는 것이다. 페트라르카 같은 당대 최고의 인문주의자도 여성을 가리켜 "말〔馬〕보다 못하다"는 폭언을 서슴지 않던 시대에 여성을 둘러싼 구조적인 부조리를 고발한 크리스틴의 존재는 참 신선하고 충격적이었다고 할 수 있다.

르네상스 시대 여성의 변신은 스스로 아름다워지고자 하는 열망과 깊이 관련되었다. 지난날 가톨릭 세계는 물론 그리스·로마 시대에도 몸을 단장하는 여인의 기술, 즉 화장법은 반자연적인, 절제 없는 거짓으로 단죄되었다. 중세의 만능 스승인 교부들은 여인의 화장과 함께 목욕을 비난하고 그것을 유혹하는 악마와의 결탁이라고 보았다. "중세에는 미인이 없었다"고 한 어느 역사가의 말이 이해될 듯하다.

그러나 '육체'의 발견에서 비롯된 패러다임 전환의 징후는 십자군전쟁(11세기 말~13세기 말)을 계기로 오리엔트 세계로부터 전해졌으니 이슬람 세계의 화장품과 화장법이 그것이다. 오비디우스는 『부인의 화장품』이란 글에서 궁정풍 사랑의 히로인인 귀부인들이 약간의 죄의식을 떨쳐버리지 못한 채 거울 앞에서 화장을 해왔다고 썼다. 르네상스 시대에 이르자 여성은 선진 이슬람 세계의 화장법에 힘을 얻어 거리낌 없이 거울 앞에 설 수 있게 되었다.

아름다운 여성이란 우리가 볼 수 있는 가장 아름다운 존재이며 아름다움은 신이 인간에게 베푼 가장 큰 혜택이다.

베네딕트회의 한 수도사가 저서 『부인의 아름다움』(1578)에서 토로한 글이다. 그렇듯 허락받은 아름다움이기는 하나 자기를 가꾸려는 욕망은 자아의 발견으로 자연스럽게 이어졌다.

이탈리아의 르네상스와 더불어 우리는 어쩌다 남성적인 여성을 만난다. 이탈리아 시인 아리오스토의 『광란의 올란도』(1516)

는 여성들이 애독한 책인데, 사랑의 상처와 함께 남성적인 여인을 묘사하고 있다. 르네상스적 인간을 사로잡은 근대적 명성에 대한 갈망, 남보다 뛰어나고자 하는 큰 바람은 자각 있는 여성의 소망이기도 했다.

스페인의 인문주의자인 비베스는 말했다. "금세기와 과거 여러 세기에 여성의 악덕은 대체로 무지에서 유래된다." 그는 명문가의 여성들에게 라틴어 첫걸음을 가르쳐야 한다고 말했다. 그러나 15, 16세기 르네상스 시대에 여성은 책의 공화국(당시 교양 있는 남성들은 자신을 책의 공화국의 시민으로 여기며 많은 독서 서클을 만들었다)으로부터 의식적으로 외면당하고 배제되었다.

15, 16세기 이탈리아의 여류학자 노가롤라 및 페델레는 아카데미아 플라토니카와 같은 인문주의자들의 살롱에 참가하기를 바랐으나 거절당했다. 모욕을 느낀 노가롤라는 수녀원으로 들어가버렸다. 남성들은 이러한 수모에 대한 복수를 머지 않아 받게 되었으니, 도발하는 여성의 출현이다.

여성의 교양, 신사의 숙녀로서

괴테의 어머니는 일가친척인 조피가 쓴 소설이 화제가 되자 조피가 미쳐버려 아이들을 불행하게 할 작정이라며 화를 냈다. 상류층 출신의 조피가 소설 따위를 쓰는 어리석은 짓을 하리라고는 상상을 하지 못했던 것이다. 괴테의 어머니가 꼭 3년 뒤 아들이 『젊은 베르테르의 슬픔』을 발표해 세상을 온통 떠들썩하게 했을 때 어떤 반응을 보였는지에 대해서는 알 길이 없다.[22] 그러면 괴테의 어머니는 왜 그토록 소설에 대해 거부반응을 나타냈을까.

15세기 중엽 구텐베르크의 인쇄술 발명은 지난날 속어로 천대받던 각국 언어를 문어(文語) 및 공용어로 탈바꿈시켰다. 국어의 어엿한 부상은 그간 라틴어의 세계, 즉 서적문화에서 소외당한 여성들에게 책을 가까이하는 길을 열어주었다. 그러나 여성의 독서란 여전히 종교서적이 주류를 이루었으며 18세기 초까지 라틴어는 여성에게는 금기였다. 라틴어를 통해 고대 그리스·로마의 이교적인 문학을 가까이하게 됨을 두려워한 것이다.

구텐베르크에 앞서서 단테를 비롯해 페트라르카, 보카치오 등

---

[22] 괴테의 어머니 이야기를 듣다보면 조선 순조 때 좌의정을 지낸 홍석주 어머니 서 씨에 관해 쓴 글 『정경부인 행장』의 한 구절을 떠올리게 된다.
"우리 외숙 세 분이 문장과 행실이 뛰어났건만 우리 어머니는 더욱 슬기로워 글을 좋아하고 학식이 여느 사람보다 월등했다. 관찰공(외조부)이 언젠가 '내가 아들 셋을 두었지만 네가 아들 못 된 것이 한이로다'라고 한탄하셨다. 우리 외증조모 이 씨 부인은 유난히 어머니를 아람치로 사랑했지만 늘 말씀하시기를 '계집애가 글 잘하면 팔자가 사납다'는 이유로 말려 어머니는 글을 배울 수 없었다. 다만 형제들을 따라서 읽고 외는 것을 곁에서 듣기만 했을 뿐인데 시집가기 전에 경서를 널리 섭렵했다. 부모형제가 아닌 다른 이와는 글에 대해서는 한마디도 비치지 않았다."
서 씨의 문장은 오늘날까지 전해진다. 『행장』은 이어서 기술한다. "우리 집에 시집오신 지 10여 년이 넘도록 어머니가 글을 아는 것을 눈치 챈 이가 없었다." 어찌 서 씨뿐이었을까. 그것을 우리는 전통적 여성의 함수지미(含羞之美)로만 이해할 것인가.
공자는 배움을 가장 큰 기쁨으로 가르쳤다. 남녀유별을 강조한 우리 옛 사회는 그 기쁨을 여성에게는 베풀지 않아 여성은 문방사우와는 담을 쌓았다. 이러한 사정은 유럽 전통사회에서도 마찬가지였던 모양이다.

이탈리아의 시인, 작가들은 모국어로 글을 썼다. 그들 작품의 가장 큰 주제 가운데 하나는 남녀의 '사랑'이었다.

내 마음 속 영광의 숙녀가 처음 내 눈에 나타남은 내가 태어난 후 여름 광천(光天)이 고유의 회전으로 보아 아홉 번째 거의 같은 지점에 돌아온 때로다.

베아트리체의 체험으로 분출된 단테의 사랑 이야기는 『신생』과 『신곡』에서 밝혀지듯이 중세풍의 아가페나 궁정풍 사랑을 떠올리게 한다. 그러나 보카치오가 쓴 『데카메론』(1348~53)의 주제는 에로스의 세계이다. 페스트가 덮친 피렌체에서 7명의 귀부인과 3명의 귀공자가 별장에 모여 열흘 동안 하루 한 편의 '진기한 이야기'를 들려주기로 한다. 저마다 번갈아 인간적 탐욕과 욕정, 위선과 편견을 리얼하게 풍자한 그 이야기는 소설(noubelle)의 탄생을 의미했다(소설이란 진기한 이야기와 동의어로서 그로부터 나왔다).

지난날의 『성서』 이야기나 영웅적인 기사도 로망과는 달리 소설은 보카치오가 『데카메론』의 머리말에서 밝혔듯이 인간다운 일들, 인간의 성정을 둘러싼 이야기이다. 지난날의 문학이 공동체의 집단적 기억인 데 비해 소설은 개인의 이야기이다. 정숙한 여인에게는 어울리지 않는 지나치게 음탕하기까지 한 이야기라고 하면서도 보카치오는 『데카메론』이 "연애하는 여성들에게 구제와 은신처를 주기 위해" 쓰였다고 말했다.

그런데 육체의 욕망을 남녀의 자연적 바람으로 설파한 『데카메론』의 열 사람 이야기꾼 중 숙녀가 7명이나 된다니 참으로 흥미롭고 놀랍다. 『데카메론』은 초서의 『캔터베리 이야기』(1393~1400)를 비롯해 그를 본받은 많은 작품을 낳았다. 특히 에로스의 문제는 이후 근대문학의 중요한 주제가 되었다.

근대문학의 탄생에 앞서 아름다운 간주곡처럼 서정시의 시대가 얼마 동안 이어졌다. 아리오스토의 낭만시극 『광란의 오를란도』, 미모의 라우라에게 바치는 사랑 노래인 페트라르카의 서정시집 『칸초니에레』(1366 이후), 타소의 목가극 『아민타』(1573), 서사시 『예루살렘의 해방』(1592) 등. 사랑의 기쁨과 고뇌를 노래한 플라토닉 러브의 색채가 농밀한 서정시집이 연이어 나타나 감동을 불러일으켰다.

『데카메론』에 이어 인간의 위선과 악덕, 어리석음을 파헤친 독일 시인 브란트의 풍자시 『바보들의 배』, 프랑스 작가 뒤르페의 이상주의적·목가적인 연애소설 『아스트레』(1607~27), 『데카메론』을 본받은 프랑스 여류작가 나바르 왕비의 『7일 이야기』 등 근대적 감성의 해방을 알리는 작품이 연이어 나타나서 독자를 기쁘게 하는 한편 육체의 관능을 찬탄하는 작품도 눈길을 끌었다.

　살지어라. 그대 만약 그대가
　내 말을 믿는다면 내일을 기다리지 말라
　오늘 이제부터 삶의 장미를 따리라

16세기 귀족가문 출신의 프랑스 시인 롱사르가 쓴 시이다. 롱사르는 이탈리아 태생의 소녀 가산들에게 바친 『연애시집』과 시골처녀 마직을 노래한 『속연애시집』을 쓴 르네상스풍의 교양인이었다. 한편 프랑스의 여류작가 루지 라베도 이에 뒤질세라 정념을 드러냈다.

> 나는 살며 나는 죽노라
> 나는 나의 몸을 불태우고
> 나의 몸을 탐닉하리
> 나는 더 없는 뜨거운 마음으로 추위에 견딘다

그녀는 주피터 앞에서 광기와 사랑이 저마다 우월함을 주장하는 논쟁극 『광기와 사랑의 논쟁』(1555)을 쓰기도 했다. 그녀의 작품은 시인 드 마니와의 정열적 비련의 고백으로 전해진다. 사포를 떠올리게 하는 진솔한 서정으로 훗날 릴케를 매료시키는 라베는 미모와 교양으로 주변에 많은 시인을 불러 모았다.

변화의 조짐은 17세기에 들어서면서 도처에서 나타났다. 유럽의 17세기는 초기 자본주의의 흐름에서 전문직 계층이 나타나고 근대적 저널리즘이 싹트고 독서문화가 폭넓게 뿌리를 내리기 시작한 시대이다. 이러한 흐름은 여성의 독서문화, 교양 세계에도 큰 영향을 미쳤다.

데카르트는 여성에게도 읽히기 위해 『방법서설』(1637)을 프랑스어로 썼으며, 제자인 바르는 『남녀 평등론』(1673)에서 여성의 대학 진학과 학문 연구를 강조했다. 한편 데카르트와 동시대인인 보스크 신부는 독서를 귀부인에게 불가결한 것으로 강조하고 저서 중의 한 장을 '교양 있는 여성'으로 설정했다. 그는 "여성이 학문이나 독서를 하면 반드시 타락한다고 여기는 무지몽매한 사람들"을 비난하고 여성의 자질이 기예나 학문 연구에도 남성보다 더 적합하다고 썼다. 그러한 그도 정숙한 여성은 "업으로 가사에 전념하고 기분전환으로 학문 연구를 해야 하며 여성에게 가장 알맞은 일은 집밖으로 나갈 필요가 제일 적은 일이다"라고 말했다.

여성문화의 변화는 여성의 유일한 배움터였던 수녀원에서 싹텄다. 수녀원에서는 아직 성직자들이 지난날처럼 권위를 뽐내며 순결·청빈·복종이 큰 덕목이라며 귀족, 상류계층의 딸들을 다스리고 있었다. 그곳에서 면회 날이면 외부 여러 분야의 교사로부터 경건하고 교양 있는 숙녀가 되기 위한 개인교습을 받게 되었다.

한편 17세기에 이르러 영국에서는 여성의 교육 목표로 '신사의 숙녀' 양성을 표방하는 기숙학교(boading school)가 생겨났다. 거기에서는 지난날 여성에게 금기였던 라틴어와 7자유학예, 그리고 각국 언어, 자연과학, 역사와 지리 등이 학습되었다. 명문 기숙학교는 레이디의 대학으로 일컬어질 만큼 다양한 지식과 교양의 배움터가 되었다. 『오만과 편견』의 작가이자 시골 부유한 목사의 딸로 태어난 제인 오스틴도 명문 기숙학교 출신이었다.

이 같은 흐름 속에서 17세기 마지막 20년간 프랑스에서는 여성교육에 관해 비로소 일관된 학습 프로그램이 만들어졌다. 그러나 본질적으로는 초등교육에 치중되고 수사학(문학), 철학, 고전을 가까이할 수 있는 교양교육은 여전히 배제되었다. 성직자이며 인문주의자, 루이 14세 손자의 스승이던 페늘롱은 『여성교육론』(1687)에서 문학, 역사, 라틴어, 음악, 미술도 여성이 배울 수 있는 기회가 주어져야 한다고 역설했다. 그런 그도 여성교육의 궁극적인 목적으로 내세운 것은 여전히 현모양처 혹은 반듯한 아내가 되는 일이었다. 그런데 이 교육가에 동조해 데포나 스위프트 같은 작가도 남편을 위한 여성교육을 역설했음은 놀랍다고 해야 할 것이다. 당시 세태를 통렬히 풍자한 비판정신, "고금을 통한 최대의 거짓말쟁이"라는 평을 받은 그들의 문학적 상상력도 전통적 여성관에는 무감각했던 것일까.

17, 18세기의 식자율(識字率)에 관해 살펴보자. 17세기 후반에도 유럽 인구의 60~70퍼센트는 문맹에서 벗어나지 못했다. 18세기 말 프랑스 남성의 47퍼센트, 여성의 27퍼센트는 이름을 쓸 수 있을 정도였으며 영국의 경우에는 남성의 60퍼센트, 여성의 40퍼센트가 서명할 수 있었다. 그렇다고 그들이 문자나 책을 가까이 할 수 있었던 것은 아니다.

일상적으로 책을 가까이한 독서인은 전체 인구의 약 10퍼센트였으며 그중 여성이 차지한 비율은 (상인의 경우와 비슷하게) 약 3퍼센트에 불과했다. 그들 모두 상류층 여성이었음은 말할 필요가 없다. 그녀들이 가까이한 책이라는 것도 여전히 『성서』 중심의 신앙서 또는 종교서적이 주를 이루었다. 그런데 여성의 독서문화, 아니 삶의 역사에 일대 전기가 도래했으니, 근대문학의 태동과 더불어 나타난 소설 읽기의 즐거움이었다.

문학의 진실, 소설을 즐기는 여성들

고대와 중세, 근대 이전에 유럽 문학의 주류를 이룬 것은 호메로스, 소포클레스, 베르길리우스, 단테, 페트라르카 등의 명성이 말해주듯 시(서정시, 서사시)와 희곡이었다. 그러나 17세기 근대의 태동과 더불어 소설이 문학의 중심에 자리를 잡았다. 지리상의 발견 이래 우주공간으로 무한히 확대된 인류의 현실과 꿈을 담기에 시와 희곡은 벅차서 소설이라는 가공의 세계, 성속을 자유로이 넘나드는 무변공간의 새 장르가 출현했다. 근대소설 가운데 최초의 걸작은 세르반테스의 『돈키호테』(제1부 1605, 제2부 1615)로 일컬어진다.[23]

시골마을의 한 50대 신사는 당시 유행하던 기사도 이야기책을 지나치게 읽은 나머지 광기에 사로잡혀 수심에 찬 표정을 짓는 편력의 기사 돈키호테로 변신한다. 세상의 악을 응징하고 환상 속의 귀부인을 위해 낡은 갑옷을 걸치고 하인 산초 판사를 거느리고 정처 없이 편력의 길을 나선다.

그 나날에 벌어지는 돈키호테의 광기(꿈)와 산초 판사의 일상

---

23) 『돈키호테』에 대해 도스토예프스키는 "천재에 의해 창조된 모든 책 중에서 가장 위대한, 가장 우울한 책"이며 "현재까지 인간 정신이 발산한 최고이며 최후의 말이다"라고 극찬했다.

달리, 「편력하는 돈키호테」

적인 교차와 충돌 그리고 애증이 섞인 타협, 바른 기상과 환상이 뒤얽힌 편력과 모험은 현실과 상상의 세계, 환상과 실재의 세계를 자유로이 넘나들며 인간의 희비극성과 함께 삶의 풍요로운 세계를 아이러니컬하고 유머러스한 문체로 펼친다.

『돈키호테』는 소설의 모든 장르를 포함하고 있어 이후의 근대소설은 그가 다룬 테마의 바리에이션으로 일컬어진다. 이 거대한 작품은 독자로 하여금 저마다의 '시선'을 갖게 하고 개혁파는 체제에 대한 풍자를, 보수파는 그 옹호를 배우게 된다. 마르크스주의자 또한 반자본주의적 의미를 그로부터 읽어낸다. 돈키호테를 본받아 근대소설의 주인공들은 끼 많은 삶의 편력자, 모험가이며 '저쪽' 세계를 향한 유토피안이다. 독자들도 유토피아를 향해 편력과 모험에 동참하기를 꿈꾼다.

근대소설의 태동과 더불어 문학 독자층이 새로운 공중(公衆)으로 출현했다. 그 수는 프랑스에서만 수만 명을 헤아리고 작가(auteur), 문필가(écrivain)라는 말이 새로 만들어지고 독서인의 입에 오르내렸다. 그만큼 문학은 일상적인 삶과 교양의 주요한 토포스가 되었다. 소설 읽기의 즐거움을 제일 먼저 누린 것은 귀부인과 상층 부르주아의 부녀자들이었다.

프랑스 혁명 전 프랑스 여성의 평균 결혼연령은 26세였으며 영국은 23세였다. 영국 귀족 출신 여성의 3분의 1은 독신으로 지냈다. 프랑스의 여류 서간문 작가인 세비녜 부인은 독서에서 "무엇과도 바꿀 수 없는 즐거움"을 얻는다고 말했는데, 정말 많은 여성이 소설의 세계로 끌려들었다.

성속을 자유로이 넘나드는 근대소설의 문학적 상상력은 삶의 지평을 무한대로 넓혀놓았다. 주요한 주제는 남녀의 사랑 이야기이다. 사랑 이야기는 가공의 이야기, 픽션이다. 그러나 그 로망은 일상적인 삶을 뛰어넘어 참된 진실, 설렘의 세계로 여인들을 유인했다.

셰익스피어는 "남성은 일곱 가지 인생의 시기를 사는 데 비해 여성에게는 세 가지 시기, 즉 처녀·처·어머니의 세 가지 삶이 있을 뿐이다"라고 말했다. 영국의 일간지 『스펙테이터』의 발행인으로 근대 저널리즘의 선구자인 스틸도 "여성은 딸, 자매 혹은 처, 어머니이며 인간의 단순한 부속품이다"라고 말했다. 처녀·처·어머니는 전통사회에 여인에게 씌워진 최대 공약의 이미지였으며 여성 대다수도 아버지의 딸, 남편의 처 그리고 아이들의 어머니로만 불리며 살아갔다. 그러나 근대문학의 출현과 더불어 여성이 소설을 읽으면서 여성의 이미지에 균열이 생겨났다.

16~17세기 영국의 시인 던은 그가 살았던 시대의 특징으로 남녀의 사랑을 우선하는 감정의 확산을 들고 사랑의 신비는 영혼 속에서 키워지나 육체는 그 교본이라고 읊었다. 던은 내밀한 결혼이 발각되어 공직에서 쫓겨나고 이후 불우한 삶을 산 신학자였다.

17세기 스페인의 극작가 칼데론은 사랑, 명예, 종교를 키워드로 120편의 희곡을 남겼다. 그중 『사랑, 이 둘도 없는 매혹』(1634)의 주인공 안헤라 부인은 정숙한 미망인이었으나 사랑에 눈뜨면서 애인과 살기를 바란다. 가문의 명예를 걱정하는 형제들은 그녀를 가둔다. 그러나 갖가지 계략을 꾸미며 자기가 선택한 삶을 산다. 부권적 사회의 통념과 질서에 맞서 자아를 찾아가는 여인의 변신, 그 변신의 원초적인 에너지는 바로 여인의 에로스, 성과 사랑이었다.

프랑스 귀족 출신의 작가 사드는 악덕과 미덕에 스스로를 맡긴 두 자매를 묘사하면서 매춘, 도둑, 성도착, 살인 등 온갖 악에 가담한 쥘리에트의 행운을 묘사했다. 한편 영국 문학사에 한 획을 그은 작가 리처드슨은 탕아의 유혹에 끌려 부모가 정해준 결혼 상대를 혐오하고 집을 나서 결국 비참한 죽음을 당하는 클라리사의 이야기를 들려주는 한편 순진무구한 정녀(貞女) 팔리라의 계산된 교태를 보여주기도 한다.

레싱 작품의 여주인공 에밀리아 갈로티는 그녀를 탐낸 영주에게 끌려가면서 "나의 피는 다른 여인과 마찬가지로 젊고 불타고 있습니다. 나의 관능도 관능 이외의 것이 아닙니다"라고 부르짖는다. 그녀는 마침내 아버지에게 살해당한다. 한편 『위험한 관계』(1782)에서 라클로는 오직 육체의 쾌락에 정념을 쏟는 사교계의 두 남녀 이야기를 통해 18세기 프랑스 사교계의 퇴폐상을 드러냈다. 히로인인 귀부인은 방종을 통한 자기 수련의 비밀을 고백한다.

전통사회에서 여성은 정신적으로나 신체적으로 유약해 남성의 보호를 받아야 하는 것으로 여겨졌다. 그러면서 성적으로는 불가사의한 존재로서 두려움의 대상이었다. 그만큼 순결과 복종이 강요되고 그것은 어느새 여성의 본성, 미덕으로 여겨졌다. 그러나 근대문학은 집 속에 갇힌 그녀들에게 밖의 열린 세계를 비춰주고 여성으로 하여금 자기를 돌아보게 만들었다. 더욱이 소설의 무대는 일상적인 삶과 그 삶을 규정지은 이른바 선과 악의 테두리를 넘어선 정념의 세계였다.

세비녜 부인은 일찍이 미망인이 되었다. 사교생활을 즐기는 박식한 독서가로 딸과 고전작품을 즐겨 암송했다. 1155통이나 되는 부인의 편지에서 애독한 약 20권의 작품에 관해 언급하고 있다. 17, 18세기는 취미의 시대, 자기의 감흥을 귀하게 여기는 분위기 속에서 상류계층 여성들은 특히 소설 읽기에 탐닉했다. 제인 오스틴의 『오만과 편견』에서는 무도회에서 만난 남녀 주인공이 밤새도록 18세기 영국의 작가 필딩의 소설에 대해 이야기를 나누는 장면이 있다.

19세기에 이르러 프랑스의 한 작가는 토로했다. "사교는 오늘날 두 가지 범주로 나뉜다. 한편은 도박과 담배에 전념하는 남성, 다른 한편은 소설 읽기와 음악에 몰입하는 부인과 딸이다." 문학에 대한 취향은 교양 있는 여성에 그치지 않았으며 19세기가 가까워지면서 일반 서민의 아낙네들도 대중소설을 즐겼다. 그러한 흐름에서 대본문고가 생겨나고 소설책을 빌리는 여성으로 대본점은 성황을 이루었다.

라파예트 부인이 쓴 『클레브의 마님』(1678)은 궁정 연애 이야기이다. 무대는 앙리 2세의 궁정. 귀부인이 외간 남자를 사랑하는 일은 당시 궁정·귀족사회에서는 흔했다. 클레브의 마님은 실제로 한 궁정 여성이 모델이었다고 한다. 라파예트 부인은 고전주의 문학의 명작으로서 문학사에 기록되는 이 작품을 익명으로 발표했다. 여인이 익명으로 작품을 발표하는 일은 당시에는 흔했는데, 귀부인의 신분으로 자기가 속한 세계의 사랑 이야기를 드러내 보이는 일은 아주 꺼림칙한 일이었다. 결혼 후 얼마 되지 않아 남편과 별거하고 집에 들어앉아 독서를 하며 조용한 나날을 보내던 라파예트 부인이 적잖은 심리적 갈등을 겪으면서 『클레브의 마님』을 세상에 내놓은 까닭은 무엇이었을까.

"여기에서는 표면적인 일로 만사를 판단하면 실수를 할 것이다. 그렇게 보인다 함은 결코 진실이 아님을 명심하도록." 어머니가 딸 클레브에게 궁정사회의 실상을 깨우쳐주기 위해 한 말이다.

궁정에서는 사교의 비단 커튼 뒤에서 염문이 비밀스럽게 혹은 공공연히 오고갔다. 대체로 정략적으로 이루어진 귀족사회의 혼인을 빗대듯 당대 최고의 사교가 라 로슈푸코(그는 라파예트 부인과 가까이 지냈다)는 토로했다.

"좋은 결혼은 있어도 즐거운 결혼은 없다."

"정숙에 싫증을 느끼지 않는 여인은 드물다."

클레브의 마님은 결혼 뒤 진정한 사랑을 깨닫고 그 사실을 남편에게 고백한다. "이런 고백을 하는 것은 보통 이상의 우정이나 존경을 당신에게 갖고 있어 할 수 있음을 알아주세요. 나를 불쌍히 여겨주세요. 바라건대 전처럼 나를 사랑해주세요." 부인은 울먹이며 남편의 무릎에 쓰러졌다. 남편은 절망 끝에 죽고 그녀는 연인의 청혼을 뿌리치고 수도원으로 들어간다. 라파예트 부인은 『클레브의 마님』 외에도 정숙한 아내의 연애를 다룬 작품을 썼다.

이제 우리는 라파예트 부인의 창작의도를 짐작할 수 있을 것 같다. 허위와 술책으로 얼룩진 궁정 사교계에서 정숙한 여인의 희열과 고뇌에 찬 일탈, 사랑의 진실을 밝히고자 했음이 아니었을까. "청순한 마음이 행하는 무의식의 행태는 단정치 못한 심정이 행하는 갖가지 일보다 더 기이하다." 『클레브의 마님』을 본받아 사교계의 염문과 유부녀를 둘러싼 불륜을 다룬 『육체의 악마』(1932)의 작가인 라디게의 말이다.

소설의 히로인은 물론 정숙한 여인만은 아니었다. 아니 근대문학은 즐겨 악녀를 선보인다. 프레보의 작품 『마농 레스코』(1731)를 펼쳐보자.

서민 출신의 여주인공 마농은 잠깐 맛본 사치를 잊지 못해 돈을 위해 남자들과 사귀고 결국 매춘으로 유형(流刑)의 몸이 된다. 마농을 사랑하게 된 드 그리외는 명문가 출신의 전도유망한 청년. 그는 마농을 만나자마자 쾌락에 눈떠 운명처럼 사랑과 증오, 신뢰와 절망의 감정에 신음하면서 마농에게 끌려 파멸의 길로 들어선다. 그리고 귀족사회에서 추방당한다. "연애는 정화된 정열인데 왜 내게는 불행과 방종의 샘이 되었는가." "어떤 여자도 마농 이상의 여인이 되지 못했다. 그처럼 감미롭고 그처럼 성실치 못한, 여성적인 무서운 정수를 마농 이상 갖춘 여자는 없었다." 모파상의 말이다.

그런데 이보다 아나톨 프랑스의 말이 더 가슴속에 따뜻하게 새겨진다. "이 자그마한 책에서는 모두 자연스럽고 진실하고 적절하다. 우리는 한 마디도 바꿀 수 없을 것이다."

마농의 삶을 연기한 여배우의 집에서 『마농 레스코』를 낭독하는 프레보

세상의 끝으로, 다시는 마농과 떨어지지 않을 곳으로 가자. 이 아름다운 여인은 완전한 내 영혼의 주인. 존경과 사랑에 속하지 않는 감정은 단 한 번도 품지 않았다.

삶 전체를 건 드 그리외의 지극한 사랑은 마침내 마농을 정화시키고 두 연인은 지고의 사랑을 완성했다.

바타유는 "문학이 송두리째 표현하는 것은 바로 악, 악의 극한의 형태. 이 악이야말로 우리에게 지고의 가치를 지니는 것으로 생각된다"고 말했다. 그 말을 뒷받침이라도 하듯 근대문학 작품은 악덕 열전이다.

근대문학 작가들은 요사스러운 여인을 작품의 중심으로 끌어들임으로써 문학 아니 인간의 세계가 더 풍요롭게 윤색되었다. 악덕의 번영이다. 그런데 많은 여성 독자가 고귀한 사랑을 꿈꾸면서 악녀 이야기에 끌리고 매료되었다. 일상적인 삶에 등을 돌리고 그 이야기 속에서 자기 자신의 잠재된 의식과 바람, 남모르는 욕망을 발견했다.

플라톤은 진정한 실재, 이데아와는 무관하게 감각적인 허상을 만들어내는 시인과 문예를 그의 이상 국가에서 추방했다. 문학작품은 여성들에게는 여전히 금단의 열매였다. 장 폴 드 제브는 말한다.

문학 속에는 수많은 올가미가 여성을 기다리고 있다. 그중 하나는 여성을 찬미한다는 구실 아래 인격을 부정하는 것이다. 여성의 뇌쇄적인 눈동자, 백합이나 장미 같은 얼굴빛, 화를 부르는 매력 등은 오히려 이 매력에 반해 죽은 시인의 공덕을 더없이 높인다. 그러나 여성들 자신은 그의 겉모습에 환원되어버린다.

이어서 보스크는 말한다.

소설은 많은 여인을 대담하고 교활하게 만들었다. 그녀들은 소설로부터 간계를 단단히 몸에 익히고 몰라도 될 악덕을 알게 되고 그 악덕을 범할 세련된 방법까지 배운다. 그러므로 사람들은 때때로 여인들이 어떻게 순간적으로 타관 사내를 사랑하고 뒤쫓기 위해 나라와 부모를 버리는지 본다. 또 어떻게 여인들이 풍아(風雅)한 사내에게서 편지를 받고 혹은 어떻게 이 여인이 밀회하기로 약속하는가를 (소설에서) 읽는다. 그것은 술책의 첫걸음, 교묘하게 죄를 배우기 위한 첫걸음이다.

미인이라고 해서 결혼해서는 안 된다. 문예 교양을 지닌 여성을 아내로 맞아서도 안 된다.

우리는 안나 카레리나, 마담 보바리를 클레브 부인의 자매로 이해하고 싶다. 청순한 마음이 행하는 단정치 못한 심정이 행하는 일들보다 더 기묘하다. 문학은 여성의 변신을 위한 텍스트, 새로운 삶, 신생을 향한 발신처가 되었다. 그러면서 사랑에 눈을 떠 되찾은 자아는 여성들로 하여금 가부장적 사회 질서와 위선, 구조적 부조리에 맞서 반기를 들게 만들었다.

문학 세계는 성과 속의 세계를 자유로이 넘나들며 삶과 죽음, 숭고한 것, 아름다운 것과 함께 추한 것도 가지런히 담는, 끝마무리를 모르는 광대무변의 세계. 호메로스는 소크라테스에 앞서서 옛 그리스의 스승이었으며 베르길리우스는 단테를 천상의 사랑에 눈뜨도록 이끌었다.

문학작품은 흥미진진한 이야기를 따라 펼쳐지는 즐거움과 함께 그 그윽하고 아름다우며 명석한 말과 문체는 우리로 하여금 합리적 시교와 함께 인간적인 절도와 품위를 익히게 한다. 어디 그뿐인가. 문학적 상상력은 우리로 하여금 자기 정화와 자유로운 놀이의 세계로 부유(浮游)하게 만든다. 그러나 문학의 최대 공적은 아무래도 문학적인 진실에 있다고 할 것이다.

밤마다 수녀원에서 연애소설에 마음을 태운 『보바리 부인』(1857)의 에마는 어려서는 꿈이 많았고 커서는 멋을 부리는 취미를 지녔다. 다양한 자질을 지닌 그녀가 오직 타인이 권하는 길을 따르는 재간밖에 없는 남편을 만나 미지의 나라를 그리워하는 병에 걸린다. 플로베르가 그리고자 한 것은 진실하게 살고자 한 마담 보바리의 고뇌에 찬 몸부림이다.

"그녀는 여자이다." 신의 부재를 감지하고 신을 단념한 지 오래된 세계에서 인간의 정념, 황홀과 도취, 단절과 배신, 고뇌와 슬기와 욕망, 인간의 내면적인 진실은 감추어졌으며, 에로스는 '죽음을 건 삶의 찬가'(바타유)임에 틀림없을까. 에로스의 문제는 근대문학의 가장 큰 주제가 되고 소설사상 근대성의 기념비적 작품으로 기록되는 『보바리 부인』은 우리로 하여금 문학적 진실에 대해 많은 것을 생각하게 한다.

문학적 진실이란 무엇일까. 작가는 바른 삶과 더불어 좋은 사회, 바른 역사를 꿈꾼다. 그러나 그 본질에서 유토피안인 그는 특정한 이상도 슬로건도 내세우지 않는다. 그들은 동방 선비·문인들의 문장경국(文章經國)의 큰 뜻과 무관할 뿐 아니라 사회정의를 표방하는 루소나 마르크스도 그들에게는 이방인이다. 보들레르는 시인의 내면세계를 읊었다.

어리석음, 과오, 죄악, 탐욕이 우리 정신을 차지하고 육신을 괴롭히며 또한 자기들이 몸에 이, 벼룩을 기르듯이 우리의 알뜰한 회한을 키우도다.

자기 자신을 이 세상의 유배자로 여기고 있는 그들의 자의식은 사회적 통념, 도덕체계가 던져주는 시련과 고뇌에 견디고 청발하는 데 힘겹다. 천생 개인주의자이며 모럴리스트인 그들의 관심은 자기 자신과 함께 삶의 오묘한 기미, 삶의 진실에 대한 문제이다. 그리고 그들은 그 과정에서 약한 자, 한 많은 자, 소외된 자를 만난다. 선악의 피안에 선 그들의 세계에는 절대 규범도 룰도 법정도 없다. 그들이 유일하게 혐오하고 증오하는 것이 있다면 허위와 위선이다. 문학적 진실이란 허위와 위선 그리고 그 위에 쌓아올린 사회적 편견과 차별을 찾아내고 밝히는 일이다.

근대문학의 위대성은 사회적 대의를 부르짖는 것이 아니라 인간성의 기미와 그윽함, 감추어진 진실을 묘사하고 밝히는 데 있다고 말하고 싶다. "우리(작가) 중 가장 위대한 자는 사람들의 행복을 바란 자가 아니라 사람들의 진실을 이야기한 자이다."『나는 규탄한다』(1899)를 통해 유럽 사회가 1천여 년 감추어왔던 유대인 문제를 고발한 작가 졸라의 말이다. 문학적 진실은 정말 우리를 자유롭게 한다.

17 극장, 유혹하는 무대 혹은 카타르시스의 공간

> 일상적인 미덕은 극장의 무대 위에서는 악덕이 되고
> 세상의 악덕은 무대에서는 미덕으로 역전해
> 관객의 박수갈채를 유도한다.
> 🖋 실러

극장의 거리 빈

도시는 저마다 상징적인 모뉴먼트로 우리 기억에 남을 풍경을 이룬다. 피렌체의 상징은 두오모 꽃의 성모 대성당일까. 파리의 상징은 노트르담 대성당, 개선문 혹은 에펠탑일까. 런던에서는 런던 타워, 국회의사당, 웨스트민스터 사원을 들 수 있고 바르셀로나에서는 가우디의 사그라다 파밀리아(성가족교회)를 들 수 있다. 오스트리아 빈은 쇤부른 궁전, 슈테판 대사원 아니면 슈타츠오퍼? 그래 나는 단연 국립 오페라 극장을 꼽고 싶다.

빈은 글루크, 하이든, 모차르트, 베토벤, 슈베르트, 브람스, 요한 슈트라우스의 명성과 혈연으로 맺어진 고전음악의 메카. 빈에는 1741년 여왕 마리아 테레지아가 세운 부르크 극장을 비롯해 극장들이 처마를 맞대고 있다. 지난날에는 궁정극장이라는 명칭 그대로 극장을 즐길 수 있었던 것은 일부 특수층이었다. 그러나 1801년 신설된 빈 극장의 초연곡목이 베토벤의 「교향곡 5번」이었음을 서민들도 잘 알고 있다. 1900년에 대중을 위한 콘체르트하우스가 만들어지면서 빈 시민은 유럽의 어디보다 극장을 가까이할 수 있게 되었다. 1842년에 창립된 빈 필하모니의 역사는 근대 음악사이며 역대 상임 지휘자에는 말러, 리하르트 슈트라우스, 발터, 푸르트벵글러, 카라얀, 카를 뵘 등 거장들이 보인다. 빈은 음악의 도시, 극장의 거리이다.

극장은 단순히 음악과 오페라를 감상하고 드라마를 즐기는 곳에 그치지 않는 사교의 장이기도 하다. 극장에 드나들면서 사람들은 몸가짐을 반듯하게 하고 예절과 화법도 배우며 사교적 인간, 교양인이 된다. 독일의 마지막 황제 빌헬름 2세는 프랑스의 한 여배우에게 우리 독일에서 극장은 대학의 연장이라고 말했다 한다. 빈의 젊은이는 극장에 초대를 받으면서 어엿한 신사 숙녀가 되고 사교계에 입성할 수 있는 면장(免狀)을 손에 넣었다고 자부하게 된다. 그렇듯 삶과 생활 속에 깊숙이 파고들면서도 일상성과 명백히 구분된 그곳은 또한 놀이의 공간이었다. 극장에서 사람들은 극장 밖의 번거로운 현실로부터 해방되고 일탈의 자유와 더불어 자기 정화를 이룩한다. 극장은 감성을 타작하는 곳, 삶과 교양의 토포스. 그러나 빈에서 극장은 또 하나의 큰 공덕을 보탰다.

그가 살았던 시대의 빈의 자화상이라고 할 수 있는 아름다운

▲ 모차르트의 오페라 「피가로의 결혼」의 한 장면

기록 『어제의 세계』(1946)의 저자 츠바이크에 의하면 빈의 시민이 아침 신문에서 제일 먼저 눈여겨보는 것은 극장의 레퍼터리, 공연제목이라고 한다. 매점 아가씨, 마차의 마부일지라도 유명 배우나 오페라의 가수를 알아볼 수 있으며 위대한 음악가나 배우의 죽음은 국민 전체의 슬픔이었다. 평소 위계질서에 대해 적의를 품어왔던 국립 오페라 극장 감독(1897~1907) 말러가 늦게 온 오스트리아 대공을 지정좌석에 들어오지 못하게 한 이야기를 들은 요제프 황제는 그만한 권한이 있다고 했다. 음악과 음악가에 대한 외경을 밝혀주는 유쾌한 에피소드이다.

오스트리아는 독일계, 헝가리계, 슬라브계, 유대계가 혼합된 다민족국가이다. 그러면서도 그들은 민족적 차별이나 갈등을 좀처럼 드러내지 않는다. 빈의 카페에서는 예로부터 독일계와 슬라브계, 시오니스트와 반유대주의자가 좌석을 함께해왔다. 오스트리아인의 특징으로 혼합(melange), 즉 융합의 국민성이 지적된다. 그런데 그 융합의 장치는 국가 혹은 군주의 강력한 권력이 아니라 문화, 특히 음악에 대한 국민적 취향이었으니 상징적인 토포스가 바로 빈의 슈타츠 오퍼이다.

국립 오페라 극장 이외에도 빈에는 부르크 극장, 홀크스(민중) 극장, 빈 극장을 비롯해 헤아릴 수 없이 많은 극장이 있다. 사람들은 발을 옮길 때마다 유명한 작곡가의 동상이나 대리석상과 함께 극장건물과 마주친다. "음악성을 자연스런 모습으로 차지하고 그러므로 모든 긴장에서 해방되기를 바라는 빈의 시민들"(아도르노), 극장과 극장문화는 오스트리아인의 정체성과 연대의 상징이다. 돌이켜보면 극장과 극장문화는 그리스·로마 시대부터 전통적으로 유럽 문화의 또 하나의 특징이다. 특히 근대에 들어서면서 극장은 여러 도시에서 성당 이상으로 시민공동체라는 정체성을 띠는 모뉴먼트의 자리를 구축해왔다.

셰익스피어와 근대극장의 화려한 개막

근대극장의 문화는 15세기 후반 이탈리아 르네상스의 흐름을 타고 거의 때를 같이하여 싹튼 근대문학과 더불어 정념의 땅 지중해에서 눈부시게 막을 올렸다.

근대극장의 개막은 르네상스 운동의 주역이었던 인문주의자들이 고대극을 시연(試演)하고자 한 바람에서 비롯되었다. 그들의 시도는 왕후귀족의 흥미를 크게 끌어 처음에는 궁정이나 성관, 대저택의 안뜰에서 연극이 상연되었다. 그러다가 근대 최초의 상설극장이 1528년에 세워진 것으로 전해진다. 현존하는 가장 오래된 극장은 인문주의자들의 모임인 올림피아 아카데미가 1584년에 북이탈리아의 비첸차에 세운 테아트로 올림피코(Teatro Olimpico)이다. 그리스 연극·극장의 부흥을 위해 마치 옛 로마의 야외극장을 옥내로 옮겨놓은 듯한 3천 석 규모의 올림피코 극장의 준공을 기념해 상연된(1585년 3월) 첫 작품은 소포클레스의 「오이디푸스 왕」이었다. 공연 식전에 참석한 한 인사는 그날의 광경을 이렇게 전해준다.

아카데미의 회장 및 회원 모두 이 성사를 완벽하게 치르기 위해 노력과 재물을 아끼지 않았다. 베네치아를 비롯해 국내외 신사 약 2천 명(그밖의 관객을 예외로 하고)이 극진한 대접을 받았다. 비첸차 거리는 공연을 위해 모인 귀족, 귀부인, 마차, 말, 외국인으로 가득 찼다. 거리는 마치 외지사람들만 보이는 듯했다. 모든 초대객에게는 술과 과일이 제공되었다. 특히 오케스트라석 숙녀 중에는 저명한 프랑스 대사부인과 조카도 있었다. 관객은 3천 명을 넘었다. 시장(市長)은 극장 밖에 남아 있었으며 보안과 귀빈의 경호를 위해 병사가 입구마다 배치되었다.

개막시간이 되자 향기로운 향이 풍겨나왔다. 옛 전설에 의해 신의 노여움을 가라앉히기 위해 향을 피운 테베의 거리를 떠올렸다. 나팔과 북소리에 이어 네 개의 폭죽이 터졌다. 그 순간 막이 무대 앞에 떨어졌다. 놀라움에 순간 정신이 아찔해진 관객은 프로그램을 펴들었다. 어두운 무대 뒤에서 노래와 악기들 소리가 들려오자 기쁨은 더욱 고동쳤다. 관객들이 느낀 무한한 희열을 나는 말로는 표현할 수도 없고 상상조차 하지 못했다.

성대한 의례이자 축제와 같았던 올림피코 극장의 장엄하고 흥겨운 초연날의 풍경은 1602년 셰익스피어의 「햄릿」 초연이 화제가 된 런던의 극장에서도, 코르네유의 희극 「멜리트」(1629)를 상연한 파리의 팔레 루아얄(Palais Royal)에서도 볼 수 있었다. 16, 17세기 르네상스 시대는 무대와 관객석을 명백히 갈라놓은 프로시니엄 아치(proscenium arch)의 극장 무대형식, 오페라·즉흥 희극(코메디아 델라르테) 그리고 극 구조에서의 줄거리는 단순하고 일직선으로 진행되는 즉 줄거리의 일치, 장소가 동일한 곳에 설정되는 장소의 일치, 사건이 하루 만에 끝을 맺는 시간의 일치라는 신고전주의 법칙 등이 뿌리를 내리면서 유럽 극장문화가 화려한 기틀을 마련하는 시기였다. 극장이 처음 세워진 계기가 된 것은 아리오스토의 작품을 상연하기 위해서였다. 로망시「광란의 오를란도」의 작자는 고전희극을 본받은 5편의 시대풍속과 인간풍자의 희극을 발표하고 스스로 상연했다.

셰익스피어에 앞선 영국 최초의 근대적인 극작가는 크리스토퍼 말로이다. 그는 권력에 대한 의지를 다룬「탬벌레인 대왕」(1587)에 이어 물욕의 화신 같은 유대인을 주인공으로 한 비극「몰타 섬의 유대인」(1592년경)을 썼다. 그밖에 정치사극을 주제로 한 작품을 즐겨 썼다. 대표작인「포스터스 박사」(Dr. Faustus, 1588~92)에서는 무한한 지식욕과 육체적 쾌락의 대상으로 영혼을 악마에게 팔아 넘긴 노학자 파우스트의 전설적인 비극을 주제로 삼았다. 약 200년 뒤 괴테도 생애를 바쳐『파우스트』를 완성, 세계문학의 최고봉을 이루었다.

말로는 시인이기도 한데 그가 완성한 무운시(無韻詩, blank verse), 극시(dramatic poetry)의 낭랑한 극적 효과는 명배우 앨런의 연기를 통해 관객의 마음을 사로잡았다. 그의 시는 셰익스피어를 비롯해 엘리자베스의 희곡과 연극에 큰 영향을 주었다.

16세기 중엽부터 17세기에 걸쳐 유럽은 연극의 황금시대에 들어섰다. 영국은 셰익스피어와 함께 연극이 더욱 빛났다. 셰익스피어는 런던의 한 극장에 고용되어 일을 하다가, 1592년 나이 28세 때 호평을 받는 신인 극작가로서 런던 극장가에 등장했다. 극단배우가 되고 극단에 종속되면서 각본을 쓰고 극작가로 독립했다. 셰익스피어의 작품은 희곡 36편을 비롯해 이야기 시 및 소네트가 있다. 역사극, 희극, 비극, 전기극(傳奇劇)을 망라한 20년간의 작품활동 동안 그는 극장에 전념하고 영국 극단 제1인자의 지위를 누렸다. 셰익스피어는 극단을 경영했다. 그의 극단이 근거로 삼은 글로브(지구)극장(Globe Theatre, 1578~99 창립)은 템스 강변에 자리 잡은 반 야외극장이었다. 지붕이 달린 갤러리 석에는 중류층 이상의 남녀가, 무대 정면의 귀빈석에는 귀족과 귀부인이, 서민은 값싼 무대 앞 땅바닥에 서서 보았다.

자연에 비유되고 만 가지 마음을 지녔다고 일컬어지는 까닭에 비실제적 인물로서 화제가 그치지 않는 만능의 천재작가 셰익스피어, 그가 영감을 얻는 원천은 무대였다. 「햄릿」을 비롯한 이른바 4대 비극에서는 소포클레스를 방불케 하는 인간 운명의 절망과 광기가 뒤섞인 무서운 심연을, 희극과 전기극(희비극)에서는 통렬한 인간 비판을 드러낸다. 때로는 단순명쾌하게, 때로는 변환 자재, 때로는 인간 모순을 풍요롭고 현란하게 표출해 문자 그대로 극적인 세계로 만인을 끌어들이는 만의 마음. 그에게 '세계는 모두 무대, 남녀 모두 배우에 지나지 않는다'(희극 「마음 내키는 대로」). 글로브 극장의 깃발에는 지구를 짊어진 헤라클레스 상이 새겨져 있었다. 극작가이기도 한 볼테르는 「줄리어스 시저」와 「햄릿」을 드루리 레인 극장(Drury Lane Theatre)에서 본 일을 영국 체제 중 가장 감동을 받은 일이라고 말했다. 볼테르는 셰익스피어가 내뿜는 열의 인화자(引火者)였다.

"셰익스피어의 위대성은 자연스럽게 이루어진 것이다. 무엇으로 보든 그는 나보다 고귀한 성격을 지녔다. 그를 나는 오직 우러러 존경할 뿐이다."

"셰익스피어와 내가 어깨를 나란히 한다고? 어림도 없다."

만년에 괴테가 한 말이다. 영국은 셰익스피어로 인해 괴테에게 언제나 위대한 나라였다.

극작가가 대체로 불운한 삶을 산 것과는 달리 셰익스피어는 문장(紋章)의 사용권을 손에 넣은 신사로서 풍요로운 삶을 살았다. 셰익스피어의 작품은 17세기 이래 오늘날까지 모든 나라에서 번역되고 무대에서 상연되고 있으며 셰익스피어학이라는 장르가 있을 만큼 셰익스피어 학자는 여러 나라에 존재한다.[24] "인도를 잃더라도 셰익스피어는 잃을 수 없다." 셰익스피어는 모국뿐만 아니라 인류 전체를 정신적으로 풍요롭게 하고 있다(풍요[rich]란 말은 이 대문호가 즐겨 쓴 말이었다).

영국은 셰익스피어 덕분에 유럽 대륙에 앞서서 극장 문화의 황금기를 이루었다. 그러나 모든 연극과 극단은 왕실의 허가를 받아야 했다. 영국의 극장 명칭은 후원자의 이름을 딴 것이 많은데,

---

[24] 최근 신문보도에 의하면 아시아의 젊은 연출가 세 사람이 셰익스피어 희곡(한국은 「사랑의 헛수고」, 중국은 「햄릿」, 인도는 「리어 왕」)을 2009년 4월 14일부터 26일까지 서울 대학로 아르코 예술극장에서 자국의 풍습과 전통에 맞게 해석한 워크숍을 개최했다.

귀족의 지원 없이는 극장을 열 수 없었던 데서 유래한다. 한편 1730년 검열법이 발표되면서 셰익스피어의 작품도 화를 면치 못했다. 그렇듯 극장과 무대에 대한 감시가 심해지면서 극작가들은 소설에 눈을 돌렸다. 그러나 관객들은 삶의 최고의 즐거움을 만끽하게 해주는 극장과 배우를 여전히 찬양했다.

당시 극장은 최고의 배우와 극단을 지니는 행운을 누렸다. 특히 셰익스피어가 속한 체임벌린 경 극단은 최고의 명성을 누렸다. 배우이기도 한 셰익스피어는 거의 모든 작품을 이 극단을 위해 썼다. 셰익스피어 시대의 극장은 상류계층을 위한 특별석이 마련되어 있으면서 훗날 바로크·로코코 양식의 궁정풍 극장과는 달리 1페니만 지불하면 누구나 즐길 수 있는 오락장이었다.

유혹하고 도발하는 무대

일상적인 미덕은 극장의 무대 위에서는 악덕이 되고, 세상의 악덕은 무대에서는 미덕으로 역전해 관객의 박수갈채를 유도한다.

시인이자 극작가인 실러의 함축성 있는 말이 시사하듯이 연극무대를 향한 시선은 현실세계와는 다른 '거꾸로 된' 이미지였다. 2+2=4라는 일상적·합리적인 사고는 극장무대에서는 외면당하고 비웃음을 샀다. 17세기 이후 희곡과 연극에서는 소설의 세계와 마찬가지로 현실세계에서 철저하게 소외된 여성이 주역으로서 자태를 드러냈다. 무대 위에서 벌어지는 여인의 이야기는 극적인 박진감으로 소설책보다 진한 감동을 주었다. 또 위험하게 여겨졌으니 여배우는 처신 사나운 악녀로 낙인이 찍혔다.

고대 그리스·로마시대의 여성의 역할은 여장한 소년들이 맡았으며 중세 이후에도 이브의 후예는 코러스에도 끼지 못했다. 16세기까지 관객 앞에 설 수 없었던 여성은 차차 무용수, 곡예사, 무언극의 배우, 가수로 무대에 나타났다. 17세기 초 영국의 사극이나 가면극에서 귀부인 역을 맡은 것은 여배우였다. 그러나 대사는 주어지지 않았다. 무대 위의 여성은 더욱 수줍어하고 말수가 적어야 했다. 어디 그뿐이랴. 여성이 연극세계에서 일하는 권리를 손에 넣은 17세기 후반에도 "여배우는 창녀와 멀지 않다" "창녀는 여배우와 가깝다"는 폭언이 따라다녔다. 18세기 코메디 프랑세즈(Comédie-Française, 1690년 창립) 무대에서 크게 관객을 사로잡은 르쿠브루크는 여배우였다는 이유 때문에 파문당하고 교회묘지에도 묻힐 수 없었다.[25] 이러한 현상은 이탈리아를 제외한 모든 나라에서 예사롭게 일어났다. 그처럼 극심한 여성학대로 얼룩진 극장문화에 대한 유일한 저항자는 여류 극작가였다.

당시 여류작가들은 무대를 위해 작품을 쓴다는 것만으로 비난에 시달려야 했으며 그에 대한 불만을 작품에 담았다. 특히 영국

---

25) 예외가 없지도 않았다. 이자벨라는 여러 극장에서 남녀 역을 훌륭히 해냈는데 특히 연애하는 프리마돈나 역으로 인기를 끌었다. 그녀는 시나리오도 쓰고 유명한 희곡 『광기』의 작자로도 알려진다. 모범적 결혼생활을 해 여인이 가정을 꾸리면서 예술에 생애를 훌륭히 바칠 수 있다는 모범을 보여주었다. 작고하자 이자벨라는 훌륭한 신도로서 교회에 매장되었다.

무대 위의 오르페우스

문학사상 디포 이전의 가장 주목할 만한 작가로 17세기의 극작가 벤을 든다. 그녀는 남녀 작가의 평등과 가부장적 규범에 대한 싸움을 강조하고, 글의 주제로 노예문제를 다루기도 했다. 그런데 불륜에 관한 작품을 썼다는 이유로 관객으로부터 비난을 받았다. 그는 시로써 응수했다.

> 잘난 체하는 어리석은 자들이 여기저기서 부르짖는 것이 들린다
> 그래 썩은 것이라면 여자가 쓰는 희곡이지
> 전에는 그들이 우리를 잘도 즐겁게 해주었는데
> 이제부터는 무서운 작품으로 우리를 끊임없이 애태울 걸세
> 가엾은 여인이 도대체 무엇을 했다고
> 지성도 숭고한 시도 쓰지 못하게 하는가

벤의 작품 속 여인은 고백한다. "나는 나를 사랑하는 사람 모두의 것이 되고 싶지 않다. 내가 사랑하는 사람의 것이 되고 싶을 뿐이다." 그녀가 쓴 작품 속 여인은 적극적으로 남성을 유혹한다. 벤은 삶도 그렇게 살았다. 극장 밖의 편견이야 어떻든 스핑크스, 헬레네, 유디트, 살로메와도 비슷한 숙명의 여인(femme fatale) 들이 도사린 무대의 유혹하는 성(性)은 모든 관객을 사로잡았다. 그녀들은 여성에게 더 도발적이며 고혹적인 존재로 비쳤다. 그만큼 여성들은 연극의 무대에 설레고 환호하며 끌려들었다.

세계에서 가장 매력적이며 가장 감미로운 것인 양 전념합니다

만, 이 불행한 정열로 몰고 가는 데 소설이나 연극, 오페라 이상이 없습니다.

17~18세기의 풍자시인이며 비평가, 모럴리스트인 보와로의 말이다. 그는 극장을 즐기는 여성의 남편들에게 경고했다.

> 지금 그대가 오페라에 데리고 가면
> 그대의 성녀(聖女)는 마음을 매혹시키는 스펙터클을
> 아주 조화로운 화려함을
> 저 춤과 풍요로운 음성의 주인공들을 어떻게 보리라고 생각하는가
> 그리고 사랑은 사랑을 위해서 지고한 유일신을 위함과 마찬가지로
> 모든 것을, 미덕도 희생해야 함을
> 사랑의 마음이 불타는 데 지나치게 젊다는 일은 없음을
> 하늘로부터 마음을 받음은 사랑을 위해서거늘
> 그때 어떠한 움직임에 따라 그녀의 흔들리는 마음 속에
> 관능이 파도침을 느낄까.

17세기 무렵 파리 극장의 단골손님은 1만 명을 헤아리고 화제가 된 연극은 5만 명의 관객을 끌어들였다. 파리의 인구는 약 47만 명, 극장은 늘 관객으로 가득 찼다. 극장 출입을 제일 즐긴 이는 경제적으로 여유가 있고 여가를 즐길 수 있었던 숙녀들이었

다. "우아하게 세련된 여인은 인파로 붐비는 극장으로 몰려오게 마련이다. 그들은 관람하기 위해서도 오고, 자기의 모습을 다른 사람에게 보이기 위해서도 오는 법. 그러므로 그런 장소는 정숙하고 수줍음 타는 여인에게는 해롭기만 하다." 특히 문예작품의 애독자였던 교양 있는 여성들이었다.

"독일 관객의 견식은 이탈리아나 프랑스처럼 순화되기는 어려울 것이다." 괴테가 말했다. 극장문화는 사회와 문화의 성숙도만큼, 부와 자유에 뒷받침된 개방성과 다양성에 비례해 발전했다. 우리는 고대 그리스의 자유로운 폴리스의 극장문화에 관해 살펴보았으나 특정한 교리에 의해 다스려진 중세 1천 년 연극과 극장문화는 아주 황폐하고 12세기경부터 종교극이 교회 내 혹은 거리의 광장에서 선보일 정도였다. 15, 16세기 르네상스와 더불어 막을 올린 극장은 옛 그리스풍의 스펙터클한 작품, 즉 사극을 선호했다. 이러한 경향은 셰익스피어 시대로 이어진다.

18세기 유럽의 왕후들은 궁정을 꾸미듯 앞을 다투어 궁정극장을 세웠다. 바로크, 로코코 양식의 화려한 극장은 대개 제1급 건축가에 의해 건립되었으며 극장은 오랫동안 귀족과 상층 부르주아의 사교의 장이었다. "군주는 모두 무대에 서고 전 세계의 시선을 받게 되어 있습니다." 연극과 극장을 각별히 즐긴 엘리자베스 1세의 말이다. 그녀를 비롯해 르네상스 시대 이후 많은 군주가 극장의 애호가, 페트런이 되면서 예술작품, 극장으로서의 궁정, 아니 예술작품으로서의 국가를 꿈꾸었다.

17세기에 처음 개막된 오페라는 극장문화에 신기원을 이루었

브뤼헐, 「사육제와 사순절의 싸움」(1559)

다. 최초의 오페라 극장은 최초의 가극 「오르페오」(Orfeo, 1607)를 작곡한 이탈이아의 작곡가 몬테베르디와 관련이 있는 베네치아의 테아트로 산 카시아노(Teatro San Cassiano, 1637 건립)이다. 그 후 오페라는 시대의 여왕이 되었으며 이탈리아는 유럽 음악의 중심지가 되었다. 17세기 말까지 베네치아에만 17개의 극장에서 388개의 오페라 작품이 상연되었다. 처음에 관객은 '듣기 위해' 극장에 갔다. 그때는 연극 대사가 극의 중심이었다. 그러던 것이 귀족의 취향에 맞추어 발레와 오페라가 중심이 되었다. 극은 공동화(空洞化)되고 사람들은 '보기 위해' 그리고 자기를 '보이기 위해' 극장을 찾게 되었다.

영국 런던으로 말하면 최초의 국립극장 더 시어터(The Theatre, 1576)가 세워진 뒤 약 50년 사이에 17개의 극장이 선을 보였다. 당시 런던 인구는 20만 명이었다. 베네치아의 오페라보다 더 붐을 이룬 런던의 극장문화는 셰익스피어의 존재와 깊이 관련됨은 물론이다. 1616년 위대한 극작가가 세상을 떠났을 무렵 청교도 혁명 속에서 영국의 모든 극장은 파괴되고 폐쇄되었다. 그것이 소생하는 것은 왕정복고(1660)에 이르러서이다.

프랑스의 극장문화

17세기의 프랑스는 유럽의 정치와 문화의 중심이었다. 위대한 세기에 걸맞게 코르네유, 몰리에르 및 라신을 중심으로 프랑스 고전극이 찬란하게 개화했다. 프랑스의 극장문화는 '프랑스 연극의 아버지'로 불리는 코르네유로부터 막이 올랐다. 그는 연애의 간계를 세련된 대사로 다듬음으로써 희극이 전통적으로 짊어졌던 외설을 제거하고 점잖은 사교계가 바란 향기 그윽한 문학적 희극을 창시했다. 이 성격희극의 창시자는 또 대립된 감정과 의지, 의무와 연애를 조화롭게 정화함으로써 프랑스 고전비극의 완성자로 높은 평가를 받는다.

코르네유의 명성을 드높인「르 시드」(1637)의 주인공인 기사 로드리그는 아버지가 연인 시멘의 아버지에게 모욕을 당하자 연인의 아버지를 살해한다. 두 연인은 원수가 되고 명예와 사랑, 도리와 정념 사이에서 심리적 갈등을 일으킨다. 코르네유 극의 주인공들은 정열을 악으로 간주하고 그것을 이성과 의지의 힘으로 극복하고자 한다. "그가 만약 살아 있다면 짐은 그를 공작으로 삼으리라." 나폴레옹이 극찬한 코르네유의 작품이 남성적인 데 비해 라신은 섬세하고 미묘한 문체로 여성심리의 내면에 파고든 많은 작품을 무대에 올렸다.

17세기 후반 이후 시대의 취향은 코르네유의 관객을 열광하게 한 헤로이즘, 영웅적인 정치비극에서 연애지상주의 비극으로 옮겨갔다. 라신 극의 독자성은 연애를 사랑하는 사람을 파멸로 몰고 가는 무서운 패션(passion)으로 파악하고 개인의 실존과 그것이 짊어진 사회적 역할을 함께 끌어들여 파멸을 초래하는 힘으로서의 비극적 정념의 극(極)을 격조 있게 표현한 점이다. "미궁의 밑바닥까지 떨어지리라. 그대와 둘이서. 페드로는 살아서 돌아오건, 죽는 것도 그대와 함께." 금지된 연애를 주제로 한 작품「페드르」(1677)의 한 대사이다. 라신은 이 작품의 주연 여배우로 입버릇처럼 가인(佳人)으로 부른 새 연인 샹 메레에게 맡겼다. 한편 라신을 일약 비극시인으로 드높인 작품은 그리스 트로이 전쟁의 후일담을 그린 「앙드로마크」(1667)였다. 주인공 피류스는 아버지가 타도한 적장의 미망인 앙드로마크를 사랑하게 된다. 피류스는 결혼과 아들의 죽음 중 하나를 택하라고 앙드로마크를 협박한다. 그녀는 아들을 구하기 위해 결혼을 서약하고 자결하기로 마음먹는다. "코르네유는 있어야 할 상태의 인간을 그리고 라신은 있는 그대로의 인간을 그린다"라고 라 브뤼예르는 평했다.

코르네유, 라신과 함께 프랑스 고전극을 대표하는 몰리에르는 귀족적인 콜레주에서 교육받고 법학사 학위와 변호사 자격을 획득했으나 사랑하는 여배우와 극단을 결성한 뒤 연극에 일생을 바친다. 극단이 파산하자 남프랑스 여러 지역의 순회공연에 나서고, 자신도 배우로 무대에 오르는 한편 극장운영에도 손을 댄다. 그 뒤 루이 14세 앞에서 극을 상연해 호평을 받았다. 처음에는 주로 비극을 상연했으나 「웃음거리 재녀(才女)들」(1659)이 큰 성공을 거두면서 파리 연극계의 인기를 한몸에 받고, 극단은 팔레 루아얄을 본거지로 삼게 되었다. 꼭같이 여성의 교육문제를 다룬 작품 「남편학교」(1661)와 「아내들의 학교」(1662)가 상연되면서 작가로서의 명성이 확립되고 '뛰어난 극작가'라는 자격을 얻으면서 국왕으로부터 연금을 받았다.

몰리에르는 「타르튀프」(1664), 「동 쥐앙」(1665), 「인간혐오자」(1666), 「수전노」(1668), 「여학자」(1672) 등의 대표작이 있는데,

프랑스 극작가 몰리에르의 초상

그는 위선자, 방탕자, 현학자, 수전노 등 인간의 거짓과 악덕을 풍자해 관객의 웃음을 자아냈다. 국왕으로부터 연금을 받게 된 몰리에르의 명성은 다른 작가나 비평가의 질투를 사 '희극의 싸움'으로 불리는 논쟁을 일으켰다. 그의 근대적·지성적인 풍자는 교회와 권력의 반감을 사 자발적으로 한때 상연을 취소했다. 궁정인을 위해 코미디를 상연한 대작가는 극히 건전하고 상식적인 인간이었다. 그러면서 반인간적·반자연적인 인간의 추하고 부조리한 본성을 풍자하고 고발했다.

몰리에르는 그렇듯 희극의 본질로 인간의 어리석음과 악덕을 드러내 웃음거리로 삼았으며 특히 당시의 프레슈(재사)와 프레슈즈(재녀) 및 여학자들은 그의 좋은 타깃이 되었다. 그러나 전통적으로 극장의 가장 큰 테마는 '숙명의 여인'들 이야기이다.

버릇처럼 밖에서 즐거움을을 찾는 프랑스 사람들은 극장을 참 좋아했다. 파리 시민들은 18, 19세기 월요일은 테아트르 프랑세즈(Le Théâtre Française, 훗날의 코메디 프랑세즈)에, 금요일은 오페라 극장(베르사유 궁)에 얼굴을 내미는 것이 품위 있다고 여겼다. 그들은 즐기기 위해서 모두 부르발 거리의 극장으로 갔다. 상류층 사람들은 테아트르 프랑세즈의 정기회원이 되고 사교계 인사들은 음악을 듣기 위해 오페라 극장과 극장 이탈리아(Theatre Italien)에 갔다. 오페라 극장에서는 월·수·금·일요일에 프랑스어 오페라를, 극장 이탈리아에서는 화·목·토요일에 이탈리아어로 상연했다. 극장 이탈리아가 더 상류사회의 반듯한 음악 애호가들이 즐기는 장소였다. 귀족들은 이곳을 더 좋아하고 부르주아들은 오페라 극장을 자주 찾았다.

셰익스피어의 작품이 19세기에 이르러서야 유럽 여러 나라의 문학에 영향을 미칠 수 있었던 데 반해 프랑스의 고전문학, 고전극은 당시에 이미 유럽의 독서인, 교양사회에 큰 감명을 주었다. 그 배경에는 당시 유럽 귀족사회와 교양인의 언어였던 프랑스어가 고전문학, 고전극을 통해 더욱 세련되고 우아하며 풍요로워졌다는 사실도 크게 작용했다. 이제 사람들은 교양을 위해서라도 극장에 몰려갔다. 극장 중의 극장은 코메디 프랑세즈였다. 루이 14세에 의해 창립된 이 극장에서는 창립 당시 이미 세 거장의 작품을 거의 망라해 상연, 이후 오늘에 이르도록 고전 존중을 표방하고 있다.

우리는 명문가 출신의 데 그리외가 사랑과 증오, 신뢰와 절망이라는 모순되고 부조리한 감정에 신음하면서 운명처럼 마농에게 끌린 이야기를 알고 있다. 극장은 마농과 같은 숙명의 여인들을 즐겨 무대에 올렸다. 비제의 가극 「카르멘」(1875)에서 "사랑은 모방을 일으키는 새이다. 아무도 건드리지 못한다"라고 노래할 때 관객들은 집시 여인에게 따뜻한 시선을 보냈다. 난봉꾼도 무대에서는 인기가 좋았다.

상습적인 여성 유혹자 돈 후안 이야기는 중세 때부터 전설로 전해져왔다. 바이런은 돈 후안을 여자를 농락함을 삶의 유일한 보람으로 여기는 매력적인 탕아로 묘사했으나 몰리에르는 단순한 난봉꾼이 아니라 지적인 회의주의자, 신사적이면서 위선자가 되는 자유인으로 익살맞게 그렸다. 자유인! 극작가의 최대 주제는 자유의 문제였다. 그들이 즐겨 다룬 숙명의 여인이나 돈 후안의 이야기, 그리고 수많은 악인소설(로망 피카레스크)도 본질적으로는 체제가 깔아놓은 윤리 도덕의 질서, 거짓에 반기를 든, 일상적 삶으로부터 일탈하는 자유의 이야기가 아니었던가. 많은 관객, 특히 여성들이 무대 위에서 벌어진 악덕 이야기에 크게 매료되었음은 그만큼 억압의 나날을 살았음이 아니었던가. 극장은 사랑 이야기와 악인을 빌려 새 삶을 꿈꾸는 새로운 사회, 유토피아를 바라는 남녀 자유인을, 민중을 무대에 올렸다. 가장 전형적인 작품이 「피가로의 결혼」이다.

「피가로의 결혼」의 주제는 백작 가문의 고용인 피가로와 백작의 시녀 수산나의 결혼이다. 부인에게 싫증이 난 백작은 피가로의 약혼녀인 수산나에게 사심을 품고 밀회를 강요한다. 두 연인은 백작 부인을 끌어들여 기지와 책략으로 백작의 바람기를 응징하고 부부로 맺어진다. 백작의 횡포에 대한 피가로의 저항은 앙시앵 레짐에 대한 민중의 반격을 상징한 것으로서, 프랑스 혁명의 개막작으로 일컬어진 보마르셰의 이 극작을 모차르트는 가극 중 최고 작품으로 작곡했다. 모차르트를 가리켜 18세기가 겨누갖가지 소원이나 목표를 최고의 예술로써 구현한 대천재라고 찬탄한다. 「피가로의 결혼」에 쏟은 열정에는 어느 궁정에도 자리를 얻지 못하고 이 도시, 저 나라를 편력해야 했던 한이 서린 것일까. 어떻든 이 전아하고 화려한 오페라가 초연(1786년 5월)된 이래 궁정극장에서 소리 높여 1789년 7월 14일의 도래를 고지했음은 참으로 통쾌하다고 할 것이다.

극장으로 향할 때 우리는 제일 먼저 흥에 설렌다. 괴테는 드라마를 언급하며 "독일 사람들이 동경하는 것은 엄숙함, 위대한 심성, 내면의 가득 참이다." 그러한 독일 사람들이 셰익스피어 작품 중에서 제일 좋아하는 것은 「햄릿」이며 그에 비해 영국인들은 「헨리 4세」를, 프랑스인들은 「오셀로」를, 이탈리아 사람들은 「로미오와 줄리엣」을 제일 즐긴다고 한다.

극장, 인간이 쌓아올린 작은 우주

마농을 데리고 관헌에 쫓기며 도피의 나날을 보내면서 데 그리외는 내일의 생계를 걱정하면서도 일주일에 두 번은 마농을 위해 극장에는 가야겠다고 마음먹는다. 그에게, 몇 세기에 걸쳐, 아니 그리스·로마 시대 이후 면면히 극장문화를 쌓아올린 유럽 사람들에게 극장이란 무엇일까.

우리는 극장무대에서 선남선녀보다 탕아와 탕녀, 일탈과 반역을 꿈꾸는 자를 많이 만난다. 악인, 악한도 로망 피카레스크의 주인공처럼 영웅호걸 대접을 받고 사탄(악마)도 메피스토처럼 인간적인 장난기 넘치는 유혹자이다. 그들은 시대에 앞서서 새로운 풍속, 새로운 의식과 삶을 만들고 관객은 그들로부터 놀이와 일탈하는 심성을 배운다. 놀이가 진정 정화의 샘이듯 일탈이란 자유로의 길. 그리하여 가부장들과 권력체제는 본능적으로 그 배반하는 놀이의 장을 두려워한다.

극적 상상력이 서로 겨루는 장소의 수호신 게니우스로키가 다

바그너가 세운 바이로이트 축제극장

스리는 극장, 그 극장은 일상적인 삶과는 성별(聖別)된 자기 완결적 소우주. 무대 위 서사시적 정담과 라블레풍의 홍소(哄笑), 바로크풍의 우아함과 세기말적 데카당스, 클림트풍의 에로스와 죽음의 친화. 진실에 가득 찬 환각, 상징적 암시와 의식(儀式), 인간 진실은 변환자재의 퍼포먼스! 주신(酒神) 디오니소스가 다스리는 극장은 니체가 말한 대로 근원적 환희, 넘치는 흐름이며 절대 자유의 표출이고 존재의 유희. 우리는 무대의 놀이에 취하면서 어느새 '파괴적 요소'로써 가득 찬 감정교육을 받고 새 삶, 새로운 앞날에 눈을 뜬다. 극장은 진정 인간이 쌓아올린 소우주. 새삼 극장과 극장문화의 고귀한 무게가 묵직하게 느껴진다.

그 깃발에 지구를 짊어진 헤라클레스 상이 그려진 셰익스피어의 글로브 극장의 무대 아래 공간은 지옥이라고 불리고 무대 위 천장에는 천국이 그려져 있다. 극장 입구에는 '모든 인간은 배우이다'라고 쓰여 있었다. 극장은 참으로 인간운명의 상징적 공간, 인간은 천국과 지옥, 성과 속의 세계 사이에서 끊임없이 흔들리는 '중간' 존재일까.

18 살롱 또는 담론하는 사교장

나 홀로 군자인 척하지 말라. 에스프리의 깔끔한 가벼움은
사람을 기쁘게 하고 느낌을 자주 말하는 것이다.
🖋 라 로슈푸코

랑부예 부인의 살롱 '푸른 방'

 유럽적 교양의 변함없는 토포스 살롱. 살롱의 기원은 고대 아테나이와 로마로 거슬러 올라간다. 기원전 4~5세기경 아테나이에서는 젊은 귀족들이 '향연'을 즐겼다. 클럽이 육체적 단련과 놀이의 공간이었다면 살롱은 정신적·지적 놀이의 공간, 사교장이다. 플라톤의 『심포지온』에서 볼 수 있듯이 포도주를 대작하면서 때로는 특정한 주제를 내걸고 담론과 사교를 즐긴 모습은 17~18세기 프랑스의 살롱 풍속도와 흡사하다.

 17~18세기 프랑스는 경제적 풍요를 누렸다. 풍요의 시대는 취미의 시대이며 사교와 여인의 시대이다. 그 다음 사교적 교양으로 이어졌다. 귀족과 일부 상층 부르주아는 사교계(société), 즉 상류사회(bonne société)를 형성해 사치와 여가를 구가하며 바

로크, 로코코풍의 삶의 기쁨을 즐겼다.

 프랑스 살롱의 전아한 문은 1613년경 파리 루브르 궁에서 가까운 랑부예 후작 부인의 저택에서 열렸다. 프랑스는 오랜 종교적 대립과 내란이 수습된 직후여서 상류사회는 자유롭고 유연한 새로운 기풍을 원했다. 그들은 위계와 격식이 까다로운 베르사유를 경원하고 좀더 편안하고 자유로운 장소를 물색했다. 그것이 살롱이었다.

 프랑스 살롱의 전신은 이탈리아 르네상스 시대의 궁정 살로네(salone)이다. 『이탈리아 르네상스의 문화』에서 부르크하르트는 사교생활의 조건으로 교양을 전제로 하는 신분의 평등, 세련된 생활, 순화된 언어, 여성의 지위향상 등을 들고 있다. 17세기 프랑스 상류사회가 그러한 특징을 그런 대로 갖추었다고 할 수 있다.

 랑부예 부인은 이탈리아 주재 프랑스 대사의 딸로 태어나 로마에서 성장했다. 프랑스에 돌아온 그녀는 당시 프랑스인의 말씨와 풍속이 적잖이 거칠고 저속함을 한탄하고 이탈리아풍의 좋은 '취미'를 파리에 이식하기로 마음먹고 자신의 저택에 살롱을 마련했다.

 부인의 부모인 후작 부처가 팔레 루아얄 근처, 옛 저택을 개조한 것은 1604년경이었다. 정문에 들어서면 안뜰이 있고 건물 1층은 문지기방, 조리실, 저장실이며 훌륭한 석조계단은 2층으로 통한다.

▲ 살롱을 광고하는 포스터

2층에는 식당을 겸한 큰 홀이 있다. 다음은 대기실. 색실무늬 벽걸이, 팔걸이 의자, 도기, 작은 탁자가 눈에 띈다. 마지막이 랑부예관의 상징이라고 할 푸른 방(Chambre bleu)이다. 책상과 서가, 친구들의 초상화, 붉은 공단의 침대, 의자, 흑단 테이블, 중국과 델프트의 도기, 베네치아 글라스, 탁상시계, 플랑드르제 벽걸이, 오리엔트제 깔개. 모든 것이 우아하고 사치스럽다.

3층에는 하녀들의 방이 있고 이탈리아어, 스페인어, 라틴어 책으로 채워진 부인이 '나의 에르미타주(은신처)'로 부른 서재가 있다.

재색을 겸비한 랑부예 부인은 푸른 방의 침상에서 손님을 맞았다. 당시 귀부인들은 손님을 규방에서 맞는 관습이 있었다. 그 무렵에는 "○○ 부인의 살롱에 간다"고 하지 않고 "○○ 부인의 규방에 간다"고 했다. 내밀한 사생활의 공간과 공개적인 친교 공간의 구별이 없고 아직 '규방'이라는 개념이 없던 시대이다.

1624년에서 1648년에 걸쳐 랑부예 부인의 살롱에는 리슐리외 추기경, 콩데 장군, 문인으로는 궁정시인 말레르브, 코르네유 등 귀족과 귀부인, 고위 성직자, 상층 부르주아, 문인과 그 외에도 그녀의 미모와 교양, 너그러운 인품을 흠모해 파리의 내로라하는 인사가 모여들었다. 그리하여 당시 재상 격이던 리슐리외 추기경이 첩자를 보내기도 했다. 살롱에는 호스테스를 돕는 매니저 격인 인물이 있게 마련이었는데 그는 살롱의 격에 맞아야 했다.

랑부예 부인의 살롱은 시인 보와투르가 매니저였다. 그는 가볍고 우아한 연애시와 서간으로 문명(文名)이 높고 또 재치가 있고 인간적 매력이 있어 사교계 총아였으므로 랑부예 살롱을 빛나게 만들었다. 그러나 살롱의 격을 결정지은 것은 그랑다메(Grande dame, 귀부인)라고 불린 살롱의 여주인이었다. 랑부예 부인에 대해 한 인사는 말했다.

랑부예 부인은 살롱의 여주인으로서 훌륭한 자격을 갖추었다. 우선 사람들을 접대하기를 좋아했다. 그것은 사람들이 말하듯 끈질기게 따라붙는 우울, 외로움에서 오는 공포를 떨치기 위한 것일 수 있다. 그리고 그것은 그녀의 사교성, 편지를 통한 활발한 대화의 열정, 동시대의 공적·사적인 기교 혹은 생활에 의해 다스려졌다. 이러한 사실은 그녀가 모든 손님을 환영하고 모으며, 빛을 발하고, 매력적으로 보인다는 것을 알고 있다는 것이다.

아카데미 프랑세즈의 창시자인 콩라르는 "랑부예관은 지혜와 지식의 보금자리"라고 찬탄했으며 또 어떤 단골은 부인의 살롱을 '세기 최고의 인사인 궁정 멋쟁이들의 모임', '갖가지 즐거움의 극장'이라고 찬미했다.

랑부예 부인은 대단한 독서가였다. 당시로는 드물게 전용 서재를 갖고 있었으며, 부인의 살롱은 프랑스 최초 문예 살롱이었다. 거기에서는 시와 문예작품을 낭독하고 음악과 연극이 공연되었다. 특히 당대 최고의 작가인 코르네유는 「폴리왹트」(1643)를 상연하기에 앞서 살롱에서 작품을 먼저 발표했다. 프랑스 고전비극의 이론적 기초를 이룬 '르 시드 논쟁'이 벌어졌던 곳도 그녀의 살롱이었다.

실로 한 세대(1624~48)에 걸쳐 좋은 취미와 문예담론, 재녀기질(préciosits)이 우아하게 펼쳐진 부인의 살롱은 파리 사교계의 큰 화제가 되었다. 이것이 계기가 되어 귀부인과 상층 부르주아의 부인들은 살롱을 차리고자 마음을 먹었다. 이러한 움직임은 사교생활의 중심이 베르사유 궁전에서 귀부인의 살롱으로 옮겨짐을, 사교문화의 찬란한 개막을 알리는 것이다.

'그랑다메'로 불린 살롱의 여주인들은 명문귀족 출신[26]으로 어려서 수도원에서 교육받은 뒤 정략결혼을 한 경력이 있었다. 그들은 남편과 아이가 있다고 하더라도 아내와 어머니라는 의식과는 거리가 먼 사교계의 개방되고 활달한 여왕들이었다.

그들의 주된 관심은 우아하고 세련된 '취미'와 교양 있는 인사와의 사교였으며 시대의 새로운 풍속, 지적 흐름에도 민감한 에스프리를 지니고 있었다. 뿐만 아니라 그들 중에는 세비녜 부인, 라파예트 부인과 같은 프랑스 고전문학을 대표하는 뛰어난 여류작가도 있었다. 루소에 심취해 프랑스 혁명 때 자코뱅파에 의해 처형된 롤랑 부인과 같은 정치적 투사도 간혹 있었다.

살롱에 출입하는 사람은 왕후라 하더라도 여주인이 레스피나스 부인의 경우처럼 서민계급 출신이건 고급 기녀이건 여주인의

---

[26] 17세기 파리 살롱의 주인은 대부분 귀족 출신이었다. 신원이 밝혀진 171명의 여성 중 132명의 아버지가 귀족이었으며 24명이 상층 부르주아 출신이었다. 18세기에 이르면 135명의 살롱 그랑다메 중 아버지나 남편이 귀족인 여성은 85명으로 비귀족 출신이 39명, 신원이 밝혀지지 않은 여성이 11명을 차지한다.

세비녜 부인의 초상

취향에 따라야 했다.

계몽주의 시대로 일컬어지는 18세기가 담론의 시대라면 17세기는 귀족적인 취미의 시대였다. 그러한 기풍 속에서 프랑스에서는 세련된 취미와 교양을 갖춘 이상적인 사교인 오네톰이 출현했다. 문인 파레는 『오네톰 혹은 궁정에서 사람을 기쁘게 하는 기술』(1630)에서 오네톰을 궁정 사교인으로 지칭했다. 작가 메레는 오네톰을 언급해 그 특징으로 섬세한 정신의 자유로운 사교인임을 강조하고 귀부인이나 젊은 여인에게도 오네톰의 마음가짐을 갖추라고 당부했다. 한편 부오르는 에스프리, 즉 양식을 오네톰의 근본적인 미덕으로 생각했으며 작가도 그것을 공유하고 그리고 오네톰이어야 한다고 강조했다.

오네톰은 살롱을 중심으로 사교적 교양과 우아한 삶(la vie elégante)을 누렸다. 그들 프랑스풍의 이상적인 교양인은 우아한 몸가짐과 재치 있는 말씨, 폭넓은 교양의 소유자였다. 그들은 '품위 있고 유능한 사람'과의 사귐을 무엇보다 바랐다. 오네톰이란 사교적 교양인이다. 지난날 그들의 사교장은 궁정이었으나 이제 살롱이 이상적 교양의 공간, 우아한 삶의 연금장, 타작의 장이 되었다.

좋은 결혼은 있어도 즐거운 결혼은 없다

이탈리아 문학은 예술적이며 스페인 문학은 기사도적이고 영국 문학은 개인주의적이며 독일 문학은 관념적이라고 한다. 이들에 비해 프랑스 문학은 사회적·사교적(social)이다. 이러한 프랑스 문학의 특징은 프랑스적 감성과 지성, 프랑스적 교양, 문화 전반의 특징으로 이해해도 좋을 것이다. 이 사회성, 사교성과 관련해 19세기 프랑스의 정치가이며 역사가인 기조는 『유럽 문명사』(1824)에서 토로했다.

> 프랑스는 유럽 문명의 중심이며 원동력이었다고 말해도 좋을 것입니다. 프랑스 정신 속에는 사교적인, 사람들에게 공감을 일으키는 무엇이, 다른 어느 국민의 정신보다 더 쉽게, 유효하게 확산되는 것이 있기 때문입니다. 명쾌함, 사교성, 공감은 프랑스와 그 문명 특유의 성격으로 이러한 자질에 의해 프랑스는 유럽 문명의 앞에 서기에 가장 적당합니다.

프랑스풍의 사교성을 뒷받침하고 더욱 돋보이게 하는 것은 회화의 에스프리이다. 에스프리의 집 살롱에서는 신과 형이상학의 문제로부터 여인의 패션에 이르기까지, 자연과 인간, 사회와 풍속을 둘러싼 모든 문제가 화제에 올랐다. 사람들은 어렵고 재미없는 주제일지라도 여성들의 비위에 맞추어서 부드럽고 우아하게 표현하고자 했다. 전문적 용어나 사상의 추상적·관념적인 표현은 현학적인 것으로서 혐오되었다.

문장에서도 명석하고 세련된 이야기풍 문체가 선호되었다. 글을 쓰는 사람들은 자신의 문장이 살롱에서 나누는 화제의 말씨 그대로이기를 바랐다. 사실 살롱의 화제가 그대로 저술의 주제가 되고 문장이 되었다.

이러한 현상은 몽테뉴나 파스칼에게서도 뚜렷했으며 데카르트도 예외가 아니었다. 볼테르에게서도 드러났듯이 프랑스 철학자들은 철학자이기에 앞서서 문인, 교양인이었다. 이러한 프랑스적 에스프리, 그 유연한 에스프리를 빚어낸 요람이 바로 살롱과 살롱 문화, 그리고 그것을 본받은 카페와 카페 문화였다.

16~17세기의 문인이며 문법가인 보줄라의 『프랑스어 유의 각서』(1647)는 랑부예 부인의 살롱에서 오갔던 말씨를 다년간 메모해두었다가 거둔 수확이었다. 아카데미 프랑세즈의 회원으로서 그 사전의 초판 편찬을 주관한 보줄라는 말의 진정한 주인은 궁정사회의 반듯한 부분을 상징하는 '좋은 말씨'라고 여겼다.

우아한 말씨의 포도밭 같은 사교의 공간, 살롱에서 거둬들인 풍요로운 수확들. 어머니인 네케르 부인의 살롱에서 자랐으며 훗날 살롱의 귀부인이 된 여류 비평가 스탈 부인은 살롱을 염두에 두고 말했다. "1세기 이래 사상의 흐름은 전적으로 회화에 의해 좌우되었다."[27]

---

27) 스탈 부인은 다양한 의견을 가진 프랑스 사람들의 대화의 에스프리를 음악 연주에 비유했다. "프랑스에서 대화는 사상, 감정, 거래를 교환하는 수단일 뿐만 아니라 프랑스인이 연주하기 좋아하는 악기이며 몇몇 사람 사이에서 음악처럼, 그 밖의 다른 사람 사이에서 힘찬 앙코르처럼 에스프리를 고무시키는 수단이다." 그녀는 스위스 망명 동안 혁명 이전의 삶을 회상하면서 말했다. "프랑스인들은 다른 곳에서는 찾을 수 없는 고국에서 나누는 대화의 즐거움을 그리워한다." 그녀는 또 말한다. "그것은 서로 영향을 미치고 즐거움을 주면서……액센트, 몸짓, 눈빛에 의해 드러나지 않은 모든 것에 대한 이해를 보여주는 방식이다.

살롱에서 이루어진 회화의 수확이야말로 말의 달인인 몽테뉴 이래 17세기의 모럴리스트, 18세기의 계몽사상가를 거쳐서 오늘에 이르는 프랑스풍의 지성과 교양의 본질이라고 할 수 있을 것이다.

그러면 살롱에서 사람들은 어떠한 이야기를 나누었을까. 라 로슈푸코의 『잠언과 고찰』(1664)을 통해 흥미로운 이야기를 거두어보자.

(나는) 인간의 겉으로만 그럴싸한 미덕 속에서 볼 수 있는 무수한 결점에 관해서 이야기한다.

미덕도 허영심을 수반하지 않고는 그다지 먼 곳으로 가지 못할 것이다.

인간은 만약 서로 속고 속이지 않는다면 도저히 오랫동안 사회를 만들고 지탱하며 살아갈 수 없을 것이다.

라 로슈푸코의 『잠언과 고찰』의 최대 관심사는 에스프리와 오네톰, 여인과 사랑, 또한 자기애였다. 그만큼 그것은 당시 살롱을 드나들던 오네톰과 귀부인의 큰 관심사였다. 그로부터 인간 본성의 진실이 잘 드러난다고 여겼던 것일까.

간단히 말해 그들의 지나친 활발함을 진정시키고 고통스러운 무관심의 상태에서 다른 사람들을 일깨우는 데 기여했던 전기의 불꽃을 자유자재로 비추는 방식이다."

라 로슈푸코의 초상

진정한 오네톰이란 자기의 결점을 잘 알고 그것을 솔직히 말하는 사람이다.

오네톰의 기질(교양)은 어느 신분에게만 특별한 것이 아니라 멀리 모든 신분에 해당한다.

좋은 결혼은 있어도 즐거운 결혼은 없다.

연애를 정의함은 어렵다. 연애는 마음에서는 지배의 정열, 지성에서는 공감이며, 육체에서는 감추어진 욕망이다.

책보다 인간을 연구해야 할 것이다.

정숙함에 싫증나지 않는 정숙한 여인은 극히 드물다.

여인의 정절은 대부분 자기의 명성과 평온무사에 대한 애착이다.

위대한 인물의 영광은 언제나 그들이 그것을 이루기 위해 쓴 수단을 저울질해야 한다.

선과 마찬가지로 악에도 영웅이 있다.

큰 결점을 지니는 것은 큰 인물에게만 허용된다.

광기 없이 사는 자는 자기가 생각하는 만큼 현자(賢者)가 아니다.

나 홀로 군자인 척하지 말라.

에스프리의 멋은 품위 있고 섬세한 것을 생각하는 데 있다.

에스프리의 깔끔한 가벼움은 사람을 기쁘게 하고 느낌을 자주 말하는 것이다.

사람의 기쁨은 사랑하는 데 있다. 사람은 상대가 품은 정열보다 자기가 품은 정열에 의해 행복해진다.

위에서 든 아포리즘은 17세기 프랑스의 대표적 귀족이며 모럴리스트인 라 로슈푸코가 스퀴데리 양, 몽팡시에 양, 특히 사블레 부인과 라파예트 부인의 살롱에 출입하면서 얻어낸 인간 관찰의 기록이다. 볼테르가 "프랑스어의 명석함과 간결의 묘미"를 살리고 "그만큼 한 국민의 취미생활에 이바지한 책은 없다"고 찬탄한 명저이다.

프랑스 지식사회에서는 "사교를 하지 않는 작가는 쓸모가 없다"는 말이 전통적으로 전해져왔다. 근대 이후 프랑스 지식사회의 특징이 된 사회참가, 앙가주망의 문제는 자기의 삶과 타자에 대한 관심, 사회적 연대에 대한 치열한 열정의 소산이라고 할 것이다.

독일에서 예술과 삶, 예술가와 시민성의 구별 또는 이원적인 대립을 생애를 통해 괴로워한 작가 토마스 만은 그 분열을 모르는 프랑스를 부러워한다고 고백한 일이 있다. 교양 공동체로서 신분과 직업 및 종파와 정파의 차이를 넘어 귀족과 부르주아지, 혹은 권력 엘리트와 정신의 귀족이 주고받은 교류 또는 융합을 통해 프랑스 문화를 풍요롭게 한 살롱 문화는 독일에서는 훨씬 뒤늦게야 기대할 수 있었다.

19세기 말 프랑스의 한 저명한 비평가가 "프랑스 문학은 17세기 랑부예 부인의 살롱에서 19세기 레카미에 부인의 살롱에 이르는 살롱의 역사를 통해 성립했다"고 말했듯이 몽테뉴 이래 볼테르, 백과전서파를 거쳐 오늘에 이르기까지 프랑스의 대표적 지성은 모두 '에스프리의 집'인 살롱의 단골이며 주인이었다. 살롱과 살롱 문화는 그들의 사상과 문체, 작품세계와 생활양식, 교양과 사람됨에 크게 영향을 주었으며, 살롱을 즐기면서도 비판적이었던 루소도 예외는 아니었다.

철학 살롱, 1789년을 향한 싸움의 총사령부

18세기는 말과 담론의 시대였다. 계몽주의 아래 철학자란 담론하는 지식인이었다. 18세기는 살롱의 모습을 바꾸어놓았으니 '취미' 이야기에 대신해 철학적 '담론'이 살롱의 큰 즐거움이 되었다.

살롱 문화가 변화하는 조짐은 부르주아 출신 살롱 귀부인들의 등장에서 비롯되었으며 살롱의 주역도 궁정풍 귀족으로부터 부르주아 출신의 계몽사상가, 즉 철학자로 바뀌었다. 철학 살롱의 출현이다. 18세기는 담론의 시대, 파리에만 철학자를 자처하는 지식인이 2천 명을 헤아리고 살롱의 수는 8백 개를 넘었다.

철학 살롱의 대표 격은 랑베르 후작부인의 살롱이었다. 그곳에서는 지난날 17세기의 문예 살롱처럼 궁정풍의 세련된 취미가 존중되었다. 그러나 거기에는 철학적 색채가 가미되었다. 종교에 대해 회의적이던 부인의 살롱에서는 교회와 종교에 대한 비판이 주요한 화제가 되었다. 선구적인 사상가이며 문학가인 퐁트넬, 몽테스키외도 단골로 출입했다. 고등법원장이며 『백과전서』에 글을 기고한 에노는 랑베르 부인의 살롱에 관해 말했다.

여기에는 다른 저택과 전혀 다른 것이 있다. 랑베르 후작부인의 저택이다. 그녀는 약간의 도덕적 작품에 의해 알려져 있으며 그것으로 그녀의 문재(文才), 섬세한 정신, 사고의 지식을 평가할 수 있다. 누구나 알지만 그녀는 랑부예 살롱시대를 이을 분이면서도 약간 거드름을 피우며 뽐내는 벽을 넘어설 힘을 지니지 못했다.

거기에서는 출판 직전의 작품이 낭독되었다. 주마다 한 번 점심식사가 나오고 오후에는 언제나 아카데믹한 강연회가 이어졌다. 밤이 되면 등장인물도 무대도 바뀌었다. 랑베르 부인은 품위 있는 사람들에게 저녁을 대접하고 마음이 맞는 사람을 대접하는 데서 기쁨을 찾았다. 그렇다고 그의 기분이 달라지는 것은 아니었다. 약간 도를 지나친 사람에게는 부드럽게 타일렀다.

에노는 "아카데미 프랑세즈에 들어가기 위해서는 그녀가 있는 곳을 거쳐가야만 했다"고 부연했다.

사실 아카데미 회원의 인선은 랑베르 부인의 살롱에서 미리 결정되다시피 했다. 퐁트넬, 몽테스키외가 부인의 살롱을 거쳐 아카데미에 입성했다. 특히 『페르시아인의 편지』(1721)에서 아카데미를 신랄하게 비판하면서도 '40명의 불사조' 반열에 끼고자 염원한 몽테스키외는 랑베르 부인의 도움이 없었던들 소망을 이루지 못했을 것이다.

랑베르 부인은 몽테뉴의 열렬한 애독자였을 뿐만 아니라 철학자 로크, 말브랑슈에 대해서도 관심을 갖고 스스로 재녀임을 자부했다. 그녀는 말했다. "극히 존경스러운 어느 저자는 여성이 가지는 상상력의 모든 즐거움을 인정하고 있습니다. 그는 말합니다. 취미에 관한 일은 그녀들의 영역이며 그녀들은 바로 연애판단의 법정이라고."

18세기 전반기 또 하나의 대표적인 살롱으로 우리는 탕생 후작 부인의 살롱을 들어야 할 것이다. 철학자 달랑베르의 생모이며 섭정 오를레앙 공의 총애를 받은 탕생 부인은 익명으로 소설도 쓰고 회상록과 서간집을 남긴 재원이었다. 부인은 그녀의 살롱에 충실한 퐁트넬, 미라보, 몽테스키외, 기번, 흄 등을 친구로 사귀었으며 거기에서는 문학적 담론과 함께 백과전서에 기고할 철학자들이 자신의 견해를 미리 검증받기도 했다. 특히 한 여성이 진실한 사랑을 찾아 자유롭게 살고자 하는 어려움을 주제로 한 탕생 부인의 『코멩주 백작의 각서』(1735)는 한때 『클레브의 마님』과 짝을 이루는 작품으로 평가를 받았다.

탕생 부인은 몽테스키외의 『법의 정신』(1749)을 읽고 크게 감동해 초판 5백 부를 몽땅 구입해 친지들에게 나누어주었다. 그녀는 정치적 야심을 품고 살롱을 열었다. 그런데 바람이 좌절되자 살롱을 통해 정치적 비전을 펼치기로 마음먹었으며 그러한 의도는 어느 정도 성공했다. 살롱에는 퐁트넬, 미라보, 라 모트, 프레보, 몽테스키외 외에도 철학자, 문인이 단골로 드나들었고 볼테르도 자주 출입했다.

부인의 살롱에서 프레보는 자작의 『마농 레스코』를, 몽테스키외는 『법의 정신』을, 볼테르는 희극작품을 낭독했다. 오늘날에도 유럽의 크고 작은 도시에서 관행처럼 열리는 시나 문예작품의 낭송모임은 탕생 부인의 살롱에서 유래된 것이다. 그녀의 살롱에서는 또한 의학 및 자연과학이 처음으로 대화의 주제가 되기도 했다.

담론하는 철학 살롱이라고 하지만 부드러운 화법이나 분위기는 17세기와 다름없었다. 탕생 부인 살롱의 후견인 격이며 여러 살롱을 단골로 드나들며 프랑스 살롱 문화의 진수를 몸소 체험한 퐁트넬은 자신의 철학서적을 『클레브의 마님』처럼 여성들이 즐겁게 읽어달라고 거듭 당부했다.

19세기 후반에 이르면 살롱은 의심의 여지없이 정치적이 되었다. 한 추기경은 토로했다. "내가 사교계에 처음 들어갔을 무렵에는 에스프리가 대유행이었다. 그 재치의 다음에 온 것이 고등과학이었다. 부인들은 지난날 사동(使童)을 데리고 다녔듯이 수학자를 거느리게 되었다. 그런데 요즘은 정치와 통치의 정신이 사교계로부터 과학과 재치를 몰아내버렸다. 대사가 과학자나 시인으로 바뀌었던 것이다."

비판적 담론의 스펙터클을 종교문제뿐 아니라 정치문제로 확대한 최초의 살롱은 조프랭 부인의 살롱이었다. '하잘 것 없는 한 시민여성'이라는 말을 듣기도 했던 제3신분 출신이었지만 당당한 살롱 여주인의 자질을 선천적으로 지녔다. 그녀는 자주 "나는 에스프리가 있는 사람들에게 열중하고 나의 예술가, 문학가, 과학자를 지키고자 한다"고 말했다. 그녀의 살롱은 당대 지식인, 교양인의 구심체가 되었으며 그녀는 '파리의 여제(女帝)'라고 불리게 되었다. 18세기 프랑스의 이른바 부르주아지의 지배는 조프랭 부인의 살롱에서 실현되었다.

부인의 살롱에는 탕생 부인의 살롱에 출입한 인사 외에도 루소, 디드로, 달랑베르, 올바크, 마르몽텔, 엘베시위스 등 18세기 프랑스를 대표하는 지성과 독일의 작가 그림, 영국의 역사가 기번, 철학가 흄 등도 출입했다.

조프랭 부인의 살롱이 지닌 특색 가운데 하나는 지난날 사교계에서 소외되었던 미술가에게 처음 문호가 개방된 사실이다. 미술가는 그간 무식쟁이로 낙인이 찍혀 살롱 출입이 금지되어왔다. 그런데 놀랍게도 조프랭 부인의 살롱은 여성을 멀리했다. 여성은 대체로 "대화를 깊이 있게 못하고 천박하게 만들어버린다"는 것이다.

파리 사교계에서 조프랭 부인의 라이벌 격이던 데팡 후작부인의 살롱에 드나든 철학자, 문인들의 얼굴은 조프랭 부인의 살롱과 비슷했다. 섭정의 정부이기도 했던 데팡 부인은 뛰어난 지성과 발랄한 재치의 소유자였으며 화려하고 대담한 행동으로 많은 에피소드를 남기기도 했다. 그녀는 사교적이면서도 고독하고 대담하면서 회의적인 분위기를 지닌 말하자면 근대적인 델리커시를 지닌 여성이었다.

데팡 부인의 살롱에서 중심 화제는 연극이었으며 무대에서도 극장 밖 현실세계와 마찬가지로 양심의 자각, 관용, 삶의 리얼리티가 제시되어야 한다고 주장되었다. 가끔 저명한 배우들을 초빙해 고전작가의 작품을 상연했다. 세련되고 뛰어난 지성을 지닌 데팡 부인은 권위적인 모든 것과 아카데미 회원의 명예욕, 백과전서파의 현학 취미를 신랄하게 비판했다. 그러나 데팡 부인도 다른 살롱의 여주인과 마찬가지로 철학자들이 주고받는 반체제적인 담론에는 눈살을 찌푸렸다.

정치 담론의 터전이기도 한 데팡 부인의 살롱에 출입하는 사람들은 그녀의 저택 문전에서 감시하는 경찰을 피해야 했으며 때로 은어를 써서 이야기를 나누어야 했다. 데팡 부인은 디드로와 사이가 좋지 않아 멀리했으며 특히 루소를 혐오했다. 그녀는 『사회계약론』만큼 지루한 책은 없으며 『에밀』은 정상적인 감정에 반한 저술이라고 혹독하게 비판했다. 루소도 뒤질세라 『고백』에서 "형편없는 문학 따위에 물든 자들에 대한 저 여자의 정열, 하찮은 아부꾼들을 중요시하는 행태, 식탁에서 만나는 저 여자의 전제주의와 오만. 나는 저런 여자는 무시한다"며 응수했다.

데팡 부인은 볼테르를 높이 평가했으며 볼테르도 그녀를 좋아했다. 당대 최고의 문호는 "어떻게 당신을 사랑하지 않겠습니까. 당신은 진리를 찾고 있습니다. 우리 두 사람의 마음은 정말 같습니다"라고 그녀에 대한 심정을 진솔하게 토로했다. 50년에 걸친 두 사람의 깊은 우정은 평생 변함이 없었으며 볼테르는 그녀의 저택에서 숨을 거두었다.

살롱의 여주인과 철학자 혹은 문인 사이에는 염문이 끊이지 않았다. 자연과학에 관한 저서를 내고 뉴턴을 번역한 샤틀레 공작부인은 '자유로운 여인'으로서 문필가들과 깊은 관계를 맺었다. 특히 부인은 볼테르와 정을 나누었는데 두 사람은 그녀의 성에서 14~15년 동안 동거생활을 했다.

그녀의 교양을 말해주듯 애서가였던 퐁파두르 부인

디드로는 볼랑 양과 친밀하게 지냈으며 달랑베르는 데팡 부인의 살롱에서 알게 된 레스피나스에게 변함없는 사랑을 품었다. 루소와 바랑 남작부인의 만남은 루소의 일생에 결정적인 영향을 끼쳤다. 그녀와 더불어 지낸 10년 가까운 세월을 루소는 "완전히 나 자신이며…… 나 자신이 정말 살았다고 할 수 있는 시기"였다고 회고했다.

그랑 다메가 주재한 살롱의 마지막을 장식한 인물은 루이 15세의 애인인 퐁파두르 공작부인이었다. 철학 살롱을 차리는 일이 오랜 꿈이었던 이 사교계의 여왕은 계몽사상가들을 공공연히 비호했다. 그녀는 『백과전서』가 출간되자 루이 15세에게 "이처럼 훌륭한 책은 없었습니다"며 추천했다. 『법의 정신』의 판매가 금지되자 몽테스키외를 변호하고 예약자에게 배포되도록 주선했다. 『에밀』이 금서가 되고 루소에게 체포령이 내려졌을 때 그를 보호한 것도 부인이었다. 그녀는 루소를 베르사유 궁전으로 초빙하기 위해 노력했으며 철학자들도 이 국왕의 애첩을 신뢰하고 많은 것을 그녀에게 기대했다.

철학자 중 퐁파두르 부인의 첫 번째 측근은 볼테르였다. 볼테르는 부인의 배려로 루이 15세의 시종이 되고 사료편찬관이라는 관직을 받고 아카데미 회원이 될 수 있었다. 부인은 독일의 프리드리히 대왕을 본받아 볼테르를 비롯한 철학자를 궁중에 초빙하게 해달라고 왕에게 간청했으나 실현되지 않았다. 철학 살롱의 귀부인들은 '사상적으로' 계몽주의에 동조했지만 앙시앵 레짐의 테두리 안에서의 계몽의 바람이었다. 그 실상을 우리는 퐁파두르

부인의 말에서 어렵지 않게 읽어낼 수 있다.

> 이 사회는 오랫동안 장님과 같았습니다. 바야흐로 눈을 뜨고 사물을 보려고 합니다. 다른 사람보다 두 배나 사물을 볼 수 있는 계몽주의자들이 이런 기회에 지나치게 열광하지 않기를 바랍니다. 그리스도교는 진실하며 성스러운 안식이기도 합니다. 그러므로 중요한 것은 그것을 파괴하는 것이 아니라 폐해를 바로잡는 일입니다. 불필요한 가지를 잘라주십시오. 그러나 나무 자체를 잘라서는 안 됩니다.

18세기 철학 살롱의 마지막을 장식한 이는 철학자 돌바크 남작의 살롱이다. 그는 디드로와 절친한 사이로 『백과전서』에 400여 항목의 글을 기고했으며 익명으로 『그리스도교의 폭로』(1761)와 『자연의 체계』(1770)를 간행해 철저한 종교비판과 유물론 철학을 전개했다. 『백과전서』는 출간에 앞서 그의 살롱에서 관례처럼 토의를 거쳤다.

돌바크의 살롱은 매주 이틀 열렸다. 디드로를 비롯해 루소, 그림, 수학자·천문학자이며 프리드리히 대왕의 초빙을 받은 바 있는 라그랑주 등 많은 인사가 드나들어 한때는 음모를 꾸미는 돌바크당의 소굴이라는 비난을 받았다. 철학자 이외에 귀족과 상층 부르주아 그리고 외국의 문필가가 자주 출입한 그의 살롱에 관해 한 단골 문필가는 다음과 같이 전해준다.

돌바크 남작은 매주 일요일과 목요일에 오찬모임을 했다. 그 모임에는 정신적 행위를 사랑하고 예찬하는 문필가와 상류사회의 사람들이 15명 혹은 20명이 모였다. 식사는 간소하면서도 맛깔스러웠다. 술은 고급스럽고 커피도 좋았다. 거기에서는 담론풍발이면서 입씨름 따위는 결코 일어나지 않았다. 지성인, 교양인답게 예절을 지키고 무례한 일은 없었다. 시작 시간은 오후 2시. 밤 7시, 8시가 되었지만 아무도 일어나지 않았다. 그 오찬 모임은 가장 자유롭고 배울 것이 많은 이야기를 들을 수 있는 자리였다.

많은 살롱 중에서 가장 자유로웠다는 돌바크 남작의 살롱에서 극히 열기를 띤 주제는 종교를 둘러싼 시비였다. 사람들은 어제는 신을 칭송하고 오늘은 신을 비방하면서 담론을 즐겼다. 유신론자도 무신론자도 있었지만 한결같이 광신을 비웃었다. 모두 철학 신봉자였던 것이다.

살롱, 프랑스적 삶의 양식

계몽의 세기를 지배한 철학은 신분이나 종파 혹은 정치 이데올로기와는 관계없이 철학자와 상층 부르주아, 귀족을 하나로 묶었다. 모두 철학을 구심점으로 자기 자신의 정체성을 의식하고 동시대인임을 공감했다. 이것이 18세기가 계몽주의 시대라고 불리는 이유이다.

어느 귀족의 솔직한 이야기에 귀를 기울여보자.

우리 젊은 귀족들은 과거에 대한 향수도 미래에 대한 불안도 품지 않은 채 깊은 도랑을 아래에 숨기고 있는 꽃 융단 위를 가볍게 걷곤 했다. 볼테르의 철학은 우리를 즐겁게 하고 매료시켰다. 우리는 정신적이며 대담한 문인들이 주장한 계몽주의 사상에 열광해 어디든 따라갈 수 있으리라고 여겼다. 볼테르는 우리의 에스프리를 매혹하고 루소는 우리 마음을 사로잡았다. 그들의 타깃은 우리 계급, 우리 특권, 우리 발 밑에서 날로 침식되던 권력의 잔해였지만 이 싸움으로 우리는 즐거웠다.

프랑스 혁명은 귀족의 반란에서 비롯되었다. 귀족적 특권과 삶의 양식의 기반이며 근거이던 앙시앵 레짐에 대한 저항은 아이러니컬하게 1789년 훨씬 이전 계몽주의 사상의 세례를 받은 그들 귀족에게서 일어났다. 세례의 제단은 철학 살롱이었다. 18세기 파리의 살롱이 계몽사상가들의 '싸움의 총사령부'로 불리고 프랑스 혁명을 살롱에서 일어났다고 일컫는 이유가 여기에 있다.

18세기 살롱의 또 하나 빛나는 성취는 아카데미 프랑세즈의 개혁이었다. 아카데미 프랑세즈는 원래 시대에 뒤떨어진 무기력한 모임이었다. 새 시대를 준비한 철학자 퐁트넬, 몽테스키외 등이 회원으로 이름을 걸고 있었으나 뒤클로와 달랑베르의 영향 아래 철학 논문이 아카데미에서 발표되면서 그 낡은 상아탑에 신선한 바람이 일기 시작했다. 1760~70년에 이르는 10년간, 15회에 걸친 회원선거에서 9회까지 철학자가 아카데미 회원이 되었다. 철학자는 이제 보수적인 아카데미에서 다수파가 된 것이다. 이상과 같은 아카데미의 변화에는 1789년 직전에 '싸움의 총사령부'와 같은 모습을 드러낸 돌바크의 살롱이 적지 않은 영향을 주었다.

혁명 뒤 근대 시민사회의 성립은 살롱의 모습을 또 한 번 바꾸어놓았다. 19세기 전반기의 대표적 살롱인 여류작가 조르주 상드의 살롱에는 일찍부터 세기말의 보헤미안적 기풍이 짙게 깔려 화가 들라크루아와 같은 반고전적이며 문학과 음악에도 깊은 이해를 나타낸 방랑적 낭만파 예술가가 자주 모였다. 그러한 보헤미안적 살롱의 등장과 더불어 옛 살롱은 차차 모습을 감추게 되었다. 그런데 때를 같이해 여러 나라에서는 17~18세기풍의 살롱이 연이어 나타났다.

17~18세기 프랑스의 살롱과 그를 본받아 나타난 범유럽적인 살롱 문화는 유럽의 문화와 삶의 양식에 바람직한 영향을 끼쳤다. 한편 살롱이 내세운 사교성 모럴은 갖가지 거짓을 동반했다. 살롱 중심의 사교문화가 내포한 부조리한 이중성에 대해 루소는 다음과 같이 애증이 뒤섞인 심정을 토로했다.

지나치게 치밀한 탐구와 지나치게 섬세한 취미가 사람을 기쁘게 하는 기교가 되고 원칙으로 바뀐 오늘날 우리의 풍속은 허구의 획일성이 지배하고 있다. 모든 정신은 동일한 주형(柱形)에 끼워진 듯 보인다. 끊임없이 사람들은 예절을 요구당하고 예절을 명령받는다. 쉴 새 없이 사람들은 관습을 따를 뿐 자기의 천성을 따르지 않는다.

19세기 전반 예술가 중심의 살롱. 피아노를 치는 리스트가 보인다.

그러나 자연으로의 회귀를 부르짖은 근대 최초의 이 문명비평가는 프랑스적 사교문화의 탁월성을, 그 빛나는 에스프리를, 교양으로서의 살롱 문화의 멋스러움을 누구 못지않게 강조한다.

> 그 (살롱풍의) 예절에 의해 우리의 세기와 우리 국민은 모든 시대, 어느 국민보다 탁월하게 되리라. 현학적인 냄새를 풍기지 않는 철학자풍의 모습, 게르만의 조잡함이나 알프스 저쪽(이탈리아)의 지나친 기교로부터 꼭같이 거리를 둔 자연스러운 절제 있는 태도, 이야말로 유익한 다짐에 의해 획득되고 사교계의 교제에서 완성된 취미의 성과이다.

살롱은 출생과 신분, 종파 또는 이데올로기를 달리하는 다양한 사람이 만나는 자리였지만 그 자유로운 담론의 장소에서도 때때로 어리석고 오만한 계급성이 고개를 들곤 했다. 그러나 세련된 취미와 예절, 지성과 교양이 모두를 하나로 묶곤 했다. 살롱 문화는 날로 확산되어 프랑스적인 삶의 양식으로 뿌리를 내렸다. 프랑스 살롱 문화의 공덕은 살롱 문화가 없던 독일의 문화풍토와 비교하면 더욱 뚜렷이 드러난다.

독일에서도 19세기에 들어서면서 프랑스를 본받아 살롱이 생겨난다. 그러나 신분적 위계질서가 엄격하고 귀족과 시민 사이에서 가교 역할을 할 사회문화적으로 성숙한 상층 부르주아지의 부재현상은 국민 전체를 저마다 그가 속한 신분의 테두리에서 벗어나지 못하게 만들었다. 독일에서는 프랑스 사람들이 누린 공통된 풍속이나 취향, 보편적인 사상 또는 공공선을 공유할 수 없었다. 이러한 사정은 귀족문화가 발달한 궁정도시 빈에서도 마찬가지로써 독일에서는 오네톰, 젠틀맨과 비길 만한 독특한 교양계층을 찾아볼 수 없다. 스탈 부인은 저서 『독일론』(1813)에서 지적했다.

 빈의 사교생활에서 볼 수 있는 주요한 결함 가운데 하나는 귀족과 문인의 교제가 전혀 없다는 사실이다. 사람들은 동료끼리만 지낸다. 보편적인 사상, 공공의 이해가 신장할 기회를 거의 지니지 못하는 나라에서는 당파 혹은 동료가 있을 뿐이다. 이처럼 계급이 나뉘어 있으므로 문인들은 우아하지 못하고 귀족과 귀부인은 교양을 갖출 수 없다는 결과가 나온다.

 이제 지난날 우리 사대부계층의 사랑(舍廊)과 사랑문화가 떠오른다. 주부가 거처하는 안채와는 따로 떨어진, 주인이 거처하며 손님을 맞이하는 사랑방. 그곳은 훌륭한 사교장이었다. 그런데 그 사랑은 철저하게 여인 금지구역이었다. 거기에서는 남정네끼리 주연(酒宴), 시작(詩作), 기녀와 섞여 풍류를 곁들인 사랑놀이가 벌어지기도 하고 편을 짜서 활 재주를 겨루는 편사(便射)놀이도 벌어졌다.

 그런데 거기에 모이는 사람들, 즉 사랑축은 대체로 사랑주인을 에워싼 일족낭당(一族郎黨)의 성격이 짙었다. 다시 말해 조선조 5백년 세계문화사상 자랑할 만한 선비 교양문화를 쌓아올리면서도 가부장적 체제 속 사대부의 사랑에는 주로 방주인을 따라 문벌과 학통 및 정파를 함께하는 비슷한 신분에 비슷한 생각 그리고 이해관계를 공유한 사람들이 단골로 출입했다.

이러한 아쉬움은 사랑방이 여인부재(이 현상은 또 청빈과 검덕을 제일로 여기는 우리의 사랑방 남성문화를 낳는 계기가 되기도 했다)의 공간이었다는 사실과 관계가 없지 않을 것이다.

지난날 우리 전통사회의 교양의 토포스였던 사랑방과 사랑문화는 그렇듯 유럽의 살롱과 살롱문화와는 본질적으로 성격을 달리한다. 사랑방은 때때로 정치적·사상적 당파의 발신처이기도 했다. 오늘날 이 땅의 엘리트 계층은 그 낡은 사랑방 문화로부터 얼마만큼 자유로울까.

19 아카데미와 백과전서적 교양

"그들은 프랑스의 지성과 학문의 방향 결정에 큰 영향을 끼쳤다.
그들은 참으로 이 시대의 교사라고 말할 수 있다." 생트 뵈브의 이 말은
아카데미 프랑세즈를 비롯한 모든 아카데미 회원에게 그대로
해당되었으니 아카데미는 교양으로서의 학문의 전당,
바로 뛰어난 교양공동체가 아니었던가.

이탈리아의 아카데미

우리는 플라톤의 아카데메이아를 기억한다. 근대적 의미의 아카데미는 15세기 중엽 메디치가의 비호 아래 세워진 피렌체의 아카데미아 플라토니카(academia platonica)에서 기원을 찾아야 할 것이다. 당시 한 문인은 그 광경을 이렇게 전해준다.

피렌체의 갖가지 탑을 굽어보는 산장에서, 옛 피에조레를 받드는 높은 언덕 절벽에서, 투리도 부러워했을 정원에서 로렌초는 피치노, 란디노, 폴리치아노를 옆에 끼고 플라톤 철학의 아름다운 환상으로 한가한 틈을 보냈다. 이탈리아 여름 하늘의 고요함은 그에 가장 잘 어울리는 반주처럼 여겨졌다. 아카데미아 사람들은 플라톤의 흉상을 장식하고 생일에는 송사를 바치는 송가를

올렸다. 주연을 베푼 뒤에는 플라톤의 『심포지온』을 텍스트로 토론을 벌였다.

이탈리아의 16세기는 아카데미의 세기로 불린다. 플라톤주의적인 아카데미아 플라토니카나 베네치아의 인쇄업자이며 고전학자인 마누티우스가 헬레니즘 연구를 위해 세운 신아카데미아(1500년 창립)에서 볼 수 있듯이 아카데미는 시적·철학적인 문화 동호인의 살롱, 사교모임이었다. 아카데미의 자유로운 살롱적·클럽적 성격은 학문 연구의 전문기관인 대학과 구별되면서 시류를 초월해 더욱 폭넓게 문화발전에 이바지했다.

피치노와 그의 아카데미아 플라토니카의 신플라톤주의는 플라톤 철학을 그리스도교적으로 해석하고 중세의 전통과 접목되면서 종교와 철학의 화해를 지향했다. 스콜라학, 즉 대학의 학문이 모르는 교양으로서의 학문, 그 우아하게 열린 학풍은 이후 아카데미의 전통이 된다.

이탈리아 르네상스의 아카데미가 추구한 교양으로서의 학문은 백과전서적이었으며 예술, 특히 시와 음악과 농밀한 친화력을 지녔다. 학문의 궁극적인 바람을 인간 최대의 보람인 관조에 두었다. "가장 고귀한 학예에서 위대한 것을 성취한 사람은 영혼의 성채에 도피했을 때 그것을 이루었다." 이탈리아의 상징적인 아카데미커인 피치노의 말이다.

▲ 아카데미 프랑세즈를 방문한 루이 14세

자유학예를 즐긴 피치노와 그의 아카데미의 동료들은 호모 아카데미쿠스가 아니라 교양인, 삶의 향수자, 호모 루덴스였다. 이와 같은 그들의 경향은 베네치아 태생의 프랑스 시인이며 아카데미풍 학자인 바이프가 프랑스에 전했다.

16세기 초 피렌체의 한 무리의 교양인이 철학, 수사학과 함께 정치를 논하기 위해 오리체라리 정원에 모였다. 그 모임은 아카데믹하다기보다 살롱의 성격이 강했다. 담론의 주제는 이탈리아어를 둘러싼 문제와 정치·윤리의 문제였다. 학예를 둘러싼 관조적인 삶과 정치적·실천적인 삶이 아카데미의 주요한 관심사로 떠오른 것이다. 그들은 최고의 덕목, 이성이라는 인간 최고의 특성을 현실 정치로부터 자유롭게 지키는 원리를 찾고자 했다. 머지않아 마키아벨리를 낳는 이탈리아의 정치적 상황이 그들로 하여금 정치적 현실에 눈뜨게 한 것일까.

아카데미아 플라토니카 이후 이탈리아에 있는 여러 아카데미아의 주요 관심사는 언어학적인 문제로 옮겨지고 그것은 모국어 중시를 표방한 '아카데미아 델라 쿠르스카'에 의한 이탈리아 대사전의 편찬으로 결실을 맺었다. 그런데 아카데미 탄생에 큰 계기가 된 것은 르네상스 시대의 고전부활과 함께 자연과학에 대한 큰 관심이었다.

1560년 나폴리에 최초의 자연과학 아카데미가 생겨나고, 1651년에 발족된 피렌체의 아카데미아 델 치멘토(Academia del Cimento)는 메디치가의 보호 아래 수학, 자연과학의 연구를 과제로 내걸었다. 당시 저명한 과학자를 거의 망라해 회원으로 섬겼다. 1667년 이후에는 정기간행물도 발간했다. 한편 로마의 아카데미아 데이 린체이(Academia dei Lincei)에서는 갈릴레이가 회원으로 활동했다.

이상과 같이 지리상의 발견과 과학과 기술이 낳은 발명의 16, 17세기는 자연의 탐구가 인류 진보의 새로운 가치로 인식된 시대였다. 전통적인 종교사상이나 신학적 사변과는 판이한, 자연을 둘러싼 지적 관심과 실험적 정신은 바야흐로 새로운 교양으로 인식되었다. 그리고 유럽의 주요 도시에는 자연과학 아카데미가 우후죽순처럼 생겨났다.

바이프의 프랑스 아카데미

프랑스 최초의 아카데미는 국왕 샤를 9세의 칙허에 의해 설립된 바이프의 시·음악 아카데미(1570년 창립)이다. 이것은 시의 장르와 고대 그리스·로마인이 기술한 음악의 음률 및 법칙을 부흥함을 표방했다. 바이프의 아카데미와 함께 16세기 프랑스의 아카데미 운동은 시인이자 인문주의자인 도라의 코쿠레 학원(Coqueret)에 모인 플레이아드 시파(詩派, La pléiade)를 중심으로 전개되었다. 그리스어 학자로서 콜레주 드 프랑스의 교수이며 왕실시인 칭호를 받은 도라의 코쿠레 학원이 행한 치열한 지적 단련으로 문하생인 롱사르와 바이프는 르네상스의 신플라톤주의와 함께 중세 철학과 과학에도 밝은 교양인으로 대성했다.

바이프와 롱사르는 아카데미 가까이에 집을 꾸렸으며 아카데미 모임은 바이프의 자택에서 자주 열렸다. 회원은 대개 시인이었으며 철학·수사학·시 그리고 학예 일반에 관해 폭넓고 흥겹게 논했다. 자작시를 낭독하고 나서는 서로 비평을 나누었다. 그들은 연애하듯이 학예를 사랑했다.

사랑에 의해 예술은 완성되고
용사와 학장(學匠)이 태어난다.

바이프의 집모임에는 학구적인 교양인뿐만 아니라 궁정인도 자주 드나들었다. 그곳에서 여는 음악 연주회 평판이 높아지면서 국왕과 궁정 귀족도 바이프를 방문했다. 그들은 시신(詩神)과 음악을 함께 즐김을 기뻐했다.

샤를 9세와 앙리 3세의 외가는 메디치가였다. 그들은 아카데미에 대한 후원을 왕실의 빛나는 전통으로 자랑하기를 바랐다. 아카데미에서는 언어를 둘러싼 논쟁이 자주 벌어졌는데 아카데미란 형식 아래 언어개혁이 가능하리라고 믿었다. 시와 함께 자연철학이, 음악과 함께 수학이, 언어와 더불어 회화가, 그에 더해 군사학과 체육이 주제에 올랐다. "인간을 정신적으로나 육체적으로 완성시키는 데 도움이 되는 모든 것에" 아카데미는 관심을 나타냈다.

뛰어난 문인이었던 샤를 9세의 뒤를 이은 앙리 3세는 '누구보다 지성적이고 왕자의 미덕을 갖춘' 평판 그대로 바이프의 아카데미를 '궁정 아카데미'로 지원하고 자신이 고위 정신(廷臣)과 더불어 회원이 되었다. 그런데 앙리는 웅변(수사학)과 철학을 중요시하고 시와 음악을 아카데미로부터 배제시키고자 했다. 그러나 왕의 그 같은 시도도 프랑스 아카데미의 성격을 변질시키지는 못했다. 시와 음악이 아카데미의 백과전서적·전인적 교양의 핵심을 이루었기 때문이다.

왕과 왕족, 귀족과 더불어 귀부인도 구성원이 되면서 고귀한 조직이 된 아카데미는 주 2회, 때로는 바이프 저택에서, 때로는 루브르 궁전에서 모임을 가졌다. 시인이자 역사가인 도비니에는 그곳에 동참한 두 귀부인에 대해 말했다. "두 분은 앙리 3세가 창립한 아카데미에서 말보다 사물에 관해 잘 알고 있음을 증명했다. 내 기억에 어느 날 담론의 주제는 도덕적 및 지적 미덕의 탁월성 문제였다. 그녀들은 편을 나누어 토론하고 칭찬을 받았다."

프랑스 최초 바이프의 아카데미는 '질투심이 많은' 세력과 맞서야 했다. 적지 않은 귀족이 "젊은이를 타락시키고 유약하게 하며 방종과 그릇된 길로 떨어뜨린다"는 이유를 들며 아카데미를 비난했다. 고등법원과 파리 대학도 동조했다. 특히 대학은 아카데미가 왕의 강력한 지지를 받는 것에 대해 라이벌 의식을 지니며 적대시했다. 그러나 궁정과 귀족의 지대한 관심에 힘을 얻어 프랑스의 교양사회는 아카데미를 "무엇보다 뛰어나고 고귀한 것"으로 여기고 자랑하며 16세기의 정치적 혼란 속에서도 등불을 밝힘을 잊지 않았다.

아카데미 시대의 도래

17세기 프랑스는 아카데미의 시대이다. 그 중심에는 아카데미 프랑세즈(Académie française)가 우뚝 서 있다.

아카데미 프랑세즈는 국가와 함께 교회를, 학문과 예술 등 모든 것을 '단 하나의 빛나는 중심' 즉 왕권에 수렴코자 한 추기경 리슐리외의 국가이성, 권력의지에 의해 1635년에 창립되었다. 문학 중심의 아카데미 프랑세즈에 이어 회화·조각 왕립 아카데미(1649), 무용 아카데미(1661), 비문(碑文)·문예 아카데미(1663), 과학 아카데미(1666), 건축 아카데미(1671)가 창립되었으며 그 밖에도 왕립 음악 아카데미(1669)가 세워졌다. 이들 아카데미는 국왕의 칙허에 의해 성립되었다는 이유로 1789년 혁명 정부에 의해 한때 폐쇄되었으나 바로 재편되어 부활되고 오늘날까지 그 전통을 면면히 누리고 있다.

16세기 말 앙리 4세는 낭트 칙령을 발포해(1598) 국민에게 신앙의 자유를 부여하는 한편 오랜 종교적 내란을 수습했다. 그는 예수회로 하여금 학원을 창립하게 하고 왕립교수단과 파리 대학의 부흥에 크게 마음을 썼다. 그러나 '학자를 싫어한' 앙리에게 지난날의 궁정 아카데미와 같은 것을 기대하기란 어림도 없었다. 그는 아카데미 설립의 청원을 거절했다. 이 불쌍한 왕은 두 가지 귀한 것을 끝내 배우지 못하고 생애를 마쳤다. 웃지 않는 것과 독서였다. 아카데미를 재개하고자 한 시도는 루이 13세의 사부였던 리보에 의해 구체적으로 이루어졌으나 좌절되고 햇빛을 보지 못했다. 그러나 그의 구상은 아카데미 프랑세즈의 설립에 영감을 주고 모델이 되었다.

이제 우리는 아카데미 프랑세즈에 관해 언급하기에 앞서 프랑수아 드 살이 1607년 안느시에 설립한 아카데미에 관해 살펴보자.

귀족가문 출신의 가톨릭 신비가이며 훗날 성인의 반열에 오르는 프랑수아의 아카데미에서는 수학, 기하학, 우주지(宇宙誌), 철학, 수사학, 신학, 정치학, 언어 등 모든 학문이 과제가 되었으며 회원에게는 백과전서적 교양이 요구되었다. 가장 시적인 성직자로 일컬어진 이 지방 사설 아카데미의 오너는 시적인 미묘함과 유용의 매력적인 조화를 경건한 문체의 감미로움을 통해 종교적인 모양새로 살리고자 했다.

수학자이며 데카르트의 벗, 학식자 집단의 중심인물인 메르센도 아카데미풍 그룹을 형성했다. 지적이며 품위 있는 성격, 높은 과학적 관심, 음악에 대한 그의 정열은 파리 루아얄 광장 수도원 안에 있는 자신의 방을 유럽 지성의 사랑방으로 만들었다. 파리에 오는 여러 나라의 학자는 즐겨 그를 찾았으며 그도 학자들과 폭넓게 편지를 교환했다. "그의 생활 자체가 일종의 비공식적이며 완성된 아카데미였다." 위그노의 수도사로 불린 친구 중에는 종교개혁가가 많았다. 그러나 그의 지적 염직성은 종파를 허용하지 않았으며 국가주의적 편견으로부터 자유로웠다. 메르센은 말하자면 순수하고 자유로운 아카데미션, 교양인이었다.

메르센은 국가적 규모를 지닌 아카데미의 창설을 간절히 바랐으며 자연과학에서 실험을 중시했다. 그리고 특히 플라톤주의적 의미를 가진 음악 아카데미의 부흥을 염원했다. 그는 말했다. "세계의 삼라만상은 음악에 의해 표현된다. 음악은 사람들이 원하는 것은 무엇이든 표현할 수 있다." 이것은 음악이 '백과전서와 닮은 모습'이라는 초기 아카데미의 이념과 일치했다. 메르센은 리보와 마찬가지로 피렌체 아카데미의 플라톤주의적 전통의 계승자이며 그 전통은 16세기를 거쳐 17세기에 이르러 프랑스 아카데미의 정신이 되었다.

아카데미 프랑세즈는 유럽 최초의 범국가적인 규모의 아카데미이다. 설립자인 리슐리외는 저작활동을 즐긴 인물로서 파리의 한 문학 클럽에 대한 평판을 듣고 지원을 제의했다. 그러면서 문학 클럽은 아카데미로 발전하고 1635년 칙허장을 부여받으면서 국가의 공식기관이 되었다. 국왕의 칙허장 발포에는 파리 대학과 가까웠던 고등법원의 방해가 따랐다. 그러나 아카데미는 루이 14세 치하인 1672년부터 왕실의 비호를 받고 장소를 루브르 궁으로 옮겼다.

아카데미 프랑세즈의 초기 회원은 16세기 아카데미의 계승자였다. 그 설립에 지도적 역할을 한 초대 수석서기(원장) 콘라르는 칼뱅주의자였으며 아카데미 프랑세즈의 회원은 가톨릭과 프로테스탄트 양파에 속하는 등, 신앙도 자유롭고 다양했다. 콘라르가 기초한 아카데미 프랑세즈의 칙허장은 종교전쟁의 종결과 평화의 축복을 부각시키고 있다.

아카데미 프랑세즈는 여러 면에서 16세기 아카데미의 전통을 이어받았다. 그러나 문법과 문장의 대가이며 프랑스 고전주의 문학의 사실상의 정초자인 콘라르의 영향 아래 프랑스어의 순화와 연구, 프랑스어 사전의 편찬, 문법의 제정 및 문학작품의 제작을 위한 규칙 입안 등 아카데미 프랑세즈는 무엇보다 프랑스어를 위한 언어학술기관의 성격이 짙었다. 이는 백과전서적 학식을 지향한 이전의 아카데미와는 크게 달랐다고 할 것이다. 이 점에 관해서는 회원으로부터 비판과 항의가 쏟아졌다. 그들은 아카데미 프랑세즈가 프랑스 최고의 학문연구 기관이기를 바란 것이다.

아카데미 프랑세즈가 프랑스 학문의 최고 전당이라면 1648년 예술가의 훈련기관으로 창립된 회화·조각 왕립 아카데미는 루이 14세의 사실상 재상인 콜베르에 의해 프랑스 예술의 최고의 전당으로 조직되었다. 그리하여 16세기의 아카데미와 마찬가지로 예술은 언어(수사학), 문학과 꼭같이 동일한 지식체계 속에서 자리를 당당히 확보했다.

바이프의 아카데미는 회원으로 회화의 마에스트로를 껴안고 있었다. 롱사르는 회화의 효력을 음악의 효과와 비교했으며 리보는 정신적·미학적·과학적인 입장에서 청각과 시각의 관계에 흥미를 느꼈으며 메르센 또한 음률과 색채의 관계를 강조했다. 한편 고전파의 거장이며 근대 프랑스 회화의 아버지로 불리는 푸생은 음악과 회화의 효능에 관해 고찰했다. 여러 예술의 백과전서적 연관을 강조한 푸생에 대해 회화·조각 아카데미는 크게 경의를 표시했다.

아카데미 프랑세즈에 이어 주목을 받은 과학 아카데미의 상임 서기장(원장)인 퐁트넬은 사상가, 문학가이면서 근대과학의 보급에 크게 이바지했다. 7인의 초대회원 중에는 영국 로열 아카데미의 회원인 네덜란드 출신의 물리학자 하위헌스도 포함되었다. 그만큼 다른 학예에 앞서서 과학의 영역에서는 국제적 교류가 일찍부터 이루어졌다. 과학 아카데미는 영국 로열 소사이어티의 성립과 발전에 영향을 주었으며 두 아카데미는 학회 간의 국제적 협력이라는 원칙을 뿌리내리도록 만들었다.

좋은 예로서 뉴턴을 들 수 있으니 그는 로열 소사이어티의 회원이면서 과학 아카데미의 준회원이었으며 자신의 연구성과를 두 군데에 보고했다. 그리고 퐁트넬은 프랑스의 세 가지 아카데미 이외에 로열 소사이어티 및 베를린 아카데미의 회원이었다.

독일의 철학자 라이프니츠는 아카데미 프랑세즈와 로열 소사이어티를 본받아 1700년 베를린 아카데미를 창설, 원장이 되었다. 그 밖에도 유럽 여러 나라에서 아카데미가 생겨나는 등 유럽의 17, 18세기는 아카데미의 시대였다. 아카데미는 종파적으로 여러 갈래로 나뉜 유럽에 학문과 예술을 통한 문화적인 융합의 '보편적 조화'(라이프니츠)의 회로를 제공했다.

과학사상가이기에 앞서 문학자, 시인이었던 17세기 최고의 교양인 퐁트넬은 저작 『세계다수문답』(1683)에서 한 철학자와 귀부인이 아름다운 정원을 거닐며 나누는 대화를 통해 세계의 존재 가능성, 우주의 무한함을 화제에 올렸다. 코페르니쿠스의 지동설 및 데카르트의 철학을 널리 알렸다. 특히 과학이라는 시대의 새 화두를 로맨틱한 분위기를 빌려 디자인한 그의 과학계몽서는 상류사회 교양의 폭을 한층 넓혔다. 과학에 대한 이해와 과학적인 사고는 근대적인 지성, 우아한 문장과 쓰기, 세련된 삶과 더불어 교양인의 필수불가결한 덕목이 되었다.

1669년에 창설된 왕립 음악 아카데미는 음악의 아카데미라기보다 왕립 오페라단이었다. 프랑스에서는 오늘날에도 그랑드 오페라를 음악 아카데미라고 표현한다. 건축 아카데미는 17세기의 마지막 아카데미였다. 이로써 모든 학문과 예술을 아카데미로 통합해 왕권 절대주의의 후견 아래 관리하리라는 콜베르의 장대한 야심이, 권력과 문화가 하나가 된 프랑스의 '위대한 세기'(Le Grand Sieile)가 성취되었다.

이상 17세기 아카데미의 공통된 특징은 16세기의 아카데미가 학문과 예술의 백과전서적 성격을 소중히 한 데 비해 개별적 전문 주제를 과제로 표방하면서 그에 맞추어 구성되었다는 사실이다. 그리고 16세기의 아카데미 운동이 자유로운 르네상스 정신을 구현한 데 대해 17세기 아카데미의 위상은 절대주의를 지향하는 왕권의 문화기관적 성격이 강했다. 그러면서 결코 개별적 주제나 전문화에 빠지지 않았으니 그 보편성은 16세기 르네상스적 아카데미의 기풍을 그런 대로 유지했다.

18세기를 통해 아카데미는 계몽주의의 자유로운 지적 정신에 힘입어 더욱 큰 업적을 낳았다. 그에 크게 이바지한 인물은 아카데미 프랑세즈의 회원이 된 몽테스키외, 볼테르, 콩도르세와 10년 이상 아카데미 프랑세즈의 상임서기(원장)를 지낸 달랑베르였다. 지난날 리슐리외, 콜베르, 루이 14세 등 최고 권력자에 의해 다스려진 아카데미는 이제 철학자가 이끄는 담론의 장이 되었다. 음악적인 백과전서를 지향한 궁정풍 아카데미의 전통에 대신해 새로운 사회를 꿈꾸는 자유로운 철학자의 지적 정신이 아카데미를 지배했다. 아카데미 회원의 대다수는 『백과전서』의 집필자, 아니 아카데미는 그들의 그룹이었다.

아카데미는 과학문제, 특히 실용과학문제에 적극적인 관심을 표명했다. 농촌과 가정경제, 위생, 상업, 산업 등을 연구와 토론의 중심주제로 삼고 정기적으로 연구 발표회와 연구 논문을 모집하고 출간했다. 18세기 말에 이르러서는 철학적 관심이 더욱 높아졌다. 예를 들어 아라스 아카데미에서는 1786년 『법의 정신』에 관한 연구가 발표되고, 1782년 보르도 아카데미는 『몽테스키외 예찬』이란 현상논문을 공모하고, 1780년 라로셸 아카데미에서는 『장 자크 루소 예찬』이라는 제목으로 현상공모를 시도해 당국으로부터 제지당하기도 했다.

아카데미는 대체로 기존 체제를 존중하고 정치나 종교문제를 급진적으로 다루지 않았다. 보통 교육에 대한 주제를 제시하면서 "종교와 정부에 위해를 가할 수 있는 모든 시안은 고려의 대상에서 제외된다"고 명시했다. 그러나 아카데미는 문학적·학문적인 성격에서 경제적·과학적·철학적 성격으로 변질했다. 1770년 이후에는 급변하는 시대의 동향에 발맞추어 공권력에 대한 비판을 서슴지 않았고 웬만큼 사상적으로 독립했다. 그래도 아카데미가 시대를 선도하는 일은 결코 없었다.

1789년에 일어난 혁명은 왕실이 세웠다는 이유로 모든 아카데미를 폐지했다. 그러면서 혁명정부는 구제도의 어느 기관보다 아카데미에 미련을 품었다. 1795년에 세 부문(제1부문은 수학과 물리학, 제2부문은 윤리적·정치적 학문, 제3부문은 문학과 예술)으로 구성된 한림원(Institut)이 발족되었다. 학사원의 초기 회원은 혁명 이전의 아카데미 회원이 많았다. 그것은 어떤 의미에서는 18세기 백과전서파의 유산상속의 위상을 짙게 드러냈으니 옛 왕립 아카데미와 옛 문화전통을 부흥하는 성격을 짙게 풍겼다.

학사원은 1795년 12월 6일 루브르 궁 내 옛 과학 아카데미의 홀에서 첫 회의를 가졌다. 이념에서는 구체제를 거부하는 대혁명의 원칙을 따르면서 형식적으로는 16세기 이래 옛 아카데미의 유산을 진하게 간직했다. "(옛) 아카데미의 뜨겁게 남은 재로부터 학사원이 생겨났다"고 일컬어진 이유이다.

한림원은 나폴레옹 치하인 1803년에 이르러 국립한림원(Institut National)으로 발족해 네 가지 부문으로 개편되었다. 제1부문은 물리적·수학적 과학, 제2부문은 프랑스어, 프랑스 문학, 제3부문은 고대사와 고대문학, 제4부문은 조형예술이다. 그러나 1815년 왕정복고에 이르러 한림원은 옛 아카데미의 명칭을 되찾아 왕립기관으로 창설된 날짜의 순서에 따라 배열되었다.

첫째, 아카데미 프랑세즈, 둘째, 비문·문예 아카데미, 셋째, 과학 아카데미, 넷째, 예술 아카데미. 1832년 제5부문으로 설치된 인문·사회과학 아카데미이다. 지금은 프랑스 한림원(Institut de France)으로서 아카데미 프랑세즈를 비롯해 문예·과학·미술·인문·정치과학의 다섯 부문으로 나뉘어 있다. 해마다 문학·과학·미술·역사의 작품을 음미해 아카데미상을 주고 있다.

신사들의 호기심의 소산, 로열 소사이어티

1662년 찰스 2세는 로열 소사이어티에 수여한 칙허장의 서두에 기술했다.

> 짐은 오래 전부터 우리 제국의 국경 확대뿐 아니라 문예와 과학의 진흥을 다짐해왔다. 그러므로 짐은 모든 형태의 학술에 대해 우호적으로 대하고 있다. 그 가운데서 짐은 철학 연구, 특히 실제적인 실험을 통해 새로운 철학을 정립하거나 과거의 철학을 완성시키고자 하는 연구활동을 각별히 장려한다. 이러한 연구가 우리 국민을 찬란하게 비추며 결국 모든 문예 세계가 짐을 신앙의 수호자이자 모든 진리를 수호하고 사랑하는 자로 인정하게 될 것이다. 그러기 위해 짐은 로열 소사이어티라고 불릴 학회를 설립하도록 명했다.

프랑스의 대표적 아카데미가 아카데미 프랑세즈라면 영국 아카데미의 상징적인 존재는 로열 소사이어티(Royal Society), 왕립협회이다. 로열 소사이어티(정식 명칭은 '자연에 관한 지식을 개선하기 위한 런던 로열 소사이어티'이다)의 기원은 1645년으로 거슬러 올라간다. 새로운 학문에 강한 호기심을 지녔던 한 무리의 대학교수와 아마추어 학자가 런던의 한 펍(선술집)에서 매달 한 번씩 모여 토론하는 클럽을 만들었다. 그중 한 회원이던 화학자이자 물리학자인 보일은 그 클럽을 '보이지 않는 칼리지'(Invisible

College)라고 명명했다.

왕립협회 초대회원은 약 10명이었으며 대부분은 전문과학자라기보다 물리학, 해부학, 항해술, 정력학(靜力學) 등 과학과 새로운 기술에 관심이 많은 성직자와 언어학자 및 의사였다. 특별회원 96명 가운데 14명은 귀족이었으며 18명은 의사, 5명은 신학박사, 2명은 주교였으며 나머지는 기업가 혹은 사업가였다. 전체 회원 중 3분의 1도 과학자(men of sicience)라고 부를 수 없었다. 왕립협회는 학자나 문필가로만 이뤄진 모임이 아니었으며 과학 특히 실험과학에 관심을 갖고 장차 과학과 발명이 펼쳐 보일 새로운 전망에 호기심을 지닌 아마추어 학술모임이었다.

초기 왕립협회 역사를 쓴 한 인사는 말하기를 신사는 자유롭고 제약을 받지 않는 까닭에 자연철학의 연구에서 중요한 역할을 다 했다고 했다. 말하자면 과학과 기술에 대한 영국 신사의 호기심(curiocity)의 소산이었다.

왕립협회에 특히 지대한 관심을 가졌던 런던 기업가들은 왕립협회에 대해 자신들에게 실질적인 효력이 되는 주제를 고려해야 한다는 압력을 가했다. 정부도 군사기술이나 상공업 분야의 제반 문제에 이바지하라고 요구했다. 실용적인 관심사가 순수한 과학적 관심 못지않게 왕립협회의 중요 과제가 되었다. 어느 저작자는 왕립협회의 실용주의적 성격을 기술했다.

그레셤의 교수들(왕립 특별회원)은 선장, 조선업자, 행정관료, 영국해군과 밀접한 관련을 맺고 있었다. 그들의 학식은 단순히 강의실에서만 이용된 것이 아니라 아울러 실용적인 가치를 지니고 있었다. 그레셤의 교수들은 실무가로 일컬어지는 사람들과 교제하는 것을 가볍게 여기지 않았다. 그들은 기꺼이 스스로 실제적인 문제를 다루고자 했다. 자신의 이론 정립을 위한 발판으로 실무가의 도움을 구하거나 그들의 경험을 이용하기도 했다. 이렇게 정립된 이론은 실제적인 응용을 거쳐 검증되었다.

이상과 같은 왕립협회의 실용적인 탐구활동은 동시대의 청교도 정신에 힙입어 젠트리층이나 시민계층 혹은 궁정귀족 사회나 교양 있는 사람들 사이에서 과학적 관심사가 정당성을 인정받을 수 있도록 만들었다. 설령 과학자가 아니더라도 과학적 교양을 지닌 각계 인사가 과학자와 동등한 위치에서 왕립협회 사업에 참여하고 이바지할 수 있었다. 이 같은 사실이 멀지 않아 과학혁명이 영국에서 태동하는 배경이 되었다.

15, 16세기 이탈리아 르네상스 이래 서유럽 여러 나라에서는 문예(고전)와 철학 및 예술 애호가의 살롱적 모임이 활발히 이루어져왔다. 17세기 아카데미 운동의 모태가 된 그 문예공화국은 소수 학식자와 교양인의 클럽이었을 뿐 일반인과는 별개의 세계였다. 그러나 왕립협회에 모인 인사들은 그들의 강연에 귀를 기울이는 일반 청중과 가까워졌다.

청중은 물론 복잡한 천문학적 계산이나 수학적 원리 등은 이해하지 못했다. 그러나 그들은 보일의 공기 펌프나 현미경 혹은 망원경, 여러 가지 렌즈나 보일러 등을 이용한 교묘한 실험을 흥미를 갖고 관찰할 수 있었다. 왕립협회는 과학과 기술의 학술적 발전에 크게 공헌하는 동시에 일반인의 패러다임 전환에도 크게 이바지했다. 기술과 과학이 처음으로 만인의 공유 재산이 된 것이다. 왕립협회는 과학자를 개인 연구실이나 실험실로부터 공중의 세계로 끌어내는 한편 학회지인 『철학회보』는 국내외를 통해 과학정보 전달의 중심 매체가 되었다. 그리하여 왕립협회는 유럽 전역에 걸쳐 과학자를 접속시키는 교류의 중심 고리 역할을 했다.

왕립협회의 한 사가(史家)는 초기 왕립협회에 관해 기술했다. "우리는 귀중하고 희귀한 것이 일상적으로 주어진다는 사실을 알고 있다. 그런데 그것을 얻는 것은 학자의 손에 의해서보다 공방이나 상인의 항해 혹은 농민의 쟁기질, 지주의 정원 등에서 이루어짐을 안다." 보이지 않는 회원은 날로 증가했다. 왕립협회 회원 중에는 교수직을 버린 연구원도 있었다. 케임브리지 대학교수인 뉴턴은 1672년 이래 회원이었으며 1703년에는 종신회장으로 추대를 받았다.

과학과 기술을 향한 새로운 지적 움직임은 청교도 윤리와 깊이 관련되었으니 청교도들은 자연 탐구를 신의 영광을 받드는 소명으로 여기고 기술 향상을 일반 시민들과 더불어 인간 복지 또는 인류의 진보에 이바지하는 것으로 확신했다. 과학문화 또는 과학적 교양은 대학 소속의 전문 과학자들을 뛰어넘어 특히 일정한 자격기준에 제한받지 않는 자유로운 젠틀맨, 자기 자신을 배우고 탐구하는 세대로 여긴 지적 시민에게 넓게 뿌리를 내렸다.

이제 교양사회를 중심으로 문예공화국과 나란히 과학공화국이 탄생했다.

아카데미 프랑세즈, 그 40명의 불사조들

뛰어난 교양인이며 왕위에서 물러난 뒤에 아카데미를 창설한 스웨덴의 크리스티나 여왕이 1658년 아카데미 프랑세즈를 방문했다. 여왕은 때마침 회의가 개최 중이던 홀에 들어서면서 회원들이 자기 앞에서 기립할 것인가를 묻자 회장이 답변했다. "롱사르의 아카데미 당시 문인과 교양인의 모임에 여러 번 샤를 9세가 왕림했으나 회원 모두 그대로 앉아 있었습니다." 아카데미 프랑세즈의 회원에게 주는 메달의 한쪽에는 루이 14세의 초상과 '루이 대왕'이라는 글자가 새겨진다. 다른 한쪽에는 '아카데미 회원에게'라는 글자를 에워싼 월계관이 새겨진다. 회원들은 바로 국왕과 동격이었다.

아카데미는 군주로부터 공식적인 인정을 받음으로써 명성과 더불어 문화적·학문적인 권위를 갖고 정부의 자문에도 응했다. 18세기를 통해 파리의 여러 아카데미의 회원 수는 모두 500명을 넘지 않았으며 명예회원은 100명에 불과했다. 그들의 신분 구성을 살펴보면 귀족출신의 회원이 아카데미 프랑세즈는 38퍼센트, 비명문학 아카데미는 약 40퍼센트, 과학 아카데미도 약 30퍼센트를 차지했다. 성속을 합친 귀족 회원은 아카데미 프랑세즈 회원의 75퍼센트, 비명문학 아카데미 회원의 51퍼센트, 과학 아카

아카데미 프랑세즈 회의

데미 회원의 45퍼센트였다. 한편 시민출신의 경우 아카데미 프랑세즈가 19퍼센트, 비명문학 아카데미는 40퍼센트, 과학 아카데미는 50퍼센트를 차지했다. 아카데미 프랑세즈와 비명문학 아카데미의 경우 제1신분인 성직자는 각각 전체 회원의 40퍼센트와 30퍼센트를 차지했으며 1750년 이후 지방 아카데미가 크게 세속화된 데 비해 파리의 아카데미에서는 여전히 성직자들이 큰 위상을 드러냈다.

지방의 학식자, 문인, 지식인들은 파리의 지식인 사회 및 파리의 주요 아카데미와 활발한 교류를 원하면서 지방적 특성에 따라 저마다 아카데미를 구성했다. 아를(1669), 아비뇽(1658), 수아송(1674), 님(1682), 앙제(1685), 빌프랑슈 앙보졸레(1695), 툴루즈(1695)에서는 아카데미 프랑세즈를 본받고 1706년과 1713년 사이에 몽펠리에와 보르도 아카데미는 과학 아카데미를 따랐다. 칸(1652~1705), 리옹(1700)은 파리의 아카데미 모델을 따르지 않은 채 독자적인 아카데미를 세웠다. 대체로 인구 2만 명 이상의 도시 가운데 4분의 3이 한 개의 아카데미를 갖고 있었으며 18세기 말에 이르면 지방 아카데미 수는 32개에 이른다.

18세기에 이르러 아카데미 프랑세즈는 계몽사상을 받아들여 몽테스키외, 볼테르, 콩도르세가 회원이 되고 달랑베르는 10년 이상 서기(원장)로 활약했다. 아카데미 프랑세즈는 첫 번째 업적으로 『아카데미 프랑세즈 사전』(*Le Dictionnaire de l'Académie française*, 1694)을 편찬 간행했다. 1718년에 제2판이, 혁명의 격동기인 1798년에 제5판이 간행되었고, 1992년에 제9판을 간행했다. 『아카데미 프랑세즈 사전』의 편집방침은 고어·사어의 폐지, 부당한 외국어의 방지, 비속어의 억제 등이었다. 프랑스어의 순화를 위해 회원들은 매주 월요일에 모여 회의를 했다.

세련되고 우아한, 명석한 언어야말로 교양과 교양인이 갖춰야 할 첫 번째 덕목이며, 우아한 언어는 르네상스 이탈리아에서도 교양인의 미덕으로 강조되었다. 그리하여 메디치가의 아카데미도 국어 즉 이탈리아어의 순화에 큰 관심을 기울였으며 단테가 『신곡』을 이탈리아어로 쓴 까닭도 모국어에 대한 지극한 사랑에서였다.

『아카데미 프랑세즈 사전』 편찬에 앞서서 16세기 왕실 부속 인쇄업자인 토리가 새로운 로만체 활자와 아름다운 책 『방화원』(方華園, *Champfleury*, 1529)을 제작해 프랑스어를 우아한 언어로 자랑했다. 아카데미 프랑세즈는 물론 교양을 위한 단순한 언어연구기관이 아니었다. 그 개방적이며 진보적인 성격은 대학이 기피한 데카르트 철학을 받아들이고 퐁트넬, 몽테스키외, 볼테르 등이 회원이 된 데 이어 디드로와 달랑베르의 영향 아래 18세기의 철학 논문이 아카데미에서 발표되고 점차 철학자가 다수파가 되었다. 그 기원이 문예 살롱이었던 만큼 회원의 대다수는 폭넓은 의미의 문인, 작가, 교양인이었다.

『백과전서』의 편집인이며 아카데미 프랑세즈의 종신 서기인 달랑베르는 아카데미에서 귀족과 철학자의 동석을 특히 바람직한 현상으로 환영했으며 혁명 직전의 위기 상황에서도 이 교양과 지성의 전당에서는 좋은 취미와 품위를 귀히 여긴 궁정귀족이 체

『아카데미 프랑세즈 사전』의 초판본

제 비판적 두뇌와 기꺼이 자리를 함께했던 것이다. 아카데미 프랑세즈에 대해서는 문예귀족을 낳은 온상이라는 일부 비판의 소리도 없지 않았다. 그러나 그 40명의 불사조를 영예의 최종적 계단으로 떠받드는 프랑스의 교양사회는 살롱 문화에서도 보았듯이 출생 신분이나 직종을 가리는 위계질서가 본질적으로 별로 의미가 없었다.

왕정복고기 프랑스의 지식 교양사회는 당시 여기저기에 생겨난 갖가지 종류의 공개강좌가 밝혀주듯이 사교적 색채를 짙게 드러냈다. 그런데 지난날 신학의 아성이던 소르본이 그 중심 가운데 하나가 되었다. 철학자인 구쟁, 역사가 기조, 문학사가 빌맹이라는 저명한 '트리오'의 강의실은 신사와 숙녀로 언제나 만원을 이루었다. 그 강의실은 또 자유주의자들의 집회라는 평판을 받기도 했다. 세 명물교수는 7월 왕정 아래에서 한때 정치적인 요직을 맡아 강의를 중단했다. 생트 뵈브는 세 교수에 관해 "(그들은) 프랑스의 지성과 학문이 방향을 결정하는 데 큰 영향을 끼쳤다. 그들은 참으로 이 시대의 교사라고 말할 수 있다"고 언급했다. 생트 뵈브의 이 말은 아카데미 프랑세즈를 비롯한 모든 아카데미 회원에게 그대로 해당되었으니 아카데미는 교양으로서의 학문의 전당, 바로 뛰어난 교양공동체가 아니었던가.

파리 신문의 시평란은 아카데미 프랑세즈의 입회식 광경, 방청석에 참석한 유명인사들의 움직임 특히 신입회원의 입회연설문을 대서특필하고 해설했다. 1842년 이후에는 많은 신문이 학예란에 연설 전문을 실었다. 신입회원의 입회식은 신참자가 최고의 문학자이거나 대단한 명문 출신인 경우 지식사회와 사교계의 톱 뉴스가 되었다. 그날의 회장(會場)은 역사적인 명사들로 장관을 이루고 아카데미의 입구에는 열을 지어 대기하는 귀부인들로 또 한 폭의 정경을 이루었다.

아카데미 프랑세즈의 회원 중 저명한 문학자, 철학자로 우리는 코르네유, 라신, 볼테르, 샤토브리앙, 위고, 르낭 및 베르그송을 떠올릴 수 있다. 그런데 아카데미 사상 두고두고 큰 화제가 된 것은 빅토르 위고의 입회식(1841)이었다. 그 날 입장 초대권을 수용할 수 있는 좌석 수의 3배를 발행하여 회장 주변은 마치 귀족 폭동의 장면과 비슷했다. 오를레앙 공작도 입장권을 부인과 딸들에게 양보해 자신은 들어가지 못했다.

입회식에서는 신참회원이 전임자를 추도하는 연설을 관행적으로 행한다. 그런데 연설은 내용보다 그 화법과 문장에 오히려 관심이 쏠렸다. 그리하여 특히 아카데미 프랑세즈의 회원은 모두 반듯한 문장가여야 했다.

아카데미 프랑세즈의 모임은 학술, 문학의 모임이면서 그 이상으로 파리 사교계의 한 중심으로 여겨졌다. 그리하여 지성 회원에 의한 선출제이면서 회원이 되기 위해서는 귀부인들의 힘을 빌려야 했으며 그 결과 갖가지 스캔들이 뒤따랐다. 프랑스의 위대한 시인이자 작가인 위고는 다섯 번째 도전 끝에 훈장이 달린 제복을 입을 수 있었다. 그만큼 아카데미 프랑세즈의 회원은 프랑스 엘리트가 얻을 수 있는 영광의 자리였다.

아카데미 프랑세즈로 대표되는 프랑스의 아카데미는 프랑스적

아카데미 프랑세즈의 신입회원 입회식

교양과 지성의 형성 또는 그 본질에 큰 영향을 미쳐왔다. 마치 독일에서 대학이 독일적 교양과 지성에 크게 각인되었듯이. 그런데 흥미로운 것은 종신인 아카데미 프랑세즈 회원 모두 불사조의 영광을 누릴 수 있었던 것이 아니라는 사실이다. 제1차 세계대전의 영웅 페탱 원수는 포슈 원수의 뒤를 이어 아카데미 프랑세즈의 회원이 되었으나 제2차 세계대전 중 독일에 협력한 반역죄로 회원의 자격을 박탈당했다. 20세기 프랑스 우파의 사상적 수령 격인 모라스도 페탱에게 협력한 까닭에 대독 협력자로서 불사조의 영예를 박탈당했다. 다시 강조하지만 아카데미 프랑세즈는 비단 학식자와 시인, 작가, 철학자, 예술가뿐 아니라 정치, 군사, 기업, 공예 등 사회 모든 분야에서 최고의 존경을 받는 인물이 망라되었다.[28]

---

28) 2009년 5월의 정보에 의하면 회원 39명 중 소설가(시인, 극작가 포함)가 10명으로 제일 많다. 저술가(문학평론가 포함) 5명, 학계에서는 역사가 4명, 철학자 2명, 그리고 인류학자 1명, 언어학자 1명, 문화재 의원 1명, 고문서 연구가 1명, 생물학자 1명이다. 그 밖에 정치가로는 전임 대통령인 지스카르 데스탱을 포함해 2명, 외교관 1명, 법관 2명, 변호사 1명, 의사 2명, 언론 · 출판인이 각각 1명씩이다. 종신회장인 카레르 댕코스는 유럽 의회의 분과 부의장과 역사학 교수를 지낸 역사가이다. 39명의 회원 중 현직 대학교수는 1명뿐이고 회원 대다수가 에세이스트로서 문필활동을 하고 있다. 한편 그들의 나이를 살펴보면 1908년생인 레비-스트로스가 가장 연장자이며 1930년대 생이 12명, 1920년대 생이 10명, 1940년대 생이 9명, 1910년대 생이 5명, 1900년대 생이 2명, 1950년대 생이 1명이다.

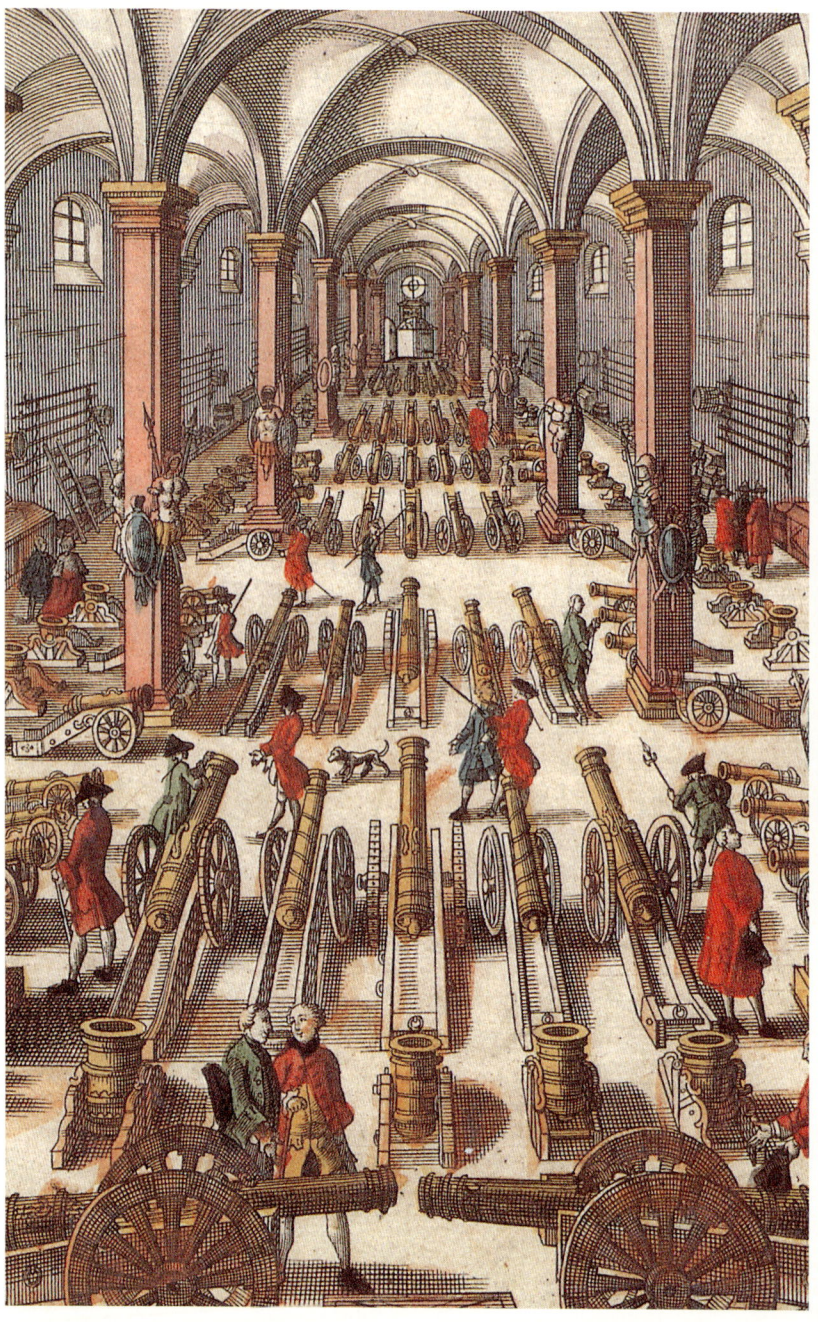

20 근대 과학의 성립과 패러다임의 전환

자연과 법칙은 어둠에 숨겨져 있었노라.
신이 말씀하시기를 "뉴턴을 있게 하라."
그리하여 모두 빛이 되었노라.
🖋 포프

기술과 과학, 근대 과학에 이르는 길

고대 그리스·로마 이래 일부 교양계층이 자유로이 배우고 누린 7자유학예에 비해 장인들의 유용한 7기계적 기예(mechanical arts, 재봉, 조선, 항해, 농경, 수렵, 치료, 연기), 즉 기술은 17세기에도 가볍게 여겨졌다. 그러나 17세기 초 영국의 한 수학자는 연구 주제를 학술적 연구라기보다 기계적 기예에 대한 연구라고 말하면서 그 주제가 상인, 뱃사공, 목수, 측량사 등과 깊이 관련됨을 밝혔다. 영국의 성직자 토머스 브레이의 『필요하고 유익한 모든 지식을 촉진하기 위한 시론』(1697)은 시대의 새로운 움직임을 대변하는 저술이었다. 그는 아메리카 신대륙의 인디언을 위한 전도자적 자각과 필요성 때문에 그 책을 쓰게 된 것일까.

브레이에 훨씬 앞선 15세기 이탈리아의 철학자이며 의사인 토스카넬리는 포르투갈 왕 마누엘 1세에게 편지를 보내 새 항로를 따라 인도에 이르도록 역설했다. 그의 편지는 콜럼버스의 항해 계획에 영향을 주었다고 한다. 바스코 다 가마에 의한 인도항로의 발견(1498)이 이루어진 마누엘 1세 치하에서 아시아에서 상품과 마찬가지로 정보가 인도관으로 전해졌다. 세비야에서는 1503년에 무역관이 개설되어 신세계에 관한 지식과 정보를 수집했다. 무역관에는 해군제독이 관할하는 조타수를 훈련하는 학교가 병설되기도 했다. 유럽 최초의 이 항해학교에는 1558년에 영국에서도 연수생이 왔다. 대항해 시대와 더불어 유럽은 실용적인 지식에 크게 눈을 떴다.

과학(science)이라는 말은 라틴어의 지식(scientia)에서 어원을 찾을 수 있듯이 일반적인 지식(knowledge)의 의미로 오랫동안 쓰였다. "값싼 요리의 지식"(scientia, 세네카) "내가 이 반지에 관해 갖고 있는 지식"(science, 셰익스피어) 등이 그것이다. 그것은 기예(art)와 구별되지 않고 쓰였다. 기예는 고대 그리스에서 테크네(tekhne)라는 말로써 뿌리를 내리고 있었다. 그러나 오늘날 테크놀로지의 어원이 되는 그리스어의 테크놀로키아는 문법 및 수사학의 체계적 연구를 지칭했을 뿐 기계적 기예, 즉 기술을 의미하지는 않았다. 모든 종류의 기술을 의미하는 기술(art)의 어원은 히포크라테스의 잠언 "Ars longa vita brebis"(기술은 길고 인생은 짧다)에서 볼 수 있듯이 라틴어의 ars이다. 이 경우 ars는

▲ 18세기의 병기공장

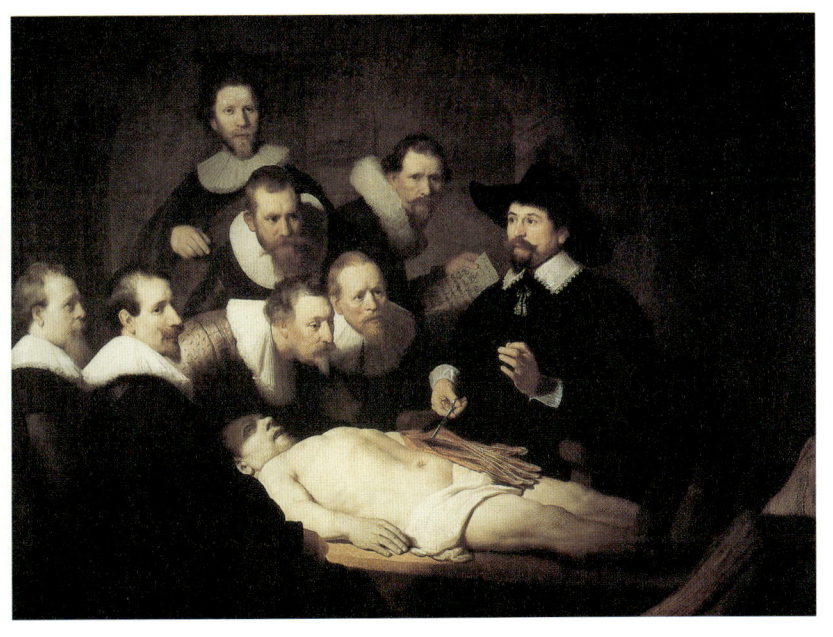

렘브란트, 「해부학 강의」. 근대과학의 또 하나의 상징이다.

그리스어의 tekhne(기술)의 번역어이다.

중세 대학의 커리큘럼에서는 7기예(the seven arts), 즉 문법, 논리학, 수사학, 수학, 기하학, 음악, 천문학에서 보듯이 the arts는 학예를 지칭했다. 그리하여 중세의 철학자들은 기술을 순수 이론인 자유 학예와 대비하며 가볍게 여겼다. 르네상스와 종교개혁에 이르러 장인들의 기술의 위상이 어느 정도 높아졌다. 이탈리아 르네상스 시대 베네치아의 귀족인 바르바로는 고대 로마의 건축가 비트루비우스의 『건축서』를 번역했다. 이때 그는 스스로 석공의 훈련을 받았으며 건축가인 팔라디오의 도움을 크게 받았다.

베네치아에서 성당과 극장, 빌라를 세운 팔라디오는 고대사 연구가이기도 하여 많은 저서를 남겼다. 팔라디오는 라틴어로 건축이론을 논한 석공·기술자였으며 새로운 타입의 건축가였다. 그와 동시대의 반듯한 건조물의 패트런들 또한 비트루비우스의 『건축서』를 손에 들고 건축가를 만나고 독려했다. 바사리의 『미술가 열전』도 르네상스 시대의 이론과 실천의 상호작용 또는 조화의 결실로 평가받고 있다.

17세기에 이르면 스콜라적인 사변은 사물에 관한 '실용적인 것의 이해'(know-how)와 구별되고 배제되면서 말보다 사물의 탐구가 강조되었다. 17세기 전반은 호기심이 강한 시대이며 사람들은 삼라만상 '저편으로' 눈을 돌렸다. 토머스 모어의 『유토피아』(1516)를 비롯해 『돈키호테』(1605, 1615), 『천로역정』(1678~84), 『로빈슨 크루소』(1719), 『걸리버 여행기』(1726) 등 일련의 유토피아 문학은 '저편에' 대한 치열한 호기심의 문학적 결실이 아니었던가. 문학에 이어 데카르트, 베이컨 및 라이프니츠 등 근대철학의 선구자는 새로운 지적 세계로 우리의 시선을 돌리게 한다. 그중에서 베이컨의 바람은 학문의 지도를 새로 그리는 일이었다.

마술로부터의 해방

17세기 근대 과학은 베이컨과 갈릴레이의 실험과학에서 볼 수 있듯이 과학의 기술적 이용으로 특징지어지면서 과학과 기술의 개념을 차별화해 과학은 기예와 구별되었다. 즉 과학이 실험(experiment)을 수반하는 이론적·체계적인 인식활동이며 그 성과인 데 비해 기술은 대체로 생산 현장에서 갖는 체험, 즉 실습(practice)을 통한 개별적·기계적인 인식이며 성과를 뜻하게 되었다.

역사는 17세기 근대 과학의 성립을 과학 '혁명'이라고 부른다. 그러나 교황청에 의한 코페르니쿠스의 유죄 판결(1616), 갈릴레이 재판(1633)이 기승을 부렸듯이 새로운 근대 과학도 애초에는 마술(magic)과 비슷하게 이단시되었다. 철저하게 사변적인 스콜라 철학이 지배한 중세에 실험하는 자는 마술사(magician)로 일컬어졌다. 실험적 방법을 강조한 베이컨은 당대는 물론 후세에도 마술사로 불렸다(그가 실험과학[scientia experimentalis]이라는 말을 처음 썼다). 철학자이면서 자연과학자인 베이컨은 연금술 및 광학에 정통해 확대경을 발명하고 그것을 통해 수상쩍은 이론을

갈릴레이의 재판과 지동설의 단죄

제시했다 하여 수도원에 감금당했다. 철학에 처음으로 경험론을 도입하고 관찰과 실험의 가치를 강조한 이 '불가사의한 박사'(Doctor mirabilis), 최초의 근대적 과학자는 연금술사, 마술사로 여겨지기도 했던 것이다.

'magic'의 어원은 페르시아어의 'magis'(현자)로 매직은 현자의 지혜, 지식을 뜻했다. 중세는 물론 르네상스 시대에도 성했던 점성술과 연금술은 마술이었다. 천문학의 지식이 전제가 된 점성술은 권력자에게는 운명의 예언과 관련된 중대사여서 긍정과 함께 자치도시의 고위층도 크게 관심을 나타냈다. 그리스도교는 마술을 이단으로 부정했으나 그것은 신앙의 입장일 뿐 이론적·이성적 이유와는 무관했다. 로마 교황은 점성술사를 곁에 두었다. 종교회의의 개최일자도 점성술사의 지시에 따랐다. 중세 대학에는 천문학과 별도로 점성술 강좌가 개설되었다.

한편 아라비아에 기원을 둔 연금술(alchemy)로 말하면 철이나 동, 납 등 비금속을 단순히 금, 은과 같은 귀금속으로 바꾸는 기술에 그치지 않았다. 연금술은 12세기 중반 유럽에 도입되면서 중세의 화학기술 전반을 지칭하였다. 천체의 운행이 인간의 신체나 사회에 영향을 준다는 점성술 신앙과 마찬가지로 마술적 믿음으로 인해 점성술과 비교과학(秘敎科學, occult science)을 형성했다. 그리하여 연금술의 궁극적 목적은 장생불멸의 비약(秘藥), 자연의 수수께끼를 밝히는 궁극적 원리의 지식, 현자의 돌(lopis philosophorum)을 발견하는 것이었다.

마술사들의 방법론은 실험적 방법이었다. 파우스트 박사(그는

15, 16세기 독일에 실재한 연금술사였다)를 닮아 연금술사들은 자연학·의학·천문학·광학·기억술·인상학 등 만물의 사리를 규명하고자 한 탐구적 인간이었다. 점성술이 근대적 천문학에 의해 극복되었듯이 연금술 또한 근대 화학의 성립과 더불어 오컬트적 성격이 청산되었다. 막스 베버는 근대적 사회의 성립을 전근대적인 마술성의 극복에서 찾았다. 근대 과학의 태동은 스콜라 철학과 함께 중세풍인 마술적 의사과학(pseudoscience)으로부터의 해방, 새로운 사고와 새로운 자연관, 새로운 세계관의 길을 틈으로써 역사의 근대화에 선구적 역할을 했다. 근대 과학의 성립이 과학 혁명으로 일컬어지는 이유이다.

근대 과학은 대학 밖에서 싹텄다

"학교, 아카데미, 칼리지 그리고 학식자의 주거지이며 학문의 교실인 조직의 관습과 제도에서 모든 것은 지식의 진보에 역행하고 있음이 분명하다"라고 베이컨이 비판했듯이 학문연구의 중심인 대학은 의학을 제외하고는 새로운 과학의 태동에 크게 관심을 두지 않았다. 그중의 예외는 새로운 학문인 역사학과 정치학을 개설해 큰 성공을 거둔 라이덴 대학이었다. 새로운 학문인 역사학과 정치학 강좌를 개설해 큰 성공을 거둔 한편 실증주의적 학풍으로써 학부를 쇄신하는 한편 식물원을 개설하고(1587), 해부학 교실(1597), 실험실(1669) 및 천문대를 갖추었다.

한편 옥스퍼드 대학의 경우 과학 계열의 여러 학문은 여전히

라이덴 대학 안에 있는 근대적인 도서관의 서고

의학부에 속했으며 수학 강좌도 1663년 이후에나 개설되었다. 자연과학도 구태의연하게 아리스토텔레스풍으로, 다시 말해 스콜라 철학풍으로 교수되었다. 17세기에 이르러서야 개설된 자연철학, 식물학 및 기하학 강좌에 더해 옥스퍼드에 화학과 실험과학 강좌가 개설되는 것은 19세기 초이다. 그것도 대학 내의 개혁파에 대한 제스처로서 명목적으로 부가되었을 뿐이다.

새로운 과학에 대한 대학의 무관심은 유럽에서 제일 앞서 근대적 시민사회를 실현하고 과학 혁명을 이룩한 영국도 예외가 아니었다. 그러한 사실과 관련해 영국의 성직자이며 외과의, 연금술사인 존 웹스터는 저서 『아카데미의 검토』(1654)에서 대학을 "무의미하고 쓸모없는 사변"에 골몰하는 스콜라 철학의 소굴이라고 비판했다. 학생은 자연탐구에 더 시간을 바쳐야 하며 "숯이나 화로를 직접 다루라"고 강조했다.

그러나 대학이 새로운 과학이나 자연철학에 대해 무관심했다거나 대립했다는 종래 견해는 근래 일련의 연구에 의해 수정되기도 한다. 수학과 자연철학 연구는 대학에서 주요한 위치를 차지해 옥스퍼드의 경우 천문학과 기하학 강좌가 각각 1597년과 1619년에 개설되었다. 파리 대학에서는 데카르트가 토론되고 옥스퍼드에서는 코페르니쿠스 학설이, 라이덴 대학에서는 뉴턴이 검토되었다. 식물원, 해부학 교실, 실험실, 천문대 등 근대 과학을 상징하는 기관이 일찍부터 대학 내에 모습을 드러내었다는 사실 등을 들고 있다.

새로운 과학에 대한 관심은 대학 밖에서 일어났다. 영국의 경우 과학과 기술에 대해 남달리 깊은 관심을 지닌 폭넓은 집단이 있었다. 중산 계층의 실천적 종교인, 퓨리터니즘을 신봉하는 청교도였다. 지식을 자연적인 것과 초자연적인 것으로 구분한 청교도주의의 교리는 근대적 자연관 또는 근대 과학의 길로 그들을 인도했다. 청교도주의의 이러한 과학적 입장은 정통주의의 아성인 옥스브리지의 반과학적인 학풍과는 대조적이었다. 옥스브리지에서는 과학에 대해 의식적인 적의를 품고 수학계열을 제외하고는 과학자가 펠로가 되는 일조차 거의 불가능했다. 이러한 경향은 보다 보수적인 옥스퍼드에서 더 심했다. 왕정 복고(1660) 이후 150년간 옥스퍼드는 과학 발전에 아무런 기여를 하지 않았다.

그러나 종교적으로나 정치적으로 더 자유롭고 마침내 청교도주의의 아성이 되는 케임브리지는 베이컨의 논리학과 뉴턴의 수학을 받아들이고(두 사람은 케임브리지 출신이었으며 뉴턴은 교수였다) 특히 수학으로 명성을 높이게 되었다. 그렇듯 근대 과학은 오랫동안 대학과 관계를 맺지 못했다. 대신 과학은 교양 계층에서 동호자를 찾아 아카데미를 조직했다. 피렌체의 실험 아카데미(1657), 런던 왕립협회(1660) 및 파리의 왕립과학 아카데미이다.

"과학은 학자가 할 일이 아니라 전적으로 상인과 수공업의 일이며 그것도 옥스브리지가 아니라 런던에서이다." 대학을 그냥 지나친 근대 과학은 런던의 사교계 또는 교양 사회를 구성한 일부 귀족과 상층 부르주아, 즉 젠틀맨의 지적 취향, 취미의 대상이 되었다. 유럽의 17세기는 취미의 시대로 과학에 대한 취향도 여러 취미 중 하나가 되었다. 뉴턴은 일찍부터 신사의 모임에서 화제가 되었고 제자들은 청교도의 설교단에서 스승의 저서를 해설했다. 과학의 지식이 보급된 중심 무대는 재정가이자 '그레셤의 법칙'으로 유명한 그레셤 경이 창립한 그레셤 칼리지였다. 강의는 대부분 라틴어가 아닌 영어로 행해지고 전통적인 학문과 함께 수학·천문학이 교수되었으며 옥스브리지와 유대를 맺고 저명한 대학교수도 그에 관여했다.

이렇듯 과학은 점차 신사고를 지닌 교양인을 주변으로 끌어들였다. 공업도시 맨체스터의 문예·철학협회와 같이 전기·역학·중력 등 과학적 실험이 따른 강의를 행하는 협회나 클럽이 신흥 산업도시를 중심으로 생겨나고 각처에 순회강연이 행해졌다. 모임들의 회원에는 제조업자나 기술자가 많았다. 그들은 과학을 산업에 이용하고자 한 것이 아니라 신사답게 그것을 문예·미술·음악과 같이 고상한 지식, 즉 교양으로 반기고자 했다. 17세기에는 언어 중심이 아닌 과학적인 학회가 유럽 여러 나라에 생겨났다. 가장 상징적인 것이 영국의 로열 소사이어티였다.

그레셤 칼리지의 발전에 힘입어 윌킨스 목사는 여러 과학자와 필로피컬 칼리지라는 모임을 만들었다. 1644년 말부터 매주 런던에서 모여 실험과 과학 이론에 관해 토론했다. 뒤에는 귀족 출신의 청교도이며 화학자, 물리학자인 보일이 참가했다. 그 그룹이 중심이 되어 1660년 '물리학, 수학 및 실험적인 학문을 추진하기 위한 칼리지'의 창립을 발기했다. 2년 뒤 국왕 찰스 2세는 그 기관을 '자연 지식을 증진하기 위한 왕립학회'로 한다는 칙서를 선포했다. 로열 소사이어티의 탄생이다. 그런데 로열 소사이어티, 즉 왕립협회는 그 명칭에도 불구하고 왕실과는 관련이 없으며 새로운 과학에 깊은 관심을 지닌 각계 교양인의 자유로운 아카데미였다.

그렇듯 왕립협회의 본질은 일정한 자격 기준에 의해 제한받지 않은 자유로운 젠틀맨의 모임이었다. 과학 발전에 참여한 회원, 탐구심이나 호기심을 지닌 회원, 실용적 목적이 주된 관심사인 회원 등 신분이나 본직이 무엇이든 클럽적 성격을 지닌 왕립협회 회원은 자기 자신을 배우고 탐구하는 세대의 대변자로 자부했다. 이러한 사실은 프랑스와 극히 대조적이었다. 프랑스 과학 아카데미는 정부로부터 호기심에 의한 연구는 놀이이므로 그만두고 국왕과 국가에 대한 봉사에 관계가 있는 유용한 연구에 전념하라는 압력을 받았다.

왕립협회 회원의 대다수가 프로테스탄트라 함은 그들이 의회파임을 의미하며 이 점에서 국교도이며 왕당파에 속한 옥스브리지의 교수들과는 대조적이었다. 프로테스탄트의 정신은 영국에서 근대 과학을 뒷받침하는 이념이 되었으며 그들은 과학이 생산과 교역에 이바지하면 사회가 발전하고 진보할 수 있으리라고 확신했다. 자연 인식의 진보를 위한 새로운 과학은 진보사상을 잉태하고 그것은 또한 중상주의적 청교도주의의 이데올로기이기도 했다. 이상과 같은 교양으로서의 과학의 태동에 고무되어 영국에서는 그리니치 천문대를 비롯한 많은 천문대, 식물원, 박물관이 세워지고 고물수집협회가 개설되었다.

왕립협회는 1703년 근대 과학의 선구자이며 케임브리지 대학의 교수인 뉴턴을 회장으로 추대했다. 이 사실은 새로운 과학을 둘러싼 실용적 관심사가 순수 과학, 이론 과학과 접목해 더욱 큰 비중을 지니며 그럼으로써 그간 대학에서 시민권을 얻지 못했던 신과학이 학문으로서 정통성 또는 정당성을 획득했음을 밝혀준다. 옥스브리지와 왕립협회의 불편했던 관계는 해소되고 서로 문호를 개방했다. 옥스브리지의 수학과 물리학 교수가 왕립협회의 회원이 된 데 이어 저명한 교수들이 왕립협회 회원이 되기를 원했다. 그만큼 왕립협회는 권위를 지니게 된 것이다. 또 간과할 수 없는 사실은 왕립협회가 과학 중심의 연구기관이었던 까닭에, 자국어의 순화 연구를 첫째 과제로 표방한 프랑스의 아카데미 프랑세즈와는 달리, 처음부터 국제성을 지향하고 유럽에서 과학 교류의 네트워크를 구성해 중심 고리 역할을 했다는 것이다.

과학 혁명과 패러다임의 대전환

"우리의 지식은 첫째로 아주 유용한 것이어야 하며 그 위에 시대의 흐름에 알맞고 신상에 어울려야 한다." 1731년에 발행된 『젠틀맨스 매거진』 사설의 한 구절이다. 유용성은 이제 신사 교양인의 세계에서 키워드가 되었다.

교양으로서의 과학, 신사 계층의 지적 놀이의 성격을 띠었던 과학적 취향은 점차 과학적 탐구로 발전했다. 연구(research)라는 표현은 이미 16세기에 책의 제목으로 쓰이기 시작했다. 17세기 말에 이르면 기예, 과학, 역사학, 의학과 관련해 자주 쓰였다. 그리고 학계에서는 연구와 함께 탐구(investigation), 실험(experiment)이라는 말도 일상적인 용어가 되었다. 호기심이 연구심으로 발전한 것이다. 근대 과학의 탄생이다. 근대 과학의 탄생은 위대한 탐구자, 비범한 실험가인 코페르니쿠스, 베이컨, 갈릴레이, 데카르트 특히 뉴턴의 이름과 결부된다. 그리고 15, 16세기의 대항해 발견과 발명의 시대에 크게 뒷받침된다.

근대 과학에 대한 뉴턴의 영향은 근대 철학에 대한 데카르트와 비긴다고 할 수 있으며, 뉴턴의 『프린키피아』(*Principia*, 1687)는 17세기 근대 과학의 상징적인 업적으로 평가된다. 뉴턴은 케임브리지 대학의 수학 교수였다. 그의 영향력은 대학 내에서는 극히 미미했다. 중세 대학은 수학을 나름대로 중요시하면서도 스콜라주의적이며 아리스토텔레스류의 학풍은 수학을 과학 기술과는 무관한 것으로 여겨왔다. 그러나 갈릴레이는 자연이라는 책은 수학으로 씌어졌다고 말했다. 17세기 중엽 이후 국가를 위한 정보는 수학·통계로써 정리되었다.

베이컨은 근대 과학의 태동과 더불어 나타난 패러다임의 전환에 철학적이며 이데올로기적으로 이바지했다.

귀족가문 출신으로 변호사와 검찰총장을 거쳐 대법관에 오른 정치가 베이컨은 『수필집』(1597)으로 영국 문학사상 빛나는 명성을 누린 문인이기도 하다. 그러면서 영국 실증주의 사상의 정초자, 근대 테크놀로지 문명의 이데올로기로서 지성사에 기록되는 사상가이자 철학자이다. 특히 그는 사실을 기반으로 하는 경험적

프랜시스 베이컨

인 귀납법이라는 방법론으로 근대 과학의 성립에 획기적인 공을 세웠다. 베이컨은 사상과 방법론을 둘러싼 자신의 입장을 『학문의 발달』(1605)에서 피력했으며, 『신기관』(新機關, 1620)에서 체계적으로 전개했다.

베이컨은 학문의 세 가지 병으로 망상적 학문, 논쟁적 학문 및 허세를 부리는 학문, 즉 유용성이 없는 학문을 지적했다. 그에 의하면 학문의 첫 번째 병은 사람들이 말을 연구하면서 내용을 연구하지 않을 때 일어난다. 지난날 학문은 신기하고 이상한 용어와 독단적인 명제로써 우리를 어지럽혔다. 그 전형이 스콜라 철학이었다. 베이컨에 의하면 스콜라 학파의 지식은 "소수의 저작가 특히 아리스토텔레스의 작은 방 속에 가두어져 자연 및 시간의 역사에도 거의 무지하며, 별로 많지 않은 내용으로 지식을 무한대로 교란시킴으로써 성가시게 거미줄과 같은 학문을 우리 앞에 펼쳐주고 있다." 스콜라 철학의 병은 "결과가 생겨나지 않는 (주제에 대한) 사색이나 논쟁" 그리고 방법에서 더욱 두드러진다. 스콜라 철학이나 아리스토텔레스의 학풍이 남긴 과오는 인간의 마음과 오성을 극도로 숭배한 나머지 "자연에 대한 관조가 경험의 관찰에서 지나치게 멀어졌다"는 사실이다.

베이컨은 『수필집』에서도 지난날의 학문을 비판하고 학문의 반듯한 위상에 관해 많은 이야기를 한다. "학문에 지나치게 많은 시간을 허비함은 (일종의) 태만이다. 장식을 위해 그것을 과도하게 나타냄은 학자연하는 행위이다. 학문적 규칙만으로 사물을 판단함은 학문이 있는 자의 변덕이다. 학문은 천성(天性)을 완성하고 경험에 의해 완성된다. 그 까닭은 천성의 능력은 천연식물 같은 것으로 학문에 의해 전지될 필요가 있다. 학문 자체는 극히 애매하게 지시를 내리는 것으로 경험에 따라 한정되어야 한다." 베이컨은 『학문의 진보』에서 철학을 "논의를 하기 위해서가 아니라 생활을 하기 위해" 배운 카토나 키케로를 언급하고 그들에게 전적으로 공명했다.

근대 과학의 선구적 주창자로서 학문의 역사에 혁신적인 신사고를 도입한 베이컨에게 "진리와 유용성은 전적으로 동일했다." 그는 화포·항해·인쇄 등 기술적 발명과 관련해 말했다. "우리의 학문이 지향하는 목적은 논리의 발전이 아니라 기술의 발견이다. 원리에 일치하는 발견이 아니라 원리 자체의 발견이다. 개연적 사유의 발견이 아니라 작업을 위한 지시와 지표의 발견이다." 이러한 베이컨에 대해 디드로는 "베이컨은 공예기술의 역사를 진정한 철학의 중요한 부분으로 여겼다"고 말했다. 그에 의하면 베이컨은 일급 천재였다. 근대 과학은 데카르트의 수학적 확실성과 더불어 베이컨의 유용성이 본질적 특징을 이룬다. 베이컨의 신사고야말로 뉴턴의 과학과 더불어 로열 소사이어티를 탄생시키고 존 로크나 흄의 실용주의 철학을 낳아 영국으로 하여금 근대 합리주의, 근대 과학의 발신처로서의 빛나는 위상을 안겨준 동력이었다고 할 것이다.

베이컨은 과학과 기술을 통해 사회개혁을 구상했다. 그러한 기대를 과학적 유토피아 이야기 『뉴 애틀랜티스』(1626)에 담았으며, 많은 연구원이 공동작업을 하는 연구기관인 솔로몬관을 구상했다. 자연 연구와 인간에게 유익한, 위대하고 뛰어난 업적을 창출함을 목적으로 하는 솔로몬관에는 자연현상을 측정하는 시설, 동·식물원, 의학연구소, 용광로, 광학연구소, 음향연구소, 향토연구소, 수학연구소 등 갖가지 시설이 갖추어졌다. 회원은 기술자, 발굴자, 실험자, 자연해설자 등으로 이루어진다. 인간 영역의 경계를 확대하고 모든 것을 가능하게 하고자 3인의 연구원은(그들은 12년마다 항해의 사명을 띠고 출범한다) 여러 나라의 정세, 특히 전 세계의 학문, 기술, 제작물 발견에 관한 지식을 만인에게 알리고자 모든 종류의 책, 기구, 견본을 갖다준다. 이상과 같은 베이컨의 구상은 지난날 갈릴레이가 연구원으로 활동한 로마의 아카데미아 디 린체에이를 모델로 했다고 한다.

현대 영국의 역사가 버터필드는 17세기 근대 과학의 성립을 '과학 혁명'으로 표현, 그리스도교 출현 이후 유럽 사상 최대 사건으로 지적한다. 그에 비하면 르네상스나 종교개혁은 역사적 에피소드에 지나지 않는다. 과학사가 토머스 S. 쿤은 『과학 혁명의 구조』(1962)에서 패러다임(paradigm)의 개념을 도입해 근대 과학의 혁명적 성격을 밝힌다. 그에 의하면 과학자 집단의 존재이유, 구조, 지향을 규정하는 패러다임이란 "일반적으로 인정된 과학적 업적으로, 얼마 동안 전문가 사이에서 물음의 방식, 해결 방식의 모델을 부여하는 것이다. 전형적인 모델은 뉴턴의 『프린키피아』로, 이후 역학의 패러다임뿐만 아니라 자연과학 전반에 역학적 자연관이 뿌리내렸다. 뉴턴 이전에는 아리스토텔레스풍의 역학, 갈릴레이, 케플러풍의 역학이 인지되었다. 그러던 것이 뉴턴에 의해 새로운 패러다임, 학문 모형(disciplinary matrix)이 생겨나고 학문 양식이 새로운 전환을 경험했다. 이것이 과학혁명이라고 일컫는 이유이다. 베이컨에 의하면 학문의 진면모는 학술적 탁월성이 아니라 새 사상, 새 방법론의 창출, 다시 말해 새로운 패러다임의 창출이다.

뉴턴의 스승이었던 케임브리지 대학 트리니티 칼리지의 학장 아이작 배로는 학문을 천직으로 생각하고 지식에 도달하는 것, 진리를 찾는 것을 자기의 소명으로 확신했다. 그에 의하면 지식이란 "명백하고 통속적인 것"이 아니라 "일반적으로 이루어지는 관찰이나 이해와는 다른 숭고하고 난해하며 복잡하고 성가신 주제"를 뜻한다. 그는 말했다. "전반적인 학자가 아니면 좋은 학자가 될 수 없다." "학문의 한 부분이 다른 부분에 빛을 던진다." 고전학자이며 수학자, 물리학 교수 그리고 신학에 전념한 성직자이기도 한 그는 근대 과학의 앞날에 의구심을, 불길한 두려움을 예감한 것이었을까.

근대 과학은 17세기 유럽에서 소리 없이 탄생했으나 세계 전체를 뒤덮은 지도 오래된다. 일찍이 명상(그리스)과 교리학(중세)으로 유익한 발견이 중지되었다고 믿었던 베이컨주의자들은 "기술이 결여된 과학은 무이다"라고 했던가. 과학이 기술에 자기를 맡겼을 때 과학은 철학적 전제(과학은 원래 철학에 속했다)나 형이상학적인 물음을 잊고 기계가 되어버린다. 합리적인 진보라는 신화가 허물어진 지도 오래된다. 모든 기계는 끝내 죽음을 잉태하며 반인간적이게 마련이다.

후설은 유럽 인간성의 위기, 극복의 길이 보이지 않는 위기의 발단을 근대 과학의 익명성에서 찾았다. 과학에 의해 세계는 기술적·수학적으로 환원되고 삶의 세계는 퇴출된다. 인간은 마침내 '존재의 망각'(하이데거)으로 빠져버린다. 후설에게 유럽적 인간성이란 그리스적인 지(知)의 정열, 인간과 세계의 전체성에 대해 끊임없이 묻는 사람됨, 교양을 뜻했다.

자연과 법칙은 어둠에 숨겨져 있었노라.
신이 말씀하시기를 "뉴턴을 있게 하라."
그리하여 모두 빛이 되었노라.

시인이 유려한 표현으로 과학의 탄생을 찬탄한 지 2세기 뒤 과학 속에서 존재의 망각을 본 철학자는 두려움을 토로했다.

현대의 과학과 기술을 둘러싼 근본적인 물음, 결정적인 물음은 다음과 같습니다. 즉 우리는 생각하고 표상할 수 없을 만큼 거대한 원자력을 도대체 어떠한 방법으로 제어하고 조작하고, 그럼으로써 이 엄청난 에너지가 갑자기—전쟁행위에 의하지 않더라도—어디에선가 우리를 부수고 탈출해 모든 것을 궤멸에 빠뜨리는 위험으로부터 인류를 안전하게 할 수 있을까 하는 물음입니다.

21 전문학과 전문직, 사회 속의 교양

실제로 가치 있고 완벽한 경지에 도달한 듯한 업적은
오늘날 전문가적으로 수행된 것뿐이다.
🖋 막스 베버

교양 지상주의에서 전문직의 창출로

17세기에 성립된 근대과학의 전문성(professional)은 세기 후반부터 여러 학문과 연구에 영향을 미치기 시작했다. 18세기에 이르러서도 학문은 직업(Beruf)이라기보다 천직(Berufung)이며 전문직이라기보다 신조라는 관념이 지배적이었다.

이와 같은 학문의 위상은 박물학자이며 왕립 식물원장이었던 뷔퐁에게서도 나타났다. 철학자이며 문인이기도 한 그의 저서 『박물지』(博物誌, 1749~89)는 18세기적 지식의 집대성으로 평가받았다. 그가 아카데미 프랑세즈에서 행한 입회 연설의 주제는 문체론이었다. 그 간행본은 19세기에 이르러서도 60판을 거듭할 만큼 애독되었다. "문체, 그것은 인간이다"(Le style, c'est l'homme)라는 말은 그가 밝힌 문체론의 한 구절이다.

뷔퐁과 마찬가지로 당시에 과학자는 철학자이며 문인이었다. 영국의 경우 19세기 전반기의 과학운동은 문학이나 철학협회에서 비롯되고, 1830~40년경에 출현한 내과·외과 의학회는 왕립협회처럼 젠틀맨의 연합체로 결성되었음은 잘 알려진 사실이다. 19세기 전반 영국 과학운동에 앞장선 케임브리지 대학의 수학교수이자 천문학회, 통계학회의 창설에 큰 역할을 한 바베지는 1851년에 이르러서 말했다. "영국에서 과학연구는 전문직업이 아니다. 그 연구자는 하나의 계층을 이룬 것으로도 인정되지 않는다." 과학자(scientist)란 말은 케임브리지 대학의 과학철학자 휘얼이 1834년에 처음 만들고 1840년경부터 쓰였다. 이전에는 men of science란 말이 쓰였다. 이상과 같은 사실은 근대과학의 성립 이후에도 엘리트 계층에서는 전통적 교양 지상주의가 지배적이었으며 그만큼 전문성이 가볍게 여겨졌음을 말해준다.

변화는 19세기 전후에 움트기 시작했다. 과학이 대학에서 전문학으로 강의되면서 과학과 지식의 전문화가 서서히 나타나고, 그에 연동되어 갖가지 전문직(profession)이 태동했다. 아날 학파인 브로델의 표현을 빌리면 호모 사피엔스가 호모 파베르와 결부된 것이다. 영국에서 개업의 시험을 관장한 왕립 내과의 칼리지(Royal College of Physicians)의 설립(1858) 및 변호사의 면허 특권을 지닌 법학협회(The Inns of Court)의 발족은 전문직 계층의 성립을 상징한다고 할 수 있다.

▲ 피에로 디 코시모, 「시모네타 베스푸치」

중세 대학은 신학부·법학부·의학부의 존재에서 볼 수 있듯이 성직자·법률가·의사 등 지적 직업인을 양성하는 고등교육기관이었다. 그러나 근대 과학의 성립 이전 성직자·법률가·의사 등 직업인은 전문성이 미약하고 애매했다. 근대 과학의 발달은 지난날 중세적 대학이 몰랐던 전문성이 강한 많은 '학과목'(curriculum)을 창출했는데, 그것은 학문과 교육의 패러다임에 획기적인 전환을 가져왔다. 의학 전반에 걸쳐 배우고 그 위에 과학기술의 모든 영역에 걸쳐 백과전서적으로 학습한 지난날 의학부 출신의 의사를 과연 전문의사로 신뢰할 수 있을까. 신학부, 법학부, 학예학부(철학부)에서 지배적이던 백과전서적 학습은 이제 종지부를 찍었다.

새로운 전문직, 중세적인 박식한 학식자(savant)와는 본질적으로 구별되는, 고도의 학문적 훈련을 거친 뒤 전문성에 대한 자격을 획득하고 개인적 업적으로 평가받는 전문직 출현에는 고등교육의 전면적 전환이, 다시 말해 단지 교양교육의 장일 뿐만 아니라 학문 연구의 터전으로서 대학의 변신이, 패러다임의 대전환이 요구되었다.

프랑스 교육의 새로운 체제와 그랑제콜

1789년 혁명 이전 프랑스의 교육과 교육기관은 대학을 포함해 대체로 중세처럼 가톨릭 교회의 그늘에 있었다. 그러나 18세기 계몽사상의 흐름 속에서 새로운 교육 이념이 1750~70년 사이에

영국의 자본주의를 상징하는 런던의 왕립거래소

느슨하게나마 나타났다. 라틴어를 대신해 프랑스어가, 물리학·화학·박물·역사·지리·외국어가 주요 학과로 부상했다. 폭넓은 근대적 학과 과정은 『백과전서』의 편찬과 비슷했다. 1760년대에 들어서면 소르본에서 로크, 베일, 볼테르, 뷔퐁, 스피노자가 읽히고 종교적 관용이 일반화되었으며 콜레주의 교사와 학생도 철학에 귀를 기울였다. 1789년의 혁명 투사는 대체로 1760~70년 사이에 계몽주의 교육을 받은 세대였다.

혁명은 대학을 비롯한 각급 교육기관 전반에 걸쳐 이념과 제도의 일대 변혁을 낳았다. 계몽사상은 혁명에 앞서 국민교육 이념을 내세워 일반 시민의 교화와 교육의 보편화를 강조했으며, 루소의 『에밀』(1762)은 교육을 둘러싼 논의를 더욱 부각시켰다. 예수회의 금지(1762)도 교육개혁을 고무시켰다. 혁명은 교육의 자유를 인민 주권의 본질적 구성 요소로 강조하고 만인에게 열린 교육의 평등을 제창했다.

학교의 세속화, 무상 공교육, 남녀 구별 없는 의무교육이라는 국민교육 원리를 구현한 교육체계의 새로운 편성에 크나큰 영향을 준 것은 콩도르세와 도누였다. 수학자이며 철학자인 콩도르세는 혁명이 일어나자 입법의회의 교육의원장으로 활약했다. 그는 종교 교육을 청산하고 고전어 대신 사회과학·자연학·응용과학을 중요시하는 한편 학문 연구의 자유 및 교육기관의 국가 관리를 강조했다. 또 교육의 단계를 초등·중등·고등교육으로 체계화했다. 중등 공립교육기관인 리세(Lycée)는 과학의 심오한 학습을 위한 학자의 양성을 지향했다. 고등교육에서는 수학 및 물리학 그리고 과학의 기술적인 응용, 즉 의학·공학·농학·항해학 등 자연과학을 중시했다. 이러한 콩도르세의 교육정책은 도누의 개혁안에 크게 반영되고 이후 프랑스 교육에 영향을 주었다.

지난날 고등교육기관을 귀족적 배덕이라고 비판한 정치가이자 역사가인 도누가 입안한 교육법의 특징은 수학 및 자연과학의 응용을 목적으로 하는 각종 전문학교(école spéciale)의 설립이었다. 전문학교란 천문학, 기하학, 역학, 박물학, 의학, 수의학, 농업 경제, 정치학, 고미술학, 회화·조각·건축, 음악 등 특수 분야의 단과 전문학교를 말한다. 전문학교의 기원은 병참학교, 사관학교, 공병학교 등 군사학교이다. 엔지니어란 군사 기술자를 의미했으며 18세기에는 군사 기술자의 양성이 체계화되고 의과대학은 군사적 필요에서 세워졌다. 그밖에 이공학교, 공예학교, 광업학교, 동양생활 언어학교, 음악학교, 미술학교 등과 함께 관상학교, 자연사 박물관이 설치되었다. 국민공회의 가장 훌륭하고 영구적인 업적은 고등전문학교(Grande école)가 상징하는 고등교육 및 전문교육의 쇄신으로 평가되며, 그중 1794년에 창건된 고등사범학교(École normale supérieure)와 이공대학(École polytechnique)이 자랑할 만하다.

스콜라적 학풍의 청산과 과학적인 사실주의 교육을 지향한 혁명 정부가 착수한 첫 번째 교육사업은 교육체제의 전면적인 개편 또는 청산이었다. 특히 공포정치시대의 거센 바람은 학자공화국, 즉 아카데미와 파리 대학에 불어닥쳤다. 그 첫 번째 타깃은 전제군주정에 의해 탄생된 조합으로 인식된 아카데미였다. 아카데미 프랑세즈가 문을 닫았으며 이어 1793년에는 과학 아카데미도 폐쇄되었다. 각종 길드를 봉건적 특권의 유산으로 혐오해 폐지에 착수한 혁명의회는 교수 길드인 대학을 폐지하기로 마음먹었다. 국민의회는 1793년 공화국 전 지역에서 모든 칼리지와 신학·의학·교양 및 법학 학부를 폐지함을 의결했다.

모든 대학과 아카데미의 수난에도 불구하고 왕립 콜레주는 콜레주 드 프랑스(Collège de France)로 이름을 바꾸고 존속했다. 대혁명 시대에 고등교육의 유일한 기관은 1795년 창립된 국립한림원(Institut National)이었다. 프랑스의 최고 학부였던 국립한림원은 과학 아카데미의 전통을 이어 과학·기술의 진보를 위한 연구와 교육의 기관(144명 회원 중 60명이 과학자였다)으로서 당시 유럽 제1의 학문기관임을 자랑했다.

각종 전문직 양성을 위한 전문학교 중심으로 고등교육을 조직한 도누의 개혁안은 근대적 자본주의를 지향한 프랑스 부르주아지의 이익과 이데올로기에 상응했다. 그것은 나폴레옹 학제에 따라 굳건히 뿌리를 내렸다.

1799년 쿠데타를 일으켜 집정정부를 수립하고 1804년에 제위에 오른 나폴레옹은 교육에도 큰 관심을 갖고 행정·사법의 합리화와 더불어 학제의 재편성을 단행했다. 19세기 프랑스의 중·고등 교육의 기본 요강을 실질적으로 뿌리내리게 한 것도 나폴레옹이었다. 이후 리세가 중등교육의 주역이 되고 고등교육은 전문학교에 일임되었다. 교육의 목적은 지난날의 지식 중심 대신 인격형성에 주어졌으며 그것이 리세의 지도 이념이 되었다. 나폴레옹

교육체제의 핵심은 1806년과 1808년의 법령에 의해 창설된 제국대학(Université impériale)이다.

제국대학이란 특정한 대학교의 명칭이 아니라 전국의 공교육 전체를 관할하는 행정기관의 명칭이다. 제국대학의 통솔자인 총장 즉 교육부 장관은 공교육 조직(초등학교 · 콜레주 · 리세 · 대학)의 규칙 · 예산 · 인사 등 모든 사항을 관리한다. 그 체제는 1968년 5월 혁명적인 스튜던트 파워 운동의 충격 속에서 마련된 고등교육(대학) 기본법 발표 이전까지 160년간 프랑스 대학 제도의 맥을 이루었다. 과학과 기술을 접목하고 과학을 교육 과정으로 명확히 자리잡게 한 유럽 최초의 고등교육 기관이며 프랑스혁명과 나폴레옹 치세의 큰 업적으로 평가받는 프랑스 최고의 명문 이공대학과 고등사범학교에 관해 살펴보자.

이공대학은 토목공학과 군사공학의 기술자에게 필요한 일반적 과학 원리에 관한 학습을 목적으로 1794년에 개교한 3년 과정의 중앙학교가 전신이다. 교사진은 여러 군 기술학교의 교사 중에서 뛰어난 과학자를 선발했다. 창립 당시 3년 과정 중 기초 과학의 학습이 1년이었으며 응용 기술은 2년이었다. 수학 · 물리학 · 화학 등 기초 학과보다 토목 · 축성 등 응용 기술을 중요시했다. 19세기 후반 학생 수는 225~275명이었으며 그들의 90퍼센트 정도가 중상층 계급 특히 고위 공무원 집안 출신이었다.

이공대학은 군부 압력에 의해 초기에는 군사과학과 기술의 발전에 치중했으나 차차 기초 과목에 치중하게 되고 나폴레옹 시대에는 산업가나 교사 및 과학자 양성이라는 본래의 목적에서 후퇴

했다. 그 결과 과학과 기술 사이에 틈이 생겨났다. 그러나 이공대학은 뉴턴의 역학과 물리학, 화학에서 응용방법을 빌려와 근대 공학을 창출하는 모태가 되었으며 독일의 공과대학을 비롯해 유럽의 공학 교육에 큰 영향을 미쳤다.

프랑스 엘리트 교육의 핵심은 명문 리세로부터 고등사범학교 혹은 이공대학으로 진학하는 코스이다. 이공대학이 전통적으로 군인, 관료 및 기술자 양성을 지향한 데 비해 고등사범학교의 주요한 목적은 교수 육성이었다. 국가기관인 고등사범학교는 거듭된 정변(政變)에 따른 우여곡절 끝에 1870년 제3공화정의 성립과 더불어 지난날 군대식의 엄격한 학생지도로부터 자유화의 길로 들어섰다. 입시과목은 1904년부터 문과계의 경우 프랑스어 작문, 역사, 철학, 라틴어 등 필수과목과 그리스어, 외국어, 과학 중 한 과목을 선택한다. 이과계의 입시에서는 수학, 물리, 프랑스어, 작문이 주어지고 라틴어 대신 근대 외국어 두 가지가 주어졌다. 입학생은 교수집안 출신이 특히 많고 자유업, 고위 행정직, 정치가가 뒤이었다. 물론 중상층 계급 이상이 다수를 차지했으나 초등학교 교사의 자제가 약 10퍼센트를 차지한 만큼 일반 소시민, 서민층에도 문호를 열었다.

입학경쟁으로 말하면 프랑스 명문고 중에서도 치열해 1892년의 경우 465명이 지원해 42명이 합격했다. 그만큼 우수한 학생이 선발되었다. 1886년에 입학한 문과계 학생 중 15명이 명문 리세 루이르 그랑 출신이었으며 그중에는 로망 롤랑이 끼어 있었다.

역사학자 라비스가 교장(1904~20)이 되면서 고전적 교양을 특히 중요시했다. 프랑스 교육계에서 높은 명성을 지닌 그는 "교육자가 되는 것이 제군들의 의무이며 교육자가 됨은 프랑스의 전설에 이바지하는 것이다"라고 역설했다.

그러나 이미 19세기 후반 이래 문학적 정열이 많은 학생을 사로잡아 교수직, 언론인, 정치가와 함께 많은 졸업생이 작가로 활동했다. 1860년대, 1870년대의 졸업생 중에는 인문지리학의 창시자인 블라슈, 역사가 모노, 뒤르켐, 역사가 세뇨보스, 베르그송의 이름이 보인다. 1930년대 프랑스 좌파의 중심적 지식인이었던 작가 니장, 사회학자인 아롱이 에콜 노르말에서 사르트르와 책상을 나란히했음은 잘 알려진 이야기이다.

최근에 똑같이 창립 2백 주년을 맞이한 고등사범학교와 이공대학과 더불어 파리 정치학원(S.P.) 및 공무원 양성의 국립 행정학교(E.N.A.)도 엘리트의 고등 전문학교로 유명하다.

영국, 옥스브리지의 변모와 시민대학

영국은 유럽 어느 나라보다 앞서서 근대적 시민사회를 이룩하고 산업화가 진전되었다. 영국의 고등교육은 산업화에 별로 이바지하지 못했다. 옥스브리지는 국교회의 짙은 그림자에 가리어 여전히 성직자 양성과 귀족 및 젠트리의 교양 교육기관으로 머물고 중산 계층에 속한 비국교도를 배제했다. 옥스퍼드 대학보다 진보적이라고 일컫는 케임브리지 대학에서 베이컨, 로크 및 뉴턴의 사상이 아리스토텔레스를 뒤로 밀어제쳤다고는 하나 새로운 근대적 과학·기술의 수용과는 거리가 멀었다.

놀랍게도 19세기에 이르러서도 케임브리지는 1570년에 제정된 학칙에 의해, 옥스퍼드도 1636년에 만들어진 학칙에 따라서 운영되었다. 당시 영국 대학의 반시대적인 실상에 대해 애덤 스미스는 혹평했다. "대학은 오늘날 타파된 체계나 시대에 뒤진 편견이 세상의 구석구석으로 쫓겨난 뒤에도 그곳에서 피난처를 발견하고 보호를 찾는 성역이다." 스미스는 대학에 실망하고 모교인 글래스고 대학의 교수직을 물러났다. 그가 『국부론』을 저술한 것은 대학을 물러난 뒤였다.

대학은 "전문적인 교육의 장이 아니다." 사회개혁을 주장하고 자본주의 체제의 확립에 이바지한 경제학자 밀의 말이다. 옥스브리지는 전문학과 전문직에 초연했을 뿐만 아니라 근대적 학문인 사이언스(science), 즉 과학을 교양을 의미하는 자유학예와는 대립된 것으로 여기며 적의를 품고 가볍게 생각했다. 이러한 반역사적 차별은 교양 있는 신사 계층 대 직업적 중산 계층이라는 편견의 구도를 반영한 것이기도 했다.

18세기에 이르러서도 옥스브리지의 두 대학은 여전히 국교회의 성직자 양성을 지상과제로서 고집했으며 신학부만 학생을 확보할 수 있었다.[29]

---

[29] 19세기 전반에도 옥스브리지는 국교회의 학교였다. 교수는 국교회의 목사 신분이었으며 옥스퍼드의 경우 학생은 신앙선서 없이는 입학이 허용되지 않았다. 케

신학 교수들은 예와 다름없이 대학 운영에서 중심적인 역할을 했으며 신학 학위는 여전히 최상급이었다. 펠로의 지위는 국교회의 성직자 신분 또는 후보생에 한정되었다. 그들은 학문연구나 교수직보다 국교회의 성직록을 희망해 대학에 머물렀다. 옥스브리지의 종교적 학풍은 1850년대까지 구태의연하고 대학의 최고 운영기관인 이사회는 국교회 성직자의 수중에 있었다. 1853년에 옥스퍼드의 한 교수는 서슴없이 말했다. "모든 학문은 신에 관해 이야기하고 언급해야 한다. 그렇지 않으면 그것은 무신론이 된다."

옥스브리지의 가장 큰 과제는 국교회의 성직자 양성과 더불어 교양 있는 신사 계층의 육성이었다. 그리고 교양의 핵심을 옥스퍼드는 고대 그리스·로마 고전의 세계, 즉 수사학(문학) 중심의 고전(학)에서 찾고 케임브리지는 순수 수학과 부차적으로 고전(학)에서 찾았다. 스코틀랜드 대학에서는 철학에서 찾았다.

변화는 18세기 후반 이후 서서히 나타났다. 산업사회의 도래, 식민지 팽창에 따르는 관료기구의 방대한 확장 등, 제국 영국이 직면한 새로운 상황은 모든 영역에 걸쳐 고도의 유용성을 지닌 대량의 전문직 집단을 긴급히 필요로 했다. 그리하여 지난날 전문성과 대학을 외면했던 귀족의 대학 진학이 증대되고 중산 계층

임브리지에서는 입학이 허용되더라도 신앙성서 없이는 학위를 취득할 수 없었다. 두 대학에서는 학생과 교직원 모두 예배에 참가해야만 했다. 19세기 후반 이후에도 옥스퍼드의 경우 학생 아버지의 23퍼센트가 국교회 성직자였으며 케임브리지의 경우는 32.6퍼센트로 최대 그룹을 이루었다. 옥스퍼드 졸업생의 64퍼센트가, 케임브리지의 54퍼센트가 국교회의 성직에 진출했다.

도 신분상승을 위해 대학에 몰려들었다.

옥스브리지의 반사회적·반역사적인 위상에 대한 비판과 개혁의 목소리는 이미 18세기부터 학내외로부터 들려왔으며 개혁의 조짐은 서서히 나타났다. 먼저 그 뿌리 깊은 교양 지상주의에 변화가 나타나기 시작했다. 즉 교양교육이 개인적·도덕적 자질보다 지적 자질, 즉 학문을 중요시하게 된 것이다. 그 결과 옥스퍼드에서는 시험제도의 개혁 및 펠로 선발에서 연구 업적이 중요시되었으며 케임브리지에서는 펠로의 결혼이 허용되고 비국교도가 펠로십을 가질 수 있게 되었다. 특히 옥스브리지 양교에서 실시한 수학 및 고전학의 우등학위 시험제는 학문적으로 우수한 인재를 대학에 끌어들이는 신호가 되었다.

중세 대학에서는 전통적으로 시험이 없었다. 시험제도는 중국의 과거제도에 탄복한 예수회의 수도사에 의해 유럽에 처음 도입되었다. 1800년에 개시된 시험은 처음에는 구술시험이었는데 1807년 이후에야 필기시험이 덧붙었다. 1830년부터 학위 취득 지원자는 (문제의 범위가 고전 고대의 저술가로 한정되기는 했으나) 그리스·로마사, 시, 도덕, 정치학의 지식이 테스트되었다.

1807년에 만들어진 고전학의 우등 학위 시험은 옥스브리지가 학문과 연구의 장으로 발전하는 초석이 되었다. 1860년대에 영국 대학을 방문한 프랑스의 철학자 텐은 말했다. "옥스퍼드가 귀족 클럽이며 운동경기장 그리고 국교회의 아성임을 그만두고 근대적 학교인 동시에 서서히 세속적이며 자유로운 아카데미가 되어가고 있다."

대학 개혁을 둘러싼 논의는 산업사회 진전과 그에 따른 전문직 계층의 확산 속에서 더욱 현실성을 띠었다. 옥스퍼드의 링컨 칼리지의 한 학장은 옥스퍼드를 세계에서 으뜸가는 과학과 학문의 중심으로 개편하고자 했다. 대학의 과제로 "학식이 풍부하고 과학 지식을 갖춘 전문직 계층"의 창출을 강조했다. 옥스브리지가 숱한 우여곡절 끝에 교육과 더불어 학문연구의 터전으로서 근대적인 체제를 갖추고 성직자와 함께 행정직·교직 등 전문직을 배출하는 것은 1880년경이었다.

한편 산업사회를 지향하는 사회적 발전은 옥스브리지 체제에 대해 비판적인 중상 계층(그들은 대체로 비국교도였다)을 위한 새로운 대학을 바라는 여론을 낳았는데, 그것은 폭넓은 전문직 집단의 창출이라는 국가 권력의 정략적인 요망과 일치했다. 만인에게 열린 새로운 대학, 즉 시민대학(civic university)의 탄생이다.

시민대학의 상징이며 대표 격은 런던 대학이다. 런던 대학을 설립하자고 처음 주창한 이는 고전학자이며 문예지의 편집인이기도 한 세인트 앤드루스 대학의 교수였던 캠벨이다. 남녀 양성, 중산 계층의 젊은이에게 자유학예와 특히 과학과 기술을 다양하게 가르치는 대(大) 런던 대학을 창립하자는 그의 제안은 종교적 이유로 인해 교회와 대학사회 및 보수파 진영의 반대에 부딪혔다. 그러나 정치가 브룸을 비롯해 벤담, 밀, 흄 등 진보적 학자와 지식인 및 휘그당의 열렬한 지지를 받았다. "급진적이며 신앙심 없는 칼리지"라는 비웃음 속에서 특수한 전문직을 위한 시민의 대학인 런던 대학이 1836년 탄생했다.

런던 대학은 의학교로 문을 열고 유니버시티 칼리지와 킹스 칼리지가 합병되면서 발족했다. 그 핵심은 지난날 경제·정치학 학부였던 런던 스쿨 오브 이코노믹스이며 교수진에는 뛰어난 학자가 많이 기용되었다. 래스키, 토인비, 문화인류학자인 말리노프스키도 그에 속했다. 런던 대학은 시험에 의해 학위를 수여한 최초의 대학이었으며 1878년에 영국 대학사상 최초로 여학사가 나왔다.

런던 대학을 본받아 상공업도시를 중심으로 기업가들이 앞장서서 지방산업을 위한 시민대학을 설립했다. 이들 새로운 형태의 대학은 지난날 옥스브리지에 특징적이던 교육과 종교의 유전적인 혈연관계를 청산하는 한편 비국교도에게 처음으로 고등교육으로 가는 길을 열어주었다. 시민대학은 전문직 계층의 육성에 노력했다. 특히 의학도 양성에 주력한 런던 대학이 배출한 시민계급 출신의 의사 집단은 옥스브리지에서 수학한 젠트리 출신의 법조인 집단과 더불어 영국의 가장 중요한 전문직 집단을 이루었다.

런던 대학의 발전은 옥스브리지에도 영향을 주었으며 옥스퍼드에서는 근대어(각국어) 강좌가, 케임브리지에서는 영어학과 역사학 등 근대적 학문의 강좌가 개설되었다. 그러나 시민대학이 과학을 적극적으로 수용한 데 반해 옥스브리지에는 과학 연구를 방해하는 요소가 19세기 후반에도 적지 않았다. 특히 보수적인 옥스퍼드의 관심은 여전히 고전학, 철학, 역사학 등 인문학에 국한되고 과학에는 무관심했다.

시민대학은 의학, 과학, 공학 등 이공계의 전문교육에 충실했으며 특히 런던 대학의 의학부는 그 과학적 전문성을 통해 의학의 근대화에 크게 이바지했다. 시민대학은 규모는 작았으나 고도로 전문화된 과학과 기술의 연구 및 개발을 통해 폭넓게 지역 산업과 손을 잡고 과학의 기술화, 산업적인 응용에 이바지했다.

시민대학과 관련해 또 강조해야 할 사실은 무제한으로 종교적 자유의 원칙을 내세움으로써 19세기 비국교도와 인문주의자의 주도 아래 생겨난 갖가지 대학의 세속화에 크게 이바지했다. 런던 대학을 포함해 그 대학들은 결코 반종교적이 아니었으며 영국 국교의 종파주의로부터 자유롭기를 원했다. 이상과 같은 시민대학의 발전과 그것이 배출한 전문직 집단의 부상은 신사 계층과 그들의 전통적인 교양 이념에도 적잖은 변화를 가져왔다.

교양과 전문직, 사회의 전체적 완성을 향해

대체로 그리스도 교회에 의해, 교회를 위해 탄생한 유럽 중세 대학의 구조 또는 이념적 보편성은 17, 18세기 시민사회의 성립에 따라 크게 흔들렸다. 19세기의 대학은 크게 네 가지 형태였다. 신사 계층의 교양을 위한 옥스브리지, 지적 전문직의 육성을 지향하는 볼로냐 대학, 학문 연구의 중심으로서 베를린 대학, 그리고 산업과학을 위한 메사추세츠 공과대학(MIT)이다. 이상과 같은 대학의 근대화에는 사회의 산업화가 큰 충격으로 작용했다. 그 영향은 전통적 교양의 이념에도 변화를 초래했다.

귀족 및 상층 시민으로 이루어진 신사 계층의 교양의 요람은

1850년경 이튼 스쿨 학생들의 기숙사 생활

옥스브리지에 앞선 명문 퍼블릭 스쿨(public school)이었다. 18, 19세기 일반 중등 교육기관은 문법학교(grammar school)였다. 그것은 주로 중산층 자제의 학교인 데 비해 퍼블릭 스쿨은 상류계층의 사립학교로 19세기 초에 뿌리를 내렸다. 대표적 명문인 윈체스터, 해로, 이튼 스쿨은 귀족학교였다.[30]

퍼블릭 스쿨은 명문 럭비 스쿨의 아널드 교장이 표방한 그리스도교적 신사를 위한 교양교육을 지향했다. 대체로 국교회 목사에 의해 운영된 영국 신사의 알마 마터인 퍼블릭 스쿨의 수학 기간은 5~6년이었으며 학생 연령은 13세부터 18~19세였다. 학습은 라틴어·그리스어 등 고전학에 중점을 두고 과학은 경시되었다. 19세기 중엽 이후에는 스포츠가 주요한 교과 과정으로 자리잡았다. 정신과 육체가 단련된 교양 있는 엘리트 양성이 목표였던 것이다. 영국에서 학교라고 하면 옥스브리지에서도 볼 수 있듯이 대개 기숙학교를 의미했으며 전형적인 곳이 퍼블릭 스쿨이었다. 학생은 기숙사 생활을 통해 삶의 교양을 함양하는 동시에 공동체적 규율과 일체성을 기르고 졸업 뒤에도 강한 연대감을 갖고 지

---

[30] 이튼의 경우 1042명의 재학생 중(1801년부터 110년간) 귀족가문 출신이 226명, 젠트리 출신 305명, 상류층에 속한 고급장교 집안 출신 10명, 성직자 출신이 42명이었다. 그들 상류 계층은 중산층인 전문직 출신 54명, 일반 시민층 15명에 비해 압도적으로 많았다. 서민 출신은 전무했다. 한편 옥스브리지는 상류 계층 자제들의 학교로 일컬어지지만 사실은 16세기 후반에서 17세기 전반에 이르러서야 귀족 특히 부유한 집안 출신이 '급격히' 입학했다. 그렇더라도 신사 계층 출신은 전체 학생의 약 40퍼센트 정도이고 나머지는 전문직 및 중산상인 출신이었다.

배 계층으로서 자의식을 자랑했다.

한편 퍼블릭 스쿨은 개인적 교양과 더불어 공무에서의 책임 이념을 학생들에게 가르침을 면학의 주요한 지침으로 삼았다. 학생들은 성직자·군무(軍務)·행정직 등 공무에 훌륭히 적응할 수 있도록 훈육을 받았다. 나폴레옹군을 격파한 웰링턴 장군은 워털루의 승리를 이튼 스쿨의 교육 덕택이라고 술회했다. 막스 베버는 옥스브리지와 함께 퍼블릭 스쿨을 떠올리며 영국의 공사(公私)를 아우른 전인적인 교육제도를 부러워했다. 교육의 종교성, 교양, 사회성의 조화를 특징으로 하는 영국 교육의 전통은 퍼블릭 스쿨에 의해 그 뿌리를 굳게 다졌다.

영국 사회는 유럽 어느 곳보다 전통적으로 신분적·계급적이었다. 그 예로서 우리는 신분 계급에 따른 영국 교육의 구조적인 차별을 지적할 수 있을 것이다. 특히 영국의 18, 19세기는 신사(전 인구의 3~5퍼센트)와 비신사로 나뉜 계층 사회였다. 19세기의 정치가이며 문인인 디즈레일리에 의하면 "두 국민, 그 사이에는 어떠한 왕래도 공감도 없다. 서로 습관, 사상, 감정을 이해하지 않는다."

신사 계층 그들은 누구인가. 먼저 뉴먼의 『대학의 이념』(1873)을 통해 가까이 다가가보자.

뉴먼에 의하면 신사란 교양 있는 지성이며, 고귀하고 섬세한 취향, 우아하고 공정하며 흔들림 없는 정신, 예의 바른 몸가짐을 갖춘 사람이다. 초기 교회의 정신을 받들어 교회를 국가권력으로부터 해방시키고자 한 옥스퍼드 운동(Oxford Movement)의 제창자인 이 영국 최대의 가톨릭 신학자는 대학교육에서도 연구보다 인격형성을 중요시했다. 그러면서 그는 특히 지성의 연마에서 신사의 사람됨을 찾았다. 지성의 연마란 유용성이나 실리를 위해 지식을 배우는 것이 아니라 지식 자체를 목적으로(knowledge its own end) 해야 한다. "지식은 단지 그것을 초월한 무엇인가에 도달하기 위한 수단이 아니며, 자연적으로 어떤 기술에 흡수되기 이전의 단순한 준비 단계도 아니다. 종점이자, 그 자체로 추구할 가치가 있는 목적이다." 그 자체가 목적인 지식은 바로 자유학예를 의미하며 그가 표현한 대로 자유로운 지식(libeal knowledge)이다. 시인이기도 한 이 전형적인 옥스퍼드맨은 신사의 교양을, 유용한 지식만을 찾는 전문직 집단의 직업적 지식과 단호히 구별했다.

뉴먼은 기술의 유용성을 잘 알고 있었다. "실용적·기계적 기술 없이는 생활할 수 없다." 그가 『대학의 이념』을 발표할 무렵 신사 계층에 큰 변화가 일어났다. 국교회 성직자, 법률가, 고급 관리, 장교 등 상류 계층 신사들이 전문직에 진출하고 이어 대학교수, 과학자, 의사, 문필가로 이루어진 직업인으로서의 전문직이 신사 계층에 편입되었던 것이다. 신사 계층 출신이 다수를 차지한 근대적 전문직의 사회적 진출은 전통적인 신사 계층과 교양지상주의를 떠받들던 옥스브리지의 학풍에 변화를 일으켰다. 이상과 같은 새로운 시대 상황에서 뉴먼은 태연히 토로했다. 기계적 기술은 자유학예를 갖춘 소수 교양인과는 달리 일반 사람들이 의무로서 종사할 업을 의미한다. 그는 교양과 직업을, 신사와 비신사를 구별하고 차별한 낡은 교양 지상주의로부터 자유롭지 못한 것일까. 『대학의 이념』과 더불어 당시 또 하나의 교양인의 교본이었던 아널드의 사회 비평집 『교양과 무질서』(1869)에 관해 생각해보자.

옥스퍼드의 펠로를 지낸 뒤 장학관으로서 각급 학교교육에 관해 깊은 관심을 지녔던 아널드는 교육제도를 개혁함으로써 바람직한 사회문화를 염원했다. 아널드에 의하면 교양이란 "우리와 가장 관련이 있는 모든 사물에 관해 이제까지 세상에서 생각되고 언급된 최상의 것을 인지함으로써, 또 지식을 통해 우리가 현재 충실히 기계적으로 따르는 기존 관념이나 습관에 신선하고 자유로운 사상을 불어넣음으로써 우리 자신의 전인적인 완성을 추구하는 것이다."

특히 최상의 것(옥스퍼드의 시학 교수이기도 한 그는 특히 고전문학을 꼽았다)을 통한 인간의 전인적인 완성을 교양의 궁극적 과제로 강조한 아널드에게 교양은 지적 관심을 넘어 일상적인 것, 습관, 자유로운 사상과 관련된다. 다시 말해 사회성을 강하게 지닌 것으로 이해되었다. 인간의 진정한 완성이란 "인간성의 모든 측면을 발전시키며 조화로운 완성으로 이르게 하고 우리 사회의 모든 부분을 발전시키는 전체적인 완성"을 의미했다. "교양이 생각하는 완성이란 개인이 고립되고 있는 한 불가능하다. 개인은 다른 사람들과 손을 잡고 완성을 향해 앞으로 나아가고, 사람들이 그 방향으로 나아가도록 최선을 다해야 한다."

아널드의 교양(liberal)은 사회적인 자유와 깊이 관련된다. 그 자유는 개인의 자유를 넘어 자유로운 인간, 자유로운 사회, 사회의 전체적인 완성을 향한 바람과 연동되었다. 그러므로 교양은 다른 사람들과 손을 잡고 최선을 다하는 사회적인 교양이다.

이웃에 대한 사랑, 활동과 원조 및 자기 반성에 대한 충동, 이 세상을 우리 눈에 비치는 것보다 더 좋고 행복하게 하고자 하는 고귀한 이상—특히 사회적이라고 불리는 동기—모두 교양의 중요하고 탁월한 부분으로 포함된다. 교양은 완전의 연구이다. 교양은 단지(혹은 주로) 순수한 지식에 대한 과학적 열정의 힘뿐만 아니라 선을 행하려는 도덕적이고 사회적인 열정의 힘에 의해서도 움직인다.

교양은 "사회적 이념이며 교양인이야말로 평등의 진정한 사도이다." 아널드는 사회적·계급적 차별 수단으로 도구화된 지난날의 교양과 산업화 사회의 물질주의, 특히 중산 계층의 자기 만족이 빚은, 이른바 속물들의 교양을 신랄하게 비판했다.

이상과 같은 아널드의 사회적 교양 이념은 당시 자기 멋대로의 무정부적인 무질서—그 표본을 아널드는 노동자에 의한 하이드 파크 사건(1866~67)으로 보았다—에 대한 혐오와 두려움을 감추지 않았다. 아널드는 자신이 공명한 뉴먼의 옥스퍼드 운동이 성공을 거두지 못한 이유를 중산 계층의 자유주의에 돌렸다. 그는 특히 그들의 미신적인 기계 숭배를 비판했다. "기계를 위해 일하는 자, 미움을 위해 일하는 자는 혼란을 위해 일하는 자이다."

중산 계층의 이데올로기 비판과 관련해 아널드는 당시 유행된 콩트의 실증주의와 신봉자에 대한 비판도 서슴지 않았다. 아널드에 의하면 시대의 무질서에는 특정한 계급(노동자 계급), 특정한 이해에 얽힌, 그릇된 지(知)의 봉사자인 실증주의자의 책임이 크다. 그러므로 아널드는 진정한 지의 창출을 간절하게 염원했다. 진정한 지란 "사물을 있는 그대로 보고자" 하는 지적 호기심이며 정신의 자유로운 놀이와 불가분의 것으로 이해되었다. 그러한 호기심 혹은 순수한 지식을 찾는 과학적 정열을 특징으로 하는 정신의 세련된 상태를 아널드는 교양으로 이해했다.

이렇듯 아널드의 교양 이념은 뉴먼이 강조한 지식 자체를 지향하는 신사의 교양 있는 지성과 일맥상통했다. 『교양과 무질서』의 머리말에서 아널드는 교양의 첫 번째 근거로 순수한 지식을 찾는 과학적 정열을 들었다. "(교양은) 선을 행하고자 하는 도덕적·사회적 정열이다." 그리고 『교양과 무질서』는 되풀이해 교양의 실제적 공리성에 관해 언급했다.

아널드의 교양인(man of culture)은 정신의 자유로운 놀이를 즐기는 귀족·젠틀맨의 교양인 상과는 다르다. 그의 교양인은 사회 개혁에 정열을 바치고 사회의 무질서를 구제하는 인간이다. "교양은 계급 타파를 추구한다. 이것은 사회사상이다. 그러므로 교양인이란 진정한 평등의 사도이다."

그러면 교양인은 실제적 공리성을 어떻게 갖출 수 있을까. 아널드는 중·고등교육에서 인문학과 더불어 자연과학을 학습함으로써 교양의 실제적 공리성이 가능하다고 여겼다. 그는 모든 계층에서 교양인의 존재를 보았으며 그가 바라는 사회개혁이 특정한 집단이 아니라 다수 교양인의 공평무사한 사회관에 의해 수행되리라고 생각했다. 그리고 아널드는 영국의 새로운 사회적 상황에서 편안함과 빛의 원천으로서의 교양, 사회개혁의 참된 근거가 되리라고 확신했다. 중산 계층 출신인 옥스퍼드 대학의 시학 교수에 의해 산업사회의 도래 속에서 교양이, 특정 계급의 독점물이 아닌 만인에 의해 갖추어질 수 있는 교양이 처음으로 사회개혁의 본질적이며 고귀한 근거로 강조되었다. 그러면 아널드의 염원은 얼마나 실현되었을까.

우리는 산업사회의 형성 과정에서 고등교육의 구조적 재편성에 힘입어 나타난 전문직 계층이 지난날 봉건적인 신분사회의 붕괴를 촉진했음을 알고 있다. 그러나 정치·사회적인 전문직의 효능이 근대적 시민사회의 민주화에 바로 연동된 것은 아니었다. 시민계층과 산업사회의 이데올로기의 구현자라고 할 전문직은 본질에서 이중성을 드러냄을 숨기지 않았다. 대체로 시민 계층 출신인 그들은 직업적 전문성을 통해 시민사회의 새로운 공공성 또는 공공선을 창출하고 근대적인 문명의 세계로 봉건귀족을 끌어들였다.

그러나 전문학은 지식의 세분화를 초래하고 지난날 끊임없이 전체를 묻고 인식하고자 한 인문학적 지의 보편성에 대신해 사물을 분류하는 지의 특수성, 전문성이 부각되었다. 18세기 프랑스의 『백과전서』는 '독서인' 항목에서 다음과 같이 기술했다. "보편적인 지식은 이미 인간의 범위를 벗어났다." 지금 할 수 있는 일은 철학적 정신을 고무함으로써 전문주의를 극복하는 일이다. 철학적 정신이 결여된 채 전문학이 더욱이 전문직을 위한 도구로 기능할 때 지식은 바야흐로 직업을 위한 도구로 남을 뿐 비판적인 본질은 망각한다. 이러한 바람직스럽지 못한 현상은 일찍부터 드러났다.

그들 전문직은 신사들의 클럽 출입증을 손에 넣으면서 귀족적인 우아한 삶의 양식을 선호했다. 그들은 생활양식뿐만 아니라 그 행태나 직업에서도 귀족적이 되고자 했다. 즉 그들은 일 자체로부터 자유롭기를 바라고 그가 원하는 일을 원하는 방식대로 하기를 원했다. 그리하여 그들은 자기에게 주어진 업에 자의반 타의반으로 종사하는 대다수 시민과 노동자 계급으로부터의 이반(離反)을 적극적으로 도모했다. 근대적이라고 하는 전문직의 등장도 계층적인 사회 체제에 큰 변화를 일으키지 못했던 것이다.

19세기 중엽을 전후한 중등학교에서 시민대학에 이르는 영국 교육의 변혁도 그 본질에서 귀족과 젠트리, 전문직을 위한 것이었다. 교육의 재편성은 오히려 귀족적인 퍼블릭 스쿨과 일반 서민의 학교(그래머 스쿨)의 이질성을, 옥스브리지와 시민대학의 차별화를 심화시켰다. 그것은 결과적으로 사회의 계층구조를 반영하는 데 그치지 않고 그 구조를 더욱 심화하고 조장하는 권력이 되었다. 부르디외는 1968년 5월의 이른바 대학혁명 뒤에도 출신 계층에 의한 문화와 교육의 선별과 상속의 문제를 집요하게 고발해야 했다.

22 신문과 잡지, 모반을 꿈꾸는 말과 문자

헌법이 출판의 자유를 준 것이 아니라
출판의 자유가 헌법을 주었다.
🖉 샤토브리앙

근대적 저널리즘의 성립

구텐베르크에 의해 열린 지식의 지평으로 근대적인 저널리즘이 뿌리를 내렸으며 그 발전은 지식사회와 사회 전반에 폭넓은 패러다임의 전환을 가져왔다.

15, 16세기 르네상스 이후 17세기에 이르러 범유럽적으로 가장 많이 읽힌 것은 종교적·교훈적인 책이었다. 근대 과학의 성립과 더불어 많은 학회가 출현했다고는 하나 전문 학술서적은 물론 고전이나 문예작품은 여전히 학식자나 고위 성직자, 소수 귀족의 서가에 꽂혔을 뿐이다. 대다수의 귀족과 상층 부르주아지는 독서보다 극장과 예술을 즐겼다. 영국으로 말하면 17세기 전반 학자들은 영어가 아닌 라틴어로 저작을 출판했다. 유럽 대륙의 학식자들이 영어를 쓰지 않았기 때문이다. 베이컨의 『신기관』

(1620)도 1세기 전 토머스 모어의 『유토피아』(1516)처럼 라틴어로 출간되었다.

케임브리지 대학이 1534년에 출판부를 갖게 된 뒤(최초의 서적은 1584년에야 간행되었다) 옥스퍼드를 비롯해 많은 대학이 출판부를 설치했으나 제대로 가동된 것은 19세기였다. 영국에서는 시민사회를 발판으로 교육 수준과 여성의 문화적 위상이 향상되고, 책을 읽고 구매하려는 독자층이 대두되면서 17세기에 들어 오늘날 의미하는 대중매체로서의 신문이 햇빛을 보았다. 근대적 저널리즘의 탄생이다.

17세기 이전에도 '신문 비슷한 것'은 존재했다. 15, 16세기 도시와 도시 간 교역이 활발해지면서 상업도시를 중심으로 통신원, 정보 중개자의 네트워크가 광범위하게 형성되었다. 대표적인 것은 지중해 교역의 중심지인 베네치아에서 발간된 '손으로 쓴 신문' 『가제트』(*Gazette*, 1536)이다. 동서 지역의 소식과 정보를 주고받은 『가제트』에 이어 귀족, 성직자, 학식자 및 상인 사이에서 편지의 형식을 빌려 서간신문(news letter)이 만들어졌다. 대표적인 것은 15, 16세기 유럽에서 상업 재벌로 군림한 독일의 후거 일족이 유럽의 여러 지역에서 수집한 정보로 꾸민 『후거 신문』이다. 일종의 금융기관지였다.

1583년 독일의 『플루크 블라트』(*Flug Blatt*, 비라)는 비정기 간행물이기는 했으나 근대적인 신문의 탄생을 알리는 것으로 큰 의

▲ 신문을 파는 소년

미를 지닌다. 이어서 발간된 독일의 『렐라티온』(*Relation*, 보고, 1609), 영국의 『위클리 뉴스』(*Weekly News*, 1622), 프랑스의 『가제트』(*Le Gazette*, 1631) 및 러시아의 『베도모스티』(*Vedomosti*, 1703) 등의 주간지는 근대적 신문의 원형이었다. 그에 이어서 유럽 여러 나라, 여러 지역에서 주간지와 일간지가 우후죽순처럼 생겨났다. 그를 뒷받침한 것은 당시 함께 발달한 우편제도였다.

신문은 처음에는 대개 정부 간행물이었으며 간행을 하려면 정부의 허가가 반드시 필요했다. 프랑스의 경우 1789년까지 모든 출판물은 정부의 검열을 받아야 했다. 『가제트』에는 정부가 홍보하고자 하는 정보를 실었다. 창간자 르노도는 "나는 진실의 규명에 관해서는 절대 누구에게도 뒤지지 않는다"라고 말했다. '프랑스 저널리스트의 아버지'는 또 고백했다.

돌아가신 국왕이 나의 『가제트』를 읽고 왕에 대한 비방이 쓰여 있음을 용납하지 않을 뿐만 아니라 언제나 각서를 보내셨음을 알고 있다. 나는 정부의 행동을 감시하는가. 아니다. 단지 개혁을 위한 매개물로 펜을 들고 있는 데 지나지 않다.

그는 왕당파에 속했으며 정치문제를 언제나 '절도' 있게 다루었다. 프랑스 최초의 그 신문은 갈릴레이의 재판에 대한 비판 기사를 다루면서 교회와 파리 대학의 신학부를 언제나 의식했다. 르노도는 (그가 말하는) 최고 지식인을 모아 물리학, 윤리, 수학, 그밖의 주제에 관해 심포지엄을 열고 나서 그것을 책으로 출판했다. 그렇듯 『가제트』는 새로운 시대의 지적 동향에 관해 적극적인 관심을 나타냈다.

르노도는 파리 지식사회의 패트런을 자처했으나 만년에는 (극히 소수이기는 했으나) 일부 비판적인 저널리스트와 맞서야 했으며 풍자작가나 팸플릿 작가들의 좋은 제물이 되었다. 어떻든 신문 제자(題字)에 왕실 문장(紋章)을 장식한 『가제트』는 프랑스 및 전 유럽에서 지배적인 반관반민적 신문의 모델로 1789년까지 그 영예를 누릴 수 있었다.

주 2회(일요일과 목요일) 발간된 『가제트』에서 보듯이 신문은 일간지에 앞서 주간지로 시작했다. 디드로는 『백과전서』의 '주간'(週刊) 항목에서 주간지를 비꼬았다.

주간 뉴스나 주간 잡지는 매주 배달되는 뉴스이며 잡지이다. 이러한 모든 문서는 무식쟁이들의 먹이이며 원작을 읽지 않고 이야기하고 평가하고 싶어하는 도배들의 속임수이며 일을 제대로 하려는 사람에게는 해롭고 기피해야 할 것이다. 그것들은 훌륭한 지성의 소유자에게 한 줄이라도 반듯한 문장을 쓰게 하는 일도 없을뿐더러 반듯하지 못한 작자가 나쁜 일을 하는 것을 가로막지도 못한다.

어떻든 주간지는 날로 기세를 더했다.

1789년 혁명 이전의 프랑스처럼 영국에서도 1596년 이후 출판물은 대법원의 관할 아래 놓여 있었다. 출판이 허가된 도시는 런던과 대학도시인 옥스퍼드, 케임브리지에 국한되었다. 모든 인쇄업자, 출판업자, 서적상(당시 세 직종은 대체로 겸업이었다)은 캔터베리 대주교와 런던 주교의 감독을 받는 관료기구인 출판업자조합에 예속되었다. 기사나 원고가 일단 조합에 넘겨지면 저작자에게는 저작권이 없을 뿐만 아니라 표제도 조합에서 마음대로 붙였다.

그러나 청교도혁명으로 출판사업을 짓눌러온 규제는 차차 무의미해졌다. 많은 출판 인쇄업자들은 위법임을 알면서도 의회에서 행한 연설이나 논쟁을 수백 부, 때로는 수천 부씩 '손으로 쓴 신문'에 실어 세상에 보도했다. 영국 저널리즘은 의회정치의 자유에 고무되어 프랑스나 독일의 언론과 달리 갖가지 새 소식, 즉 뉴스보다 영국 내에서 일어난 일들, 시대의 불가사의한 변화, 변천에 큰 관심을 갖게 되었다.

1769년 3월 오스트리아 정부는 신문포고령을 내렸다.

어떠한 내정적 지시나 시책 혹은 그 밖의 안전이 공중을 위해 적절한가를 신문기자에게 알리기 위해 이들 안건은 관청에서 매주 요약해 신문기자에게 제공되어야 한다.

그에 앞서 프랑스의 리슐리외는 신문의 유효성에 주목해 1631년에 르노도가 창시한 신문의 '보호자'가 되었다. 그를 본받아 영국의 찰스 2세는 1665년 이래 발간된 『가제트 오브 런던』을 애호했다. 영국에서는 1643년에 『궁정, 시(市) 및 국가의 데일리 인텔리 전스』가 발간되었다. 프랑스에서는 광고신문이 정부에 접수되어 관보가 되면서 상업, 교역과 함께 공중의 이익을 도모하게 되었다. 이때 공중은 교양 있는 신분을 뜻했지만 차차 시민 계층이 중심적 위치를 차지하고, 일반인, 민중이 끼어들었다.

한편 프로이센 왕은 학자들에게 공중에게 유익한 진리를 전달하도록 지시하고 교수들에게 교대로 특별한 소견을 제때 관보국에 제출토록 지시했다. 신문·잡지의 보급은 담론하는 공중(public)을 낳았고, 그들이 만들어내고 귀를 기울이는 공론, 여론(public opinion)을 낳았다. 사회와 정치에 관해 논의하고 비판하는 공중 속에 일반 시민과 함께 노동자들도 끼어들었다.[31]

법에 제일 위배된 신문을

사상 및 의견의 자유로운 전달은 인간의 가장 귀중한 권리 가운데 하나이다. 그러므로 모든 시민은 자유롭게 발언하고 기술하고 인쇄할 수 있다. 단, 법에 의해 규정된 경우 자유의 남용에 관해서는 책임을 져야 한다.

---

31) 영국에서는 17세기 중엽 이래 세상(world) 혹은 세상 사람들(mankind)이라고 일컬어졌던 표현이 공중(public)으로 바뀌었다. 프랑스에서도 공중(Le public)으로, 독일에서도 18세기에 이르러 공중(publicum)으로 바뀌었다. 영국에서 일반적인 의견(general opinion)은 공론(여론, public opinion)으로 표현되고 다른 나라에서도 그에 따랐다.

프랑스 혁명 때 채택되고 그 뒤 프랑스와 그 밖의 많은 나라의 헌법에 큰 영향을 준 '인간과 시민의 권리선언'(1789.8.26)의 한 조항이다. 이로부터 약 반세기 뒤 마르크스는 다음과 같이 선언할 수 있었다.

자유로운 출판은 인민의 정신적 눈이다. 또 언제나 도처에서 널리 열린 눈이다. 자유 출판은 인민 스스로 자신을 구현하고 개인을 국가 및 세계에 맺는 말의 고삐이다. 자유로운 출판은 인민이 스스로에 대해 남김없이 고백하는 것이다. 고백은 자유 해방의 힘을 지닌다. 자유 출판은 현실세계로부터 분출되는 이상세계이며 더욱 풍요로운 정신이 되어 현실세계에 새 생명을 불어넣기 위해 흘러 들어가는 것이다.

• 『라인 신문』, 「출판의 자유에 관한 토의」(1842)

언론 출판의 자유를 강력히 호소한 최초의 인물은 밀턴이었다. 국교회 대주교의 횡포에 대한 반감에서 성직자의 길을 포기하고 시인이 된 밀턴은 종교적·정치적인 시사문제의 치열한 논객이며 자유인이었다. 그는 『아레오파지티카』(*Areopagitica*, 부제는 「어디에서도 허가를 받지 않고 출판물을 간행할 자유를 영국 의회에 바라는 연설」, 1644)에서 주장했다. "나에게 자유를 달라. 양심에 따라 자유로이 알고 자유로이 이야기하고 마음대로 추론할 자유를 다른 모든 자유 이상으로 달라." 세계에서 제일 먼저 언론 출판의 자유를 체계적으로 주장한 그 글은 검열법 폐지

(1695)보다 반세기 앞서, 언론의 자유를 밝힌 프랑스의 '인권선언'보다 실로 145년 앞서 높이 든 고귀한 봉화였다.

청교도혁명 이후 언론 출판에 가해진 갖가지 규제가 풀렸다. 독일의 『라이프치히 차이퉁』(1660)에 이어 영국에서는 정기적 일간지 『데일리 쿠런트』(*Daily Courant*, 1702)가 런던에서 발간되었다. 그 뒤 런던에서만 9종의 신문이, 1709년까지 19종의 신문이 간행되었다. 1750년 런던에서만 주간지가 10만 부 간행되어 100만 독자를 거느렸다.

신문 잡지의 무엇이 그토록 사람을 끌어들였을까. 1730년에 한 비평가는 토로했다. "신문 기사의 필자들은 국왕의 사자(使者)들의 부름을 예측할 기사를 때때로 써야 한다. 그렇지 않으면 신문은 통렬함을 잃을 것이다." 신문을 특징지은 것은 정치 저널리즘이었다. 그리고 체제비판적 논조에는 품위없는 풍자가 따라붙어 독자를 즐겁게 만들었다. 그리하여 국가권력은 신문의 '일탈'에 집요하게 복수를 했다. 검열의 폭력이다.

유럽에서 저작 및 출판물에 대한 모든 검열은 전통적으로 바티칸과 교회에서 해왔다. 그러던 것이 1624년 왕령에 의해 모든 책과 출판물이 국가 검열의 도마에 올랐다. 1678~1701년간 1125점이 압수되고 금서 리스트에 올랐다. 언론 출판의 자유는 1789년의 '인권선언'이 발표된 이후에도 영국, 프랑스를 포함해 어디에든 존재하지 않았다. 1815년 무렵에도 그 자유는 유럽의 이상이자 꿈에 지나지 않았다.

뉴스 미디어에 관련된 출판인이나 집필자는 국가권력과 맞서

더라도 진실과 공평함, 독자에 대한 봉사라는 과제에 충실하고자 했다. 이러한 진실은 이후 저널리스트의 양심 또는 직업관의 핵심으로 받들어졌다.

영국에서 맨처음 발간된 일간지 『데일리 큐런트』의 창시자인 바크레는 창간호에서 "뉴스를 매일 공평한 입장에서 제공하는 것"이 신문발행의 목적이라고 밝혔다. 그의 신문은 기본적으로 가제트, 즉 관보였다. 그러나 그는 대량으로 흘러 들어오는 막대한 정보를 객관적으로 편집하고 보도하고자 했다. 당시 신문들은 체제에 대한 비판에 기울었다. 제일 법에 위배된 신문을 독자는 좋아한 것이다. 특히 비판적인 정치평론이 독자에게 가장 어필했다. 필딩, 디포, 스위프트와 같은 당대 일급 작가가 신문에 즐겨 시사문제를 집필했으며 시민은 그래서 더욱 신문과 가까워졌다. 한편 루소는 신문이 일반 독자에게 아첨한다며 『주르날』지의 원고 청탁을 거절했다.

특히 근대적 저널리즘의 발전에 큰 획을 그은 것은 1709년 저널리스트 스틸이 창간한 『태틀러』(*Tatler*, 주 3회)와 1711년 스틸이 에세이스트이자 정치가인 애디슨과 손을 잡고 발간한 일간지 『스펙테이터』(*Spectator*)이다. 두 신문은 당시 관행대로 뉴스 보도보다 개인의 논설 및 에세이로 짜여졌다.

일간지 『스펙테이터』가 발행되자 발빠른 소식이 런던 시민에게 어필했다. 시인이자 극작가인 한 애독자는 그 일간지를 크게 환영하며 이렇게 말했다. "『스펙테이터』의 출현은 참으로 놀랍다. 매일 발간되니 즐겁고 뛰어난 문체에 적절한 판단이 곁들여진다. 게다가 위트와 유머가 넘쳐난다." 『스펙테이터』는 정치에 대한 논의를 배제했다. 대신 제호 그대로 생활의 순수한 '목격자'임을 지향하고, '즐거움과 교훈'을 독자에게 전달함을 사시(社是)로 내세웠다. 『스펙테이터』 제10호에 실린 글이다.

대단히 만족스럽게도 대도시 런던에서는 매일 이 신문을 찾아 거기에 실린 아침 강의를 아주 진지하고 주의 깊게 들으려는 사람이 많아지고 있다. 출판사에 따르면 매일 3천 부가 배포되는 모양이다. 한 부당 독자를 스무 명으로 계산하면(아마도 타당한 숫자이리라) 런던과 웨스트민스터에서 6만 명이 읽는다는 계산이 나온다. 소크라테스는 학문을 천상에서 지상의 사람에게 끌어내렸다고 하지만, 신문은 학문을 서재와 도서관, 학교와 대학 밖으로 개방하고 클럽이나 사람들 모임, 티테이블, 커피하우스로 들여놓았다고 해도 좋을 것이다.

『스펙테이터』는 우후죽순처럼 생겨난 커피하우스에서 발족되었다. 디포는 "커피하우스에서 뉴스를 들을 수 없다면 도대체 누가 커피하우스에 갈 것인가?"라고 토로했다. 『스펙테이터』는 뉴스 원을 각계각층의 사람이 담론을 즐기는 커피하우스에서 찾다시피 했다. 창간사에서 "차를 즐기는 사람들을 독자로 하여 창간한다"고 밝히기도 했다. 이렇듯 근대 저널리즘은 영국에서 차 문화와 깊이 관련되어 발전했으니, 그만큼 신문과 차는 담론과 사교의 토포스라 할 것이다.

『스펙테이터』는 애석하게도 단명으로 사라졌다. 그 뒤 그것을 본뜬 잡지가 속속 출현했다.

보도와 지식의 공간, 잡지의 출현

잡지는 신문과 마찬가지로 정기간행물이면서 뉴스 전달의 기능보다 담론적 평론(review) 혹은 오락적 성격이 강하다. 잡지를 뜻하는 매거진(magazine)을 제호로 제일 먼저 사용한 것은 1731년 영국에서 발간된 『젠틀맨 매거진』이었다. 매거진이라는 말은 원래 창고, 저장소를 뜻했으나 『젠틀맨 매거진』이 발간되면서 차차 보도, 지식의 곳간, 즉 잡지를 의미하게 되었다. 소수 특정 그룹이 갖는 동인지의 성격을 띠면서 생겨났다.

잡지의 기원은 1665년 프랑스에서 드니 드 살로가 창간한 『주르날 드 사방』(*Journal des savants*, 지식인의 잡지)으로 거슬러 올라간다. "모든 책을 읽고자 하면서 뜻을 이루지 못하는 사람을 위안하기 위해" 발간된 신간서의 가이드북의 성격이 강했다. 같은 해에 창간된 영국 로열 소사이어티의 기관지 『철학회보』 및 독일 최초의 문예지 『악타 에루디토룸』(acta eruditorum, 라틴어로 학자의 토론이란 뜻, 1682)에서 볼 수 있듯이 초기 잡지는 학식자를 위한 학술지의 성격이 짙었다.

『악타 에루디토룸』 기고자 중에는 라이프니츠도 있었다. 그 해적판이 암스테르담과 쾰른에서 나왔다고 하니 그만큼 책의 공화국, 문예공화국의 주민이 많았다는 이야기가 될까. 그 뒤 암스테르담에서 『책 공화국 신보』가 나오고 로마, 베네치아, 라이프치히 등에서 비슷한 잡지가 나왔다.

시민사회가 발전하자 소수 학식자뿐만 아니라 폭넓은 중산 계층이 바라는 새로운 형태의 잡지, 학술적인 전문지보다 시사적 성격이 강한 평론잡지가 출간되었다. 그 최초의 잡지로 우리는 1681년 런던에서 발간된 『위클리 메모리얼스』(1681)를 들 수 있다. 그런데 초기 잡지는 편집자 중심으로 편집되고 글은 무기명으로 실렸다. 19세기 전반에 걸쳐 간행된 평론잡지도 편집장 중심으로 꾸며졌다. 그만큼 에디터십이 강했던 것이다. 대표적인 것이 영국에서 발간된, 스위프트가 편집한 『이그재미너』(*Examiner*, 1710), 애디슨과 스틸의 『스펙테이터』이며 그 영향 아래 프랑스, 독일, 미국에서 평론지가 생겨났다. 19세기 후반에는 대중잡지, 여성지가 나타났다.

17, 18세기 근대 저널리즘의 초기를 채색한 신문이나 잡지는 대부분 단명으로 끝났다. 그런데 유일한 예외가 1788년 창간 이래 오늘에 이르도록 영국의 대표적인 신문이며 범세계적인 유력지로 전통을 자랑하는 영국의 『타임스』(*The Times*)가 있으니 이에 관해 우리는 경의를 표해야 할 것이다.

『타임스』의 창시자인 월터 1세는 발간사에서 말했다.

런던에서 발간되는 신문들은 특정한 독자만 대상으로 하고 있는 듯하다. 그러나 진정한 신문은 시대를 반영하는 것이어야 한다. 모든 종류의 정보나 큰 목표를 위한 충실한 기록자로서 광고등을 통해 사회 각계각층 간의 매개자 역할을 해야 하며 시대의 주요한 사건을 기록하고 의회의 회기 중에는 토의내용을 요약해 전달할 의무가 있다.

『타임스』는 특수층이 아닌 만인을 위한 시대의 충실한 기록자이며 거울로서 뜻을 실현함을 표방한 것이다. 그 뒤 뛰어난 주필인 번스에 의해 『타임스』의 사설은 여론을 지도하는 권위를 자랑하게 되고 '편집자에게 보내는 편지'란을 통해 독자와 가까워지는 등 유럽 최고의 명문지로 뿌리를 내렸다. 번스의 뒤를 이어 『타임스』의 명성을 더욱 빛낸 딜레인이 주필이 된 것은 불과 23세 때였다. 그만큼 『타임스』는 진취적이었다.

『타임스』는 창간 이래 때때로 정부에 맞서 언론의 자유를 옹호하는 한편 때로는 대중의 여론에도 초연했으니 그만큼 불편부당 진실에 충실하고자 했다. BBC 방송의 한 뛰어난 프로듀서에 의하면 『타임스』는 창간 이래 자신의 위상을 중산 계층 맨 앞줄의 바로 뒤에 두어왔다. 그만큼 『타임스』는 영국의 양식 있는 중산 계층처럼 보수적인 동시에 진보적이었다.

신문을 정기구독하고 한 달에 두 권 정도의 책을 사는 사람을 지식인, 교양인으로 우러렀던 19세기에도 신문, 잡지 등 정기간행물의 부수는 영국 전체를 합쳐도 10만 부를 넘지 못했으나 독자 수는 1백만 명을 헤아렸다. 많은 사람이 서로 돌아가며 나누어 읽었던 것이다.

"신문을 어떻게 만들기에 부수가 1만 부를 넘었단 말인가" 하

신문의 대중화에 기여한 지라르댕

고 사장이 편집실에 들어와서 호통을 쳤다는 에피소드는 20세기 초의 이야기이다. 그처럼 고답적이던 『타임스』의 최근 발행부수는 약 50만 부. 이는 영국 다른 유력지의 10분의 1 정도라고 한다. 『타임스』는 자매지로 『타임스 리터러리 서플먼트』를 비롯해 주간지 및 도서출판도 하고 있다. 모두 교양지 또는 교양서이며 독자 또한 BBC 방송의 애청자, 즉 보수적이면서 진보적이고, 진보적이면서 보수적인 영국의 양식 있는 계층이다.

한편 『타임스』와는 달리 보수파 기관지 『프레스』(1836~56), 「리베르테」지(誌), 모드 신문 『라 모드』를 창간한 프랑스의 저널리스트이며 정치가인 지라르댕은 광고에 의한 신문 가격의 인하, 신문소설과 유행통신의 게재, 윤전기의 도입 등을 통해 신문 부수를 배로 늘려 신문의 대중화에 크게 이바지하였다.

저널리즘과 아카데미즘, 『슈피겔』의 모범

신문·잡지의 출간과 함께 저널리즘이라는 말은 오늘날에 이르러서도 시대의 키워드가 되고 있다. 그런데 당시 신문 지면을 많이 차지한 것은 뉴스보다 시사나 정치에 관련된 기사였다. 이러한 시사 정치평론에는 앞에서도 지적했듯 디포, 스위프트와 같은 대표적인 작가가 합세했다. 신문은 비싸서 일반 시민이 가까이할 수 있는 장소는 거리 여기저기에 생겨난 카페였다. 베네치아에서 발간된 이탈리아 최초의 신문 『가제타 베네타』(1760)가 창간호에서 카페 플로리안을 찬미한 이야기를 우리는 알고 있다.

첫 발행인인 고치 백작은 그곳에서 편집회의를 자주 열었다. 카페는 뉴스와 정보의 발신지 그리고 시사적 담론의 장이었다.

신문, 잡지가 새로운 소식보다 정치적 담론 또는 비판의 글들로 독자를 끌어들이자 정부는 보고만 있지 않았다. 당국은 검열을 더욱 강화하는 한편 선도적 규제법을 통해 간섭하고 탄압했다. 한편에서는 신문구독을 저지하는 방편으로 물품세율을 인상해 신문 한 부의 값을 노동자의 하루 임금 수준과 맞먹을 정도로 올렸다. 일반 시민이 신문을 가까이함을 두려워한 것이다.

18세기 계몽주의 시대는 철학자에 의해 출판물이 쏟아져 나왔다. 파리 경찰은 1748년부터 1753년까지 출판통제 담당관의 지휘 아래 파리에 거주하는 501명의 문필가에 대해 '작가 신상조사서'를 작성했다. 다음은 디드로에 관한 조사서이다.

성명: 드니 디드로. 1748년 1월 1일 작성
연령: 36세
출생지: 랑그르
신체적 특징: 중키. 용모는 제법 고상함
주소: 레스트라버트 광장 가구상의 집
경력: 랭글의 도공(刀工) 아들. 재기발랄한 사나이로 아주 위험한 존재

1749년 새로 조사해 첨가
신상 및 공공질서와 미풍양속에 반한 책의 작자. 1749년 7월

24일 방센의 지하감옥에 수용되고 8월 21일 명령에 의해 성내로 옮겨지다. 같은 해 11월 3일 석방되다. 다음의 책을 저술한 까닭으로 투옥되다. 『맹인서간』. 그는 재치를 부리고 자기에게는 신앙심이 없음을 승리의 상징처럼 자랑하는 청년으로 아주 위험하다. 신성한 의식을 가볍게 여기는 말을 자주한다. 죽을 때에는 고해성사를 하고 성체를 경배해 사람들이 신이라고 부르는 것을 받아들일 작정이라 한다. 그것은 신앙심 때문이 아니라 가족에 대한 배려에서일 뿐이다. 그러면 믿음 없이 죽었다는 이유로 가족이 비난받을 이유가 없다고 말한다.

교회와 국가권력의 탄압에도 불구하고 신문과 잡지는 날로 더 많은 독자를 확보하고 프랑스에서만 18세기를 통해 잡지 수가 1300여 종을 헤아렸다. 그 뒤 인쇄 출판업은 대기업으로 성장했다.

문필가는 후원자의 예속으로부터 풀려나 펜으로 생계를 유지하게 되고 더욱 자유로이 글을 쓸 수 있게 되었다. 그 결과 '논의하는 공중'이 한 사회의 권력이 되었다. 이상과 같은 흐름 속에서 비판적(critical)이라는 말이 범유럽적으로 시대를 반영하는 키워드, 키 콘셉트가 되고 문필가는 즐겨 저작명에 '비판적'이라는 형용사를 붙였다.[32]

신문, 잡지가 창출한 논의하는 공중의 최대 타깃은 국가권력,

---

32) 잘 알려진 예로 벨의 『역사비판사전』 및 칸트의 3대 주저를 들 수 있다.

공권력이었다. 구텐베르크에 의한 활판인쇄본의 출현에 대성당이라는 성스러운 책이 무너지는 공포에 노트르담의 신부들이 부르르 떨었다지만 대다수 국민 또는 민중의 여론에 논조를 맞추어 권력을 비판하고 패러디화하고 고발함을 즐긴 반듯한 신문, 진실을 받드는 잡지의 존재는 신성시된 국가권력의 허구와 폭력성을 하나하나 파헤쳤다. 바로 국가체제가 맞는 위기의 도래이며 국가 아니 모든 권력과 체제는 더 이상 권위를 내세울 수 없게 되었다. 뿐만 아니라 항상 비판과 고발의 대상이 되었다. 문예비평가인 하우저가 "신문과 잡지는 시대의 위대한 발명이다"라고 찬탄한 이유이다.

신문, 잡지의 주요한 과제는 현실적이며 시사적인 영역의 정보를 보도하고 해설하는 데 있다. 그런데 정보의 수집과 선별, 보도 및 해설은 그 자체가 틀림없는 지적 행위이다. 정보가 지(知)와 깊이 연결되게 마련이라고 할진대 저널리즘은 아카데미즘과 동일한 지와 인식의 기반 위에 그 위상을 다듬게 마련이라고 할 것이다. 디드로는 저널을 "신간의 발췌와 예술 및 과학상의 최신의 발견에 관한 상세한 보도가 실린 정기간행물"로 지칭했다.

1700년경 프랑스어, 영어, 이탈리아어에서 'Journalist'라는 호칭은 학술지와 문예지의 저자를 가리켰다. 이로써 그들을 일간지나 주간지의 뉴스를 취급하는 '소문을 퍼뜨리는 사람', '말이 많은 사람'으로 일컬어진 기자(gazette)와는 구별했다. 저널리스트 그들은 뉴스나 정보의 단순한 전달자가 아니며 자기의 입장을 지닌 담론하는 자, 인식하는 자, 언론인이다. 17, 18세기 영국의 지식인에게 베이컨, 홉스, 애덤 스미스, 로크, 흄에게서 보듯이 시사적인 것과 항구적인 것, 일상적·사회적인 것과 원리적·보편적인 것은 공통된 지적 인식의 세계에 관한 문제가 아니었던가. 진정 바람직한 지란 진실을 찾아 저널리즘과 아카데미즘을 구별하지 않고 두 영역을 자유로이 넘나들며 탐색하는 지성이라고 할 것이다. 르네상스 시대의 인문주의자나 17세기의 모럴리스트, 자유사상가(libertin), 18세기의 백과전서적 철학자 속에서 우리는 진정한 지식인을 본다.

그들은 신의 문제, 형이상학에서부터 대학 문제 그리고 풍속과 유행, 여인들의 옷이나 머리 스타일까지 인간과 사회, 자연과 풍속 등 모든 문제를 그들의 사정(射程) 속으로, 인식의 커뮤니케이션이란 장으로 끌어들인다. 그들은 시민의 일상적이고 명석한 언어로 담론하고 글을 썼다. 좋은 예를 독일의 주간지 『슈피겔』 (*Spiegel*)에서 찾을 수 있다.

오늘날 독일어권의 최대 시사 주간지인 『슈피겔』은 창간자인 아우크슈타인의 이름과 깊이 관련된다. 아우크슈타인은 23세 때 『슈피겔』을 창간한 이후 세상을 떠날 때까지 55년간 발행인 겸 편집자로 활동했다. "아유크슈타인은 『슈피겔』이었고 『슈피겔』은 아우크슈타인이었다." 그는 『슈피겔』 창간 50주년 기념사에서 다음과 같이 토로했다.

나는 『슈피겔』을 창간해 평생 동안 일해오면서 자유와 지식을 얻을 수 있었습니다. 품위와는 관계가 없지만 나는 『기네스북』에 올랐습니다. 아마 그렇게 오랫동안 한 사람이 편집인, 발행인으로 있으면서 주간지를 발행한 경우는 없을 것입니다. 나는 본의 아니게 항상 좋은 일을 했다고 말하고 싶습니다.

『타임스』를 모델로 1947년 독일 패전 직후의 혼란 속에서 창간, 첫해 1만 5천 부를 찍은 『슈피겔』의 발행부수는 1990년 이래 현재 약 120만 부에 이른다. 주간지라고 하지만 보통 200쪽이 넘는 슈피겔은 거의 매호 아카데믹한 특집을 꾸며 『타임스』나 그밖의 세계 유명 주간지와는 달리 묵직한 인상을 준다.

그러면서도 고명한 신문의 부수를 훨씬 넘는 성공의 비결은 무엇일까. 우선 지적할 수 있는 것은 성역 없는 보도의 원칙이다. 아우크슈타인은 정치적 외도(그는 자유민주당 당원이었으며 몇 달간 국회의원을 지냈다)를 한 일은 있으나 언론인은 정치가와 "영원한 우정을 나눌 수 없다"는 것이 그의 신조였다.

아우크슈타인이 군부를 비판해 '국방기밀'을 누설했다는 죄명으로 투옥되자, 그에 항의하는 독자와 시민의 시위가 벌어지고 결국 아데나워 수상과 국방장관을 사임으로 몰고 갔다. 1962년의 이 '슈피겔 사건'을 가리켜 "서독에서 민주주의는 슈피겔 사건과 함께 시작되었다"고 일컬어졌다.

병마에 시달려 사망하기 직전에도 미국의 이라크 정책을 신랄하게 비판한 이 민주주의 투사는 천여 편의 시사평론과 함께 역사서 『프리드리히 대왕과 독일인』을 비롯해 12권의 저서를 발표한 아카데미커였다. 역사를 리드하는 신문·잡지는 반드시 선구자적

무게 있는 특집을 다루는 독일의 『슈피겔』지

마에스트로다운 대기자가 그 중심에 존재하게 마련이다. 『슈피겔』이 세계의 지식인을 특히 기쁘게 한 것은 하이데거, 야스퍼스, 솔제니친 등 세기적 사상가들과 아우크슈타인이 나눈 대담기록이었다.

아우크슈타인이 작고하자 『슈피겔』의 라이벌지였던 독일의 보수적인 『디 벨트』에서는 다섯 차례에 걸쳐 그의 생애와 업적을 다루었다. 미국 보스턴의 국제언론연구소는 '세계 언론자유의 영웅'이란 칭호를 바쳤으며 세계 100명의 저명한 언론인은 그를 '세기의 저널리스트'로 선정했다. 신문과 잡지, 그것은 그것을 만들어낸 사회의 거울이며 국민의 도덕적 · 문화적인 위상을 밝혀 준다고 할 것이다.

오늘날 모든 나라는 저마다 갖가지 신문을 간행하며 그중에는 세계적으로 주목받는 유력지도 적지 않다. 좋은 예로 우리는 영국의 『타임스』와 고급 일요신문 『옵서버』를, 프랑스의 『르 몽드』(1944), 『피가로』(1854), 공산당 기관지 『유마니테』(1904)를, 독일에서는 『프랑크푸르터 알게마이네 차이퉁』(1949), 『디 벨트』(1946)를, 소련의 『프라우다』를, 미국의 『뉴욕 타임스』를 금방 떠올릴 수 있다.

이들 중 공산당 기관지(『유마니테』, 『프라우다』)를 제외하면 그것이 보수주의 또는 진보주의의 입장을 표방한다고 하더라도 당파성에서 해방되어 객관적인 정론을 견지하고 있다. 그 좋은 예로서 『뉴욕 타임스』를 들고 싶다.

1851년 창간된 『뉴욕 타임스』는 중요한 문서를 전문 개재하는 정확하고 철저한 편집, 객관적 사설과 함께 '인쇄할 만한 모든 뉴스'를 싣기를 강조한다. 센세이셔널리즘을 피하고 만화를 싣지 않았다. "우리 신문은 아침식사의 테이블보를 더럽히지 않습니다"라고 자부하듯 신문의 격조와 품위도 크게 유념하며 그 독자를 반듯한 사회적 지위의 인사들로 지목하고 반겨왔다. 또한 좋은 신문의 예로서 좌파는 아니면서 우파를 견제하고 냉전하에서 친소적은 아니면서 미국의 패권주의에 반대 입장을 분명히 견지한 『르 몽드』를 들 수 있을 것이다.

『오리엔탈리즘』의 저자인 에드워드 사이드는 "나는 영국은 좋아하지 않지만 BBC 방송과 『타임스』는 신뢰한다"고 토로했다. 신문·잡지의 위상은 그것이 제작되고 읽히는 사회와 국가 그리고 국민의 수준과 품격을 비추게 마련이라지만 좋은 신문, 좋은 잡지는 때때로 그 수준을 뛰어넘기도 한다.

인쇄된 문자로부터의 해방

사람은 저마다 자기의 사람됨에 맞추어서 신문과 잡지를 선택한다. 많은 사람들은 잠을 깨자마자 신문을 대한다. 지금 우리 주변은 신문과 잡지, 그것이 발산하는 정보가 범람하고 있다. 우리는 원하든 원하지 않든 아침저녁으로 읽는 신문, 잡지라는 창을 통해 세상을 본다. 그만큼 우리의 말과 사고, 의식과 행태, 취향은 우리가 대하는 신문, 잡지의 메커니즘으로부터 자유롭지 못하다. 사회 또한 사회를 뒤덮은 대중매체라는 텍스트의 숲을 따라

집단적인 심성과 이미지, 욕망과 정체성을 형성하게 마련이다.

마셜 맥루언은 『구텐베르크의 은하계』(1962)에서 말(이야기)의 사회가 지닌 비적적(秘蹟的) 성격과 비성화(非聖化)된 문자형 사회의 인간을 구별하고 문자를 축으로 어떠한 역사적 과정을 거쳐 근대적 삶의 비성화가 이루어졌는가를 탐색한다. 아득히 먼 옛날, 유일하게 인간 교감의 수단이던 청각세계에서 울려퍼지는 말은 영혼의 광망(光芒)이었다. 그러나 오늘날 우리는 인쇄된 말, 범람하는 문자의 틀 속에 꽁꽁 묶여 있다. 더욱이 베냐민이 지적했듯이 기술복제시대에서 예술작품이 겪고 있듯이 신문, 잡지와 텔레비전 및 컴퓨터가 판을 치고 이 엄청난 대중매체의 양산은 마침내 '인간복제'까지 눈앞에 두고 있다.

영국의 시인 포프는 『우인열전』(愚人列傳, 1728~42)에서 인쇄본이 낳은 무의식이라는 '우리' 속에 인간정신이 가두어지는 과정을 일찍이 풍자하였다. 그 과정이란 말과 문자의 기계화 과정이다. 포프는 먼저 현시욕(顯示欲)에 사로잡힌 문필가들의 에고이즘을 비판하고, 공중 앞에서 고백의 홍수도관(洪水導管)의 역할을 저지르는 서적을 풍자한다. 인쇄문화 속에서 덩달아 떠들어대는 무리들의 집단적 무의식을 파헤친다. 포프에 의하면 신문이야말로 집단 역학이 필연적으로 만들어낸 최종산물이다. 이어서 마지막 제4권에서는 갖가지 양식(樣式)을 균등한 단일양식으로 번역하고 환원하는 인쇄술의 어리석음과 두려움에 관해 논한다. 포프의 논의는 바로 맥루언의 『구텐베르크의 은하계』의 주제이기도 하다.

포프에 따르면 인쇄에 의해 발생된 환각상태에 의해 무의식의 세계는 무한대로 확대되고 혼돈과 원시의 밤이 부활한다. 270여 년 전 이 시인은 기술 메커니즘에 의해 조작되는 미디어가 만인 위에 메시지로 군림하는 이 끔찍한 정보사회의 허구를 예고하였던 것일까!

시인 딜런 토머스는 시가 라디오에서 방송될 수 있음을 발견한 뒤부터 자신의 시는 새로워지고 좋아졌다고 말했다. 그는 공중과의 새로운 접촉의 방법을 파악했을 때 언어의 새로운 차원을 발견한 것이다. 토머스는 작고한 해에 라디오 드라마도 발표했다. 이 요절한 천재시인이 라디오에 이은 텔레비전, 텔레비전에 이어 나타난 컴퓨터라는 정보시대의 새로운 미디어를 체험하였더라면 어떠한 반응을 나타냈을까.

23 여행, 편력하는 삶의 토포스

> 출발이건 탐색이건, 그리고 만남이건 이 모두는
> 에로스의 비밀에 속해 있음이 분명하다. 끝없이 이어지는
> 길을 떠날 때 우리는 우리의 의지를 따르는 것만이 아니다.
> 언뜻 그 길 어디선가 잠복해 기다리는 듯 보이면서도
> 잠시 숨겨진 무엇인가에 홀려 떠나곤 한다.
> 🖋 호프만슈탈

 어린 시절, 우리는 어린 마음에 저도 모르게 집을 나선다. 얕은 여울에 흐르는 물소리가 좋아 강가를 오르내리며 한참 멈추어 서기도 하고 불안한 호기심에 산속을 헤매거나 무서운 동굴 깊숙이 꾀어들기도 한다. 커서는 홀연히 자기를 괴롭히며 부유(浮游)의 길을 꿈꾼다.

 우리는 왜 집을 나서는 것일까. 일상적인 것으로부터 탈출을 하기 위해? 미지의 세계에 대한 호기심에서?

 입신(立身)이나 자기 정화(淨化)를 위해 우리는 저마다의 몸짓으로 길에 오른다. 동기야 어떠하건 여정(旅情)의 근저에는 길을 떠나야 한다는 막연하면서도 절박한 일탈의 정열이, 육체의 강박관념이 도사리고 있다. 만물유전, 인간이란 그 본성과 원체험에서 호모 비아트르, 여행하는 자!

 그리스 신화는 신들이 표박(漂泊)하는 이야기이며 호메로스의

주인공은 모두 편력자이다. 삶은 길을 떠나 길 위에서 다듬어지고 만남과 이별, 삶의 이야기 또한 길 위에서 씌어진다.

중세, 대이동의 시대에 모두 집을 떠나다

"세계는 철학하는 자에게 유배의 땅이다."
"세계를 유배의 땅으로 생각하는 자는 완전한 자이다."

유배의 충동이 어찌 철학자만 흔들었을까. 동서를 가리지 않고 먼 옛날 사람들은 토지에 예속되었다고 생각하기 쉽다. 그러나 유럽의 중세사회는 끊임없는 이동과 교류의 과정이었으며 12세기는 '대이동의 시대'로 기록되고 있다. 대이동의 시대는 방랑자의 시대. 성직자, 기사, 학생, 학식자, 상인, 장인, 광대 그리고 국왕과 귀부인에 이르기까지 신분의 고하를 가리지 않고 집과 고향을 등지고 나그네 길에 올랐다.

뒤르켐은 중세 사람들의 일상적 관행이 된 '이동'을 그리스도교 세계의 세계주의적 경향과 결부시키는 한편, 당시 사람들은 개인적 불안에서 혹은 더 나은 삶을 찾아, 때로는 영혼의 갱생을 기원하며 집이나 고향을 떠났다고 말한다. 그러나 그 모든 것에 앞서 사람들은 먹고 살기 위해 집을 나섰다.

중세 유럽의 일반 농가에서는 보통 10명 정도의 아이를 낳았다. 그중 절반은 해를 넘기지 못하고 죽었다. 그런 탓에 중세 때

▲ 베노초 고촐리, 「동방박사들의 여행」(부분)

는 아이의 죽음을 슬퍼하는 감정을 몰랐다. 그들이 유아의 죽음보다 두려워한 것은 농사나 목축에 피해를 입히는 이상한파 같은 자연현상이었다. 언제나 기아선상에 허덕였던 농촌에서는 일을 할 수 있는 사내 한둘만 남고 나머지는 성년이 되면 집을 떠나야 했다. 중세 유럽에는 집 혹은 가정이라는 관념이 존재하지 않았다. 그들에게는 정주의 땅이 없었으며 중세인은 정처 없는 나그네였다. '태초에 길이 있었다.' 인간은 먼 옛적부터 숲에 바다에 사막에 길을 만들었다.

인간 존재의 표상인 동시에 문명의 시작을 의미한 길. 길은 또한 입신을 위해, 지(知)의 탐구를 위해서도 오르는 곳. 중세의 학생들은 '방랑하는 학생'으로 일컬어질 만큼 이 도시에서 저 도시로 옮겨다녔다. 그들의 목적지는 주교좌성당의 소재지이거나 큰 수도원이었는데, 거기에는 훌륭한 스승과 많은 책이 있었다. 오늘날에도 지식인의 특성으로 자유로운 부유성이 지적되듯이 유럽 지식인의 원형인 고대 그리스의 소피스트나 중세의 음유시인, 중세의 학생과 교사는 정처 없이 떠도는 보헤미안이었다.

장차 '주의 전사'가 될 학생들(그들 대부분은 성직을 지망했다)에게는 교권과 왕권에 의해 많은 특권이 주어졌다. 그중에는 편력하는 학생들에게 숙식을 제공해야 한다는 규정도 있었다. 방이 여러 개 있는 집은 그 수만큼 문에다 별 표지를 해야 했다. 이것이 오늘날 호텔 등급을 별로 표시하는 기원이 된다.

1533년, 프랑스의 왕 프랑수아 1세는 파리의 루브르 궁전에서 새해 아침을 맞았다. 그는 지난 세밑부터 시작해 1, 2월을 그곳에서 지냈다. 왕이 3개월 동안이나 같은 곳에 머물다니! 전에는 없던 일이었으므로 파리 시민들에게는 놀랄 만한 '사건'이었다. 3월, 따뜻한 봄이 시작되면서 왕은 지방순회에 나섰다. 대개는 한 곳에서 하루, 기껏해야 3~4일 정도 머무르는데 이례적으로 리옹에서 한 달 가까이, 아비뇽에서 12일 동안 머물렀다. 리옹은 파리에 이은 큰 도시, 유럽 최대의 금융도시였으며 아비뇽은 14세기 70년 동안 프랑스 왕이 옹립한 교황청의 소재지였다. 왕이 리옹에 머문 한 달을 프랑스의 어느 역사가는 '기적'이라고 표현했다. 그러면 왕은 왜 유대인처럼 방랑을 했던가.

16세기에 이르도록 유럽에서는 토지소유권이 확정되지 않았으며 봉건영주들도 일정한 땅에서 밀착된 생활을 하지 않았다. 987년 카페 왕조의 성립과 더불어 파리는 프랑스 왕국의 수도가 되었다. 그러나 다른 도시와 마찬가지로 수도 파리는 오랫동안 왕이 순력하는 땅 중 한 곳에 지나지 않았다. 파리가 왕의 고정된 거주지가 된 것은 13세기 말에서 14세기 초에 이르러서였다. 필리프 4세가 파리 체류를 선호하면서 파리는 유럽에서 왕도로 정착되는 첫 케이스가 되었다. 그러나 왕이 전국을 순회하는 전통은 왕권 중심의 중앙집권제도가 뿌리를 내리는 16세기까지 이어졌다. 그 이전에는 왕이라 해도 많은 제후 가운데 최고의 한 제후나 다름이 없었다. 그런 까닭에 왕은 여러 지역의 제후 및 그 영민들과 친교를 돈독히 해야 했다. 그러므로 대를 이어 지속된 왕들의 전국 순회는 정치적·전략적인 행차였던 것이다.

파리가 왕도가 아니었다면 궁정은 어디에 어떤 모습으로 존재했을까. 궁정은 왕의 순회를 따라다녔다. 왕이 머무는 곳이 바로 궁정이었다. 왕후와 귀부인의 행렬이 국왕의 뒤를 따랐다. 한 역사가는 당시 궁정 귀부인들에게 여성적 아름다움이 결여된 원인을 국왕을 따라다녀야 했던 고된 순회생활과 결부시켰다.

유언장을 써놓고 떠나는 성지순례

나그네 길에 오르는 동기 중 하나는 인간의 원초적 호기심이라고 해야 할 것이다. 로마 최고의 교부인 아우구스티누스는 편력에 대한 호기심 때문에 "사람들은 구원을 위한 자기 자신을 소홀히 한다"고 경고했으나 12세기를 가로지른 방랑과 편력의 관행은 순례자 사이에서 절정에 달했다. 동서를 가리지 않는 믿음의 정열은 여기저기에 순례의 길을 펼쳤다. 이슬람교도의 메카 순례, 힌두교도의 갠지스 강 성지순례. 고대 인도인은 인생의 만년을 유행기(遊行期)라고 하며 떠돌아다니며 탁발을 했다.

그리스도교 세계에서는 11세기 말경부터 성당 참례가 가장 좋은 종교적 근행이 되었다. 순례자 그리스도를 본받아 행해진 순례는 때마침 성했던 성체 및 성유물 숭배사상과 깊이 결부되었다. 그리스도와 성모 마리아, 성인의 유적지에 얽힌 '성스러운 것을 향한 발걸음'의 마지막 소원은 3대 성지인 로마, 예루살렘 및 산티아고 순례였다. 순례란 들판을 지나는 자라는 뜻이며 순례자란 이방인 방랑자를 뜻했다.

반듯한 길이라고는 전무한 당시 험한 환경과 허기진 몸에 몰아치는 비바람, 거기다가 호시탐탐 순례자를 노리는 도적떼, 그리스도의 수난을 추체험하는 고행이라고는 하지만 순례길은 실로 목숨을 건, 모든 것과 그리고 자신과의 싸움의 길이었다.

'바야 콘 디오스'(신과 함께 가라). 순례자는 길을 떠나기 전에 할 일이 많았다. 먼저 가난해져야 했다. 한 기사는 재산을 수도원에 기부하고 빈자가 된 뒤 순례길에 올랐다. 성지에서 죽기를 마음먹고 떠났으나 살아서 돌아오자 수도사가 되었다. 빚이 있는 자는 모두 갚고 떠났으며 도둑질한 자는 주인에게 돌려주고 떠났다. 길일을 택하고 출발에 앞서 유언장을 썼다. 출발 직전에 미사와 고해의식을 치르고 배낭과 지팡이에 축복을 받았다.

12세기 최대 순례지는 유럽의 땅끝인 스페인의 서남단 산티아고였다. 이 콤포스텔라에서 사도 성 야곱의 묘가 발견되는 기적이 일어났다. 그 소식은 곧 콤포스텔라로 향하는 순례자의 끝없는 행렬을 낳았다. 산티아고로 향하는 순례길은 피레네 산맥을 넘어야 했다. 순례자들은 『산티아고 순례 안내서』라는 가이드북을 지녔는데, 순례길 도중에 들를 곳, 식수나 식량사정, 주민들의 인심, 위험성 등이 자세히 서술되어 있었다. 그런 대로 '정보'가 마련된 것이다. 안내서에는 그밖에도 여러 지역의 성지와 성인 이야기, 산티아고와 대성당을 찬탄한 글도 실려 있었다.

순례자 중 종자를 거느린 귀족이나 부자는 노새를 이용했으나 도보로 가는 것이 원칙이었으며 특별한 고행자는 맨발이었다. 하루 행정(行程)은 20~30킬로미터 정도였으며 15세기 말 이후 교통혁명이 일어나면서 하루 48~64킬로미터가 된다. 파리에서 산티아고까지 1천 킬로미터였으니 왕복에는 2개월, 때로는 3개월이 소요되었다. 파리에서 고향에 돌아가는 데 또 그만한 시일이 가산되었다.

동반자가 없는 여성의 순례는 법으로 금지되었다. 예외로 전설적인 이야기가 전해진다. 이탈리아 피사의 소녀 보나는 성모와 성 야곱에 둘러싸인 그리스도의 꿈을 꾸었다. 그리스도는 보나의 어머니 앞에 순례자의 모습으로 나타나 13세의 보나를 순례에 보내라고 했다. 보나가 떠난 순례길은 예루살렘이었다. 거기서 돌아오자 그리스도가 다시 꿈에 나타났다.

"스페인에 있는 성 야곱의 묘소로 가라!"

보나는 아홉 번이나 그곳을 찾았다. 이 순례 여인은 순례자 모두 그녀를 따라 순례에 오르는 기적을 낳았다.

순례자들은 순례길에 오를 때 해당 교구의 사제에게 신원증명서를 받고 여비와 함께 여러 성지에 바칠 헌금을 준비했다. 순례자 모습을 한 성 야곱 상을 본받아 긴 지팡이와 가리비를 들었다. 그들은 성가와 고향의 민요를 부르면서 서로 격려를 나누며 길을 재촉했다.

순례자 중에는 믿음과 구원을 위해 아이들을 거느린 가족도 있는 반면 죄의 대가를 치르기 위해 순례길에 오르는 자, 심지어 금품을 받고 떠나는 대리 순례자도 있었다. 순례는 중세인이 반드시 치러야 했던 통과의례이며 삶의 완성을 의미했다. 『산티아고 순례 안내서』에는 순례자를 따뜻이 맞는 자는 그리스도를 맞이하는 자라고 강조했다.

12세기 이후, 로마나 예루살렘 이상으로 많은 순례자를 부른 산티아고의 순례자 수는 좋은 계절에는 하루 1천 명을 넘었다고 하며 연간 50만 명 정도로 추정된다. 당시 파리 인구가 2~3만 명에 지나지 않았음을 감안하면 엄청난 숫자라고 할 것이다.

온갖 어려움 끝에 성도(聖都)가 가까워지면 순례자들은 3킬로미터 떨어진, 숲으로 둘러싸인 라바 멘투라라는 곳에서 성스러운 의식을 올렸다. 목욕재개 뒤 비로소 성도에 입성하는 것이다. '기쁨의 산'을 의미하는 몬테 델 고조 언덕에 올라 대성당의 종루를 우러러본다. 일행 중에서 먼저 그 탑을 발견한 자가 일생의 '왕'으로 인정되었다. 귀족의 칭호와 같이 그 칭호는 자손대대로 전해졌다. 순례의 기쁨과 영광은 순례의 문을 지나 대성당에 이르렀다. 산티아고 순례는 대성당 안 성 야곱의 성스러운 유물에 예배드리고 직접 만지는 의식에서 절정에 달했다.

순례를 마치고 고향에 돌아올 때면 예루살렘 순례자가 야자수 가지를 몸에 품고 돌아오듯이 성당에서 주는 가리비를 지니고 돌아왔다. 이제 그들은 고향에서 찬탄의 대상이 되었다. 그 어려운 순례를 통해 사람들은 자기 자신, 자신이 속한 공동체의 정체성을 운명적으로 확인했다. 유럽 중세란 그러한 시대였다.

귀공자들의 교양으로서의 그랜드 투어

18세기 후반 영국에서는 귀족가문 자제들의 프랑스, 이탈리아 여행이 유행처럼 일어났는데, 그것을 '그랜드 투어'(Grand

Tour)라 불렀다. 유럽 상류사회에서는 15, 16세기 이탈리아 르네상스 이후 "이탈리아에 가보지 않은 자는 인생에서 귀한 것을 체험하지 못했다는 열등감에 시달렸다"는 존슨 박사의 말처럼 이탈리아행이 교양을 위한 통과의례처럼 여겨졌다. 그러나 그랜드 투어의 첫 번째 목적지는 파리였다.

15, 16세기와 17세기 전반이 이탈리아의 세기였다면 18세기까지는 프랑스의 세기이다. 프랑스어는 유럽 교양인의 언어였으며 살롱 중심인 파리 사교계의 우아한 풍속은 귀족사회의 모범으로 여겨졌다. 그랜드 투어는 영국 귀족들이 아들을 프랑스의 오네톰, 즉 궁정풍 사교인을 본받은 젠틀맨으로 만들기 위한 것이었다.

귀족들은 가정교사를 초빙해 어린 아들을 교육시킨 뒤에는 옥스브리지보다 프랑스나 이탈리아에 보내는 편이 바람직하다고 여겼다. 교양을 위해서라면 대학보다 사교계가 바람직하다고 생각한 것이다. 그랜드 투어에는 하인과 가정교사가 따랐다. 트래블링 튜터, 베어 리더, 거버너라고 불린 가정교사의 첫 번째 과제는 대도시의 유혹에서 도련님을 보호하는 일이었다. 18세기 말 영국 인구는 900만 명, 그에 비해 프랑스는 2600만 명의 큰 나라였으며 호화롭고 사치스러운 파리는 젊은 이방인에게 유혹에 찬 도시였다. 영국의 젊은 귀족은 파리에서는 돈 많은 촌놈으로 취급되었다. 정치가 체스터필드 백작은 아들에게 보낸 1750년 4월 30일자 편지에서 파리에 체류한 영국 젊은이들의 행실을 냉정하게 묘사했다.

그랜드 투어를 비롯한 여행문화의 개막에는 18세기의 도로정비사업이 선행되었다.

그들은 아주 늦게 일어나서는 함께 어울려서 아침식사를 한다. 그러고는 마차 여러 대를 몰아 재판소, 폐병원(廢兵院), 노트르담 성당을 찾는다. 그러고는 무리를 지어 커피숍에 가서 점심을 먹는다. 식사가 끝나면 삼삼오오 흩어져 극장에 간다. 극장이 파하면 다시 음식점으로 가서 만취가 되어서는 끼리끼리 싸움질하지 않으면 거리에 몰려나와 소동을 부리고는 야경에게 잡힌다.

파리에서 영국 귀공자들의 집합장소는 생제르맹 거리의 카페였다. 본국의 부모가 바란 대로 프랑스 귀족과의 접촉은 극히 드물었다. 그들은 유학생이 아니었으며 그랜드 투어는 수학(修學)과는 별로 관련이 없었다. 당시 유럽의 귀족이 바란 것은 사교적 교양이지 학식이 아니었다. 그만큼 그들은 느슨한 자유시간을 누릴 수 있었다.

학문연구를 위한 좋은 기회로 그랜드 투어를 이용한 것은 그들을 따라간 가정교사들이었다. 그들 중에는 옥스퍼드나 케임브리지 대학 출신의 목사와 대학교수가 여럿 있었다. 당시 교수직보다 대귀족 가문의 가정교사직이 재정적 처우도 낫고 더 나은 공직에 진출할 수 있는 기회도 주어졌다. 그중 특히 유명한 인물로 우리는 철학자 홉스와 경제학자 애덤 스미스를 들 수 있을 것이다.

홉스는 옥스퍼드에서 수학한 뒤 백작 아들의 가정교사로 프랑스, 이탈리아에 세 번이나 동행하고 20년간 체재했다. 그는 그간 프랑스어와 이탈리아어를 마스터하는 한편 파리에서는 수학자인 메르센, 물리학자이며 수학자인 가생디, 데카르트도 만났으며 이탈리아에서는 갈릴레이를 찾아갔다. 주저인 『리바이던』(1561)은 그렇듯 폭넓은 교류가 안겨준 업적으로 평가된다.

애덤 스미스는 한 공작의 가정교사가 되기 위해 모교인 글래스고 대학의 교수직을 사임하고 젊은 귀족을 따라 유럽 각지를 여행한 뒤 프랑스에 체류했다. 그간 스미스는 볼테르를 비롯해 정치가이며 경제학자인 튀르고, 경제학자이며 의사인 케네와 교류했다. 프랑스에서 착수한 『국부론』(1776)은 튀르고와 케네의 영향이 적지 않았다. 애덤 스미스야말로 그랜드 투어의 가장 큰 수혜자였다.

그렇다면 영국의 젊은 귀족들에게 그랜드 투어는 정말 보람이 없는, 잃어버린 나날이었을까. 그랜드 투어는 여행이 일반화되기 이전 75년 동안 영국 귀족사회에서 3세대에 걸쳐 지속되었다. 그 체험이 보람 있었다고 기억한 제1세대가 아들에게, 다음 제2세대가 아들을 위해 그랜드 투어를 마련해주었던 것이다. 정말 무의미한 여행이었을까. 그렇지는 않았을 것이다. 그런데 교양을 위한 그랜드 투어나 믿음을 위한 성지순례는 개인의 바람에서 출발된 여행이라기보다 귀족사회 및 가톨릭이라는 공동체가 장치하고 부과한 통과의례와 같은 것이었다.

'저편'을 향한 편력의 충동

우리는 개인적인 여정(旅情)에서 출발한 여행을 반듯한 여행, 진정한 여행으로 이해하고 싶다.

서양 최초의 여행가는 그리스 역사가 헤로도토스였다. 그는 지중해 세계 전 지역을, 그리고 남쪽은 이집트 남단, 동쪽은 바빌론, 북은 흑해에까지 이르는 대여행을 감행했다. 그의 저작 『역사』(Historiae)에는 그 여행에서 얻은 각지의 자연, 지리, 풍속, 역사에 관한 풍부한 지식, 정보가 가득 담겨 있다. 키케로가 지칭한 이 '역사의 아버지'는 '여행의 아버지'이기도 했는데, 『역사』는 최초의 여행기였다. 헤로도토스가 열어젖힌 지중해는 인류 최초의 여행무대였다.

그 뒤 『동방견문록』을 남긴 베네치아의 상인이자 동방여행가 마르코 폴로, 메카의 순례길에 올라 이집트, 중근동, 소아시아, 남러시아, 인도, 북경까지 찾아간 14세기 이슬람 세계의 여행가 이븐 바투타, 영국의 선교사이자 아프리카 탐험가인 리빙스턴, 그들을 본받은 모험가, 선교사, 상인, 학자들의 미지의 세계를 향한 치열한 정신은 모든 바다, 모든 대륙에 오가는 길을 열었다.

길은 사람들로 하여금 방랑과 편력, 집을 등지는 일탈과 표박의 충동을 일으킨다. 그 충동은 목적의식과는 상관없는 밑도 끝도 없는 '저편'을 향한 치열한 정열이면서, '약속의 땅'을 향한 전세(前世, Historiae)로부터의 꿈을 은밀히 잉태하고 있다.

> 내 아가, 내 누이동생아
> 저기 가서 같이 사는
> 감미로움 생각해보렴!
> 한가로이 사랑하고

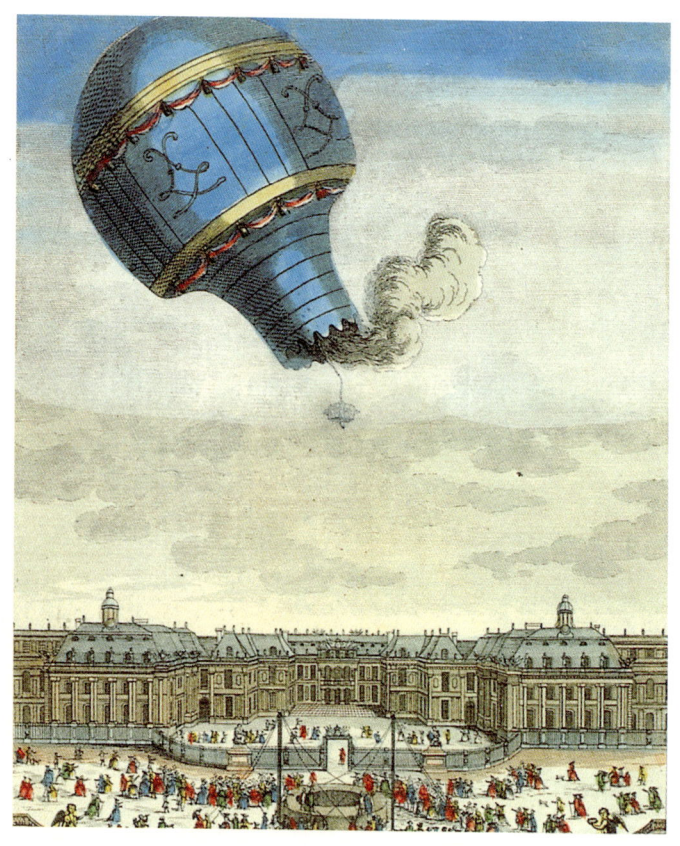

'저편'을 향한 꿈으로 인류는 1783년 기구를 쏘아 올렸다.

사랑하다 죽고지고

너를 닮은 그 고장에서!

……

거기선 모두 질서 있고 아름다운,

호화로움, 고요함과 그리고 쾌락뿐

• 보들레르, 「여행으로의 초대」

'호기심이 있으면 여행을 하라.' 1683년 젊은 귀족을 위해 파리에서 출간된 책의 주제이다. 17세기 후반에 이르면 여행은 상류사회에서는 생활의 한 부분, 교양이자 취향으로 자리를 잡았다. 교양과 취향의 본질이 그러하듯 여행 또한 뚜렷한 목적의식으로부터 자유로운 즐거움, 즐기는 놀이가 되었다.

17, 18세기는 취미의 시대, 그 키워드는 즐거움(délices). 시와 음악, 사랑과 미식에 붙어다녔던 즐거움이라는 패셔너블한 말이 『이탈리아의 즐거움』(1706, 라이덴), 『덴마크와 놀이의 즐거움』(1706, 라이덴), 『잉글랜드와 아일랜드의 즐거움』(1707, 라이덴)이 『유럽 명소순례』(1702, 울음), 『세계견문순례기』(1715, 런던) 등 여행책에도 다채롭게 쓰였다. 흥미로운 것은 왕명에 따라 여행기가 여러 나라에서 연이어 쓰이고 출간되었다는 사실이다. 왕과 측근들은 여행기를 읽는 즐거움 때문에 이국여행과 그 기록이 뿌릴 '독소'에 대해서는 미처 알아차리지 못한 것 같다.

인도, 페르시아를 여행한 프랑스의 보석상인 샤르댕은 여행기(1686)에서 페르시아인의 의복, 풍습, 종교, 재판, 법 등에 관해 기술했다. "거리로 보나 풍습이나 준칙의 이질성으로 보나 진정 별개의 세계라고 불러도 좋은 이 나라들에 관해 유럽 사람들의 흥미를 이끌 모든 것을" 독자에게 전하고자 했다. 이 상인은 이 방문화를 이해하기 위해서 독자들은 그와 함께 "별개 라는 세계"의 존재와 그 정당성을 이해하고, 유럽이 우월하다는 편견을 버리고 '다양성'에 대한 감성을 지녀야 한다고 역설했다.

이국여행은 낯선 자연풍토나 풍습에 대한 엑조틱(exotic)한 호기심과 함께 그 나라의 신앙과 종교, 정치체제에 대해서도 관찰하고 관심을 갖게 한다. 여행자는 더 이상 선량한 미개인이나 이집트의 현자만을 보고자 하지 않았다. 여행을 통해 사물을 편견 없이 관찰하는 안목을, 남과 자기의 세계를 비교하고 상대화하는 데 눈을 떴다. "어떤 사람은 긴 여행으로 타락해 남겨졌던 사소한 신앙심마저 없애버린다. 매일 새 종교를 보고 갖가지 풍속, 갖가지 의식을 봄으로써……." 샤르댕과 같은 시대의 문인 라 브뤼에르의 정직한 말이다. 유명한 신구 논쟁에서 고대파에 선 그의 두려움과 아랑곳없이 시대는 날로 제왕의 권위와 왕관의 체제에 대해 회의와 의의를 제기하는 방향으로 줄달음친다. 문학비평가 아자르의 이른바 유럽 의식의 위기에는 당시 바야흐로 시작된 유럽인에 의한 비유럽 세계에 대한 여행이 긍정적인 영향을 주었다고 할 수 있을 것이다.

일찍이 경험하지 못한 충족감, 이 지상에 눈을 돌려야 할 무엇인가가 존재한다는 벅찬 예감, 어떤 취미일지라도 성취할 수 있다는 무엇이.

1789년에 나온 여행기의 한 구절이다.

18세기 말까지 악마가 서식한다는 알프스에는 위험, 불모, 공포라는 기호가 붙어다녔다. 그 알프스는 이제 새로운 모습으로 사람들에게 비쳤다. 여기에는 루소의 『신엘로이즈』(1761)가 크게 이바지했다. '알프스 산 기슭 작은 마을에 사는 연인들의 편지'라는 부제대로 루소는 알프스 산 기슭 레만 호수 일대를 배경으로 벌어진 순박한 사랑 이야기에서 프랑스 문학사상 처음으로 자연을 묘사하고 산악의 아름다움으로 독자를 끌어들였다. 18, 19세기 이후 이탈리아, 그리스를 향한 문인, 예술가 대부분은 그 작품을 떠올리며 신선한 친밀감을 품고 알프스를 넘었다. 알프스가 환기한 숭고한 이미지는 바로 그대로 그리스, 이탈리아, 고전 고대를 찾는 열락(悅樂), 기쁨으로 이어졌다.

19세기 영국의 작가 기싱은 그리스·로마 고전문학의 열렬한 독자였다. "사람은 누구나 지적 욕구를 지니게 마련인데, 내 경우는 현실에서 도피해 소년시절의 꿈이던 고대세계를 떠돌아다니는 것이었다." 소년 시절부터 그처럼 동경한 그리스, 이탈리아행을 실현할 수 있었던 것은 1888년 가을이었다. 막 탈고한 장편소설이 가난한 그에게 이탈리아행 자금을 마련해준 것이다.

"열차가 설 때마다 바다의 음악이 들려온다. 때로는 호메로스의 시 구절이, 때로는 테오크리토스의 시구가 메아리치듯, 이 먼 남쪽나라의 해안을 낮에 지나치면 무엇이 떠오를지 모르지만 밤이면 그대 그리스 시인들의 영혼으로 가득 찬다." 기싱이 이오니아 해변을 밤기차로 지나갈 때 기록한 것이다. 그는 또 말했다. "이제까지 몇 번이고 마음의 눈으로 바라본 장소를 지금 나는 내 눈으로 쳐다보고 있다." 기싱과 마찬가지로 우리도 마음속에 새겨둔 지 오래된 갖가지 이미지와 그림을 안고 지중해로 향한다. 여행이란 그 쌓인 이미지와 그림을 확인하고 수정하는 여정일까. 이방인에게 서유럽행은 고뇌 섞인 길이기도 하다.

나는 당신들로부터 떠났습니다. 사랑하는 임이여, 나는 당신들로부터 떠났습니다. 나의 마음은 가장 고운 감정에서 당신들의 것입니다. 그러나 지금 나는 한발 한발 당신들로부터 멀어지고 있습니다. 오오, 나의 마음이여! 그대의 마음을 누가 알아주리까. 얼마나 긴 세월 이 나그네 길은 나의 가장 즐거운 꿈이었을까. 나는 기뻐 날뛰며 말하지 않았던가. 그대는 간다라고. 매일 아침 즐거움으로 잠에서 깨지 않았던가. 그대는 정말로 간다라고 생각하며 나는 기쁨에 가득 차지 않았던가.

러시아의 작가이자 역사가인 카람진이 서유럽 여행에서 돌아온 직후 발표한 『러시아인 여행가의 편지』(1791~92) 가운데 한 구절이다. 카람진은 일찍이 서유럽 문학에 매혹되어 번역과 창작에 종사한 뒤 서유럽 여행길에 올랐다. 『러시아인 여행가의 편지』는 그가 발행한 잡지 『모스크바』에 실렸다. 서유럽의 풍물이나 정세를 소개하면서 선진 서유럽 문화를 향한 러시아 지식인,

교양인의 진솔한 열정과 고뇌를 토로한 고백서이다. 이방 탐방, '저편'에 대한 열정이란 자기 귀환의 한 도정(道程)일까. 카람진은 또 러시아 역사소설과 방대한 러시아사를 쓴 높은 민족의식을 품은 역사가이기도 했다. 이러한 그의 경력에 비추어 그 여행기록은 더욱 우리에게 감동을 안기며 우리 자신을 돌아보게 한다.

빙켈만과 기번, 고전의 땅 아르카디아를 향하다

17세기 중엽 이후 근대적 개인주의의 태동 속에서 일기 시작한 개인에 의한 여행은 반듯한 여행가를 많이 낳았다.

교황 니콜라우스 5세는 로마의 재생과 교회의 평화를 축원해 1450년을 전 세계의 성년(聖年)으로 선언했다. 산 피에트로 대성당을 비롯한 로마의 4대 성당에 참배하는 자에 대해 면죄부를 부여하도록 했다. 면죄부를 받으려면 이탈리아인은 14일간, 알프스 저쪽의 이방인은 8일간 로마에 머물면서 매일 참배해야 했다. 전 유럽으로부터 순례자의 행렬이 그치지 않았다. 대의명분이야 어떻든 중세 때의 성지순례와는 딴판으로 그것은 바로 일종의 로마 기행이 되었다. 이후 여러 세대에 걸쳐 이어진 로마 기행의 길을 처음 연 인물은 『로마 제국 쇠망사』(1776~88)로 이름 높은 영국의 역사가 기번이었다. 그는 20대에 로마에 체류한 감동을 훗날 자서전에 썼다.

25년의 거리를 넘어서 회상한다. 이 영원의 수도 로마를 처음으로 가까이하고 입성했을 때 마음의 약동을 일으킨 강렬한 감동을 잊을 수도 표현할 수도 없다. 잠 못 이룬 밤을 지샌 뒤 나는 험한 비탈길을 올라 포룸로마눔의 폐허로 들어가 있었다. 로물루스가 있고 키케로가 연설하고 카이사르가 쓰러진 하나하나의 기념비적 장소가 동시에 눈에 들어왔다. 그리고 며칠을 도취상태로 보냈다.

기번은 『로마 제국 쇠망사』의 끝부분에 기록했다. "내 생애 20년 동안 나를 즐겁게 하고 힘을 보태준 이 저작의 구상은 바로 카피톨리노의 폐허에서 싹텄다." 기번이 카피톨리노 언덕에서 내려다본 고도는 몹시 황폐한 모습이었다. 그러나 1780년대만 해도 4만 명 이상의 영국인이 유럽 여행을 했으며 첫 번째 목적지는 로마였다. 그들 대다수는 『로마 제국 쇠망사』의 독자였다.

산 피에트로 대성당과 바티칸이 있는 로마는 순례의 땅이었다. 그러나 순례가 아니더라도 이탈리아를 향한 발걸음과 열정은 오랜 역사를 지닌다. 이탈리아의 자연이 지닌 아름다운 경관, 혹은 태양이 빛나는 남쪽나라에 대한 인간 본능의 향일성(向日性)과 관련된 것일까. 로마는 바로 유럽 문명의 원고향, 원풍경이다.

이탈리아는 로마를 통해 유럽을 세 번 지배했다고 한다. 첫 번째는 율리우스 카이사르에 의한 무력 지배이며, 두 번째는 그리스도교에 의한 종교적 지배, 세 번째는 로마법에 의한 사회적 지배이다. 그 위에 아니 그 이상으로 라틴어에 의한 고전의 지배, 교양의 지배를 강조하고 싶다. 라틴어는 몇 세기에 걸친 '로마의 평화' 속에서, 그리고 중세 1천 년과 르네상스 시대를 통해 유럽적 교양공동체를 창출했다. 라퐁텐은 "모든 길은 로마로 통한다"(Tous les chemins mement à Rome)고 했던가.

나의 책상에는 『이탈리아에서 온 독일인의 편지』(1965)라는 서간집이 놓여 있다. 400쪽 정도 되는 이 책에는 1755년부터 1890년까지, 18세기 독일의 미술사가 빙켈만의 이탈리아 여행 이후 19세기 독일의 문인으로서 이탈리아 풍물을 사랑한 그레고로비우스에 이르기까지 70명이나 되는 독일의 시인, 작가, 예술가, 학자 및 정치가가 이탈리아에서 보낸 몇백 통의 편지가 수록되어 있다.

그중에는 빙켈만, 괴테, 실러, 훔볼트, 헤르더, 니체와 바이마르 공국의 대비 안나 아말리아, 프로이센 개혁을 주도한 슈타인 남작의 이름도 보인다. 남쪽나라 이탈리아를 향한 독일인의 치열한 정념에 불을 댕긴 인물은 빙켈만이었다. 그는 그리스 고전미술에 심취해 1755년 독일 북부 잿빛 어두운 하늘로부터 벗어나 푸른 하늘과 태양이 빛나는 로마로 이주했다. 빙켈만은 로마에 머무는 13년 동안 바티칸의 서기, 로마 고미술 감독관으로 활동하면서 그리스·로마의 예술작품을 연구하는 한편 폼페이를 비롯해 각지의 유적을 조사했다.

빙켈만이 전인적인 열정으로 끌린 로마는 약 7만이나 되는 입상·흉상이 널린 숲, 아류 예술가와 고미술상으로 떠들썩한 초목으로 덮인 와륵의 숲이었다. "세계 도처에 책이 범람하고 그로 인해 진정한 인식이 위협받고 있다. 그런데 아직도 누구 하나 예술의 본질에 다가가지 못하고 있다." 1756년 로마에 온 1년 뒤 빙켈만이 한 말이다. 당시 로마는 빙켈만이 경멸하는 호고가(好古家)들이 우글거리고 있었다.

빙켈만은 반듯하고 철저한 관찰자였다. 그가 가장 귀히 여긴 것은 자기 스스로 보고 관찰하는 정열이었다. 우리는 자기 자신이 본 것만 말하고 좋아하며 기록할 수 있다. 이것이 빙켈만의 확신이었다. 괴테에 의하면 빙켈만은 '관찰자'의 욕망을 품고 이 세상에 태어났다. 그는 보고 관찰하기 위해 고향을 등지고 로마에 머물렀다. 18세기는 서재 학자의 시대가 아니라 서재 밖 넓은 세상을 돌아보는, 특히 고전의 땅 지중해 세계에 눈 뜨기 시작한 교양인의 시대였다. 그 선구자가 바로 빙켈만이며 기번이었다.

장중함과 위엄은 빙켈만 언사의, 사람됨의 특징이었다. 그것은 아마 그가 생애를 통해 마음에 새긴 그리스·로마 예술의 본질과 깊은 관련이 있다고 할 수 있을 것이다. 우리는 좋아하는 것을 본받게 마련이 아닌가. 천생이 뛰어난 관찰자인 괴테에 의하면 빙켈만은 "말이나 펜으로써 표현할 수 없는 작품을 눈으로 보고, 감각으로 파악했다. 완성된 장려함, 그 형태를 낳은 이념, 관찰할 때 내면이 환기되는 감정을 듣는 사람, 읽는 사람에게 전함으로써 시인임을 입증한 인물"이었다.

디드로는 빙켈만에 관해 "그가 보지 않는 것이 있을까"라고 언급했다. 빙켈만은 그리스를 한 번도 찾아가지 못했다. 그러나 그리스는 그가 생애를 바쳐 흠모한 고전예술 속 가인(佳人)의 옛 땅 아르카디아. 그는 로마에서 그리스 작품을 관찰하고 연구했다.

그는 그리스 조형예술의 본질을 '고귀한 단순함과 고요한 위대함'(edler binheit und stille Grässe)이라고 표현했으며 라오콘상에서는 그리스적 비극의 감정을, 신적인 고통과 영혼의 위대함을 보았다.

『그리스 미술 모방론』(1755)과 『고대미술사』(1764)를 저술해 미술사의 근본개념인 양식(style) 문제를 예술연구에 도입해 미술사학의 창시자로서 불멸의 업적을 이룩한 빙켈만을 따라 레싱, 칸트, 헤겔도 그리스 예술을 기준으로 미의 원리를 생각했다. 그러나 빙켈만으로부터 가장 깊은 영향을 받은 인물은 빙켈만을 '미술사상의 콜럼버스'라고 찬양한 괴테였다. 괴테는 빙켈만이 로마에서 귀국한다는 소식을 듣고 만나기 위해 밤낮을 가리지 않고 마차를 달렸다. 그러나 빙켈만이 국경도시 트리에스테에서 강도의 흉기에 쓰러지는 바람에 만나지 못했다. 두 인물의 만남이 실현되었더라면 하고 부질없는 상상을 해본다.

빙켈만 이후 이탈리아는 그리스와 더불어 독일, 아니 유럽의 교양인들에게 아름답고 영원한 고전의 모국으로서 특별한 의미를 지니게 되었다.

괴테의 이탈리아 체험, '나 자신의 발견'

9월 3일 새벽 3시에 나는 몰래 카를스바트를 빠져나왔다. 그렇게라도 하지 않으면 도저히 여행을 떠날 수 없었기 때문이다.

괴테가 지은 『이탈리아 기행』(1816~29)의 머리말이다. 1786년, 괴테의 나이 37세. 그는 행선지를 집사에게만 알려주고 요한 필립 베러라는 상인으로 위장하고 바이마르에서 도망치듯이 이탈리아 여정에 올랐다. 그 이전 괴테는 1775년 카를 아우구스트 대공의 초빙을 받아 바이마르 공국에 부임한 뒤 1782년에는 귀족의 칭호를 받고 내각수반에 올랐다. 그는 영명한 군주를 도와 인구 10만 명의 바이마르 공국을 독일 역사상 유례 없는 시문학과 철학의 메카로 만드는 데 중심 역할을 했다. 그러나 바이마르에 머문 10년은 괴테의 문학활동이 침체된 시기였다.

괴테의 바이마르 '탈출'의 직접적인 계기가 된 것은 소국의 완고하고 고루한 궁정생활에 대해 짜증과 혐오가 일었고, 7세 연상의 귀족 미망인 슈타인 부인과의 사랑 때문이었다. 괴테는 한 인간으로서 시인으로서 전환의 기로에 놓여 있었다. 이탈리아행은 자기 탈출, 재생을 위한 몸부림이었다.

> 그대는 아는가, 레몬꽃이 피는 나라
> 어두운 잎 그림자에 황금의 오렌지빛
> 부드러운 바람 창공에서 불고
> 도금양꽃은 고요히, 월계수 높이 솟아
> 그대는 아는가, 저쪽
> 그곳에 그곳에!
> 그대와 함께 가고파
> 그리워라, 나의 귀여운 임이여

이탈리아는 유년시절부터 괴테에게 동경과 희망의 땅이었다. 그는 이탈리아에 첫발을 들여놓은 감격을 재빨리 편지에 담아 슈타인 부인에게 띄웠다.

나는 『이피게니에』를 동반자로서 아름답고 따뜻한 나라에 데리고 갑니다. 해는 길고 나의 사색을 방해하는 것은 없습니다. 그리고 주변의 훌륭한 광경은 시상(詩想)을 압박하지 않을 뿐더러 오히려 운동과 자유로운 공기와 더불어 사상을 더욱 북돋아 줍니다.

1년 4개월에 걸친 이탈리아 여행과 로마에 체류하는 동안 괴테의 관심은 전적으로 고대와 르네상스 예술작품에 집중되었다. 괴테는 북방 독일의 잿빛 하늘과 대조적인 태양이 찬란히 빛나는 맑고 아름다운 자연을 한껏 만끽했다. 이탈리아 반도 남단 시칠리아 섬, 옛 유적이 깔린 팔레르모 항구의 풍물은 마음을 사로잡았다.

윤곽의 청려함, 전체를 감싸는 부드러움, 서로 나뉘는 색조, 하늘과 바다와 대지의 하모니, 이것들을 본 사람은 한평생 잊지 못할 것이다. 얼마 뒤 북쪽나라에 돌아가면 이 행복한 주거의 영상을 내 마음속에 되살리고 싶다.

괴테의 이탈리아 여행의 궁극적인 목적지는 로마였다. 1786년

10월 29일, 괴테는 꿈에도 잊지 못하던 로마에 들어섰다. 그는 즉시 슈타인 부인에게 편지를 띄웠다.

나를 여기에 인도하신 하늘에 진심으로 감사드리고, 두 번째 인사는 그대에게 바쳐야 하리라.
"(로마를 이해하기 위해) 사람은 새로 태어나야 한다."

로마에 온 며칠 뒤 괴테는 로마로 향했던 지난날의 열병 같은 동경의 정감을 다시 털어놓았다.

최근 몇 해 동안은 정말 병에 걸린 것과 같았다. 로마를 향한 그리움을 치유할 수 있는 것은 오직 이 눈으로 이 땅을 보고 이 몸으로 여기에 오는 것뿐이었다. 지금에야 털어놓지만 한 권의 라틴어책도 한 폭의 이탈리아 풍경화도 그리움으로 인해 도저히 볼 수 없게 되었을 정도였다. 이 땅을 보고 싶다는 욕망은 극도에 다다랐다.

12월 3일에는 로마 체류의 기쁨과 감동을 적었다.

여기 로마는 세계 전체와 결부되어 있다. 로마에 발을 들여놓은 순간부터 나에게는 제2의 탄생이, 진정한 재생이 시작되었다.

나는 여전히 같은 인간이기는 하나 뼛속까지 바뀌었다.

1788년 3월 17일에는 카를 아우구스트 공에게 편지를 써서 보낸다.

이 1년 반의 고독한 생활에서 나는 다시 나 자신을 발견했습니다. 그것은 무엇이었을까요? 예술가로서 나 자신입니다.

로마에서 1년 반을 머무는 동안 괴테는 고대예술을 순례하면서 벅찬 나날을 보냈다. 그는 "감상과 경탄의 연속으로 밤이 되면 피로에 지쳤다." 특히 빙켈만도 극구 찬탄한 벨베데레의 아폴론과 라오콘 상은 그를 "현실세계에서 납치했다." 이어서 괴테는 로마 체험을 술회했다.

이제 여기에 이르러 마음도 가라앉고 한평생 편안한 마음이 든다. 왜냐하면 부분적으로 알고 있던 것을 눈앞에 전체로 관찰할 때 새 생활이 시작되는 법이다. 청춘시대의 모든 꿈이 지금 눈앞에 생생하다.

진정한 여행가는 반듯한 관찰자이며 고집스럽게 선택하는 자이기도 하다. 그리하여 그는 모든 것을 보고자 하는 어리석음으로부터 자유롭다. 괴테는 아시시에 가서도 산 프란체스코 대성당에는 전혀 무관심하고 코무네 광장의 아무도 돌보지 않는 로마의 유적을 찾았다.

고대의 예술과 아침저녁으로 마주한 이탈리아 체험은 괴테를 고전적인 교양인으로 변모시켰다. 괴테는 빙켈만이 로마에서 보낸 고귀한 예술적 삶이 미술사가를 교양인으로 완성하고, 그가 빙켈만으로부터 얻은 것도 인식이 아니라 바로 교양이라고 말했다. 괴테는 이제 반사회적인 자아를 주장한 슈투름 운트 드랑, 질풍노도기의 기수로서『젊은 베르테르의 슬픔』을 들고 나왔던 지난날의 자기 자신과 결별했다. 파숑, 정념의 시인은 인간성의 조화를 가장 귀히 여기는 휴머니스트, 고전적 교양인으로 재생된 것이다.

콩고 기행, 앙드레 지드의 자기 변신

우리는 왜 여정에 오를까. 일상으로부터 일탈, 들뜬 호기심, '저편'을 향한 기약할 수 없는 방랑과 표박의 충동? 막연히 마음먹고 집을 나서는 길은 또 다른 자기를 만나는 길, 자기로의 귀환. 우리는 저마다 순례의 땅을 지니며 그 토포스를 향해 길을 떠난다. 괴테가 신생의 땅을 이탈리아에서 찾은 데 대해 작가 앙드레 지드는 미래의 땅 아프리카에서 재생을 찾았다.

나는 쿠르티우스가 깊은 심연으로 뛰어든 것처럼 이 여행에 뛰어들었다. 비록 몇 개월 전부터 이 여행에 대한 강한 열망이 내 마음속에 자리 잡고 있기는 했지만 내가 원했다기보다는 거역할 수 없는 어떤 운명에 의한 불가피한 것이 아닌가 생각된다.

지드가 지은 『콩고 여행』(1927)의 머리말이다. 인생에는 어떤 운명에 의한 '만남'이 있다. 이탈리아와 괴테의 만남이 그러했듯이 지드의 아프리카와의 만남 또한 그러했다.

요절한 시인 랭보는 1870년 자기를 이해하는 교사에게 보낸 편지에서 토로했다. "나는 타향 땅에서 병들고 미칠 것 같으며 무기력하고 머리가 혼란스럽습니다. 나는 바람입니다. 갖가지 여행을……아무것도 없습니다! 나 자신의 고향에서 유형을 당하고 있습니다." 이때 랭보의 나이는 16세, 그 무렵 그는 세 번 가출했다. 『지옥의 계절』(1873)을 발표하고 절필한 뒤 20년간 유럽, 서아시아, 아프리카 각지를 전전하고 교사, 지원병, 행상인, 탐험가로서 짧은 생애를 마쳤다. 랭보는 말한다. "시인은 모든 관능을 분방하게 해방함으로써 미지의 것에 도달해야 한다." "나란 일개의 타자이다." 이러한 랭보에 지드는 맞장구치듯 말한다. "나는 정지하는 것에 공포를 품는다."

작가 지드의 본질은 방랑벽과 깊이 관련되었다. 지드는 어렸을 때 어머니에게서 받은 금욕주의적 교육의 고통을 극복하기 위해 24세 때 아프리카로 떠났다. 그 야성의 대지에서 지드는 자기를 얽매어온 지난날의 인연과 단절하고 그것들을 버릴 결심을 안고 돌아왔다. 그가 쓴 최초의 작품 『배덕자』(1902)는 원초적 생명에 넘친 아프리카 체험의 비극적 찬가였다.

아득한 대기, 아름다운 풀숲과 나무, 무심한 바람과 구름떼, "목걸이를 팔던 그 애, 그 애는 지금 내 어깨에 머리를 기댄 채 내 손을 꼭 잡고 선잠을 자고 있다." 웃음을 띠며 빈정거리는 아이와 말다툼하는 여인, 허벅지를 드러낸 사내, 그 모든 것에 지드는 따뜻한 시선을 보낸다. 아프리카는 루소나 디드로가 상상한 '선량한 야만인'의 땅이 아니라 "스무 살 때 마음의 울림"을 떠올린 "유혹하는 매력"의 땅이었다. 그것은 지드에게 "모든 것이 행복과 관능의 망각을 약속하고 있는 듯" 비쳤다.

인습적 도덕을 거부하고 자유로운 행위를 열망해 동기가 없는 살인을 저지른 젊은이를 그린 『교황청의 지하도』(1914)를 발표할 무렵 지드는 자기에게 속삭였다.

사람이 거리를 떠나기 위해서는 정력적인 수단에 의지할 수밖에 없다. 급행열차에 의지할 수밖에 없다. 어려운 일, 그것은 교외(郊外)를 넘는 일이다.

넘어야 할 교외란 부르주아인 지드에게는 사유재산의 세계였다. 그가 혐오한 최대 타깃은 재산에 집착하는 자들, 그들을 부추기는 체제였다.

"사물을 생각하는 인간으로서 자기 자신만을 목적으로 할 때 무서운 공허에 시달려야 한다. 여행 따위도 하나의 현기증에 지나지 않는다."

"지금의 나는 무엇인가를 향해 걷고 있다. 나는 안다. 지금 어딘가에 있어 나는 막연한 바람이 사실이 되어 군림하고 있음을, 나의 꿈이 현실되고자 하고 있음을."

나이 56세 때 그는 나비채집을 위해 다시 콩고 여행길에 올랐

사하라 사막의 풍경. 문학가들은 19세기 후반 이집트와 아프리카로 길을 떠났다.

다. 그런데 프랑스 식민지 아래 원주민의 참상에 충격을 받고 지드는 사회문제에 눈을 뜨게 되었다. 작가 지드의 치열한 휴머니즘 정신은 아프리카의 '미개'를 경멸하거나 연민의 정을 보내기보다 그 혹독한 가난 속에서 유럽 식민정책의 죄악을, 그 자신이 뿌리내리고 있는 부르주아적 부와 문명의 위선을 자책했다. "이제 나는 자본주의의 패배, 또 그 그림자에 가려진 모든 것, 악습, 부정, 허위, 추잡함 등의 파산을 마음으로부터 바라지 않을 수 없다."

아프리카 체험이 낳은 『콩고 여행』은 프랑스 내외, 특히 지식인 사회에 충격과 새 바람을 일으켰다. 지드는 좌경화되고 코뮤니스트가 되었으며 1932년에는 공산주의로 전향하겠노라고 선언했다(1936년 스탈린 체제 아래 소련 여행은 그를 다시 전향시켰다). 그 뒤에도 지드의 방랑은 계속된다.

"나는 더 이상 거기에 가만히 있을 수 없었다. 나는 출발한다. 나는 여행을 떠난다. 어디로? 나도 모른다." 지드는 그의 한 작품에 나오는 카페 개르송의 입을 빌려 토로한다. "그분은 아직 찾지 못했으므로 여행을 하고 있습니다."

아프리카에서 캐러밴이 이끄는 낙타가 잠시 숨을 돌리다가 다시 일어나 사막 속으로 멀리 사라지는 광경을 보며 지드는 탄식한다. "대상(隊商)이여! 왜 나는 그대들과 함께 출발할 수 없는 것일까. 대상이여!" "나의 벗이여. 가령 내가 어디로 가고 거기서 무엇을 하기 위해선가를 알아차린들, 나는 나의 고뇌로부터 탈출할 수 없음을 그대는 알아줄까."

지드에게 하나만은 분명했다.

"사물을 생각하는 인간으로서 자기 자신만을 목적으로 했을 때 무서운 공포에 시달려야 한다. (그때) 여행 같은 것은 한 현기(眩氣)에 지나지 않는다."

지드의 아프리카 체험을 생각하면서 『슬픈 열대』(1955)를 쓴 레비-스트로스를 떠올려본다. 그는 『슬픈 열대』의 첫머리에서 말했다. "나는 여행이란 것을 싫어하며 또 탐험가도 싫어한다. 그러면서도 지금 나는 나의 여행기를 쓸 준비를 하고 있다." 이 말은 바로 다음 글로 이어진다. "여행이여, 그대가 우리에게 제일 먼저 보여주는 것은 인류의 얼굴에 던져진 우리의 오물이다." 브라질의 오지 인디오 사회의 체험, 그리고 인도·파키스탄에서 겪은 경험으로 이 뛰어난 인류학자는 열대를 원점으로 현대문명을, 아니 인간을 근원적으로 관찰하고 고발했다. 『슬픈 열대』는 21세기 인류사회의 앞날을 고지하는 또 하나의 고전이라고 할 것이다.

"나는 더 이상 거기에 가만히 있을 수 없었다. 나는 출발한다. 나는 여행을 떠난다. 어디로? 나도 모른다."

24 18세기 계몽주의. 문명의 숲, 사회 속의 연대

> 만약 운명의 여신이 누군가에게
> 다시 태어나고 싶은 세기를 선택하라고 하면
> 그는 로코코 시대, 계몽주의 시대를 바랄 것이다.
> 🖋 발레리

세계를 텍스트로 읽는 지식인들

유럽의 담론하는 문화는 사물을 비판하고 때로는 체제와 적대적인 거리를 둔 지식인을 창출했다. 이 지식인은 오리엔트풍의 예언자, 성직자, 율법학자와 구별될 뿐 아니라 체제지향적인 학식자나 문인, 전문직과 크게 다르다. 도그마의 순교자가 아니라 진실을 귀하게 받든 지식인으로서 죽음을 택한 소크라테스, 이 최초의 지식인을 본받아 아벨라르, 갈릴레이, 루소, 마르크스, 프로이트, 사르트르 등 창조적 지식인에게서 볼 수 있듯이 18세기 지성의 본질은 그들이 놓인 현실을 하나의 텍스트로서 읽고 때로는 뒤집어 인식하는 데 있다.

세계를 텍스트로 읽는 순간 공론의 장을 날로 넓혀 현실은 해체되고 수정되며 마침내 새롭게 쓰인다. 문자를 읽고 글을 쓰는 행위는 단순히 개인의 생각을 문자로 투사하는 것에 그치지 않는다. 그것은 무언가를 현실 세계로 끄집어내는 것, 많은 사람에 의해 공론화(公論化)될 언설을 꾸미는 모계(謀計)가 된다. 18세기 계몽의 시대를 상징하는 『백과전서』의 출간은 담론하는 시민에 의한 시민공동체의 탄생을 알려준다.

부르크하르트에 의하면 세계사는 루소의 『사회계약론』(1762)이 출간된 이전과 이후로 나뉜다. 특출한 개인이 역사의 흐름에 얼마만큼 영향을 줄 수 있느냐 하는 문제는 역사학에서 매우 흥미 있는 테마이다. 한 권의 서적이 불러일으킨 시대적·사회적 충격을 추적하는 일 또한 적지 않게 흥미롭다고 할 것이다.

"문체는 사람됨을 말한다"고 하지만 위대한 한 권의 책은 그 저자를 뛰어넘어 시대와 사회, 역사를 비추는 '거울'임을, '공공성의 구조전환'(하버마스)을 일으킴을 우리는 잘 알고 있다. 18세기는 담론의 시대였다. 그리고 이 담론 공동체에는 지난날 르네상스적 인문주의나 교양 있는 문인, 철학자들로 이루어진 문예공화국이 몰랐던 인민(people)이라고 불린 대다수의 시민이 구성원으로 참가했다. 디드로와 달랑베르가 펴낸 『백과전서』는 바로 18세기 시민공동체를 비춰주는 상징적인 지식·기술체계라고 할 것이다.

▲ 프랑스 혁명을 상징하는 「루소의 영광」

위대한 세기의 거짓

 루이 14세의 시대는 16세기 프랑스가 바라던 모든 것, 군주권의 신장, 행정조직의 완비, 유럽에서 정치적 패권의 확립, 종교적 통일 그리고 성숙한 국민문화를 꽃피웠다. 16세기 프랑스인이 갈망한 것, 다시 말해 그리스 · 로마의 고전에 필적할 만한 규범적 가치를 지닌 프랑스 문화체계가 마침내 실현된 것이다.

 프랑스 역사상 위대한 세기로 불리는 루이 14세의 치세(1643~1715)는 절대왕정의 권능이 절정을 이루고 프랑스 고전문화가 완성을 본 시대이다. 즉 휘황찬란한 베르사유 궁정으로 상징되는 프랑스 귀족사회의 완숙을 말해준다. 그러나 완성과 성숙의 시기는 한 역사의 가을을 의미하며 루이의 죽음은 한 시대의 종말을, 즉 그의 시대가 쌓아올린 정치 · 경제 · 사회체제와 그 위에 꽃피웠던 귀족문화의 조락을 예고하는 것이기도 했다. 낡은 것의 해체는 새로운 것의 대두를 의미한다.

 루이 치하 왕실과 귀족들이 쌓아올린 베르사유 문화의 바로크 양식은 가히 범유럽적 보편성을 획득하고 파리는 바야흐로 유럽의 메트로폴리스가 되었다. 프랑스어는 이제 유럽의 귀족과 교양인의 언어가 되고 프랑스 스타일의 의복과 풍습, 요리와 에티켓 그리고 프랑스적인 악덕까지 사람들은 흉내냈다. 그런데 프랑스풍의 미덕과 악덕과 더불어 새로운 의식, 새로운 지에 대한 열망이 싹트기 시작했다. '신구논쟁'(新舊論爭, 1687)에서 문명의 진보에 대한 확신을 주장한 이른바 근대파의 등장과 그들의 우세는 유럽 지성의 회춘을 밝히는 것이 아니었던가! 당시 근대파의 선두에 선 시인이며 평론가인 페로는 말했다.

우리는 이제 모든 세기 중 가장 박식하고 가장 세련되고 가장 고상한 취미를 즐기는 세기에 살고 있다.

새로운 것의 태동은 낡은 것에 대한 비판과 극복을 통해서만 결실을 기대할 수 있는 법. 태양왕의 위대한 세기에서도 왕에 대한 고발의 소리가 들려왔다. 루이 14세 손자의 교육 담당자이며 가톨릭 계몽주의자인 페늘롱은 1693년에 루이에게 띄운 익명의 편지에서 토로했다. "당신은 국민의 와해 위에서 하늘까지 도달한 것입니다." 페늘롱의 이 고발은 스승인 보쉬에의 생각과 얼마나 대조적인가! 이 고명한 궁정사제는 왕을 가리켜 "오! 국왕이여, 당신은 신이로소이다"라고 외쳤던 것이다.

『유럽 의식의 위기』(1935)의 저자 아자르가 지적했듯이 1789년 전후까지 혁명적으로 여겨진 사상은 1680년 전후부터 나타났다. 반석 위에 세워지고 요지부동하다고 확신되었던 신권정치의 밑바닥에는 비판과 거부의 의식이 맥맥이 복재했던 것이다.

한 명의 왕, 하나의 법, 특정 교황을 위로 받들고 이루어진 유럽적 체제의 구조를 흔들어놓은 의식의 위기 시대를 고지한 것은 자유사상가(libertin)로 불린 지식인들이었다. 가생디, 라 브뤼예르, 벨을 대표로 하는 그들 자유사상가들은 데카르트의 세례를 받아 종교적 도그마와 철학적 이성의 영역을 명확히 구분 짓고자 했다.

동시에 독일의 그로티우스와 푸펜도르프 및 영국의 로크의 영향 아래에서 정치적 권위에 대한 비판적 논의를 처음 시작했다.

그들 자유사상가들은 신에 대한 의무, 군주에 대한 의무라는 '의무'의 관념에 뿌리를 둔 종래 체제 대신 개인이 지닌 양심의 권리, 비판의 권리, 인간의 권리, 시민의 권리라는 '권리'의 관념에 뿌리를 둔 새로운 문명을 지향했다. 18세기의 철학자는 이들의 후예였다.

지의 자각은 역사적 상황에 대한 올바른 인식에서 비롯된다. 현실세계의 명암을 가려내고 체제가 내포한 구조적인 거짓과 부조리를 파헤쳐 비판하는 데 철학자는 결코 관대하지 않았다. 루소는 18세기 파리의 현실을 고발했다.

파리는 세계에서 부가 가장 불균형한 도시이다. 사치를 극한 호사, 원한에 찬 참상이 동시에 공존하는 도시이다.

이러한 인식은 가난한 소시민의 아들인 루소만 그런 것은 아니었다. 부유한 대부르주아 출신인 볼테르의 표현은 더욱 구체적이며 신랄했다.

인간세계의 약 반은 원시상태에 가까운 비참한 상태에서 살고 있는 두 개의 다리를 가진 동물이다. 그들은 먹는 것, 입는 것이라고는 거의 없으며 말하는 능력도 없다. 자신의 비참한 상태를 알아차리지 못하면서 그저 죽어가고 있다.

이상과 같은 인식은 귀족사회에서도 예외일 수 없었다. 한 후작은 1747년에 단정적으로 이렇게 진단했다.

우리 인민은 오늘날 군주들과는 거의 맺어져 있지 않다는 사실을 잘 생각해보자.

파리에는 3만 명을 헤아리는 걸인이 거리를 누비고 있었는데 그 수는 파리 인구 30분의 1에 해당했다. 1701년경 프랑스에는 200만 명의 거지가 있었다는데 그 수는 전체인구(1800~1900만 명)의 10퍼센트를 훨씬 넘는다. 그들은 밤이 되면 동굴로 돌아가고 구걸한 흙빵과 물과 나무뿌리로 연명했다.

루이의 위대한 세기란 왕의 절대 권력과 베르사유에서 환락을 즐기는 소수 궁정귀족의 성대(聖代)일 뿐 전 인구의 90퍼센트를 차지하는 일반 서민과는 전혀 무관했다. 그래서 앞의 그 후작은 "궁정은 국민의 무덤이다"라고 잘라 말했던 것이다. 많은 시민이 자유사상가들과 함께 기다린 지 오래된 루이의 죽음을 '신에게 감사하며' 맞이했다.

루이의 죽음이 전해지자 파리의 시민은 거리에 나와 불꽃을 터뜨리며 환호성을 올렸다. 그를 이은 루이 15세의 시대 특히 1730년대 이후는 지배기구와 사회구조 전반에 걸쳐 해체의 조짐이 서서히 나타나고 귀족이나 부르주아의 주변에도 위기의식이 망령처

가난에 허덕이는 서민의 생활

럼 감돌기 시작했다. 그럼 하느님의 교회를 깔보고 왕위를 비판한 자유사상가나 철학자가 믿고 기댄 거점은 무엇이었던가.

지난날 르네상스 시대의 휴머니스트들이 고전 고대의 이미지로써 그들에 앞선 중세를 암흑시대로 여기고 막연히 이상향 아르카디아를 꿈꾼 것과는 달리 18세기가 내세운 계몽(lumiére)은 정신을 비추는 빛, 바로 지식을 뜻했다. 어둠을 헤치는 빛으로의 지식, 지성은 어떠한 역사적 세계로부터도 자유로운, 명석한 이성(raison)으로서 스스로 생각하고 더불어 담론했다. 데카르트가 세상을 떠난 지 150년, 그의 세례를 받은 이성의 신봉자는 날로 증대되고 지식사회라는 큰 공동체를 이루었다.

계몽주의 시대라고 하나 사람들은 문맹상태에서 얼마나 해방되었을까. 1698년의 칙령에 따라 14세까지 모든 아동은 원칙적으로 초등 교육기관에 입학해야 했다. 1762년이 되어도 전체 아동의 10퍼센트가 못 되는 소년들만이 교육을 받았다. 초등 교육기관의 교사는 대체로 하급 성직자였으며 여교사는 거의 수녀였다. 가르치는 것도 대부분 종교교육에 한정되었다. 중세로 돌아간 듯 제도권 교육은 시대에 역행하고 있었다.

문자를 해독하는 사람은 얼마나 되었을까. 결혼식 때 자기의 이름을 쓸 수 있는 사람을 문자 해독자로 간주한다면 17세기 말경 남성은 28.74퍼센트, 여성은 13.97퍼센트가 문맹에서 벗어났다. 백년 뒤인 18세기 말에 이르러도 그 수는 47.45퍼센트(남)와 26.88퍼센트(여)에 지나지 않았다.

이름을 쓸 수 있다고 해서 반드시 문자를 해독할 수 있음을 의미하지는 않았다. 서민은 이름 이외에 글을 쓰거나 책을 읽을 일은 거의 없었으니 말이다. 파리의 하숙집 하녀 출신인 루소의 처는 남편이 글쓰기를 가르쳤으나(독서는 시키지 않았다) 12개 월력의 명칭도 돈 계산도 끝내 제대로 하지 못했다. 굶주린 배를 움켜쥐고 밥 생각만 하면서 살아야 했던 일반 서민층에게 이성의 세기는 아직 아득히 먼 곳에 머물러 있었다고 해야 할 것이다. 이 같은 암울한 상황에서 일군의 철학자들이 시대를 밝히는 등불로, 계몽사상가로서 등장했으니 그만큼 그들의 역할이 컸다고 해야 할 것이다.

철학자와 이성, "오늘날 모든 담론은 결국 정치적이다."

철학자, 즉 계몽사상가가 주도한 18세기 계몽주의 시대의 상징적인 기호, 키워드는 데카르트의 모국에서는 '이성'이었다. 18세기에 철학자와 이성은 동의어였다. 18세기 프랑스의 지적 엘리트이며 계몽사상을 통해 프랑스 혁명과 근대 시민사회를 이데올로기적으로 준비한 철학자, 그들은 누구였던가. 문학 살롱을 열어 철학자들과 가까웠던 어느 귀부인은 1690년경에 말했다.

철학한다는 것은 이성에 완전한 존엄을 부여하는 것이며 이성으로 하여금 기꺼이 모든 권리를 행사하게 하는 것이다. 그것은 모든 사물을 저마다 고유한 원리로 복귀시키는 것이며 여론이 권위의 멍에를 흔들어놓는 것이다.

한편 디드로는 철학자에 관해 『백과전서』에서 서술했다.

편견, 전통, 낡은 것, 일반적 의견, 권위 등 한마디로 말하자면 일반 대중을 지배하고 있는 모든 것을 타파한다. 그리고 스스로 생각하고 가장 명석한 일반원리에까지 거슬러 올라 그것을 검증하고 담론하며 자신의 경험과 이성의 승인에 의한 것 이외에는 아무것도 인정하지 않는 사람들이다.

17세기 프랑스의 한 여류 신비가는 "철학자의 병은 인간적인 이성의 작용으로 모든 것을 이해하고자 해서 신적인 믿음의 조명에 어떠한 여지도 남기지 않는 데서 온다"고 비난했다.

이성은 데카르트 시대에도 가톨릭 교회나 종교가에 의해 사갈시(蛇蝎視)되었다. 루이 14세 치하에서도 20~30만 명의 신교도를 축출하는 광란이 벌어졌다. 그리하여 이성의 첫 번째 복수의 표적은 교회와 도그마였다. 반교회 투쟁의 포문을 연 것은 17세기 자유사상가들이었다. 종교적 도그마와 이성을 철저하게 구별하고 도그마를 역사적·논리적 규명이라는 도마 위에 올려놓은 벨은 이성이란 "우리에게 제기되는 모든 문제에 관해 최종 판결을 내리고 항소를 허용하지 않는 최고 법정이다"라고 선언했다. 그는 무신론의 반도덕성이라는 종래 고정관념과도 맞섰다. 한편 신구 논쟁에서 근대파 편에 선 퐁트넬은 중요한 것은 믿는 것이 아니라

공개강좌는 콜레주 드 프랑스의 계몽주의 전통 가운데 하나이다.
1977년 롤랑 바르트가 취임강의를 하고 있다.

이해하는 것, 증명하는 것이라고 말했다. 계몽이란 이성의 빛에 의해 증명하는 것을 의미하며 이때 이성은 스콜라 철학은 물론 데카르트의 이성과도 이질적인 것이었다. 올바크는 말한다.

> 이성이란 우리에게 유익한가, 해로운가를 가려주는 경험과 반성에 의해 제공되는 인식이다.

이성은 이제 신학적 도그마로부터 인간을 환속시키는 데 만족하지 않고 인간을 개명하는 사회적 의미를 획득했다. 근대 자연법의 원조라 할 그로티우스는 이성과 관련해 말했다. "인간성이야말로 인류를 사회관계로 인도했다. 인간성의 근원인 이성만이 자연법의 어머니이다." 그로부터 몇 세대 뒤 디드로는 말했다.

> 이성과 그에 뿌리를 둔 법만이 인류 위에 군림하는 여왕이어야 한다. 기성의 종교가 계몽의 빛 앞에서 퇴색하고 사라지기 시작할 때 사회를 유지하고 무정부적인 재앙으로부터 해방되기 위해 호소되어야 할 것은 이성 이외에는 없다.

> 철학은 주어질 때까지 기다려서는 안 된다. 철학은 과거를 연구대상으로 삼아왔으며 미래를 예견의 대상으로 하고 가능한 한 시야를 멀리 확대하고 정치철학의 플랜을 만들어야 한다. 사람들은 최종적으로 이성적 유럽을 이야기해야 한다.

그 누구보다 이성의 신봉자였던 볼테르는 세기의 가장 귀한 딸이 된 이성의 실천적 의미를 한마디로 표현했다. "비열한 것을 근절하라." 비열한 것이란 바로 장세니스트와 제수이트를, 종교적 불관용을 의미했다. 루소에 이르기까지, 아니 루소 이후에도 철학이라는 말은 반그리스도교라는 의미로 쓰이기도 했다.

철학자가 반그리스도교적이라면 그들이 무신론자이거나 신앙심이 결여된 데서 연유된 것이 아니라(적잖은 철학자가 유물론자이기는 하나) 교회와 가톨릭의 도그마를 반사회적인 것으로 인식하고 그것이 프랑스 사회의 구조적 부조리의 근간을 이룬다고 확신했기 때문이었다. 이렇듯 철학자에 의해 모든 사상(事象)은 궁극적으로 사회적 관점에서 다루어졌다. 대표적인 예가 루소이다.

"신에 관한 가장 위대한 사상은 오직 이성에서 생겨난다"고 공언한 루소는 개인의 구제로서 종교(자연종교)와 사회, 국가의 연대로서의 종교(시민적 종교)라는 두 관점에서 믿음의 문제를 생각했다. 그는 선악의 문제를 원죄나 신학적 관점이 아니라 도덕과 정치의 관점에서 보았다. 그리스도교를 시민적 종교로 생각함으로써 도그마를 합리화하고 사회화했다.

"순수하게 시민적인 신앙고백이 존재한다. 그 본질을 정하는 것은 엄밀하게는 종교의 도그마가 아니라 사회적 의식이다. 만약 이 의식이 결여된다면 선량한 시민, 충실한 시민이 될 수 없다."
"오늘날 모든 담론은 결국 정치적인 것으로 몰린다." 인민 주권의 제창자와 더불어 철학자는 종교문제도 사회적 · 정치적인 관점에서 생각했다.

달랑베르는 1753년에 실천과학이라는 용어를 썼으며 얼마 뒤 볼테르는 실천하는 철학자에 관해 언급했다. 스스로 "행동하기 위해 쓴다"고 말한 볼테르는 1765년 3월 1일자 편지에서 말한다.

진정한 철학자는 아직 경작 안 된 땅을 갈고 삶의 숫자, 즉 그 땅에 거주하는 사람의 숫자를 증가시킨다. 가난한 사람을 돌보고 그들을 부유하게 하고 결혼을 장려하고 고아들을 도와준다. 철학자는 세상 사람으로부터는 아무것도 기대하지 않고 자기가 할 수 있는 모든 선한 일을 사람들에게 베풀어야 한다. 철학자는 위선자를 증오하며 미신을 믿는 자를 가엾게 여겨야 한다. 말하자면 철학자는 친구가 될 수 있는 기술에 능숙한 자이다.

인식의 세계에만 머물 수 없는 철학자의 사회적 기능을, 실천적 지의 사회적 연대를 강조한 것이다. 18세기 프랑스의 철학자는 그 이전까지 철학자로서 떠올린 스콜라주의적 서재인의 풍모는 물론 르네상스 시대의 인문주의자들과도 딴판이었다.

볼테르는 시, 극, 소설, 비평, 역사, 철학 등 모든 분야에서 일가를 이루었으며 자신의 저작들을 철학 이야기라고 불렀다. 철학자는 17세기 모럴리스트의 후예였으며 몽테뉴, 파스칼이 그러했듯이 철학자이며 문학자, 과학자였다. 또 사교적 인간이기도 한 자유로운 지식인, 교양인이었다.

그들 철학자는 반교회적이었으나 상층 시민계급 출신인 그들과 정치 · 사회체제와의 관계는 비교적 우호적이었다. 그들은 동포와 더불어 사회, 국가의 질서 속에서 안주하기를 희망했다. 철학자들은 반체제적이 아니었을 뿐더러 심정적·교양적으로 귀족적이었으며 비교적 일찍부터 귀족 및 상층 부르주아지의 사교계에 편입되었다. 사교계에서는 그들과 귀족 사이에는 차별이 존재하지 않았다. 그들을 하나로 묶은 것은 취미와 교양과 함께 특히 미래지향적인 지식체계의 공유였다.

『백과전서』와 그 집필자들

17세기의 화두는 '아는 것이 힘'이었다. 지식의 집대성이 시대적 과제가 되었다. 이러한 사실은 원전을 편집하고 비명(碑銘)이나 금석학, 화폐 등을 연구하고 역사를 재구성하는 한편 피에르 벨의 『역사비평사전』(1697), 루이 모레리의 『역사대사전』(1674), 아카데미 프랑세즈의 『프랑스어사전』(1694) 등 활발한 사전 편찬 사업에서 잘 드러난다. 그러나 17세기는 지식의 단순한 집대성에 만족하지 않았으며 사실적 지식을 사상으로 재구성하고자 했다. 그 기준이 된 것은 문명(civilization)이라는 새로운 근대적 개념, 키 콘셉트였다.

문명이란 메시지를 처음 던져준 나라는 최초의 근대 시민사회였던 영국이었다. 영국의 사전 편집자 체임버스가 편찬한 『백과사전 혹은 공예, 과학의 종합사전』(1728)은 문명을 알린 상징적 저서이며 디드로가 편찬한 『백과전서』의 모범이 되었다.

영국의 성공에 자극받아 프랑스에서도 백과사전을 간행하자는 움직임이 일어났다. 우여곡절 끝에 디드로와 달랑베르에게 사전 편집의 책임이 위촉되었다. 디드로는 무명이었으나 달랑베르는 철학자로서 명성이 전 유럽에 알려져 있었다. 달랑베르는 1752년 베를린 아카데미 의장직을 맡아달라는 프리드리히 대왕의 여러 차례에 걸친 간곡한 초빙을 거절했다. 이때 그는 (개인적) 자유와 독립에 대한 지극한 사랑과 더불어 『백과전서』 사업이 자기를 프랑스로부터 떠나지 못하게 한다고 이유를 밝혔다.

『백과전서』의 간행이 구상되면서 1748년부터 1750년까지 출판업자는 자금을 모으는 데 주력하고 편집책임자인 디드로와 달랑베르는 필자 선정, 저술 배분, 항목 선정, 협력자 간 유대와 연락, 원고 입수 및 수정, 자료·참고문헌·도판 수집에 힘을 쏟았다.

디드로는 『백과전서』의 편찬에 부심하는 동안에도 익명으로 『철학단상』(1746), 『맹인서간』(1749)을 출간해 종교와 정치를 비판했으며 그로 인해 1749년 여름에 투옥되었다. 그러자 그는 정부에 대한 복종을 서약하고 출판사도 정부에 탄원해 가을에는 석방되었다. 당시 프랑스의 출판업계가 네덜란드와 경쟁하는 상황에서 『백과전서』의 간행이 국가의 이익이 되리라는 판단을 정부가 내렸던 것도 석방에 그런 대로 작용했다.

디드로가 석방된 뒤 『백과전서』의 사업은 다시 본궤도에 올라 1750년 10월 간행계획 전모와 예약조건을 인쇄한 취지서가 8천 부 배부되었다. 예약 구독자는 1751년 초에 천여 명, 7월에는 1400여 명, 마지막에는 4천 명에 이르렀다.

『백과전서』의 가장 큰 장점은 디드로가 말했듯이 많은 집필자로 이루어진 공동작품인 점이다. 사실 『백과전서』는 프랑스의 18세기를 대표한 지성이 만들어낸 작품이었다. 집필진에 관해 달랑베르는 "그들은 모두 저명인사이며 혹은 저명하다고 할 만한 가치가 있는 인사라고 장담할 수 있다"고 자랑했다.

180명이 넘는 집필진—당시 프랑스에는 철학자로 자처하는 인물이 2천 명이나 있었다—중에는 볼테르, 몽테스키외, 튀르고와 같은 대가를 비롯해 디드로의 친지이며 아직 무명인 루소가 끼어 있었다. 작가와 사상가 외에 신학자, 의사, 박물학자, 기술자, 장인이 있었다. 올바크 남작을 비롯한 귀족과 에노 고등법원장을 비롯한 고위 공직자가 집필자 명단에 끼었다. 장인들은 대개 학식 있는 사람들이 쓴 본문에 부분적으로 눈에 띄지 않게 참여했다. 집필자 중에는 외국인도 여럿 있었다.

집필진이 다양하게 구성되자 내용이 잡다해지기도 하고 동일한 항목을 여러 사람이 쓴 결과 반대 의견이 표출되는 일이 종종 생겨났다. 좋은 예로 '영혼' 항목에서 한 사제가 가톨릭의 입장을 옹호한 데 반해 디드로는 유물론을 주장했다.

편집 책임자인 디드로는 서로 모순된 서술일지라도 필자가 자유롭게 쓰도록 내버려두었다. 모든 필자는 구속받지 않고 주장을 펼 수 있었다. 중요한 점은 논쟁이 아니라 개인의 자유가 승리하기를 바라는 사람들이 갖는 "서로 다른 신념 간의 열정적 긴장감"이었다. "저마다 자신에게 적합한 사고방식과 이야기방식을 지니고 있다." 이것이 디드로의 신념이었으며 그것이 『백과전서』가 성공을 거둔 가장 큰 장점으로 평가되었다.

집필자 대다수는 지주이거나 관직에 있는 부유한 부르주아였으며 그들은 출신이나 신분과 관계없이 주제를 다루었다. 대부분 무보수로 기고했다. 흥미로운 것은 충분한 능력을 갖춘 여류 문인들이 적지 않았음에도 그 이름을 『백과전서』에서 전혀 찾아볼 수 없다는 사실이다. 그들이 집필할 경우 예견되는 교회 혹은 관헌의 수난으로부터 보호해야 한다는 배려에서였다고 하지만.

집필자 선정 중 가장 어려웠던 부분은 신학 항목이었다. 첫 번째 기고자로 지목된 인물은 파문당하고 두 번째는 국외로 추방되고 세 번째는 사망했다. 디드로는 네 번째로 몰리에르에게 구원을 요청했다. 3개월이라는 원고 마감일을 제대로 지킨 것은 루소뿐이었다.

우여곡절 끝에 『백과전서 혹은 과학, 기술, 공예의 합리적 사전』은 1751년 6월 28일 제1권 2050부가 간행되었다. 두절판으로 본문 17권(각권 900페이지 이상)과 도판 11권을 합쳐 총 28권에 이른다. 제1권이 햇빛을 본 이래 21년 만에 완결된 18세기 지성의 기념비적 집대성. 그 '거대한 불멸의 책'(볼테르)에 대한 평판은 매우 좋았다.

우리가 시작한 이 저작은 두 가지 목적을 지닌다. 백과사전으로는 인간지식의 질서와 연관을 가능한 한 명백히 해야 한다. 그리고 과학, 기술, 공예에 관한 이론적 사전으로서 이 저작은 인문적이든 기술적이든 저마다 학문과 기술에 관해 기초가 되는 일반적 원리와 그 실체이자 본질인 가장 중요한 세목(細目)을 포함해야 한다.

『백과전서』의 첫머리에 실린 달랑베르의 이 서문은 간행 목적을 잘 말해준다. 볼테르는 이 서문이 데카르트의 『방법서설』보다 더 뛰어난 인상을 준다고 평가했다. 공동 편집자인 디드로는 말했다.

『백과전서』의 목적은 지상에 산재한 지식을 집대성하는 것이다. 지식의 일반적 체계를 동시대 사람에게 제시하는 동시에 미래 사람에게 전달하는 것이다. 그렇게 하여 지나간 시대의 업적이 다가오는 시대에 무용지물이 되지 않도록 하고자 한다. 우리 자손이 더 많은 지식을 획득하는 동시에 더 유덕하고 행복하도록 하고 또 우리 자신이 인류에게 알맞은 일들을 가르친 뒤에 죽고자 한다.

『백과전서』는 문자 그대로 지상에 흩어진 지식을 집대성했다. 논리학, 문법학, 수사학, 역사학, 연대기, 지리학, 철학, 윤리학, 신학, 정치학, 경제학 등 인문사회과학의 모든 분야와 물리학, 수학, 역학, 천문학, 광학, 의학 등 자연과학 분야가 망라되었다. 회화, 조각, 건축, 음악 등 예술 기예(공예)가 포함되었다. 역사상의 인물이나 사건에 관한 항목은 제외되었다.

달랑베르가 적절히 지적했듯이 『백과전서』는 "세속적 학식의 원리에서 종교적 계시의 근거까지, 형이상학에서 취미까지, 음악에서 도덕까지, 신학자의 스콜라적 논의에서 교역의 물품까지, 왕후의 권리에서 인민의 권리까지, 자연법에서 국민의 시민적인 법까지" 말하자면 사회와 인간생활의 총체인 문명 전반에 관한 것이 세부적인 항목으로 구체적·실학적으로 다루어지고 논의되었다.

모든 영역과 모든 문제가 쓰이고 논의될 수 있었던 것은 집필자들이 단순한 전문학자가 아니라 모든 것에 관심을 지닌 다재다능한 박식가이며 지식인, 교양인이었기 때문이다. 예를 들어 볼테르는 43개 항목을 기고했는데, 그 항목은 다음과 같다.

우아함, 웅변, 정신, 용이함, 도당, 환상, 호사, 애호, 마음에 듦, 허위, 비옥함, 최고의 복, 건실함, 불, 오만, 비유, 섬세함, 화려함, 나약함, 힘, 간통, 솔직함, 프랑스어, 추위, 고상함, 보증인, 잡지, 문체 양식, 문인, 영광, 자만자, 취미, 은총, 우미, 위대함, 장중함, 교묘함, 존대함, 반구(半句), 행복함, 역사, 우상—우상숭배자—우상숭배, 상상력.

앞에서도 지적했듯이 집필자들은 특수한 전업(專業)의 전문직과는 거리가 먼 백과전서적 안목을 지닌 지식인, 교양인이었다. 볼테르, 루소, 달랑베르, 디드로처럼 적지 않은 인사가 시인, 작가, 비평가(문학-미술-음악 전반에 걸친), 수학자, 물리학자였다. 신문·잡지의 편집사였다. 그만큼 그들은 상식과 에스프리의 공화국의 주민이며 유덕한 시민이었다.

일상적이며 통속적인 사실에 대한 그들 백과전서파, 프랑스 철학자들의 폭넓은 관심과 취향을 독일 관념론자들은 천박하다고 경멸했다. 독일어로 쓰인 많은 철학서적도 그들에게 인색했다. 그러나 원리적인 것과 일상적인 것을, 항구적인 것과 시사적인 것을, 보편적인 것과 특수한 것을 아카데믹한 언어가 아닌 시민의 언어로 저술한 그들의 입장은 오늘날에도 높이 평가되고 있음은 널리 알려진 사실이다.

18세기 프랑스의 철학자들은 계몽주의자답게 언제나 독자를 의식했다. 달랑베르는 독자의 비판과 편달을 촉구해 "주의, 추가, 정정, 비판, 유익한 의견을 포함한 어떠한 욕설이든 기꺼이 받아들여야 한다"고 강조했다.

독자와 시민사회 속의 『백과전서』라는 그들의 입장은 책의 문체에도 잘 반영되었다. 집필자들은 추상적이며 난해한 용어, 전문적인 용어를 애써 피했다. 달랑베르는 "『백과전서』의 문체는 회화처럼 간결하고 정확해야 한다"고 거듭 강조했다. 이렇듯 폭넓은 독자층을 깊이 의식한 문체는 만인을 위한 이성의 빛으로 계몽에 봉사한다는 그들의 실천적 지의 정신과 깊이 관련되어 있다. 자기 자신을 개명시민의 포고자로 자임한 백과전서파는 문명의 영역을 시민적·일상적으로 확대함을 사명으로 인식했다.

디드로와 달랑베르는 『백과전서』의 메시지를 전달하기 위해 교묘한 방법을 썼다. 18세기에는 담론과 진보를 구가한 시대라고 하지만 종교와 정치문제에 관한 한 많은 금기가 따랐기 때문이다. 그만큼 펜의 싸움은 책략과 복병의 간계를 빌릴 수밖에 없었다. 한 예로 교회를 비판한 뒤 자신들은 신을 믿는 가톨릭 정통파인 만큼 그 논의는 불경하다고 거듭 자기 비판을 토했다. 그러나 종교적 권위나 왕실에 관해 언급할 경우 해당 항목에서 먼저 공손하게, 지극히 그럴 듯하게 기술하고는 다른 관련 항목에서 현명한 독자라면 필자의 진의를 읽어낼 수 있도록 은밀하게 기술했다. 그러고는 이심전심으로 필자의 의도를 독자에게 전하고자 "판단을 내리는 것은 독자의 과제이다"라고 덧붙였다.

집필자들이 가장 조심스럽게 다룬 항목은 교회법, 『성서』, 사순절 등 가톨릭의 교리나 도그마에 관한 것이었다. 서술 스타일은 진실을 밝히려는 일념에 자유롭고 솔직했던 반면 대담한 기술은 피했으며 때로 은유적인 기호를 구사했다. 종교의 경우 문제가 되는 것은 모두 교회의 결정에 따른다고 주석을 붙였다. 또 도그마는 인간이 만든 것으로 신이 만든 것은 "아닌 것 같다"는 식으로 서술했다.

『백과전서』는 결코 대담하지 않았다. 백과전서파라고 불리는 철학자들은 지난날 방관자적 · 반사회적인 서재의, 순수 아카데믹한 철학자와 자신을 구별했다. 그러나 그들은 루소를 포함해 결코 과격한 행동가는 아니었다. 대체로 정치적 이상은 계몽 전제주의였다.

그들은 이성이란 이름 아래 종교문제에 대해서는 명확한 태도를 취했으나 정치 영역에서는 반체제적이 아니었다. 디드로는 정치문제는 경제문제와 더불어 머리를 "어지럽게 만든다"고 토로했다. 그러나 "권위와 체제의 정신이라는 이 두 가지 장애물이 철학의 진보를 오랫동안 늦추도록 했다"고 디드로가 주장했듯이 봉건적인 권위나 체제에 대한 지적 저항에 그들은 일관되게 결연했다.

『백과전서』의 적과 동지들

『백과전서』는 간행에 앞서 미리 간행 취지서를 배부했다. 이에 제수이트회는 백과전서파를 맹렬히 공격했다. 화살은 집필자 중 프라드와 이봉 두 신부에게 집중되었다. 프라드는 파리 대학으로부터 수여받은 신학박사 학위를 박탈당하고 베를린으로 망명했다. 이봉도 국외로 도피했다. 이 사건의 배경에 대해 달랑베르는 백과전서파가 신학 항목의 집필을 제수이트 회원들에게 맡기기를 거부했기 때문이라고 말했다.

1752년 1월, 『백과전서』 제2권이 나오자 제수이트회의 책동으로 왕명에 의해 배부가 금지되었다. 이유인즉 『백과전서』가 왕권 타도와 자립 및 반항의 정신을 심어주고 어렵고 애매한 말을 쓰면서 오류와 퇴폐, 무신론과 불신앙의 뿌리를 내렸다는 것이다. 그런데 얼마 뒤 파리 대학 신학부 소속인 3명의 교수가 모든 항목을 검열한다는 조건이 붙으면서 속간이 허용되었다. 그러는 동안에도 제수이트회와 장세니스트의 공격과 방해는 그치지 않았다.

한편 백과전서파는 귀족사회에서도 그들의 편을 찾을 수 있었다. 디드로와 달랑베르는 사교적 자질을 유감없이 발휘하면서 살

18세기 말 프랑스에서는 검열을 피해 책은 국외에서 출판되어 국내에 밀반입되었다.

롱의 귀족 특히 귀부인을 통해 『백과전서』에 대한 지배층의 후원과 이해를 얻고자 노력했다. 정부 내 실력자인 다르장송 후작, 출판감독관 말레르브, 국왕 루이 15세의 애첩인 퐁파두르 후작부인, 베르니 등의 후원을 얻었다. 제1권은 육군대신이며 연극, 아카데미 및 출판에 관한 총책임자인 다르장송에게 바쳐졌다.

재미있는 것은 『백과전서』의 원고와 도판을 압수하라고 명령한 일이 있는 말레르브가 사전에 그것을 디드로에게 귀띔해주었다는 사실이다. 디드로는 즉각 모든 원고를 대법관인 말레르브 아버지의 저택에 숨겨놓아 피해를 면할 수 있었다. 이 출판감독관은 『백과전서』뿐만 아니라 루소의 주요 저작 출간에 대해서도 탄압을 하기보다는 장려해야 하며 그것을 자신의 의무라고 자각하고 있었다. 그는 계몽사상가로부터 체제를 지키기보다 계몽사상가를 정부의 탄압으로부터 보호하는 데 더 신경을 썼다. 그 결과 볼테르와 몽테스키외의 저작을 비롯한 18세기 프랑스의 주요 저작 대부분은 묵시적인 허가 덕분에 독자에게 제공될 수 있었다.

프랑스 정부에는 출판에 관한 한 서면 허가, 암묵의 허가, 처벌만은 하지 않는다는 구두의 허가 등 세 가지 애매모호한 룰이 있었다. 검열관의 수는 1741년경에는 76명, 1789년에는 178명이었다. 펜에 대한 탄압은 정부 당국보다 가톨릭 교회(대행자는 파리 대학 신학부 교수였다)가 주도적으로 행했다. 그러한 현상은 중세 이래 범유럽적으로 공통된 관행이었다. 사상문제는 교육문제와 함께 교회의 소관이었고 왕후, 귀족 등 세속권력은 학예 보호자, 패트런의 위치에 있었다. 어쨌든 18세기 계몽의 세기에 이르러서도 책을 낸다는 일은 필자나 출판인에게는 용기와 결단이 필요했다. 볼테르 같은 문호도 "나에게는 작품을 저술하는 일보다 그것을 출판하는 것이 더 어렵다"고 토로했다.

철학자가 비판적 저술활동을 시작한 1739년에는 재판소의 명령으로 프랑스 내 43개 도시의 인쇄소가 전부 폐쇄된 일이 있었다. 『백과전서』의 경우 8권에서 17권(마지막 권)은 탄압을 피해 1763년 말 이후 지방에서 출간하고 다음해에 파리와 베르사유에서 배부되었다. 편집에서 인쇄, 제본까지 모두 파리에서 만들어졌으나 각 권의 권두에는 스위스에서 발행된 것으로 기재되었다. 정부 당국은 물론 그것이 거짓임을 알고 있었으며 발행인을 1주일 동안 형식적으로 바스티유에 감금했을 뿐 묵인했다.

『백과전서』는 제1권이 간행된 뒤 21년 만에 완결되었다. 중간에 달랑베르는 공동 편집자의 자리에서 물러나고 담당 항목인 수학 부문 집필에만 전념했다. 그는 서문과 장단 약 150개의 항목을 집필했다. 디드로가 단독으로 편집책임을 맡으면서 구상에서부터 26년이라는 긴 세월 끝에 『백과전서』는 완성되었다. 발족 당시 33세의 무명이던 디드로는 59세가 되었고 문명(文名)은 전 유럽에 빛났다.

우리는 『백과전서』를 근대적 문명을 지향하는 시민계급이 이룬 세기적 텍스트 교본으로 이해해야 할 것이다. 사실 그 항목들은 물질문명의 일람표와 꼭 같다. 피터 게이는 저서 『계몽사상— 하나의 해석』(1969)에서 볼테르의 『철학사전』이 저술된 1760년대를 유럽의 산업혁명기라고 말했다. 백과전서파는 어떤 의미에서는 시인, 작가, 사상가, 자연과학자이기에 앞서 근대 최초의 테크노크라트 집단이라고 할 수 있을 것이다.

18세기 프랑스에서 철학자는 곧 과학자를 의미했다. 그렇기 때문에 그들은 기술공예에도 밝았으며 이 점에서 지난날의 철학자, 아니 거의 모든 학식자, 지식인, 교양인과 확연히 구별된다. 달랑베르는 철학의 주요한 기능은 실증과학에 기초를 부여하는 것이라고 강조했다. 백과전서파는 과학적 지식과 관련된 철학을 요구했다. 왜냐하면 자연에 관한 과학적 지식이 자연을 더 잘 지배하는 힘을 준다고 확신했기 때문이다. 『백과전서』의 정식 명칭이 시사하듯 그 특징 가운데 하나는, 아니 최대 독자성은 기술의 가치를 발견한 것이었다.

오늘날 지식인을 우리는 특수한 지적 전문직(professionals)에 종사하는 기술적 지식인과 더 넓고 보편적인 지를 지향하는 지식인(intellectuals)으로 나눌 수 있을 것이다. 전자가 체제 순응적인 도구적 지식인인 데 비해 후자는 이데올로기적이며 비판적·실천적인 지식인, 지성(intelligence)이라고 해도 좋을 것이다. 18세기의 철학자 특히 백과전서파는 기술적 지식인인 동시에 비판적·실천적 지식인이라는 양면성을 두루 갖추었다.

볼테르는 1740년에 토로했다. "내 주변에서 일어나는 일은 모두 혁명의 싹을 잉태하고 있다. 혁명은 언젠가 일어나지 않을 수 없을 것이다. 그러나 나는 그 목격자가 될 수 없을 것이다. 젊은 이들은 행복하다. 그들은 앞으로 좋은 나날을 맞이할 것이다."

『백과전서』에 참가한 철학자들은 결코 혁명적 지식인은 아니었다. 역사적 현실과 그들은 두 얼굴을 지닌 이중적인 관계였다. 1789년까지 연명하였더라면 그 운명이 어떻게 되었을까. 그들은 '다행스럽게도' 1789년 피비린내나는 대란 이전에 약속이라도 하듯 거의 이 세상에서 자취를 감추었다. 어떻든 그들이 창출한 담론의 열정은 비판적이고 행동적인 지식인 집단을 낳고 일반 시민들까지 담론의 광장으로 끌어들였다. '담론윤리'(하버마스)가 다스리는 세기가 개막된 것이다.

영국 혹은 문명 체험과 '사회' 속의 연대

백과전서파로 대표되는 18세기 지식인들은 당면한 현실적 상황을 잘 알고 있었다. 그들은 자기 자신을 현실세계의 교사로 자각했으며, 동시대인 또한 그들을 계몽주의자라고 지칭했다. 18세기가 계몽의 세기로 불리는 이유이다.

18세기는 또한 감수성의 세기였다. 계몽주의자는 정념적 인간이었다. 그들은 현실에서 일어나는 크고 작은 모든 일에 예민했다. 『백과전서』는 그러한 그들의 지적·감성적 정념의 소산이었고, 그 정념은 사회의 발견으로 자연스럽게 이어졌다. 자기 자신을 인류에 대한 공통의 관심과 상호 우애에 의해 맺어져 있다고 자각한 점에서, 다시 말해 사회 속의 인간연대를 강하게 의식한 점에서 18세기 지성은 모든 것에 앞서 자기 자신을 사랑한 지난 날의 교양 지향적 지식인과 구별된다.

근대문명의 상징이라 할 세계 최초의 철교가 1779년 영국에서 개통되었다.

자기 자신을 사랑하는 자기애를 강조한 루소는 또한 동포가 고생하는 것을 참지 못하는 '연민'의 감정을 자기애의 자연스러운 발전으로서, 인간애의 원천으로서 강조했다. 자기 중심적인 오만한 볼테르도 루소와 그 미덕을 공유했다. 계몽된 광범위한 시민들 또한 교사를 따라 사회를 발견하고 사회 속의 유대를 지향했다.

이상과 같은 바람직한 움직임에는 언어의 통일, 국어의 확립이 전제되고 크게 기능했다. 즉 지난날 책이 라틴어로 쓰이고 아카데미 프랑세즈가 왕의 영광을 위해 사전을 편찬했을 때 보통 사람들은 문자의 세계 밖에서 무지몽매한 존재일 수밖에 없었다. 그러던 것이 소설과 신문, 잡지가, 모든 책이 프랑스어로 쓰이면서 모든 시민이 하나의 언어, 국어의 뿌리 위에 태동된 국민이라는 보편적 진실, 사회적 공공선을 공유하는 일체감, 정통성을 갖게 되었다.

박식과 넓은 견문을 특징으로 하는 계몽사상가들은 대부분 여행을 즐겼다. 17세기 유럽 귀족사회에서는 유행처럼 여행바람이 불었으며 그 목적지는 대개 르네상스 귀족문화의 요람인 밀라노와 피렌체, 차차 파리와 베르사유 궁전이 되었다. 그러나 계몽사상가들은 여러 지역을 자주 순회했다.

몽테스키외는 독일, 스위스, 이탈리아, 네덜란드, 영국을 여행하였으며 볼테르는 영국, 독일, 스위스에 장기간 체류하고 네덜란드에도 갔다. 스위스 태생인 루소는 이탈리아와 영국에서도 거주했다. 디드로는 네덜란드, 독일, 러시아를 여행했고 『피가로의 결혼』의 작가인 보마르셰는 스페인, 영국, 오스트리아를 비롯해 전 유럽을 돌아다녔다. 계몽사상가들은 이국에서 겪은 체험을 여행기, 일기 등을 통해 독자들에게 전달했다.

그런데 사실에 근거한 문명 비평가임을 자부한 그들이 가장 유용하게 문화를 배운 곳은 영국이었다. 17세기 이전까지 영국은 유럽 문화의 변경지대였다. 그러나 영국 체험이 없었던들 몽테스키외의 『법의 정신』(1748)이 과연 나올 수 있었을까. 새로운 시대를 재촉하는 물결은 도버 해협 저편에서 밀려왔다. 궁정생활의 풍속에 관한 한 모범은 프랑스였으나 유럽은 문명이라고 불릴 새로운 사조를 상공업과 시민계층의 나라 영국에서 받아들였다. 한 국민의 문명화라는 포괄적인 개념을 프랑스 철학자들, 아니 유럽은 영국에서 배웠다.

영국에서는 17세기 후반에서 18세기 초에 걸쳐 흄, 기번 및 로버트슨의 역사서술을 통해 문명의 규칙적 진보사상이 널리 퍼졌다. 특히 철학자 섀프츠베리는 영국의 권력과 자유, 사회와 개인, 사유와 상상, 예술과 풍속이 조화된 상관관계 속에서 역사의 진보, 즉 문명을 보았다. 계몽사상가들은 대개 영국 문명의 감화를 받았으며 영국이라는 학교의 출신이었다. 감화를 가장 크게 받은 사상가는 볼테르였다.

볼테르는 비극 『에디프』를 발표하고 명성이 높아졌다. 그 후 체제비판으로 인해 두 번 바스티유에 투옥되고 결국 영국으로 망명했다(1726~29). 런던에 체류한 3년 동안 볼테르는 영국의 의회정치를 비롯해 사회, 문화, 풍속 등에 큰 감명을 받았다. 포프, 스위프트, 영 등의 문학자들과 친교를 맺는 한편 로크, 뉴턴, 셰익스피어의 사상이나 예술에도 접했다. 볼테르는 영국에서 진정한 철학자가 되어 돌아왔다. 그를 철학자로 대성시킨 영국 체험의 결산은 일명 『영국 통신』이라고도 불리는 『철학 서간』(1734)에 잘 나타난다.

영국 국민은 국왕에 대해 줄기차게 항쟁을 하고 왕권을 억제하는 데 성공했다. 그리고 끊임없는 노력을 통해 마침내 저 현명한 정치를 확립한 유일한 국민이다.

영국에서 국민을 풍요롭게 한 상업은 동시에 그들을 자유롭게 하는 데도 도움이 되었으며 이 자유가 다시 상업을 발전시켰다.

볼테르가 영국에서 감동을 받은 것은 국민의 성숙한 정치성과 특히 언론의 자유와 상인의 높은 사회적 위상이었다. 영국에서는 17세기 말부터 상인을 미화하는 경향이 나타났다. 이상적 인간을 의미한 젠틀맨은 귀족에 앞서 부르주아지를 지칭하게 되었다. 디포는 순수한 상인의 특징으로 "사전 없이 외국어를 이해하고, 지도 없이 지리를 알고, 나라 안의 어떠한 직업에도 종사할 자격이 있는 세계적인 학자이다"라고 칭송했다.

볼테르의 『철학 서간』은 프랑스 귀족의 부패와 무능을 비판하며 영국의 상인과 시민적 덕성에 대한 찬사로 가득 찼다. 『철학 서간』은 프랑스 지식인을 매료시키고 영국 열을 더욱 부채질했다. 18세기 중엽에 이르면 프랑스의 지식사회에서도 상인을 군인, 귀족과 구별해 높이 평가하는 풍조가 일반화되었다.

프랑스에서 문명의 개념은 로코코 시대(1715년부터 1789년 혁명 이전)에 사람됨의 온화한 품성, 세련된 취미와 품위 등 오네톰의 도아(都雅)함을 지향한 문화의 개념과 서로 조화를 이루었다. 그에 대해 시민과 시민사회의 삶의 양식을 의미하게 되었다. 만약 운명의 여신이 누군가 자유인에게 다시 태어나고 싶은 세기를 선택하라고 하면 로코코 시대, 계몽주의 시대를 바랄 것이라고 20세기 지성 발레리는 말했다.

사실 1789년 혁명 이전에 문명은 특정한 계층의 교양이나 미풍양속에 그치지 않고 지적·도덕적, 더 나아가서 정치적·사회적인 진보를 포함하는 시민계층의 유니버설한 의미를 지니게 되었다. 문명이라는 질서와 더불어 프랑스는 사회적이라고 부를 시민적 모럴, 정념을 또한 체득했다. 근대적 시민계층의 사회적 정념을 문명의 핵심으로 높인 것은 바로 백과전서파였다.

25 프랑스 혁명과 독일 지식인

아우슈비츠 이후에 서정시를 쓰는 것은 야만이다.
🍃 아도르노

그날부터 프랑스 역사는 세계사가 되었다

1789년에 일어난 프랑스 혁명은 유럽 혁명이었다. 당시 유럽 여러 나라가 처했던 정치·사회적 상황은 7월 14일의 혁명 발발 시점에서 유럽적 규모로 확대될 필연성을 안고 있었던 것이다. 바스티유 공격에 앞서 이루어진 계몽사상의 범유럽적인 '정복'도 유럽의 혁명화에 고무적이었다. 혁명은 그렇듯 필연성이 있었음에도 많은 나라에서 일어나지 않았으며 긴박한 과제로 남게 되었다. 정치·사회적·지적 미성숙이 혁명적 상황을 그 실현으로까지 끌어올리지는 못했던 것이다. 그러한 현상은 특히 독일에서 두드러졌다.

혁명과 인권선언의 거센 바람은 라인 강 너머 독일에 제일 먼저 불어닥쳤다. 그리하여 정치개혁을 시도한 소수 집단을 중심으로 여러 소요사건이 일어났다. 그러나 독일에서 혁명은 일어나지 않았으며 독일에서는 끝내 이웃나라의 일시적인 '사건'이 되고 말았다. 혁명 프랑스에서 자코뱅주의의 진행, 나폴레옹의 등장은 혁명 대신 독일 내셔널리즘을 낳기에 이르렀다. 이상과 같은 독일적인 '전향'에 앞장 선 것은 지배계급이나 일반 대중이 아니라 지식계층이었다. 그들은 역사상 일찍이 없었던 대혁명의 시대를 살면서 프랑스의 지식계층과는 대조적인 길을 걸었는데 그것은 그들이 의식적으로 선택한 일이었다.

1777년 프랑스 주재 나폴리 대사가 「여러 나라의 모델, 파리 혹은 프랑스적 유럽」이라는 글에서 드러냈듯, 17세기 이후의 유럽은 어떤 의미에서 프랑스풍의 유럽이었다. 여러 나라의 궁정과 상류사회는 프랑스 양식의 건축과 장식을 모방하고 교양인과 지식사회는 프랑스어를 일상어로 사용하는 한편 프랑스적 취미와 사교가 그들의 의식과 행동 패턴을 이루었다. 영국만 세기적 풍속으로 바뀐 프랑스 열병에 걸리지 않았다.

1789년 7월 14일 훨씬 이전 유럽의 지식사회와 일부 상류사회는 파괴적 이념의 거대한 무기고인 『백과전서』의 세례를 받았다. 1780년대에 이르면 유럽은 새 시대의 도래를 예고하는 혁명 전야의 양상으로 들끓었다. 즉 1782년에는 주네브에서, 1782~87년에는 네덜란드에서, 1788년에는 폴란드, 스웨덴에서, 1789년 직전

▲ 들라크루아, 「민중을 이끄는 자유의 여신」

에는 헝가리에서도 민중봉기가 일어났다. 그 모든 봉기에서 꼽을 수 있는 특징은 시대의 새로운 개념, 즉 인권을 지도 이념으로 했다는 사실이다. 자유주의적인 인권 저항운동은 혁명적인 요구, 즉 정치권력의 교체를 촉구했다. 프랑스 혁명에 선행된 10년 동안 여러 나라에서 일어난 과격한 사건들은 그 의도와 강령이야 어떻든 혁명적이었다. 그 운동에서 좌절한 혁명파 중에는 프랑스에 망명해 1789년 혁명에 주요한 역할을 한 사람이 적지 않았다.

프랑스 혁명은 봉건제 폐지와 인민주권 및 국민적 통합을 위한 유럽적 규모로 확산된 유럽 혁명이었다. 1789년의 프랑스인은 단지 프랑스뿐만 아니라 인류를 위하고 있다는 자각을 지녔다(그것이 아메리카의 혁명가들과 다른 점이었다). "그날부터 프랑스 역사는 바로 세계사가 되었다"고 미슐레가 말했듯이 이제 프랑스와 프랑스 인민의 문제가 전 유럽의 운명과 관련되었다. 유럽에 전통적으로 내재했던 범유럽적인 정통성과 일체성 문제가 자유·평등·박애라는 혁명 이념의 보편성에 의해 고개를 들고, 혁명적 에너지가 지도 위의 국경을 무의미하게 만들었다.

혁명 직전 독일의 지식사회

계몽주의 사상은 프랑스, 영국에서 17~18세기 시민계층의 상승하는 정치, 경제, 사회, 문화적인 에너지와 관련되어 전개되었다. 독일은 대체로 소수 지식인의 관심사였을 뿐이다.

전 근대적 독일의 후진성은 영국이나 프랑스와는 달리 정치·

경제적으로 안정되고 지적인 시민계층의 존재를 불가능하게 했을 뿐 아니라 구태의연한 신분체제는 귀족과 시민계층 사이의 지적 교류도 가로막았다. 그러나 18세기 후반에 이르면 계몽사상은 지식사회와 귀족계층에 침투되었으며 프로이센의 프리드리히 2세, 독일-오스트리아 제국의 요제프 2세를 비롯해 적지 않은 군주 및 귀족이 지식인들과 더불어 볼테르, 루소 및 독일의 계몽철학자인 볼프의 애독자가 되었다. 흥미로운 것은 가톨릭계의 하급 성직자, 일반 서민층이 때때로 신사상에 대해 광적인 적의를 나타낸 데 대해 대주교, 주교, 수도원장 등 고위 성직자들은 계몽사상에 공명했다는 사실이다.

계몽주의는 독일의 지식사회 및 지배계층에 결국 외래 유행사상 이상을 의미하지는 않았다. 계몽주의에 대한 그들의 '친근성'도 1780년 이후 계몽주의가 체제비판의 성격을 드러내면서 점차 시들어갔다. 한편 80년대에 대두된 독일 계몽주의자들은 정치개혁의 문제를 의식하게 되었다. 주목할 만한 사실은 독일 계몽주의는 영국이나 프랑스와는 달리 그 지도이념에서조차 동질성이 결여되었다는 사실이다. 즉 인권에 관한 개념만 해도 피히테의 혁명적 인식과 겐츠의 보수적인 해석 등 각양각색이었다. 계몽사상을 둘러싼 '해독이 없는' 논의는 프로이센의 새 법전에도 반영되었다. 독일에서의 소영방(小領邦)의 분립, 신구교 간의 종교적 분열 및 전 근대적 사회에 특징적인 여러 계층 간의 유대 또는 일체성의 결여는 계몽주의가 독일에서 통일된 사상 혹은 세계관으로 정착함을 방해했다.

독일에서 전통적으로 지적 활동의 중심이었던 대학은 프랑스 계몽사상의 도입에 큰 역할을 했다. 특히 학생들은 신분의 굴레에서 벗어나서 인간 및 인류라는 보편적 관련에 눈을 뜨기 시작했다. 볼프 철학은 대부분의 대학을 휩쓸고 이성의 자율에 대한 칸트의 비판철학 또한 지난날 신학 우위의 독일 대학에 바야흐로 코페르니쿠스적인 전환을 가져왔다.

주목할 만한 현상은 지적 활동이 처음으로 대학의 문 밖으로 확산되었다는 사실이다. 그리하여 계몽사상은 대학 도시(할레, 괴팅겐, 쾨니히스베르크)와 제국 도시(라이프치히, 함부르크) 및 계몽군주들의 수도(베를린, 빈)를 중심으로 확산되었다. 그러한 곳은 때때로 종교적 혹은 정치적 박해를 당한 인사들의 피난처가 되었다. 당시 독일에서는 144개의 정기간행물이 나왔으며 해마다 번역작품을 합해 약 300편의 문예작품이 출판되었다. 잡지 수는 30~40가지를 헤아리고 3천~6천 명으로 손꼽히는 문필가가 존재했다. 독일은 바야흐로 계몽의 세기로 들어선 것이다.

18세기 중엽 독일 지적 활동의 주역은 문필가들이었다. 그런데 영국, 프랑스와는 달리 독일 문필가의 대다수는 펜만으로는 생계를 유지할 수 없어 생계와 신분이 보장되는 공직을 찾아다녔다. 주요 잡지 편집인의 대부분은 대학교수나 전·현직 관리였다. 프롤레타리아에 가까웠던 독일 문필가들의 경제적·사회적 불안정성은 영국이나 프랑스의 문필가가 누릴 수 있던 패트런과 폭넓은 독서층의 부재현상 또한 크게 작용했다.

계몽사상은 특히 대학교수, 문필가 및 관료 엘리트, 즉 지식사회에 깊이 침투되었다. 독일 지식사회는 루소를 좋아했다. 그러나 독일의 루소 추종자들은 『에밀』의 저자인 루소에만 열중했을 뿐 인민주권의 주창자인 루소는 망각했다. 그 결과 루소는 급진적 개혁자가 아니라 계몽주의를 극복한 자, 반근대적이고 반사회적인 낭만주의 문학의 선구자란 역할을 하게 되었다. 독일 지식인들은 사상의 자유를 열망하면서도 정치적 요구는 단지 소망스러운 가치로 생각했다. 대학교수와 더불어 지식계층의 대부분을 차지한 관료는 '개인적으로는' 가장 진보적 그룹을 형성했으나 결국 국왕의 충성스러운 신하일 뿐이었다.

독일에서 혁명적 전환의 상황에서 새 시대의 도래를 처음 밝힌 것은 문학이었다. 괴테는 말한다. "나의 청년시절에는 특권층을 시기하거나 그들에게 특권을 주는 것을 인색하게 여기는 일은 누구도 생각할 수 없었다. 그러나 기사, 도적, 정직한 평민, 포악한 귀족 등은 지난 10년의 우리 소설이나 드라마의 주제였다."

18세기 독일의 반체제 작가였던 레싱의 「에밀리아 갈로티」(1772), 「현자 나탄」(1783)을 비롯해 실러의 『군도』(群盜, 1781), 『간계와 사랑』(1784), 괴테의 『젊은 베르테르의 슬픔』(1774) 등 궁정과 귀족에 대한 정치적인 비판을 주제로 한 이른바 시민극이 뿌리를 내렸다. 같은 시대의 대표적 철학자, 작가, 문필가였던 라이프니츠, 푸펜도르프, 토마지우스, 고트셰트 등은 정신(廷臣)의 신분이었다. 그밖에 적지 않은 문필가들이 궁정 시인, 비서, 사서, 가정교사 등으로 귀족에게 생활을 의존하고 있었다. 프랑스의 자유로운 문필가와는 이질적인 독일 문필가들의 이와 같은 현실에 대해 민중시인으로서 10년간 감금의 쓰라림을 체험한 슈바르트는 1774년에 자조적 어조로 토로했다. "우리의 모든 저술은 우리의 노예적인 세기의 각인이다." 칸트가 말한바 '바야흐로 계몽의 세기 속의' 독일 지식사회의 현실이었다.

한편 비교적 정치의식이 강한 문필가들도 비판의 대상을 군주나 귀족 개인의 포악한 인간성에 맞추었을 뿐 독일이 짊어진 봉건체제 자체에 대해서는 대체로 침묵을 지켰다. 이러한 현상은 자유와 인권의 '원리'를 주장하며 체제의 거짓을 끊임없이 묻고 파헤친 프랑스의 계몽사상가와는 대조적이었다. 단순한 개혁의 열망자인 독일의 지식인들은 행정적 개혁을 바랐을 뿐 체제문제는 외면했다. 자비로운 국군적(國君的) 통치에 의해 주도된 계몽전제주의의 형성에는 이렇듯 독일적 계몽지식인들이 적잖이 이바지했다. "너 자신의 이성을 사용하는 용기를 지니라!"라고 역설한 칸트는 개인적 이성의 자율을 강조했을 뿐 정치·사회적 실천에 관해서는 침묵을 지켰다. 이성에 대해 초월적인 것, 혹은 감성적인 것의 우월성을 전통적으로 지켜온 독일의 지적 풍토에서는 계몽주의의 합리적 사유는 부정적인 것으로 여겨지고 끝내는 극복되어야 할 것으로 생각되었다.

계몽철학자 니콜라이에 대한 칸트의 경멸, 프랑스풍의 시인이자 철학자인 야코비에 대한 괴테와 실러의 멸시, 천박한 계몽주의에 대한 피히테·셸링의 경시의 감정. 관념적이며 이상주의적인 독일 지식계층에게 계몽주의 사상과 그것이 지향하는 시민사회는 결국 멸시의 대상이었다. 슈트라스부르크의 고딕 사원에서 독일 시인으로서의 자의식에 눈을 뜬 괴테는 훗날 프랑스 계몽주의의 특징을 메피스토펠레스에게 부여하고 독일인의 원형인 파우스트와 대치시켰다. 프랑스적·서구적인 계몽주의에 대한 안티테제는 다음 세대의 독일 지식계층에 의해서도 철학, 역사, 문학 등 문화 전반에 걸친 주요한 과제가 되었다.

독일적인 본질을 강조하면서 일어난 '독일운동'은 자연법 위에 뿌리내린 코스모폴리턴한 시민국가에 대한 정반대 현상으로서, 개별적인 민족에 뿌리내린 국가를 요청했다. 독일에서 계몽주의는 독일이 낳은 계몽 절대주의, 관료국가를 통해서 유럽, 특히 혁명 프랑스 간의 사상적·정치적 단절과 이질성을 구축하는 계기가 마련되었다. 근대적 시민사회와 근대문명에 대한 거부현상은 18세기 계몽의 세기에서 고개를 들고 체계화되어갔다. 서구적 철학의 주술로부터 독일 정신의 해방은 프랑스 혁명을 계기로 그 어느 때보다 대규모로 이루어질 것이다.

혁명시대의 개막과 최초의 충격

프랑스 혁명과 함께 "세계는 프랑스에 몸을 맡긴다"고 미슐레는 말했다. 그것은 낭만주의적 역사가의 과장된 레토릭이 아니었다. 유럽은 프랑스에 이끌려 혁명의 시대에 돌입했다. 네덜란드, 스위스, 아일랜드에서, 이탈리아의 밀라노, 로마, 나폴리에서, 벨기에, 스페인, 포르투갈, 그리스, 폴란드와 헝가리 등 동유럽에서도 연이어 반란이 일어났다. 피히테는 1799년에 "올바른 사람에게 프랑스 공화국만이 진정한 나라로 생각됨은 명백하다"고 공언했으며 한 러시아인은 당시 혁명의 매혹이 시베리아 깊숙이 침투되었다고 말했다. 이렇듯 범유럽적인 혁명시대의 도래에 선구적 역할을 한 것은 각국의 공화주의적 지식인이었다. 그들은 1789년을 전후해 자코뱅 클럽과 같은 비밀결사를 결성했다.

독일에서도 비밀 공제조합인 프리메이슨의 조직이 함부르크에 생겨났다. 프리메이슨은 프로테스탄트계의 각 지역에서 종교적 자유를 희망하는 귀족, 고급 관료, 상류시민, 지식인 등 지적인 인사를 멤버로 해서 급속히 확장되었다. 레싱도 그 회원이었는데, 그들의 모토는 자유와 평등, 자유주의적 세계주의였다. 그 모임은 반혁명파들에게는 혁명적 집단으로 비쳤다. 마리 앙투아네트는 1790년 오빠인 오스트리아의 레오폴트 황제에게 보낸 편지에서 호소했다.

"프리메이슨에 주의하세요. 각국의 불순분자는 그것으로도 목적을 이룰 수 있다고 믿고 있습니다. 저의 조국 및 폐하의 조국을 그러한 해독에서 하느님이 보살펴주시기를 기원합니다."

계몽회나 프리메이슨에 대한 권력의 탄압은 반계몽주의에 의한 투쟁의 형태를 취하면서 이미 혁명 이전부터 기승을 부렸다.

프리메이슨과 계몽회는 과연 혁명적이었을까. 독일의 비밀결사 회원들은 가톨릭의 교권주의와 전제정치를 비판했다. 그러면서도 혁명으로 인해 오랜 라이벌 국가인 프랑스가 몰락하기를 원했다. 반혁명파는 비밀결사 세력의 해독을 과장했다. 그들 중의 과격한 그룹은 모진 박해와 탄압 속에서도 체제를 규탄했다. 독

1780년경 빈의 프리메이슨 집회

일에서도 이제 새로운 비판적 정치문화가 대두하는 듯 보였다. 그러나 독일의 비밀결사는 혁명적이고 공화주의적이라기보다 온건하고 자유주의적인 입장에 머물렀다. "우리에게 사상의 자유를 달라. 그것만 있으면 어떠한 정부라도 좋다."

"대혁명을 예상하지 않은 사람이 있겠는가"라고 함부르크의 한 추밀고문관은 내뱉듯 토로했다. 괴테는 『파우스트』에서 학생들의 노래를 빌려 독일 제국을 "신성 로마 제국이라고? 그것이 어떻게 지탱된단 말인가?"라고 비꼬았다.

혁명이라는 새로운 문명이 언어의 장벽을 뚫고 도시의 성벽, 국가 체제 그리고 유럽 전체를 흔들었다. 라인 강을 사이에 둔 근거리의 영향으로 인해 독일은 어느 나라보다 큰 충격을 받았다. 자유주의적인 교양지 『미네르바』의 귀족출신 편집자는 "프랑스 혁명에 의해 일어난 거대한 관심에 사람들은 모든 것을 잊고 있다. 좋은 시도 읊지 않으면서 그들은 정치적 욕망을 만족시키는 신문이나 저술에만 흥미를 갖는다"고 불평했다. 프랑스 혁명은 신분과 계층을 가리지 않고 모든 독일인을 흥분과 환호 속으로 몰아넣었다.

독일의 지배계급으로 말하자면 1789년 7월 14일 혁명에 대해 애초에는 냉담했다. 그러나 프랑스 절대주의의 몰락이 그들의 정치권력에 도움이 될 것이라 믿자 혁명을 우려하거나 반대할 이유를 찾지 못했다. 다른 나라의 지배자들과 마찬가지로 그들도 혁명이 자신들에게 위협이 되리라고는 생각하지 않았던 것이다. 프로이센의 외무대신 헬츠베르크와 오스트리아 제국의 재상 카우

니츠 같은 정치가는 혁명이 유럽 대륙에서 프랑스의 세력을 약화시키리라는 생각으로 만족감을 감추지 않았다. 한편 계몽주의의 세례를 받아 혁명에 동조한 귀족 중에는 자진해 세습의 권리를 포기한 자도 있었다. 프로이센의 한 대신은 "우리의 왕은 그의 방식대로는 공화주의자이다. 몇 해 이내에 프로이센에는 더 이상 특권계급은 존재하지 않을 것이다"라고 말했다. 독일에서 프로이센 이상 혁명을 환영한 곳은 없었다.

프리드리히 대왕의 형제인 하인리히 공은 "나의 프랑스 찬미는 일생 변하지 않을 것"이라고 공언했다. 프로이센인들은 파리로 순례의 길을 나섰으며 자코뱅 클럽의 일원이 된 백작, 고등법원장, 명문 출신의 성직자도 있었다. 프리드리히의 추종자들에게 왕의 기본정신은 1789년의 이념과 다름이 없었다. 사실 볼테르의 제자인 프리드리히는 이념적으로는 만민 평등주의자였다. 그 밖에 숙적 오스트리아에 대한 증오를 혁명 프랑스와 함께 나누게 된 사실도 프로이센의 지배자들을 기쁘게 만들었다.

독일 계몽주의의 근거지였던 베를린 사교계는 프리드리히의 만년에는 공화주의가 만연했다. 한편 프리드리히 대왕과 함께 독일 계몽 전제주의를 대표한 오스트리아의 요제프 2세는 1789년 이전에 프로테스탄트와 그리스 정교의 자유를 인정했다. 한편 로마 교회의 봉건적 특권을 배제하고 농노제 폐지와 학문의 자유를 위해 온 힘을 쏟았다. 진보적인 개혁은 그의 죽음(1790)과 함께 무너졌으나 혁명 직후 귀족들에게 영향을 주었다. 이것은 19세기를 통해 자유주의자들을 고무시켰다.

혁명에 대한 독일 귀족과 상류계층이 보낸 애초의 '지지'는 프랑스 혁명 이념에 대한 인식부족에서 출발했으며 계몽주의 사상 또한 그들에게는 세기의 유행사상에 지나지 않았다. 루이 16세의 처형은 독일 지배계급을 순식간에 반혁명적으로 몰고 갔다. 그러한 사태는 사실 그들이 혁명의 의미를 올바르게 인식하지 못한 데서 온 당연한 결과였다.

프랑스 혁명은 처음에는 독일 지식인들의 지지를 얻었다. 1797년 함부르크 지식사회는 박애협회를 결성하고 세계 시민주의와 공화주의의 증진을 다짐했다. 함부르크와 중부 독일의 계몽주의의 중심지 브라운슈바이크의 공화주의자들도 혁명 프랑스에 대해 우호적이었으며 인권의 원리가 세계와 문명의 진보에 기여하리라는 견해를 다짐했다. 그러나 그들은 정치적 변혁, 나아가 혁명을 원하지 않았다. 그들의 정치적 요구란 행정적 개혁의 범위를 넘지 않았으며 바람은 오직 계몽적 전제주의였다. 입헌군주체제가 공화체제보다 우월하다고 생각했다.

독일 시민계급과 그들을 대변한 지식인의 공화주의란 정치적이라기보다 사상적이고 사상적이라기보다 윤리적이었다. 말하자면 그들의 의식이나 행태를 결정지은 것은 독일적 심정에 깊이 뿌리내린 종교적인 경건주의(pietismus)였다. "우리에게 권리를 달라. 즉 사상의 자유, 언론의 자유, 출판의 자유, 신앙의 자유를 달라. 이 네 가지만 있으면 어떠한 정부라도 좋다." 이 부르짖음은 현실 긍정의 윤리와 정신의 내면적 자유를 강조한 독일 루터주의의 풍토에서 유래된 비정치적인 강령이었다. 결국 종교적인 감성에 용해되게 마련인 독일풍의 이른바 내면적 자유의 한계는 근대 독일의 자유인으로 일컬어는 레싱에게도 예외는 아니었다.

레싱은 「에밀리아 갈로티」에서 자유사상을 직접적으로 표현했으며 그 자유는 정치적 이슈로 구체화되었다. 그러나 그것은 결국 윤리적 문제로 결말지어진다. 작중인물인 오도아르도는 처음에는 법을 위반한 음탕한 영주를 살해하는 것이 정당하다고 생각한다. 이때 그의 반항은 정치적 의미를 획득할 수 있었다. 그러나 그는 딸을 죽이고 영주의 법정에 선다. "나는 재판을 받기 위해 당신 앞에 나갈 것이다. 당신도 언젠가 우리 모두를 심판하는 신의 법정에 설 것이다." 독일의 정신적 풍토에서 자유는 금욕주의적인 자기 희생을 통한 정신에 의해서만 성취될 수 있었다. 이러한 현상은 슈투름운트드랑 시대의 괴테나 실러의 '정치적' 작품에서도 비슷했으니 정치사회의 문제는 언제나 종교적·형이상학적인 함축성을 띠고 애매하게 처리되었던 것이다.

정치·사회적인 봉기가 전혀 없었던 것은 아니다. 울름, 아우크스부르크 및 에슬린겐 등 몇몇 도시에서는 산발적이나마 민중반란이 일어났다. 그때 반란 지도자들은 시의 등기부를 뒤지고 귀족명부를 들추어 자신들이 영주에 대해 어떠한 의무도 없음을 증명하고자 했다. 진정한 혁명의 부르짖음은 로이틀링겐에서 일어났다. 여기에서는 상업조합인 길드가 민정관(民政官)을 내쫓고 12인의 시민대표로 구성된 위원회를 조직했다. 그들은 조세 폐지에 만족하지 않고 '인류의 명예스럽지 못한' 농노제의 개혁을 결의했다. 민주적이며 혁명적인 소요는 농민들 사이에서 일어났다.

파리에서 혁명이 발발한 직후인 8월 어느 지방에서는 성직 군주를 축출해 많은 군소 영주의 간담을 서늘하게 만들었다.

혁명 후 수개월 동안 여러 지역 농촌의 분위기는 지극히 험악했다. 팔츠와 마인츠의 농민들은 프랑스군이 진주하면 그들과 손을 잡으리라고 공공연히 말했다. 어느 지방의 농민들은 영주의 무력위협을 받자 응답했다. "우리는 두렵지 않다. 병사들은 우리의 아들들이다. 장교가 그들에게 발사를 명하면 우리는 '한스, 미하엘, 우리 편에 서라!'고 외칠 것이다."

프랑스 혁명 직후의 농민반란은 루터 시대의 농민전쟁 이래 독일에서 가장 대규모의 민중운동이었다. 그런데 그 항쟁은 인권을 표방하는 혁명 원리에서 유발된 것이 아니라 '낡은 권리'의 주장에서 비롯되었다. 봉기는 잘 다스리는 영주의 지배 아래에서는 전혀 없었다.

1789년과 함께 열린 범유럽적인 상황에서 사람들은 독일 혁명을 기대했다. 혁명은 일어나지 않았다. 왜 일어나지 않았던가. 우리는 그 배경으로 독일에서의 정치·사회·경제적으로 안정된 시민계급의 부재현상, 300여 개 중·소 영방에 의한 정치적 분열 및 프로테스탄트와 가톨릭 간의 종교적 분열, 국민문화와 통합된 여론의 결여를 지적할 수 있다.

이러한 실상을 철학사가 브란디스는 이렇게 표현했다. "우리는 파리를 갖지 않는다. 어떠한 중심도 어떠한 공통의 목적도 없다. 슈바벤 사람들과 작센 사람들은 (같은 독일인이면서) 전혀 다른 이방인이다. 마인츠 인이 동요하면 헤센 인은 그들에 대해 반대 행동을 취한다. 독일인을 진압하기 위해서는 항상 독일인이 진군한다." 지배계층이 봉건적 특권을 옹호하고자 공통 목적으로 단합된 데 대해 개혁을 요구하는 시민의 소리는 언제나 분산되어 메아리쳤다.

나의 쇠사슬은 내가 독일인임을 알려준다

프랑스 혁명 전후의 독일은 정치적으로 노쇠하면서도 지적으로는 독일 역사상 일찍이 없었던 문운 융성의 기운을 드러내고 있었다. 즉 서유럽 여러 나라에 뒤졌지만 계몽주의 사상은 18세기 후반에 이르러 대체로 독일 전역에 메아리쳤다. 당시 독일의 지적 풍경에서 주목할 만한 현상은 지식이 처음으로 학문의 세계, 대학의 문 밖으로 그 영역을 확산한 것이다. 그러면서 대학교수가 아닌 자유로운 문필가가 많이 출현했다. 그들 문필가를 중심으로 신문, 잡지, 팸플릿, 단행본 등 정기, 비정기 간행물이 쏟아져 나왔으며 여러 지역에 독서 클럽, 프리메이슨, 계몽회 등 지적 서클이 활발히 운영되었다.

계몽된 시민계층을 핵심으로 여러 가지 전문직이 태동하고 지식사회와 교양계층이 배출되었으며 그 기반 위에 괴테, 실러로 대표되는 인문주의 문학과 칸트, 피히테, 헤겔의 이상주의 철학이 꽃피었다. 주목할 만한 사실은 바람직한 국가를 둘러싼 정치적 공론(公論)이 점차 활발하게 태동했다. 마이네케가 지적했듯이 교양을 지향한 문화국민이 반듯한 정치공동체를 갖기를 마음먹었던 것이다.

프랑스 혁명과 함께 아메리카의 독립전쟁도 독일 지식인들에게 큰 영향을 주었다. 신문을 통해 전쟁의 진전을 상세히 알 수 있었으며 특히 지식인들은 공화주의에 대한 관심을 새롭게 드러냈다. "우리는 자명한 진리로서 모든 인간은 평등하게 만들어지고 조물주에 의해 빼앗길 수 없는 천부의 권리를 부여받고 그 속에 생명, 자유 및 행복의 추구가 포함됨을 믿는다."「독립선언」(1776)에서 제창된 자연권, 계약사상, 합의의 지배, 혁명권의 이념은 독일 지식인에게 충격을 주었으며 영국의 패배를 자유의 승리로서 확신했다. 프랑스 혁명 뒤에도 자유의 나라인 미국의 존재는 독일 지식인에게는 정치체제를 둘러싼 논의와 전제에 대한 저항의 근거가 되었다.

독일 근대시의 아버지로 일컬어지는 클로프슈토크는 아메리카 독립전쟁을 찬탄하며 '고결한 영웅들의 전쟁, 다가오는 위대한 날의 새벽'을 축하하는 시를 썼다. 그는 방문객들에게 보스턴에서 온 지팡이에 입맞춤하기를 권했다. 괴테 또한 독립운동의 지도자이며 저술가인 프랭클린과 워싱턴을 독일 하늘에 빛나는 이름이라고 찬양했다. 아메리카 찬미는 귀족도 마찬가지였다. 한 제후는 그의 공국의 헌법 초안을 버지니아 헌법을 모범으로 해서 만들었으며 프로이센의 한 귀족과 동지들은 아메리카로 건너가서 반란군에 가담해 싸웠다.

그러나 아메리카 편에 선 독일인 한 사람에 대해 100명의 독일인이 영국 편에 서서 싸웠음을 지적해야 할 것이다. 네덜란드와 러시아에서 용병 모집에 실패한 영국은 독일에서 보충했다. 영국과 보호조약을 맺은 독일의 제후들은 주저 없이 파병했으며 영국은 금전에 눈이 먼 독일 군주들과 공모해 2만 9천 명의 병사를 전쟁터에 끌어들였다. 이러한 폭거로 말미암아 독일의 여론은 아메리카군 지지로 규합되었다. 베를린의 한 살롱 귀부인은 당시를 회상했다. "아버지의 친지나 내가 아는 사람이 영국 편에 선 사람은 없었습니다. 법 앞에 평등하다는 생각은 당시에는 지금보다 더 큰 매력을 지녔던 듯합니다. 우리가 알고 있는 귀족들도 그런 생각을 갖고 있었습니다."

아메리카가 승리한 뒤, 군주들 때문에 팔려서 신대륙 전쟁터로 끌려간 용병들이 독일로 돌아와 왕도 없고 무위도식하는 귀족도 없는, 만인이 행복하고 가난을 모르는 나라에 관해 많은 이야기를 전했다. 1783년 익명의 한 대학교수는 『베를린 월보』에 기술했다. "아! 나의 쇠사슬은 내가 독일인임을 알려준다. 유럽이여, 그대의 머리를 들어라. 그대도 자유의 몸이 되고 그대의 폭군들을 쫓아낼 날이 언젠가 올 것이다."

아메리카 독립전쟁에 대한 독일 지식계층의 지대한 관심은 프랑스 혁명에 앞서서 독일 여론에 일찍이 없었던 비판적 정치담론을 뿌리내리게 하는 한편 독일 지식사회를 자유주의와 보수주의라는 두 진영으로 나누었다. 근대적 자유주의는 18세기 계몽주의의 소산이며 자유 이념은 프랑스 혁명에 앞서 아메리카에서 맨 처음 결실을 맺었다. 제퍼슨의 독립선언은 자유주의의 마그나 카르타였다. 독일에서도 자유사상은 프랑스 혁명에 앞서 싹텄으며 독일 지식인은 그에 앞서 이미 혁명 쪽으로 눈을 떴던 것이다.

철학이 국가에서 실현됨은

프랑스 혁명 직후 독일의 거의 모든 신문이 파리의 봉기에 관해 대서특필했다. 신문과 당시 쏟아져 나온 정치 팸플릿의 논조는 혁명 전개에 발맞추어 날로 과격해지고 거의 모든 신문과 소책자가 혁명의 편에 섰다. 지배계급이나 관헌의 방해를 받지 않았을 뿐만 아니라 반혁명적인 신문이나 책자는 감시 대상이 되었다. 그 시점에서 독일 대다수 영방정부는 중도주의를 표방하고 프랑스에서 일어난 일들을 조심스럽게 관망했다. 혁명에 열중한 신문이나 출판물에 끌려 농민을 포함해 각계각층이 밤낮으로 자유와 인권을 논했다. 반혁명주의자였던 역사가 니부어는 이러한 움직임을 보고 비웃었다.

"나는 1789년 가을 슈트랄준트에서 우리 동네 목사가 신문강좌를 연 일을 기억한다. 그도 다른 사람과 마찬가지였다. 당시는 바보로 취급되지 않으려면 누구나 계몽이니 자유니 하는 말을 해야 했다. 어느 강의실에서건 인권이니 타인에 양도할 수 없는 권리니 하는 이야기를 들을 수 있었다."

혁명의 복음은 지식인들을 시적 감동으로 사로잡았다. 원로 시인인 클로프슈토크는 자유의 승리를 찬미하는 백인의 소리가 요구된다고 노래했다. 혁명은 그에게 피에 물든 프리드리히의 월계

관보다 더욱 아름다웠다. 그는 프랑스 시민이 되고 싶어 했으며 프랑스 국민회의는 실러와 그에게 명예 프랑스 시민권을 수여했다. 마인츠에서 혁명운동을 지도했던 자연과학자 포스터는 "철학이 인간의 가슴에서 성숙해지고 국가에서 실현됨을 보는 것은 참 훌륭하다"고 말했다. 저널리스트이며 정치가인 겐츠도 인류는 오랜 잠에서 깨어났으며 혁명은 최초로 철학이 현실에서 승리한 것이라고 찬탄했다. 빌란트, 헤르더, 횔덜린, 니콜라이의 잡지에서, 베를린의 문인, 작가, 초기 낭만파의 사랑방인 헤르츠 부인의 살롱에서, 베를린의 괴테 숭배자들의 살롱에서, 함부르크의 거리에서 지식인은 혁명을 찬양해 시를 쓰고 축배를 들었다.

모든 학교, 모든 대학에서 교사와 교수, 학생이 열광했다. 독일 인문주의의 발전에 획기적으로 기여한 괴팅겐 대학에서는 학생들이 '자유의 나무'를 심고 밤새 주위를 돌며 「마르세유」를 노래했다. 독일 계몽사상의 중심무대였던 할레 대학의 학생(훗날 뛰어난 철학자가 되는) 슐라이어마허는 아버지에게 "나는 혁명을 사랑합니다"라고 편지를 썼다. 튀빙겐의 신학생이던 헤겔과 셸링은 운집한 학생 앞에서 1789년의 강령을 낭독했다. 헤겔은 훗날 『역사철학』에서 프랑스 혁명을 상기해 "황홀한 태양의 떠오름이다. 사색하는 모든 사람은 찬양했다. 숭고한 감정이 새 시대에 군림했다. 세계는 마치 신이 세상과 화합한 것인 양 정신적 열광으로 들끓게 되었다"고 찬양했다. 한 고급관리는 바스티유가 파괴된 기념일에 가문의 귀족 특허장을 불살랐다. "왕위는 흔들렸다. 인간은 이제 노예가 아니다"라고 베를린의 한 목사는 말했다.

1781년에 출판된 『순수이성비판』을 통해 이미 철학사상의 혁명을 성취한 칸트는 처음부터 혁명의 벗임을 밝혔으며 '무신론자' 피히테 또한 위험한 혁명가라는 비판을 받았다. 프랑스 혁명론을 서술하기도 한 피히테는 한 편지에서 프랑스 시민이 되기를 원하며 독일 혁명을 위해 프랑스 방식을 따르는 대학교수가 되고 싶다고 토로했다. 훗날 보수주의와 민족주의를 구가하는 독일 낭만파도 초기에는 혁명을 열렬히 지지했다.

혁명으로 독일 지식인들은 일찍이 없었던 사상적·정치적인 연대를 구축하는 듯 보였다. 그러나 그 기대는 1793년 일어난 사건, 즉 루이 16세와 마리 앙투아네트의 처형으로 무참히 허물어진다. 혁명에 열광했던 독일 지식인 대다수는 반혁명의 편으로 돌아선다. 왜 이러한 일이 일어났을까.

시시각각 변하는 혁명의 불확실성에 점차 불안해지고 소심한 방관자가 되었다. 저명한 역사 교수였던 뮐러는 기쁜 마음으로 7월 14일을 맞이했다. 그는 형제들에게 썼다. "7월 14일은 로마 제국 멸망 이래 가장 좋은 날입니다. 우리의 세기는 프랑스의 경박함을 모방했으나 다음 세기는 프랑스 인으로부터 용기를 배울 것입니다. 나는 현재 두려움에 떨고 있는 부정한 재판관이나 도저히 참을 수 없는 폭군들의 몰락을 빕니다. 암은 쇼크 요법으로만 고칠 수 있습니다."

한 달 뒤 그의 태도는 돌변한다.

"유감스럽게 의회(국민의회)에서는 양식보다 웅변이 효과가 있다는 나의 의견에 당신도 동의하리라 믿습니다. 실제로 모든 것을 지배하고 있는 것은 높은 양반들이 아니라 폭력에 의해 이룩된 일들입니다. 1400년에 걸친 부조리를 뒤집어놓을 수 있는 것은 절대신뿐입니다." 1주일 뒤 뮐러는 다시 심중을 드러냈다. "나는 이 혁명의 존속여부에 대해 의심을 품습니다. 어떠한 지혜로운 민족도 도덕 없이는 존속될 수 없으며 어떠한 도덕도 종교 없이는 존재할 수 없음을 가르치고 있으나 국민의회는 바로 종교를 어리석은 것으로 보고 있습니다."

혁명을 둘러싸고 뮐러가 두려워했던 최악의 사태가 루이 16세의 처형에 의해 현실로 나타났다. 그 사태는 뮐러를 반혁명 진영으로 몰아넣었다. 그는 말한다. "유럽의 모든 도시에서 사람들은 파리의 무신론자들에게 반감을 품고 있다. 인류는 마음속에서 그들 거인에 의해 유린당했다는 배신감을 느끼고 있다." '프랑스의 미치광이, 괴물들'을 저주한 이 역사가는 그 뒤 제후의 궁중고문관, 오스트리아 제국의 추밀고문관이 된다.

뮐러와 마찬가지로 다수의 독일 지식인이 열렬한 혁명 지지자였다가 얼마 안 가서 등을 돌렸다. 그러나 일관되게 혁명을 지지한 소수 예외도 없지는 않았다. 여류작가이자 철학자의 어머니인 요한나 쇼펜하우어는 1787년 파리를 방문해 루이 16세와 마리 앙투아네트를 대면한 적이 있었으나 그들이 처형당한 뒤에도 마음이 흔들리지는 않았다.

"나는 언제나 신문을 싫어했으나 이제는 함부르크 신문을 애타게 기다린다. 어느 여름날 남편이 마차를 몰고 왔다. 그는 최초로 자유가 승리한 바스티유의 습격 뉴스를 알려주기 위해 일을 팽개치고 온 것이다. 이때부터 세계의 전면적 변화에 관한 일찍이 없었던 희망과 함께 내 마음속에 새로운 명령이 눈을 떴다. 바스티유 습격 및 그 뒤에 있었던 살인과 그 밖의 극단적 행위는 흥분하면 생기는 불가피한 사건으로 간주되었다."

그녀는 로베스피에르의 공포정치를 혐오했다. 그러나 훗날 다시 파리를 찾았을 때에도 '바스티유의 과거'를 기뻐하는 마음에는 변화가 없었다.

요한나 쇼펜하우어 부인같이 시종일관 혁명을 지지한 경우는 참으로 드물었다. 7월 14일 직후 짧은 밀애 뒤에 독일 지식인이 혁명과 프랑스에 대해 집단적으로 저지른 배신은 다른 나라에서는 볼 수 없었던 지극히 독일적인 현상이었다. 그러나 권력과 국가 지향적인 루터주의의 정치적 교리로부터 벗어나지 못한 독일의 전통적인 지적 풍토를 돌이켜볼 때 어쩌면 필연이 아니었을까. 독일 지식인이 계몽사상의 세례를 널리 받았다고 하나 독일에는 루소는 물론 한 사람의 몽테스키외도 디드로도 없었다. 그들은 끝내 인민주권을 이해하지 못했다. "논의하라, 그러나 행동은 삼가라." 프리드리히의 이 경구를 그들은 충실히 받들었다.

혁명에는 신이 존재하지 않는다

프랑스 혁명을 둘러싼 독일 지식인의 이중적 향배를 더 깊이 이해하기 위해 괴테의 혁명관에 관해 생각해보자.

괴테의 프랑스 혁명관을 논하기에 앞서 그의 역사관에 관해 살펴보자. 괴테에게 인간의 역사는 자연처럼 비쳤다. 그에게 자연이란 질서이고 완만한 지속이며, 자연스럽다 함은 질서와 지속을 말했다. 그는 자연이 순응과 관조의 대상이듯이 역사를 순응하고 관망하는 대상으로 맞았다. 이러한 역사관은 그에게 현실을 지나간 과거의 거울에 비춰서 보는 보수주의적인 세계관을 각인시켰다. "그대의 삶에 존재하는 모든 것을 있는 그대로 받아들이려고 노력하라." 괴테는 이런 역사관 아래 과거와 현재를 긍정했으며, 그것은 계층적·가부장적인 사회에 대한 긍정으로 이어졌다. "어떤 경우든 가장 현명한 것은 사람마다 지니고 태어난, 습득한 일에 열성을 다하고 타인의 일에 참견하지 않는 일이다. 신발장이는 신발 모양에서, 농부는 가래나 호미에서 떨어져서는 안 되며, 왕후는 통치술을 잘 알면 된다."(『괴테와의 대화』, 1824년 2월 25일)

괴테의 역사관에서 또 하나 특징은 개인숭배사상이다. 괴테는 위대한 개인을(나폴레옹과 같은!) 역사의 궁극적인 근거로 생각했다. 그는 19세기 역사의 새로운 흐름을, 민중운동이 잉태한 본질을 인식하면서도 결코 그 편에 서지 않았다. 그가 프랑스 혁명에 적대적이고 나폴레옹에 항거하는 독일 국민의 내셔널리즘에 냉담했음은 잘 알려진 사실이다. 하이네는 그러한 괴테에 대해서 시대를 거부한 천재라고 비꼬았다.

괴테는 1790년 7~10월 아우구스트 공을 따라 종군한 마인츠의 싸움터에서 프랑스 혁명의 소식을 듣자, "위대한 세계사의 숨결을 느낀다"고 토로했다. 그는 혁명이 거대한 필연성의 결과임을 인식

로마 여행 중인 괴테

했다. 그러나 괴테는 얼마 안 가서 혁명의 추이에 깊은 두려움과 혐오를 나타냈다. 훗날 괴테는 자신의 입장을 토로한다.

내가 프랑스 혁명의 편이 될 수 없었다는 것은 사실이다. 왜냐하면 혁명의 만행이 너무도 가까이에서 일어나고 매일 나를 노하게 했다. 게다가 당시는 아직 그 바람직한 결과를 예상하지 못했다. 혁명은 프랑스에서는 불가피하고 극한 상황에서 일어났을 것이다. 그러나 같은 장면을 작위적으로 독일에 끌어들이고자 노력한 사람들이 있어서 무관심할 수밖에 없었다.

그러한 작위적인 변혁은 결실을 맺지 못한다. 거기에는 신이 존재하지 않는다. 신은 그러한 잡스러운 일에 도움을 주지 않는다. 나는 우리에게 조금이라도 미래를 약속하는 듯한 모든 개혁을 기뻐한다. 그러나 지금 말한 것처럼 폭력이나 비약은 내 마음과는 반대된다. 자연에 대한 배반이다.

1789년 당시 대부분의 독일 지식인은 프랑스에서 일어난 사건에 갈채를 보냈으나 곧 그들의 태도는 변했다. 혁명을 관념적으로 받아들인 그들은 혁명이 유혈사태를 낳자 공포마저 느꼈다. 루이 16세의 처형이 전해지고 혁명이 그들에게 실천적 과제를 요구하자 관념적으로는 대담하면서 행동에서는 소심한 독일 지식인들은 혁명을 외면하거나 반혁명적이 되었다. 그러나 괴테는 역사가 랑케와 더불어 아주 예외적으로 처음부터 혁명을 외면했다.

괴테는 만년에 혁명의 시대를 회고했다.

"위대한 모든 것, 총명한 모든 것은 소수 속에 존재한다."

평민도 귀족과 마찬가지로 자유롭다. 태어난 계급에 따라서 신이 주신 자기의 견해를 지키면 된다. 귀족은 왕후처럼 자유롭다. 자유롭다 함은 우리 위에 있는 것을 인정하지 않고자 하는 것이 아니라 윗사람을 존경하는 것이다. 그를 존경할 때 우리는 그곳으로 높여진다.

나 자신은 무엇을 행하든 처음부터 끝까지 왕당주의(王黨主義)로 일관했다.

괴테에게 귀족은 존경의 대상이었다. 귀족이란 교양이나 문화를 뜻했기 때문이다. "독일에서 문화의 발생지는 왕후의 소재지이며 왕후야말로 문화의 지지자이며 배양자이다." 교양 지상주의는 대체로 사람을 귀족주의자로 만들거니와 괴테는 바로 귀족주의자였다.

그러면 그의 귀족주의는 반역사적이었을까. "괴테는 만사에 보수적이었지 반동적인 정신의 흔적은 전혀 없다"고 토마스 만은 괴테를 변호했다.

중세 말 독일의 자유를 위해 싸운 기사를 주인공으로 내세운 사극 「괴츠 폰 베를리힝겐」(1773), 사회적 습속과 권위에 반항해 죽음으로써 사랑과 자유를 쟁취한 『젊은 베르테르의 슬픔』(1774), 16세기 스페인 왕의 종교탄압에 대한 네덜란드 시민의 저항운동을 주제로 한 『에흐몬트』(1788). 이상과 같은 작품을 통해 실러와 더불어 독일 시민운동의 도래를 선언한 질풍노도운동의 기수였던 괴테.

모든 사람의 가슴에 자유가 눈을 뜬다.
우리 모두 분발해 항의하자.
• 「온화한 쿠세니엔」

자유로운 땅에 자유로운 백성과 함께 살고 싶다.
그렇게 되면 순간을 향해 이렇게 부르짖어도 좋으리라.
멈추어라, 그대는 참으로 아름답다고.
• 『파우스트』

자유를 향한 괴테의 바람은 평생 변함이 없었다. 단지 괴테는 정치적으로 자유를 쟁취하고자 한 실러와는 달리 문화적으로 성취하고자 했던 것이다.

"이 시대에 태어난 나는 대단히 유익했다. 매일 세계사적인 사건이 일어났다. 7년전쟁, 아메리카의 영국으로부터의 독립. 프랑스 혁명에서 나폴레옹 전성시대를 거쳐 이 영웅의 몰락에 이르기까지. 그 뒤의 사건. 나는 그것들에 대해 산 증인이 되었다."

괴테는 자신이 거쳐온 시대의 세계사적 의미를 이해했다. 그러면서도 반혁명적이었다.

"제도를 바꾸고자 열중하는 것은 결코 나의 방식이 아니었다.

그 방식은 언제나 불손하게 여겨졌다." "거대한 목적에 도달하기 위해서는 오직 두 가지 길이 있다. 폭력과 지속이다." 괴테의 길은 자연스러운 질서의 길이었다. "규명할 수 있는 것은 송두리째 밝히고 그래도 규명할 수 없는 것은 조용히 두려워하며 받으라." "나는 강탈과 학살, 오직 이기적인 목적에만 급급해하는 혁명가인 척하는 천민들의 편이 아니며, 폭군 루이 16세의 편도 아니다. 어떤 경우라도 나는 폭력적인 모든 혁명을 증오한다."

역사가 랑케는 자신이 놓인 시대 상황을 군주권의 정통성과 인민주권을 내세우는 세력의 갈등으로 보았다. 그 갈등은 자신이 바라는 군주권의 승리로 귀착되리라고 진단했다. 괴테도 시대의 흐름을 교양적 귀족사회에 대한 인민대중의 중대한 위협으로 진단했다. 괴테에게 인민대중이란 결국 반문화적·반교양적인 군중일 뿐이었다. 그는 대중이 꿈틀거리는 미래에 대해 어떠한 낙관적 환상도 품지 않았다.

> 인민의 수가 많아지고 모두 저마다의 방식으로 안락하게 살고 그 위에 교양이나 학문을 갖추게 되면 사람들은 좋다고 말할 테지만 그것은 오직 반역자들을 길러낼 뿐이다.
>
> • 『파우스트』

괴테는 나폴레옹에 항거하는 독일 국민의 애국운동에 대해서도 냉담했다. 그로 인해 반민족적이라는 여론의 비난을 받자 그는 답변했다. "증오 없이 어떻게 내가 무기를 든단 말인가. 그리고 젊음 없이 어떻게 증오할 수 있단 말인가." "방에 들어앉아 군가를 짓는 것이 내가 할 일인가. 나는 태생이 전혀 전투적이 아니었다. 나는 나의 시에서 한 번도 거짓을 말한 일이 없었다. 내가 체험하지 않았던 것, 간절히 고민하지 않았던 것이 아니면 나는 시를 짓지도 않고 말하지도 않았다. 그런데 증오 없이 어떻게 증오의 노래를 쓸 수 있단 말인가. 나에게 중대사는 오직 문화냐 야만이냐일 뿐이다." "대체로 국민적 증오란 특수하다. 그것은 문화의 가장 저급한 단계에서 강하게 나타난다. 국민적인 것을 초월하고 이웃 나라의 행복이나 불행을 자신의 일처럼 염려하는 경지가 있다. 그러한 문화 차원이 나에게는 어울린다. 나는 70세 이전부터 오랫동안 그 경지에서 흔들림이 없다."

당시 대다수의 지식인이 나폴레옹의 독일 침범에 저항하는 국민적 궐기 속에서 민족과 국가에 눈을 뜬 것과는 달리, 괴테에게 애국심이란 하나의 '망상'으로만 비쳤다. 괴테는 국가를 교양과는 '영원히 대립된 관계'로 역설한 친구 빌헬름 훔볼트에게 전적으로 동의했다. "프랑스 기질은 이 혼란의 나날에 지난날 루터의 기질처럼 조용한 교양을 몰아낸다." 괴테에게 인간의 고귀한 교양이야말로 모든 것을 의미했다.

나폴레옹은 괴테와 비극의 본질에 관해 이야기를 나누었을 때 고대의 숙명 대신 정치가 근대의 운명으로서 오늘날 개인 위에 군림한다고 말했으며, 괴테 또한 정치 속에서 자신이 사는 시대의 불길한 데몬을, 어쩌면 자신이 근거한 귀족적 교양세계를 송두리째 허물어버릴지도 모를 악령을 읽었다. 괴테는 에라스뮈스나 몽테뉴와 더불어 정치적인 고찰은 철학적 명상이 될 수 없다고 생각한 플라톤의 후예였다. 어쩌다 그가 정치에 관해 언급하면 그것은 으레 정치의 비윤리성에 관한 비판이었다. 정치란 괴테에게 귀족적인 교양과 대국점을 이루는 것, 반문화적인 것, 반개인적인 것, 대중적인 것을 의미했다.

괴테에 따르면 가장 순수한 문화의 담당자는 시인이다. 그는 시인과 정치의 문제에 관해 말했다. "한 시인이 정치활동을 하고자 하면 한 당파에 몸을 맡겨야 한다. 그렇게 되면 시인으로서 독자성이 상실될 것이다. 그는 자율적 정신과 보편타당한 식견을 버리는 대신 편견과 맹목적인 증오에 귀를 기울이게 될 것이다." "시인도 인간으로서 시민으로서 조국을 사랑할 것이다. 그러나 그의 시적 창조성과 활동의 조국은 선과 고귀함이며 아름다움이다. 결코 특수한 나라에 국한되지 않는다." 마이네케는 괴테가 역사가가 되었다면 일급 역사가가 되었을 것이라고 말했지만 과연 어떠했을까. 그와 더불어 '예술시대'가 종말을 고한 위대한 시인의 반혁명관을 돌아보면서 새삼 "아우슈비츠 이후에 서정시를 쓰는 것은 야만이다"라고 한 아도르노의 말이 떠오른다.

26 베를린 대학과 학문을 통한 교양

> 교양은 가장 깊고 가장 넓은 의미에서 학문과 학문연구를
> 지적·도덕적인 교양을 위해 헌신하고자 마음먹을 때 성취된다.
> 🖋 훔볼트

베를린 대학 창립에 이르기까지

프로이센은 1806년 대(大) 나폴레옹 전쟁의 패배로 많은 영토를 상실하고 그 결과 할레 대학을 비롯한 여러 대학을 잃었다. 그리하여 국가의 재생을 위한 폭넓은 개혁이 국민적 과제로 요구되었다. 그 바람 속에서 교육의 쇄신과 학술 진흥에 대한 열망, 새로운 고등교육기관을 세워야 한다는 움직임이 부각되었다. 국왕 프리드리히 빌헬름 3세는 "국가는 물리적인 힘에서 잃은 것을 정신적인 힘으로 보충해야 한다"고 언명했다. 베를린 대학 창건을 선언한 것이다.

베를린은 호엔촐레른가의 선제후(選帝侯) 브란덴부르크 변경백(邊境伯)이 다스리는 소도시였으나 프리드리히 2세에 이르러 브란덴부르크-프로이센 왕국이 오스트리아와 함께 독일의 양대

세력으로 부상하면서 유럽에서 중요한 산업 중심지의 하나가 되었다.

프리드리히 2세, 즉 프리드리히 대왕의 치세 아래 15만여 명의 인구를 지닌 베를린은 프랑스 위그노와 유대인의 대량 이주를 받아들이면서 국제적 도시가 되는 한편 독일 계몽사상의 중심지가 되었다. 그리고 프리드리히 대왕은 오페라 극장·도서관을 비롯한 문화적 공공시설을 세우면서 왕도(王都)의 위용을 갖췄다.

그 뒤 베를린은 빈에 이어 독일 제국 제2의 도시가 되었으나 자치권이 거의 없는 호엔촐레른 왕가의 군대와 행정의 수도에 지나지 않았다. 슈타인-하르덴베르크의 개혁(1806) 뒤에 독일의 많은 지식인과 정치 엘리트가 베를린을 주목하고 모여들었다. 그 배경은 무엇보다 프로이센을 유럽의 강국으로 떠오르게 한 프리드리히 대왕의 위업과 그의 계몽주의적인 정책이었다.

프리드리히는 많은 영방으로 분열된 무기력한 독일인에게 민족 및 국가라는 존재에 눈을 뜨게 했으며 그 계몽주의 정책은 학예부흥의 길을 열었다. 이 상수시의 철학왕은 "나라 안에 아름다운 학예가 뿌리내리고 있음은 국가에 현명하고 행복한 정치가 행해지고 있다는 확고한 증거이다"라는 신념 아래 궁전에 볼테르를 비롯한 프랑스의 철학자, 문인을 초빙하는 한편 할레 대학에서 쫓겨난 계몽사상가 볼프를 불러들였다. 그에 더해 프리드리

▲ 대학생들의 검술시합

히는 라이프니츠가 창설한 과학 아카데미를 다시 일으켰다. 베를린은 바야흐로 18세기 계몽주의 속에서 뜻있는 독일 정치가와 지식인이 조국의 미래를 구상하는 기대의 땅이 되었다.

1800년경 베를린에서는 독일 철학을 대표하는 피히테, 셸링, 슐라이어마허를 비롯해 언어학자인 훔볼트, 문학자 슐레겔 형제 등이 왕의 보호 아래 저작과 공개강의 등의 활동을 활발히 펼치고 있었다. 더욱이 예나전에서 나폴레옹에게 패배(1806)한 이후 독일 전역에서 많은 학자와 지식인들이 속속 희망의 땅 베를린에 모여들고 새로운 대학이 베를린에 창건될 기운이 성숙되고 있었다. 사람들은 당시 모든 독일 대학이 지녔던 종파적·영방적인 경계를 극복한 범독일적 대학으로 설립되기를 기대했다. 베를린 대학의 창설에 주도적 역할을 한 인물은 실질적인 교육부 장관이라 할 수 있는 내무부 산하의 종무(宗務) 공교육 국장이던 빌헬름 훔볼트였다.

훔볼트는 신분 중심의 낡은 교육이념과 직업적인 유용성을 앞세우는 계몽주의적 교육사상을 모두 배제하고 보편적인 인간교양을 교육이념으로 강조했다. 한편 그와 그에 협력한 19세기 초의 대학 개혁론자들은 인문주의적 교양 이상(理想)과 그 실현을 위한 학문의 자유를 금과옥조처럼 받들었다. 그리하여 새로이 창건될 베를린 대학은 직업교육을 위한 대학은 물론 길드적인 자치를 떠받든 중세적 대학과도 달라야 했다.

베를린 대학의 창건에 참여한 철학자들에 의하면 기존의 대학은 대학 본연의 학문연구와 인간교육에서 일탈된 지 오래되었다.

그러므로 그들은 학문의 진흥과 함께 '교양'(Bildung)으로 표현되는 전인적 인간의 형성을 새로운 고등교육의 지도 이념으로 받들었다. 그 실현의 길은 학문과 교양의 일치, 학문을 통한 교양(Bildung Durch Wissenschaft)의 형성을 추구할 철학 중심의 대학에서 찾았다.

베를린 대학은 '베를린 왕립 프리드리히 빌헬름 대학'이라는 정식 명칭(독일 대학의 관례에 따라 창립자인 국왕의 이름을 딴 것이다. 베를린이 제2차 세계대전의 패배로 인해 동서로 분할되면서 자유 베를린 대학(서독)과 훔볼트 대학(동독)으로 나뉘는 1949년까지 쓰였다)을 내걸고 1810년 10월 10일 출범했다. 정교수 24명, 원외교수 9명, 사강사 기타 25명, 학생은 256명이었다. 초대 총장에는 피히테가 선출되었다.

대학의 본질과 학문의 자유

베를린 대학의 또 하나의 지도 이념은 학문의 자유(Akademiaehe Freiheit)이다. 학문과 교양의 일치, 학문을 통한 교양의 성취라는 독일 이상주의 철학과 인문주의의 학문관 및 교양의 이념에 근거한 것이다. 또한 훔볼트, 피히테, 슐라이어마허, 셸링 등 베를린 대학 창건에 깊이 참여한 철학자가 가진 대학관의 기본원리이기도 했다.

베를린 대학의 성립과 더불어 신학교수가 된 슐라이어마허에 의하면 대학은 학습과 교양의 기관이며 대학에서는 지식의 모든

자연과학자이며 지리학자인 훔볼트

영역과 관련된 백과사전적인 안목이 요구된다. 그러므로 대학에서는 "철학이 모든 학습의 근본이 된다." 철학적 인식이 본질을 이루는 대학에서 학생들은 첫 학년부터, 모든 과정이 철학에서 비롯되어야 한다. 그러므로 대학의 구성원은 어느 학부에 속하건 철학부에 뿌리를 내려야 하며 "철학부는 대학에서 제1의 지위를 차지하는 모든 학부의 여왕이다." 대학의 본질이 철학과 철학부에 있다는 인식은 학문의 자유, 대학의 자유의 당위성으로 이어졌다.

슐라이어마허에 의하면 국가의 필요성에 따라 설정된 신학·법학·의학의 학부와는 달리 철학부는 순수 학문을 지향하는 학자들의 내면적인 필요에 의해 존재한다. 그런데 인식을 모토로 삼는 학문적·철학적 정신은 "본래 진정으로 자유로운 정신에서만" 열매를 맺는다. 모든 권위의 예속으로부터 자유로운 학문에 이르는 길은 "인식에 의해서만" 가능한 것으로 생각되었다. 왜냐하면 "학문의 정신이 성숙할수록 자유의 정신도 융성하기 때문이다." 그렇듯 슐라이어마허에게 대학은 철학을 본질로 해서 이룩되어야 할 자유의 왕국을 의미했다.

셸링에게도 대학의 본질은 철학이었다. 대학 이념에 관한 최초의 포괄적인 저작으로 평가받는 『학문 연구의 방법론에 관한 강의』(1803)에서 이 낭만주의적 사상가는 철학적 이념의 반사회적 성격을 강조한다.

셸링에 의하면 대학, 즉 학문의 세계에서는 개별적인 전문지식이 아닌, 학문 전체에 대한 유기적 인식이 요구된다. 보편적인 것만이 학문의 생명인 이념의 원천이기 때문이다. 그런데 전체에 대한 유기적 인식은 보편적 학문이며 총체적 인식을 지향하는 철학에서만 기대된다. 셸링이 대학을 "학문이 지배하고 모든 정신이 학문에만 몰두하는 곳"이라고 주장할 때 그는 학문의 이름 아래 바로 철학을 지칭했다. 이어서 그는 철학의 비사회성을, 반사회성을 강조한다. 그는 주장한다. "철학은 이념 속에서만 살고 개개의 현실적 사물을 취급하는 것은 물리학·천문학 등(전문학)에 맡긴다."

셸링의 이념으로서의 철학 또는 학문관은 학문과 교양의 불가분의 관련을 도출해 학문은 자기와의 일치, 진정 정화된 삶으로 이어지는 연속적 자기 형성, 즉 교양이 된다. 그런데 셸링에 의하면 시민사회란 반철학적인 목적을 일시에 추구하는 터전이며 오직 학문만을 위한 대학과는 전혀 대치되는 세계이다. 이상과 같은 사회관은 그를 반계몽주의자로 만들었다.

셸링에 의하면 계몽주의는 통속적인 지식을 절대적인 지식인 양 받들고 통속적·시민적인 이성으로써 보편적인 이념을 심판하는 오만을 범했다. 프랑스 혁명은 통속적인 이성으로써 국가와 사회를 꾸미고자 천민정치를 실현했다. 셸링은 1789년 혁명을 낳은 계몽주의의 통속적인 지식이 결국 대중의 시대를 초래하리라고 두려워했다.

우리는 셸링이나 슐라이어마허, 그들과 동시대의 독일 철학자들이 예외 없이 강한 선민의식의 소유자였음을 알고 있다. 그들의 선민의식은 비교적 합리적인 사고를 지녔던 실러와 칸트도 예외는 아니었다. 실러는 1789년 예나 대학 교수로 취임했다. 그는 「세계사란 무엇인가, 또 무엇을 위해 세계사를 배우는가」라는 취지의 연설에서 학식자를 빵을 위한 연구에 종사하는 학자와 철학적 두뇌의 인물로 구별했다. 전자에 대한 실러의 경멸 섞인 언사는 당시 대학 사회와 지식인들의 큰 공감을 얻었다.

칸트는 일찍이 논문 「학부의 싸움」(1798)에서 역설했다. "정부의 도구이며 스스로 생각하고 행동하는 자유를 지니지 못한 신학부·법학부·의학부는 국가의 지배나 간섭 및 요구에 복종할 의무가 있다. 그에 반해 학문적 관심에만 몰두하는 철학부는 정부의 구속을 받아서는 안 되며 학문적 관심에 의해, 즉 진리에 대한 관심에 의해 행동하는 자유를 보장받아야 한다. 왜냐하면 (철학적) 이성은 본질적으로 자유로운 것이기 때문이다."

칸트는 진리를 추구하는 철학부의 자유를 강조했을 뿐만 아니라 철학부는 단지 유용할 뿐인 다른 세 학부를 통제해야 한다고 주장한다. 왜냐하면 철학은 인간 지식의 모든 영역에 확산되므로 철학부와 철학자는 당연한 권리로서 모든 강의와 관련을 맺고 세 학부의 강의의 진실을 검증할 역할을 지닌다. 이러한 역할은 물론 실무가인 성직자나 법률가, 의사에게는 허용되지 않는다. 철학자와 실무가를 차별한 칸트는 또 학자와 일반 문인(작가)을 차별했다. 문인(Literat)이라는 용어는 학자(Gelehrte)에 비해 오랫동안 멸시의 뉘앙스를 풍겼다. 이상과 같은 논지로써 칸트는 진정한 학문이란 오직 철학이며, 철학부가 절대 우위를 차지하는 철학적 대학이야말로 진정한 대학이라고 주장했다.[33]

예나 대학에서 신학부 교수들로부터 무신론자라는 낙인이 찍혀 추방된 체험 때문에 피히테는 학문과 대학의 본질 및 자유에 대해 남다른 관심을 가졌고, 학문과 대학에 관한 많은 저술을 남기게 되었다.

대학은 피히테에게 학문의 아카데미, 학문의 기법학교인 동시에 직업적 교육기관과는 구별되는, 오직 자유 의지에 기초한 사람들의 교양기관이었다. 피히테에게도 대학의 본질은 철학이었다. "모든 고급 학문의 교육은 철학에서 출발하며 철학 강의는 대학에서 모든 학생에 의해 우선 수강되어야 한다." 피히테는 한때 베를린 대학을 철학부만의 대학으로 구상했으며 신학이 신비적 존재를 주장하는 한 학문의 학교인 대학에서 배제되어야 한다고 생각했다.

"학자에게 학문은 목적을 위한 수단이 아니라 학문 자체가 목적이어야 한다. 그는 언제나 생활의 근원을 이념에 두고, 오직 이념에서 현실을 본다." 피히테에 의하면 학자는 시민적 직업에 종사하는 시민과는 다른, 고유의 생활양식을 지닌 존재이다. 피히테는 연속 강연으로 이루어진 『독일 국민에게 고함』(1807~1808)에서도 국민에게 행하는 일반 교육과 구별된 학자 지망자를 위한 각별한 훈육의 필요성을 역설했다. 학문에 뜻을 둔 자는 어릴 때

---

33) 철학부의 우위를 주장한 칸트의 학부 싸움은 철학부가 대학의 핵심이 되고 바야흐로 철학의 세기에 들어선 19세기 독일의 대학문화 또는 지적 상황을 잘 반영했다. 철학부의 우위는 대학 내 교수 숫자의 비율에서도 잘 드러났다. 1796년 독일 39개 대학의 정교수 791명 중 274명(35퍼센트)이 철학부 소속이었다.

부터 빵을 위한 학문으로부터 해방되고 학문이라는 자기 목적적 활동이 보장되어야 한다. 대학의 학생과 교수는 그 우월성을 나타내는 제복을 입어야 한다고 주장했다.

피히테에 의하면 대학공동체를 구성하는 교수와 학생은 시민사회와는 다른 강제성 없는 계층이며 그들 자신 미래의 존재방식을 구현하는 특정한 질서에 따른다. "학문적 전문교육을 받은 신분 이상으로 높은 신분은 존재하지 않으므로" 그들은 국가 공직의 임용에서 우선되며 합당한 귀족의 대열에 들어야 한다. 그들 대학인이 서민을 지도함은 정신적·윤리적·사회적인 책무이다. 이렇듯 프랑스 혁명의 열렬한 동조자였던 피히테에게 학문은 사람을 구별짓고 차별하는 징표이기도 했다.

피히테는 대학사회를 시민사회와는 다른 특수한 공동체로 생각했다. 그리하여 그는 대학의 소재지로 작은 도시를 손꼽았다. 왜냐하면 "대도시의 대학에서는 학생들은 부단히 시민사회의 일반 대중 속에 끼어들고 학문은 본연의 삶이 아니라 하나의 직무가 된다." 그에 반해 "소도시에서는 학문 정신이나 학문적 분위기가 극히 쉽게 학생 사이에 널리 생겨난다. 대도시의 대학에서는 그러한 일은 드물거나 혹은 전혀 불가능한 것으로 생각된다." 피히테가 소망한 대로 다른 나라와는 달리 (옥스브리지를 예외로) 독일에서 대학 도시로서 지칭된 하이델베르크, 괴팅겐, 할레, 쾨니히스베르크는 모두 소도시이다.

대학으로부터 추방되는 쓰라림을 경험한 피히테는 자유 특히 사상과 학문의 자유에 관해 어느 철학자, 어느 대학인들보다 예민했다. 그는 총장 취임연설에서 말했다. "교사가 자유롭게 생각할 수 없는 대상이 지시되거나 특별히 지정되어서는 안 되며 자유로운 사유의 성과를 학생에게 제한 없이 전달하는 일이 금지되어서도 안 된다." 그는 특히 사상의 자유와 가르치는 자유를 강조했다. 그런데 학문의 본질을 순수 인식에서 찾고 대학을 학문하는 자의 비사회적·반사회적인 공동체로 인식한 피히테는 학문과 학자의 자유를 "자기의 목적에 모든 생활을 집중하는 것, 그러기 위해서는 완전히 자기의 생활을 다른 모든 생활양식에서 유리시키고 고립시키는 것"에서 찾았다. 다시 말해 사회로부터 격리된 반사회적인 고독(Einsamkeit)의 자유에서 찾았다. 학문하는 자의 고독과 자유의 문제는 훔볼트에게 더욱 절실했다.

"순수 학문에 대한 인식이라는 자발적 행위에는 자유와 그에 도움이 되는 고독이 필요하다. 그리고 이 자유와 고독에서 동시에 대학의 외면적 조직이 생긴다." 훔볼트에게 고독과 자유는 대학과 대학인이 지녀야 할 삶의 기본 원리이며 순수 학문을 위한 불가분의 것으로서 인식되었다.

훔볼트에 의하면 교수는 학생을 위해 있는 것이 아닐 뿐더러 강의도 교수 자신을 위한 것이다. 가르치는 일은 학생과 교수의 고독의 자유에서 연역된 강요받지 않는, 특정한 의도가 없는 공동생활일 뿐이다. 학자에게 가장 본질적인 것은 작은 공동체 속에서 자기와 학문을 위해 사는 것이다.

모든 업무로부터 해방된 고독에 뒷받침된 교수의 자유에는 독일의 학자 상에 특징적인 금욕주의적인 수도사의 면모가 엿보이

훔볼트의 서재. 훔볼트는 고독한 학자의 이미지를 지녔다.

는 한편 심미적 일면 또한 부각된다.

고대 그리스의 아카데메이아를 이상향으로 흠모한 귀족적인 인문주의자 훔볼트에게 학문 연구는 개인의 한가와 고독 속에서 움트는 놀이와도 같은 것으로 여겨졌다. 훔볼트가 바란, 어떠한 업무로부터도 해방된 자유로운 교수(학자) 상은 지식인 조상의 한 유형인 중세 궁정의 음유시인과 광대를 상기시킨다. 그들처럼 초기 베를린 대학의 교수들도 대학 밖의 사회적 질서가 요구하는 업무나 이해관계로부터 해방된 내적 왕국에서 오직 바라는 일에만 몰입할 놀이의 인간이기를 염원한 것이다.

훔볼트, 학문을 통한 교양의 문제성

베를린 대학은 훔볼트 대학으로도 불린다. 프로이센의 문교 책임자이던 훔볼트의 주도 아래 베를린 대학이 창건된 사실과 '학문을 통한 교양'이라는 그 창립 이념이 훔볼트에 의해 뿌리를 내렸다는 사실에서 유래된다.

훔볼트는 독일 인문주의를 대표하며 괴테와 더불어 독일 지식인 중에서 드물게 고위 공직을 지낸 귀족 가문 출신의 교양인이었다. 정치가 훔볼트는 해방전쟁(1813~15) 전후의 독일을 휩쓴 민족주의적 열정에 고무되기도 했다. 그러나 생애를 통해 변함없었던 그의 본질은 인문주의적인 교양이었다. 학문관과 대학상(大學像)의 핵심을 이루는 교양 및 학문의 자유 원리도 교양주의의 발로였다.

먼저 훔볼트가 주장한 학문의 자유 원리에 관해 생각해보자. "교육은 국가를 필요로 하지 않는다. 교육은 국가 행정의 테두리 밖에 놓여야 한다." 왜냐하면 국가에 의한 공교육은 인간을 다양성으로 육성하는 교육의 진정한 목적과는 달리, 국가가 다스리고 지도하는 교육이며 국가는 일정한 타입의 인간을 바라기 때문이다. 국가 기능의 한계를 엄격히 규정지은 국가론도 훔볼트의 교양주의에 대한 일종의 신앙 고백이었다.

그의 교양 지상주의는 자유를 전제로 했다. "교양을 위해서는 자유가 첫 번째 불가피한 조건이 된다. 그 자유는 인간적 힘의 발전을 요구할 뿐만 아니라 상황의 다양성과 깊이 관련된다." 훔볼트에게 대학은 학문 연구의 터전이기에 앞서 "국민의 도덕적 교양을 위해 직접 도움이 되는 모든 것이 결집되는 산봉우리와 같은 것"이었다. 즉 국민 교양의 토포스였다.

베를린 대학의 창립에 참여한 철학자들 특히 훔볼트의 궁극적 염원은 학문을 통한 교양의 형성이었다. "교양은 가장 깊고 넓은 의미에서 학문과 학문연구를 지적·도덕적인 교양을 위해 헌신하고자 마음먹을 때 성취된다." 이 명제는 훔볼트에 의해 베를린 대학의 지도 이념이자 강령이 되었다.

순수 인식, 순수 학문에 대한 헌신을 인간 형성과 교양의 길잡이로 확신한 훔볼트에게 대학이란 교수와 학생에게 공동의 삶의 터전이었다. "인간이 오직 자기 자신에 의해, 자기 자신에게서 발견할 수 있는 것, 즉 순수한 학문에 대한 통찰이 대학을 위해 유보되고 있다. 본래 의미의 자기 행위를 위해." 이렇듯 학문과 교양은 똑같이 지고의 목적으로 이해되었다. 그러므로 훔볼트는 "학문을 학문으로서 추구하는" 원칙을 대학의 원리로 강조할 수 있었다.

교양과 하나가 되며, 인간의 궁극적 목적으로서 추구되는 학문! 이 학문은 단순한 지식과 구별됨은 물론이다. 훔볼트는 강조했다. "인간의 내면에서 생겨나고 내면에 뿌리를 내리는 학문만이 인격을 형성할 수 있다. 중요한 것은 지식이나 말이 아니라 인격과 행위이다." 단순한 지식과 명확히 구별되는 학문, 그리스의 애지(愛知, philosophia)나 유교사회의 교학(敎學)과 비슷한 인간의 궁극적인 소명으로서의 훔볼트의 학문. 이 이상주의적 학문관에 관해 다렌도르프는 이렇게 비판했다. "경험과학을 특성으로 하는 서유럽과 미국의 과학(science)은 논증적·실험적이고 회의적인 태도를 전제로 하는, 갈등을 통한 지식이며, 공개와 논의를 허용하는 정치적 자유를 기반으로 발전되었다. 이에 반해 독일의 학문(Wissensehaft)은 단순히 합리적·지적인 이해만이 아닌 자기 충족이라는 목표를, 즉 헌신적이며 신성한 추구라는 도덕적 요구에 기초한, 그러므로 그 자체가 권위주의적이다."

이상과 같은 훔볼트와 동시대 철학자의 특수 독일적인 학문관의 계보를 우리는 루터의 종교개혁으로 거슬러 올라가 찾을 수 있다.

루터의 훌륭한 협력자로서 프로테스탄트적 교양 이념을 정립한 멜란히톤은 프로테스탄티즘과 휴머니즘의 조화, 양심과 지식의 일치 속에서 진정한 인간의 이상을 보았다. 그런데 그것은 프로테스탄티즘과 인문주의의 상호작용이며 반듯한 융합이라기보다 전자에 의한 후자의 흡수 또는 동화로 귀결되었다. 멜란히톤은 독일의 스승이었다. 제자들은 각급 학교의 교사로서 독일 전역에 퍼지고 그들에 의해 프로테스탄트적인 교육상이 정립되고 학식자와 교양 계층이 배출되었다. 그런데 종파적 갈등과 긴장이 치열했던 그 시대에 학식자와 교양 계층은 자기 자신을 종파의 포교자로 자각하고 학문연구를 신에 대한 지성의 순수한 봉사로 여겼다.

독일 학자들은 "마치 자기가 가장 높은 자의 소명을 받은 것 같은"(야스퍼스) 강한 자의식을 가지고 있었는데, 이로 인해 그들은 학문에 대한 헌신을 신앙적 정통성의 고백으로 여겼다. 그 결과 인식하는 양식은 반주지주의적이며 반지성적이 되었다. 끊임없이 묻고 끊임없이 고백하는 파우스트적 독일풍의 학자상은 인문주의자에게도 예외는 아니었다.

베를린 대학은 근대적인 교육과 연구 시스템에 힘입어 학문 연구를 최대 과제로 내세움으로써 유럽 대학사상 최초의 근대적 연구 대학이 되고 독일의 학문을 세계 정상에 올려놓았다. 연구 대학 출신의 학문적 성향이 강한 독일의 전문직은 낡은 신분 사회의 극복과 비스마르크 제국의 부강에 크게 이바지했다.

독일의 전문직은 대체로 관료와 대학교수를 중심으로 의사·변호사·목사 및 중등 교사들에 의해 이루어졌다. 이들 전문직은 시험제도에 의해 자격이 부여되었다. 그런데 주목할 만한 사실은 시험이나 자격 부여가 전적으로 국가에 의해 관장되었다는 사실이다. 모든 전문직의 시험과 자격이 전문가 집단에 의해 관장된 영국과는 달리, 이러한 현상으로 인해 독일의 전문직은 체제지향적, 국가의존적인 행태를 취하게 되었다. 이러한 사실은 독일의 법률가 집단의 핵심이 법정의 관리였다는 사실에서도 잘 나타난다. 그리고 목사도 19세기에는 국가시험을 통해 임명되고 군 장교와 같이 엄격한 계층 질서에 편입되었다. 각급 학교의 교사는 말할 필요도 없다.

대체로 19세기에 태동된 독일의 교양 시민층은 거의 같은 시기에 성립된 전문직과 겹치고 그들의 모태와 요람은 바로 대학이었다. 그들은 유교사회의 지적 엘리트이자 권력층인 사대부와 비슷한 독서인이었다. 이러한 사실은 살롱이나 클럽 중심의 사교계를 통해 육성된 오네톰이나 젠틀맨, 그리고 서유럽의 전문직과 얼마나 이질적이었던가.

그런데 전문직과 마찬가지로 교양의 자격증명을 대체로 대학이라는 국가기관에 의해 손에 넣은 독일의 교양계층은 그만큼 국가 귀속성의 성격이 강했다. 하버마스는 도시 공동체와의 일체성 결여와 관련된 독일 교양계층의 국가 예속성을 지적했다. 그들을 '시민적인 계층'(die Burgerlichen), 즉 '시민과 비슷한' 계층이라고 부르며 서유럽의 사교적(사회적)·시민적인 교양계층과 구별했다.

국가에 의한 학문의 자유가 배출한 지성과 교양

베를린 대학은 프로이센의 국가 개혁의 일환으로 창립되었다.

창립에 참여한 철학자들의 대학 논의나 구상은 국가 개혁과의 관련에서 전개되었다. 그러면서 그 키콘셉트는 대학 및 학문의 세계와 국가를 구별하고 대학과 학문은 국가로부터 전적으로 자유로워야 한다는 대학중심주의였다. 슐라이어마허에 의하면 국가는 지식이 낳는 직접적 이익에만 관심을 갖는다. 이러한 국가의 실용주의에 대해 학문 공동체는 "가능한 한 국가로부터 독립되어야 한다."

국가와 관련해서 대학 개혁론자들이 가장 중요시한 것은 교수의 인사문제였다. 칸트도 대학의 자치권과 관련해 "학자의 선발에 관해서는 학자만이 판단을 내릴 수 있다"고 주장했으며 슐라이어마허는 교수인사가 국가로부터 독립해야 한다고 강조했다. 이러한 주장의 밑바닥에는 대학과 국가, 학문과 권력 간 대항관계에 대한 리얼한 인식이 깔려 있었다고 할 수 있다. 그러나 베를린 대학의 초대 총장인 피히테의 입장은 슐라이어마허나 동시대 철학자의 견해와는 달랐다.

피히테에게 대학은 국가의 시설이었다. "우리의 시설(대학)은 아주 명백하게 국가의 시설로 존재해야 한다." 그는 『독일 국민에게 고함』에서도 국민 교육과 인간 형성의 사명이 국가에 속한다고 말했다. 이러한 견해는 프로이센의 교육정책과 일치했다. 즉 프리드리히 빌헬름 2세가 공포한 프로이센의 '일반 국법'은 학교 및 대학이 국가의 시설임을 천명했으며, 1816년의 칙령으로 제정된 베를린 대학의 학칙도 제1조에서 베를린 대학이 일반 국법의 규정에 의한 국가의 시설임을 밝혔다.

대학이 국가의 시설로 규정된 이상 지난날 대학이 누렸던 전통적인 자치 특권이 얼마만큼 유효하며, 대학과 구성원 그리고 학문의 자유가 과연 얼마나 보장될 것인지는 극히 의심스럽다고 하지 않을 수 없다. 사실 일반 국법은 대학의 교수 신분을 왕의 관리로 규정하고 있다. 또 그들에 대해 일반적 신민의 의무 이외엔 국가의 수장(왕)에 대해 특히 충성스럽고 복종적이어야 함을 요구했다. 프리드리히의 계몽 전제국가는 교육국가임을 선언하고 대학을 포함한 각급 학교 위에 군림함을 분명히 한 것이다.

교육국가의 이념은 그 땅의 종교는 통치자의 종교에 의해 결정된다는 원칙이 정해진 아우크스부르크의 종교화의(1555)에서 유래된 것이다. 그로부터 독일에서 국가는 종교와 결탁됨으로써 국민생활을 교화하는 윤리적 존재가 되었다. 프리드리히 대왕의 계몽국가에서 교육은 국가의 복지와 권력을 위한 최선의 수단으로 인식되고, 의무교육과 공교육제도가 유럽 사상 처음으로 국가권력에 의해 집행되었다. 이 모든 것은 교육국가라는 프로이센의 자각에서 비롯되었다. 루터의 영향하에 이루어진 종교와 정치의 불순한 결합은 정치·사회적, 정신·문화적인 독일적 문제성(Das deutsche problem)의 핵심을 이룬다.

국민교육과 인간 형성의 문제, 즉 교양을 교육의 주체로서의 국가 책무로서 생각한 피히테는 자유로운 교육을 실현하는 것이 국가의 의무라고 말하면서도 결국 "독일 정신을 지향하는 전제국가"를 요망했다.

한편 훔볼트는 대학과 국가 혹은 학문과 국가의 관계를 이분법적으로 대립된 구도가 아니라 대단히 현실적으로 생각했다. 국가 활동의 한계를 강조한 이 인문주의자는 "국가는 인간을 위해 존재하는 것이지 인간이 국가를 위해 존재하는 것이 아니다. 국가가 행하는 시책은 그 자체가 목적이 아니라 인간 교양에 봉사하는 수단에 지나지 않는다." 국가는 훔볼트에 의해 교양의 실현을 위한 도구로 생각되었다. 그뿐만 아니라 국가 권력과 교양은 그에게 "영원히 대립된 관계"로서, 다시 말해 국가는 훔볼트에게 (괴테에게서와 마찬가지로) 반교양적인 것으로 인식되었다.

그리하여 그는 공교육에 대한 국가 관리를 부정적으로 여겼으며 교수와 학생을 "국가의 모든 형식적인 것에서 해방된 존재"라고 주장했다. 교수와 학생을 위해 국가는 차라리 없는 편이 더 바람직하다는 것을 인식해야 한다고 역설했다.

훔볼트는 피히테와 달리 국가를 결코 정신적·윤리적인 존재로 생각하지 않았다. 그는 인간 교양의 문제와 더불어 정신과 도덕의 문제도 국가의 문제가 아닌 인간 개인의 문제로 생각했다. 그러면서도 훔볼트는 교육과 대학을 둘러싼 국가의 역할을 가볍게 생각하지는 않았다. 훔볼트에 의하면 국가는 정신과 도덕의 문제에 중립적 거리를 지키며 제도적으로 보장해야 한다. 학문과 교양을 위한 자유는 학자 자신이나 대학 자체에 의해서라기보다 국가의 문교행정에 의해 보장되고 뒷받침되어야 한다. 그는 교수의 인사권을 문교행정의 중요 과제로 생각했다.

교수의 지명은 전적으로 국가에 위임되어야 한다. 이것이 훔볼트의 확고한 입장이었다. 그러한 배경에는 교수 인선을 둘러싸고 학벌과 족벌을 앞세운 대학 내의 갖가지 문제가 깔려 있었다. 훔볼트는 병든 대학 자치의 청산을 대학 발전의 후견자라고 할 학식 있는 관료 엘리트들에게 기대했다. 훔볼트의 그러한 입장은 당시 대학 내외의 진보적인 학식자, 지식인들의 공통된 인식이기도 했다.

훔볼트는 베를린 대학의 창립에 즈음해 당초 왕에게 대학 재정의 독립을 건의했다. 그러자 내무부의 교육담당관이 왕에게 그 제청을 각하하기를 권했다. 이유인즉 이러했다. "머리가 아무리 뛰어나더라도 오장육부는 언제나 머리에 대한 권리를 지닙니다. 밥통을 다스린다면 머리도 지배할 수 있습니다."

훔볼트는 대학의 사회적 위상 및 대학과 국가의 관계에 대해서도 리얼한 인식을 지녔다. 그는 대학을 국가로부터 독립된 순수 학문적인 아카데미와는 구별했다. 훔볼트에 의하면 대학은 청소년의 지도라는 실제적인 책무를 지님으로써 "실생활과 밀접한 관계를, 국가의 필요성과 긴밀한 관계를 지닌다." 대학 교수의 인선도 국가에 의해 이루어져야 한다.

그러나 훔볼트는 교수 선임이 전적으로 국가에 의해 이루어져야 한다고는 생각하지 않았다. 그는 국가의 지명과 더불어 아카데미의 추천, 대학 사강사를 포함한 다양한 합의 위에 인선되어야 한다고 생각했다.

훔볼트는 문화정책의 주도자인 국가와 학문과 교양을 위한 자율적 공동체인 대학 간에는 일종의 긴장 상태와 권한의 분립이 바람직한 균형을 이루어야 한다고 생각했다. 그러나 피히테가 바란 대로 충실한 국가의 시설인 베를린 대학과 그를 본받은 독일 대학이 그러한 균형과 그로부터 거둬들일 수 있는 풍요로운 결실을 과연 기대할 수 있었을까.

베를린 대학은 학문의 자유와 학문을 통한 교양을 지도 이념으로 받듦으로써 19세기를 통해 독일 학문의 파르나소스가 되었다. 독일 학문을 세계의 정상으로 끌어올렸다. 독일은 이제 학문의 나라라는 영예를 자랑스러워 했다.[34] 시인 브렌타노는 베를린 대학 창립에 바친 송시 「1810년 10월 15일에 바치는 칸타타」에서 다음과 같이 읊었다.

학문의 지혜와
지식의 자유가
전체와 총체성, 하나가 되어
보편적인 것으로 되기 위해
이 궁전은 바쳐졌다.
여러분, '학예의 통일'이라는
황금의 문자를 나는 그렇게
가슴에 새기노라.

---

34) 학문 연구기관으로서 근대적 대학의 모범이 된 베를린 대학은 해외유학생이 귀했던 1900년경 유럽 여러 나라 특히 미국으로부터 학생과 교수가 몰려들어 베를린 대학의 총학생 4795명 중 외국 학생은 870명을 헤아렸다. 그중 유럽 이외의 유학생이 186명이었으며 그중 대부분은 미국의 학생과 연구자 및 교수였다.

히틀러가 이끈 제3국의 태동은 베를린 대학이 지닌 이념의 허구성을 드러냈다.

괴테는 라이프치히 대학 학생시절 교수들의 높은 사회적 위상에 큰 감동을 받았다. 사실 대학교수는 귀족을 뜻하는 융커 출신의 고급장교만큼 존경의 대상이었다. 그럴 수밖에 없는 것이 대학 졸업장은 학식과 교양의 라이센스이며 국가행정과 통치에 관여하는 자격증이 아니었던가. 그런데 이 학문의 나라에서 그들 정치적·지적 엘리트는 얼마나 비싼 대가를 지불해야 했던가.

베를린 대학은 슈타인-하르덴베르크-훔볼트-샤른호르스트에 의한 프로이센 개혁의 산물이었다. 그리고 학문의 자유도 대학의 자유와 함께 국민의 자유를 위한 새로운 사회를 지향해야 했다. 그러나 프로이센 개혁이 결국 1789년 혁명과 맞선 국가를 위한 위로부터의 개혁이었듯이 베를린 대학이 표방한 학문의 자유 및 학문을 통한 교양의 이념 또한 앞에서 밝혔듯 반사회적이며 반근대적임을 면치 못했다. 독일의 대학과 대학인은 그 문제성을 일찍부터 감지하고 경계했어야 했다. 대학 당국에 헌법문제를 항의해 저명한 교수들이 파면된 이른바 '괴팅겐 7교수 추방사건'(1837)에 대다수 교수는 무관심했다.

베를린 대학이 창립된 이래 독일의 정치·사회·문화 엘리트(융커, 즉 지주귀족 출신의 장교단을 제외하고)의 대다수는 베를린 대학 출신이었다. 그리고 내적 왕국의 자유를 구가하며 권력지향적이었던 히틀러가 신명을 다해 구축한 것은 비스마르크의 제국이었다.

히틀러가 정권을 장악한 약 3개월 뒤 베를린 대학 앞 광장에서는 기묘한 축제가 벌어졌다. 약 2만 권의 책이 '반독일적 서적'이라는 낙인이 찍히고 학생들은 불을 질렀다. 이 분서사건이 일어난 보름 뒤 하이데거는 히틀러의 청을 받아들여 프라이부르크는 총장이 되었다. 그는 취임 연설에서 "지도자를 통해 진리에 대한 결의를 명백히 하자"고 선언해 세상을 놀라게 했다. 같은 무렵 하이델베르크 대학을 방문한 히틀러의 언명에 따라 대학 본관 건물에 라틴어로 새겨졌던 '진리와 인류를 위해' 대신 독일어로 '민족과 국가를 위해'라는 구절이 새겨졌다.

히틀러 제3제국의 파탄에까지 이른 독일 근대사의 엄청난 문제성에 베를린 대학과 독일 대학인이 눈을 뜨게 되는 것은 제2차 세계대전에서 패하고 난 뒤였다.

27 미국의 대학과 기술산업사회의 허구와 진실

> 기술적 장치와 그것을 잘 다루는 사회집단에
> 그외 주민을 지배하는 압도적인 우월성이 부여된다.
> 경제적 권력 앞에 개인은 완전한 무력을 선언하게 된다.
> 🖋 아도르노

  교육 특히 고등교육은 그것을 둘러싼 사회의 정치·경제·문화구조와 상황을 반영하며 그 사회가 지향하는 이념을 비춰준다. 그러나 장구한 대학사를 굽어볼 때 과연 대학이 얼마만큼 자기를 둘러싼 사회문화적인 상황 또는 구조를 반영하고 그와 진운을 함께했던가 하는 데 대해서는 이의를 제기하지 않을 수 없다. 12세기에 파리 대학이 창출한 대학의 원형은 1810년에 창건된 베를린 대학에 이르러서야 유산 정리에 착수했다. 르네상스 운동이나 근대과학 및 계몽주의 사상과 같은 획기적인 문화운동도 대체로 학문의 제신(諸神)들의 투기장인 대학 밖에서 일어났다. 그만큼 대학은 시대에 뒤떨어져 온 측면이 없지 않다.

  대학의 고질적인 동맥경화증의 치유에 크게 활동한 것은 미국 대학이었다. 미국 대학은 유럽의 모든 대학에 앞서서 일찍부터 대중 산업사회를 준비하고 그에 대응하는 전략을 통해 고등교육과 대학의 역사에 신기원을 이루었다.

칼리지의 종파성과 지역공동체

미국의 대학은 출범 당시 여러 면에서 영국과 독일의 대학을 본받았다. 그러면서도 미국의 건국 이념과 특수 미국적인 사회의 성격과 깊은 관련을 맺으면서 발전했다.

신대륙에 기착한 청교도 집단의 첫 번째 과제는 교회를 세우는 일이었다. 그런데 교회 건립에서 부딪치게 된 가장 큰 문제는 성직자 확보였다. 그래서 각 교파는 성직자를 양성하기 위해 저마다 칼리지를 세웠다. 그것이 곧 미국 대학사의 제1장에 기록되는 종파에서 세운 칼리지이다. 미국 칼리지 혹은 대학의 첫 번째 특징으로서 손꼽히는 종파성은 학외자 관리제로 이어졌다. 이 제도는 학내의 교직원이 아닌 외부 인사에 의해 칼리지가 관리 운영되는 것이다. 이에 따라 대학 밖 인사로 구성된 이사회는 법적으로 교수의 채용과 해고를 비롯해 대학 관리의 거의 모든 결정권을 장악했다.

유럽적 전통에 비춰볼 때 대학이란 학생들의 자유로운 단체, 즉 학자 공화국을 의미한다. 그러나 미국의 대학은 단순히 교수와 학생만의 공동체가 아니며, 교육과 연구만의 터전일 수도 없다. 미국 사회의 민주주의 전통과 프래그머티즘적 지적 풍토는

▲ 19세기 후반의 뉴욕

미국 대학의 주요 특성으로서 대학과 사회의 깊은 유대를 부각시켰다. 처음에는 대학이 소재한 지역공동체와의 남다른 관련에서 표출되었다. 종파 칼리지와 학외자 관리제의 성립도 지역공동체의 맥락에서 이해되어야 할 것이다.

하버드 대학은 칼리지로부터 출범했다. 그것은 미국에서 제일 먼저 세워진 고등교육기관이다. 하버드 칼리지는 청교도의 여망을 주 의회가 수렴하고 의회 결의를 거쳐 1636년에 창립되었다. 하버드 칼리지가 지향하는 목적은 이렇다. "이 나라의 영국계 및 인디언 청년에게 훌륭한 문학·예술·과학의 현상과 지식과 신앙을 가르친다." 하버드는 창학 이념으로서 학문 연구와 신앙을 똑같이 내세웠다. "학문을 성대히 발전시켜 후세에 전할 것이며, 무식한 성직자를 교회에 남겨서는 안 된다." 지금도 하버드의 정문에 새겨져 있는 이 명문은 학문 연구와 함께 학문을 통한 기독자와 성직자의 양성이 하버드의 창학 이념임을 분명히 말해준다.

하버드의 운영과 관리는 이사회와 평의회가 맡았다. 그런데 주목할 것은 의회 지도자·행정가·목사·기업가 등으로 구성된 칼리지의 관리기구인 이사회와 평의회 어느 쪽에서든 교수는 대표권을 지니지 못하고 전적으로 배제되었다는 사실이다.

하버드를 비롯해 이어 나타난 모든 칼리지는 성직자 양성을 목적으로 세워졌다. 그러나 높은 교양을 위한 면학의 장이기도 했다. 하버드 설립자들과 그들을 뒷받침한 뉴잉글랜드의 상류 계층에는 (영국의) 대학 출신자가 많았으며, 초기 아메리카 고등교육에 간접적으로 영향을 준 독립혁명의 지도자 또한 고등교육을 받

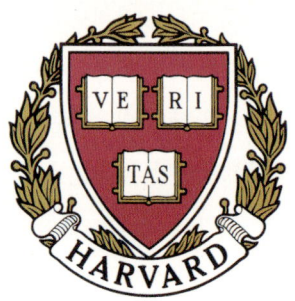

하버드 대학의 정경과 문장. Veritas는 '진리'란 뜻이다.

은 교양인이 많았다. 하버드의 학풍은 특히 인문주의적 교양을 중요시했으며 하버드가 자리잡은 뉴잉글랜드 상류 계층의 지적·문화적 풍토에 의해 더욱 고무되었다.

그들은 하버드가 청교도의 메카일 뿐만 아니라 자신들 자제를 위한 귀족적 배움터이기를, 기독교의 신사라는 이상적 인간상을 육성하는 곳이기를 염원했다. 그러므로 하버드는 성립 당시부터 일관되게 자유학예를 중요시했다. 종교적 교육과 교양 교육, 신앙과 지식의 바람직한 조화라는, 하버드가 지향한 학풍은 청교도에게 특징적인 지적 관심과 깊이 관련되었다.

하버드를 비롯해 건국 전후에 세워진 칼리지는 킹스 칼리지(지금의 컬럼비아 대학)만을 예외로 모두 특정 종파에 의해 세워졌다.

미국은 건국 이전부터 참가자의 나라이다. 토크빌은 미국 시민의식의 형성을 지역공동체에 대한 참가라는 키콘셉트로 관찰했다. 『미국의 민주주의』(1835~40)의 저자인 토크빌은 좋은 실례를 잉글랜드의 타운십에서 찾았다. 미국에서 지역공동체는 시민의 정치생활의 터전이다. 그뿐만 아니라 모럴과 사교생활, 개인과 집단적 심성, 행동양식 등 풍속습관(moeurs), 즉 심적인 습성뿐만 아니라 종교, 정치 참가, 경제생활을 둘러싼 풍속과 습관을 길러내는 터전이며 미국 사람들의 원체험의 장이다.

주목할 것은 그 습성이 공동체의 종파에 의해 길러지고 인도된다는 사실이다. 미국 사람들은 "확신보다는 관습에 의해 신을 믿는다"고 토크빌이 지적했듯이 미국에서는 오늘날에도 가톨릭 교회에서조차 신앙의 장은 지방 교구이며 신과 개인의 관계는 공동체에서 나누는 생활 패턴에 의해 매개된다. 공동체에서의 만남, 공동체에 참가하는 중요한 루트를 바로 종교에서 찾은 미국 사회는 본질에서 종교적 커뮤니티이다. 그러므로 교회는 공동체의 핵심, 일체성과 연대의 상징이며 목사는 공동체적 가치의 구현자이다.

미국은 "그리스도교가 인간의 영혼을 움직이는 힘을 세계에서 가장 강하게 유지하고 있는 곳이다"라고 토크빌은 말했다. 그의 미국 체험(1813)으로부터 약 1세기 뒤 미국을 찾은 막스 베버도 대학의 젊은이들과 미국인의 일상적 생활 속에 각인된 종교적 정신의 생생한 흔적과 영향력에 감동했다.

종파적 공동체와 관련해 또 간과할 수 없는 것은 유럽과는 달리 미국에는 특정한 국교가 없다는 사실이다. 합중국 헌법은 "연방의회는 국교의 수립을 규정하거나 혹은 종교의 자유로운 예배를 금지하는 법률을 제정해서는 안 된다"고 명시했다. 퓨리터니즘에 의해 건국되었으나 미국에는 어느 종파에도 선취 우선권(preemaptive power)이 존재하지 않는다. 그 결과 미국과 미국인은 국가 권력과 종교의 결함에서 필연적으로 파생되게 마련인 갖가지 질곡으로부터 해방되었다.

중세의 가톨릭이, 17세기 네덜란드의 칼뱅주의가, 근세 영국의 국교회가, 루터주의가 프로이센에서 한때 누렸던 우위를 미국에서는 어느 종파도 종교적·이데올로기적으로나 혹은 정치사회적으로 누리지 못했다. 이러한 사실은 유럽 여러 나라와는 달리 미국에는 동질적인 신학적 공동체가 존재하지 않음을 의미한다. 종파의 다원성은 종교적 자유와 함께 미국사회의 개방성 또는 공개성에도 크게 이바지했다.

한편 미국에는 유럽적 의미의 제도화된 성직자 계급이 존재하지 않는다. 그 결과 교회의 관리도 일반 속인에 의해 관장되고 그에 더해 목사 또한 교회 구성원과 지역공동체에 의해 선출되었다. 갖가지 종파와 여러 민족집단에 속한 사람들로 이루어진 다양하고 유동적인 사회에서 지역공동체에 근거하면서 활짝 열린 교회는 지역사회의 구심점이며 공동체에 속한 모두의 비전과 미래를 투영한다. 대학사가 리스먼은 미국의 여러 지역에 세워진 칼리지와 대학을 사회적 통합보다 분리를 조장하는 특수 이익집단의 성격을 지닌 것으로 지적했다. 이 지적을 우리는 칼리지와 대학이 지역 교회와 공동체에 근거해 설립되고 발전된 사실을 역설적으로 표현한 것으로서 이해할 수 있을 것이다.

칼리지가 종파에 의해 세워졌다고 하나 특정 종파가 대학 교무에 개입하는 일은 없었다. 하버드나 예일 대학을 비롯해 대부분의 칼리지에서 종파는 학사(學事)와 일정한 거리를 두면서 시대의 진운에 발을 맞추었다. 처음에는 종교적 자유에 국한되어 언급된 사상의 자유가 점차 칼리지 자체의 지도이념으로 표방되었다. 칼리지는 학생을 대상으로 신교의 자유와 비종파성을 자랑하게 되고 그러한 칼리지가 경쟁적으로 생겨났다.

유니버시티와 전문대학원의 태동

미국의 고등교육은 19세기 중엽에 이르러 칼리지 시대에서 유니버시티 시대로 전환되었다. 그것은 단순히 칼리지의 규모 확충이나 격상이 아니라 사회의 변혁에 대응하는 고등교육의 구조적 혁신을 의미하는 유니버시티 시대의 개막을 뜻했다.

1840년대 서부 개발, 잭슨 데모크라시 그리고 특히 남북전쟁이라는 역사의 새로운 국면에 힘입어 실현된 연방통합 및 사회의 산업화 현상으로 지난날의 종교 교육과 일반 교양 중심의 칼리지의 기반이었던 좁은 지역공동체의 틀과 질서는 점차 해체되기에 이르렀다. 지난날 사람들은 지역공동체에 참가함으로써 자기 주체성을 확인하고 가족, 일, 지역공동체가 서로 짜여 모두의 습관, 하비투스가 형성되었다. 그때 그들은 사적 이익과 공동체 이익 사이에서 별로 위화감을 느끼지 않았으니 공동체의 가치에 대한 일체감이 전제되고 있었던 것이다.

그러나 19세기 중엽 이후 그간 미국사회를 특징지었던 공동체주의(communalism)에 변화가 나타나기 시작했다. 영국·스코틀랜드계의 이민에 이은 아일랜드계 이민(그들은 가톨릭계였다), 2500만에 이른 라틴계, 슬라브계, 동양계의 신이민은 경제적 이해관계의 대립과 더불어 종교적·문화적인 갈등을 유발해 미국사회는 이제까지 지녀온 동질성을 크게 위협받았다. 그리하여 공동체 의식과 동질성에 뒷받침되었던 칼리지의 교학 이념이나 교과 과정은 한계를 드러내고, 칼리지와 지역사회의 그간 유대도 점차 흐트러졌다. 이제 미국의 고등교육은 규모나 내용에서 칼리지 시대와는 차원을 달리하는, 연방의 통합과 발전하는 산업사회의 새로운 상황에 적극적으로 부응하는 근대적 유니버시티 시대를 맞았다.

전통적인 칼리지의 패러다임은 우선 교과 과정의 개혁으로 전환되었으며, 과학적·실용적인 교육이 크게 수용되었다. 교과 과정의 개혁과 관련해 우리 주목을 끄는 것은 졸업생의 여러 사회 영역으로의 다양한 진출과 학문 연구가 고등교육의 주요한 목표로 인식되기 시작했다는 사실이다.

브라운 대학은 1840년대에 교과의 다양화와 근대화를 추진했다. 특히 자연과학·응용과학·사회과학 등 실용적·사회적인 교과의 도입을 추진했다. 그 대학의 총장은 토로했다. "도대체 베르길리우스, 호메로스, 데모스테네스 등을 배우고 약간의 수학과 과학의 지식만으로 이 대륙에 잠든 미개척의 자원을 어떻게 개발할 수 있단 말인가." 새로운 유니버시티의 설계를 서두른 고등교육의 개혁론자들 앞에는 개발을 요구하는 신세계의 넓은 지평이 다가오고 있었다.

당시 미국 사회를 적신 두 가지 흐름, 즉 제퍼슨의 정치노선에 입각한 제퍼슨주의와 잭슨의 데모크라시를 반영해 고등교육에도 두 가지 이념이 대립되고 있었다. "뛰어난 자에게 영광을"이라는 신조 아래, 교양 계층의 사회적 책임을 강조하면서 칼리지의 전통을 고집한 제퍼슨 지지자가 있었다. 반면에 "법 앞에 만민의 평등", "기회의 평등"을 주장한 잭슨 추종자가 있었다. 엘리트주의적인 전자의 사회적 기반이 대체로 동부와 남부의 자유주의적인 젠트리였던 데 대해 대중교육을 강조한 후자의 기반은 각 교파의 성직자들이었다. 19세기 중엽 이후 미국 대학사회는 이 두 가지 흐름을 반영해 더욱 다양하게 발전했다.

유니버시티 시대의 미국 고등교육에 나선 것은 '언제나 앞장서 온' 하버드 대학이었다. 하버드는 커클래드 총장 시대(1810~24)에 신학부와 법학 전문대학원(law school)을 개설함으로써 유니버시티 체제를 갖추었다. 지난날 칼리지 시대에도 설립자들은 'university'란 칭호를 선호했다. 당시 유니버시티는 일반 교양 이외에 낮은 수준의 전문적인 교과목이 따르는 정도였다. 19세기에 이르러 유니버시티라고 하면 적어도 하나 이상의 전문대학원(professional school)을 갖춘 대학이거나 주(州)에서 관리하는 대학을 지칭했다. 차차 법학·신학·의학·공학 등 전문 교과목은 칼리지와는 별개의 독립된 전문대학원에서 학습을 행했다. 하버드가 앞장서서 갖춘 전문대학원은 대학원(graduate school) 조직을 의미한다.[35]

유니버시티를 지향하는 하버드의 발전은 미국 대학사상 주요한 의의를 지닌 교육 개혁을 동반했다. 그중에서 전문인력을 요

---

35) 대학원의 기원은 미국에서 찾는다. 미국의 대학 학부가 유럽과는 달리 대체로 일반 교양의 교육기관인 데 불과해 학부 과정 위에 전문학 교육기관으로서 대학원이 요구되었던 것이다. 그런데 의사, 법률가 등 전문직을 양성하는 전문대학원은 소규모 대학의 문리과 대학원이나 교육대학원 혹은 주립대학의 대학원과는 구별된다.

구하는 사회의 변화에 부응해 신설된 전문대학원은 각 분야에 걸친 졸업생의 진출로 큰 주목을 받았다. 18세기 말까지만 해도 하버드의 졸업생 대다수는 목사가 되었다. 1701~50년의 졸업생 중 45퍼센트가 목사가 되었으며 그에 반해 법률가는 불과 5퍼센트, 의사 8퍼센트, 교사 7퍼센트, 기업가 13퍼센트에 지나지 않았다. 1801~50년에 이르면 목사 15퍼센트, 법률가 31퍼센트라는 역전된 수치가 나타난다. 이러한 경향은 하버드와 쌍벽을 이루는 예일 대학의 경우도 비슷했다.

하버드의 전문대학원 중에서 가장 주목할 것은 과학전문대학원(오늘날의 로렌스 과학전문대학원(Laurence Scientific School))이다. 1830년대 농업 주에서 공업 주로 탈바꿈한 뉴잉글랜드의 발전에 고무되어 생겼다. "이 나라에 잠재한 무궁무진한 천연자원을 탐색해 그 이용방법을 연구하고 그럼으로써 막대한 공업적 에너지를 개발할 수 있는 인간" 양성에 목적을 두었다. 과학전문대학원은 칼리지 졸업자 이외에도 기술자, 천문 관측기사, 공업기술자 등 이미 사회활동을 하고 있으면서 더 고도의 면학을 희망하는 사람을 광범위하게 받아들였다. 전문대학원의 창설은 칼리지 및 학부 교육만으로 충분하다는 인문계 교수들의 반발을 초래했으나 그들도 차차 과학전문대학원에 끌렸다. 미국 대학사에서는 과학이 대학과 교육의 전문화를 선도한 1860~1910년을 '과학 인식의 시대'로 특징짓고 있다.

당시 미국의 과학자는 대체로 중서부 중산계층 출신이었으며 동부의 상류층은 과학보다 법학·의학 등 고전적인 전문학을 선호하는 경향이 짙었다. 그러나 사람들은 하버드라고 하면 여러 전문대학원의 존재에도 불구하고 여전히 칼리지를 연상했다. 칼리지에 학생 수가 많았던 이유가 있지만 고등교육=일반 교양교육, 즉 칼리지라는 관념이 그만큼 뿌리 깊었던 것이다.

17, 18세기 근대과학의 태동 및 절대주의 국가의 등장은 지난날 유럽 대학에서 실시한 교양교육의 전통을 크게 흔들어놓았다. 19세기에 와서는 직업적인 전문직을 창출하기 위한 전문학의 학습과 연구가 고등교육의 주요한 과제로 인식되었다. 이러한 경향은 전통적으로 교양 있는 신사를 육성하고자 했던 런던 대학의 신설(1836)이 밝혀주듯이 영국의 경우도 예외는 아니었다. 미국에서는 1860~70년대에 근대적 전문지식, 과학기술을 갖춘 직업으로서의 전문직에 대한 사회적 요망이 분출되었다.

전문직은 유럽의 경우 대학에서 전문학을 수학한 자의 몫이었다. 미국에서 공직은 선거 지원자에 대한 보상으로 주어지거나, 혹은 선거 결과에 따라 공직이 교체되어 전문직의 육성이 그만큼 지지부진했다. 의사, 변호사 등 전문직의 자격에 관한 느슨한 기준도 고등교육의 발전에 이롭지 않게 작용했다. 미국 대학에서의 교양교육과 전문학 간의 두드러진 친화현상은 이러한 사실과 깊이 관련되었다. 유럽 대학의 근대화는 전통적 교양주의를 극복한 것이라는 인상이 짙다. 그러나 미국에서는 전문학을 학습하고 연구하는 전문대학원은 교양교육의 전통 위에, 즉 학부→전문대학원이라는 연속선상에서 실현되었다. 미국 중산 계층의 종교지향적인 사회문화적 풍토도 미국 고등교육에 독특한 일반 교양과 전문학의 조화 또는 통합에 긍정적으로 작용했다.

하버드에 이어 예일, 컬럼비아 등 아이비리그에 속한 명문 대학이 날로 발전을 더해가는 사회의 산업화 현상에 힘입어 전문대학원을 앞다투어 신설했다. 기술을 지닌 전문가를 훈련함을 목적으로 하는 전문대학원은 연구 및 대학의 개념을 바꾸어놓았다. 미국에서 연구의 개념은 유럽처럼 소수 지적 엘리트의 상아탑 내의 행위가 아니라 직업적인 전문학의 훈련과 학습 및 연구를 의미했다.

막스 베버는 1919년 직업적으로서의 학문을 논했는데, 미국에서 학문과 연구는 일찍부터 직업적 전문성과 깊이 관련되었다. 대학이란 무엇보다 직업적인 훈련과 연구기관이다. 그럼으로써 대학은 미국 사회와 문화의 중심에 자리잡을 수 있게 된 것이다.

전문대학원의 존재는 유럽 대학과 다른 새로운 형태를 가진 미국 대학의 위상을 창출했다. 그와 관련해 동부의 교양주의적인 상류 계층에 대신하는 기업 엘리트의 성장, 상층 중산계급의 새로운 생활양식, 사회 최대의 공공선(公共善)으로서 전문가적 유용성이 뿌리를 내렸다. 존스 홉킨스 대학의 출현은 그렇듯 산업사회의 출현이라는 역사적 변혁에 적극적으로 대응하는 미국과 미국 대학의 위상을 상징한다고 할 수 있을 것이다.

미국 최초의 대학원을 갖춘 존스 홉킨스 대학은 1873년 철도회사의 대주주인 존스 홉킨스의 유언에 따라 그의 유산(700만 달러)의 반을 기금으로 해 창립되었다. 창립 당시 12명의 이사 중 7명이 기업가였고, 4명이 법률가였다. 교수 출신이나 목사 혹은 대학 경영자는 한 사람도 없었다. 초대 총장인 질만은 학자라기보다는 대학의 개혁 및 운영을 통해 명성을 갖춘 새로운 타입의 대학 경영인이었다. 질만은 대학 지표를 연구의 촉진, 젊은이의 육성, 그들이 연구 대상으로 삼는 모든 과학을 재능에 따라 발전시키는 학자와 그들이 사는 사회의 향상으로 정했다. 존스 홉킨스 대학의 본질은 대학원대학인 점에 있으며 얼마 동안은 학사 과정의 학생을 받지 않았다.

성적에 비례한 장학금 제도, 학위 취득자에 대한 보수의 증액 등 철저한 업적주의는 학생 및 연구자에 대해 자유방임적인 독일 대학의 학풍과는 대조적이었다. 존스 홉킨스와 그를 본받은 미국 대학원은 독일의 학풍과 제도를 모델로 했다. 훈련방식은 철학 중심의 독일 대학과 달리 과학 중심이었다. 유럽에도 유례가 없는 대학사상 최초의 대학원대학은 대학 사회에 큰 충격을 주었다. 지난날 칼리지 시대의 교수는 학문적 능력이나 업적보다 종교적 헌신에 따라 임명되었다. 그러나 존스 홉킨스 대학과 더불어 연구 중심의 학풍이 독일 대학과 마찬가지로 미국 고등교육에 굳건히 뿌리를 내렸다. 그러한 발전에 힘입어 클라크 대학(1888)과 시카고 대학(1890)이 연구 중심의 대학으로 출범했다.

주립대학과 프래그머티즘

미국의 칼리지와 대학은 원래 모두 사립이었다. 그 대신 독립 직후 주립 대학(state university)이 많이 생겨났으며 그 수는 남북전쟁 이전에 21개교였던 것이 서부 개척과 더불어 증가해 주마다 적어도 1개교를 갖게 되었으며 오늘날 약 70개교를 헤아린다. 주립대학은 주 정부의 결의에 따라 설치되고 주로부터 토지를 부여받아 세워졌다. 운영에서는 주정부로부터 어떠한 간섭도 받지 않는다. 주립대학은 사립대학과 마찬가지로 학외자로 구성된 독립된 관리체제를 지녔다. 대학은 공법인(公法人)이면서 교수는 공무원이 아니며 교수의 인사문제는 전적으로 학외자 관리기구의 소관이었다.

주립대학은 갖가지 직업과 전문직에 종사하는 산업인에게 자유롭고 실용적인 교육을 시행하기 위해 농업이나 기계, 기술에 관한 학문을 가르침을 목적으로 세워졌다. 칼리지와 전문학 연구 중심의 일반 대학과 구별되었다. 주립대학은 원래 농학과 기계(기술)학(agriculture and mechanics, A&M)의 대학이었다. 그렇듯 주립대학은 지난날 무시당한 각종 생산기술직을 고등교육에 끌어들여 당시 유럽 대학사회에서는 상상조차 할 수 없던 새로운 미국형 대학을 탄생시켰다.

학생의 학습을 강의실에서 실습실이나 캠퍼스(campus란 야영지를 의미했다)로 옮긴 주립대학의 실학 교육방식에 대해서는 비판이 그치지 않았다. 더욱이 농업기술을 대학에서 가르친다는 것에 대해 저항이 강했으며 처음에는 학생도 모이지 않았다. 옥수수대학, 소대학으로 비웃음을 사던 주립대학의 진가가 일반에 받아들여진 것은 19세기 말이다. 주립대학의 학생은 초기에는 서민 출신이 많았다. 주립대학 중의 주립대학이란 평판을 받은 메사추

세츠 공과대학(MIT)이 그러했다. 재학생과 졸업생은 오랫동안 같은 보스턴의 이웃 하버드맨의 오만에 시달려야 했다.

미국 번영의 기초를 이룬, 세계에 유례없는 농업혁명은 주립대학을 낳고 주립대학은 농촌 청년들에게 신분 상승의 등용문이 되었다. 주립대학은 전문대학원과 더불어 전문성을 다양하게 요구하는 기술·산업사회의 발전에 주동적인 기능을 다하는 한편 일반 대중을 위한 고등교육의 개방이라는 시대적 요청에 앞장섰다. 19세기에 미국은 바야흐로 부유한 사회로 진입해 유럽 최대의 강대국인 영국을 포함한 유럽 어느 나라보다 생활수준이 높은 나라가 된다. 주립대학에서 지배적이었던 실학교육 및 고등교육의 개방은 미국 사회의 산업화 현상과 함께 미국의 프래그머티즘적·지적 풍토와 깊은 관계가 있다. 주립대학에서 지적 관심과 기술적 관심 사이에는 선이 그어져 있지 않았으며 대학과 일반 사회에서도 경계가 없었다. 이러한 사실의 바탕에서 우리는 미국 사회와 문화, 미국적인 삶을 특징짓고 있는 프래그머티즘을 감지한다고 해야 할 것이다.

"미국 사람들은 실제적인 지식이나 명확한 관념을 책으로부터 얻지 않았다." "그들은 입법에 참여하는 과정에서 법을 알게 된다. 정치에 참여해 (정치의) 여러 가지 형태를 습득한다." 1931년 9개월간 미국에 체류한 토크빌의 말이다.

프래그머티즘은 신교(信敎)의 세계에서도 예외가 아니었다. 미국에서는 프로테스탄트와 가톨릭, 유대교의 구별 없이 교리를 받들기보다 믿음의 실천을 소중히 여겼다. 이러한 신(神) 체험의 미

MIT 대학의 건물들

국적 모양새는 사상가이자 시인인 에머슨의 이상주의적인 체험주의에서 잘 나타났다.

프래그머티즘의 철학적 근거는 영국의 경험론이다. 신세계의 초기 이주민은 대체로 17, 18세기 영국 경험주의의 세례를 받은 앵글로색슨계의 중산 계층이었다. 경험론과 신세계 특히 프런티어와의 만남이야말로 생활철학으로서의 프래그머티즘을 창출한 모태였다고 할 것이다. '프래그머티즘'이란 말이 1870년대 말경, 즉 주립대학이 뿌리를 내릴 무렵에 처음 쓰이고 일반에 알려졌으며, 미국인의 생활양식이란 표현도 1880년대 중엽에 처음 쓰였다.

최초의 미국적인 지식인으로 알려진 에머슨은 1837년 모교인 하버드에서 행한 「아메리카의 학자」란 강연에서 언명했다. "행동이 없는 학자는 아직 인간이라고 할 수 없다. 행동이 없으면 사상은 결코 열매를 맺지 못하고 진리가 되지 못한다." "대학이나 책은 밭이나 일터에서 만든 말을 베끼는 데 지나지 않는다." "행동은 자원이며 사람은 생활한다는 자원을 지닌다." 에머슨의 이 강연은 유럽의 오랜 지적 의존으로부터의 미국적 지성과 미국 대학의 독립선언으로 일컬어진다.

멀티버시티와 산학협동의 실상

옥스브리지 중심인 영국 대학의 특징이 신사 양성을 지향하는 교양 공동체라면, 독일 대학은 학문 연구를 주요 과제로 내세우는 학문 공동체이다. 그에 비해 미국 대학은 젊은이를 유용한 전문직으로 육성하는 데 목적이 있다고 할 것이다. "활동적인 실무가로 키워 봉사하기 위한 장치"로 볼 수 있는 미국 대학의 모범으로 시카고 대학을 들 수 있다.

사회에 대한 대학의 봉사라는 이념은 이미 18세기에 벤저민 프랭클린에 의해 필라델피아 대학의 학풍으로 유용한 교양과 인류 봉사의 교육이라는 기치 아래 표방되었다. 위스콘신 대학 또한 공공에 대한 봉사정신을 구현함을 대학의 지도이념으로 내걸었다. 위스콘신의 이념은 대학을 시민의 교사, 카운슬러, 친구의 학교로서 기능하게 하는 것이었다. 한편 가진 자의 탐욕과 특권 및 부패 권력을 비판하고 고발하는 데도 노력했다. 특히 노동조합운동에 대한 지원, 농촌과 도시에서 가진 공개강좌는 다른 대학의 모범이 되었다.

그리하여 위스콘신을 모델로 교육이 직접 미치지 못한 광범위한 영역이 대학 캠퍼스와 연결되고 대학인과 시민의 연대 위에 새로운 형태의 대학공동체가 도처에 생겨났다. 공공에 대한 봉사정신을 모토로 한 미국 대학의 바람은, 19세기에서 제1차 세계대전에 이르는 동안 미국을 휩쓴 진보주의의 흐름에 힘을 얻어 미국 중산 계층의 집단 심성, 아메리카의 신조(American creed)로서 뿌리를 내렸다.

칼리지의 교양교육 및 직업적인 전문대학원 교육과 함께 지역사회에 대한 봉사활동을 표방하며 출범한 시카고 대학은 방대하고도 다원적인 조직과 기구로써 이제까지 대학 이미지와는 다른 새로운 대학, 현대의 대중 기술산업사회가 창출해낸 멀티버시티

(multiversity), 즉 다원적 대학이었다.

세계 굴지의 자본가인 록펠러가 기부한 3500만 달러를 재원으로 해서 1892년에 출범한 시카고 대학은 방대한 규모만큼 그에 상응하는 강력한 리더십을 필요로 했다. 초대 총장인 하퍼(총장직 1901~06)는 미국 대학의 모범이며, 미국의 앞날을 짊어질 대학이라는 강한 자부심을 갖고 대학의 규모와 내용에 대해 대단한 의욕을 나타냈다. 시카고 대학과 더불어 이제 미국 대학사는 멀티버시티 시대에 들어섰으며 그 모델로서 우리는 또한 코넬 대학과 캘리포니아 대학을 들어야 할 것이다.

대중의 대학을 표방한 뉴욕의 코넬 대학은 "어느 누구든 어떠한 학문 분야의 교육이라도 발견할 수 있는 시설과 기관을 나는 만들 것이다"라고 언명한 창시자의 뜻을 받들어 만능 교과의 이념(the idea of all purpose curriculum)을 구현하는 데 노력했다. 그래서 창립 당시부터 공학부에 중점을 두면서도 대담한 개방정책을 단행해 가정학부(1925년 개설)와 교육학부(1931)를, 40년대에 들어와서는 영양학부(1941), 간호학부(1942), 경영·행정학부(1945) 및 산업·노동 관계학부(1945)를 신설했다. 제2차 세계대전 뒤에는 호텔 경영학부도 개설해 세상을 놀라게 했다. 이상과 같이 만능 교과의 이념을 구현한 여러 학부, 헤아릴 수 없이 많은 학과의 개설은 전통적인 대학 개념을 뒤집어놓았음은 물론 대중시대, 기술산업사회에 알맞은, 만인에게 개방된 문자 그대로의 대중 대학(mass university)의 출현을 의미한다. 대중적 고등교육은 캘리포니아 대학에 이르러 대학의 가장 중요한 특징이 되었다.

캘리포니아 대학(1868년 창립)은 미국 기술·산업화의 급속한 고도성장에 힘입어 커 총장 시대(1958~67)에 9개 캠퍼스에 10만 명 이상의 학생을 거느린, 미국에서 제일 규모가 큰 대학으로 발전했다. 1962년에는 교직원 수가 4만 명을 헤아리고 강좌 수는 1만 개에 가까웠다. 시설은 IBM 이상으로 다원화되고 1백 개소 이상에 걸쳐 활동을 벌이고 50개국 이상의 해외 프로젝트를 지녔다. 10만 명을 넘는 학생 중 3만 명은 대학원 학생이었다. 이 대학의 특성은 맘모스적 규모보다 산업사회와의 지나칠 만큼 긴밀한 공생관계에 있었다. 공학 계열만 253종의 교과목을 갖추고 드라이클리닝 공학도 있다. 218종이나 되는 교육학 계열에는 자동차 운전 및 안전교육의 교과목이 포함된다. 사회봉사에 주력해 전체 예산 3분의 1이 직업교육에 할당되고 해마다 1만 명 이상의 외래인이 재교육 강좌에 참가했다. 그중에는 캘리포니아 주 전체 변호사 3분의 1, 의사 6분의 1이 포함된다.

캘리포니아 대학에서 볼 수 있듯이 멀티버시티는 대학이라기보다는 커의 말 그대로 '두뇌의 도시국가'(idiopolis)이다. 그런데 이 도시국가는 그도 걱정했듯이 날로 제멋대로 커졌다. 지성과 교양과는 별로 관련이 없는 수많은 정보의 전달과 모순투성이의 조직으로 변했다.

대기업, 연방정부 그리고 대학

미국 대학의 주요과제는 산학협동이다. 제1차 세계대전 및 뉴

캘리포니아 대학 버클리교의 정문

딜 정책을 추진(1931)하며 국가는 대학에 과학 동원 소집령을 내린 일이 있다. 제2차 세계대전으로 대학은 마치 연방정부의 방대한 과학·기술의 플랜 또는 프로젝트 수행장으로 변했다. 그에 훨씬 앞서서 대학과 기업 간의 이른바 산학협동이 대학의 주요 과제로 뿌리를 내리고 있었다.

19세기 후반 이래 미국의 주요 기업가들은 앞을 다투어 대학을 후원했다. 카네기의 '부(富)의 복음', 즉 부의 본분은 문화 발전에 기여하는 데 있다는 생각은 기업가들에게 공통된 정서였으며 일종의 매력으로 받아들여졌다. 카네기는 카네기 홀(1892), 카네기 연구소(1902), 카네기 영웅기금(1904), 카네기 교육진흥기금(1905), 카네기 국제평화재단(1910)을 설립하는 한편 2800개 이상의 도서관을 세우는 등 공공 문화사업에 이바지했다.

철강왕을 본받아 기업가들은 19세기 말에서 20세기 초에 걸쳐 전폭적으로 대학의 후원자가 되었으며 과학연구를 비롯한 학술 문화사업을 위해 재단을 만들었다. 록펠러 재단(1913), 코먼웰스 재단(1918) 및 포드 재단(1936) 등이 대표적이다.

산업사회란 기업가의 사회이며 사회 전반이 기업의 논리, 시장의 원리에 의해 움직인다. 미국의 산업사회는 미국 민주주의의 발전에 긍정적 영향을 끼쳤다. 그러나 토크빌이 지적했듯 이윤추구에 크게 기운 미국의 개인주의의 삶의 방식과 그 위에 구축된 평등은 민주주의가 지닌 집단적·익명적인 전제주의 또는 다수의 폭정에 빠질 위험을 잉태하고 있었다.

한편 1904년의 미국 여행에서 미국인의 개인적 자유와 함께 산업의 다이너미즘에 깊은 감동을 받은 막스 베버는 금전을 추구하는 메커니즘에 따른 미국사회의 단일적 합리화, 관료제화, 세속화를 크게 우려했다. "정신이 없는 전문가, 심정이 없는 향락인, 이 무(無)라는 것이 아직 인류가 도달한 일이 없는 단계까지 이르렀다고 우쭐대고 있다." 평등숭배의 개인주의는 베버에 의하면 결국 집단적으로 정신의 프롤레타리아화를 낳게 마련이다. 미국 산업사회에 대한 비판은 아도르노에게서 더욱 통렬했다. 현대에 대한 그의 비판의 키 콘셉트인 관리사회, 문화산업의 전형적인 양상을 아도르노는 망명의 땅 미국에서 체험했다.

아도르노는 미국 국적을 갖고 11년간(1938~49) 미국에서 연구 활동을 하면서 끝내 '나를 구해준 땅'과 정체성이나 연대의식을 공유하지 못했다. 그만큼 그 날들은 그에게 문화적 충격의 연속이었다. 그에게 미국은 시민(사회)이 가장 앞선 나라이며 다른 모든 나라는 그 뒤를 어색하게 따르고 있는 것으로 비쳤다. 그런데 토크빌에게는 자유를 옹호하는 자유로운 조직으로 비친 미국의 갖가지 단체나 조합, 협회와 교회는 아도르노에게는 획일적인 동질성을 강요하는 기구로 보였다. "아무도 자기가 생각하는 일에 대해 공적으로 책임을 질 필요가 없다. 대신 사회 통제의 가장 정교한 도구인 교회, 클럽, 직업단체 및 그밖의 모든 관련이라는 시스템에 자기가 갇혔음을 누구나 일찍부터 알고 있다."

아도르노가 가한 미국 비판의 초점은 바로 고도 기술산업 자본주의 사회의 본질과 관련된다. 미국에서 경제적 힘은 "기술적 장치와 그것을 잘 다루는 사회집단이 그 이외의 주민을 지배하는 압도적인 우월성을 부여한다. 모든 경제적 권력 앞에 개인은 완전히 무력함을 선언하게 된다.""미국에 오면 모든 장소가 동일하게 보인다. 표준화, 즉 기술과 독점의 산물이 불안을 재촉한다. 질적인 차이는 생활에서 실질적으로 사라지는 듯하다.""미국의 자본주의는 파시즘의 방향으로 밀리게 된다." 아도르노의 이상과 같은 미국 비판에서 대학이 얼마만큼 자유롭고 예외일 수 있었을까.

대학에 대한 기업의 재정적 지원으로 대학 이사직의 태반을 기업가들이 차지하는 사태가 일어났다. 역사가인 비어드는 "19세기 말 미국 고등교육의 이사 명부를 보면 회사의 인명록과 같다"고 토로했다. 대학에 기업의 자금이 흘러 들어오고 기업가가 대학 이사회를 좌우하면서 마침내 대기업의 운영방식이 대학에 도입되었다. 총장에게는 대기업가의 자질이 요구되었다. 시카고 대학의 총장을 지낸 커는 바람직한 총장상을 이렇게 그렸다.

"학생에게는 벗이며 교수에게는 동료, 졸업생에게는 '좋은 놈'이어야 한다. 이사들에게는 건전한 경영자이며 일반 대중에게는 훌륭한 연설가이고, 재단이나 정부 관계기관에 대해서는 기민한 협상자여야 한다. 주 의회에 대해서는 정치가가 되고, 산업계·노동계·농촌의 이해자이며 기부자에게는 설득력 있는 외교관이 되어야 한다. 신문기자에게는 대변인이며 자기 연구 분야에서는 훌륭한 학자, 주나 정치에 관련해서는 공복이며, 오페라나 축구 경기에는 똑같이 박수를 보내는 훌륭한 인격자이자 좋은 남편, 아버지이며 부지런한 교회 신도여야 한다."

총장에게는 무엇보다 대기업 총수의 자질, 즉 방대한 조직을 통괄하는 대기업가적 경영 능력이 요구되었다. 사실 미국에서 명총장이라고 일컬어지는 총장들은 록펠러와 비슷한 인물들이었다. 하버드 대학의 총장 엘리엇 및 하퍼는 기업계 전략을 대학에 도입하고 대학의 이념을 기업계에 전달함으로써 명총장이 될 수 있었다. 그들은 바로 커가 바랐던 조정자 겸 창시자형의 이상적 인물이었다. 그런데 기업과 대학이 바라는 비즈니스와 학문이라는 두 가지 대조적 문화는 뛰어난 총장의 바람직한 역할을 통해서만 비로소 균형을 잡을 수 있었다. 그러나 그러한 존재를 얼마나 기대할 수 있을까.

대기업과 그 경영 논리가 대학 운영의 최대 장치가 되면서 대학 체제는 교육과 연구보다 업적주의를 지향하는 비즈니스에 기울어지고 대학의 폭넓은 개편이 뒤따랐다. 그 결과 대학의 세력 판도가 크게 달라졌다. 즉 기업이 바라는 과학과 기술의 개발 및 산업계의 인재양성이 교육과 연구의 최대 과제가 되었다. 그에 따라 교수와 연구원의 인사와 대우 및 학생 정원과 장학금이 책정되고, 그 모든 구도가 대기업의 큰 손에 의해 짜여졌다. 이러한 현상은 하버드에서도 예외는 아니었다.

20세기 초 지방 재벌가 출신의 정치학자 로웰을 총장(1909~30)으로 맞아들이면서 이 명문대에서도 가장 역사가 짧은 경영전문대학원이 법학·의학 전문대학원과 더불어 빅 스리로 부상했다. 그에 반해 지난날 주류를 이루었던 신학 전문대학원 및 교육학 전문대학원이 하위 그룹으로 전락했다. 순수 이론을 연구 대상으로 하는 문리학 대학원(The Graduate School of Arts &

Sciences) 교수들은 자부심이 여전히 강했으나 중간 그룹에 속하는 데 그쳤다. 그런데 놀라운 것은 하버드 연간 예산의 8분의 1만이 대학 본래의 교육 부분에 쓰였다는 사실이다.

미국 대학의 구조적 상황을 플렉스너는 도발적인 저서 『대학론』(1980)에서 날카롭게 비판했다. 그는 교육 개혁자이며, 프린스턴 고등연구소의 창시자이자 초대 소장을 역임한 인물이다. "갖가지 업무를 운영하며 이것저것 모든 것을 동시에 취급하는", "일반 대중을 위한 서비스 센터"가 되어버린 대학의 현상을 개탄했다. 그가 바란 대학은 문리학 대학원이 중심이 되고 주로 법학과 의학 등 몇몇 전문대학원과 몇 개의 연구소로 구성되어야 했다. 그는 또 하버드로부터 경영학 전문대학원을 쫓아내야 한다고 주장했다.

미국 대학은 시장의 원리에 맞춰서 학습하고 교육한다. 학생들도 시장에서의 거래를 위해 학위를 따고자 한다. 로웰 총장이 개탄했듯이 하버드의 전문대학원에서조차 "대다수는 차라리 없는 것이 나은" 평범한 학생들이다. 오르테가 이 가세트는 1930년 '대학의 사명'이라는 강연에서 말했다. "의학부는 극히 엄밀한 생리학과 화학을 가르치고자 한다. 그러나 좋은 의사란 무엇인가. 오늘날 이상적인 의사란 어떠해야 하는가. 그것을 진지하게 생각하고 있는 사람은 아마 세계 모든 의학부를 찾아도 없을 것이다." 이 철학자의 말은 기술산업사회 속 고등교육이 안고 있는 직업적인 전문학의 실상과 그것이 지닌 문제성을 경고한 것으로 이해된다.

교육이란 무엇인가 하는 교육적 · 철학적인 물음을 망각한 채

교육의 '방법'을 가르치는 교육 전문대학원이 있는가 하면, 위스콘신 대학의 문학사 과정에는 신문보도, 원고 읽기, 소매 광고의 교과목이 있다. 이학사 교과목에는 간호, 약국 실습, 부상자의 응급조치, 초급 복식 디자인 따위가 있다. 이 명문대학의 언론학 전문대학원에는 일간지, 지역신문, 광고, 잡지 및 저널리즘의 교원이 되기 위한 과정 등 다섯 코스가 있다. 사회에 봉사하는 대학의 유용성이라는 명분 아래 지적 사색이나 교양과 전혀 무관한 것들이 실습과 연구의 대상이 된다.

교육과 연구를 부와 권력, 물질적 진보를 안겨주는 발판으로 여기는 대학 문화와 대학 사회의 실상을 거리낌없이 고발한 플렉스너는 덧붙인다. "(유럽의) 교양 있는 사람들이 미국에 이주해온다. 그런데 그들 아이들의 교양은 퇴색하고 전형적인 아메리카형 인간이 되어버린다. 그것은 왜?" 그 해답은 어렵지 않다. 아버지가 유럽에서 교양교육을 받은 데 비해 아이들은 철저하게 대중산업사회 속에서 산업과학과 기업기술 중심의 실학교육(learning by doing)을 받아왔기 때문이다.

기업가와 기술자, 그들의 사업 원리의 사회 제패. 사회주의자인 생 시몽은 19세기 초에 이미 과학자와 기술자에 의해 모든 것이 관리되는 테크노크라시를 예고한 바 있으며 1930년대에 이르러 미국에서 처음으로 과학자와 기술자가 정치가, 기업가와 더불어 통치기구의 주체가 되었다. 문제는 물질문명과 깊이 관련된 이 새로운 지배집단이 철학적인 물음에 무감각하다는 사실이다.

하버드를 비롯해 아이비리그로 일컬어지는 미국의 명문대학은 전통적으로 인문학 중심의 교양교육을 강조해왔다. 그럼으로써 미국의 엘리트 집단은 단순한 전문직에 그치지 않는, 지적 퍼스펙티브를 갖춘 교양인이 될 수 있었다. 그러나 그들의 지성과 교양은 대부분의 교수와 마찬가지로 그들을 뒷받침하며 다스린 기업과 정부의 정책에 대해 순응적이었다. 교수들은 산학협동의 혜택을 받으면서 이론가와 실천가는 손을 잡아야 한다고 확신하고, 기업가를 학원의 침범자가 아니라 후원자로서 대접했다.

인문학과 사회과학 계열의 교수들은 교수회와 그들 자신의 위상이 점점 왜소해짐을 의식했다. 이러한 자의식은 기업과 정부의 지원으로부터 크게 소외되고 그들 자신이 '가진 자'의 혜택을 누리지 못한다는 피해의식에서 유래된 것이지 왜곡된 대학구조에 대한 비판에서 온 것은 아니었다.

기업과 정부기관의 대학 '침입'의 최대 피해자는 당연히 학생이었다. 그들은 어느새 기술 산업사회의 인적 자원으로 관리되고 사육되었다. 1968년 전후 고도 산업사회를 휩쓴 스튜던트 파워 운동이 단순한 학생운동이 아님은 물론 정치적 반항의 범위를 뛰어넘은 일종의 문화혁명이었음은 결코 우연이 아니었다.

28 드레퓌스 사건과 지식인의 정치참여

> 한 줄기 난폭한 바람이 파라다이소로부터 불어와 천사의 날개에 부딪치고,
> 바람이 너무나 강해 천사는 날개를 접을 수가 없다.
> 난폭한 바람이 등을 돌린 미래로 천사를 끊임없이 날려 보내고,
> 그 동안 그의 눈앞에 펼쳐진 폐허는 하늘을 찌를 듯 높아만 간다.
> 우리가 '진보'라 부르는 것은 바로 이 폭풍이라.
> 🖉 발터 베냐민

에밀 졸라, '나는 탄핵한다!'

'참여'하는 근대적 지식인은 프랑스 혁명 속에서 태어났다. 그러나 지식인의 (개인을 넘어선) 집단적인 정치참여의 역사는 19세기 말 드레퓌스 사건을 둘러싼 '지식인의 선언'에서 비롯되었다. 대학인(교수와 학생), 작가와 예술가, 저널리스트들이 지식인의 선언에 서명하고 공동전선을 꾸렸다. 이후 지식인은 노동자와 공유한 이데올로기에 근거해 동지적 연대를 맺고 미래를 꿈꾸었다.

1894년 10월 15일, 프랑스 참모본부 소속의 드레퓌스 대위는 군의 기밀을 독일군에게 누설했다는 죄로 체포되었다. 12월 군법회의에서 종신형을 선고받고 남미 열대의 유형지 악마의 섬에 유

폐되었다. 국가 반역죄의 유일한 증거라는 문서가 그와는 분명히 무관한데도 유대계였기 때문에 당한 처벌이었다. 저명한 역사가 모노, 상원부의장 쇠레르-케스트네르를 비롯한 여러 인사가 드레퓌스의 무죄를 주장하고 재심을 요구했으나 허사였다.

많은 역작을 통해 자연주의 문학의 황금기를 쌓아올려 명성이 자자했던 작가 에밀 졸라는 처음에는 사건에 무관심했다. 그러나 드레퓌스의 무죄를 확신하면서부터 입장을 밝히고 마침내 1898년 1월 13일 『오로르』(L'Aurore) 지상에 '공화국 대통령 펠릭스 포르 씨에게 보내는 편지'를 공개 발표했다. 유명한 '나는 탄핵한다!'(J'accuse!)이다.

그들이 이러한 폭거를 저질렀으므로 나 또한 하나의 폭거로써 보여주리라. 진실을 말하리라.

나의 의무는 이야기하는 것입니다. 나는 공범자가 되고 싶지 않습니다. 이대로라면 먼 곳에서 소름이 끼치는 모진 고통을 겪고 스스로 범하지도 않는 죗값을 치르도록 버려진 억울한 인간의 망령이 밤이면 밤마다 나의 베갯머리에 설 것입니다.

졸라는 그 폭거를 저지른 장군들, 금세기 최대 위법행위의 공범자인 육군대신과 참모총장을 비롯한 장군들을 고발하고 그들이 조작한 군법회의 또한 책망했다. "장군들은 환경이 그렇게 만

▲ 에드바르 뭉크, 「병든 아이」

군법회의에 선 드레퓌스 대위

드는 종교적 정념과 군의 당파정신이 그렇게 저지르게 한 편견에 몸을 맡긴 데 불과했다."

모두가 거짓이다!

그들은 태연히 그러한 거짓을 저지르고 프랑스를 더 이상 선동할 수 없을 만큼 선동하고 그 결과 당연히 비등한 애국적 열정의 배후에 몸을 숨깁니다. 민심을 교란하고 정신을 타락케 하고 그러고는 딱 입을 다뭅니다.

나는 정념으로서는 오직 하나 인류의 이름으로써 광명을 바라는 마음뿐입니다. 숱한 어려움 끝에 지금 겨우 행복의 권리를 손에 넣은 인류의 이름 아래 이 불타는 항의의 글은 바로 나의 영혼의 부르짖음입니다. 나를 중죄재판소에 넘기십시오. 백일하에 심리하기를 바랍니다. 기다립니다.

국가권력의 심장부인 군부의 음모에 온몸을 던진 졸라는 군에 대한 명예훼손죄로 금고, 벌금형에 처해지고 1년 가까이 영국으로 피신했다. 그러나 그의 고발은 "번개처럼 파리에 떨어졌다."(샤를 페기) 그날 『오로르』의 판매부수는 30만 부에 이르렀다. 애매모호한 형식이기는 하나 1906년 드레퓌스는 무죄가 되고 명예회복과 더불어 12년 만에 군에 복귀했다. 20년에 걸쳐 프랑스 전체를 뒤흔든 드레퓌스 사건은 프랑스의 국론을 둘로 갈라놓으며 가히 1789년 혁명에 비길 만한 대사건으로 일컬어진다. 특히 지식인의 이름 아래 지식인에 의해 주동된 일찍이 없었던 사건이었다.

당시 프랑스는 다른 열강과 마찬가지로 제국주의를 구가했다. 또 부강한 프랑스를 바라는 보수적 가톨릭 세력이 애국자동맹, 반유대동맹, 프랑스 조국동맹을 중심으로 결집되어 있었다. 국수주의를 신봉하는 그들의 기치는 조국과 함께 반유대주의였다. 그들은 드레퓌스 사건을 계기로 반드레퓌스파로 뭉쳤다. 그에 대항해 인권옹호동맹을 핵심으로 하는 급진파와 사회주의자가 드레퓌스를 옹호하는 입장에 섰다.

'나는 탄핵한다!'가 발표되자 여론이 들끓고 각지에서 반유대주의자에 의한 폭동이 일어나면서 한때 보수파와 군부에 의한 쿠데타설이 나돌았다. 그러나 보수진영에 대항하는 파리 민중의 대규모 시위가 일어나면서 그에 힘을 얻은 급진파와 사회주의자들에 좌파도 가세해 공화국 방위정부가 성립했다. 그 뒤 대통령 특사에 의해 드레퓌스는 무죄판결을 받고 군에 복귀했다. 드레퓌스 사건은 그간에 공화정의 존립을 위협한 보수파의 약화를 초래하고 바야흐로 민주공화정시대가 개막되었다.

조국 대 진실, 반드레퓌스파와 드레퓌스파

쥘리앵 방다는 평생을 통해 사회문제 또는 시대의 동향에 대해 무관심하고자 한 사상가였다. 그는 만다린(Mandarinat), 즉 지적 마에스트로의 참모습을 "펜과 종이를 가지고 조용히 방에 틀어박히는 것에서 기쁨을 느낄 수 있는 인물"에서 찾았다. 자기 자신 완벽한 사적인 독립성을, 적당한 수입이 있고 정직(定職)을 갖지

드레퓌스 대위

않고 처자도 없는 삶을 즐겼다. 그런데 서재의 성직자임을 자임한 그가 드레퓌스 옹호파의 논객으로 스스로를 '배신'했다. 그만큼 드레퓌스 사건은 프랑스 지식인 사회에 큰 충격이었다.

드레퓌스 사건은 1789년 이후 1830년 7월혁명, 1848년 2월혁명, 파리 코뮌의 성립(1871) 이상으로 프랑스 지식사회를 둘로 갈라놓았다. 먼저 드레퓌스의 무죄를 주장, 재심을 요구하며 '지식인의 선언'에 서명한 드레퓌스파에 관해 생각해보자.

졸라의 탄핵으로부터 약 10개월 뒤 드레퓌스파는 국민적 연대의 기반을 그런 대로 획득했다. 그러나 그 핵심은 각계의 지식인이었다. '지식인의 선언' 첫머리를 장식한 것은 지식인이라는 낯설었던 말을 유명하게 한 네 사람, 즉 두 고명한 작가 졸라와 아나톨 프랑스, 두 뛰어난 학자 파스툴 연구소의 뒤클로와 언어학자인 프시카리였다. 국민적 사상가였던 르낭의 사위인 프시카리와 미슐레의 미망인은 선언에 서명을 했다. 그리하여 르낭이나 미슐레도 살아 있었으면 꼭 서명했으리라는 확신을 드레퓌스파에게 주었다. 그들은 몇 해 전에 작고한 위고도 자기들 편이라고 여겼다. 왜냐하면 그가 남긴 신문의 편집자들이 서명에 참가했으니 말이다.

한편 반드레퓌스파 서명의 첫머리도 특징적이었다. 반드레퓌스 운동을 일관되게 추진하게 되는 언론과 반유대주의 단체에 이어 장군과 메이저급 신문의 사장이었다. 여러 국회의원, 224명의 육군 소위, 이어 고급 장교, 구귀족, 백작부인이 뒤를 이었다. 드레퓌스파의 리스트가 각계 지식인의 프로필로 채워졌다면 반대파의 리스트는 각계 엘리트의 초상으로 메워졌다. 사실 양파의 대립은 보수적인 엘리트와 진보적 지식인의 싸움이었다.

프랑스에서 오피니언 리더의 역할을 전통적으로 담당했던 소설가, 시인, 극작가, 비평가 등 문인(그들 문예공화국의 주민들, 특히 반드레퓌스파의 작가들은 문인(homme de lettres)으로 불리기를 즐겼다)의 세계를 먼저 들여다보자.

드레퓌스파는 모든 문인이 제 편이라고 여겼다. 작가들, 특히 사회경제적으로 불안정한 대다수 작가의 경우 대개 체제비판적·반권력적인 의식의 소유자로 생각되어왔다. 전체 작가 중 드레퓌스 사건에 관련된 작가는 24퍼센트였으며, 그 수는 드레퓌스파와 반드레퓌스파 각각 약 300명(전자는 320명, 후자는 290명)으로 대체로 비슷하게 나뉘었다. 드레퓌스파의 코드가 '진실'이었던 데 반해 반드레퓌스파의 구호는 '질서'였다.

드레퓌스파의 문인들은 재심리를 위한 청원에 집단적으로 서명했으며 그러한 선택을 그들은 검(군부)에 대한 펜의 위신을 높이는 자랑스러운 싸움으로 여겼다. 그러나 드레퓌스파에는 저명한 작가는 극히 적었다.

그에 반해 이미 문명(文名)을 획득한 제1급 작가들은 더 높은 영광(그들의 궁극적 바람은 아카데미 프랑세즈의 회원이 되는 것이었다)을 위해 반국가적인 집단 마니페스트에 참가하기를 주저했다. 적잖은 작가들이 큰 출판사나 유명 신문, 잡지의 의향에 신경을 쓰면서 반드레퓌스파에 가담했다.

명성이 자자했던 아나톨 프랑스가 '지식인의 선언'에 서명하기

1898년 2월 14일자 『피가로』에 실린 풍자화.
한 가족의 식탁에서 드레퓌스 사건이 화제에 오르자 난장판이 된다.

를 부탁받았을 때 한 이야기는 그러한 사정을 잘 시사한다.

> 프랑스: "내 평소의 생각에 비추어 나는 서명하지 않을 수 없지. 그런데 누구와 함께 하지?"
> —모든 젊은이와 함께입니다.
> 프랑스: "물론 그렇겠지. 그러나 나에게는 내 세대의 누군가가 필요하다. 그런 사람이 없으면 나는 약간 우스꽝스럽지. 누가 있지?"
> —졸라가 있습니다.
> 프랑스: "아 졸라, 그는 예외이다. 그것은 자명하다. 그것은 그의 직업이니까."

회의주의자였던 프랑스는 드레퓌스 옹호에 가담한 것을 계기로 공화제를 최소한의 악으로 받아들이고 사회주의에 기울었다. 드레퓌스 옹호에 앞장서고 드레퓌스파를 대변한 『오로르』지 1898년 1월 15일, 11월 27일자에 실린 기사이다.

> 우리가 모든 고귀한 사상가와 도의심이 강한 모든 사람과 함께 있음을 확인함은 큰 기쁨이다. 이것은 참으로 올바른 의견이다. 일시적인 정념을 넘어서 전적으로 정의와 진리를 귀히 여기는 식견이 있고 사려 깊은 의견이다. 우리는 아나톨 프랑스, 뒤클로와 같은 사람들의 동의를 얻었음을 자랑스럽게 생각한다.

이 선량하고 용기 있는 시민들의 리스트를 읽어보라. 부르주아, 노동자, 상점주인, 학생, 종업원, 교수, 예술가, 학자. 이 사람들은 모두 재빨리 참가해 단결하고 으젓하게 때를 기다리고 있는 정의의 옹호자이다.

드레퓌스파의 대다수 지식인은 젊은 문인들을 포함해 지적 프롤레타리아였으며 그에 반해 반드레퓌스파는 프랑스 조국동맹에 집결된 애국주의적 내셔널리스트들이었다. 그런데 프랑스 조국동맹의 선두에서 저명한 문인들은 프랑스와 프랑스 문학, 문화의 전통을 구현한다고 자부하며 주요한 역할을 담당했다. 그들은 프로이센과의 전쟁(1870)에서 입은 패배의 굴욕을 어릴 때부터 쭉 끌고 다니며 자랐다.

반드레퓌스파의 서명 리스트에서 우선 눈에 띈 것은 귀족, 장교, 국회의원, 대기업의 사장, 백작부인 등 지식인과는 다른 정치·사회적인 엘리트의 이름이다. 그들은 드레퓌스파를 고발했다. "(우리는) 소란스럽고 부패한 지식인들과 (조국을) 배신한 무리들의 배후에 반드시 찾아올 사형집행의 날을 본다." 반드레퓌스파의 염원은 무엇보다 강한 군대, 강한 프랑스였다. 그러므로 유대인을 옹호하는 것은 그들에게는 조국에 대한 배신으로 비쳤다.

조레스는 철학교수 출신으로 드레퓌스 옹호에 앞장서고 『유마니테』를 창간하고 편집한, 프랑스 사회당 소속의 하원의원이었다. 그는 말했다. "우파 지식인에게는 지식인임을 지칭할 권리가 없다." 그에 의하면 지식인이란 그 사상에 의해서만 지식인이 된다. "반동적인 지식인들의 동원에는 다른 요소가 존재한다. 그들은 기성사회의 악덕이나 범죄를 없애고자 하지 않고 모든 수단을 동원해 권위를 부활시키고자 한다." 그러므로 조레스는 우파 지식인이라는 표현이 언어적 모순임을 주장한다. 조국을 내세우는 그들은 결국 체제지향적·권력지향적이므로 더 이상 지식인이라고 지칭할 수 없다는 것이다.

가장 지적인 집단인 대학인, 즉 교수와 학생도 드레퓌스 옹호에 적극적으로 가세했으며 전체 교수 중 약 30퍼센트가 서명에 동조했다. "사상의 인간이 제일 먼저 운동에 투신했다. 서재와 실험실의 사람들, 교수들, 학자들이 파렴치하게 모욕당한 권리의 옹호를 위해 항거에 앞장섰다." 졸라와 함께 드레퓌스의 구제를 위해 적극적으로 앞장선 클레망소가 『오로르』(1898년 1월 18일자)에 실은 논설의 한 부분이다. 그는 급진사회당을 결성하고 제1차 세계대전 당시 수상으로 활약했다.

'지식인의 선언'에 서명한 교수는 261명에 이르러 작가 및 저널리스트(230명)를 능가했다. 이러한 사실은 대학이라는 길드의 울타리에 갇혀 편안함과 지위를 누려온 교수들의 지난날의 위상을 되돌아볼 때 놀라운 일이었다. 지식인 시대의 도래와 더불어 이제 그들이 문인들을 대신해 오피니언 리더의 첫 번째 지위를 차지하게 되었다.

이러한 변화에는 그들의 영향 아래 놓인 학생의 존재도 크게 기능했음은 물론이다. 역사학, 철학, 문헌학, 고고학 교수들이 앞장선 대학의 드레퓌스파는 특히 '젊은이는 미래를 구원한다'는 슬로건을 내걸고 젊은 학생들을 껴안고자 노력했다.

반대파도 마찬가지였다. 학생 전체의 15퍼센트가 드레퓌스 사건을 둘러싸고 입장을 분명히 했다. 이 숫자는 한 집단으로서는 고등교육의 교원 다음으로 높은 참가비율을 나타낸다. 드레퓌스파 학생의 3분의 1가량이 인문계 학생이었으며 의과가 22퍼센트, 법학과가 17퍼센트, 이과가 9퍼센트였다. 이에 반해 반드레퓌스파 학생의 80퍼센트가 법학과, 그리고 특히 의과 학생이었다.

드레퓌스파의 학생들이 대체로 교수의 영향 아래 참가를 결심한 데 반해 반대파 학생들은 출신 계층에 따랐다. 한 의과 학생은 서명을 하면서 '의과 학생이며 지식인이 아니다'라고 부언했음도 흥미롭다. 그들을 포함해 당시 프랑스의 보수파에게 지식인이란 칭호는 혐오의 대상이었으며 특히 프랑스에 등을 돌린 아나키스트를 일컬었다. 그리고 대학의 반드레퓌스 운동에 제일 앞장선 것은 다름 아닌 소르본의 신학 교수들이었다.

19세기 후반의 프랑스에서 예술가는 수적으로 큰 집단을 이루었다. 그러나 그 사회적·경제적인 기반이 불안정해 그들은 대체로 정치에는 무관심했다. 드레퓌스를 옹호하고자 서명한 예술가들 중에서 우리는 예술 아카데미 회원이며 19세기 프랑스의 여배우로 이름 높은 베르나르와 저명한 비극배우와 희극배우, 그리고 모네, 피사로와 같은 인상파 화가를 만난다.

한편 언론계로 말하자면 대다수 신문이 드레퓌스에 대해 무관심하거나 적대적이었으며 편집자들도 마찬가지였다. 대부분의

계급장을 박탈당하는 드레퓌스 대위

신문기자와 그 밖의 저널리스트들은 조심스러운 기회주의자였다. 그만큼 그들은 신문사라는 '기업'의 예속에서 자유롭지 못했다. 그러나 1898년 말 드레퓌스 사건이 새 국면을 맞이하면서 더욱 많은 언론인이 찬반 두 진영으로 나뉘어 개입했다. 정기간행물의 경우 사회주의적이며 반교권주의의 입장에 선 신문과 교양지, 학술지 및 그 기고자들이 드레퓌스 옹호파에 가세하고 그에 반해 메이저 신문과 보수적인 잡지 그리고 기고자들이 반대파에 힘을 더했다.

반드레퓌스파의 정신적인 리더는 모리스 바레스였다. 그는 3부작 『자아 숭배』(1898~91)를 통해 앙드레 지드를 비롯한 동시대 젊은 지식인들에게 큰 영향을 주었다. 그런데 상징주의의 미학을 윤리적으로 떠받든 그의 순수자아는 조국과 전통 속으로 매몰되고 금권적인 근대사회의 부패를 고발하고 현실정치에도 참여했다. 바레스가 반드레퓌스파의 영수로 활동한 동기도 그가 드레퓌스파의 배후로서 지목한 유대인 재벌에 대한 증오 때문이었다.

바레스의 또 하나의 3부작 『국민적 에너지의 이야기』(1897~1902)에서 표출된 그의 일관된 애국주의와 국가주의의 뿌리는 고향이 보불전쟁 때 독일군에게 유린된 한이 쌓이고 분출된 것으로 혈통과 대지(大地)로의 신앙이라는 원체험에서 오는 것이었다. 제1차 세계대전 때도 바레스는 국민적 정체성과 단결의 상징으로 존경받고 아카데미 프랑세즈의 회원으로 영광을 누리며 생을 마쳤다. 그런데 대전 뒤의 허무주의적인 분위기를 배경으로 기성 질서나 가치관의 파괴를 내걸고 1921년에 일어난 젊은 작가, 예술가, 다다이스트들이 자신들의 출범을 자축하는 이벤트로 바레스 재판을 집행했음은 또한 상징적이라고 해야 할 것이다.

반드레퓌스파의 구호는 '질서'와 함께 '조국'과 '군'이었다. "이들 군인이 없으면 실험실에서 토끼를 학대하는 여가를 지닐 수도, 평화회의를 개최하는 편의를 얻을 수도, 비슷한 역설에 의해 모의하는 자유를 지닐 수 없음을 이 순간이라도 생각할 수 없다." 드레퓌스파의 반군국주의를 반박한 문화비평가인 브륀티에르가 한 말이다. 그는 보불전쟁에 자원병으로 나가 싸웠다. 그런데 몇몇 드레퓌스파의 옹호자들도 애국심을 증명하기 위해 이름 뒤에 보불전쟁에서 펼친 자원 경력을 밝혔다.

바레스에 이어 우리는 프랑스 보수파의 정신적 리더로서 반드레퓌스파의 주요한 논객이기도 한 모라스를 들어야 할 것이다. 시인이자 평론가인 그는 젊어서 그리스, 로마를 질서와 아름다움의 고전의 땅으로 동경했다. 드레퓌스 사건을 계기로 정치에 깊은 관심을 갖게 되었다. 1890년대 공화제의 부패와 금권정치, 대중 여론이 지배하는 현실에 대한 혐오와 위기의식에서 군주제를 갈망한 모라스는 개인의 의지와는 상관없는 정치의 비정한 메커니즘을 통감하고 현실 타개의 길을 국가의 강력한 정치, 조국의 영광에서 찾고자 했다. 이러한 그의 입장은 허무주의 속에서 무기력했던 젊은 세대를 크게 매료시켰다.

드레퓌스 사건에 자극받아 프랑스의 보수파는 1899년경 극우 왕당단체인 악시옹 프랑세즈(Action Française, '프랑스적 행동'이라는 뜻)를 결성했다. 이들은 기관지 『악시옹 프랑세즈』를 발간하고 모라스를 중심으로 제1차 세계대전에 이르는 동안 프랑스 보수파를 사상적으로 지도했다. 악시옹 프랑세즈는 1920년대에 이르러서도 정치결사로서 프랑스 보수주의의 핵심을 이루었다. 그 사회적 기반은 왕정복고를 꿈꾼 구귀족, 대지주 및 고급장교였는데, 그들은 모두 열렬한 가톨릭 신봉자였다(악시옹 프랑세즈는 1936년 인민전선정부에 의해 해산명령을 받았으나 사실상 존속했다).

한편 대전 중 주전론자였던 모라스는 30년대 파시즘의 대두와 더불어 우파의 사상적 지도자로서 행세했다. 반독일적이면서도 '혈통과 땅'에 기초한 나치스의 민족주의에 동조하는 한편 페탱의 비시 정부에 적극적으로 협력했다. 1944년 해방과 함께 종신금고형에 처해지면서 아카데미 프랑세즈로부터도 제명되었다. 그는 사상의 맹우였던 바레스와는 달리 좌절과 굴욕 속에서 생을 마감했다.

그런데 나치스 협력자로서 유죄판결을 받는 순간 모라스가 "이것은 드레퓌스의 복수이다!"라고 부르짖었다고 하니 그만큼 철저한 반유대주의자는 드레퓌스 사건의 망령으로부터 자유롭지 못했던 것일까. 한편 졸라와 조레스는 팡테옹에 묻혀 루소, 볼테르, 위고와 함께 '프랑스의 위인'으로서의 영광을 누리고 있다.

사회주의와 더불어

시인 말라르메는 졸라가 유죄판결을 받자 축전을 보냈다.

자유로우나 가난한 프랑스인(왼쪽)과
풍요로우나 노예상태인 영국인을 풍자한 그림이다.

나의 친애하는 졸라, 그대의 행위에서 명백해진 숭고함에 가득 차 내가 정열적으로 만지고자 하는 것은 유죄를 선고받은 당신의 손입니다.

바레스와 추종자들은 드레퓌스파의 '지식인 선언'을 현실을 외면한 의사(疑似) 이상주의자로 여겼다. 바레스는 다음과 같이 말했다.

드레퓌스 사건의 논쟁에서 일부 대학인의 태도에 대해 나는 칸트주의 속에 존재하는 착란의 힘을 입증하고 싶다. 재심을 요구하는 일방적인 증언이나 한 조각 개인의 의지는 참으로 기묘하며 극히 의미심장한 칸트주의의 격발이며 가장 정당하고 가장 올곧고 가장 위험한 정신의 전개와 같다. 이는 마치 현실을 고려하지 않고 순수 추상 속에서 행동하는 것과 같다.

이에 방다는 반론을 펼쳤다.

여기에 있는 것은 추상에 대한 헌신에 의해 경력을 쓸모없게 하고 3개월의 구류를 받아들이는 중령(中領)이며 군중의 야만에 맞서는 소설가이며 자기의 미래나 자기의 안전을 위태롭게 하는 항의문에 서명하는 무수한 젊은이이다. 여기에 그 드라마의 명석함이 있고 인류가 새로이 형성되고 앞으로 사회생활에 불가결하게 될 그 특성의 하나, 즉 주지주의(主知主義)가 아니라 지적인 감수성을 낳는 것이다.

 드레퓌스 사건은 반유대주의와 깊이 관련되었으며 반드레퓌스파는 대체로 반유대주의적인 보수파 지식인이 핵심을 이루었다. 그리고 유대계의 지식인은 베르그송처럼 침묵을 지킨 몇몇 예외를 제외하고는 모두 드레퓌스를 옹호하는 전위였다.

 그리스도교가 성립된 이후 유럽의 역사는 유대인의 입장에서 볼 때 차별과 박해의 역사였다. 르네상스 휴머니스트들과 18세기 계몽사상가들은 유대인에 대해 관용적이었다. 근대 자유주의 및 민주주의의 큰 과제 중 하나는 유대인 해방, 즉 그들에게 그리스도 교도와 같은 시민권을 부여하는 것이었다. 1848년 혁명을 거쳐 1850년대, 60년대에 이르러 영국, 프랑스, 독일에서는 유대인 해방이 입법적으로 정립되었다. 영국에서 유대계의 디즈레일리가 보수당의 영수가 되고 수상이 된 것은 1860년대였다. 그러나 유대인에 대한 차별은 여전히 뿌리가 깊고 가장 큰 피해자는 유대계의 지식인들이었다.

 그들은 동족 대다수가 유대교를 민족적 정체성의 상징으로 신봉한 데 반해, 그들이 속한 나라의 풍속, 관행과 함께 그리스도교와 문화를 받아들였다. 디즈레일리도 유대교로부터 이탈한 그리스도 교도였다. 19세기는 유대인이 그리스도교 문화에 가장 잘 흡수된 시대였다. 그러나 그러한 사실을 유럽의 보수주의자들은 달가워하지 않았다. 그들에게 유대인은 개종하건 개종하지 않건 '유대인'이며 그들로부터 소외된 존재여야 했다.

"유대인은 스스로 주위 사람들과 이질적임을 느낀다." 유대계 자손으로 태어난 20세기 영국의 시인이자 비평가였던 스펜더의 말이다. 이 '이질적'인 의식은 끝내 순수 유대인도 될 수 없고 그리스도 교도도 될 수 없었던 유대계 지식인들에게서 보이는 특징이었다. 두 개의 서로 다른 문화세계를 접하면서 어느 한쪽에도 속하지 못하는 '경계선상'의 인간, '주변'의 존재, 그것이 어쩌면 유대인의 지적 우위에 크게 기능했을는지 모른다. 그만큼 그들은 모든 것에 거리를 두며 사물을 근원적으로 볼 수 있었기 때문이다.

그런데 유대계 지식인 중에는 사회주의자가 많았다.

드레퓌스 사건은 지식인을 두 진영으로 갈라놓은 동시에 프랑스를 점차 좌익과 우익(이 용어는 1789년 프랑스 혁명 때 생겨났다)으로 나누었다. 우파가 내셔널리스트들의 핵심을 이룬 데 반해 좌파의 중심에는 사회주의자들이 포진했다. 그리고 이제 사회주의는 바야흐로 '시대의 정신'이 되었다.

드레퓌스를 적극적으로 옹호한 정치가이자 사회주의자, 프랑스 사회당 기관지 『유마니테』(L'Humanité, 현재는 공산당 기관지)의 창간자인 조레스는 노동자의 지원이 없었다면 드레퓌스파의 지식인들은 승리를 거두지 못했으리라고 말했다. 노동자와 학생을 주축으로 하는 민중봉기의 성격이 강한 1848년의 혁명을 겪으면서 1850년대 이후 '사회주의'라는 낯선 말이 일반적으로 통용되기 시작했다. 근대 자본주의가 드러낸 부와 빈곤의 극대화

현상이 낳은 사회주의는 1860년대 이후 자본주의와 자본주의 사회를 비판하고 적대시하는 사회정치운동의 이데올로기로써 날로 기세를 높였다.

현대정치는 세습을 부정하고, 세대 간 연대를 부정함을 전제로 하고 있다. 진보의 조건은 새로운 각 세대의 독립을 높이는 것이다. 진보를 위해서는 사회적 현실을 자기의 새 바람이나 의지, 사상에 의해 완전히 적응시킴을 요구한다. 더 젊은 세대의 발언권이 불가결하다. 봉기, 발랄함 즉 단순한 말로 표현하면 검증과 비판은 예외적이며 중대한 국면에서의 의무일 뿐 아니라 나날의 일상적인 의무이기도 하다.

뤼시앵 에르의 말이다. 1890년대 중반 프랑스의 학생사회는 전위적인 소수파와 체제순응의 대다수 보수파로 나뉘어 있었다. 드레퓌스 사건이 일어나면서 드레퓌스 옹호파 학생의 중심은 수재로 평판이 높은 고등사범학생들이었다. 에르는 1883년에 입학한 노르말리앵이었다. 모교의 도서관 사서가 되었을 때(1889) 정치적 이데올로기의 입장은 급진주의에서 사회주의로 앞서 나아갔다. 그리고 드레퓌스 사건 직전에 이미 후배들에게 멘토로서 큰 영향을 끼쳤다.

에르는 공화정과 지식인의 신봉자로서 공화정만이 진정한 지식인 시민을 낳을 수 있다고 확신했다. 진보를 재촉하고 혁명을 준비하는 비판적 지식인이라는 새로운 이상상을 제시한 에르. 사회주의적 지식인의 절대 다수가 자유로운 지식인으로서 조직에 가담함을 경원한, 당시에 전형적인 대학인이 『유마니테』의 발기인이 되고 노동자 정당에 입당한 사실은 그만큼 그가 시대의 진실한 변혁을 고지했다고 할 수 있을 것이다.

기묘한 현상이 나타났다. 화학자와 수학자, 박물학자와 역사학자, 문헌학자와 철학자가 목수나 석공, 유리장인이나 벽돌공, 운송업자나 포도원 노동자와 함께 손에 손을 잡고 걷고 있다는 현상이.

훗날 파리 대학 교수와 에콜 노르말 학장을 지내는 사회학자 부글레가 젊은 시절을 회상하며 한 말이다. 사회는 봉쇄적인 불평등의 구조로부터 해방적인 평등의 구조로 진화하게 마련이라고 확신한 이 교양 있는 좌파는 노동자와 지식인, 일반 시민과 교양인이 어깨를 나란히 하고 대열을 꾸리는 모습을 크게 반겼다. 필자가 감히 사회주의를 '시대의 정신'이라고 떠받드는 이유이다.

드레퓌스 옹호파가 프랑스 혁명과 이념을 정치·사상의 근거로서 받들었듯이 사회주의는 프랑스 혁명의 키워드인 자유·평등·우애 중 특히 '평등'을 내세우고 인민 주권의 이름 아래 불평등한 사회구조의 타파를 강조했다. 그들에게 우애란 인민 주권의 사회적·국제적인 연대를 지칭하는 것으로서 그만큼 사회주의는 폭넓은 인민의 유대와 민족과 국가의 경계를 넘나드는 인터내셔널한 단결을 지향했다. 사회주의는 모든 인민의 자유로운 정치참여와 함께 경제 권력으로의 참가를, 생산수단의 사회적 소유와 관리를 주장했다. 그러나 사회주의는 그러한 이데올로기를 특정한 계급을 위해 교조적으로 감싸고 대변하지 않는다. 이 점에서 사회주의는 공산주의와 구별된다고 할 것이다.

드레퓌스 사건에 앞선 1830년대와 40년대는 7월혁명, 2월혁명과 관련해 정치적 논쟁과 정치형태의 형성이 활발한 시기였다. 공산주의(Communism)라는 말은 사회주의와 거의 때를 같이해 19세기 중엽에 등장했다. 다 같이 진보주의자이며 좌익(The Left)에 속한다고 하나 갖가지 역사적 과정을 겪으면서 원래 사회주의와 혈연관계를 지녔던 공산주의는 프롤레타리아 독재를 내세운 마르크스-레닌주의라는 이데올로기의 틀에 갇혀 더 전투적이며 혁명적이었고 그만큼 교조적이었다.

그러나 사회주의는 기본적으로 오늘에 이르기까지 서유럽에서는 오히려 자유주의의 기본가치, 즉 정치적 자유, 특권과 불평등의 타파, 사회정의를 발판으로 했으며, 개인을 넘어서 사회적으로 그것을 확대하고 심화하고자 한다.

졸라는 말한다. "진실은 전진하고 아무도 그 걸음을 막지 못할 것이다."

사회주의자들은 대체로 자유주의자들과 동맹했으며 많은 자유주의자 또한 사회주의 이데올로기의 실천자가 되면서 오늘날의 민주주의를 구축했다. 그만큼 사회주의자는 교조적인 공산주의자와는 본질적으로 다르다고 이해하고 싶다. 사회주의가 민주주의의 유력한 옹호자로 일컬어지는 이유이다. 이러한 진실을 엥겔스는 마르크스와 함께 쓴 『공산당 선언』(1848)과 관련해 이렇게 토로했다.

> 그것을 사회주의 선언이라고 이름 지을 수는 없었다. 1847년의 시점에서 사회주의는 중산계급의 운동이었다. 사회주의는 적어도 (유럽) 대륙에서는 훌륭한 것으로 여겨졌다. 한편 공산주의는 그 정반대의 것으로 여겨졌다.

유럽에서 사회주의는 전통적으로 휴머니즘이기를 바라고 반듯한 사회주의자들은 휴머니스트이기를 염원한 것으로 이해된다.

29 스페인 전쟁과 교양 있는 좌파

> 나에게 귀족이란 활력에 찬 삶과 같은 말이다.
> 즉 자기 자신을 넘어 이미 획득된 것을 초월해 스스로에게 부과한
> 의무나 요구로써 전진하고자 항상 몸짓을 감추고 있는 삶이다.
> ✍ 오르테가 이 가세트

파시즘과 인민전선

토크빌과 마르크스, 부르크하르트와 니체에서 예고되었듯이 19세기 이후 유럽 사상의 최대 주제 가운데 하나는 문학과 마찬가지로 유럽과 유럽 문명의 부식(腐蝕)을 둘러싼 문제였다. 제1차 세계대전은 유럽 체제의 위기를 타개하기 위한 난폭한 치료 수단이기도 했다. 그러면서도 위기적 상황은 더욱 격화되어 유럽 문명의 토대를 크게 흔드는 양상을 드러냈다. 즉 파시즘과 인민전선의 태동이다.

1919년 이탈리아의 로마에서 행진을 강행한 파시즘은 아이러니컬하게도 반파시즘 운동으로서의 인민전선이 출현하는 기폭제가 되었다. 인민전선은 러시아 혁명에 고무되어 1920~30년대 유럽 지식사회를 좌경화로 몰고 갔다.

아니, 그에 앞서 사회주의와 노동운동이 1860년대 이후 자리를 잡고 마르크스주의가 1880년 전후에 선을 보였다. 19세기 말에 이르면 대중정당이 사회주의자들에 의해 구상되었다. 마르크스 생존시(1818~83)만 해도 유럽에는 사회주의 조직은 거의 없었다. 그가 죽은 뒤 10년 안에 유럽 거의 모든 나라에 사회주의 정당이 생겨났다. 공산주의는 더 이상 떠도는 '유령'이 아니었다. 그런데 드레퓌스 사건이 계기가 되어 지식인과 노동자의 동맹을 기대할 수 있는 새로운 좌파연합, 좌파정당의 등장이 어렴풋이 예고되었다.

그 움직임에 지도적 역할을 한 것은 조레스였다. 그리고 문학평론가이다가 드레퓌스 사건을 계기로 조레스와 손을 잡고 사회당에 입당, 당수가 되고 인민전선 내각의 수상이 된 블룸, 급진사회당 당수로 좌파 연합내각을 조직한 에리오 등이었다. 자본주의의 모순, 의회제 민주주의의 무력, 산업과 기술 관리사회 속 인간 소외 현상, 전통적인 시민적 가치관의 붕괴 등 유럽을 침식한 1920~30년대의 일반적인 상황은 프랑스에서는 인민전선이 대두되는 발판으로 작용한 데 비해 독일과 이탈리아에서는 파시즘 창궐의 토양이 되었다.

파시즘은 운동으로 출발해 체제로서 뿌리를 내리고 1934년 말에 이르면 유럽에만 파시스트 국가 또는 의사(擬似) 파시스트 국가는 10개국이나 출현했다. 그 가운데서도 무솔리니의 이탈리아

▲ 프랑스의 시인이자 작가인 장 콕토

1919년 모스크바에서 결성된 코민테른

와 히틀러 제3제국이 가장 전형적이었다. 독일 지식인의 대다수는 히틀러가 정권을 장악한(1932) 뒤에도 그를 희화(戱畵)해 조롱하며 무시했다. 그러면서도 그들은 히틀러를 끌어들였다.

철학자 하이데거는 1933년 5월 히틀러의 청을 받아들여 프라이부르크 대학 총장에 취임했다. 이때 그는 취임연설 '독일 대학의 자기 주장'에서 "학문을 통해 독일 민족의 운명을 지도하고 옹호할" 대학의 사명을 피와 땅에 뿌리내린 민족의 정신적 위탁에서 찾았다. 학생들에게는 민족공동체에 대한 노동 봉사, 국방 봉사, 지식 봉사를 요청했다. 역사적 현실 속의 존재를 역설한 바 있는 그가 당시 독일의 역사적 현실을 '운명'으로 받아들일 것을 호소했음은 결코 우연이 아니었다. "현존재는 일상적 상호존재로서 타자의 지배 아래에 있다. 현존재는 자신으로서는 존재하지 않으며 타자가 그 존재를 뺏고 있다."

이러한 하이데거의 존재에 관한 사변적 논리는 지도자와 복종자라는 나치스의 정치윤리나 인간도식에 부합한다. 결단, 모험, 죽음, 운명, 결의, 정신적 위탁, 고향 등 하이데거 철학에 독특한 어휘는 국민사회주의와 일치했다. 이러한 사실은 양자의 정신적 기반의 혈연성을 시사한다. 그것은 다함께 제1차 세계대전의 참호 속에서, 불안과 절망의 위기의식 속에서 싹튼 것이 아니었던가. 전장의 초연에서 돌아오고 전쟁의 기억 속에서 자란 청소년들은 이유 없이 증오하고 반항했으며 좌절감이나 고독을 몰아내기 위해 모험에 뛰어들었다. 니힐리즘에 병든 시대는 모험주의자, 행동주의자들의 시대이다. 히틀러 운동은 바로 이 패전 뒤의 무정부 상태에서 대두했다. 니체가 토로했듯이 니힐리즘은 곧 초인(超人)으로의 의지, 권력의 데몬으로 탈바꿈했다.

"나는 결심한다. 단지 무엇을 결심해야 할지 모를 뿐이다." 히틀러 운동은 충동적으로 행동을 결의한 허무주의자들을 흡수하고 동원함으로써 국가 권력을 찬탈했다. 히틀러는 이러한 대중의 요망에 답하면서 출현했다. 그 보잘것없는, 제1차 세계대전의 무명 전사는 언제나 시민적 교양과 민주주의에 대한 경멸과 증오를 공언했다. 파시즘과 독재에 저항함은 크게 어려운 일이 아니다. 그러나 야누스와 같이 두 개의 얼굴을 가진 실체를 식별하는 것은 참으로 어려운 일인지 모른다. 그것은 언제나 민족과 조국을 앞세우기 때문이다. 1946년 나치스와 지식인에 관해 조사했던 스펜더는 나치스의 행위보다 무서운 것은 공포 앞에서 두려워할 줄 몰랐던 지식인의 존재라고 말했다.

프랑스는 제1차 세계대전의 주된 전쟁터였던 만큼 전쟁의 상처가 심각했다. 전후의 격심한 인플레는 프랑스 공화제의 기둥이었던 중산층의 몰락을 재촉하고 그에 더해 공산주의와 파시즘의 위협 또한 프랑스인의 자의식을 압박했다. 당시 발레리가 두려워한 '정신의 위기'란, 프랑스적인 지성의 위기, 유럽적 개인주의와 자유사상, 근대 시민사회와 그것이 구축한 문명의 위기 또는 몰락에 대한 자의식이었다.

프랑스 지식인에게 대전 뒤의 세계는 부조리에 찬 '기묘한'(이 말은 1920~30년대에 유행어가 되었다) 세계로 비쳤다. 그러나 세기말을 전후한 데카당스와 혁명 환상으로 특징지어진 혼미의 제1막이 끝나고 '30년대 정신'은 현실의 정치·사회 상황과 연관되면서 점차 명확한 형태로 나타났다. 그 계기가 된 것은 파시즘과 인민전선이었다. 이제 '앙가주망'의 문제는 프랑스 지식인에게 좌파 인민전선으로의 가담이라는 실천적인 과제가 되었다.

프랑스 지식사회는 전통적으로 좌파 경향이 강했다. 그 배경으로 우리는 1789년 이래 프랑스의 혁명적인 전통(1830년 7월혁명, 1848년 2월혁명, 1871년 파리 코뮌)을 들어야 할 것이다. 러시아 혁명의 충격은 프랑스에서 가장 긍정적으로 받아들여졌다. 그런데 인민전선운동이 구체적인 형태를 띠는 것은 히틀러 제3제국의 성립 이후이다. 이러한 사실은 인민전선이 공산주의 운동이라기보다 반파시즘 운동이었음을 말해준다.

프랑스 인민전선(정식 명칭은 인민연합이다)은 우파의 반의회주의적 폭동을 계기로 사회당, 공산당, 급진사회당, 노동조합 및 지식인과 시민단체의 연합으로 1935년 7월에 성립했다. 1936년 5월 선거에서는 우파를 누르고 압승해 사회당 당수인 블룸의 인민전선 내각이 탄생했다. 인민전선의 지지기반은 중산계급, 지식계층 및 노동자 계급으로 폭넓고 다양했다.

한편 프랑스의 노동자계급은 사회개혁을 지향하면서도 이데올로기적은 아니었다. 그러나 소비에트 러시아의 출현으로 그들은 마르크스주의를 규범적 가치로서 받들었다. 1920년 이후 사회주의자의 대다수는 제3인터내셔널에 가맹한 공산당을 결성하고 소수파는 공산당과 우호적인 통일노동총동맹(C.G.T.U)을 창설했다. 그렇듯 양자는 연합해 반파시스트 운동인 인민전선을

내세웠다.[36]

공산주의 운동이라기보다 반파시즘 운동이었다는 사실로 인해 인민전선은 마르크스주의자를 비롯해 가톨릭 지식인도 폭넓게 결집시킬 수 있었다. 그러므로 로맹 롤랑과 함께 바르뷔스, 알랭, J.R. 블로크, 뒤아멜, 쥘 로맹, 게에노 등 사상적인 입장을 달리하는 지식인들이 '정신의 독립선언'에 공동으로 서명했던 것이다. 1934년에는 철학자이자 모럴리스트인 알랭을 중심으로 '반파시스트 지식인 감시위원회'가 결성되었는데, J. 방다, A. 브르통, 카수, 페르난데스, 지드, 뒤가르, 빌드라크 등이 참가했다.

마르크 블로크는 토로했다. "인민전선——이것은 대중의 진실로서 정상배들의 것이 아니었다——속에는 1790년 7월 14일 한낮의 분위기 같은 것이 소생하고 있었다." 지난 여러 혁명을 둘러싼 집단적인 기억 때문에 프랑스 사람들은 다시 진실의 편으로 향했다.

사회참여를 둘러싼 지식인의 광범위한 연대는 1789년 이래 나치스의 점령 아래 레지스탕스 운동에 이르기까지 프랑스 지식사회의 특징적인 현상이었다. 바로 얼마 전 드레퓌스 사건의 진실은 더욱 그들을 고무해 인민전선으로 뭉치게 되었다.

---

36) 인민전선이 단지 파시즘의 위협에 대한 자유의 옹호라는 최대공약수 위에 이룩되었다는 사실은 그것이 광범위한 민중을 정치운동에 참가하게 하면서도 사회주의로의 길을 명시하고 더 혁명적인 계급투쟁을 준비하는 데는 별로 이바지하지 못했다고 마르크스주의자들은 두고두고 그 한계를 비판한다.

사회참여, 1930년대의 정신

이미 전쟁과 러시아 혁명을 겪고, 유럽 대륙에서 일어난 파시즘과 인민전선의 대치상황을 보면서도 유럽의 지배계층은 어제의 세계가 지속될 것을 믿고 체제와 전통에 기대고 있었다. 히틀러가 재군비를 선언하고 무솔리니가 에티오피아를 침공한 바로 그해(1935)에 영국은 조지 5세 즉위 25주년 기념축제에 들떴다. 영국과 유럽이라는 호화선이 행방을 예측할 수 없이 표류 중임을 알아차리지 못하고 있었던 것이다.

영국의 시인이자 비평가인 스펜더는 대학입학 무렵의 젊은 지식인 교양인들처럼 시 쓰기를 마음먹는 한편 사회혁명을 꿈꾸었다. 훗날 당시를 돌아보며 스펜더는 자전적 기록인 『세계 속의 세계』(1951)에서 토로했다.

우리는 노동자가 되면, 또 창부와 사랑을 이야기하면 아마 지금보다 현실감을 얻으리라고 생각했다. 우리의 바람은 시를 쓰는 일, 신앙을 갖는 것, 연애를 하는 것, 변명이나 발뺌을 하는 일 없는 생활을 하는 것이었으나 우리에게는 이제 그렇게 할 만한 힘이 없는 듯 보였다.

스펜더의 현실 상실감은 같은 세대 유럽의 지적 젊은이들을 덮친 공통된 감각이며 정념이었다. 그것을 오든은 이렇게 표현했다. "우리는 보편적인 시스템 따위—정치적이건 종교적이건 형이상학적이건 간에—는 아버지로부터 무엇 하나 물려받지 않았다." 오든과 스펜더의 세대는 마르크스(사회의식)와 프로이트(정신분석)의 방법을 축으로 유럽 문명의 황폐화를 진단하고 인간적인 사회 창조를 염원했다.

스펜더에 따르면 19세기 말과 20세기 초 문학의 위대성은 작가 개인이 '단독자'를 꿈꾸고 단독자로서의 자기를 사회적 문맥으로부터 고립시키면서도 갖가지 근대적인 가치의 퇴화현상을 작품으로 표출한 데 있었다. 제임스 조이스, T.S. 엘리엇, 버지니아 울프, 에즈라 파운드, 허버트 리드, 로렌스 그리고 분홍빛 그룹(Bloomsbury Group)이라고 불린 1920년대 작가들은 근대적인 흐름과 그 문맥을 망각한 것이 아니라 언제나 그것을 이야기하고 있었다. 그러나 그들은 자기들의 고독이 잉태한 꿈을 좀더 짙게 이야기한다. 시적 이미지의 절대성에 관한 확신, 그 신도로서 스펜더는 랭보, 릴케, T.S. 엘리엇, 포스터, 로렌스를 꼽고 있다.

제1차, 2차 세계대전 사이에 낀 1920년대에 창조적인 작품으로 문학사를 빛낸 그들 가운데는 좌파에 공감을 지닌 자유주의자도 섞여 있었다. 그러나 그들은 작품의 주인공들처럼 붕괴하는 문명을 방관했다. 그들은 "의식적으로 정치에 등을 돌렸다." 1930년대에 들어서면서부터 단독자의 꿈에서 벗어나 만인 공통의 견해, 공동체적인 견해로 향하는 반전(反轉), 아니 발전이 시인, 작가 사이에서 고개를 들었다.

스펜더에 따르면 1930년대 문학운동은 담당자들이 단독자의 꿈에서 출발하면서 정치적인 신조에 기초한 이데올로기적 정통성으로 이동했음을 비춰준다. 그러한 변화는 불가피했다. 사회 저변에서 계급적 이해의 상관관계를 드러낸 갖가지 일이 고립된 단독자의 꿈을, 즉 반부르주아적·개인주의적인 작가의 신화를 분쇄했기 때문이다. 바야흐로 정치적인 정통성을 지향하는 문학의 앙가주망이 엘리엇의 『황무지』(1922)에서 표출된 저 궁지에 몰린 유럽의 현실을, 그 문명이 종말에 이르렀다는 사실을 진정 직시해야만 한다는 과제가 문학에 주어졌다.

1920년대에서 30년대까지 발전의 각 단계는 오든의 작품에 잘 반영되었다. 환상시집 『웅변가들』(1932)에 표현된 영국은 바로 병자와 치유자, 노이로제적 사회와 그것을 치료하는 혁명에 의해 이분된 사회였다. 오든은 초기 시의 방관적인 태도를 버리고 하나의 신념을 탐색했는데, 나침반이 된 것은 마르크스주의였다.

스펜더와 같은 세대의 시인 및 독자들은 더 이상 그보다 앞선 세대인 키츠나 셸리처럼 시적 이미지를 즐기지 않았고 시인을 예언자, 입법자라고 생각하지 않았다. 가스 공장이나 빈민굴을 즐겨 읊은 그들은 시란 상징과 내면의식으로서 '현실세계'를 표현하는 것이라 확신했다. 스펜더가 '우리 세대'라고 선언한 1930년대 작가는, 동년배인 애독자들은 앞선 세대와는 아주 달랐다.

부르주아 문명의 종말을 진단하고 혁명의 필연성을 확신하며 당파에 가담하고 예술 속에 사회문제를 끊임없이 끌어들이는 세대, 앞선 교양지상주의의 세대와는 달리 프루스트, 인상파 화가들, 파리 따위에는 관심이 없는 세대였다. 그들은 시인, 작가, 평론가들을 포함해 대개 옥스브리지 출신의 교양 있는 지식인이며 마르크스주의적 경향과 혁명의 필연성에 대한 역사적 인식을 사회주의자, 노동자들과 공유했다. 교양 있는 좌파 지식인의 집단적인 출현이다.[37] 스펜더는 1930년경 대학을 중퇴할 무렵, 자신이 속한 계급과 체제에 대해 자책감을 느꼈다.

> 내가 속해 있는 계급은 재산에 의해 사회의 착취체제로부터 자동적으로 이득을 얻을 수 있었다. 자동적으로 고상한 체면을 갖출 수 있었다. 나는 사회적 죄악감으로 인해 도둑이나 공갈범도 비판할 수 없었다.

1930년 전후 영국 및 유럽의 교양 있는 젊은 지식인들은 두 가지 문제에 맞서게 되었다. 하나는 개인의 자유 문제이며, 다른 하나는 자신이 죄 많은 계급에 속해 있다는 죄의식이었다. 그러나 차차 그간의 막연한 고뇌에서 벗어났다. 마르크스주의가 그들의 마음을 차지하기 시작한 것이다. 그들 대다수는 마르크스주의를 받아들이고 그 진영에 가담하기로 마음먹었다. 그러면서도 여전히 개인의 자유로부터 자유롭지 못했다.

---

37) 교양 있는 좌파 지식인의 한 모델로서 윌리엄 모리스를 들 수 있음을 기쁘게 생각한다. 시인이자 공예가인 모리스는 사회주의자동맹을 조직, 영국에서의 과학적 사회주의 운동의 창시자로서 기록된다.『자본론』을 평생의 애독서로 꼽은 그는 14세기 영국의 성직자로서 사회평등을 강조하고, 농민반란으로 인해 처형된 존 볼의 이야기를 다룬 『존 볼의 꿈』(1888)에 가탁(假託)해 사회변혁에 대한 정열을 표시했다.

스페인 전선으로!

스펜더는 엘리엇과 처음 만났을 때 서유럽 문명의 미래에 관해 질문했다. 그러자 『황무지』의 시인은 정치적으로 미래가 없다고 생각된다고 답변했다. "오직 상호 살육 이외에는." 스펜더와 동시대 지식인들을 괴롭힌 것은 평화의 파괴, 즉 전쟁이 이미 피사의 사탑처럼 기울어진 유럽과 유럽 문명을 일거에 무너뜨리리라는 절박한 위기감이었다. 전쟁의 주범은 파시스트이며 평화를 지키기 위해서는 그들과 싸워야 한다. 그러한 신념으로 30년대 교양 있는 지식인들은 공산주의를 선택하고 스페인 전선에 뛰어들었다.

스페인 내란은 1936년 7월 17일에 일어났다. 같은 해 2월 실시한 총선에서 인민전선이 승리한 스페인은 파시즘에 반대하는 사람들에게 희망의 땅으로 비치고 국제적으로도 반파시즘, 반전 세력이 크게 고무되었다. 그에 대해 프랑코 장군을 우두머리로 하는 군부는 자본가·대지주 세력과 손을 잡고 반란을 일으켰다.

스페인 내란은 역사상 최초의 좌파 공화국 정부에 대해 군부가 반란을 일으켜 일어난 전쟁이었다. 독일, 이탈리아가 군사력을 투입해 파시즘 측을 원조하고 소비에트가 인민전선 측을 원조함으로써 역사상 최초의 좌우파 간의 국제적인 이데올로기 전쟁으로 확대되었다. 군부의 쿠데타는 초기에는 실패하는 듯했으나 독일군(3만~5만 명), 이탈리아군(5만~10만 명)의 대량 투입으로 수도 마드리드가 포위당하는 등 민족독립을 부르짖은 공화국 정부와 인민전선 측은 큰 위기를 맞았다. 사태가 거기에 이르자 코

국제 파시즘과 싸우는 스페인의 공화주의자

민테른(국제공산당)은 각국 노동자와 지식인들에게 국제의용군에 참가할 것을 호소했으며 각국 공산당은 그 수를 미리 정하고 독려했다. 코민테른의 유능한 지도자는 대개 의용병 조달에 종사했으며 소련에 망명해 코민테른에서 활동 중이던 젊은 티토는 파리에서 그 일에 종사했다.

전쟁 초기 의용군의 약 60퍼센트는 공산주의자였으며 80퍼센트는 노동자 출신이었다. 비공산주의자의 20퍼센트도 스페인에서 차차 공산주의자가 되었다. 한편 여러 나라의 지식인들이 의용군에 입대하거나 공화정부 편에 섬으로써 스페인 전선에 합세했다. 그런데 그들이 참전한 동기는 독일과 이탈리아로부터 온 망명자를 예외로 하면 "모험심, 권태감, 그리고 비가 많은 1936년의 가을" 때문이라고 풍자되었듯이 애매모호했다. "물론 대다수는 어떠한 동기가 이상을 추구하게 했건 이상을 위해 여기에 있다"고 영국 공산당의 한 지원병은 토로했다. 지원병 대다수가 젊은 공산주의자였던 사실에 비추어 그들은 이데올로기적인 신념을 위해 스페인 전선에 투신한 것으로 이해된다.

스펜더는 전쟁 중 세 번이나 스페인에 갔으나 한 번도 무기를 들고 전선에 나가지 않았다. 오든의 경우는 영국 의료부대의 일원으로서 극히 짧은 기간 동안 참가한 뒤 귀국했다. 오든은 장시 「스페인」을 발표하고 인세 전액을 자신이 속했던 의료부대에 기부했다. 작가 오웰은 의용군에 투신해 전선에서 싸우다 부상당했으며 전쟁 경험을 생생하게 기록한 『카탈로니아 찬가』(1938)를 발표했다. 소설가인 케스틀러는 헝가리 출신으로 공산당에 입당하고 훗날 영국에 망명했다. 그는 신문기자로서 코민테른의 선전원 역할을 하다가 프랑코군의 포로가 되었는데, 그 체험을 『스페인의 유서』(1937)로서 발표했다. 이 밖에 공산당에 입당하고 마르크스주의적 비평가로 주목을 받았던 코드웰은 국제사단에 입대하고 전투에 참가하다가 전사했다.

프랑스의 작가 말로는 국제의용군 비행대를 조직해 대장으로서 참전했는데, 작품 『희망』(1937)에 그때의 체험을 담았다. 전쟁이 일어나자 사랑하는 스페인을 위해 기자로 종군한 헤밍웨이의 취재기록 『누구를 위하여 종은 울리나』(1940)와 함께 기록문학의 걸작으로 일컬어진다. 소비에트의 유대계 출신 작가 예렌부르크도 참전했다. 그는 인민전선의 성립부터 몰락, 제2차 세계대전부터 파리 함락까지를 묘사한 『파리 함락』(1942)을 발표해 20세기 대표 작가의 명성을 얻는 한편 스탈린 비판을 앞지른 작품 『해빙』(1953)을 발표했다(『해빙』이란 표제는 그 뒤 소련 자유화의 상징적 표현이 되었다).

스페인 내란으로 비정치적인 교양인, 작가, 예술가들이 반전 반파시즘의 대열에 끼어들었으니 스페인 출신의 화가 미로와 피카소가 좋은 예이다. 미로는 「스페인을 구원하라」라는 포스터를 전시하고, 피카소는 20세기 최대의 기념비적인 작품으로 일컫는 「게르니카」(1937)를 남기고 1944년 공산당에 입당했다.

대다수 지식인이 공화정부 편에 가담해 참전한 것과는 달리 스페인 출신의 철학자 오르테가 이 가세트는 내란이 일어나자 프랑스로 망명해버렸다. 『대중의 반역』(1930)의 저자에게 모국은 단지 서유럽풍의 파시즘과 민주주의의 싸움터로만 비친 것이었을까. 한편 옥스퍼드 대학을 중퇴한 영국의 시인 로이 캠벨은 한때 투우사로서 스페인 각지를 전전하다가 프랑코 편에 참전했다. 스페인 문제에 초연하다시피 한 예외적 존재로 작가 장 콕토가 떠오른다. 시인이자 소설가, 연출가, 화가, 영화 제작자였던 다재다능한 이 기재(奇才)는 정치사회적 격랑의 20년대를 "현실의 정치란 존재하지 않는다"며 시치미를 떼고 모른 체했다. 그는 한때 가톨리시즘에 귀의하면서 질서와 신비를 각별히 동경했다.

태어나면서부터 시인이며 꿈꾸는 자였던 콕토의 조국은 필경 포에지의 세계였던가. "나는 사람들이 종교에 끌려들 듯이 시에 끌려들었다." 그에게 "시인은 언제나 시대를 초월한 자유로운 존재여야 했다." 그는 자신이 시인들의 고귀한 조국의 애국자임을 자랑했다. 그 나라에서 히틀러의 총애를 받고 히틀러를 위해 작품을 만든 독일의 한 조각가와 두터운 우정을 나누었다. 독일군 점령하 파리에서 레지스탕스 편에 선 콕토의 그 우정으로 프랑스 친구들은 당혹스럽고 슬펐다. 콕토는 히틀러를 이해하지 못했다.

콕토와 마찬가지로 우리도 저마다의 조국을 꿈꿀 수 있을 것이다. 그러나 우리가 놓인 현실을 외면하거나 초월할 수는 없다. 그만큼 우리는 현실과 정치라는 운명을 짊어지고 태어나고, 체제의 메커니즘으로부터 자유롭지 못하다. 비정치적임은 대개의 경우 역사에 무지하거나 반역사적 위태(僞態)이다. 콕토의 경우도 마찬가지였다.

나는 스페인에 왔을 무렵이나 그 뒤 얼마 동안에도 스페인의 정치정세에 관해 흥미가 없었을 뿐 아니라 무관심했다. 왜 의용군에 참가했는가 묻는다면 "파시즘과 싸우기 위해"라고 답했을 것이다. 무엇을 위해 싸우느냐고 묻는다면 "모든 인간을 인간답게 하기 위해서"라고 대답했을 것이다. 바르셀로나의 혁명적 공기는 내 마음을 강하게 끌었으나 그것을 이해하려고는 하지 않았다.

사회주의 및 사회주의의 비전이란 계급 없는 사회를 의미한다. 그렇지 않으면 그것은 아무것도 의미하지 않는다. 스페인의 의용군으로 보낸 몇 달이 나에게 가치가 있음은 바로 이 점이다. 물론 당시의 나는 내 마음에 일어나는 이러한 변화를 의식하지 않았다. 내가 의식한 것은 주위 사람들과 마찬가지로 주로 권태이며 열광, 추위와 불결함, 이를 잡는 일, 결핍이며 어쩌다 생기는 위험이었다. 지금은 전혀 다르다. 그때는 그처럼 따분하고 무의미하다고 여긴 몇 달이 지금은 중요하다. 이제까지 나의 생활과는 전혀 달랐다.

코뮤니즘 계열의 신문을 읽으면 대중의 편견을 조장함을 목적으로 하고 의식적으로 대중의 무지를 기회로 삼는 듯하다고 생각하지 않을 수 없다. 역사는 실제 이야기, 일어난 일에 근거해서가 아니라 갖가지 '당의 노선'에 따라 쓰였다.

스페인에서 2, 3주일 지내고 어느 정도 환멸을 느끼지 않았던 사람은 하나도 없을 것이다. 이 전쟁이 민주주의를 위해서라 함은 헛된 소리였다. 그렇다고 해서 프랑코나 히틀러의 고도로 노골화된 파시즘을 적으로 하고 정부를 위해 싸우는 것이 무의미하다는 것은 아니다.

스페인 전쟁이 나에게 남긴 것은 대개 나쁜 기억이었다. 그러나 참가하지 않았더라면 좋았을 것이라고는 생각하지 않는다. 그렇듯 비참한 사건들을 보았어도 결과가 반드시 환멸과 냉소적이라고는 할 수 없다. 전쟁의 종말이야 어떻든 불가사의하게도 스페인에서 겪은 체험은 인간의 인간성에 대한 내 신념을 증폭하면 했지 가볍게 하지는 않았다. 내가 이 전쟁에 관해 쓴 것이 독자를 현혹시키지 않기를 바란다.

스페인 전쟁을 둘러싼 오웰의 작품 『카탈루니아 찬가』에 나오는 구절들이다. 스페인 전쟁을 둘러싼 많은 기록 중에서 스페인 전쟁이 화제가 될 때면 으레 떠오르는 이 지극히 정직하면서 대단히 귀중한 수기는 결국 카탈루니아=스페인의 자유에 대한 찬가이다. 오웰은 국제의용군의 일그러진 실상과 공산당의 배신행위를 고발하면서도 자기 자신에게 다짐하듯 스페인 체험이 파시즘에 대한 인간과 인간성을 위한 고귀한 싸움이었음을 환기시키고 있다. "7월 17일의 정신을 다시 눈뜨게 하라." 오웰의 이 키워드는 결국 인민전선의 편에 섰던 모두의 진실이 아니었던가.

스펜더는 어느 날 스페인 전선에서 18세의 M이라는 청년을 만났다. 아직 소년티를 벗지 못한 M은 공화국의 자유를 위해 학교에서 도망쳐 의용군에 투신했다. 그는 의용군이 공산주의자들에 의해 좌우되고 있다고 비난한다. 스펜더는 그렇더라도 공화국은 자유주의의 대의를 계속 수호할 것이라고 어르고 달랜다. 그 달램은 또한 스펜더 자신을 향한 것이기도 했다. 몇 주 뒤 M은 전사했다. 얼마나 많은 '선의의' 젊은이들이 더 나은 미래를 믿으며 혹은 배신감을 지닌 채 스페인에서 죽어갔을까. 스펜더는 순교자들을 경건하게 애도했다. "그 순교는 1930년대 창조적인 작가들이 유럽의 정신생활에 바친 가장 큰 공헌이었다." 공화군과 프랑코군의 차이는 단지 경례하는 방식이 다를 뿐이라고 외국 종군기자들을 가시 돋친 농을 속삭였다. 그 무렵 스펜더는 다음과 같은 시를 읊는다.

밤에 잠시 거닐면 잠자는 두 군대가 나뉘고
먼 나라 사람들의 손으로 짠 속옷에 몸이 오그라들 때
깨끗한 정적이 내린다
기총이 멈출 때 꼭 같은 고통이 밤기운을 숨 쉬며 하얗게 물들여
서로가 적의 팔 속에서 잠자듯 두 군대를 하나로 만든다

그는 두 진영을 휴머니스트의 시선으로 따뜻하게 관찰하고 있는 것이다.
전쟁이 한창이던 1937년 여름, 마드리드에서 국제작가회의가 열렸다. 주제는 스페인 내란을 둘러싼 지식인의 입장에 관한 문

제였다. 지드의 『소비에트 기행』(1936)이 불러일으킨 문제도 논의된 주제 중 하나였다. 회의는 지드를 둘러싸고 둘로 나뉘었다.

지드는 인간(성)의 진실과 자유를 추구한 모럴리스트 작가로서 큰 명성을 누렸다. 그러나 그는 아프리카의 콩고 기행을 체험하면서 자기 자신이 속한 부르주아의 생활양식과 가치관에 대해 회의와 불신을 갖게 되었다. 그러면서 적극적으로 사회참여를 하게 되고 마침내 1932년 공산주의로 전향했다. 지드는 그해 여름 러시아 작가 고리키의 장례식에 참석하기 위해 소련에 갔다. 그가 혁명 소비에트에서 본 것은 '희망과 신뢰와 무지' 속에 들뜬 민중과 무서운 획일주의, 그리고 복종의 규율이었다. 지드는 소비에트·공산주의 체험을 『소비에트 기행』에 담아 세상에 발표해 유럽의 지식사회에 큰 충격을 던졌다. 지드는 공산주의 진영으로부터는 파시스트의 괴물, 데카당스의 부르주아, 그리고 적으로 불렸다.

지드는 공산주의로 전향한 뒤에도 전과 다름없이 가톨릭 교도이며 개인주의자였다. 그는 일기에 썼다. "나를 공산주의로 인도하는 것은 마르크스가 아니라 복음서이다."(1933년 6월) "나는 개인주의와 공산주의를 조화시킬 수 있다. 잘 이해된 공산주의와 잘 이해된 개인주의는 본질적으로 융화될 수 없는 것으로 생각되지 않는다."(1933년 8월) "나는 어떠한 선언문이건 내가 쓴 것이 아닌 것에 서명하는 것을 특히 거부한다." 당대의 한 비평가는 "지드의 작품은 모두 '나'(Je)로부터 나온다"고 말했다. 몽테뉴를 방

붉게 하는 이 영원한 모럴리스트는 사회적 연대에 대한 갈망 속에서도 개인의 존엄을 우선시했다. 그는 그리스도교와 마찬가지로 공산주의도 휴머니즘이라고 진심으로 믿어 의심하지 않았다.

영국에서는 1924년 역사상 최초의 노동당 정권이 출범했다. 그런데 노동당은 좌파 정당이라기보다 급진적 자유주의 정당으로서 중산층의 개혁의지를 표방했다. 그러므로 그만큼 지식인의 폭넓은 지지를 받았다. 래스키는 페이비언, 즉 온건한 사회주의의 입장에서 자신의 정치이론을 세우는 한편 노동당에 입당해서는 위원장을 맡으면서 당의 좌파 이론가로서 1930년대 초기에는 폭력혁명의 불가피성을 인정했다. "소비에트는 오늘날 문명의 최전선에 서 있다." 그러나 래스키는 점차 합의에 의한 혁명을 논하게 되고 소련에 대해서도 비판적 태도를 취했다. 그가 행한 비판의 근거는 지드와 마찬가지로 사회주의 체제에서 과연 개인의 자유가 가능할까 하는 회의였다. "나는 국가를 판단하는 데서 그것이 어떤 방법으로 나에게 최선의 자아를 실현할 권리의 실질을 확보해 주느냐에 따라서 정한다." 한때 마르크스주의자로서 구축한 소비에트 이념의 승리라는 신화가 자신에 의해 붕괴된 것이다.

앙드레 말로는 신이 없는 시대에 영웅주의적 모험을 통해 자기 자신을 시험한 천생 직업적인 혁명가였다. "말로는 '모험'이라는 말에 가장 아름다운, 풍요롭고 완벽한 인간적 의미를 끌어들였다"고 지드는 약간 부러움이 섞인 어조로 말했다. 말로는 궁핍한 시대의 병폐인 양자택일이라는 몹시 궁색한 상태에서 좌파에 가담한 1930년대 지식인들과는 달리, 이미 1920년대 중반에 중국

반전을 호소하는 로자 룩셈부르크. 독일공산당 창립자의
한 사람인 그녀도 레닌을 비판했다.

공산당, 1930년대 초에는 프랑스 공산당에 입당했다. 인민전선이 대두된 뒤에는 좌파 지식인의 대표로 활동했다.

그는 동시대의 이른바 동반작가들과는 달리 이데올로기적으로도 마르크스주의 및 공산주의와 깊은 유대를 맺었다. 소비에트 속에서 정치와 예술의 행복한 조화를 보고자 했다. 그러나 말로는 1937년 마드리드 국제작가회의에서 자유주의적 개인주의에 대한 공산주의자의 간섭을 단호히 거부해야 한다고 선언했다. 그의 마음 깊은 곳에서는 개인의 자유라는 휴머니즘의 전통이 맥박치고 있었던 것이다.

스페인 내란은 1939년에 공화파의 패배로 끝났고 영국과 프랑스는 프랑코 정권을 승인했다. 그에 앞서 1938년 프랑스에서는 인민전선이 붕괴되었다. 스페인 내란은 한 시대의 종말을 의미했다.

휴머니즘을 위한 영원한 꿈

1935년 6월 파리에서 열린 제1회 문화옹호국제작가대회에는 자유주의적 혹은 사회주의적이며 공산주의적인 작가·지식인이 몰려들었다. 지드와 말로가 사회를 보았다. 『성직자의 배반』(1927)에서 사회참여를 지식인의 배신으로 규탄한 쥘리앵 방다도 있었다.

"물질과 경제에 근거한 마르크스주의자의 입장을 가진 사람과 그와는 반대되는 정신생활의 자립을 주장하는 입장을 가진 사람이 회의에 참가했다. 양자는 절대 뒤섞일 수 없는 독립된 입장을 갖지만 오늘날과 같은 위기에서는 반파시즘이라는 공통의 열정을 갖고 어떻든 손을 잡고 싸워야 한다."

유럽의 1930년대는 정치의 계절이었다. 그러므로 참여라는 표현은 전통적으로 비정치적·반정치적으로 일컬어진 교양계층에게, 아니 어쩌면 그들에게 귀한 코드이자 키워드가 되었다. 그것을 촉발한 것은 드레퓌스 사건과 스페인 전쟁 및 러시아 혁명이었다.

1920년대 영국의 대표 작가인 버지니아 울프는 파시즘을 증오하고 여성이 소설을 쓰기 위해서는 돈과 '나 자신의 방'을 소유해야 한다며 여성의 사회성을 환기시키는 데 앞장섰다. 그러면서 스펜더, 오든 등 1930년대 작가들이 사회문제와 세계개혁에 마음을 빼앗겨 문학을 정치에 종속시키고 있다고 비난했다. 스펜더와 그의 친구들은 노여워하며 응수했다. "우리 세대는 아름다운 풍경 속으로 도피해 지나간 이야기만 할 수는 없었다." 스펜더는 문학의 위대성은 근대사회의 정치적 숙명인 파괴적 요소 속으로 몰입하는 데 있으며, 근대사회를 파괴로부터 구출할 세력에 가담한 작가에 의한 창조성의 부활을 확신했다.

교양계층 출신의 작가, 지식인들의 정치·사회적 참가는 필연적이었다. 오르테가 이 가세트의 말이 떠오른다. "나에게 귀족이란 활력에 찬 삶과 같은 말이다. 이미 획득된 것을 초월해 스스로에게 부과한 의무나 요구로써 전진하고자 항상 몸짓을 감추고 있는 삶을 말한다." 자신이 누리고 기대어온 체제에 맞선 폐적자(廢嫡者, Enterbter Geist)임을 스스로 다짐한 교양 있는 그 좌파는 반듯한 정신의 귀족이었다.

1920년대 파시즘의 태동과 인민전선의 결성 및 그에 이어진 스페인 전쟁으로 유럽, 특히 영국의 교양 있는 지식인들은 좌파 이데올로기를 떠받들고 그들 중 적지 않은 인사들이 공산당에 입당했다. 스펜서도 그중 한 사람이었다.

지난날 교양인이란 대체로 상류계급 출신으로 옥스브리지와 같은 명문교에서 라틴어 고전 중심의 인문학적 교양을 쌓은, 클럽과 살롱에 출입하는 등 세련되고 우아한 삶을 누리는 젠틀맨, 오네톰을 일컬었다. 그러나 이러한 교양인관은 교양을 개인적인 덕목으로만 여기는 오해에서 비롯된다고 할 것이다. 자유학예라는 표현에서 밝혀지듯이 인문학적 교양이란 자유인의 교양을 의미한다. 교양과 깊이 관련된, 아니 교양의 본질을 이루는 자유란 고대 그리스·로마 이래 개인적·보편적인 덕목이면서 사회적인 공공선으로서 교양인은 자유로운 사회를 지향했다. 교양이란 사회적이며 정치적인 특성을 본질적으로 지닌 것이다.

우리는 향연과 아고라에서 사교를 즐긴 그리스 교양인들의 멘토인 소크라테스가 국가 공공의 선을 부정했다는 죄목으로 옥사한 사실을 알고 있다. 중세 대학의 학예학부 교수들(그들은 중세의 전형적 교양인이며 지식인이었다)이 이단이라는 비방을 받으면서 『성서』나 교부철학보다 아리스토텔레스와 세네카에게 더욱 끌렸다는 사실도 알고 있다. 르네상스 문화가 중세의 교황권과 스콜라주의에 맞선 인문주의자들이 인간 중심의 교양이란 기치 아래 풍요롭게 꽃을 피웠음을 또한 기억한다.

지난날 체제에 의해 옹호된 심미적이며 자기 중심적인 교양은 18세기 계몽사상의 세례를 받으며 인권과 사회적 연대에 눈을 떴다. 그러고는 마침내 드레퓌스 사건과 스페인 전쟁을 통해서는 사회주의자들과 노동자 및 유대인과 연합해 그들과 함께 분노하고 증오하며 더 나은 사회를 향한 기쁨과 희망, 꿈을 나누었다. 오늘날 경전처럼 받들어지는 고전도 지난날 이단의 서였다. 교양은 완성된 인간 이상, 격식이 아니라 역사 속에서 끊임없이 실천하고 변모하는 삶의 희망, 꿈을 나누었다.

교양 있는 좌파가 공산주의에 동조했음은 스펜더의 표현 그대로 "그들이 얻을 수 있는 무엇인가에 결핍되고 있음을 느꼈기 때문"이었다. 그러나 공산주의는 신앙이 될 수는 없었다. 스펜더가 적절하게 지적했듯이 "거의 모든 작가에게 공산주의는 양심의 문제이지 신념의 문제는 아니었다." 지드도 같은 뜻을 들려준다. "나는 마르크스를 읽고 공산주의로 간 것은 아니었다. 나 자신 특권자의 지위를 어떻게든 초월하고자 그렇게 한 것이며, 만약 그리스도의 정신이 전적으로 생생했더라면 공산주의는 존재이유가 없었을 것이다."

부르주아적 서유럽 문명이 파탄에 이르자 부르주아지의 후예들은 역사에 대해 휴머니즘적인 죄의식을 갖고 반전(反戰), 반파시즘 편에, 그것을 앞장서서 부르짖는 좌파에 가담해 구원의 길을 찾고자 했다. 그러한 그들에게 사회주의 러시아는 새로운 희망으로 비쳤다. 그들은 정확한 정보도 없이 혁명 소비에트에 열중하고 찬미했다. 지드의 『소비에트 여행기』가 발표되고 그 나라에서 일어나고 있는 진실, 즉 스탈린의 개인숭배, 피의 숙청, 언론과 사상 및 개인에 대한 억압 등을 알았다. 그러면서도 이상주의자들은 새로운 사회, 숭고한 이상을 향한 대의 앞에 자기를 증명하기 위해 스페인 전선으로 향했다. 1930년대는 일찍이 없었던 도덕적인 상상력이 비전과 유토피아를 분출한 시대였다.

스페인 전쟁으로부터 20여 년 뒤 문예평론지 『엔카운터』의 편집자 스펜더는 동서 냉전이 날로 격화될 무렵 이렇게 토로했다.

오늘날 우리는 동과 서 어느 한편을 선택해야 한다고 말하고 있다. 그러한 선택을 강요당한다면 나는 이렇게 대답할 수밖에 없다. 첫째, 나는 서쪽에도 동쪽에도 서지 않겠다. 하나의 자기, 지상에 사는 몇백만 명 가운데 한 사람으로 여겨지는 나 자신의 편을 들겠다. 동서 간의 상극, 그것이 두 개의 외면적인 세력 간의 싸움인 한 거기에 윤리적인 선택 따위는 없다. 나 자신 내부로부터의 선택, 그것이 윤리적인 것이 된다. 바꾸어 말하면 내가 자기를 선택하고, 인간성을 선택하고, 양심을 선택할 때 비로소 동과 서의 대립된 요구에 대해서 판단을 내릴 수 있게 된다.

30 1968년 5월, "끊임없이 이의를 제기한다"

반항적 인간이란 무엇인가? '노'라고 하는 인간이다.
나는 반항한다. 그러므로 나는 존재한다. 나는 반항한다.
그러므로 우리는 존재한다.
🖋 카뮈

알제리아에서 태어난 카뮈는 정오의 강렬한 태양 아래 포도주 빛깔의 바다에 잠기며 인간적인 기쁨을 맛보고 자란 지중해인이다. 그는 초기의 서정적인 에세이에서 그 희열을 구가했다. 그러나 가난과 병고에 시달린 소년시절, 결혼 1년 만의 이혼, 공산당 입당과 탈당, 독일군 점령 아래 파리에서의 레지스탕스 등 그를 둘러싼 현실은 고뇌와 모순에 찬 부조리(absurde)의 세계였다. 카뮈는 자주 죽음이라는 강박관념에 시달렸다.

카뮈의 『이방인』(1942)과 『시시포스의 신화』(1942)는 인간을 둘러싼 모순과 부조리의 본질을 파헤친 획기적인 작품이다. 『이방인』의 주인공 뫼르소는 평범한 회사원이며, 출세나 결혼 따위 사회적 가치의 모든 것에 무관심한 인물인데, 살인을 저질러 단두대에 오른다. 어느 날 그는 바닷가에서 친구와 실랑이를 벌이던 아랍인을 살해한다. 동기를 묻자 재판관에게 "태양빛 때문"이라며 태연하게 대답한다.

지중해라는 뛰어난 자연 속에서도 떨쳐버릴 길 없는 숙명적인 부조리에서 해방되는 길은 종교에 기대거나 자살을 하는 것이 아니었다. 그는 그 길을 반항에서 찾았다. 뫼르소는 처형 직전 교회사(敎誨師)가 역설하는 내세에 대한 믿음을 거부한다. 삶은 죽음을 잉태함으로써 가치 있고 사랑스러운 것, 삶의 바람과 절망, 절망과 바람은 불가분의 일체를 이룬다. 카뮈에게 부조리로부터 자유로울 수 있는 길은 싸우며 항거하는 길이다.

끝없이 굴러 떨어지는 큰 바위를 산 정상에 다시 굴려 올려야 하는 형벌을 받은 시시포스와 흡사한 인간의 부조리한 운명, 그 극한 상황에 맞선 반항은 개인적인 저항을 넘어서 집단적인 반항으로 심화된다. "더 이상 정치는 개인과 유리된 것이 아니다. 정치는 인간이 다른 인간에게 보내는 직접적인 호소이다." 선의의 사람들이 말없이 페스트에 당하듯 대량 학살로 얼룩진 나치스와 전쟁의 체험이 카뮈로 하여금 인간 연대의 진실성을 환기시킨 것일까. 반항이 개인에 머물러 연대를 외면하면 그것은 전쟁이나 살인제도 등 인류에게 주어진 부조리한 악에 동의하는 공범이 된다.

"나는 반항한다. 그러므로 우리는 존재한다." 반항은 개인을 이방(異邦) 의식, 소외의 질곡으로부터 풀어주고 이웃을 발견하고 공통의 광장에서 함께 어깨동무하게 만든다. "반항은 내가 분명 살아 있다는 최초의 명증(明證)이며, 최초의 가치를 만인에게

▲ 티치아노 베첼리오, 「시시포스」

뿌리내리게 하는 공통의 터전이다."

이 투명하고 진실된[38] 증언을 우리는 파리의 학생반란에서 본다. 1968년 5월 파리에서 일어난 학생혁명을 절정으로 60년 후반부터 70년대 전반에 걸쳐 서유럽 각국·미국·일본 등 선진 여러 나라에서는 격렬한 학생운동이 전개되었다. 고도 기술산업사회가 공통적으로 드러낸 문제성과 깊이 관련된 것으로서, 민족적 독립이나 국가 사회의 근대화를 위한 후진국에서 발생한 학생운동과는 전혀 다른 복합적인 성격을 띠었다.

거대한 전환 속의 세대 간 갈등

19세기 후반에 일어난 제2차 산업혁명은 고도 기술산업사회의 출현을 촉진한 문명사적 전환의 의미를 내포한다. 전환의 시대란 전통적인 것이 와해되고 기성 체제와 질서, 기성의 관념이 끊임없이 도전받고 요동치는 시대이며 역사의 연속성이 종말을 고하듯 단절이 부각되는 시대이다. 특징적 현상은 세대 간의 심각한 갈등으로 나타난다. 특히 정신적·관념적으로 가장 민감한 학생 세대에서 뚜렷이 나타난다.

---

[38] 부조리한 삶의 근원적 무의미에 맞선 카뮈의 반항은 자연과 인간의 조화, 부조화 속에서 인간적인 균형을 찾고자 하는 휴머니스트와 모럴리스트의 입장으로서 결코 혁명적이 아니었다. 그리하여 그는 역사를 절대시하는 마르크스주의와 혁명적인 수단에 반대했다. 언제나 역사적 상황을 중요시한 사르트르는 이러한 카뮈의 반항을 자기 기만이라며 비난했고, 두 사람은 결별했다.

아버지와 아들의 연령 차이를 기본으로 하는 세대(generation)란 대체로 같은 시대에 생활하는 사람들을 의미한다. 그런데 전통사회에서는 세대의 차이에도 아버지와 아들, 손자의 세대까지 동질성이나 일체감이 면면히 이어지고 공유되었다. 유럽의 경우 그리스도교와 시민적 휴머니즘이, 동북아시아의 경우 유교적·불교적인 세계관 또는 가치관이 공통된 큰 흐름을 이루었다.

 현대에 이르러 사람들은 만하임이 지적한 바와 같이 "비동시적인 것의 동시적 공존" 속에서 살고 있다. 현대의 혼란과 위기적 상황은 세대 간의 심각한 갈등 또는 단절이 몰고 온 사회 성원 간의 연대의식의 부재에서 유래된다고 할 것이다. 오르테가 이 가세트는 1930년대 사고방식을 기준으로 세대를 "앞선 시대가 뿌린 씨앗을 거두어들이는 세대와 전 시대의 개념에 근본적인 개혁을 요구하는 세대"로써 나누고 차별화했다. 연령층의 차이라는 단순한 생물학적 개념이 아닌, 의식구조와 행동양식에 의해 구별되는 것으로서의 세대 논의는 공동체 내 정체성의 분열과 파탄이라는 위기적 상황을 반영한다고 할 것이다.

 일찍이 괴테도 지적했듯이 부자지간의 세대 갈등은 근대문학이 즐겨 주제로 다루었으며, 모든 '전환의 시대'에 공통된 현상이 아니던가. 그러나 오늘날처럼 범세계적으로 갈등이 심각했던 때도 일찍이 없었다고 해야 할 것이다.

 학생들에게 둘러싸여 1960년대를 뼈저리게 체험한 하버드 대학 교수 리스먼은 저서 『대학혁명』(1968)에서, 19세기의 젊은이는 연장자에게 반대하는 경우에도 권위의 타당성에는 회의를 품지 않았다. 그에 반해 20세기에는 권위가 날로 실추되고 그 결과 1960년대에 이르러 젊은 세대의 반항과 도전의 상징으로 청년문화(youth culture)가 일어나고 스튜던트 파워가 출현했다고 지적했다.

지난날 세대 간의 갈등은 아버지에 대한 아들의 반항이었다. 그러나 1968년 전후 학생의 반란은 정치·경제·사회·문화 등 기성적인 모든 것에 대한, 모든 금기에 대한 도전이며 반란이었다. 첫 번째 타깃은 정부가 아니라 국가이며 국가의 모든 조직과 기구였다. 국가야말로 체제 중의 체제를 상징하는 존재인 까닭이다.

현대사가 배러클러프는 현대가 드러내는 가장 큰 특징으로서 "국가 주권에 대한 회의와 국민적 충성심의 동요"를 지적했다. 1968년 전후 학생반란의 최대 타깃이 국가의 존재 자체였음은 어쩌면 필연적이었다. 젊은 세대의 반국가성은 국가 간의 경계를 무의미하게 한(그럼으로써 국가의 권위를 약화시킨) 고도 기술정보사회의 글로벌한 성격과 깊이 관련된다. 그리고 권력체계로서의 국가를 일관되게 비판한 반항과학(Gegenwissenschaft) 중심인 근대의 지적 상황도 그에 적지 아니 가세하였다.

인권과 인민주권(근대문학과 인문, 사회과학에서 가장 중요한 주제였다)의 세례를 받은 현대의 아들들은 국가를 규범으로 생각한 아버지 세대와는 대조적으로 통치자를 캐리커처화하는 흐름 속에서 성장했다. 그러므로 세대 간의 이질성은 국가관·정치관에서 가장 날카롭게 드러난다. 학생운동이 한창일 때 서독에서는 아버지와 같은 정치적 입장을 지닌 젊은 세대의 수가 겨우 4퍼센트에 불과했으며 86퍼센트는 전혀 반대 입장이었다. 젊은 세대의 반항적 특성은 사회부조리나 위기의식, 이데올로기와 관련되면서 날로 급진적이고 혁명적인 성격을 띠었다.

1960년 영국의 수상 맥밀런은 아프리카 여러 나라에서 일어난 독립을 향한 열망을 변화의 바람이라고 불렀다. 1960년대 변화의 바람은 아프리카, 아시아, 남아메리카뿐 아니라 유럽과 미국에서 연이어 일어났다.

다음은 이 글의 주제인 1968년 5월 프랑스의 학생반란에 직·간접적으로 영향을 미친 참 어지러웠던 60년대의 여러 사건이다.

영국의 반핵 대집회, 미국의 본격적인 흑인운동의 개시, 카스트로의 쿠바 사회주의국 선언(이상 1961). 서독의 노동자 파업 및 학생운동으로 인한 일부 지방의 비상사태 선언, 미시시피 대학 입학을 둘러싼 흑인의 폭동(이상 1962). 체코 작가동맹의 비스탈린화 요구, 영국 비틀스 음악의 세계적 확산, 케네디의 공민권 특별교서, 인종차별 반대를 위한 워싱턴 대행진인 프리덤 마치(1963). 사르트르의 「말」 출간, 미국의 공민권법 성립, 킹 목사의 노벨 평화상 수상(1964).

영국의 반베트남전쟁 대집회, 미국의 저명인사 300명이 대통령에게 보내는 베트남 반전 공개장, 미국 각지의 흑인폭동과 반전 데모(1965). 미국 대법원 포르노그라피의 고전 『파니힐』의 출판에 무죄 판결(1966). 프랑스 총선에서 좌파 진출과 드골 퇴보, 영국의 좌파교수 축출 반대의 학생 항의, 체코 작가동맹에 의한 정부와 당에 대한 비판, 알바니아 세계 최초의 무신론 국가 선언,

1965년 3월, 대중 앞에서 연설하는 킹 목사

열광하는 비틀스의 팬들

영국 미니스커트의 여왕 트위기의 대인기, 전미학생협회의 CIA 자금수수의 폭로, 뉴욕을 비롯한 대도시의 인종폭동과 워싱턴의 대규모 반전집회, 최초의 흑인시장 당선, 반전단체에 의한 징병반대운동(1967).

폴란드 바르샤바 대학 학생 데모, 반시오니즘에 반대하는 교수 및 정부 고관의 추방, 드골 여당의 압승, 프랑스 공산당 '선진 민주주의를 위한 선언' 채택, 존슨 대통령 북폭 부분 정지와 대통령 불출마 성명, 킹 목사 암살과 흑인폭동, 워싱턴의 빈자의 대행진 집회, 라틴아메리카 주교회의 해방신학의 태동, 북폭 전면정지 및 해방전선의 평화당 참가 성명(1968). 드골 사임, 알바니아 새 인터내셔널 제창, 닉슨 베트남으로부터 미군철수 발표(1969).

바리케이트의 밤에 이르기까지

미국의 뉴레프트 최대 조직인 '민주사회를 위한 학생연맹'(SDS)의 전 위원장이며 뉴레프트 운동의 지도자인 오글스비는 1965년 11월 27일 워싱턴의 반베트남전 대집회에서 행한 연설('미래를 만든다')에서 이렇게 역설했다. 베트남전을 주도한 인물들은 당치도 않은 '괴물'들이 아니었다. 리버럴한 신사들이었다. 그들은 혁명과 혁명적인 변화로부터 미국의 이익을 옹호하고자 하는 기업 리버럴리스트이다.

우리는 "미국의 기업제도 아래에서 태어났다." "우리는 기업주의와 인도주의 어느 쪽을 선택하느냐 하는 기로에 다다랐다."

오글스비의 주장대로 1960년대 역사적 사건의 핵심은 다국적기업을 받드는 고도 기술산업사회의 권력과 반권력 간 투쟁문제이다. 1968년 5월의 주역은 산업사회에서 반역자로 길러지고 스스로 반역자의 길을 택한 지적 청춘이었다.

역사상의 큰 사건이 대체로 그러했듯 1968년의 프랑스 혁명 혹은 5월혁명이라고 일컬어지는 1968년 봄 파리의 학생반란도 사소한 일에서 비롯되었다. 5월 3일 파리 근교의 파리 대학 낭테르 분교에서는 소수의 학생이 대학의 남녀 기숙사 방문의 자유를 주장하며 소동을 일으켰다. 그로부터 전개된 동맹휴학은 천여 명의 좌파학생들이 강의실에 침입하고 교수실을 점거하는 난동으로 확대되었다. '제국주의 투쟁에서 학생의 역할'이라는 주제를 내걸고 24시간 밤을 새우는 사태가 일어났다. 정부 당국은 즉각 학원 폐쇄 조치를 취했다.

낭테르 사건은 연쇄반응을 일으켜 소르본에서 6천여 명의 각파 '활동가'가 학원 폐쇄에 항의하는 집회를 열자 총장이 학내로부터 철거를 권고했다. 학생들이 거부하자 총장은 경찰의 개입을 요청해 대학 안에 경찰이 투입되었다. 농성학생들이 밀려나자 소르본 주변의 라틴구에 학생 2, 3천 명이 집결해 밤 1시까지 경찰기동대와 실랑이를 벌였다.

그 후 항의 집회, 항의 데모가 이어지면서 학생의 수는 2만 명에서 5만 명으로 불어나고 각 학부의 교수들도 가세했다. 그 대열에 노조 대표들이 참가하고 사르트르, 게랭을 비롯한 많은 지식인들이 깊은 관심을 보이면서 학생반란은 날로 확대되었다.

마침내 5월 10일 '바리케이드의 밤'을 맞았다.

그에 앞선 5월 3일부터는 소바조가 이끄는 프랑스 전국학생연맹과 제스마르가 지휘하는 대학강사노동조합, 콩방디까지 합세해 3두마차가 행동주의를 표방하고 나섰다. 드골과 퐁피두 총리는 그때에도 침묵으로 일관했다. 5월 10일, 제스마르와 소르본 대학 학장이 라디오 방송에 나와 협상을 시도했으나 허사가 되어버렸다.

10일 밤 학생가인 라틴구를 점령한 2만 명의 시위대는 경찰 기동대에 맞서기 위해 보도 블록을 파헤치고 바리케이드를 쌓아올렸다. '바리케이드의 밤'에는 프랑스 전국학생연맹(UNEF) 회원을 비롯해 고등교육 직원조합, 고교생들도 가세해 인파는 3만 명에 이르렀다. 공산주의 청년조직의 한 투사는 외쳤다.

참으로 천재적인 솜씨였다. 프랑스 역사에서 바리케이드의 이미지는 1830년과 1848년, 파리 코뮌 등 민중봉기의 영웅적인 순간과 연결되어 있다. 바리케이드는 상징이며 왕과 반동의 군대에 대항하는 노동자들의 방어선이다.

5월 13일에는 백만여 명을 헤아리는 학생과 노동자의 시위가 벌어졌다. 대열의 선두에는 콩방디, 소바조, 제스마르, 대열 중앙에는 좌파 각 정당의 지도자가 끼어 있었다. 이날을 계기로 소르본은 학생과 노동자들이 다시 점거해 하나의 해방구를 이루었다. 그 후 2개월 동안 '학생권력', '문화혁명'의 구호가 요란스레 프

랑스 전국을 뒤흔들었다. 그 장면을 한 시인은 「동란」이라는 이름 아래 읊었다

> 그렇다. 우리는 따먹고 싶다
> 지식이란 나무의 저 열매를.
> 그곳을 저렇게 쇠사슬로 가두어버리고 단지
> 담 너머로 엿보게 하면서
> 우리 마음이 끌리도록 해서는 안 되는 일이었다.
> 헬멧을 쓰고 곤봉을 휘두르는 저 거짓 천사들도
> 이제 우리를 그 과실로부터 떼어놓지 못하리니.

경찰은 "모든 것을 일소하라"는 명령 아래 무자비한 진압에 나섰다. 동이 틀 무렵 바리케이드가 치워지고 차량 180대에서 연기가 피어올랐다. 학생 400여 명이 부상을 당하고 468명이 체포되었다. 라디오에서는 콩방디가 총파업을 호소했다. 5월 18일에는 200만 명이 파업을 벌이자 120개 공장이 점거되었다. 그 뒤 파업 노동자는 600만 명에 이르렀다. 낭트와 리옹 같은 도시에서는 국가권력이 마비되고 마르세유는 도시 전체가 총파업에 휩싸였다.

이제 운동의 주체는 바야흐로 '활동가' 학생이 아닌 '일반' 학생이 되고 학생과 함께 노동자, 민중이 되었다. 학생반란의 직접적인 원인은 정부의 그릇된 교육정책이었다. 당시 학생들은 학교시설의 미비, 바칼로레아(대학입학 자격고시)를 비롯한 각급 시험제도에 대한 불만, 졸업 뒤 사회진출의 어려움 등으로 불만이 쌓여가고

1968년 5월, 경찰의 제지를 받으며 신좌파 학생기관지
『인민의 대의』를 판매하는 사르트르와 보부아르

있었다. 학생반란의 기폭제가 된 남녀 학생의 자유로운 기숙사 방문 문제는 학생들에게 중세의 수도원에서나 있음직한 위선적 도덕률로 비쳤다. 학생들은 대학의 제도나 운영, 아니 대학을 둘러싼 사회와 사회문제 전체를 사정(射程) 조준하게 되었다.

낭테르의 학생들은 특정한 리더도, 공통된 이데올로기도 없었다. 서로 다른 출신, 서로 다른 정치적 입장이었지만 하나가 되어 자본주의·기술관료주의적 대학, 노동분업, 이른바 중립적인 지식에 대한 철저한 거부 등을 밝힌 선언문에 서명했다.

파리의 학생봉기는 단순한 학원소요도, 정치적 반항도, 그렇다고 순수 이데올로기적인 반란도 아니었다. 특정한 강령이나 이념, 특정한 명제와 관계없이 감행된, 사회 전체를 뒤집어놓고자 한 전대미문의 반란이었다. 그 타깃은 국가권력과 기술산업사회, 아니 기성체제, 기성관념, 다시 말해 이미 존재하는 모든 것이었다. 그러면서 대학 전체를 근거지로 삼았던 학생들의 첫 번째 투쟁의 대상은 대학의 관리기구였으며, 당면 목표는 대학 의사결정의 학생 참여였다. 학생반란의 핵심을 이룬 것은 대개 중산계층 출신의 사회과학과 인문학 계열의 학생이었다.

유럽에서 교수들은 19세기에 이르기까지 학문 연구자, 학자이기에 앞서 성직자적 의식을 지니고 있었다. 그들은 학문적 업적보다 사회적·도덕적 역할에서 존재이유를 찾았다. 그러던 것이 20세기 이래 대학은 교육을 위한 지식이 아니라 비즈니스와 실용을 위한 지식의 장이 되었다. 교수는 전문학, 즉 전공에만 관심을 갖는 연구전문가가 되었으며 학생들은 미래의 전문직을 지향해 대학에 들어갔다.

국가의 권력기구나 산업사회의 기술 또는 정보체계를 위한 교육과 연구를 최대 목적으로 내세운 대학의 현실은 대학의 교육부재현상 또는 가치의 무정부적 상황을 조장했다. 미국의 버클리 대학은 이미 제2차 세계대전 이전에 학생의 훈육문제에 관해서는 일체 관여하지 않기로 결정했다. 교수회에서 전통적으로 학생의 도덕적 문제를 주제로 다루어왔던 하버드 대학은 1950년대에 교육을 포기하겠노라고 선언했다. 참으로 심각한 교육의 패배이다.

낭테르 소동에 앞서 프랑스에서 대학제도의 위기가 사회문제로 논의되기 시작한 것은 이미 오래되었다. 학생 수의 폭발적인 증가(프랑스의 대학생 수는 1900년에 5천 명, 1920년대에는 4만 5천 명, 1960년대 후반에는 60만 명으로 증가했다), 대형 강당에 3천여 명의 학생을 수용하고 이루어지는 강의. 구태의연하고 빈약한 시설로 인해 학생들은 11시에 시작되는 강의를 듣기 위해 아침 8시에 교실에 들어가야 자리를 잡을 수 있었다. 국립 종합대학 23개교 중 가장 규모가 큰 파리 대학의 학생 수는 15만 7천 명을 헤아리고(프랑스 전체 학생 수의 30퍼센트), 학생운동의 중심인 소르본에는 문학부만 4만 명에 달했다.

한편 바칼로레아를 비롯한 각급 시험제도도 학생들의 불만의 대상이 된 지 오래였다. 프랑스 시험제도는 "배를 가라앉힌 뒤 유능한 자만을 구조하는 방식"으로 비유될 만큼 잔인했다. 그리고 마치 중세 길드사회의 마에스트로를 상기시키는 소수 대학 관료의 반시대적인 대학운영.

5월 반란의 요람인 낭테르에 1964년 파리 대학의 분교가 대학의 새로운 모델로서 신설되었을 때, 이제 이상적인 조건 아래 연구와 교육을 할 수 있게 되었다며 학생들과 교수들도 기뻐했다. 그러나 4천여 명이었던 학생 수는 2년 후 1만 6천 명을 넘어섰다.

학생 수의 급격한 증대는 많은 졸업생을 낳고 그것은 곧바로 학사 실업자가 양산되는 요인이 되었다. 수재 엘리트 코스인 고등사범학교와 이공대학 등 몇몇 명문 그랑제콜을 제외하고 파리 대학을 포함한 일반 졸업생의 취업률은 1966년의 경우 10퍼센트에 불과했다. 이러한 현상 때문에 학생들은 불안과 위기의식에 사로잡히고 결국 과격한 정치사회운동에 투신하게 되었다. 당시 프랑스 학생들이 처한 상황에 대해 소르본에서 심리학과 시문학을 전공한 두 학생은 입을 모아 말한다.

"우리는 학생 운동가는 아니지만" "소르본에 입학한 지 4년이 되는데 입학 당시 교수 한 사람에 학생 25명 정도였던 것이 지금은 50명, 심지어는 3천 명을 수용하는 대강당 교실도 있다. 교수는 일방적으로 강의하고 시간이 되면 곧바로 나가버린다. 학생 수는 4만 명, 이쯤 되면 취직자리가 있을 수 없다. 5월의 반란에서 우리는 투석하지는 않았다. 그러나 전적으로 데모를 지지했다. 그것은 정치투쟁이 아니라 문명에 대한 투쟁이라고 생각한다." 5월의 학생반란은 문명에 대한 투쟁, 그리고 문화혁명이었다.

고등교육, 그 구조적인 문제성은 유럽 전체, 미국의 국가 '대란'의 요인으로 확산되고 심화되었다. 기술산업사회, 특히 시카고 대학총장인 비들은 대학을 가리켜 "변화하는 조건에 순응하는 데 필요한 진화가 불가능한, 그래서 마침내 소멸한 공룡의 운명"에 비유했다. 대학이 지닌 구조적이며 본질적인 모순이 결국 기존 체제, 특히 기술산업사회의 구조 속에 깊이 뿌리박혀 있다는 인식에 눈을 떴을 때 학생들은 격렬한 정치투사로 변신했다.

스튜던트 파워의 논리

1968년 5월 일어난 학생반란은 학원문제에서 출발해 대학을 점거하고 지속적으로 이의(異義)를 제기함으로써 사회 전체의 변혁을 꿈꾼 가히 혁명적인 운동이었다.

파리 도심 60여 곳의 바리케이드를 출현시킨 5월 10일의 '바리케이드의 밤' 이래 학생 반란의 주체는 일반 학생들로부터 활동가 학생들에게로 옮겨졌다. 그들의 수는 전체 학생의 1퍼센트 또는 2퍼센트로 추산되었다.

5월의 학생반란에 주도적 역할을 한 프랑스 전국학생연맹은 '대학 경영의 공동관리'를 슬로건으로 내걸었다. 학원 코뮌이 그들의 목표였다. 좌파 통일사회당 계열로서 전학련은 1907년에 결성된 프랑스 유일의 전국적인 학생조직으로 회원은 약 5만 명으로 헤아려졌다. 5월의 학생반란에는 전학련과 함께 교원조합이 주도적 역할을 했으며 그 밖에도 신좌파에 속하는 트로츠키스트계, 친중국계, 카스트로주의 신봉자들의 조직(이상의 조직은 모두 1968년 6월 12일 정부의 해산명령에 의해 해체되었다)과 공산당계 및 보수파인 프랑스 학생 전국동맹(FMEF)도 가세했다.

그들의 아이콘은 체 게바라였다.

5월의 파리를 뒤흔든 붉은 깃발, 아나키즘의 흑색 깃발, 베트콩의 깃발, 쿠바의 깃발 등이 상징하듯 스튜던트 파워 운동에는 처음부터 일관된 통일성이 없었다. 당시의 상황에 관해 한 학생운동 전문가는 이렇게 말했다. "공식적으로 운동은 머리를 갖고 있지 않았다. 갖가지 세력이 공존했다. 특별한 권한을 갖지 않은 약 10명의 리더가 다이너미즘, 전술적 감각, 그리고 상황에 대한 판단력을 믿고 앞장섰던 것이다." 대표적 인물은 콩방디였다.

파리 5월의 주인공 콩방디는 작은 키에 붉은 머리카락, 푸르고 투명한 눈동자, 로빈 훗 같은 사나이로 알려졌다. 유대계 독일인인 그는 결단력과 모험심, 뛰어난 리더십을 가진 행동가이며, 공산당을 포함한 모든 정치조직, 정파를 부정한 의식화된 아나키스트였다. 그러므로 공산당은 우파와 함께 그를 외국인 선동가로 공격했다. 이에 학생들은 "우리 모두는 독일계 유대인이다"라고 부르짖었다.

한때 프랑스 전체를 마비상태에 빠뜨린 총파업의 발신처였던 낭테르의 소요에서도 가장 주요한 역할을 한 인물은 콩방디(그는 낭테르의 사회학과 학생이었다)였으며, 학생 데모를 전투적인 방향으로 유도한 인물은 전학련의 부의장인 소바조였다. 학생권력이란 무엇인가. 미국의 한 학생운동 지도자는 다음과 같이 정의했다.

스튜던트 파워란 단순히 대학의 결정에 영향을 미치는 능력을

쿠바의 혁명가 체 게바라

의미하는 것이 아니다. 대학의 결정 자체를 행사할 수 있는 능력을 의미한다.

그러나 소바조는 더욱 격렬해졌다. 그에 의하면 학생권력이란 공장을 노동자 손에 넣는 노동자 권력과 마찬가지로 "대학을 학생 손에 넣는 권력"이다. "학생권력은 노동자권력과의 관련에서 정의되어야 한다. 공장을 노동자의 손에, 대학을 학생 손에 넣는 것이다. 학생권력은 거부권에 의해 표명된다. 우리에게 중요한 것은 자본주의 체제 속에서 대학을 관리하는 것이 아니라 계속 이의를 제기하는 것이다."

전학련은 소바조의 리드에 따라 5월 봉기에서 결정적 역할을 했다. 전학련과 운동의 주도 세력이었던 교원노조의 지도자인 제스마르는 공산당을 포함한 모든 기성 정당 및 기성 조직과 제도를 부인하는 철저한 극단주의자였다. 이들에 의해 원래 대학 문제에 국한되었던 일반 학생들의 순수한 부르짖음은 반체제적인 정치사회운동으로 바뀌고 파리 도심에는 그들의 우상인 마르크스, 레닌, 마오쩌둥(毛澤東), 체 게바라의 초상화와 그들을 상징하는 갖가지 깃발이 나부꼈다. 그들은 아니 파리의 학생사회, 대학생문화는 사르트르와 카뮈를 우상으로 섬긴 10년 전 파리의 좌익 학생들과 그들이 리드한 당시 학생사회, 학생문화와 얼마나 이질적이 되었던가.

"우리는 정치운동을 하는 것이지 학생운동을 하는 것이 아니다"라고 학생 운동가들은 되풀이해 선언했다. 그들은 소르본을 점거하고 대학관리위원회를 조직해 소르본 대학을 '자유대학'이라 부르겠노라고 선언했다. '사소한' 대학 개혁 따위는 처음부터 안중에 없었다. 대학의 구조적 혁신과 더불어 정치·경제·사회·문화 등 모든 영역에 걸친, 모든 영역을 허문 근본적인 변혁, 다시 말해 문화혁명을 쟁취하고자 했던 것이다.

그들의 이 같은 전위적 주장에는 현대 관리사회와 억압적 체제에 대한 결정적 거부로 해방된 문명을 지향하는 마르쿠제의 유토피아 사상이 짙게 배어 있었다. 마르크스주의에 프로이트 사상을 혼합한 마르쿠제의 신좌파이론은 유럽 학생운동가들에게 가장 매혹적인 이데올로기로 받아들여졌다. 마르쿠제 또한 노동자들이 산업사회의 소비대중으로 둔갑한 오늘날 혁명의 새로운 주체로서 학생집단에 미래를 걸었다. 특히 베를린 대학을 중심으로 일어난 서독 학생운동의 지도자인 두치케는 마르쿠제 사상의 열렬한 신봉자로서 영구혁명을 주장했다. 그가 주도한 사회주의독일학생동맹(SDS)은 철저하게 이데올로기 지향적이었으며 끊임없는 투쟁의 과정을 통해 학생과 민중을 의식화하고자 했다.

두치케 이론과 독일학생동맹의 급진적인 활동에 대해 서독 학생의 대다수는 비판적이었다(지지는 27퍼센트, 무관심은 26퍼센트, 반대는 44퍼센트였다). 그러나 데모가 일단 벌어지면 과격파가 우세해지고 대다수가 추종하게 마련이었다. 이러한 경향은 1960년대 전 유럽의 학원가에 공통된 현상이었다. 미국, 일본 등지도 다름이 없었다.

"나의 선조는 바스티유 공격에 참가했다. 내 체내에는 혁명가의 피가 흐르고 있다." 이렇게 외치며 학생들은 데모대에 가담했다. 과격파의 강령이나 전술에 대한 관심이나 인식도 갖지 않은 채 그들은 민중적인 집단 정념에 자신을 맡겼다. 군중 속에 묻혀 어깨동무를 하고 목이 터져라 구호를 외친 순간, 쌓였던 소외감에서 해방될 수 있었으며, 에로스적인 흥분까지 맛볼 수 있었다. 적지 않은 학생들이 '참가'의 체험 속에서 살아 있는 자신을 발견했다.

"우리는 결정권을 요구한다." 이 부르짖음은 라틴구에서 파리 전역에, 나아가 유럽 전역에 메아리쳤다. "그것은 대단한 전투이자 축제였다. 나는 행복감에 사로잡혔다." 파리의 한 여학생의 말이다. "우리는 그때 처음으로 경찰 앞에서 물러서지 않았다. 이 경험으로 우리는 우리에게 힘이 있으며 전에는 하지 못했던 일을 하고 있다는 느낌을 받았다. 우리는 옳은 일을 하고 있다는 확신으로 똘똘 뭉쳐 있었다." 로마 공과대학의 한 학생 리더의 말이다.

대학은 이제 학생 운동가들에 의해 사회혁명의 기지로 바뀌었다. 소르본과 낭테르의 구내 여기저기엔 구호가 나붙었다.

'학내의 민주화를 추진하자'
'혁명이여 나는 너를 사랑한다'
'시험=굴종, 승진 출세=위계적 사회'
'우리는 모두 독일의 유대인이다'
'사랑은 혁명이며 혁명은 사랑이다'
'모든 권력을 상상력에게'

'저들의 악몽이 우리의 꿈이다'

'드디어 상상력이 권력을 잡았다'

'여기 나는 영원한 행복의 상태를 선언한다'

'신도 주인도 없다. 내가 신이다'

'우리는 요구한다. 구조에 예속되는 인간이 아니라 인간에 봉사하는 구조를'

'온몸을 바치자——불가능한 것을 요구하자'

1968년 전후의 학생반란에 대해서는 40년이 지난 지금도 많은 논의와 시비가 그치지 않는다. 20세기의 중요한 마르크스주의 사상가로 알려진 프랑스 철학자 알튀세르는 국가 이데올로기의 장치로서의 대학의 반란을 당위적인 것으로 평가한 반면 시카고 대학의 정치학 교수인 블룸은 대학 분쟁 속에 대학의 위기, 국가가 직면한 가장 심각한 위기를 보았다.

블룸에 의하면 위대한 사상의 터전인 대학은 바야흐로 대중 정념의 희생물이 되고 미국이 자랑한 고급문화도 땅에 떨어졌다. 그는 지식의 계층적 질서와 제도적 표현인 대학을 가치 상대주의의 악몽으로부터 구제하는 방도로서, 민주주의가 낳은 지식의 무정부 상태와 모든 과학의 오만을 교정하고, 교양교육, 특히 철학이 정점에 위치한 지식의 계층질서의 회복을 역설했다. 2백 년 전 베를린 대학의 창립자들을 연상시키는 그의 반시대적·반역사적인 저서 『미국적 사고의 종말』(1987)이 베스트셀러로 널리 읽힘은 그만큼 미국 대학의 그치지 않는 위기와 1968년에 반대하는 '고상한' 일부 학계가 내비치는 여론의 반영일까.

5월의 스튜던트 파워는 실패한 운동이었다고 한다. 과연 그랬을까. 파리의 5월 반란이 한창일 때 드골 대통령은 질서로의 복귀를 호소하면서 학생들의 불만을 자연스러운 것이라고 말했다. 또 대학제도의 근본적 개혁 및 그를 위한 교수와 학생의 참여를 촉구했다. 국민 전체가 참가하는 사회를 건설하겠노라고 약속했다. 같은 해 10월 11일 국민의회를 통과한 '대학기본법'에 따라 드골의 약속은 지켜졌다.

법안 제정에 앞서 폴 교육장관은 소바조, 제스마르 등 5월의 투사들과 끈기 있는 대화를 나누었다. 가장 보수적인 로마 교황청에서는 "학생운동에는 일리가 있다"고 판단해 연구위원회를 구성했다. 물론 드골의 이 같은 조치를 뛰어넘어 1968년은 세계사적인 의의를 지닌다. 에릭 홉스봄은 말한다.

참으로 세계가, 아니 적어도 학생 이념가들이 살던 세계는 참으로 세계적인 것이 되었다. 부에노스아이레스, 로마, 함부르크의 대학가 서점에 같은 책이 진열되었다. 신속하고 저렴한 세계 항공여행과 전자통신을 당연한 것으로 여기는 인류의 첫 세대인 1960년대 후반의 대학생들은 소르본과 버클리, 프라하 등지에서 벌어지는 사태를 같은 지구촌의 같은 사태의 일부로 인식하는 데 어려움을 겪지 않았다.

1960년대와 존재론적 물음

1969년 5월 웰슬리 대학 학생자치연합의 회장 힐러리 로드햄은 대학의 제91회 졸업식장에서 동창생들에게 말했다.

> 오랫동안 우리를 이끌어왔던 사람들은 정치를 가능성의 예술이라고 생각했습니다. 그들과 우리가 도전해야 하는 것은 그 정치를, 불가능해 보이는 것을 가능하게 만드는 예술로 바꾸어 나가는 것입니다. 프랑스 학생들이 소르본 대학의 벽면에 "리얼리스트가 되자! 그러나 불가능한 것을 요구하자!"라고 썼던 것처럼 우리는 정녕 그렇게 할 수 있을 것입니다.

그녀는 이 다짐을 아칸소 주지사의 부인으로 지내는 동안 잊어버렸다. 그 뒤 백악관에 입성하기를 욕심냈다. 이제 정치는 그녀에게 가능성의 예술이기는커녕 어떻게 해서든 권력을 손에 쥐는 것이 되었을 뿐이다.

학생권력에 의한 반항의 계절이 저물어가는 것과 때를 같이해 청년문화운동이 대두되었다. 청년문화는 언뜻 비정치적·반정치적인 인상을 짙게 풍긴다. 반문화(counter-culture)라는 코드를 내세우며 기성 체제와 가치관에 근거한 일반문화와의 구별을 강력히 주장하는 청년문화는 반문화적이며 반사회적이라기보다 반체제적이며 반권력적이게 마련이다. 청년문화의 한 상징인 히피(hippie)는 도시 문명과 물질주의의 풍조 아래 자연아이기를 바란 반항하는 아들이며 고도 산업사회의 이단이며 이방인이다.

1968년 5월의 주역들은 "우리는 모든 것을 바꾸었지만 아무것도 물려받지 않았다"고 외쳤다. 존재하지 않는 것, 있을 수 없는 것을 탐내고 현실로부터 일탈하고 현존하는 것을 거부했다. 그들은 교수 무용(無用)의 대학을 주장하고 일부일처제에 기초를 둔 가족제도의 폐지를 인간해방의 제일보라고 주장했다.

"상상력이 혁명을 낳았다"고 했던가. 상상력과 이상주의에 뿌리를 둔 그들의 방자한 의식과 행태에 대해서는 이유 없는 반항, 정체불명, 혹은 역사의 휴지통에 버려질 쓸모없는 젊은 녀석들이니 하고 전적으로 외면하고 부정하는 비판이 팽배했다. 서독의 역사가 존트하이머는 학생운동의 과격성을 지적하면서 그 전투적 휴머니즘이 서독사회의 민주화에 이바지했다고 평가했다.

그리고 과격파 학생의 표적이었던 프랑크푸르트학파의 하버마스 교수는 학생운동의 과격한 개혁주의의 정당성을 긍정했다. 미국의 립셋, 알트바하, 서독의 하버마스를 비롯한 프랑크푸르트학파를 중심으로 70년대 이래 학생운동, 대학문제, 젊은 세대의 의식과 행태 등을 학문적 연구대상으로 삼는 사회학적 이론화의 움직임이 진행되고 그것이 새로운 학문의 장르로 부상했다.

1968년을 전후한 스튜던트 파워는 끊임없이 이의를 제기함으로써 가부장적 사회의 크고 작은 권력의 부조리와 다국적기업 중심의 국제질서의 거짓과 부정을 드러냈다. 한편 자본주의의 대안이라는 공산주의의 신화를 무너뜨렸다. 그리고 바람직한 사회를 위해 그들이 드러낸 여러 가지 문제는 오늘날 우리의 과제로 남

겨졌다.[39]

1968년이 1789년이나 1848년 그리고 드레퓌스 사건과 스페인 전쟁과 마찬가지로 인류의 미완의 귀중한 체험으로 역사에 길이 기록되고 기억됨은 분명하다고 할 것이다.

---

39) 2008년, 학생혁명 40주년을 맞아 그를 재조명하는 책들이 연이어 나오고 세계의 저명한 신문 잡지는 앞을 다투어 특집 기사와 논평을 실었다. 그중 프랑스의 시사주간지 『르 누벨 옵세르바퇴르』는 68혁명이 가장 긍정적 역할을 끼친 분야를 이렇게 밝혔다. 남녀관계의 재조정 80퍼센트, 노동조합의 권리화 73퍼센트, 성 개방 72퍼센트, 부모와 자식관계 64퍼센트, 관습 61퍼센트, 정치행태 72퍼센트, 교사와 학생관계 50퍼센트. 그런데 프랑스의 대통령 사르코지는 "68혁명의 유산을 청산하자"고 말했다. 평등을 중시하며 시위를 부추기는 프랑스병의 원인을 68혁명에 돌린 것이다. 68년을 부정하는 것은 1789년 이래 프랑스의 모든 역사를 부정하는 오류를 범하는 것임을 이 드골주의자는 정녕 모르는 것일까.

y형에게

• 책을 마무리하면서

 그간 안녕하십니까. 매일 아침저녁으로 한 시간씩 단테의 『신곡』을 이탈리아어로 읽고 지내신다는 소식, 그 고전을 원어로 읽으리라던 형의 오랜 염원이 이루어져 저도 기쁨을 나누고 싶습니다.

 유럽 휴머니즘의 계보를, 그 문화의 특징을 교양과 교양인의 위상을 통해, 그 형성과 타작의 과정을 주요한 상징적 표현형태인 고전·대학·살롱·극장·여행·도시 등 갖가지 토포스와의 관련에서 탐색하고 밝혀보리라는 주제와 맞서온 지 2년여, 이제야 아쉬운 대로 마무리를 지었습니다.

 부르크하르트와 하위징아에 끌려 서양사학에 뜻을 둔 이래 오랫동안의 미완의 숙제에 덤벼들 듯이 착수한 것도 형의 격려 덕택이었습니다.

 드레퓌스 사건과 스페인 전쟁 그리고 1968년 5월도 교양의 문제로 다루고 싶다는 저의 뜻에 찬성하시어 에밀 졸라의 작품도 보내주셨지요. 축제문화와 로자 룩셈부르크도 다루어보라는 형의 권고는 이루지 못했습니다.

학생 시절 읽은 편지집을 통해 비극적 혁명가의 불꽃 같은 정념에 감동한 기억을 잊지 못하면서도 저에게 로자는 아직 '낯선' 인물인 듯합니다. 축제문화에 대해서는 앞으로 공부하고 싶습니다.

이번 프로젝트를 통해 『돈키호테』를 비롯해 여러 문예작품을 재독하거나 처음으로 펼쳐 즐길 수 있었던 것도 보람 가운데 하나였습니다. 그러나 그간 제일 큰 기쁨은 형과의 만남의 나날이었습니다.

베이컨의 저작을 비롯한 많은 문헌을 찾아주시고 모든 원고를 장(章)마다(아마도 두세 번) 읽고는 조언을 아끼지 않았습니다. 언제부터인가 형을 저의 첫 번째 두렵고 귀한 독자로서 의식해왔습니다만, 이번에도 인용 구절이 적지 않고 번역 투의 문장이 눈에 거슬려 또 '고리타분하게' 비치지 않을까 걱정입니다.

며칠 전부터 『이스라엘의 여인 라우라』를 읽고 있습니다. 낯선 영국 작가의 이 장편소설을 우연히 손에 넣은 지가 두 해도 훨씬 지난 것 같습니다만.

어려서부터 반아랍적 교육을 받으면서 자신을 자랑스러운 애국자로 규정지어온 여주인공이 한 고고학자와의 만남을 통해 군복을 벗어버리고 매혹적인 가인(佳人)으로 변신하는 이야기입니다.

레싱은 일찍이 이른바 '애국'을 무법자들의 마지막 피난처라고 했습니다만, 애국 이데올로기를 풍자한 이 작품이 애국주의자들이 아직도 설치고 있는 우리의 아나크로니즘적 풍토를 정화했으면 해서 이 작품이 번역되어 널리 읽혔으면 합니다.

y형! 올해 가을은 어느 해보다 단풍이 아름답다고 합니다. 먼 곳으로 가고 싶습니다.

2009년 가을을 맞이하며
문구방(文丘房)에서
이광주

참고문헌

Andrade, E.N.da.C., *A Brief History of The Royal Society*, London: The Royal Society, 1960.

Anrich, Ernest(hrsg.), *Die Idee der deutschen Universitaät*, Darmstadt: Wissenschaftliche Buchgesllschaft, 1964.

Arendt, Hannah, *The Human Condition*, The University of Chicago Press, 1989.

Ariés, Philippe, *L'Enfant et la vie familiàle sous l'ancien règime*, 1960; trans. Baldick, R., *Centuries of Childhood: A Social History of Family Life*, New York: Random Houses, 1962.

Aristoteles, *The Politics*, edited by and trans. E. Barker, Oxford University Press, 1958.

Armytage, W.H.G., *Civil Universities: Aspects of a British Tradition*, London, 1955.

Arnold, Matthew, *Culture and Anarchy and Other Writings*, Cambridge University Press, 1993.

Ashby, Sir Eric, *Technology and the Academics: An Essay on Universities and the Scientific Revolution*, London: Macmillan, 1958.

Augstein, Rudolf, *Schreiben Was ist Kommentare, Gespräch*,

Vorträge, Stuttgart, 2003; 안병익 옮김, 『권력과 언론 슈피겔의 신화. 루돌프 아우코슈타인의 위대한 기록』, 열대림, 2005.

Bacon, Francis, *The New Organon*, The Library of Liberal Arts, 1979.

_____, *The New Atlantis*, Filiquarian publishing, LLC.

_____, *The Essays*, Penguin Classics, 1985.

Barnard, H.C., *Education and the French Revolution*, Cambridge University Press, 1969.

Bayton, *Erasmus of Christendom*, 1968.

Bellah, Robert N.(eds.), *Habits of the Heart: Individualism and Commitment in American Life*, New York: Harper & Row, 1986.

Benda, Julien, *La Trahison des Clerces*, 1972; trans. R. Aldington, *The Betrayal of the intellectuals*, Boston, 1955.

Ben-David, Joseph, *Centers of Learning: Britain, France, Germany, United states*, New Brunswick, 1992.

Berkeley(U.C.), Academic Senete, *Education at Berkeley: Report of the Select Committee on Education*, 1966.

Bernhard, Ludwig, *Akademische Selbstverwaltung in Frankreich und Deutschland*, Berlin: Julius Springer, 1930.

Bloch, Marc, *La Société Féodale*, 1939; trans. L.A. Manyon, *Feudal Society*, vol.I. London, 1971.

Bloom, Allan, *The Closing of the American Mind*, New York, 1988.

Bourdieu, Pierre, *Homo Academicus*, Paris, 1984; 『ホモ アカデミクス』, 藤原書店, 1997.

_____, *Les Héritiers*, Paris, 1964; 『遺産相續者たち』, 藤原書店, 1997.

Brown, Gils, "The Carolingian Renaissance," in Mckitterick, Rosamond(ed.), *Carolingian Culture: emulation and innovation*, Cambridge University Press, 1994.

Brubacher, J.S. & Rudy, W., *Higher Education in Transition, A History of American Colleges and Universities, 1636-1968*, 1968.

Bruchmüller, Wilhelm, *Das deutsche Studententum: von seinen Anfängen bis zur Gegenwart*, Leipzig und Berlin, 1922.

Brucker, Gene, "Renaissance Florence; Who needs a University?" in *The University and the City*, Bender, Thomas(ed.), Oxford University Press, 1988.

Brunner, Conze, Koselleck(hrsg.), *Geschichtliche Grundbegriffe*, Bd.I. Klett-Gotta, 1979.

Bumke, Joachim, *Höfische Kultur*, Bd. I · II, Münehen, 1986.

Burckhardt, Jacob, *Kulturgeschichte vortiäge*, Stuttgart, 1959.

_____, *Die Kultur der Renaissance in Italien*, Wien.

Cahill, Thomas, *Sailing The Wine-Dark Sea*, New York, 2003.

Cambridge Medieval History, Vol.VI.

Charle, Christophe, *Naissance des "Intellectuels,"* Paris, 1990;『知識人'の誕生』, 藤原書店, 2006.

Cicero, *De Oratore*, Leipzig, 1969;『弁論家について』,『キケロ選集7』, 岩波書店, 1999.

Cobban, A.B., "Medieval Student Power," in *Past and Present*, No.53, Nov. 1971.

Cohn-Bendit, Daniel, *Links radicalismus*, Hamburg, 1969.

Condorcet, *Marquis de*;『革命議會における教育』, 岩波文庫, 1992.

Coser, Lewis A., *Men of Ideas: A Sociologist's View*, Macmillan, 1970; 이광주 옮김,『살롱, 카페, 아카데미』, 지평문화사, 1993.

Cubberley, E.P., *Readings in the History of Education*, 1920.

Curtius, Ernst R., *Europäische Literatur und Lateinisches Mittelalter*, 1948; trans. W.R. Trask, *European Literature and The Latin Middle Ages*, London, 1979.

Dahrendorf, Ralf G., *Gesellschaft und Demokratie in Deutschland*, 1996.

Dante, *Vita Nuova*, Oxford Worlds Classics, 2008.

Darnton, Robert, *The Great Cat Massacre*, New York, 1985.

Denifle, Heinrich, *Die Entstehung der Universitäten des Mittelalters bis 1440*, Akademische Druck-U. Verlagsanstalt, 1956.

Davenson, Henri, *Les Troubadours*, 1961; 「トゥルバドゥール」, 1985.

Diderot et D'Alembert, *Encyclopédie 1751~1780*; 「百科全書」, 岩波文庫, 2006.

Dilthey, Wilhelm, "Friedrich der Gross und die deutschen Aufklärung," in *Ges. Schriften*, Bd.3, Stuttgart, 1959.

Donne, John, *The Poems of John Donne*, The Easton Press, 1979.

Doren, Charles Van, *A History of Knowledge, Past, Present, And Future*, New York, 1992.

Duby, Georges, *L'Europe au Moyen Age, art roman, art gotique*, 1990; 「ヨーロッパの中世—芸術と社會」, 藤原書店, 1996.

Duby, G. et Mandrou, R., *Histoire de la civilisation française Moyen, Age XVIe siecle*; 김현일 옮김, 「프랑스 문명사」(상), 까치글방, 1995.

Duhamel, Georges, *Deux patrons*, 1937; 「エラスムス, 純粹觀客」, 「文學の宿命」, 創元社, 1940.

Duke, A., "Perspectives on international Calvinism," in A. Pettegree(eds.), *Calvinism in Europe 1540-1620*, 1994.

Durkheim, Emile, *L'Evolution pedagogique en France*, 1938; trans. P. Collins, *The Evolution of educational Thought*, London, 1985.

Eley, Geoff, *Forging Democracy*, Oxford University Press, 2002; 유강은 옮김, 「The Left 1848~2000」, 뿌리와이파리, 2008.

Emerson, Ralph W., "'The American Scholar' in the American Tradtional,"(Bradley eds.) in *Literature Rev.*, 1962.

Erasmus, *Praise of Folly*, Penguin Classics, 1993.

Febvre, Lucien, *La Premiére renaissnace française*, 1925; trans. M. Rothstein, *Life in Renaissance France*, Harvard University Press,

1977.

_____, *L'Europe-Genèse d'une civilisation*, Perrin, 1999; 『'ヨーロッパ'とは何か? 第二次大戰直後の連續講義から』, 2008.

Fichte, "Deduzierter Plan einer in Berlin zu errichtenden hoherin Lehranstalt," In Anrich(hrsg.), *Die Idee der deutchen Universität*.

Flexner Abraham, *Universities: American, English, German*, New Brunswick, 1994.

Friedell, Egon, *Kulturgeschichte der Neuzeit*, Bd.I·II, München: Deutscher Taschenbuch Verlag, 1995.

Garin, Eugenio, *Der Italienische Humanismus*; trans. P. Munz, *Italian Humanism: Philosophy and Civic Life in the Renaissance*, Oxford: Basil Blackwll, 1965.

_____, *L'uomo del Rinascimento*, 1988; trans. Lydia G. Cochrane. *Renaissance Character*, University of Chicago Press, 1997.

Gide, André, *Voyage au Congo*, 1927; 지드, 앙드레, 김중현 옮김, 『콩고여행』, 한길사, 2006.

Gilson, Etienne H., *Medieval Universalism and its Present Value*, 1937;「中世の世界主義とその現代における價値」,『中世ヒューマニズムと文藝復興』, めいせい出版, 1976.

Le Goff, Jacques, *La civilisation de occident médéval*, 1964; trans. J. Barrow, *Medieval Civilization 400-1500*, 1944.

_____, *Intellectuels au Moyen Age*, 1975; trans. T.L. Fagan, *Intellectuals in the Middle Ages*, Blackwell, 1993.

_____, *Pour un autre Moyin Age. Temps, travail et culture en Occident: 18 essais*, Gallimard, Paris, 1977; trans. A. Goldhammer, *Time, Work, & Culture in the Middle Age*, 1982.

Grundmann, Herbert, *Vom Ursprung der Universität im Mittelalter*. Wissenechaftlihe Buchgesellsehaft, 1964; 이광주 옮김, 『중세 대학의 기원』, 탐구당, 1977.

Gwynn, Aubrey, *Roman Education from Cicero to Quintilia*, Oxford University Press, 1926;『古典ヒューマニズムの形成』, 創文社, 1974.

Habermas, Jürgen, *Strukturwandel der Öffentlichkeit: Untersuchungen zu einer Kategorie der bürgerlichen Gesellschaft*, Neuwied, Rhein: Luchterhand, 1965.

Hartnoll, Phyllis, *The Theater. A Concise History*, Thames & Hudson, 2001.

Haskins, Charls Homer, *The Renaissance of the Twelfth Century*, New American Library, 1976.

_____, *The Rise of Universities*, Cornell University Press, 1975.

Hauser, Arnold, *Sozialgeschichte der Kunst und Literatur*, Beck'sche Sonderausgabe, 1990.

Hazard, Paul, *La Crise de la Coscience Européenne*, 1935; trans. J.L. May, *The European Mind 1680-1715*, New York: New American Library, 1963.

Heer, Friedrich, *Europäische Geistesgeschichte*, Stuttgart: W. Kohlhammer Verlag, 1957.

Helmreich, Ernst C., *Religionsunterricht in Deutschland: Von den Klosterschulen bis Heute*, Hamburg und Düsserdorf, 1996.

Hodgkin, *Six Centuries of on Oxford College*, 1954.

Horstadter, R. & Metzer, W.P., *The Development of Academic Freedom in the United States*, Columbia University Press, 1969.

Hughes, H. Stuart, *The Sea Change*, New York, 1975.

Huizinga, Johan, *Erasmus and the Age of Reformation*, New York, 1957.

_____, *Das Problem der Renaissance*, Darmstadt: Wissenschaftiche Buchgesellschaft, 1971.

_____, *Men and Ideas: History, the Middle Ages, the Renaissance*, Princeton University Press, 1984.

_____, *Verzamelde Werken*, 1948-1953; trans. J.S. Holmes, "John of Salisbury: A Pre-Gothic Mind," in *Men and Ideas*.

Humboldt, W. von., "Ideen zu einem Versuch, die Gränzen der Wirksamkeit des Staats zu bestmmen," in Humboldt, *Werke*, Bd.I. Stuttgart: Gotta, 1960.

_____, "Uber die innere und äussere Organisation der höheren wissenschaftlichen Anstalten in Berlin,"(1810) in Anrich(hrsg.), 앞의 책.

Hutchings, R.M., *The Higher Learning in America*, New Brunswick, 1995.

Hyde, J.K. "Universities and Cities in Medieval Italy," in T. Bender(ed.), *The University and the City*.

Hyma. A., *The Christian Renaissance*, 1925.

Illich, Ivan, *In the Vineyard of the Text*, The University of Chicago Press, 1996.

d'Irsay, Stephen, *Histoire des universités française et étrangéres des origines à nos Jours*, T.I・II, 1933, 1935;『大學史』(上・下), 東洋館, 1988.

Jaeger, Werner, *Paideia, Die Forschung des griechischen Menschen*, 1945; trans. Highet, G., *PAIDEIA. The Ideals of Greek Culture*, vol.I, *Archaic Greece. The Mind of Athens*, Oxford University Press, 1973.

Jaspers, Karl, *Die Idee der Universität*, Berlin, 1980.

Joachimsen, Paul, "Der Humanismus und die Entwicklung des deutschen Geistes," in *DVLG* 8(1930).

Kant, I., "Der Streit der Fakultäten," in *Kant's Sämtliche Werke*(hrsg. Gedun.), Bd.V, 1905.

Kantrovicce, Ernest H., "Kingship under the Impact of Scientific Jurisprudence," in *Sellected Studies*, New York, 1965.

Kerr, Clark, *The Use of the University*, Harvard University Press, 1995.

Knecht, R.J., *Renaissance Warrior and Parton: The Reign of Francis I*, Cambridge University Press, 1994.

Kraul, Margret, *Das deutsche Gymnasium 1780-1980*, Suhrkamp, 1984.

Krieck, E., *Bildungssyteme der Kulturvölker*, 1927.

Kristeller. P.O., *Eight Philosophers of the Italian Renaissance*, 1964.

Kuhn, Thomas S., *The Structure of Scientific Revolution*, The University of Chicago Press, 1996.

Lenz, Max, *Geschichte der Königlichen Friedrich-Wilhelms-Universität zu Berlin*, Bd.I, 1910.

Lepenies, Wolf, "Der Krieg der Wissenschanften und der Literatur," in *Gefährliche Wahlverwandtschaften—Essay zur Wissenschaftsgeschichte*, Reclam, 1989.

Lescott, James, *War is Over!: The 60 in Pictures*, London, 2007.

Lipset, S.M. & Altbach, Ph. G., *Student Politics*, New York, 1967.

Luther, Martin, "An den christlichen Adel deutscher Nation," in H. Frhr. v. Campenhausen(hrsg.) *Luther Die Hauptschriften*, Berlin.

Marrou, H.I., *Histoire de l'Antiquite*, 1948; trans. G. Lamb, *A History of Education in Antiquity*, The University of Wisconsin Press, 1956.

Michael, Berthold(hrsg.), *Politik und Schule von der Französischen Revolution bis zur Gegenwart*(Eine Quellensammlung, Bd.I) Athenäum Fischer Taschenbuch Verlag, 1973.

Montaigne, *The essays*, Penguin Classics, 1998.

Morison, S.E., *Three Centuries of Harvard 1636-1936*, 1964.

Mornet, Daniel, *Les Origines Intellectuelles de la Révolution Française 1715-1787*, Paris, 1933; 주명철 옮김, 『프랑스 혁명의 지

적 기원 1715-1787』, 민음사, 1993.

Müller, Detlef K.(eds.), *The Rise of the Modern Educational System: Structual Change and Social Reproduction 1870-1920*, Cambridge University Press, 1989.

Mumford, Lewis, *The City in History*, New York: Penguin Book, 1975.

Nauert, CH.G., *Humanism and the Culture of Renaissance Europe*, 1995.

Newman, John H., *The Idea of University: Defined and Illustrated*, London, 1994.

Offe. Claus, *Selbstbetrachtung aus der Ferne, Tocqueville, Weber und Adorno in den Vereinigten Staaten*, Frankfurt am Main, 2004.

Orwell, George, *Homage to Catalonia*, 1938; 『カタロニア讃歌』, ちくま學芸文庫, 2002.

Oscar, G. Brochen & Franklin J. Hildy, *History of the Theatre*, 1968.

Panofsky, Erwin, *Renaissance and Renascences in Western Art*, Stockholm; 『ルネサンスの春』, 思索社, 1973.

Paulsen, Friedrich, *Das Deutsche Bildungswesen in seiner geschichtlichen Entwicklung*, 1996.

_____, *Geschichte des gelehrten Unterrichts*, Bd.I, Leipzig, 1919.

Petrarca=Boccaccio, 『ペトラルカ=ボッカッチョ往復書簡』, 岩波文庫, 2006.

Petrarca, 『ルネサンス書簡集』, 岩波文庫, 1996.

Platon, *Staat* von F. Schleiermacher, Berlin, 1828.

_____, *Gorgias* von Schleiermacher, Berlin, 1807.

Poole, Reginald L., *Illustrations of the History of Medieval Thought and Learning*, New York, 1920.

Prahl, Hans-Werner, *Sozialgeschichte des Hochschulwesens*, München: Kesel-Verlag, 1978.

Priestley, J.B., *Literature and Western man*, 1960.

Rashdall, Hastings, *The Universities of Europe in the Middle Ages*, vol.I · II · III, Oxford University Press, 1936.

Riesman D. and Jencks, Ch., *The Academic Revolution*, Doubleday, 1968.

Ringer, Fritz, *The Decline of German Mandarins: The German Academic Community 1890-1933*, University Press of New England, 1969.

Ritter, Gerhard, *Das deutsche Problem: Grundfragen deutschen Staatslebens Gestern und Heuet*, München, 1996.

_____, *Die Weltwirkung der Refomation*, Darmstadt: Wissenschaftliche Buchgesellschaft, 1969.

_____, "Die geschichtliche Bedeutung des deutschen Humanismus," in *H.Z.* 127, 1923.

Rougemont, Denis De., *Love in the Western World*, Princeton University Press, 1983.

Rowse, A.L., *Oxford in the History of the Nation*, London, 1975.

Said, Edward W., *Humanism and Democratic Criticism* New York, 2006.

_____, *Representation of the Intellectual*, New York. 1994.

Sartre, Jean-Paul, *Qu'est-Ce Que La Littérature?*, 1948; 『文學とは何か』, 人文書院, 2001.

Schelling, "Vorlesungen über die Methode des akademischen Studiums," in *Anrich*(hrsg.), 앞의 책.

Schelsky. Helmut, *Einsamkeit und Freiheit: Idee und Gestalt der deutschen Universität und ihrer Reformen*, Rowohlt Verlag GMBH, 1963.

Schleirmacher, "Gelegentlichen Gedanken über Universität in deutschen Sinn," in *Anrich*(hrsg.), 앞의 책.

Schulze, Fr., *Das deutsche Studententum von den ältesten Zeiten bis zum Weltkriege*, 1918.

Spender, Stephen, *World Within World*, 1951.

Srbik, Heinrich R., *Von deutschen Humanisumus bis zur Gegenwart*, Bd.I, München-Salzburg, 1964.

Thomas, Hugh, *The Spanish Civil War*, London, 1961.

Thorndyke, Lynn, *University Records and Life in the Middle Ages*, New York, 1975.

Tidworth, Simon, *Theaters: An Architectural and Cultural History*, Phaidon Press, 1973.

Tocqueville, A. de., *Democracy in America*, 1969.

Vasari, Giorgio, *Le Vite de'più eccellenti pittori, scultori ed architetti*, 1550.

Viala, Alain, *Naissance de L'écrivain*, Paris, 1985; 『作家の誕生』, 藤原書店.

Waddell, Helen, *The Wandering Scholars*, London, 1968.

Weber, Max, *Wissenschaft als Beruf*, Reclam, 1995.

Williams, Raymond, *Keywords A Vocabulary of Culture and Society*, Oxford University Press, 1985.

Wilson E., Goldfarb, A., *Living Theater: A History*, 1994; 김동욱 옮김, 『세계연극사』, 한신문화사, 2000.

Yates, Frances A., *The French Academies of the Sixteenth Century*, London, 1947; 『16世紀フランスのアカデミー』, 平凡社, 1996.

Zola, Êmile, *Chroniques et Polémiques, 1870~1900*; ヅラ, 『時代を讀む 1870-1900』, 藤原書店.

堀田善衛, 『ラロシュフーコー公爵傳說』, 集英社, 1998; 『라로슈푸코의 인간을 위한 변명』, 한길사, 2005.

이광주, 『지식인과 권력—근대 독일 지성사 연구』, 문학과지성사, 1992.

_____, 『대학사—이념・제도・구조』, 민음사, 1997.

_____, 『편력―내 젊은 날의 마에스트로』, 한길사, 2005.
_____, 「독일 교양시민층의 성립」, 『시민계급과 시민사회』, 한울아카데 미, 1993.
임철규, 『그리스 비극』, 한길사, 2007.
한정숙, 『여성은 이렇게 말했다―서양고전과 역사 속의 여성주체들』, 길, 2008.

찾아보기

ㄱ

가생디(Pierre Gassendi, 1592~1655) 587, 614

갈릴레이(Galileo Galilei, 1564~1642) 478, 507, 521, 588

게바라(Ché Guevara, 1928~67) 806

겐츠(Friedrich von Gentz, 1764~1832) 648, 664

괴테(Johann Wolfgang von Goethe, 1749~1832) 64, 208, 319, 327, 424, 426, 432, 441, 598~604, 650, 652, 655, 661, 667, 668, 670~675, 700, 790

구이차르디니(Francesco Guicciardini, 1483~1540) 239, 256

그레고리우스 7세(Gregorius VII, 재위 1073~85) 125, 181, 227

그로스테스트(Robert Grosseteste, 1175?~1253) 163, 172

기번(Edward Gibbon, 1737~94) 595, 596, 641

기베르티(Lorenzo Ghiberti, 1378~1455) 268

기싱(George Robert Gissing, 1857~1903) 593, 594

기조(François Pierre Guillaume Guizot, 1787~1874) 300, 452

ㄴ

노발리스(Novalis, 1772~1801) 232

뉴먼(John Henry Newman, 1801~90) 543, 544

뉴턴(Sir Isaac Newton, 1642~1727) 485, 492, 512~514, 520, 521, 533

니체(Friedrich Wilhelm Nietzsche, 1844~1900) 25, 55, 56, 301, 759

ㄷ

다 빈치(Leonardo da Vinci, 1452~1519) 203, 238, 264, 265, 268, 271, 273, 275, 278
단테(Alighieri Dante, 1265~1321) 39, 117, 232, 237~239, 241, 257, 264, 269, 364, 371, 398, 399, 496
달랑베르(Jean Le Rond d'Alembert, 1717~83) 495, 612, 624, 626, 627, 629~631, 633
데모스테네스(Demosthenes, 기원전 384~기원전 322?) 384
데카르트(René Descartes, 1596~1650) 37, 38, 401, 453, 512, 520, 587, 614, 619, 620, 629, 622
뒤 벨레(Jean du Bellay, 1492~1560) 277, 284
뒤러(Albrecht Dürer, 1471~1528) 36, 269, 280, 308, 318, 322, 361, 367
뒤르켐(Émile Durkheim, 1858~1917) 123, 141, 283, 343, 534, 578
드레퓌스(Alfred Dreyfus, 1859~1935) 733, 734, 736, 737, 739, 740, 742~745, 747~749, 751~756
디드로(Denis Diderot, 1713~84) 300, 463, 520, 566, 598, 612, 620, 622, 625~633, 635, 636
디즈레일리(Benjamin Disraeli, 1804~81) 543
디포(Daniel Defoe, 1660~1731) 642

ㄹ

라 로슈푸코(François de La Rochefoucauld, 1613~80) 300, 410, 454, 456
라 브뤼예르(Jean de La Bruyère, 1645~96) 300, 614
라블레(François Rabelais, 1483?~1553) 237, 283, 285, 286
라신(Jean Racine, 1639~99) 434, 436
라우라(Laura, ?~1348) 245, 247
라이프니츠(Gottfried Wilhelm Leibniz, 1646~1716) 485
라파엘로(Raffaello Sanzio, 1483~1520) 35, 266, 271, 272, 357

랑부예(Marquise de Rambouillet, 1588~1665) 446~448, 453, 456

레비-스트로스(Claude Lévi-Strauss, 1908~2009) 28, 609

레싱(Gotthold Ephraim Lessing, 1729~81) 408, 650, 658

렘브란트(Harmensz van Rijn Rembrandt, 1606~69) 36, 203

로욜라(Ignatius de Loyola, 1491~1556) 341, 342, 354

로크(John Locke, 1632~1704) 87, 340, 520, 615

롤랑(Romain Rolland, 1866~1944) 533, 765

롱사르(Pierre de Ronsard, 1524~85) 283, 284, 331, 377, 401, 478, 484, 493

루소(Jean Jaques Rousseau, 1712~78) 300, 463, 469, 529, 593, 612, 615, 623, 627, 628, 632, 635, 640, 648, 650

루이 14세(Louis XIV, 재위 1643~1715) 483, 613, 614, 620

루터(Martin Luther, 1483~1546) 173, 295, 321~329, 332~337, 339, 346, 349, 350, 352~354, 691

리비우스(Titus Livius, 기원전 59?~기원후 17) 69, 78

리슐리외(Armand Jean du Plessis, Duc de Richelieu, 1585~1642) 481, 483, 555

릴케(Rainer Maria Rilke, 1875~1926) 26, 234

ㅁ

마르크스(Karl Heinrich Marx, 1818~83) 557, 757, 759, 760, 764, 765, 767~769, 778, 781, 784, 806, 807

마자랭(Cardinal Jules Mazarin, 1602~61) 370

마키아벨리(Niccoló Machiavelli, 1469~1527) 78, 87, 239, 256, 258, 372

말로(Christopher Marlowe, 1564~93) 280, 424, 773, 779, 781

말리노프스키(Bronislaw Kasper Malinowski, 1884~1942) 539

맥밀런(Maurice Harold MacMillan, 1894~1986) 792

멈퍼드(Lewis Mumford, 1895~1990) 22, 55

메르센(Marin Mersenne, 1588~1648) 482~484, 587

멜란히톤(Philipp Melanchton, 1497~1560) 325, 334, 691, 692

모리스(William Morris, 1834~96) 235

모어(Sir Thomas More, 1478~1535) 316, 317, 345, 506, 552
몰리에르(Molière, 1622~73) 434, 436, 438, 628
몽테뉴(Michel Eyquem de Montaigne, 1533~92) 25, 87, 259, 286, 288~293, 295~297, 299~301, 319, 375, 377, 453
몽테스키외(Baron de la Bréde et de Montesquieu, 1689~1755) 459, 460, 495, 640, 641
무솔리니(Benito Amilcare Andrea Mussolini, 1883~1945) 760, 766
뮐러(Johannes von Müller, 1752~1809) 665, 666
미슐레(Jules Michelet, 1798~1874) 241, 647, 652
미켈란젤로(Buonarroti Michelangelo, 1475~1564) 238, 264, 265, 268, 270~272, 370
밀(John Stuart Mill, 1806~73) 535

ㅂ

바레스(Auguste-Maurice Barrès, 1862~1923) 747~749, 751
바사리(Giorgio Vasari, 1511~74) 266, 506
발레리(Paul Valéry, 1871~1945) 18, 275, 643, 763
방다(Julien Benda, 1867~1956) 737, 751, 765, 781
베르길리우스(Publius Vergilius Maro, 기원전 70~기원전 19) 78, 85, 95, 101, 117, 182, 244~246
베버(Max Weber, 1864~1920) 191, 339, 510, 543, 726
베이컨(Francis Bacon, 1561~1626) 144, 172, 328, 345, 507, 510, 513, 519~522, 551
보에티우스(Boethius, 470?~524) 133, 358
보일(Robert Boyle, 1627~91) 489, 491
보카치오(Giovanni Boccaccio, 1313~75) 238, 239, 247, 304, 364, 398, 399
보티첼리(Sandro Botticelli, 1445?~1510) 261, 262, 265, 271, 272
볼테르(Voltaire, 1694~1778) 87, 317, 425, 426, 460, 463, 465, 495, 615, 623, 624, 629, 630, 636, 637, 640~642, 648, 656, 678
볼프(Christian von Wolf, 1679~1754) 648, 649, 678

부르크하르트(Jacob Christopher Burckhardt, 1818~97) 241, 250, 252, 259, 263, 319, 391, 446, 612, 759
뷔퐁(Georges-Louis Leclerc de Buffon, 1707~88) 52, 526
브루넬레스키(Filippo Brunelleschi, 1377~1446) 264, 268
브륀티에르(Ferdinand Brunetière, 1849~1906) 748
빙켈만(Johann Joachim Winckelmann, 1717~68) 52, 597~599, 604

ㅅ

사르트르(Jean Paul Sartre, 1905~80) 534, 792, 796, 806
사포(Sappho, 기원전 612?~?) 22, 385
생트 뵈브(Sainte-Beuve, 1804~69) 358, 498
세르반테스(Miguel de Cervantes, 1547~1616) 404
셰익스피어(William Shakespeare, 1564~1616) 232, 407, 423~427, 432, 441, 443
셸링(Friedrich Wilhelm Joseph von Schelling, 1775~1854) 664, 682, 683
소크라테스(Socrates, 기원전 470?~기원전 399) 24~26, 30, 40, 43, 51, 55, 56, 83, 99, 120, 145, 183, 254, 290, 317, 333, 357, 362
소포클레스(Sophocles, 기원전 496?~기원전 406?) 57, 59, 62, 384
슐라이어마허(Friedrich Ernst Daniel Schleiermacher, 1768~1834) 664, 679, 680, 682, 683, 694
스미스(Adam Smith, 1723~90) 535, 587, 588
스탈린(Iosif Dzhugashvili Stalin, 1879~1953) 773, 785
스탕달(Stendhal, 1783~1842) 226
스펜더(Stephen Harold Spender, 1909~95) 753, 763, 766~770, 772, 776, 777, 782, 784, 785
실러(Johann Christoph Friedrich von Schiller, 1759~1805) 427, 650, 651, 683, 684

ㅇ

아낙사고라스(Anaxagoras, 기원전 500?~기원전 428?) 82

아도르노(Theodor Wiesengrund Adorno, 1903~69) 675, 726, 727

아렌트(Hannah Arendt, 1906~75) 32, 47, 51

아리스토텔레스(Aristoteles, 기원전 384~기원전 322) 32, 33, 38~40, 45, 46, 64, 72, 83, 115, 119, 131, 133, 144, 177, 182~184, 189, 192, 201, 254, 333, 334, 342, 357, 519

아리오스토(Ludovico Ariosto, 1474~1533) 396, 400, 424

아벨라르(Pierre Abélard, 1079~1144) 120, 121, 123, 128, 186, 187, 220

아우구스티누스(Aurelius Augustinus, 354~430) 246, 247

아이스킬로스(Aeschylos, 기원전 525?~기원전 456) 21, 62

아퀴나스(Thomas Aquinas, 1225?~74) 38, 184, 185, 201

안셀무스(Anselmus, 1033~1109) 120, 184

안젤리코(Fra Angelico, 1400~55) 261, 262

안토니우스(Marcus Antonius, 기원전 82~기원전 30) 74, 84

알베르티(Leon Battista Alberti, 1404~72) 250, 254, 272

야스퍼스(Karl Jaspers, 1883~1969) 362

에라스뮈스(Desiderius Erasmus, 1466~1536) 87, 248, 281, 290, 311, 312, 314~319, 321~329, 346, 350, 367, 377

엘로이즈(Heloise, 1100?~64) 120, 220

엘리자베스 1세(Elizabeth I, 재위 1558~1603) 345, 346, 432

엥겔스(Friedrich Engels, 1820~95) 756

오든(Wystan Hugh Auden, 1907~73) 767, 768, 772, 782

오르테가 이 가세트(Ortega y Gasset, 1883~1955) 729, 773, 782, 790

오비디우스(Publius Naso Ovidius, 기원전 43~기원후 17) 228, 371, 387, 388, 394

오스틴(Jane Austen, 1775~1817) 402, 409

오웰(George Orwell, 1903~50) 772, 776

울프(Virginia Woolf, 1882~1941) 17, 782

위클리프(John Wycliffe, 1330?~84) 173, 174

이소크라테스(Isocrates, 기원전 436~기원전 338) 39, 47~49, 51, 68, 72, 81, 86

ㅈ

조레스(Jean Joseph Marie Auguste Jaurès, 1859~1914) 743, 744, 749, 753, 760
조토(Giotto di Bondone, 1266?~1337) 262, 263, 265, 269, 270
졸라(Émile Zola, 1840~1902) 416, 734, 736, 739, 742, 744, 749, 751, 756
지드(André Paul Guillaume Gide, 1869~1951) 290, 300, 604~609, 747, 765, 778, 779, 781, 784

ㅊ

츠바이크(Stefan Zweig, 1881~1942) 421
츠빙글리(Huldrych Zwingli, 1484~1531) 337, 354
치마부에(Cimabue, 1240?~1302?) 263, 269

ㅋ

카람진(Nikolay Mikhaylovich Karamzin, 1766~1826) 594, 595
카를 4세(Karl IV, 카를 대제, 재위 1347~78) 89, 93, 95, 96, 100~102, 109, 174, 240, 303
카뮈(Albert Camus, 1913~60) 787, 788, 806
카스틸리오네(Baldassare Castiglione, 1478~1529) 272, 391
칸트(Immanuel Kant, 1724~1804) 38, 649, 651, 665, 683, 684, 694
칼뱅(Jean Calvin, 1509~64) 281, 337, 339, 340, 348
코르네유(Pierre Corneille, 1606~84) 423, 434~436, 448
콕토(Jean Cocteau, 1889~1963) 774
콩도르세(Marquis de Condorcet, 1743~94) 495, 529, 530
쿠자누스(Nicolaus Cusanus, 1401~64) 310, 361, 362
크리스틴 드 피장(Christine de Pisan, 1364?~1430?) 391, 392, 394, 395
클레망소(Georges Clemenceau, 1841~1929) 744
키케로(Marcus Tullius Cicero, 기원전 106~기원전 43) 40, 67, 69, 71~74, 76~87, 95, 101, 117, 182, 199, 208, 220, 244, 246, 257, 285, 385

ㅌ

토크빌(Alexis Tocqueville, 1805~59) 707, 708, 718, 725, 726, 759
투키디데스(Thucydides, ?~?) 26

ㅍ

파스칼(Blaise Pascal, 1623~62) 37, 38, 300, 453
페늘롱(François de Salignac de La Mothe Fénelon, 1651~1715) 403, 614
페리클레스(Perikles, 기원전 495?~기원전 429) 26, 33, 34, 42
페트라르카(Francesco Petrarca, 1304~74) 67, 87, 160, 232, 238, 239, 242, 244~248, 251~254, 256, 258, 259, 265, 269, 284, 304, 364, 371, 400
퐁트넬(Bernard Le Bovier de Fontenel, 1657~1757) 484, 485, 620
퐁파두르(Marquise de Pompadour, 1721~64) 465, 635
푸생(Nicolas Poussin, 1594~1665) 484
프락시텔레스(Praxiteles, 기원전 370?~기원전 330?) 389
프란체스코(d'Assisi Francesco, 1182~1226) 184, 185
프랑수아 1세(François I, 재위 1515~47) 122, 275, 278, 282, 284, 370, 579
프랑스(Anatole France, 1844~1924) 739~741
프레보(Abbé Frévost, 1697~1763) 411, 460
프로이트(Sigmund Freud, 1856~1939) 767, 807
프리드리히 2세(Friedrich II, 재위 1740~86) 648, 677, 678
플라톤(Platon, 기원전 428?~기원전 347?) 30, 33, 36, 38~40, 42, 43, 45~49, 51, 53, 61, 68, 72, 74, 86, 99, 182, 183, 199, 240, 241, 245, 285, 357, 384, 413, 473, 474
플렉스너(Abraham Flexner, 1866~1959) 729, 730
플루타르코스(Ploutarchos, 46?~120?) 72, 73, 377
피카소(Pablo Picasso, 1881~1973) 773
피타고라스(Pythagoras, 기원전 580?~기원전 500?) 37, 38, 82
피히테(Johann Gottlieb Fichte, 1762~1814) 648, 652, 665, 679, 680, 685, 686, 694, 696, 697

ㅎ

하드리아누스(Publius Aelius Hadrianus, 재위 117~38) 96
하우저(Arnold Hauser, 1892~1978) 568
하위징아(Johan Huizinga, 1872~1945) 61, 120, 124, 186, 187, 226, 310, 485
하이데거(Martin Heidegger, 1889~1976) 762
헤겔(Georg Wilhelm Friedrich Hegel, 1770~1831) 664
헤로도토스(Herodotos, 기원전 484?~기원전 430?) 36, 589
헤밍웨이(Ernest Hemingway, 1899~1961) 773
헨리 2세(Henry II, 재위 1154~89) 130, 161
헨리 8세(Henry VIII, 재위 1509~47) 315, 343, 346
호라티우스(Quintus Horatius Flaccus, 기원전 65~기원전 8) 53, 244, 265, 268
호메로스(Homeros, ?~?) 18, 19, 30, 46, 51, 61, 244, 245, 384
홀바인(Hans Holbein, 1497?~1543) 308, 311, 367
홉스(Thomas Hobbes, 1588~1679) 587
훔볼트(Karl Wilhelm von Humboldt, 1767~1835) 674, 679, 680, 687, 689~691, 695~697
히에로니무스(Eusebius Hieronymus, 347?~419?) 215, 216, 246, 383
히틀러(Adolf Hitler, 1889~1945) 762~764, 766, 774, 776
히포크라테스(Hippocrates, 기원전 460?~기원전 377?) 22, 160, 265, 504